國家古籍整理出版專項經費資助項目

中國古代水利法規選編

中國水利史典編委會辦公室　編
蔣超　整理

中國水利水电出版社
www.waterpub.com.cn
·北京·

图书在版编目（CIP）数据

中国古代水利法规选编 / 中国水利史典编委会办公室编 ; 蒋超整理. -- 北京 : 中国水利水电出版社, 2022.3
ISBN 978-7-5226-0549-4

Ⅰ. ①中… Ⅱ. ①中… ②蒋… Ⅲ. ①水法－法规－汇编－中国－古代 Ⅳ. ①D922.662

中国版本图书馆CIP数据核字(2022)第039993号

書　　名	**中國古代水利法規選編** ZHONGGUO GUDAI SHUILI FAGUI XUANBIAN
作　　者	中國水利史典編委會辦公室　編　　蔣超　整理
出版發行	中國水利水電出版社 （北京市海淀區玉淵潭南路1號D座　100038） 網址：www.waterpub.com.cn E-mail：sales@mwr.gov.cn 電話：（010）68545888（營銷中心）
經　　售	北京科水圖書銷售有限公司 電話：（010）68545874、63202643 全國各地新華書店和相關出版物銷售網點
排　　版	中國水利水電出版社微機排版中心
印　　刷	北京印匠彩色印刷有限公司
規　　格	184mm×260mm　16開本　34印張　593千字
版　　次	2022年3月第1版　2022年3月第1次印刷
印　　數	001—500冊
定　　價	**128.00圓**

前　言

近年來，我國的各項法律法規和體制機制都在不斷地完善，在水利領域，從2002年起國家先後兩次修訂了《中華人民共和國水法》，在不到十年時間裏，發佈了很多重要的水利規範，涉及水權分配、水資源利用、水資源費用征收、工程建設征地補償、水庫大壩安全管理、防洪抗旱等水利行業的方方面面，水利法制建設不斷完善。因此，系統整理我國古代水利相關法律規範，對歷代水利法規進行系統集成，深入梳理，探尋中國古代水利法規的歷史變遷顯得尤爲必要。

我國的水利管理規範從春秋時候的“無由防”條約算起已經有兩千多年的歷史了，在1975年出土的湖北省雲夢縣睡虎地秦簡中的《田律》就有“春二月，毋敢伐木山林及壅堤水”這樣單行的律文記載。漢承秦律，西漢時倪寬定水令，《漢書·倪寬傳》有記載“寬表奏開六輔渠，定水令以廣溉田”，西漢末年的召信臣制定了地方性的法律規範《均水約束》。到了唐代，隨着我國封建法律日趨完善，水利立法也達到了一個高峰，出現了《水部式》這樣内容豐富翔實的水利法規，它也是我國第一部國家級水利法規。唐代以後，宋、元、明、清各朝在水利法規的制定上都繼承了唐朝的傳統，均在此基礎上因時因地有所損益變化。另外，除了歷朝的水利法規之外，我國許多古代的水利工程，不僅有相當詳盡的文獻記載，還有系統的管理規章，對工程建設的管理方法、效益分配、維修經費分攤等方面都有切實可行的成文規定，這些規章制度在古代也是我國水利法規中的重要組成部分。

中國古代水利法律法規和體制機制的建立經歷了漫長的演化過程。今天的很多法律法規、體制機制都是在我國固有的傳統和規範的基礎上集成發展而來。比如，民國時期的水法，在吸收西方水利法制先進因素的同時，仍然保留了中國傳統水法的優勢，如：在立法中承認民間約定俗成的管理辦法；在水政管理中適度吸收民間自制管理機制，補國家水政體制之不足；在處理水事糾紛中適當采用調解方式等。在唐代的《水部式》中對於灌區行政管理有以下規定：渠道上設渠長，閘門上設斗門長，渠長和斗門長負責按計劃分配用水；大型灌區的管理由政府派員主持並隨時檢查；有關州縣還需分别選派男丁和工匠輪番看守關鍵配水設施。這裏的渠長便與今天的河（湖）長制有很深的淵源，而大型灌區的管理以及關鍵配水設施的看守制度等也與今天的流域機構設置等有着异曲同工之妙。因此，將中國古代的水利法規加以整理出版，探尋中國古代水利法律法規、體制機制的“來龍去脈”，對於完善水利法制建設以及進行體制機制改革有着重要的意義和價值。

本書立足水利法制建設需要，將中國古代歷史上成體系的、重要的、有較强代表性的水利法律規範選取出來，按照朝代將其整理匯編，並對每種文獻的核心要義進行詮釋説明，勾勒出中國古代水利法規從形成到發展的整個歷史輪廓。由於我國水利法規在唐代以前都没有形成完整的體系，大多衹是一些典章制度以及工程檔案的記載，因此，本書所選取的文獻資料主要爲唐代至清代較爲重要的、系統的水利法規文獻。包括唐代的《水部式》，《唐六典》中的“將作都水監”；宋代的《農田利害條約》，《慶元條法事類》中的水利部分；元代的《河防通議》（其中包含了金代的《河防令》），《通制條格》中涉及水利的内容；明代的《大明會典》；清代乾隆《欽定大清會典》和《欽定大清會典則例》中的水利部分，以及出現在明代，在清代又加以修訂的民間用水制度《水簿》，另外還選取了《欽定河工則例章程》《奏定東河新設河防局章程》兩個章程。這些文獻都不同程度的代表了歷代水利法制的發展水平，從不同的角度構建出中國古代的水利法制體系。

編者

2022年3月

凡　例

一、《中國古代水利法規選編》是我國第一部對古代水利的規章制度進行系统匯編的古籍整理作品。我國古代的法制建設有一個發生發展的過程，水利工作更是從唐朝開始才有了相對系統的法律規範。本次整理選取的文獻從唐代開始直至清代結束，按年代進行編排。民國時期頒佈了系統的水利法，雖不在本次資助整理範圍內，爲了體現古代法制建設的完整性，一並收入其中，以附録形式録於書末，以供參考。

二、本次整理所選擇的版本盡量以内容权威、版本清晰爲標準。唐代的《水部式》由於原始文獻佚失，後由羅振玉所整理，做了很多補遺工作，是目前較爲全面的反映《水部式》内容的版本，本次整理采用了這個版本。金代的《河防令》是較爲重要的反映古代法制的文獻，由於内容較少，收録於《河防通議》，本次整理不單獨摘録。

三、每個編纂單元前均附有整理人撰寫的整理説明，其内容包括文獻的時代背景、作者簡介及主要學術成就，文獻的基本内容、特點及價值，文獻的創作、成書情况及社會影響，本次整理所依據的版本及其他需要説明的問題。

四、本次整理對相關文獻進行了分段、點校，並對文中的錯訛之處加以校释。爲了盡可能保持文獻原貌，本次整理不做大的修訂和改寫。

五、整理後的文獻采用新字形繁體字。除錯字及形近字（如“已”“己”“巳”等）徑改外，其餘通假字、异體字原則上保留底本用字，不再出校；同一個字在各文獻中寫法不一的統一成通行繁體字，如“乆”統一成“久”，“靣”統一成“面”。

目録

前言
凡例

唐

水部式（輯録） …… 1
唐六典（節選） …… 9
卷二十三　將作都水監 …… 13

宋

農田利害條約 …… 21
慶元條法事類（卷四七至卷四九） …… 27
卷四七　賦役門一 …… 30
卷四八　賦役門二 …… 31
卷四九　農桑門 …… 32

元

河防通議（含金代《河防令》） …… 35
欽定《四庫全書》提要 …… 40
原序 …… 41
卷上　河防通議 …… 42
卷下　河防通議 …… 56
後序　河防通議 …… 71
通制條格（節選） …… 73
卷七　軍防 …… 76
卷一四　倉庫 …… 77
卷一六　田令 …… 81
卷一七　賦役 …… 86
卷二七　雜令 …… 87
卷二八　雜令 …… 90

卷三〇　營繕 …… 91
大明會典（節選） …… 93
卷一九六　工部一六 …… 96
卷一九七　工部一七 …… 103
卷一九八　工部一八 …… 114
卷一九九　工部一九 …… 126
卷二〇〇　工部二〇 …… 131

明

欽定大清會典（節選） …… 147
卷一三　户部 …… 150
卷七四　工部 …… 155
欽定大清會典則例（節選） …… 159
卷一七　吏部 …… 162
卷二八　吏部 …… 169
卷四一　户部 …… 176
卷四二　户部 …… 202
卷四三　户部 …… 237
卷一三一　工部 …… 264
卷一三二　工部 …… 277
卷一三三　工部 …… 293
卷一三四　工部 …… 310
卷一三五　工部 …… 339
水簿 …… 355
欽定河工則例章程 …… 371
卷之一　河工實價則例 …… 379
卷之二　河工實價則例 …… 385
卷之三　河工實價則例 …… 391
卷之四　河工實價則例 …… 397
卷之五　河工實價則例 …… 403
卷之六　河工實價則例 …… 409
卷之七　河工實價則例 …… 415
卷之八　河工實價則例 …… 421
卷之九　河工實價則例 …… 427

清

清

卷之十　河工實價則例……………………………………… 433
卷之十一　河工實價則例…………………………………… 439
卷之十二　河工實價則例…………………………………… 445
卷之十三　河工實價則例…………………………………… 451
卷之十四　河工實價則例…………………………………… 457
卷之十五　河工修築事宜奏摺……………………………… 463
奏定東河新設河防局章程…………………………………… 491

附录

〔民國〕水利法 ……………………………………………… 505
〔民國〕水利法施行細則 …………………………………… 517
《唐開元水部式》殘卷書影 ………………………………… 527

〔唐〕水部式（輯録）

整理說明

唐《水部式》是見於文獻記載的由中央政府正式頒佈的我國第一部水利法典，是唐代水利管理的一項重要創舉。

唐代的基本法分爲律、令、格、式。“凡律以正刑定罪，令以設範立制，格以禁違正邪，式以軌物程事。”現《水部式》全文已佚，在《唐六典》卷七“尚書工部”中保存了部分内容。

一八九九年在甘肅省敦煌縣鳴沙山千佛洞發現古代封藏於洞内的六朝、唐代寫本，其中《水部式》爲法國人伯希和帶走，現藏於法國國家圖書館，民國初年由羅振玉影印，收入《鳴沙石室佚書》中。現在所見《水部式》殘卷，首尾俱缺，不見書題。其中的第三條前七十二字，與《白氏六帖》所引《水部式》文字大致相同。可以肯定，此殘卷正是已佚失的唐《水部式》。這部分内容共二十九自然條，約二千六百餘字。其内容包括農田水利管理，碾磑設置及其用水量的規定，運河船閘的管理及維護，橋梁的管理及維修，内河航運船隻及水手的管理，海運管理，漁業管理以及城市水道管理等内容。

對《水部式》殘卷，羅振玉在《鳴沙石室佚書》中，最早对《水部式》内容做了整理。唐代以《水部式》爲代表的水利法的制定和公開頒佈，使水利管理工作有法可依，有章可循，這對於合理利用水資源，充分發揮水利工程的效益至關重要，是唐代立法的一個重要進步。

從保存文獻與便於研究出發，文後附録了《唐開元水部式》殘卷書影，供讀者閱讀參考。

一[1]、涇、渭白渠及諸大渠用水溉灌之處，皆安斗門，並須累石及安木傍壁，仰使牢固。不得當渠造堰。諸溉灌大渠有水下地高者，不得當渠〔造〕[2] 堰，堰聽於上流勢高之處爲斗門引取。其斗門皆須州縣官司檢行安置，不得私造。其傍支渠有地高水下，須臨時暫堰溉灌者，聽之。凡澆田，皆仰預知頃畝，依次取用，水遍即令閇塞[3]，務使均普，不得偏併。

二、諸渠長及斗門長至澆田之時，專知節水多少。其州縣每年各差一官檢校。長官及都水官司時加巡察。若用水得所、田疇豐殖及用水不平並虛棄水利者，年終録爲功過附考。

三、京兆府高陵縣界清、白二渠交口，著斗門，堰清水。恒准水爲五分，三分入中白渠，二分入清渠。若水兩[4]過多，即與上下用水處相知開放，還入清水。二月一日以前，八月卅日以後，亦任開放。涇、渭二水大白渠，每年京兆少尹一人檢校。其二水口大斗門，至澆田之時，須有開下。放水多少，委當界縣官共專，當官司相知，量事開閇。

四、涇水南白渠、中白渠、南渠水口初分，欲入中白渠、偶南渠處，各著斗門堰。南白渠水一尺以上、二尺以下，入中白渠及偶南渠。若水兩過多，放還本渠。其南北白渠，雨水汎漲，舊有洩水處，令水次州縣相知，檢校疏決，勿使損田。

五、龍首、涇堰、五門、六門、昇原等堰，令隨近縣官專知檢校，仍堰别。各於州縣差中男廿人、匠十二人分番看守，開閇節水。所有損壞，隨即修理。如破多人少，任縣申州，差夫相助。

六、藍田新開渠，每斗門置長一人，有水槽處置二人，恒令巡行。若渠堰破壞，即用隨近人修理。公私材木並聽運下。百姓須溉田處，令造斗門節用，勿令廢運。其藍田以東先有水磑者，仰磑主作節水斗門，使通水過。

七、合璧宮舊渠深處量置斗門節水，使得平滿，聽百姓以次取用。仍量置渠長、斗門長檢校。若溉灌周遍，令依舊流，不得因玆棄水。

八、河西諸州用水溉田，其州縣府鎮官人公廨田及職田，計營頃畝，共百姓均出人功，同修渠堰。若田多水少，亦准百姓量減少營。

---

[1] 從一至二九條内容，據巴黎國立圖書館藏敦煌發現伯希和二五〇七號文書殘存唐《開元水部式》。原件參見附録。本編號爲方便讀者閱讀，由整理者所加，下同。

[2] “渠”下當脱一“造”字。原文應爲“不得當渠造堰”。

[3] “閇塞”即“閉塞”。“閇”字見《玉篇》。

[4] “水兩”疑爲“水雨”或“水量”之訛。

九、揚州揚子津斗門二所，宜於所管三府兵及輕疾❶內量差，分番守當，隨須開閇。若有毀壞，便令兩處併功修理。從中橋以下洛水內及城外，在側不得造浮磑及捺堰。

一〇、洛水中橋、天津橋等，每令橋南北捉街衛士灑掃。所有穿穴，隨即陪填。仍令巡街郎將等檢校，勿使非理破損。若水漲，令縣家檢校。

一一、諸水碾磑，若擁水質泥塞渠，不自疎導，致令水溢渠壞，於公私有妨者，碾磑即令毀破。

一二、同州河西縣瀵水，正月一日以後，七月卅日以前，聽百姓用水，仍令分水入通靈陂。

一三、諸州運船向北太倉，從子苑內過者，若經宿，船別留一兩人看守，餘並闢出。

一四、沙州用水澆田，令縣官檢校。仍置前官四人，三月以後、九月以前行水時，前官各借官馬一疋。

一五、會寧關有船伍拾隻，宜令所管差强了官檢校，著兵防守，勿令北岸停泊。自餘緣河堪渡處，亦委所在州軍嚴加捉搦❷。

一六、滄、瀛、貝、莫、登、萊、海、泗、魏、德等十州，共差水手五千四百人，三千四百人海運，二千人平河。宜二年與替，不煩更給勳賜，仍折免將役年及正役年課役，兼准屯丁例，每夫一年各帖一丁。其丁取免雜徭人家、道稍殷有者，人出二千五百文資助。

一七、勝州轉運水手一百廿人，均出晉、絳兩州，取勳官充，不足兼取白丁，並二年與替。其勳官每年賜勳一轉，賜絹三疋、布三端以當州應入京錢物充。其白丁充者，應免課役及資助，並准海運水手例，不願代者聽之。

一八、河陽橋置水手二百五十人，陝州大陽橋置水手二百人，仍各置竹木匠十人，在水手數內。其河陽橋水手，於河陽縣取一百人，餘出河清、濟源、偃師、汜水、鞏、温等縣。其大陽橋水手出當州。並於八等以下户取白丁灼然解水者，分爲四番，並免課役，不在征防、雜抽、使役及簡點之限。一補以後，非身死遭憂，不得輙替。如不存檢校，致有損壞，所由

---

❶ “輕疾”唐代規定的三種殘廢情況之一，另外兩種分別是“廢疾”和“篤疾”。按照當時的規定，“輕疾”者也要承擔一定的雜徭。參見《大唐六典》卷三〇三《府督護州縣官吏》“縣令”條。

❷ “捉搦”檢查違禁事項。

官與下考水手決卅[1]。安東都里鎮防人糧，令萊州召取。當州經渡海得勳人諳知風水者，置海師貳人，拖師肆人，隸蓬萊鎮，令候風調海晏，併運鎮糧。同京上勳官例，年滿聽選。

一九、桂、廣二府鑄錢及嶺南諸州庸調並和市、折租等物，遞至揚州訖，令揚州差綱部領送都。應須運脚[2]，於所送物内取充。

二〇、諸溉灌小渠上先有碾磑，其水以下即棄者，每年八月卅日以後，正月一日以前，聽動用。自餘之月，仰所管官司於用磑斗門下著鏁封印，仍去却磑石，先盡百姓溉灌。若天雨水足，不須澆田，任聽動用。其傍渠疑有偷水之磑，亦准此斷塞。

二一、都水監三津各配守橋丁卅人，於白丁、中男内取灼然便水者充，分爲四番上下，仍不在簡點及雜徭之限。五月一日以後，九月半以前，不得去家十里。每水大漲，即追赴橋。如能接得公私材木栰等，依令分賞。三津仍各配木匠八人，四番上下。若破壞多，當橋丁近不足，三橋通役。如又不足，仰本縣長官量差役，事了日停。都水監漁師二百五十人，其中長上[3]十人，隨駕京都。短番一百廿人，出虢州。明資一百廿人，出房州。各爲分四番上下，每番送卅人，並取白丁及雜色人五等已下户充。並簡善採捕者爲之，免其課役及雜徭。本司雜户、官户並令教習，年滿廿補替漁師。其應上人，限每月卅日文牒並身到所由。其尚食、典膳、祠祭、中書、門下所須魚，並都水採供。諸陵，各所管縣供。餘應給魚處及冬藏，度支每年支錢二百貫，送都水監，量依時價給直，仍隨季具破除、見在，申比部[4]勾覆。年終具録，申所司計會。如有迴殘，入來年支數[5]。

二二、□[6]已了及水大有餘，溉灌須水，亦聽兼用。

二三、京兆府灞橋、河南府永濟橋，差應上勳官並兵部散官，季别一人，折番檢校。仍取當縣殘疾及中男分番守當。灞橋番别五人，永濟橋番

---

❶ “決卅”一種處罰，鞭笞三十。

❷ “運脚”指所需費用。

❸ “長上、短番、明資”均爲唐代勞役制的名目。長上，即長役無番；短番，指輪番服役或短期服役者，與長上相對應；明資，是临时短期雇用者，在雇用期間由相關官府支付工錢。參見《大唐六典》卷二三《將作都水監》“將作監令”條；《新唐書》卷四八《百官志》“將作監”條。

❹ “比部”唐尚書省刑部下轄四司之一。主管諸司百寮的“倉庫出内，營造傭市，丁匠功程，贓贖賦斂，勳賞賜與，軍資器仗，和糴屯收”等多項事務的審核，參見《大唐六典》卷六《尚書刑部》“比部郎中員外郎”條。出内即出納。

❺ 此處有一行小字“此下原有斷闕，不計行數”，當爲影印時羅振玉所注，並非原文。

❻ 此處原稿有缺字。今用□表示，下同。

别二人。

二四、諸州貯官船之處，須魚膏供用者，量須多□役當處，防人採取。無防人之處，通役雜職。

二五、皇城内溝渠擁塞停水之處及道損壞，皆令當處諸司修理。其橋，將作修造。十字街側，令當鋪❶衛士修理。其京城内及羅郭牆各依地分，當坊修理。河陽橋每年所須竹索，令宣、常、洪三州役丁匠預造。宣、洪州各大索廿條，常州小索一千二百條。脚以官物充，仍差綱部送，量程發遣，使及期限。大陽、蒲津橋竹索，每三年一度，令司竹監給竹，役津家水手造充。其舊索每委所由檢覆，如斟量牢好，即且用，不得浪有毀換。其供橋雜匠，料須多少，預申所司量配，先取近橋人充，若無巧手，聽以次差配，依番追上。若須併使，亦任津司與管近州相知，量事折番，隨須追役。如當年無役，准式徵課。

二六、諸浮橋脚船，皆預備半副，自餘調度，預備一副，隨闕代換。河陽橋船於潭、洪二州役丁匠造送。大陽、蒲津橋船，於嵐、石、隰、勝、慈等州折丁採木，浮送橋所，役匠造供。若橋所見匠不充，亦申所司量配。自餘供橋調度並雜物一事以□仰以當橋所換不任用物迴易便充。若用不足，即預申省，與橋側州縣相知，量以官物充。每年出入破用，録申所司勾當❷。其有側近可採造者，役水手、鎮兵、雜匠等造貯，隨須給用，必使預爲支擬，不得臨時闕事。

二七、諸置浮橋處，每年十月以後，淩牡開解合水□抽正解合，所須人夫採運榆條、造石籠及絙索等雜使者，皆先役當津水手及所配兵。若不足，兼以鎮兵及橋側州縣人夫充，即橋在兩州兩縣□者，亦於兩州兩縣准户均差，仍與津司相知，□須多少，使得濟事。役各不得過十日。

二八、蒲津橋水匠一十五人，虔州大江水贛石險難□給水匠十五人，並於本州取白丁便水及解木作充，分爲四番上下，免其課役。

二九、孝義橋所須竹（篝）配宣、饒等州造送。應塞繫（篝）船，別給水手一人，分爲四番。其洛水（篝）取河陽橋故退者充。

三〇❸、白馬津船四艘、龍門、會寧、合河等關船並三艘，渡子皆以當處鎮防人充；渭津關船二艘，渡子取永豐倉防人充；渭水馮渡船四艘，

❶ “鋪”唐代警戒之所的專稱之一。當時兩京有街鋪，依城門大小和重要程度，置大鋪、小鋪，分兵警護。參見《新唐書》卷四九《百官志》。

❷ “勾當”即“審核”。

❸ 三〇條和三一條内容，據《唐六典》卷七《工部》“水部郎中員外郎”條補。

涇水合涇渡、韓渡、劉控阪渡、眭城阪渡、覆籬渡船各一艘，濟州津、平陰津、風陵津、興德津船各兩艘，洛水渡口船三艘，渡子皆取側近殘疾、中男解水者充。會寧船别五人，興德船别四人，自餘船别三人。蘄州法津渡、荊州洪亭松滋渡、江州馬頰檀頭渡船各一艘，船别六人；越州、杭州、浙江渡、洪州城下渡、九江渡船各三艘，船别四人，渡子並須近江白丁便水者充，分爲五番，年别一替。

三一、凡天下造舟之梁四，河三，洛一。河則蒲津、大陽、盟津，一名河陽。洛則孝義也。石柱之梁四，洛三，灞一。洛則天津、永濟、中橋，灞則灞橋也。木柱之梁三，皆渭川也。便橋、中渭橋、東渭橋，此舉京都之沖要也。巨梁十有一，皆國工修之。其餘皆所管州縣隨時營葺。

三二[1]、決泄有時，畎澮有度，居上遊者不得擁泉而顓其腴。每歲少尹一人行視之，以誅不式。

[1] 此段文字據劉禹錫《劉夢得文集·高陵令劉君遺愛碑》，當是殘卷前面所缺内容。

〔唐〕唐六典（節選）

整理說明

《唐六典》全稱《大唐六典》，是我國現有的最早的一部行政法典。唐玄宗時官修，題名是唐玄宗撰、李林甫等注，實際是張説、張九齡等人編纂，成書於開元二十七年（七三九年），是現存最早的一部會典，所載官制源流自唐初至開元止。

六典之名出自周禮，原指治典、教典、禮典、政典、刑典、事典，後世設六部即本於此。共三十卷，近三十萬字。

開元十年（七二二年），中書舍人陸堅奉旨修《六典》，唐玄宗親自製定理典、教典、禮典、政典、刑典、事典六條爲編寫綱目，故書名爲《唐六典》。由麗正書院（後更名集賢院）總其事。在中書令張説、蕭嵩、張九齡等人的先後主持下，徐堅、韋述、劉鄭蘭、盧善經等十餘人參與修撰。開元二十六年（七三八年）撰成並注釋後，於次年由宰相李林甫奏呈皇帝。所以，書題爲唐玄宗御撰，李林甫奉敕注。

由於唐代官制與周官已經大不相同，《唐六典》實際上還是按照唐代國家機關體系進行編纂。此書分三十卷，其篇目爲：三師、三公、尚書省；吏部；户部；禮部；兵部；刑部；工部；門下省；中書省；秘書省；殿中省；内官侍中省；御史台；太常寺；光禄寺；衛尉寺、宗正寺；太僕寺；大理寺、鴻臚寺；司農寺；太府寺；國子監；少府監、軍器監、鑄錢監等；將作監、都水監等；左右衛、左右驍衛、左右武衛、左右領軍衛；左右金吾衛、左右監門、左右千牛衛、左右羽林軍；太子三師、三少、太子詹事府、左右春坊内房内官；太子家令、率更寺等；太子左右衛諸率府；諸王府公主邑司；府、督護州。《唐六典》是以唐朝現行各部門機關按卷分篇，包括中央政府和地方政府管理體制、機構組織、職權、官員品級、編制員額、考課以及相關制度等方面的明確規定。

《唐六典》是保存至今一部最早的、完整的、具有封建國家行政法典性質的文獻。在中國行政立法史上具有重大意義，書中保存了大量唐朝前期的田畝、户籍、賦役、考選、禮樂、軍防、驛傳、刑法、營繕、水利等制度和法令等方面的重要資料。對唐以後歷代會典的編纂具有深遠影響。

《唐六典》注文所涉及職官的沿革，多取自前代典籍。而這些典籍至今多有失傳，所以《唐六典》具有較高的文獻價值，一向爲學者所重視。《通典》《舊唐書》《新唐書》的作者都採用《唐六典》的材料，其職官部分基本上是依據《唐六典》撰成的。

《唐六典》最早的刻本是北宋元豐三年（一〇八〇年）本，已佚。今存最古刊本爲南宋紹興四年（一一三四年）温州刊刻殘本，僅存卷一至卷三第一頁，卷七至卷十五、卷二十八至卷三十，共計十五卷（内有缺頁），分藏於國家圖書館、南京博物院、北京大學圖書館，現有中華書局影印本。明代有正德十年（一五一五年）和嘉靖二十三年（一五四四年）兩種刻本。清代有嘉慶五年（一八〇〇年）掃葉山房本和光緒二十一年（一八九五年）廣雅書局本。

《唐六典》在國外流傳甚早，約在九世紀末成書的《日本見在書目》，即著録有《唐六典》一書。日本現存古刻本有享保九年（一七二四年）近衛家熙刻本和天保七年（一八三六年）官刻本，以近衛本較好。一九七三年，日本廣池學園事業部影印《大唐六典》，係以近衛本爲底本，吸收了玉井是博《南宋本大唐六典校勘記》的校勘成果，成爲日刊《唐六典》的最佳版本。

《唐六典》卷二十三爲“將作都水監”，是水利法規比較集中的内容。

卷二十三

將作都水監

將作監

大匠一人 少匠二人 丞四人 主簿二人 録事二人 府十四人 史二十八人 計史三人 亭長四人 掌固六人

左校署

令二人 丞四人 府六人 史十二人 監作十人

右校署

令二人 丞三人 府五人 史十人 監作十人 典事二十四人

中校署

令一人 丞三人 府三人 史六人 監事四人 典事八人 掌固一人

甄官署

令一人 丞二人 府五人 史十人 監作四人 典事十八人

百工監

監一人 副監一人 丞一人 録事一人 府一人 史三人 監作四人 典事二十人

就穀監

監一人 副監一人 丞一人 録事一人 府一人 史三人 監作四人 典事二十人

庫穀監

監一人 副監一人 丞一人 録事一人 府一人 史三人 監作四人 典事二十人

太陰監

監一人 副監一人 丞一人 録事一人 府一人 史三人 監作四人 典事十人

伊陽監

監一人 副監一人 丞一人 録事一人 府一人 史三人 監作四人 典事十人

都水監

使者二人 丞二人 主簿一人 録事一人 府五人 史十人 亭長一人 掌固四人

舟楫署

令一人 丞二人 府三人 史四人 監漕四人 漕史二人 典事三人 掌固三人

河渠署

令一人 丞一人 府三人 史六人 河堤謁者六人 典事三人 掌固四人 長上魚師 十人 短番魚師一百二十人 明資魚師一百二十人

諸津

每津令一人 丞一人 録事一人 府一人 史二人 典事三人 津吏五人

將作監

大匠一人，從三品。《左傳》云："少昊氏五雉爲五工正。"《周官》冬官掌百工之職。《漢書·百官表》云："將作少府，秦官，掌治宫室，有兩丞，左右中候。景帝改曰將作大匠，秩二千石。屬官有石庫、東園主章、左右前後中校七令、丞。又，主章長、丞，武帝改東園主章曰木工。成帝省中候及左、右、前、後、中校五丞。"後漢光武中元二年省，常以謁者兼之。至章帝建初元年又置。魏因之。晉將作大匠置功曹、主簿、五官等員，掌土木之役。過江後及宋、齊並不常置。梁天監七年置十二卿，改將作大匠爲大匠卿，是爲秋卿，班第十，品正第五。陳因之。後魏太和初，將作大匠從第二品下。二十二年，降爲從三品。北齊因之。後周有匠師中大夫一人，掌城郭、宫室之制及諸器物度量。又有司木中大夫一人，掌木工之政令。隋將作寺置大匠一人，從三品。開皇二十年改爲將作監，以大匠爲大監。煬帝大業五年，正四品。十三年，又改大監爲令。皇朝改置大匠、少匠、丞、主簿等員。龍朔二年改爲繕工監，咸亨元年復舊。光宅元年改爲營繕監，神龍元年復舊。

少匠二人，從四品下。後周官有小匠師下大夫一人。隋初，將作無少匠。開皇二十年改寺爲監，大匠爲大監，始置副監一人。煬帝改副監爲少監。大業三年，改少監爲少匠。五年，又改少匠爲少監，正五品。十三年，又改爲少令。皇朝改置少匠二人。龍朔、咸亨、光宅、神龍隨監改複。將作大匠之職，掌供邦國修建土木工匠之政令，總四署、三監、百工之官屬，以供其職事。少匠貳焉。凡西京之大内、大明、興慶宫，東都之大内、上陽宫，其内外郭、台、殿、樓、閣並仗舍等，苑内宫、亭，中書、門下、左右羽林軍、左右萬騎仗、十二閑廄屋宇等，謂之内作。凡山陵及京都之太廟、郊社諸壇廟，京都諸城門，尚書、殿中、秘書、内侍省、禦史台、九寺、三監、十六衛、諸街使、弩坊、温湯、東宫諸司、王府官舍屋宇，諸街、橋、道等，並謂之外作。凡有建造營葺，分功度用，皆以委焉。凡修理宫廟，太常先擇日以聞，然後興作。

丞四人，從六品下。漢將作有丞二人，秩六百石。後漢置一人，魏、晉因之。東晉、宋、齊有事則置，無事則罷。梁天監七年置大匠丞一人，班第三。陳因之。後魏從五品中。太和二十二年，第七品下。北齊丞四人，從第七品上。後周匠師上士一人。隋將作丞二人，從六品，大業十三年加至從五品。皇朝加丞至四人，從六品下。

主簿二人，從七品下。晉將作置主簿員。江左有事則置，無事則省。梁天監七年複置將作主簿一員，七班中第三。北齊將作寺有功曹、主簿員。若有營作，又別立長史、司馬、主簿各一員。隋將作主簿二人，皇朝因之。

録事二人，從九品上。丞掌判監事。凡内外繕造，百司供給，大事則聽制、敕，小事則俟省符，以諮大匠，而下於署、監，以供其職。凡諸州匠人長上者，則州率其資納之，隨以酬顧。凡功有長短，役有輕重。凡計功程者，四月、五月、六月、七月爲長功，二月、三月、八月、九月爲中功，十月、十一月、十二月、正月爲短功。凡啟塞之時，火土之禁，必辨其經制，而舉其條目。凡四時之禁：每歲十月以後，盡於二月，不得起冶作。冬至以後，盡九月，不得興土工。春、夏不伐木。若臨事要行，理不可廢者，以從別式。凡營造修理，土木瓦石不出於所司者，總料其數，上於尚書省。凡營軍器，皆鐫題年月及工人姓名，辨其名物，而閱其虛實。主簿掌印，勾檢稽失。凡官吏之申請糧料、俸食，務在、假使，必由之以發其事。若諸司之應供四署、三監之財物器用違闕，隨而舉焉。録事掌受事發辰。

左校署

令二人，從八品下。《周官》有攻木之工七，謂輪、輿、弓、廬、匠、車、梓也。秦、漢有左、右、前、後、中校五令丞。後漢唯置左、右校令丞各一人，令六百石。又有材官校尉。魏並左校於材官。晉過江，省將作大匠，而左、右校隸少府。又改材官校尉爲將軍，罷左校令。宋、齊、梁、陳又有左校令、丞，別置材官將軍、司馬。北齊太府寺有左校署令、丞。後周有掌材上士。隋將作領左校署令二人，皇朝因之。

丞四人，正九品下。漢成帝省左、右、前、後、中五校丞。後漢置左、右校丞各一人，秩三百石。魏因之。東晉隸少府。宋、齊、梁、陳、北齊皆有丞。後周有掌材中士二人。隋左校丞四人，皇朝因之。

監作十人，從九品下。左校令掌供營構梓匠之事，致其雜材，差其曲直，制其器用，程其功巧。丞爲之貳。凡宮室之制，自天子至於士庶，各有等差。天子之宮殿皆施重栱、藻井。王公、諸臣三品已上九架，五品已上七架，並廳廈兩頭。六品已下五架。其門舍三品已上五架三間，五品已上三間兩廈、六品已下及庶人一間兩廈。五品已上得制烏頭門。若官修者，左校爲之。私家自修者，制度准此。凡樂縣簨虡，兵仗器械，及喪葬儀制，諸司什物，皆供焉。簨虡謂鎛鍾、編鍾、編磬之屬。器械謂仗床、戟架、杻械之屬。喪儀謂棺槨、明器之屬。什物謂機案、櫃檻、敕函、行槽、剉碓之屬。

右校署

令二人，從八品下。後漢安帝延光三年，置左校令、右校丞，其後又置右校令。魏因之。晉少府屬官有左校，無右校，其職蓋並於左校矣。宋、齊、梁、陳皆無。北齊太府寺管左校，亦無右校。隋置右校署令、丞，掌營構工作之事。皇朝因之。

丞三人，正九品下。漢右校丞一人，三百石。魏因之。宋、齊、梁、陳並置，北齊省。隋右校置丞三人，皇朝因之。

監作十人，從九品下。右校令掌供版築、塗泥、丹雘㔶之事。丞爲之貳。凡料物支供皆有由屬，審其制度而經度之。凡修補之料，每歲京北、河南及諸州支送麥𪍿三萬圍、麥面一百車、麻擣二萬斤。其石灰、赤土之屬，須則市供，不恒其數。

中校署

令一人，從八品下。漢將作左、右、前、後、中五校皆有令、丞，自後不置，皇朝置之。

丞三人，正九品下。漢成帝省，皇朝複置。

監事四人，從九品下。中校令掌供舟車、兵仗、廄牧、雜作器用之事。凡行幸陳設供三梁竿柱，閑廄繫飼則供剉碓、行槽、鞍架；禱祠祭祀則供棘葛、竹墼。内外營造應供給者，皆主守之。丞爲之貳。舊，將作寺百工署掌營棘葛、槍子、土墎、石作之事。開元十五年，改百工署爲監，其職掌各分入諸署：槍子入左校，石作入甄官，棘葛、土墎等入於此署。凡監、署役使車牛皆有年支草、豆，據其名簿，閲其虚實，受而藏之，以給於車坊。

甄官署

令一人，從八品下。《周禮》摶埴之工二，謂陶與旊也。後漢將作大匠屬官有前、後、中甄官令、丞。晉少府領甄官署，掌墎瓦之任。宋、齊有東、西陶官瓦署督、令各一人。北齊太府寺統甄官署，甄官又別領石窟丞。後周有陶工中士一人，掌爲罇、彝、簠、簋等器。隋太府寺統甄官署令、丞二人，皇朝改屬將作。丞二人，正九品下。後漢前、後、中三甄官各丞一人，晉有甄官丞，後周有陶工下士一人。隋甄官丞二人，皇朝因之。

監作四人，從九品下。甄官令掌供琢石、陶土之事。丞爲之貳。凡石作之類，有石磬、石人、石獸、石柱、碑碣、碾磑，出有方土，用有物宜。凡磚瓦之作，瓶缶之器，大小高下，各有程准。凡喪葬則供其明器之屬，别敕葬者供，餘並私備。三品以上九十事，五品以上六十事，九品已上四十事。當壙、當野、祖明、地軸、䩩馬、偶人。其高各一尺。其餘音聲隊與僮僕之屬，威儀、服玩，各視生之品秩所有，以瓦、木爲之，其長率七寸。

百工、就谷、庫谷、斜谷、太陰、伊陽監：監各一人，正七品下。

副監一人，從七品下。

丞一人，正八品上。《周禮》：山虞、林衡並掌斬伐林木之事。歷代皆有其官，皇朝取其義而並置之。庫穀監在鄠縣，就穀監在盩厔縣，百工監在陳倉，太陰監在陸渾縣，伊陽監在伊陽縣。

録事各一人。監作各四人，從九品下。太陰監，伊陽監各典事十人。百工等監，掌採伐材木之事，辨其名物而爲之主守。凡修造所須材幹之具，皆取之有時，用之有節。

都水監

使者二人，正五品上。本《周官》川衡之職。漢太常、大司農、少府、内史、主爵中尉其屬官各有都水長、丞。武帝置水衡都尉，掌上林苑，有五丞，其屬官有上林、均輸、禦羞、禁圃、輯濯、鍾官、辯銅令、丞。又衡官、水司空、都水、農倉，又甘泉上林、都水七官長、丞皆屬焉。至成帝，以都水官多，置左、右使者各一人，則劉向護左都水使者是也。至哀帝，罷之。王莽改水衡都尉曰予虞。後漢省都水以屬郡國，而置河堤謁者五人。魏因之，又兼有水衡都尉，主天下水軍舟船器械。晉置都水台都水使者一人，掌舟楫之事，官品第四。又有左、右、前、後、中五水衡。《晉起居注》及《元康百官名》：陳慎、戴熊俱以都水使者領水衡都尉。宋孝武帝省都水台，置水衡令。齊氏複置都水台使者一人。梁武帝天監七年改爲太舟卿，爲冬卿，班第九，吏員依晉，又加當關四人。陳因之。後魏亦二官並置建，都水使者正第四品中，水衡都尉從五品中。太和二十二年，都水使者從五品，而省永衡。北齊都水台使者二人，後周有司水中大夫一人。隋都水台使者二人，從第五品，有丞、參軍、河堤謁者、録事，掌船局都水尉、諸津尉、丞、典作、津長等。開皇三年，省都水入司農，十三年複置。仁壽元年，改爲都水監。煬帝複爲使者，正五品，統舟楫、河渠二署。大業五年，又改使者爲監，加至四品。又置少監，爲五品。複改監爲令，從三品。少監爲少令，從四品。皇朝改爲都水署，隸將作，令從七品下。貞觀中，複改爲都水使者，從五品上。龍朔二年改爲司津監，咸亨元年複爲都水使者。光宅元年改爲水衡都尉，神龍元年復舊。都水使者掌川澤、津梁之政令，總舟楫、河渠二署之官屬，舟楫署開元二十三年省。辨其遠近，而歸其利害。凡漁捕之禁，衡虞之守，皆由其屬而總制之。凡獻享賓客，則供川澤之奠。凡京畿之内渠堰陂池之壞決，則下於所由，而後修之。每渠及斗門置長各一人，以庶人年五十已上並勳官及停家職資有幹用者爲之。至溉田時，乃令節其水之多少，均其灌溉焉。每歲，府縣差官一人以督察之。歲終，録其功以爲考課。

丞二人，從七品上。《漢書》都水、水衡皆有丞。後漢省。晉初置都水使者，有參軍二人，蓋丞之職也。宋因之。孝武帝省都水台，置水衡令，亦無丞。梁天監七年置太舟卿，始置丞一人，班第一。陳因之。後魏都水有參事六人，北齊有參事十人，並丞之任也。隋初，置都水台，有丞二人，正第八品上。大業三年，加從七品。皇朝改爲都水署，丞從八品下。貞觀中，改爲使者，以署爲監，加丞秩至從七品上。

主簿一人，從八品下。《晉令》：“水衡都尉置主簿一人。”又：“左、右、前、後、中五水衡皆有主簿。”梁天監七年，太舟主簿七班之中第三，與宗正主簿同。後魏、北齊並不置。大業中置主簿一員，皇朝因之。丞掌判監事。凡京畿諸水，禁人因灌溉而有費者，及引水不利而穿鑿者。其應入内諸水，有餘則任王公、公主、百官家節而用之。主簿掌印，勾檢稽失。凡運漕及漁捕之有程者，會其日月，而爲之糾舉。

舟楫署

令一人，正八品下。漢中尉屬官有都船令、丞，水衡都尉有輯濯令。晉水衡令各有舷曹吏。《齊職儀》有船官典軍一人。後周有舟工中士一人。隋都水使者領掌船局都尉二人，煬帝改爲舟楫署令一人，皇朝因之。

丞二人，正九品下。漢有都船丞、輯濯丞。隋煬帝置舟楫署丞二人，皇朝因之。舟楫令掌公私舟船及運漕之事。丞爲之貳。諸州轉運至京都者，則經其往來，理其隱失，使監漕監之。

河渠署

令一人，正八品下。秦及兩漢都水、水衡屬官有河堤謁者，則河渠署令也。隋煬帝取《史記·河渠書》之義以名署，置令一人，皇朝因之。領河堤謁者、魚師。

丞一人，正九品下。隋煬帝置河渠署丞一人，皇朝因之。河渠令掌供川澤、魚醢之事。丞爲之貳。凡溝渠之開塞，漁捕之時禁，皆量其利害而節其多少。每日供尚食魚及中書門下官應給者。若大祭祀，則供其乾魚、魚醢，以充籩、豆之實。凡諸司應給魚及冬藏者，每歲支錢二十萬送都水，命河渠以時價市供之。

諸津

令一人，正九品上。《列女傳》有道津吏女，自後無聞。《晉令》：“諸津渡二十四所，各置監津吏一人。”北齊三局尉皆分司諸津、橋之事。後周有掌津中士一人，掌津渡、川瀆之制，而爲之橋樑。隋都水領諸津：上津，每尉一人、丞二人。中津，尉、丞各一人。下津，尉一人。每津典作一人、津長四人。皇朝改置令、丞。

丞一人，從九品下。皇朝因隋置。諸津在京兆、河南界者隸都水監，在外者隸當州界。諸津令各掌其津濟渡舟梁之事。丞爲之貳。

〔宋〕農田利害條約

整理説明

《農田利害條約》是北宋王安石變法中的産物。王安石執政後，迅速建立了一個主持改革的新機構“制置三司條例司”，對北宋王朝的政治、經濟、軍事、文教進行全面的改革。自熙寧二年到元豐八年的十七年間，先後推行均輸、青苗、免役、保甲、將兵、市易、軍器、方田均税和農田水利等十幾部新法。其中的《農田利害條約》是王安石變法中的重要内容之一，也是我國古代第一部比較完整的農田水利法。

《農田利害條約》正式頒佈於熙寧二年十一月十三日。《宋史》卷一四《神宗紀一》稱之爲《農田水利約束》，全文共一千二百餘字。《農田利害條約》記載在《宋會要輯稿》中。現存《宋會要輯稿》是清代嘉慶年間學者徐松利用修撰《全唐文》的機會，命人根據《永樂大典》中收録的宋代官修《宋會要》加以輯録而成。此後，繆荃孫、屠寄、劉富曾等均曾參與過整理工作。現傳世的版本是一九三六年經過後人整理出版的影印稿。《農田利害條約》兩次出現在該書“食貨一”和“食貨二十三”中。本次整理以“食貨二十三”爲底本，個别地方參照“食貨一”修改。

十一月十三日，（置制）[1]〔制置〕三司條例司言：乞降《農田利害條約》[2] 付諸路。

應官吏、諸色人，有能知土地所宜種植之法，及可以完復陂湖河港；或不可興復，只可召人耕佃；或元無陂塘圩岸、堤堰溝洫，而即今可以創修；或水利可及衆而爲之占擅；或田土去衆用河港不遠，爲人地界所隔，可以相度均濟疏通者，但於農田水利事件，並許經管勾官或所屬州縣陳述。管勾官與本路提刑或轉運商量，或委官按視。如是利便，即付州縣施行。有礙條貫及計工浩大，或事關數州，即奏取旨。

其言事人並籍定姓名、事件、候施行乞[3]，隨功利大小酬獎；其興利至大者，當議量材録用；内有意在利賞，人不希恩澤者，聽從其便。

應逐縣各令具本管内有若干荒廢田土，仍須體問荒廢所因，約度逐段頃畝數目，指説著望去處。仍具令來合如何擘畫立法，可以糾合興修，召募墾闢，各述所見，具爲圖籍，申送本州。本州看詳，如有不盡事理，即別委官覆檢，各具利害開説，牒送管勾官。應逐縣並令具管内大川溝瀆行流所歸，有無淺塞合要濬導，及所管陂塘、堰埭之類可以取水灌溉者，有無廢壞合要興修，及有無可以增廣創興之處。如有，即計度所用工料多少，合如何出辦。若係衆户，即官中作何條約興[4]糾率；衆〔户〕[5] 不足，即如何擘畫假貸，助其闕乏。

所有大川流水阻節去處，接連別州縣地界，即如何節次尋究施行，各述所見，具爲圖籍，申送本州。本州看詳，如有不盡事理，即別委官覆檢，各具利害，牒送主管官。應逐縣田土邊迫大川，數經水害，或地勢汙下，所積聚雨潦，須合修築圩岸、堤防之類，以障水患。或開導溝洫，歸之大川，通泄積水，並計度闊狹、高厚、深淺，各若干工料，立定期限，令逐年官爲提舉人户，量力修築開濬，上下相接。已上亦先具圖籍，申送本州。本州看詳，如有不盡事，即別委官覆檢，各具利害，牒送管勾官。

所有州縣攢寫都大圖籍，合用書筆，成添雇人書，許於不係省頭子錢内支給。諸色公人如敢緣此起動人户乞覓錢，並從違制科罪，其贓重者自從重法。

---

[1] 據《宋會要輯稿·食貨一》改。
[2] 《宋史》卷一四《神宗紀一》記載"熙寧二年十一月丙子頒《農田水利約束》"。
[3] "乞"應爲"訖"，見《食貨一》。
[4] "興"應爲"與"，見《食貨一》。
[5] 原文脱"户"字，據《食貨一》補。

應據州縣具到圖籍並所陳事狀，並委管勾官與提刑或轉運商量，差官覆檢。若事體稍大，即管勾官躬親相度。如委實便民，仍相度其知縣縣令實有才能，可使辦集，即付與施行。若一縣不能獨了，即委本州差官或别選，往彼協力了當。若計工浩大，或事關數州，即奏取旨。其有合興水利及墾廢田用工至多縣分，若知縣縣令不能施行，即許申奏對換。或别舉官，或替下官仍别與合入差遣。若本縣事務煩劇，兼所興功利浩大，合添丞、佐去處，即依今年二月中所降添員指揮，别具聞奏。

應有開墾廢田、興修水利、建立隄防、修貼圩岸之類，工段浩大，民力不能給者，許受利人户於常平廣惠倉係官錢斛内，連狀借貸支用，仍依青苗錢例，作兩限或三限送納。如是係官錢斛支借不足，亦許州縣勸諭物力人出錢借貸，依例出息，官爲置薄及催理。

諸色人能出財力，糾率衆户，創修興復農田水利，經久便民，當議隨功利多少酬奬。其出財頗多，興利至大者，即量才録用。應逐縣計度管下合開溝洫工料，及興修陂塘、圩岸、堤堰、斗門之類。事關衆户，却有人户不依元限開修，及出備名下人工物料有違約束者，並官爲催理外，仍許量事理大小，科罰錢斛。其錢斛却爲置簿拘管，收充本鄉衆户工役支用。所有科罰等，第令管勾官與逐路提刑司，以逐處衆户見行科罰條約共同參酌，奏請施行。

應知縣縣令能用新法興修本縣農田水利，已見次第，令管勾官及提刑或轉運使、本州長吏保明聞奏，乞朝廷量力績[1]大小與轉官，或升任，減年磨勘循資；或賜金帛，令再任；或選差知自來陂塘、圩岸、堤堰、溝洫、田土堙廢最多縣分；或充知州、通判，令提舉部内興修農田水利。資淺者且令權入，其非本縣令、佐，爲本路監司管勾官差委，擘畫興修。如能了當，亦量功利大小，比類酬奬。詔並從之。

[1] “力績”應爲“功績”，見《食貨一》。

〔宋〕慶元條法事類

（卷四七至卷四九）

整理説明

《慶元條法事類》，南宋謝深甫監修。全書共八十卷，附録二卷。所收爲南宋初年（一一二七年起）至慶元（一一九五年至一二〇〇年）間敕、令、格、式及隨敕申明。分職制、選舉、文書、榷禁、財用、庫務、賦役、農桑、道釋、公吏、刑獄、當贖、服制、蠻夷、畜産、雜門等十六門，爲南宋法律、經濟資料的彙編。現存《慶元條法事類》正文缺四十四卷，僅餘三十八卷，缺佚雖多，但保存的宋代史料很珍貴。其中卷四七至卷四九保留了部分水利内容。

宋代吏部七司有《條法總類》，作爲各司辦事的依據。淳熙（一一七四年至一一八九年）時，孝宗命按七司所掌政事分類，改編成《淳熙條法事類》，以便檢閲。寧宗（一一九四年至一二二四年在位）時依淳熙故事，命宰相謝深甫等據慶元四年（一一九八年）九月所頒《慶元重修敕令格式》改編成《慶元條法事類》。書成於嘉泰二年（一二〇二年）八月，於次年頒行，因此《直齋書録解題》把此書稱作《嘉泰條法事類》。該書末附録《開禧重修尚書吏部侍郎右選格》二卷，爲開禧二年（一二〇六年）三月所頒《開禧重修七司法》中的部分内容。該書流傳甚少，清乾隆以後有抄本五種（其中一種由日本岩崎氏收藏），缺卷相同，似乎是同出一源，其所根據的祖本則不詳。現今通行的版本爲燕京大學圖書館於一九四八年十月據常熟瞿氏本印行的版本。本次整理即以此爲底本。

卷四七

賦役門一

閣免税租勑令

令

田令

諸田因水發衝注塌壞，或因官司占癈，不堪開修耕作，應開閣減免税租者，許地主或業主申縣，伍日内令、佐親詣檢量頃畝，後有退復田堪耕種者，耆鄰限叁拾日申縣，依此撿量籍記，限壹年歸業。黄河積水限貳年，壹發水限壹年半。

匿免税租勑令格

勑

詐僞勑

諸詐稱災傷減免税租者，論如《廻避詐匿不輸律》，許人告。

諸詐匿減免税租而官司知情者，計壹年虧官物數准枉法論，許人告。吏人貼司、鄉書手杖罪並勒停，流罪配本城。

諸以陸地開墾水田未成者，不得作隐匿税租陳告。

卷四八

賦役門二

支移折變勅令格申明

令

賦役令

諸户放税伍分以上及暴水漂溺之家，其檢。放不盡税數，應支移、折變者，聽免。

諸因災傷而逃亡歸業者，免兩料催科。不因災傷非避賦役者，免兩料支移、折變歸業日有元種苗稼者，不免。限外歸者，若因災傷滿叁年，免叁料催科，每加壹年，又免壹料，至柒料止。滿伍年，仍減税額壹分，每加貳年，又減壹分，至叁分止。不因災傷滿肆年，非避賦役者，免兩料催科；避賦役者，免壹料，每加貳年，各人免壹料，至伍料止。滿柒年仍各減税額壹分，滿拾年各減貳分。

諸軍湏河防物，並預先約度，支係省錢置場，或差衙前，許於出産處計會官司收置。如湏至科率，即申轉運司相度，於形勢之家及第叁等以上户税租内折納。仍即時具科買、折納名數及人户姓名牓示。

諸轉運司科買及折納之物謂本上所有者，各依時估紐價。若已行曉諭，復令别納錢物，及反覆紐折過爲掊克者，州縣未得行下，速申本司改正，及申尚書户部相度。如或固執，即具狀以聞。事干軍期、河防不可待報者，買納訖奏税租應折變者，除紐價外，依折納法。

卷四九

農桑門

農田水利勑令格

勑

户婚勑

諸瀦水之地謂衆共溉田者，輒許人請佃、承買，并請佃、承買人各以違制論，許人告。未給、未得者，各杖壹佰。

令

田令

諸田爲水所衝，不循舊流而有新出之地者，以新出地給破衝之家可辦田王姓名者，自依退復田法。雖在佗縣亦如之。兩家以上被衝而地少給不足者，隨所衝頃畝多少均給。具兩岸異管從中流爲断。

諸雨水過常而瀦積爲害及於道路有妨者，令、佐監督導決，水大者，州差官計度，仍申監司。若功役稍衆，轉運司應副并差官同本州相度。行訖具應用財力及導決次第，申尚書本部。

諸州雨雪過常或愆亢，提舉常平司體量，次月申尚書户部。

諸江河、山野、陂澤、湖塘、池濼之利與衆共者，不得禁止及請佃、承買。監司常切覺察，如許人請佃、承買并犯人糾劾以聞。河道不得築堰或束狹以利種植。即瀦水之地，衆共溉田者，官司仍明立界至，注籍請佃及買者，追地利入官。

諸陸田興修爲水田者，税依舊額輸納，即經伍料，提點刑獄司報轉運司，依鄉例增立水田税額。

河渠令

諸以水溉田，皆從下始，仍先稻後陸。若渠堰應修者，先役用水之家，其碾磑之類壅水於公私有害者，除之。

諸大渠灌溉，皆置斗門，不得當渠造堰。如地高水下，聽於上流爲斗門引取，申所屬檢視置之其傍支俱地高水下，須暫堰而灌溉者，聽。

諸小渠灌溉，上有碾磑，即爲棄水者，玖月壹日至拾貳月終方許用水。捌月以前，其水有餘，不妨灌溉者，不用此令。

格

賞格

諸色人

告獲請佃、承買瀦水之地謂衆共溉田者，每取畝錢叁貫壹佰貫止。

種植林木勑令格申明

河渠令

諸緣道路、渠堰官林木，隨近官司檢校，枯死者，以時栽補，不得斫伐及縱人畜毀損。

申明

隨勑申明

紹興五年十月六日勑：勘會種植榆柳林木之類，本爲修築埽岸，隄備黄河，及官司營缮以充財植。擾攘以来，黄河無修築，官司罷營缮，將縣丞種植榆柳木推賞權罷，候邊事寧息日依舊。

職制

〔元〕河防通議

（含金代《河防令》）

整理説明

《河防通議》一書是宋、金、元三代治理黄河的工程規章制度匯編。這些規章制度在河工實踐中應用了三百多年。原著者爲宋代的沈立，他在慶歷八年（一〇四八年）搜集治河史迹，考察古今治理利弊，撰述《河防通議》一書。

宋本《河防通議》原書久已失傳。現存本係元代色目人贍思（清代改譯爲沙克什）於至治元年（一三二一年）根據當時流傳的所謂“汴本”，其中包括沈立原著和宋建炎二年（一一二八年）周俊所編《河事集》，以及金代都水監所編另一《河防通議》即所謂“監本”加以整理删節改編而成，《元史·贍思傳》稱作“重訂河防通議”。

《河防通議》的重訂者沙克什（一二七八年至一三五一年），元、明譯作贍思，清改爲今名。祖父魯坤爲大食人，十三世紀初遷居中國。沙克什自幼聰穎好學，曾求教於翰林學士承旨王思廉，博覽群書，注重“篤實之學”，爲鄉邦多推重。深受其父斡直無意仕途之秉性影響。延祐元年（一三一四年），放弃科舉。泰定三年（一三二六年），又婉言謝絶元帝委任。天曆三年（一三三〇年）入爲應奉翰林文字，上所著《帝王心法》，得文宗贊賞，詔修《經世大典》，因與主持者意見相左，辭歸故里。至順四年（一三三三年）被授予國子博士，亦未赴任。後至元三年（一三三七年），拜陝西行台監察御史，後分巡雲南、湖廣等地，命浙西、浙東廉訪司事，江東肅政廉訪副使，懲治貪官，打擊豪强，爲民興利，頗有政聲。至正十年（一三五〇年），召爲秘書少監，議治河事，辭疾不赴。翌年卒，年七十有四。至正二十五年（一三六五年），贈嘉議大夫、禮部尚書、上輕車都尉，追封恒山郡侯，謚曰文孝。沙克什通曉儒家經典，尤精于《易》，對天文、地理、鐘律、算數、水利及異國之書“皆究極之”。著有《四書闕疑》《五經思問》《奇偶陰陽消息圖》《老莊精詣》《鎮陽風土記》

《續東陽志》《西國圖經》《西域异人傳》《金哀宗記》《正大諸臣列傳》《審聽要訣》及文集三十卷。

《河防通議》分爲上、下二卷，共六門六十八目。上卷三門：《河議》略述古今河患、堤埽利病、黄河水文特徵及金代河防令；《制度》述及開河、閉河、定平、修砌石岸、卷埽、築城的制度和方法；《料例》梳理修築堤岸、安置壩閘、卷埽、造船等工程所需之物料和工具。下卷三門：《功程》介紹諸類工程的標準和計算方法；《輸運》記載與輸運相關之工程的標準等；《算法》則介紹了雜法、積垜、卷埽、開河等具體施工中各種斷面形狀方量與用料的計算。前後有序跋。該書總結了宋、金、元三代治理黄河的理論和經驗，將我國古代水利科學及相關的工程技術提升到系統化的新階段，也是現存最早的有關河防技術及工料規章的著作，對於研究當時的水利事業具有非常重要的參考價值。

《河防通議》一書中還收録了金代的防洪法律《河防令》。《河防令》是中國最早的一部防洪行政法，頒佈於金章宗泰和二年（一二〇二年），屬於二十九種泰和律令之一，與《泰和律義》同時頒行。《河防令》由皇帝指定的律令校定官和復定官，根據金代歷朝有關詔令，修訂編制而成。

《河防令》首次規定了每年防汛起止期限，自“六月一日至八月終”爲黄河“守漲”月份。對中央有關部門、州縣官府和河務部門的河防職責作了明確規定，如，朝廷每年汛前派出河防檢視官，沿河巡查，履行户部、工部職事權力，督促、命令都水監派出機構分治都水監、京府、州縣守漲官員和河防軍夫，落實防汛計劃舉措，修固堤防，並檢查次年春修備料，等待黄河安流後，回京還職。對河防兵假期和醫療制度也有規定。另外，對滹沱、漳、沁等河專設官員，以及盧溝河（今永定河）等所在縣官，汛期防汛搶險的職責也作出了相應規定。《河防令》對瞭解金代的水利管理具有獨特的意義和價值。

《河防通議》對於黄河治理和元代水利發展都具有重要的價值。

後至元四年（一三三八年）刊刻付梓，流傳日廣。

本書流傳版本有《四庫全書》本、《守山閣叢書》本、一九三六年商務印書館《叢書集成》本、中國水利工程學會《中國水利珍本叢書》本等。本次整理以《守山閣叢書》本爲底本。

欽定《四庫全書》提要

《河防通議》二卷，元沙克什撰。案：沙克什，原（大）〔本〕❶作贍思，今改正。沙克什，色目人，官至秘書少監，事迹具《元史》本傳。是書具論治河之法，以宋沈立“汴本”及金“都水監本”彙合成編。本傳所稱《重訂河防通議》是也。沙克什系出西域，邃於經學，天文、地理、鍾律、算數無不通曉。至元中，尝召議河事，蓋於水利亦素所究心，故其爲是書。分門者六，門各有目，凡物料、功程、丁夫、輸運以及安樁、下絡、疊埽、修堤之法，條列品式，粲然咸備，足補列代史志之闕。昔歐陽玄尝謂，司馬遷、班固記河渠、溝洫，僅載治水之道，不言其方，使後世任斯事者無所考。是編所載，雖皆前代令格，其間地形改易，人事遷移，未必一一可行於後世。而準今酌古，矩矱終存，固亦講河務者所宜參考而變通矣。

❶ “大”當作“本”，據文淵閣《四庫全書》本改。

原　序

水功有書，尚矣。《禹貢》垂統於上，而《河渠書》《溝洫志》纘緒於下，後世間亦有述。逮宋、金而河徙加數，爲害尤劇，故設備益盛，而立法愈密。其疏導則踐禹迹而未臻，其壅塞則擬宣房而過之矣。金時，都水監有書詳載其事，目曰《河防通議》，凡十五門，其體制類今簿領之書，不著作者名氏，殆胥史[1]之紀録也。今都水監亦存而用之。愚少嘗學算數於真定壕寨官[2]張祥瑞之，授以是書，且曰："此'監本'也，得之於太史若思。"後十五年，復得"汴本"，其中全列宋丞司點檢周俊《河事集》，視"監本"爲小异，雖無門類，而援引經史，措辭稍文，論事略備，其條目纖悉則弗若之矣。署云"朝奉郎、尚書屯田員外郎、騎都尉沈立撰"。愚患二本之得失互見，其叢雜紛糾，難於討尋。因暇日擿而合之爲一，削去冗長，考訂舛訛，省其門，析其類，使粗有條貫，以便觀覽，而資實用云。至治初元，歲在辛酉，四月吉日，真定沙克什序。

---

❶ "胥史"同於"胥吏"。《新唐書·選舉志》載："諸臺、省、寺、監、軍、衛、坊、府之胥史六千餘人。"《新唐書》卷九十八《吏傳》載："紹京本胥史，無素才。"

❷ "壕寨官"爲宋、金、元時期水利職官。《勉齋集》卷二十八《公劄》載："又嘗令壕寨官計其丈尺工料，則爲城不過六七里，爲費亦數十萬緡。"《金史·百官三》載："壕寨官一員，掌監督修造。"

卷上

河防通議

河議第一

古今河患

漢谷永以爲："河，中國之經瀆也。聖王興則出圖書，王道廢則竭絕。今潰溢橫流，漂没陵阜，异之大者也。修政以應之，災變自除。"是時李尋、解光亦言："陰氣順按：《前漢書》原文作"陰氣盛"，順字疑误。則爲水[1]之長[2]〔故一日之間，晝减夜增，〕，江河滿溢，所謂水不潤下[3]〔雖常於卑下之地，猶日月變見于朔望，〕，明天道有（故）〔因〕[4]而作也。"又，田蚡曰："江河之决皆天事，未易以人力强塞，未必應天。"按：《前漢書》原文作"未易以人力强塞，强塞之未必應天"。此處蓋有脱文。而望氣用數者亦以爲然。愚稽考前書，三五之世，非無失德之君，而河不爲患者，豈禹跡之存歟？沈立"汴本"。

隄埽利病

《易》曰："水流濕，火就燥。"《洪範》曰："水潤下，火炎上。"此聖人言水火之本性也。昔大禹治水，導河自積石至於大陸，播爲九河，而歸

---

[1] "爲水"，《漢書·溝洫志》作"水爲"。

[2] "長"後脱字較多。據《漢書·溝洫志》載："陰氣盛則水爲之長，故一日之間，晝减夜增，江河滿溢。"

[3] "下"后脱字較多。據《漢書·溝洫志》載："所謂水不潤下，雖常於卑下之地，猶日月變見於朔望，明天道有因而作也。"

[4] "故"當作"因"。據《漢書·溝洫志》改。

於海，蓋順物性而治之也。由是功施三代，民無昏墊之憂。及乎戰國，各利其地，不能復禹故跡，而務興隄防。至於漢世，决溢之患作矣。當是之時，議復禹跡者，言甚懇至，而卒不能用。乃以竹楗、石菑善塞爲利。殊不知逆性而爲利，則賈讓所謂“猶止兒啼而塞其口，豈不遽止，然其死可立而待也”。烏可爲邪？晋魏而下，逮乎隋唐，用事者往往極言水利，至於河事，則亦無著聞於時者。我國家奄有天下，自龍門至於渤海，爲埽岸以拒水者，凡且百數。而薪芻之費，歲不下數百萬緡。兵夫之役，歲不下千萬功。備御河患，不爲不至矣。而自開寶之後，潰溢愈甚。議者謂必决之勢有二，而完固之弊有三。不敢支蔓其説，粗别白而言之。

夫戰國之時，作隄去河猶二十五里，雖屢移徙，而不爲患，及乎漢世尚然。近者百步，遠者數里。以今驗之，則郡邑、民房皆在舊日古隄之間耳，又安得不爲患也。然觀河水向著之處，緊刷隄脚，吞伏勢緊，渲入埽下。蓋由河隄太狹，一川不能兼受數河之任，雖增高隄防，勞費百倍，而亦不能救潰决之患耳。此必决之勢一也。

又，河水一石，而其泥六斗，既而河道久不移徙，其易爲淤澱也可知矣。今隄外民田，在河水之下幾已數尺，故塞而復决。此必决之勢二也。

又，監埽使臣與都水修護官，及本州知通[1]同兼管轄，凡有繕治，必候協謀。方聽令于省，轉取朝旨而後行。其有可行之事，爲一人所沮，則遂爲之罷。有不可興之功，爲一人所主，則或爲之行。上下相制，因循敗事。此完固之弊一也。

又，逐埽所積薪芻之備，其退無涯，不可按驗。謂卷埽所用之物無磨勘也。由是緣而侵盗，鮮能禁止。退背之地，任其朽敗。至于向著之處，居常闕乏，危急之際，無所救護，坐待潰决。此完固之弊二也。

又，每埽所屯河清軍，多是差撥上綱及諸處占役，有河上功料，却自京東西、淮南發卒爲之，各離本管，貧弊困苦，逃死大半，兩失制置，河清諳熟河役，却令上綱雜役，客軍去營三二千里，逃死者十四五，故謂兩失制置。此完固之弊三也。

今以必决之勢，不完三弊，而欲殄河患，雖使神禹復生，恐未能也。救弊之急，莫若先擇使領之兵，不令他役，然後商胡北决水，復金隄故道，則勞費自減其半矣，隄防可責完固矣。若然，則河患幾乎息歟！“汴本”。

---

[1] “知通”，知州、通判的合稱。

《河事集》序

河爲中國患遠矣，故國朝嘉祐中，内置都水監以總之。元豐中，外復分南北丞以行之。其如分職置吏，辟舉繇役、官兵，謹隄防、植材木、頒廩賜，以至賞罰推劾之（數）〔類〕❶，有司號令之文，皆有成書，閲而可考。至若河之源流，古今決塞，與夫治水之成敗，建官之因革，區區案局，或未遍知。俊竊役水司，行將二紀矣。耳目見聞，蓋亦多矣。今不揆孱愚，輒用採集，庶我水局同于吏道者，或賜觀覽焉。雖無取于毫分，恐有補于萬一。時建炎二年秋望日，銅臺本司進義副尉、北丞司點檢文字周俊集。“汴本”。

治水

堯之時，洪水滔天，浩浩懷山襄陵，下民昏墊，二十年間。四岳舉鯀治水，九年而水害不息，功用不成，治水無狀，乃殛鯀于羽山而死。舜舉禹，使續鯀之業。堯崩，舜命禹爲司空，平水土。禹傷其父之功不成而受誅，乃勞力焦思，居外十三年，過門不入。陸行車載，水行舟載，泥行乘橇，按：《尚書》❷蔡沈集傳作“泥乘輴”，《史記》作（橇）❸〔毳〕，《前漢書》作“毳”。注：孟康曰：“毳行如箕，擿行泥上。”師古曰：“毳讀如本字。”山行則梮，按：《尚書》蔡沈集傳作“山乘樏，《史記》作（檋）❹〔橋〕，《前漢書》作“梮”。注：居足反。以別九州。隨山濬川，任土作貢。導河自積石，至于龍門，南至于華陰，東過洛汭，至于大伾。于是，禹以爲河所從來者高，其水湍悍，難以成功于平地，遂疏九渠，以引其河，同爲逆河，入于渤海。三代千餘年享其利。逮春秋二百四十年，不書河患，以禹所爲之功未易泛溢也。

自周定王五年，河始小徙，而秦復決以灌魏，陵夷至于戰國，其法壞而隄防作矣。戰國之地，惟齊與趙、魏以河爲境界。齊居河之東，而趙、魏居河之西。趙、魏依山而高，齊居平地而卑。于是，齊始去河二十五里

---

❶ “數”當作“類”。據文淵閣《四庫全書》本《河防通議》改。

❷ 《尚書》即《書集傳》或《書經集傳》。此書爲南宋學者蔡沈采擇衆説、融會貫通後對《尚書》所作之注本。

❸ “橇”當作“毳”。據《史記·河渠書》改。

❹ “檋”當作“橋”。據《史記·河渠書》改。

爲隄焉。自是，河流東抵而不得縱横，遂泛[1]溢于西。而趙、魏亦二十五里爲之隄以防之。河勢自此蹙然，未至于甚者。中間猶得二十五里之闊，而河之流尚得優游，而不至于迫也。其後邊河之民，因水之去，則耕牧其中焉[2]，又爲室廬聚落以居焉。及水之來也，捐廬室聚落，實有所迫之也。古之善治河者，常空數百里之地以待之，豈以咫尺之地爲吝，而卒使民受其害也？《河事集》。

辨信、漲二水

信水者，上源自西域[3]遠國來，三月間凌消，其水渾冷，當河有黑花浪沫，乃信水也。又謂之上源信水，亦名黑凌。

漲水者，係六月臨秋生發，過常無定，上有浮柴困魚，其水腥渾，驗是礬山遠水也。又水兼深濃。或曰“紅濃”。“監本”。

十二月水名

正月解凌、二月信水、三月桃花、四月麥黄、五月瓜蔓、六月礬山、七月荻苗、八月豆花、九月霜降、十月伏漕、十一月噎凌、十二月蹙凌。“監本”。

河水平安月分

正月、二月、三月、十月、十一月、十二月。

釋十二月水名

黄河自仲春迄秋，季有漲溢。春以桃花爲候，蓋冰泮水積，案：《宋史·河渠志》作“冰泮雨積”。川流猥集，波瀾盛長。二月、三月謂之“桃花（月）〔水〕[4]。”

---

❶ “泛”字脱。據文淵閣《四庫全書》本補。

❷ “焉”，文淵閣《四庫全書》本作“也”。

❸ “域”，文淵閣《四庫全書》本作“夷”。

❹ “月”當作“水”。據文淵閣《四庫全書》本及本句之案中“信水、桃花水”改。另：“花”，《宋史·河渠一》作“華”。

案：《宋史·河渠志》，信水、桃花水下載："春末蕪菁開（花）〔華〕[1]，謂之'菜（花）〔華〕水[2]'。"此處宜有脱文。四月（隴）〔壟〕[3] 麥結秀，爲之[4]變色，故謂之"麥黄水"。五月瓜實延蔓，故謂之"瓜蔓水"。朔方[5]之地，深山窮谷，固陰沍寒，冰堅晚泮，逮於盛夏，消釋方盡，而沃蕩山石，水带礬腥，案：原本作"浩蕩山石，山帶礬腥"，疑有誤。今從《宋史·河渠志》所引文改正。併流入河，六月[6]謂之"礬山水"。今土人常候夏秋之交，有浮柴死魚者，謂之"礬山水"，非也。七月、八月菼薍花出，謂之"荻苗水"。案：《宋史·河渠志》作"七月，菽豆方秀，謂之'豆華水'"。九月以重陽紀候[7]，謂之"登高水"。十月水落安流，復故漕[8]道，謂之"復漕[9]水"。十一月、十二月斷凌[10]雜流，乘寒復結，謂之"蹙凌水"。立春之後，春風解凍，故正月謂之"解凌水"。水信有常，率以爲準。"汴本"與"監本"少异，故兩存之。

浪名以辨河事"監本"

馬穩波、深。破頭浪、深。鶻鵶浪、斜斂浪、深。截河浪、納漕浪、係角土有阿[11]，岸下兩流相縈，故謂"納漕浪"，深旋。汗心浪、淺。秋河窟臀、若上口有阿，不愁下口。夏河口、若下口有阿，上口亦有阿。南風灘頭浪、淺。北風浪裹河、東風看赤、是河。西風看白、是河，亦名逆流浪。遠觀花浪、深。近作脚、深。灘頭斂、高。河北斂、深。西流。緣大河正流或左右一處岸子陡高，擗水向下，與其餘生河水相聚，作西流。又有瀼底西流，係岸下水深，或正西流左右岸陡高，二水相擊，作拔底西流。

---

[1] "花"當作"華"。據《宋史·河渠一》改。另："開華"當作"華開"。據《宋史·河渠一》載："春末，蕪菁華開，謂之'菜華水'。"

[2] "花"當作"華"。據《宋史·河渠一》改。

[3] "隴"當作"壟"。據《宋史·河渠一》改。另據《宋史·河渠一》"四月"下有"末"。

[4] "爲之"，《宋史·河渠一》作"擢芒"。

[5] "方"，《宋史·河渠一》作"野"。

[6] "六月"，《宋史·河渠一》作"六月中旬後"。

[7] "候"，《宋史·河渠一》作"節"。

[8] "復故漕道"，《宋史·河渠一》作"復其故道"。

[9] "漕"，《宋史·河渠一》作"槽"。

[10] "凌"，《宋史·河渠一》作"冰"。

[11] "阿"，"彎曲"之意。《六臣註文選》卷一"珊瑚碧樹，周阿而生"之劉良注云："阿，曲也，言生於庭曲"。

辨土脈

夫治水者，必知地理形勢之便，川源通塞之由，功徒多少之限，土壤疏厚之性，然後可以言水事矣。且水害中國者，惟河爲甚。禹跡既亡，自漢而下垂千餘年，言水事者不可勝記，而未聞有成功者，不其難乎？今列土性與色于後。

膠土：花淤、牛頭、沫淤、柴土、捏塑膠。若先見雜草榮茂，多生蘆茭，其下必有膠土。

減土：带沙青、带沙紫、带沙黄、带沙白、带沙黑。此係舊河底死土，或多年□諸雜❶糞土，經一紀以上變成者。

沙土：活沙、流沙、走沙、此三等活動走流，難以成功。黄沙、死沙、細沙。一云膩沙。

河防令

一、每歲選舊部官一員，詣河上下，兼行户、工部事，督令分治都水監及京府州縣守漲部夫官，從實規措，修固堤岸。如所行事務有可久爲例者，即關移本部，仍候安流，就便檢覆。次年春，工物料訖，即行還職。

一、分治都水監道勾當河防事務，並馳驛。

一、州縣提舉管勾河防官，每六月一日至八月終，各輪一員守漲，九月一日還職。

一、沿河兼带河防知縣官，雖非漲月，亦相輪上提控。

一、應沿河州縣官，若規措有方，能御大患，及守護不謹，以致堤岸疎虞者，具以奏聞。

一、河橋埽兵遇天壽聖節及元日、清明、冬至、立春，各給假一日。祖父母、父母吉凶二事，并自身婚娶，各給假三日。妻子吉凶二事者，止給假二日。其河水平安月分，每月朔各給假一日。若河勢危急，不用此令。

一、沿河州府遇河❷防危急之際，若兵力不足，勸率于擬水手人户，協濟救護。至有幹濟，或難迭辦，須合時暫差夫役者，州府提控官與都水監及巡河官同爲計度，移下司縣，以近遠量數差遣。

一、河防軍夫疾疫須當醫治者，都水監移文近京州縣，約量差取，所

❶ “雜”當作“諸雜”。據文淵閣《四庫全書》本補。

❷ “河”字脱。據《新元史・河渠一》補。

須用藥物，並從官給。

一、河埽堤岸遇霖雨漲水作發暴變時，分都水（司）[1]〔監〕與都巡河官往來提控官兵，多方用心固護，無致爲害。仍每月具河埽平安，申覆尚書工部呈省。

一、除滹沱、漳、沁等河，以其各有埽兵守護。其餘爲害諸河，如有臥著衝刷危急等事，並仰所管官司約量差夫，作急救護。其蘆溝河行流去處，每遇泛漲，當該縣官與崇福埽官司一同叶濟固護，差官一員，係監勾之職，或提控巡檢，每歲守漲。此令係金時所著。並見"監本"。

制度第二

開河

自古但遇開河，宜先[2]于上流相視地形，審度水性，測望斜高，于冬月記料，至次年春興役開挑，仍于上口存留隔堰，必須漲月以前終畢。待漲水洪發，隨勢去隔堰，水入新河，乘勢順下，可以成功。開河之法，非止一端，又須審勢疎導。假若河勢丁字，正撞堤岸，剪灘截嘴，撩淺開挑，費功不便，但可解目前之急，亦有久而成河者。如相地形，取直開挑，先須鈐口下[3]，謂上下平岸口也。望分水勢，以解堤岸之危。若全要奪大勢，更于對岸拋下樹石修刺，刺音七。于刺影水勢，漸以樹石鈐固。河口因復填實，損而復修，遂至堅固不摧塌，則新河迤逦行流，舊河自然淤塞矣。"汴本"。

閉河

先行檢視舊河岸口，兩岸植立表杆，次繫影水浮橋，使役夫得于兩岸通過，兼蔽影河流緊勢。於上口難[4]前處，下撒星樁，拋下樹石，鎮壓狂瀾。然後兩岸各進草紝三道，土紝兩道，又于中心拋下席袋、土包子。若

---

❶ "司"當作"監"。據文淵閣《四庫全書》本與其他條文改。

❷ "先"字脱。據文淵閣《四庫全書》本補。

❸ "口下"二字衍，當從文淵閣《四庫全書》本作"下口"。

❹ "難"疑爲"灘"。

兩岸進紝，至近合龍門時，得用手持土袋、土包，多廣抛下，鳴鑼鼓❶以戰河勢。此亦吴人以萬弩射潮之意。既閉後，于紝前捲攔頭壓埽，于紝上脩壓口堤。若紝眼水出，再以膠土填塞牢固，仍設边檢，以防滲漏。“汴本”。

定平

定平之制，既正四方，據其位置，于四角各立一表，當心安置水平，其制長二尺四寸，廣二寸五分，高二寸。先施立樁在下，高四尺，安纂在内。樁上横坐水平，兩頭各開小池，方一寸七分，深一寸三分，注水于中，以取平。或中心又開池者，方深同，身内開槽子，廣深各五分，令水通過。于兩頭池子内各用水浮子一枚，用三池者水浮亦用三枚。水浮子方一寸五分，高一寸二分，刻上頭令側薄，其厚一分，浮于池内。望兩頭水浮之首，參直遥對立表處，于表身畫記，即知地形高下。二本同。

修砌石岸

凡修砌石岸，先開掘檻子嵌坑。若用闊二尺，深二丈，開與地平。順河先鋪線道板一片，次立簽樁八條，各長二丈，内打釘五尺入地。外有一丈五尺，于簽樁上安跨塌木板六片，每留三片，每片鑿孔兩個，中間擻子木六條。于擻子木上用稈草一束匀鋪。先用整石脩砌，修及一丈後，用荒石再砌一丈，一例高五尺。第二層除就舊簽樁外，依前鋪塌木板、擻子木、稈草，再用石段脩砌，高五尺。第三層亦就舊分例，于上脩砌高一丈，功就。三層通高二丈。二本皆同。

捲埽

埽之制非古也，蓋近世人創之耳。觀其制作，亦椎輪于竹楗、石菑也。今則布薪芻而捲之，環竹絙以固之，絆木以係之，掛石以墜之。舉其一工以稱之，則曰“龕”。案：龕音“混”❷，字書“大束”也。龕既下，又以薪芻填之，謂之“盤簟”。兩龕之交，或不相接，則以網子索包之，實以梢草塞之，謂

❶ “鼓”，文淵閣《四庫全書》本作“皷”。

❷ “混”徐中舒主編《漢語大字典》引《篇海類編·通用類·大部》，龕音“滚”，“混”亦有“滚”之意，故“混”應音“滚”。

之“孔塞”。“盤簟”、“孔塞”之費，有過于埽龕者，蓋隨水去者大半故也。其龕最下者，謂之“撲崖埽”，又謂之“入水埽”。龕之最居上者，謂之“争高埽”。河勢向著，恐難固護，先于堤下掘坑，捲埽以備之，謂之“陷埽。”疊[1]二三四五而捲者，蓋河堧皆沙壤疎恶，近水即潰，必借埽力以捍之也。下埽龕既朽，則水刷而去，上龕壓下，謂之“實墊”。于上又捲新埽以壓之，俟定而後止。凡埽去水近者，謂之“向著”；去水遠者，謂之“退背”；水入埽下者，謂之“緊刷”。向著之（刷）[2]〔埽〕，積龕有長三二百步，或至千步者。埽龕之高，自十尺有至四十尺者。其龕之長，不過二十步，故一埽稍墊，動爲二三[3]十龕，計其薪芻竹石兵士之費，已二三萬緡。官得其人，則可省三之一；官不得其人，則費加倍。若暴水泛溢，走流埽龕，下埽既去，上埽摇動，謂之“埽喘”，大危矣。“汴本”。

築城此非河事，但以近河城郭間若水圮，亦或用之。物料附。

凡城高四十尺，則厚加高二十尺。其上斜收，減高之半。若高增一尺，則其下厚亦加一尺，上收亦減其半。若高減，則亦減之。開地深五尺，其廣随城之厚。每身一十五步，栽永定柱一條。長視城高，徑一尺至一尺二寸。夜义[4]各二條，每築高五尺，横用紝木一根。甕城至馬面之類凖此。每槫椽三尺，用草葽一條，木橛一個。“監本”。

〔料例第三〕[5]

脩砌石岸每步兩縫合用物料二本同

簽樁八條，各長二丈，徑二寸八分。撒子木一十八條，各長二丈，徑六寸。扎縫草三束，各一十五斤。線道板一片，長五寸，闊一尺，厚三寸。石段一千三百三十三塊三分，各長一尺五寸，厚闊各一尺，荒整各半。塌木板一十八片，各長一丈三尺，闊九

---

❶ “疊”，文淵閣《四庫全書》本作“曡”，《説文》言：曡，揚雄説以爲，古理官決獄，三日得其宜，乃行之。從晶，從宜。亡新以爲，曡從三日太盛，改從三田。

❷ “刷”當作“埽”。據文淵閣《四庫全書》本改。

❸ 文淵閣《四庫全書》本“三二”二字互乙。

❹ “夜义”即“夜义木”。據宋人李誡撰《營造法式》卷三《壕寨制度・成》載：“夜义木各二條，每築高五尺，横用紝木一條。”

❺ 標題“料例第三”脱。據文淵閣《四庫全書》本補。

寸，厚三寸。打攀樁一條，橛三條，竹索二條。

安置壩閘一座物料“汴本”

廂板八十片，搊土板八十片，底板四十片，四擺手板六十片，以上計二百六十片，各長一丈五尺，濶一尺，厚二寸。截河板六十片，長六尺，濶一尺，厚二寸。剌水板二十片，各長七尺，濶一尺，厚二寸。吐水板二十四片，各長一丈六尺，濶一尺，厚二寸。板橛四十八個，各長六尺，方三寸。立貼木一十二條，各長一丈五尺，濶六寸，厚四寸。臥貼木三十條，各長六尺，濶六寸，厚四寸。金口立貼木四條，各長一丈五尺，濶七寸，厚五寸。壓板地栿九條，各長二丈四尺，濶五寸，厚二寸。轆頰木八條，各長一丈，濶一尺，厚五寸。順水地栿二條，各長三丈二尺，濶一尺，厚七寸。過水地栿二條，各長三丈，濶一尺，厚七寸。排槎木柱二十條，各長二丈一尺，濶一尺二寸，厚六寸。角柱四條，各長二丈一尺五寸，濶一尺五寸，厚二寸❶。金口柱二條，各長二丈一尺五寸，濶一尺五寸，厚一尺。襯板地栿一十二條，各長二丈四尺，濶一尺，厚八寸。吐水地栿五條，各長三丈，濶一尺，厚六寸。剌水地栿二條，各長二丈五尺，濶一尺，厚六寸。涎衣梁四條，各長一丈六尺，濶一尺二寸，厚七寸。門渠栿一條，長二丈四尺，濶一尺，厚六寸。攀面拽後橛八條，長一丈七尺，徑九寸。脚板二片，長一丈五尺，濶一尺四寸，厚六寸。閘板八片，長二丈三尺，濶一尺四寸，厚六寸。地丁五十八條，各長六尺，徑六寸。吐水樁三十條，各長七尺，徑七寸。鳳翅樁二十條，各長二丈，徑七寸❷。唫口木四條，各長二丈五尺，徑九寸。永定柱五十二條，各長二丈，徑七寸。拽後木五十二條，各長一丈七尺，徑四寸。轉軸四條，各長七尺，徑八寸。上下水攔口樁一百六十條，各長七尺，徑七寸。丁鐵梁頭計三千八百七十八箇，平蓋五寸丁三千一百一十二箇，候頭一尺丁三百四箇，梁頭鉤五十二道，長一尺五寸，闊一寸，厚三分。釘梁頭三寸丁三百一十二箇，每首六箇。板釵股三十二箇，長二尺，徑四分。起板鈎索三十二條，各長四尺，每股徑六分。打板索上鈎鐶二副，鈎長五寸，鐶徑四寸。掛板鈎搭三十二個。鈎長八寸，脚四寸。雜用物料，好麻索四條，二條長三十尺，徑三寸。二條長二丈五尺，徑二寸半。油八十斤，石灰二百四十斤。三斤和油，一斤爲劑，固縫使用。

四擺手合脩盤木岸各八步合用物料例每三尺六寸，使梢草一束，簽樁一條，梢草中停，填埽坑同。

梢六百九十束，草六百九十束，簽樁三十條，什物席一十片，栲栳二

---

❶ “二寸”，文淵閣《四庫全書》本作“一寸”。
❷ “七寸”，文淵閣《四庫全書》本作“八寸”。

十個，檐索二十條。各長二丈。

捲埽物色有梢草，有竹索，有樁，有橛。

山梢、出河陰諸山，埽軍採斫，舟運而下，分置諸埽場，以其堅直可久，故用之。雜梢、即沿河採斫榆柳雜梢，或誘民輸納者。心索、大小皆百尺，此索在埽心，橫捲兩係之。底樓索、在上曰搭樓索。束腰索、單使令多。（箍）❶〔箍〕頭索、兩端用之，箍音"孤"。芟索、捲埽密排用之，亦名綿葽。斯絢索、長二十尺❷，小竹索也，以弔墜石。綱子索、以竹索交結如綱，置兩埽之交，以實盤簟。簽樁、長一丈八尺，埽上以雲梯簻下之，以貫下埽。枴橛、長二尺，首端安橫牙，故云枴橛。擗橛、長五尺，即榼橛，盤簟即用之。小橛、長一尺五寸，以接索頭。墜石。大小規模類碓觜，以斯絢索貫其竅。

捲埽器具

制脚木、用大木枋先置埽臺上，以襯鋪埽，使其勢不滯也。制木、以枋爲之，先置埽下，以制綿葽。三脚拒馬、亦用拒埽，使不退有進，往往不用❸。進木、以圓木作轉軸，按類而推之，每捲埽，即用五七枚于夯下，使埽夯不退。長木簻、以圓木爲之，四出樞廓，方木爲之，如簻之狀，恃以下樁。短木簻、大（小）❹〔石〕簻、小石簻、皆同上。卓鈎、以鐵爲鈎，貫木柄，用鋪埽，勻梢草。推梯、以大木徑尺許者爲之，每二尺鑿一竅，以橫木貫之，捲埽用。數百人拱其橫木，推埽夯。又有（火）❺〔大〕橫梯、蜈蚣梯，其制一也，但大小不同。雲梯、以木爲之，如梯橫跨樁首，人立以（待）❻〔持〕簻打樁。卓斧、拍把、櫟木杪棒、三稜木、草牛、土牛、土捧頭❼、綿索、通河索。皆雜用。以上並"汴本"。

捲埽夯高一丈長二十步合用物料

計用三千八百五十條，束梢一千一百束，六百八十七束半鋪埽，四百一十二束半盤簟。草二千六百二十五束，若捲牛子梢，倍草數。二千一百七十束埽，一千三百

---

❶ "箍"當作"箍"。據文淵閣《四庫全書》本改。
❷ "二十尺"，文淵閣《四庫全書》本作"三十尺"。
❸ "往往不用"，文淵閣《四庫全書》本作"木往往不用"。
❹ "小"當作"石"。據文淵閣《四庫全書》本及下文"小石簻"改。
❺ "火"當作"大"。據文淵閣《四庫全書》本改。
❻ "待"当作"持"。據文淵閣《四庫全書》本改。
❼ "土捧頭"，文淵閣《四庫全書》本作"捧頭"。

五十六束二分半鋪埽，八百一十三束七分半盤簟。四百五十五束打綿葽，有芟盡用。簽樁九條，簟埽用二丈，壓埽用一丈或三丈。搠橛七條，亦名橀橛，用簟埽。拽後橛六十條，竹索四十九條，綿葽三百五十條，小橛料索計數，此其大略也。但取見用以爲準，臨時損益，則在其人。"監本"。

造船物料"監本"

船每一百料，長四十尺，面濶一丈二尺，底濶八尺五寸，斜深三尺。計用板木二百二十三條❶片，底板二十四片，長一丈，濶一尺四寸，厚一寸半。遠板四片，長一丈四尺，濶一尺一寸，厚二寸半。幫板二十二片，長一丈三尺，濶一尺一寸，厚一寸半。艨板八片，長一丈二尺，濶一尺，厚一寸半。巾頭板二片，長七尺七寸，濶一尺，厚二寸。平漫板一片，長七尺，濶一尺，厚一寸半。側嵓板一片，長七尺，濶一尺一寸，厚二寸。壓查板一片，長七尺，濶一尺一寸，厚二寸。照水板二片，長八尺，濶一尺，厚一寸半。上下連溏板二片，長八尺，濶一尺二寸，厚二寸。前艥二條，長一丈，濶八寸，厚四寸。後艥二條，長九尺五寸，濶八寸，厚四寸。堵板一十二片，並濶一尺，厚一寸半，四片長一丈一尺，八（寸）❷〔片〕一丈二尺。腰梁一十二條，長一丈二尺，濶四寸，厚三寸。地極木二十條，長九尺，濶四寸，厚三寸。壁柱二十四條，長三尺，濶四寸，厚三寸。熟柱二十六條，長三尺，方三寸。攀面梁二條，長一丈四尺，濶五寸，厚四寸。金口木一條，長四尺，濶一尺，厚八寸。順身梁二條，長一丈四尺，濶五寸，厚四寸。鋪襯板三十六片，舵杆一條，長一尺或尺二寸，徑四寸。舵軸四條，長一丈二尺，濶四寸，厚三寸。艪板一十片，長三尺五寸，濶一尺，厚一寸。舵牙一條，長七尺五寸，濶四寸，厚三寸。轉軸一條，長七尺，中徑四寸。丁鍋三千六百八十五箇，丁三千六百十一箇，鐶鍋七十四箇。拐丁二千四百九十七個，匙頭丁二十箇，長二寸。六寸平蓋丁二百二十一箇，四寸六百四十三箇，十二箇重一斤。三寸一百八十四箇，梁頭丁四十六箇，汗環一十四副，各重四兩。馬鍋六十箇，雜用油五十三斤一十五兩，石灰一百六十一斤一十三兩，例三斤灰用一斤油和。麻搗八斤，攬索一條，竹白一秤，竹梢半秤，稈草半稈起湊，窐子柴四十秤，什物棹六條，各長二丈五尺，徑二寸。棹二張，棹頭板。舵管一，長二丈二尺，徑五寸。橛一條，繫纜用，長一丈，徑三寸半。鞴一扇，頭板長一丈，濶四寸半，厚二寸。鞴蹉長九尺五，徑四寸半。竹檀一合，長三百五十尺，用八破竹五竿，縛纏麻一斤半。大小麻索九條，計重三

❶ "二百二十三條"，文淵閣《四庫全書》本作"二百四十二條"。

❷ "寸"當作"片"。文中堵板共"一十二片"，其"四片"長一丈一尺，一丈二尺則當爲"八片"。另：文淵閣《四庫全書》本亦作"八片"。

十斤，絣索一條，麻索八條。絣纜索一條，八檀麻索一條，長三丈五尺，徑七分，重。案：重字下原本脱去斤數。風縴索一條，汗索六條，長六十尺，徑三分，重五斤。帆幔一合，縫幔線好麻一十四兩，棹簒六箇，各重一斤半。釘簒丁六箇，各寸半。平蓋丁一十八箇，橛簒一箇，重斤半。釘簒丁❶八箇。

竹葦諸索

捲埽竹索、長一百尺，用八破竹、陝西竹二十五竿，懷州竹三十一竿。小較索、長四十尺，圍一寸半，用竹四竿。圍二寸半，用竹六竿。手索、長七十五尺，用竹二十竿。定石索、長二百尺，用竹二十五竿。綻索、長七十五尺，圍四寸，用八破竹二十五竿。通河索、長二百五十尺，圍一尺二寸，用八破竹四百五十竿。欄杆索、長二百五十尺，圍二寸，用八破竹二十三竿。葦索每條長一百尺，合用葦數不等。圍一尺二寸，用一十二束。每束重十五斤。圍一尺，用八束三分三釐。圍九寸，用六束七分五釐。圍七寸，用四束八分。

綿荆葽

綿葽、長七十五尺，徑三寸，使草一束三分。長四十八尺，使草八分三釐。荆葽。長七十五尺，圍三寸，使濕荆〔一〕❷ 十二斤，每束重三十斤，打葽二條平。又按脩木岸常例，荆二十五斤，打葽三條。

明昌七年定到打造捲埽竹索法

嵩州元納到八破竹，自後監造竹索官辨驗得竹細小，各有長一二分，准充七破竹，每條用二十四竿。懷州竹破不等。十破竹用一十六竿，九破竹用一十八竿，八破竹用二十竿，七破竹用二十八竿，梢尺短少。衛州竹數不等。二寸竹四十二竿，三寸半竹二十八竿，四寸竹二十一竿，元二十四竿梢尺短少。隨埽使用竹索，制不用白。小較索，每條用八破竹二竿，不用白，止用青篾子兩股合成，長二丈，圍二寸半。秤制，得剩下白重二斤四兩，稍根重六兩。手索，每條用八破竹二十一竿，用篾子三股合成，長七十五尺，圍四寸，得竹白二十二斤。捲

❶ “釘簒丁”前後有“六箇”和“八箇”，疑有重複或前後非同一種“丁”。

❷ “一”字脱。據文淵閣《四庫全書》本補。另考前文，“雜用油五十三令一十五兩，石灰一百六十一斤一十三兩”及“平蓋丁一十八個”。

埽大索，每條用八破竹二十一竿，用竹篾纏裹竹白三股合成，長一百尺，圍六寸。所剩竹根二十一個，重六十三兩。

河橋司使用竹索

抛定索，每條用八破竹八十竿，不用白，止用青篾子三股合成，長二百尺，圍五寸。剥下竹白五十七斤一十二兩二分，竹根八十箇，重一十五斤三兩二分。綻索，用八破竹二十五竿，用青篾子三股合成，長七十五尺，圍四寸。剥下竹白一十八斤五兩，竹根二十五箇，重四斤一十二兩。

卷下

河防通議

功程第四

功程

按：《唐六典》，凡役有輕重，功有短長，法以四、五、六、七月爲長功，二、三、八、九月爲中功，十、十一、十二、正月爲短功。看詳得夏至日長，有至六十刻者。冬至日短，有至四十刻者。若一等定功，則枉弃日刻甚多。《唐六典》❶〔營造法式〕稱，〔中〕功❷以十分爲率，長功加一分，短功減（二）〔一〕❸分。凡役夫，每日收五時辰功，每時收二分。如遇風雨寒暑，所避時除破。役夫每日辨明入役，酉時放罷。河防緊急，不拘此例。夏至後至立秋，自巳正至未正兩時，放役夫憩息。

埽兵假日

天壽節、元日、清明、冬至。並給假一日。祖父母、父母吉凶事，并己身嫁娶。並給假三日。妻子吉凶事。給假二日。

修築開掘等功

凡運土，修填積水，並量水淺深尺寸爲法，增減土尺，若有合用梢草

❶ 《唐六典》當作《營造法式》。據《營造法式》卷二載："中功以十分爲率，長功加一分，短功減一分。"

❷ "功"當作"中功"。據同右。

❸ "二"當作"一"。據《營造法式》卷二改。

者，下樁、打索、攀繫、打邊、櫃水、設禁、絍欄之類，皆折功。水深一尺，收土九分；水深二尺，收土八分；水深三尺，收土七分；水深四尺，收土六分；水深五尺，收土五分；水深六尺，收土四分；水深七尺，收土三分；水深八尺，收土二分。

開掘脩砌石岸

若旋開掘脩砌，每以二十尺爲功。專以脩砌，五十尺爲功。打樁下板。開掘檻子嵌坑，以五十尺爲功。若遇泥水，以三十尺爲功。折補脩砌巖空，以三十尺爲功。開掘裝擔子，開掘裝擔出土，以三百[1]尺爲功。裝擔出土，以二百五十尺爲功。擔出土，以三百尺爲功。添用碎磚瓦三分打築，以五十尺爲功。

打築臺身

開掘裝土，以二百尺爲功。擔運遠近，計地里臨時增減。打築，以四十尺爲功。

開掘柱窩

開掘出土，以一百尺爲功。打築，以三十尺爲功。覆入壤土，折五十尺爲功。敲破磚瓦，篩沙，添用碎磚瓦，抄三分在内。

行牆檻子

開掘、出土、入土，以一百二十尺爲功。添用磚瓦三分。打築，以五十尺爲功。

開挑塞河

開挑裝（檐）〔擔〕[2]、有泥濘，以一百五十尺爲功；無泥濘，以三百尺爲功。般擔。有泥濘，以七十五尺爲功；無泥濘，以一百尺爲功。

---

❶ “三百”，文淵閣《四庫全書》本作“二百”。

❷ “檐”當作“擔”。據前後文及文淵閣《四庫全書》本改。

打築堤道

開掘裝擔，以二百尺爲功。地里遠近，别計折除。打築，以八十尺爲功。

築牆

例於牆下留捍水臺，五尺外取土，每功土尺，開列于後。

高七尺取土五十尺，高八尺取土四十七尺，高九尺取土四十四尺，高一丈取土四十一尺。牆下無土，二十步外取土，作貼堤法。細計之，高五尺取土四分三釐，以前土尺爲十分，此只取四分三釐也。高六尺取四分一釐五毫，高七尺取四分，高八尺取三分八釐五毫，高九尺取三分七釐，高一丈取三分五釐五毫，高一丈一尺取三分四釐，高一丈二尺取三分三釐五毫。

築牆每步功程

高七尺每步三功，高八尺每步四功，高九尺每步五功，高一丈每步六功，高丈一每步七功，高丈二每步八功。

雜作功例

造船一百料合用功役：船匠一百六功，鋸匠一百六功，鏟匠一百六功，計三百一十八功。雜役夫在外。

打樁日下取功：每二十人爲朋，二丈至一丈八尺，每朋二十條。一丈六尺至一丈四尺，每朋二十五條。槲橛、拽後橛，每朋六十條。籠打高鎚樁頭水手，每十三人爲朋，打八條爲功。每條該一功六分二釐半。

打索蔞接索功程

捲埽竹索，以一條爲功。長徑見料例。小較索，以七條爲功，圍二寸半者四條爲功。手索，以一條爲功。定石索，每條四功。(綜)❶〔綻〕索，每條一

---

❶ “綜”當作“綻”。據前文“竹葦諸索”之“綻索”、“河橋司使用竹索”之“綻索，用八破竹二十五竿，用青篾子三股合成”與文淵閣《四庫全書》本改。

功半。通河索，每條三十四功。欄杆索，以一條爲功。綿䕸，以十二條爲功。長四十八尺，以十條爲功。荆䕸，以十二條爲功。接心索，攢七三斯，接擔五紳爲十功。接䕸索，兩斯折，接三十紳爲十功。

採打石段

每一十塊爲功，各長一尺五寸，濶厚各一尺，重一百二十斤。荒整各半。用石匠一工，體夫一工，係每功採斫五段，二人共得十塊。若依常例，每夫一名，前去舜神山採般石段，一去三十里，往迴六十里。每塊長一尺五寸，濶厚各一尺，重一百二十斤，每六十斤爲功。計二日納前項石一塊，荒整各半。鐵匠小爐填鎚撚鑿，大爐打鐵桁在外。斫樁大小，皆以三十條爲功。

斫橛材

長一尺，五百根爲功。長三尺，一百根爲功。

削橛子

長，二百箇爲功。短，四百箇爲功。

劖剾榆柳

榆以八束爲功，柳以〔一〕[1] 十二束爲功。上樹斫柳枝，以一百根爲功。長六七尺截在内。栽柳枝用引橛，以二百根爲功。斫尖在内。栽柳椑子，以二百箇爲功。計合栽月分，十二月至正月終。雜栽榆柳，三百根爲功。掘坑、斫橛子、下栽、打築、擔水在内。

澆灌榆柳擔水依擔土例

鋤𠜾榆柳，每五畝爲一功。若難鋤者，臨時增減。挑塹遮榆柳，以一百二十尺爲功。只是擺土岸上，兼于塹外邊遭拍土成岸垠，其塹自方一丈五尺，深三尺。河勢緊急，

[1] “一”字脱。據文淵閣《四庫全書》本及前後文補。

望青採斫榆柳，自管束縛，青松以二十束爲功，茇草以二十五束爲功，原十五束，疑爲二十五束，濕重三十斤。榆柳檉以二十五束爲功。青雜梢自管斫束，以二十束爲功。帶耷濕重三十斤。束亂梢草，自管打葽，以一百束爲功。河埸收茇草、雜青紫，八月秋成下手，每功三十束，九月減五束，十月、十一月又減五束。河勢危急，轉迴牽拽浮橋脚船，擺布繫泊，遮影水勢，每船一隻折五百功。打净鐵以四斤爲功，功錢五百四十文。泥補牆壁，以二百尺爲功。仰泥以一百尺爲功。

輸運第五

定功脚例

舊定新里堠比舊里堠❶一百里計一百一十里。明昌二年二月二十五日準牒，奉户部看定到舊里堠細算得比新里堠一百里計一百〔一〕❷十四里。

百里百斤脚價

平（州）〔川〕❸、春冬季一百三十五文，夏秋季一百五十七八文。山險。春冬季一百單九文，夏秋季二百文。

水脚

定到椿橛下水行百里，每重一石，脚錢四十文三分六絲。每石定一百一十五斤，每一百斤，該脚錢三十五文四釐五毫❹。梢草每束一十五斤，每斤脚錢三分五釐四絲四忽，計該脚錢五文二分五釐六毫六絲。

---

❶ “堠”，記里程的土堆。《五百家注昌黎文集》卷六《路旁堠》云：“堆堆路旁堠，一雙復一隻。迎我出秦關，送我入楚澤。”

❷ “一”字脱。據文淵閣《四庫全書》本及前後文補。

❸ “州”當作“川”。據下文“山險”及文淵閣《四庫全書》本改。

❹ “五毫”，文淵閣《四庫全書》本作“四毫”。

清河上水每百里脚價

明昌六年七月十五日，户部委差官斷定，清州每斤脚錢三貫九百四十文，滄州脚錢每斤三分九釐四毫。

陸運

凡般擔諸物，每擔重六十斤，往還六十里爲一功。

擡（掙）〔掙〕❶ 椿橛明昌七年，本監申刑部准擬定例。

椿長三丈，六人一條。二丈五尺，五人一條。二丈，四人一條。拽後橛七尺五寸，一人一條。擗橛二丈五尺，二人一條。簽橛一丈二尺或一丈，一人一條。出漉竹柀解圻上岸，竹每人一百竿。不論大小。木一丈二尺至一丈四尺，每人四十條。一丈八尺至二丈，徑六寸。每人二十五條。二丈二尺至二丈五尺，每人一十五條。積垜梢草，就近般使，以二百尺爲功。積朶、結山、苫蓋、般運用積尺見後。般至（朶）〔垜〕❷ 下，每功三百束。場外般至場裏，每功二百束。結山、苫蓋，每功一百束。

水運

輕重船上下水日行里路：上水、重船日行三十五里，輕船日行五十里。下水。重船日行一百里，輕船日行二百里。

裝船斤重

河橋司渡船，每隻各長七十尺，口濶一丈八尺，係八百料。今比附定到三百料至八百料船，合裝般運物數，合用棹梢埽兵如後。

三百料一十五人，下水裝一萬六千二百五十斤，上水裝六千斤。四百料一十八人，下水裝二萬一千六百五十斤，上水裝八十斤。五百料二十一

---

❶ “掙”當作“掙”。原著“掙”疑爲異體字。文淵閣《四庫全書》本作“掙”，有抬舉之意。據改。

❷ “朶”當作“垜”。據上下文及文淵閣《四庫全書》本改。

人，下水裝二萬七千五百斤，上水裝一萬斤。六百料二十四人，下水裝三萬二千四百五十斤，上水裝一萬二千斤。七百料二十七人，下水裝三萬七千四百五十斤，上水裝一萬四千斤。八百料三十人，下水裝四萬三千二百五十斤，上水裝一萬六千斤。

二百料小船合裝物料：梢裝六百束，草裝七百束，竹索二百一十條，樁，三丈二十條，二丈五三十五條，二丈七十條，一丈六尺八十條。拽後橛三百條，七尺五寸。簽橛，一丈百六十條。擗橛一百條。一丈五尺。

般運石段

若用三百料船，可載一百五十塊椽梢，水手一十八人，船四十五尺，濶一丈。除前後水倉占訖一丈五尺外，有三丈，每尺爲一十料，每一料容重六十斤。沿山河放船行，若呼"小尾"，是船頭直上行；呼"擡尾"，是船頭直下行。

歷步減土法鍬杵功例附

凡一步内取土，以一百尺爲功。每展一步，則減土積一尺。謂兩步取土，則以九十九尺爲功。展至五十步，以五十尺爲功。每十人破鍬杵二功。五十一步至一百步取土，每展五步減土一尺，展至一百步，以四十尺爲功。每十五人破鍬杵二功。一百一步至二百步取土，每展十步，減土一尺五寸，展至二百步，以二十五尺爲功。每二十人破鍬杵二功。二百一步至三百步取土，每展一十步，減土六寸，展至三百步，以一十九尺爲功。每二十五人破鍬杵二功。三百一步至四百步取土，每展一十步，減土五寸，展至四百步，以一十四尺爲功。每三十人破鍬杵二功。四百一步至五百步取土，每展十步，減土三寸，展至五百步，以一十一尺爲功。每三十五人破鍬杵二功。五百一步以上，計擔子往（來）〔廻〕[1] 六十里，每石重六十斤爲功。若展步，則皆以里法三百六十步約爲里數，計擔子遭數，折土尺爲功。謂如五百四十步爲一里半，二十遭爲六十里，折一十尺爲功。展至三千六百步，以一尺五寸爲功。每四十人破鍬杵二功。此亦以行六十里、擔六十斤爲率。每一石土，得實積五百寸。蓋土自方一寸重二兩，五百寸則一千兩，總爲六十斤單四兩，以此爲率，折爲土功。若遇泥

---

[1] "來"當作"廻"。據原著"採打石段"條之"採般石段，一去三十里，往廻六十里"及文淵閣《四庫全書》本改。

濘泉石之類，并冬月地凍、日短、雨雪，官司臨時相度增減。

本監定例[1]諸物尺寸斤重：樁每一尺重八斤，三丈重二百四十斤，二丈五尺重二百斤，二丈重一百六十斤，一丈二尺重五十四斤，一丈四十五斤。拽後橛每尺五斤，七尺五寸三十七斤半。元定三十八斤。搿橛每尺七斤四分，一丈五尺一百一十一斤。竹索每尺一斤半，長一百尺一百五十斤。梢每束一十五斤，葦每束一十五斤，草每束一十三斤，荆每束三十斤。

諸石斤重

前定石每塊長三尺，濶二尺，厚一尺，重七百二十斤。後定石每塊長一尺，濶一尺，厚一尺，重一百二十斤。元定一百三十斤。經角山正石，自方一尺，重一百三十斤。艾葉青石，自方一尺，重一百二十七斤。白石并沙石，自方一尺，重一百二十斤。舜神山石，長一尺五寸，濶厚各一尺，重一百二十斤。

荒净鐵斤重

荒鐵一秤，收净鐵七斤四兩五錢。用炭二秤。

枋木積寸

黄青松簌赤栝，自方一尺，重二十五斤。方寸重四錢。白栝自方一尺，重二十斤。方寸重三錢二分。常例枋長一丈六尺，濶一尺二寸，厚六寸得積一萬一千五百二十寸每尺積七百二十寸自方一尺，積一千寸。每寸重四錢，每四十寸重一斤，自方一尺，重二十五斤。係四百兩。前積計二百八十八斤。

山雜木棗、櫟、榆、槐之類

自方一尺，重三十斤。方寸重四錢八分。

[1] “例”，文淵閣《四庫全書》本作“到”。

茭草青雜柴

濕重三十斤半，乾重二十三斤。至入場時，重一十五斤，全乾。

雜運諸物斤重

土自方一寸，重二兩。泥重三兩。塼自方一尺，重八十七斤半。方寸重一兩四錢。瓦自方一尺，重九十斤一十兩。方寸重一兩四錢半。黄金方寸重一斤，玉方寸重一十二兩，錢一貫重五斤。係八十陌。米每石重一百六斤一十二兩。定一百斤。粳米一斗，重一十七斤。糯米一斗，重一十八斤一十五兩。鹽一斗，重一十斤。濕鹽一斗，重一十二斤。蜜一斗，重一十二斤半。漆一斗，重一十斤。油一斗，重九斤。

樁梢徑寸

樁長二丈至三丈，中徑六寸，大徑八寸，小徑四寸。擗橛長一丈五尺，中徑五寸，大徑七寸，小徑三寸。拽後橛長七尺五寸，中徑三寸，大徑四寸半，小徑一寸半。

榆柳梢束徑寸

上等徑一尺五寸，中等徑一尺至一尺四，下等徑五寸至九寸。

算法第六

雜法

假令有草一萬三千五百束，各重一十三斤，欲折一十五斤草，問折多少？答曰“一萬一千七百束”。法曰：“置草一萬三千五百束，在地以十三斤乘之，得積一十七萬五千五百斤，以所折草重一十五斤約之，合問。”

假令使綿葽三百五十條，每條用草一束三分，問計用草多少？答曰

"四百五十五束"。法曰："置綿葽數三百五十，在地以一束三分乘之，合問。"

假令竹二十八竿，打索一條。今有竹一千五百六十八竿，問打多少？答曰"五十六條"。法曰："列竹一千五百六十八竿，以二十八竿約之，合問。"

假令有工三百三十三人，每三人打索二條，問打多少？答曰"二百二十二條"。法曰："置人數在地，按異乘同除法，二因三除，得數合問。"

假令有梢草一萬五千三百五十束，過脚赴場送納，議定百里百斤脚錢二百四十四文，每束一十五斤，到場九十里，問總該脚錢多少？答曰"五百五貫六百二十九文"。法曰："列百里脚錢二百四十四文，以乘九千里，得二十一貫九百六十文。以百里約之，得九十里脚錢二百一十九文六分，即百斤脚錢也。以百斤約之，得二文一分九釐六毫爲一斤脚錢，以每束十五斤通之，得三十二文九分四釐爲一束脚錢，又以總梢草數乘之，得數合問。"

積垛

假令有梢草一垛，長八十步，濶四十步，山高九尺，砧高八尺，問爲梢多少？答曰"五千束"。法曰："長濶各以步法五尺通之，復相乘得八百尺，寄左。又折半山高加入砧高，得一十二尺半，爲停高，以乘前數，得萬尺，爲總梢積，以每束積二尺約之，合問。"

假令有芟草一垛，長四步，濶二步半，砧高五尺，山高六尺，問積多少？答曰"一千束"。法曰："置濶二步半歸尺，得一丈二尺五寸，長四步歸尺，得二丈，相乘得積二百五十尺，寄左。置山高折半加入砧高，得八尺，以乘寄左，得二千尺，以二尺約之，合問。"

假令有枋一條，長三丈五尺，濶一尺五寸，厚一尺二寸，問積多少？答曰"六萬三千寸"。法曰："長濶相乘，得五千二百五十寸，以厚一尺二寸乘之，合問。"

假令桅一條，長三丈三尺，大頭徑一尺二寸，小頭徑九寸，問積多少？答曰"二萬七千四百七十二寸半"。法曰："置大小徑各三，因之爲周，大周得三尺六寸，小周得二尺七寸。按積寸法，大周自乘，小周自乘，大小周相乘，三位併之，得二千九百九十七寸，以三十六約之，得一尺積八十三寸二分半，以長三丈三尺通之，得數合問。"

圍三寸，每尺積一十五尺。圍四寸，每尺積二十六尺六寸六分。圍五寸，四十一尺六寸六分。圍六寸，六十尺。圍七寸，八十一尺六寸六分。圍八寸，一百六尺六寸六分。圍九寸，一百三十五尺。圍一尺，一百六十六尺六寸六分。圍一尺一寸，二百一尺六寸六分。圍一尺二寸，二百四十尺。圍一尺三寸，二百八十一尺六寸六分。圍一尺四寸，三百二十六尺六寸六分。圍一尺五寸，三百七十五尺。法曰："置圍三寸，自乘得九寸，去二得七分半，四因折半，得一丈五尺，爲每尺積寸。"其餘以類推之，各見每尺積寸。此法未詳，姑存其舊。

假令截脩堤長三十四步，中濶三十五尺，高七尺三十步取土，問積多少？都功幾何？答曰"積四萬一千六百五十尺，五百九十五功"。法曰："高濶相乘，得二百四十五尺，以步法五尺通之，得一千二百二十五尺，爲每步積。以長三十四步乘之，得四萬一千六百五十尺，爲都積。三十步取土，例以七十尺爲功。以七十尺除都積，得都功合問。"

假令補修一百步舊堤，高一丈五尺，濶三尺五寸，用夫二百人，五日功畢，問遠近取土，以幾何爲功？答曰"一百四十步取土，三十四尺爲功"。法曰："高濶相乘，以步法五尺通之，得一步積。又以長一百步通之，得二萬六千二百五十尺，爲總積，寄左。置二百人，以五日通之，爲一千功，以除總積，得二十六尺二寸半爲一功積，即築堅積也。折開地三十四尺，以歷步減土法考之，乃一百四十步取土也，合問。"

假令修堤一料，長一千步，高一丈，用三千人，以五十尺爲功，三日畢，問濶多少？答曰"濶九尺"。法曰："置每功五十尺，以三千人通之，得一十五萬尺爲一日功積。又以三日乘之，得四十五萬尺爲都功積。以長一千步乘之，得四百五十尺爲一步積。以步法五尺約之，合問。"

假令堤長九百步，高一丈，今欲幫濶一十步，用二千人，以五十尺爲功，三日畢，問高多少？答曰"一尺三寸三分二釐"。法曰："置每功五十尺，以二千人乘之，得一十萬尺爲一日功。以三日乘之，得三十萬尺，爲都積。以長九百步除之，得三百三十三尺，爲每步積。不盡打零。以高一丈約之，得數。以濶一十步折五十尺半之，爲停濶，以除之。"蓋斜幫成勾股，故用停闊。

假令脩堤長三百七十五步，直高八尺，外貼東頭闊一丈五尺，西頭闊二丈七尺，欲從東脩接長一百二十二步，問住處濶幾尺？答曰"濶一丈九尺二寸二分四釐”。法曰：“置西頭濶二丈七尺，除却東頭濶一丈五尺外，有一丈二尺，以長三百七十五步除之，得三分二釐，爲每步差。以接長一百三十二步乘之，得四尺二寸二分四釐，爲接住處差。復加入東頭濶一丈五尺，共爲接住處，合問。”

假令築堤長四十步，南頭高六尺，下濶三丈四尺，北頭高四尺，下濶二丈六尺，一例面濶一丈，問積多少？答曰“二萬一百三十三尺三分尺之一”。法曰：“倍南高加北高，得一丈六尺。又併南頭上下廣折半，得二十二尺，爲停濶，以乘之，得三百五十二尺，寄左。倍北高加南高，得一丈四尺，又併北頭上下廣折半，得一丈八尺，爲停濶，以乘之，得二百五十二尺，與寄左相併，得六百單四尺，置長四十步歸尺，得二百尺，以乘之，得一十二萬八百尺，爲六段積，以六除之，不盡者作餘分，合問。”

井橛法：自乘井橛堤面，橛❶堤面自方一尺，兩次入土打築，一百二十件。謂如高半寸，以每步積土寸半乘之，便是每步高之積土也。如要見每步虧功，以每虧半寸乘每步功數便是也。

假令築圓臺一座，上周三丈，下周六十（丈）〔尺〕❷，高一丈五尺，問積多少？按：此下脱“答曰”一條。法曰：“上周自乘，得九百尺，下周自乘，得三千六百尺，上下周相乘，得一千八百尺。三位相併，共得六千三百尺。以高乘之，得九萬四千五百尺。以三十六除之，合問。”

假令築方臺一座，上方三丈二尺，下方五丈六尺，高四十八尺，問積多少？答曰“七千九百三十六尺”。法曰：“上方自乘，得一千單二十四尺，下方自乘，得三千一百三十六尺，上下方相乘，得一千七百九十二尺。三位相併，得五千九百五十二尺。以高尺乘之，得二十八萬五千六百九十六尺。以三十六除之，合問。”

假令築土牛一座，上長二丈五尺，下長三丈五尺，上濶一丈，下濶二丈，高一丈八尺，問積多少？答曰“八千一百尺”。法曰：“上下長相併折半，得三丈，爲停長。又上下濶相併折半，一丈五尺，爲停濶，相乘得四百五十尺。以高尺乘之，得數合問。”

捲埽

除心索例，常例捲埽梢三草七，心索積于梢積内除之。諸埽高濶不等，

❶ “橛”字衍，見文淵閣《四庫全書》本。
❷ “丈”當作“尺”。據下文“下周自乘，得三千六百尺”及文淵閣《四庫全書》本改。

例長二十步，定高濶各一尺，合除心索五尺，今列合除心索積于後。

高濶各五尺，除一十二尺五寸，六尺除一十八尺，七尺除二十四尺五寸，八尺除三十二尺，九尺除四十尺五寸，一丈除五十尺，一丈一尺除六十尺五寸，一丈二尺除七十二尺，一丈三尺除八十四尺五寸，一丈四尺除九十八尺，一丈五尺除一百〔一〕❶十二尺五寸，一丈六尺除一百二十八尺，一丈七尺除一百四十四尺五寸，一丈八尺除一百六十二尺，一丈九尺除一百八十尺五寸，二丈除二百尺。法曰："置高濶一尺，依圓法自乘，三因四除，得積七寸半。又置高濶五尺自乘，三因四除，得積一十八尺七寸半。按异乘同除法，以例除心索積五尺乘之，以一尺積七寸半除之，得一十二尺五寸，合問。"餘類推之。又法曰："置各高濶自乘，以五尺通之，合問。"此法甚要。

假令捲埽一束，長二十步，高濶各一丈，問積多少？合用梢草幾何？答曰"梢一千一百束，草二千六百二十五束"。法曰："高濶自乘，三因四除，得七十五尺。又以長一百尺乘之，得七千五百尺，爲都積。以梢草積二尺除之，得三千七百五十束，乃梢草共數也。按梢三草七，三因（十）〔四〕❷除，得一千一百二十五束，外餘一千一百束。又置梢草共數，七因十除，得二千六百二十五爲草數，合問。"

假令有埽塾坑一百八十步，濶二十步，深一丈五尺，每三尺六寸用梢草一束，中半用之，問各多少？答曰"一千八百七十五束"。法曰："長濶步歸尺相乘，得九千尺，以深一丈五尺乘之，得一萬三千五百尺，爲積。以三尺六寸除之，得三千七百五十束，半之合問。"

假令埽塾外展離堤，欲上捲重埽固護，長二十步，濶一丈五尺，深七尺至一丈，問使梢草幾何？答曰"梢草共六百三十七束半"。法曰："二深相併半之，得八尺五寸，以元濶乘之，得積一百二十七尺半，爲一尺積。以步法五尺通之，得六百三十七尺五寸，爲每步積。以長二十步乘之，得一千二百七十五尺，爲都積。以每束積二尺約之，合問。"

假令創填水渲一處，長七步，廣六步，深一丈，于三十步取土修填，問積多少？幾功可畢？答曰"積一萬五百尺，總一百五十功"。法曰："置廣歸尺，以深乘之，得三百尺，以長步歸尺乘之，得一萬單五百尺，爲都積。三十步取土，以七十尺爲功，七十約之，合問。"

---

❶ "一"字脱，據前文"雜用油五十三今一十五兩，石灰一百六十一斤一十三兩"及"平蓋丁一十八個"補。

❷ "十"當作"四"。據前後文、《數學九章》卷九上及《元史》之"三因四除"改。

假令捲牛子，高濶各一尺，例梢倍草數，問使梢草各多少？答曰“梢一束二分半，草六分二釐半”。法曰：“置高濶一尺爲圓徑，自乘得一百寸，三因四除，得七十五寸，爲每尺積。以步法五尺通之，爲每步積三百七十五寸。以每束積二尺約之，得梢草共數，三除爲草數，倍之爲梢數，合問。”

假令脩木岸一料，長一千三百五十步，高濶各八尺，例每三尺六寸，使梢草一束，簽樁一條，梢草各用中半，問使樁梢多少？答曰：“樁一十二萬條，梢草一十二萬束”。各該六萬束。法曰：“高濶相乘，得六十四尺，以步法五尺通之，得三百二十尺，爲每步積。以長一千三百五十步乘之，得四十三萬二千尺，爲都積。以三尺六寸約之，合問。”

開河

假令開渠河一道，正長五百步，東頭上濶一千單四十尺，下濶一千尺，西頭上濶八百九十尺，下濶八百五十尺，同深一丈，總積二千三百六十二萬五千尺。一百步取土，以四十尺爲功，計五十九萬單六百二十五功。今欲分一十四萬四千四百五十功，問截長濶多少？答曰“截長一百二十步，截濶九百單六尺”。截上闊九百二十六尺，截下闊八百八十六尺。法曰：“置東頭上下濶相併折半，得一千單二十尺，爲停大濶。又置西頭上下濶相併折半，爲八百七十尺，爲停小濶。以減停大濶，餘一百五十尺，爲濶差。以正長五百步除之，得三寸，爲每步差。立天元❶爲截長，一以乘每步差，爲截住處濶差。三加停小濶，共爲截處停❷濶。三〇七八加停大濶，爲二段停截濶。三〇九八一以深一丈乘之，爲二段每尺積。五因，爲二段每步積。五一〇五四九以元一截長乘之，爲二段截積，五一〇五四九寄左，元截功歸積，二之，得一千一百五十五萬六千尺，與寄左相消，得一千❸一百五十五萬六千尺，爲實。九萬四千五百尺，從❹一十五，從隅。平方開之，得一百二十步，爲截長，置截功，歸積，得五百七十七萬八千尺。以截長歸尺，除之，得九千六百三十尺。以深一丈除之，得九百六十三

❶ “天元”指天元術。天元術是古代利用未知數列方程的一般方法，與現代代數學中列方程的方法基本一致。

❷ “停”字衍。見上下文及文淵閣《四庫全書》本。

❸ “一千”衍，見文淵閣《四庫全書》本。

❹ 文淵閣《四庫全書》本“從”後有“萬”字。

尺。倍之，内減停大濶一千單二十尺，餘九百單六尺，爲停截濶。倍之，得一千八百一十二尺，爲上下截濶併。内減上下濶差四十尺，餘半之，得八百八十六尺，爲截下濶。復加四十尺，得九百二十六尺，爲截上濶，合問。”

後序

河防通議

六府三事允治，禹功莫大焉。猶幸其書之存而可考也。僉憲沙公得之，講求脩齊治平之暇，取金、宋《河防通議》一書，合而訂正之，可謂有用之實學。僕貳郡真定，嘗得而推行之。兹來嘉禾，鐫[1]梓于學，以廣其傳。三吴水利，能取則焉，則是編又豈止於防河而已哉！

至元四年戊寅八月望日，亞中大夫嘉興路總管兼管内勸農事和元昇跋。

❶ "鐫"，文淵閣《四庫全書》本作"鋟"。

〔元〕通制條格（節選）

整理説明

《大元通制》是元朝政府頒行的法令文書彙編，於元英宗至治三年（一三二三年）刊行，具有法典的性質。其中的條格部分被稱爲《通制條格》。

《大元通制》全書八十八卷，分制詔、條格、斷例以及别類等四部分，凡二千五百三十九條。其中條格、斷例部分的篇目和編排，分别仿效金《泰和律令》和《泰和律義》。《大元通制》全書今已不傳，現僅存明初寫本《通制條格》殘卷，一九三〇年由國立北平圖書館影印出版，共二十二卷，包括户令、學令、選舉、軍防、儀制、衣服、禄令、倉庫、廄牧、田令、賦役、關市、捕亡、賞令、醫藥、雜令、僧道、營繕等十九個篇目。元代條格，大體上相當於唐代、金代法律體系中的令，是元代在民事、行政、財政等方面的重要法規。它與《元典章》同樣是研究元朝典章制度、社會經濟和階級關係的珍貴史料。近年來已有中華書局、浙江古籍出版社等出版過整理點校本。二十世紀八十年代，内蒙古額濟納旗黑城遺址出土的元代文書有《至正條格》殘頁。此外，韓國近年來發現了《至正條格》殘本。這些發現對於研究元史和中國法制史有很重要的價值。

《通制條格》中有不少涉及農桑水利、河工漕運的條款，這裏將其摘録出版。本次整理以《續修四庫全書》影印本爲底本。

卷七

軍　防

看守倉庫

至元二十三年三月，中書省契勘：在都倉庫，掌管國用錢糧，出入浩大，恐被侵盜，周迴各置軍鋪，並委官色目人等，親臨門首，專一看守。軍官軍人等須管晝夜，常切用心巡綽關防，遞相覺察，毋致官典勾當諸色人等侵盜官物。仍禁約不干礙閑雜之人，毋得輒去門首。如遇收支錢糧倉庫達魯花赤、官攢、庫子、斗脚人等，照依省部印押文字，坐去數目，對衆明白收管支發。如是庫司勾當並支納人員出庫，仰沿身子細搜尋，但有隐藏官物，即便捉拿解赴省部，照依扎撒處斷。如是把門人員並看守庫官人等，不爲用心看守巡綽搜尋，致有違犯，亦行痛斷。

卷一四

倉庫

部糧

至元二十七年十月，尚書省奏：都漕運司申，着糧官司每年故縱百姓送納帶穀米陳粟，爲倉官不收，其部税官教唆税户恥辱倉官，毆打斗脚，須要收管。又一等强豪勢要、近倉巡檢人員、不及糧税户，公然攬納得訖，輕賫趁賤，糴買陳粟麄米，恃勢强行送納。更監納倉官與攢典、斗脚通同計搆，暗受輕賫飛鈔，結攬糴買濫物入倉，致使官中不得精粹好物。合令各縣正官部税。及在河船户，寫訖伏定文字，關訖定錢，多日不赴河倉裝糧，或有裝訖官糧，支訖柒分脚價，却將糧斛沿河寄囤，就用脚錢作本，駕船别作買賣，經隔數月，不行運到交納處所。如此姦弊多端，乞禁約事。准奏，仰遍行諸路，依上嚴切禁約施行。今後各處正官部税，須要送納乾圓絶穀白米新粟，及禁約豪勢、官員税户、人等不得結攬行凶，恥辱倉官，毆打斗脚。仍鼇勒倉官、攢典、斗脚合干人等，却不得通行計搆結攬飛鈔作弊，及刁蹬停滯人難。並據在河船户人等，依原立伏定文字，於所撥河倉運納。如有違犯之人，取問得實，並行斷罪。

糧耗

至元二十二年十月，中書省户部呈：江南民田税石，擬合依例每石帶收鼠耗分例七升，内除養贍倉官斗脚一升外，六升與正糧一體收貯。如有短折數目，擬依腹裏折耗例，以五年爲則，准除四升，初年一升二合，次年二升，三年二升七合，四年三升四合，五年共報四升，餘上不盡數目追徵還官。若有不及所破折耗，從實准算，無得因而作弊，多破官糧。外據官田帶收鼠耗分例，若比民田減半，每石止收三升五合，却緣前項所破正糧，擬合每石帶收鼠耗分例五升。都省議得，除民田税石依准部擬外，官田減半收受。

至元二十九年八月十八日，完澤丞相等奏：通州河西務的倉官每俺根底告説有，倉裏收來的糧内，前省官人每定的鼠耗分例少的上頭，賣了媳婦孩兒家緣陪納不起，至今生受行有，麽道告有。俺商量得：前省官定到的鼠耗分例不均有。如今南糧北糧的鼠耗分例，比在先的添與，各年的耗糧分例，依體例斟酌定也，麽道。奏呵，依着您的言語者。雖那般呵，怎合得心雀鼠待喫的多少，因着那的，休教歹人每作弊做賊説謊。麽道聖旨了也。欽此。

依舊聽耗：

唐村等處船運至河西務，北糧每石破柒合。

直沽船運至河西務，南糧每石破壹升貳合。

河西務船運至通州李二寺，南糧每石壹升五合，北糧每石伍合。

壩河站車運至大都省倉，南糧每碩壹升伍合，北糧每碩壹升。

今議擬耗例：

大都省倉

元定破耗：

南糧每碩肆升

北糧每碩叁升

今擬限年聽耗：

初年聽耗

南糧每碩貳升

北糧每碩壹升伍合

次年聽耗：

南糧每碩叁升

北糧每碩貳升叁合

貯經叁年已上依元定聽耗：

南糧每碩肆升

北糧每碩叁升

河西務、通州李二寺

元定破耗：

南糧每碩貳升

北糧每碩壹升伍合

今擬限年聽耗：

初年依元定破耗

南糧每碩貳升

北糧每碩壹升伍合

次年聽耗：

南糧每碩叁升

北糧每碩貳升叁合

貯經叁年以上聽耗：

南糧每碩肆升

北糧每碩叁升

直沽倉除對船交裝不須破耗外，今擬壹年須要支運盡絶。

南糧每碩聽耗貳升

元定破耗壹升叁合

今擬添柒合

附餘短少

大德七年六月，中書省户部呈：永州北倉官司倉李全、司庭實等得替交割，短少南糧糙粳米叁千壹佰陸碩肆合，北糧白米粟豆却有積餘捌佰捌拾碩壹斗陸升肆合。本部照得先欽奉聖旨節該：管倉的官人每在先偷了糧的失陷了的，那年分偷來，依着那年分價鈔教陪者。欽此。議得南糧短少，北糧附餘，各色各異，似難相補。擬合欽依，比照當年得代交割失陷月日時估追徵。都省准擬。

元貞元年二月，中書省御史臺呈：江南行臺咨，嘉興、松江等處壹倉各敖互有增短糧數，擬合通行准算。户部照議得：上項短少附餘粳米，雖然各敖收貯，終是壹倉，互相增短，合依臺擬對色准算。外據短少小麥，着落追徵還官。都省准擬。

沮壞漕運

元貞二年正月，欽奉聖旨節該：中書省奏，都漕運使司所管沿河倉分，隨路部糧官吏與倉官人等通同作弊，收受糠粃米粟，結攬輕賫，虚出通關，致有短少官糧；又收糧其間，各處官司輒將倉官綱官人等勾攝攪擾，沮壞漕運，乞降聖旨禁約事。准奏。仰漕運司官、各路部糧正官、倉官人等，毋得似前通同作弊。收運糧斛其間，諸衙門不得妄生事端，勾擾沮壞。違者照依累降聖旨條畫斷罪。

運糧作弊

皇慶二年四月，中書省江浙行省咨：准本省提調海運官咨，海運歲供，京師所繫甚重，往往詐稱風水，盜糶官糧。除已督責合屬委自廉幹正官於瀕海去處常切用心巡視體問，若有運糧船隻無故沿海停泊，就將船主取招究治，劃時催趕起發，前赴直沽等處交卸，不得停留。本地面里正、社長、主首人等容令灣泊，盜糶官糧作弊，一體坐罪。如果有遭風船隻，隨即根問虚實，體覆明白，依例施行外，切恐各處官司恃不統攝，看爲泛常。合令山東沿海去處嚴切戒諭，庶肯遵守。都省准擬。

至元八年七月，尚書省御史臺呈：今後軍人合支糧食，合無聽從所願，或支米糧折支寳鈔，仍禁約不得私下賣籌。户部講究得，若令軍人支鈔，切恐非理破用，合令依舊支米，常切出榜，許諸人捉拏賣籌買籌人等，嚴行治罪。都省准擬。

卷一六

田令

農桑

至元九年二月，欽奉聖旨節該：據大司農司奏，自大都隨路州縣城郭周圍，並河渠兩岸，急遞鋪道店側畔，各隨地宜，官民栽植榆柳槐樹，令本處正官提點本地分人護長成樹。係官栽到者，營修隄岸、橋道等用度，百姓自力栽到者，各家使用，似爲官民兩益。准奏。仰隨路委自州縣正官提點，春首栽植，務要生成。仍禁約蒙古、漢軍、探馬赤、權勢諸色人等，不得恣縱頭疋啯咬，亦不得非理斫伐。違者並仰各路達魯花赤、管民官依條治罪，本處官司却不得因而搔擾。

至元二十三年六月十二日，中書省奏：立大司農司的聖旨，奏呵，與者，麽道聖旨有來。又，仲謙那的每行來的條畫，在先也省官人每的印信文字行來。如今條畫根底省家文字裏交行呵，怎生？麽道。奏呵，那般者，麽道聖旨了也。欽此。今將奏奉聖旨定到條畫開立於後：

一、諸縣所屬村疃，凡伍拾家立爲壹社，不以是何諸色人等，並行入社，令社衆推舉年高、通曉農事、有兼丁者，立爲社長。如壹村伍拾家以上只爲壹社，增至伯家者另設社長壹員。如不及伍拾家者，與附近村分相併爲壹社。若地遠人稀不能相併者，斟酌各處地面，各村自爲壹社者聽。或叁村或伍村併爲壹社，仍於酌中村内選立社長。官司並不得將社長差占別管餘事，專一照管教勸本社之人務勤農業，不致隨廢。如有不肯聽從教勸之人，籍記姓名，候提點官到彼，對社衆責罰。所立社長，與免本身雜役。年終考較，有成者優賞，怠廢者責罰。仍省會社長，却不得因而搔擾，亦不得率領社衆非理動作聚集，以妨農時。外據其餘聚衆作社者，並行禁斷。若有違犯，從本處官司就便究治。

一、農民每歲種田，有勤謹趁時而作者，懶惰過時而廢者，若不明諭，民多苟且。今後仰社長教諭，各隨風土所宜，須管趁時農作。若宜先種者，儘力先行布種植田，以次各各隨宜布種，必不得已，然後補種晚田瓜菜。仍於地頭道邊各立牌橛，書寫某社某人地段，仰社長時時往來點覷，獎勸誡諭，不致荒蕪。仍仰隄備天旱，有地主户量種區田，有水則近水種之，無水則鑿井。如井深不能種區田者，聽從民便。若有水田之家，不必區種，據區田法度另行發去。仰本路鏤板，多廣印散，諸民若農作動時，不得無故飲會，失悮生計。

一、每丁週歲須要創栽桑棗貳拾株或附宅栽種地桑貳拾株，早供蟻蠶食用。其地不宜栽桑棗，各隨地土所宜，栽種榆柳等樹，亦及貳拾株。若欲栽種雜果者，每丁衮種壹拾株。皆以生成爲定數。自願多栽者聽。若本主地内栽種已滿，别無餘地可栽者，或有病喪丁數，不在此限。若有上年已栽桑果數目，另行具報，却不得朦昧報充次年數目。或有死損，從實申説本處官司，申報不實者並行責罰。仍仰隨社布種苜蓿，初年不須割刈，次年收到種子，轉轉俵散，務要廣種，非止喂養頭疋，亦可接濟饑年。

一、隨路皆有水利，有渠已開而水利未盡其地者，有全未曾開種並創可挑撅者，委本處正官壹員，選知水利人員一同相視，中間别無違礙，許民量力開引。如民力不能者，申覆上司，差提舉河渠官相驗過，官司添力開挑。外據安置水碾磨去處，如遇澆田時月，停住碾磨，澆溉田禾。若是水田澆畢，方許碾磨依舊引水用度，務要各得其用。雖有河渠泉脈，如是地形高阜不能開引者，仰成造水車，官爲應副人匠，驗地里遠近，人户多寡，分置使用。富家能自置材木者，令自置。如貧無材木，官爲買給，已後收成之日，驗使水之家均補還官。若有不知造水車去處，仰申覆上司關樣成造。所據運鹽運糧河道，仰各路從長講究可否，申覆合干部分定奪，利國便民，兩不相妨。

一、近水之家許鑿池養魚並鵝鴨之類，及栽種蓮藕、雞頭、菱角、蒲葦等，以助衣食。如本主無力栽種，召人依例種佃，無致閑歇無用。據所出物色，如遇貨賣，有合税者，依例赴務投税，難同自來辦課河泊創立課程，以致人民不敢增修。

一、本社内遇有病患兇喪之家不能種蒔者，仰令社衆各備糧飯器具併力耕種，鋤治收刈，俱要依時辦集，無致荒廢。其養蠶者亦如之。壹社之中災病多者，兩社併助。外據社衆使用牛隻，若有倒傷，亦仰照依鄉原例均助補買。比及補買以來，併牛助工。如有餘剩牛隻之家，令社衆兩和租賃。

一、應有荒地，除軍馬營盤草地已經上司撥定邊界者並公田外，其餘投下、探馬赤、官豪勢要之家自行冒占年深荒閑地土，從本處官司勘當得實，打量見數，給付附近無地之家耕種爲主。先給貧民，次及餘户。如有争差，申覆上司定奪。外據祖業或立契買到地土，近年銷乏時暫荒閑者，督勒本主立限開耕租佃，須要不致荒蕪。若係自來地薄輪番歇種去處，即仰依例存留歇種地段，亦不得多餘冒占。若有熟地夾間本主未耕荒地，不及壹頃者不在此限，仍督責早爲開耕。

一、每社立義倉，社長主之。如遇豐年收成去處，各家驗口數，每口留粟壹斗，若無粟抵斗，存留雜色物料，以備歉歲就給各人自行食用。官司並不得拘檢借貸動支，經過軍馬亦不得强行取要。社長明置文曆，如欲聚集收頓，或各家頓放，聽從民便。社長與社户從長商議，如法收貯，須要不致損壞。如遇天災兇歲不收去處，或本社内有不收之家，不在存留之限。

一、本社内若有勤務農桑、增置家産、孝友之人，從社長保舉官司，體究得實，申覆上司，量加優恤。若社長與本處官司體究所保不實，亦行責罰。本處官司并不得將勤謹增置到物業添加差役。

一、若有不務本業、游手好閑、不遵父母兄長教令、兇徒惡黨之人，先從社長叮嚀教訓，如是不改，籍記姓名，候提點官到日，對社衆審問是實，於門首大字粉壁書寫不務本業、游惰、兇惡等名稱。如本人知恥改過，從社長保明申官，毁去粉壁。如終是不改，但遇本社合着夫役，替民應當。候悔過自新，方許除籍。

一、今後每社設立學校壹所，擇通曉經書者爲學師，於農隙時月，各令子弟入學。先讀《孝經》、小學，次及《大學》《論》《孟》經史，務要各知孝悌忠信，敦本抑末。依鄉原例出辦束修。如自願立長學者，聽。若積久學問有成者，申覆上司照驗。

一、若有蟲蝗遺子去處，委各州縣正官壹員，於拾月内專一巡視本管地面。若在熟地，併力翻耕。如在荒陂大野，先行耕圍，籍記地段，禁約諸人不得燒燃荒草，以備來春蟲蝻生發時分，不分明夜，本處正官監視就草燒除。若是荒地窄狹、無草可燒去處，亦仰從長規劃，春首捕除。仍仰更爲多方用心，務要盡絶。若在煎鹽草地内蟲蝻遺子者，申部定奪。

一、若有該載不盡農桑水利於民有益或可預防蝗旱災咎者，各隨方土所宜，量力施行。仍申覆上司照驗。

一、前項農桑水利等事，專委府州司縣長官，不妨本職提點勾當。若有事故，差出以次官提點。如但有違慢沮壞之人，取問是實，約量斷罪。若有恃勢不伏或事重者，申覆上司究治。其提點官不得勾集百姓，仍依時月下村提點，止許將引當該司吏壹名，祗候人壹貳名，毋得因而多將人力，搔擾取受。據每縣年終比附到各社長農事成否等第，開申本管上司通行考較。其本管上司却行開坐所屬州縣提點官勾當成否，編類等第，申覆司農司及申户部照驗。才候任滿，於解由内分明開寫排年考較到提點農事功勤廢惰事跡，赴部照勘呈省，欽依見降聖旨比附以爲殿最。提刑按察司更爲體察。

至元二十八年十二月十五日，中書省奏："江南勸課農桑，那裏的路官每親身巡行呵，搔擾百姓有。不教行呵，怎生?"麼道。奏呵，"與理會的南人每一處商量了説者。"麼道聖旨有來。俺衆人與南人每一處商量來，那的每也則這般説有，"江南勸課農桑的不教官人提調着呵，百姓每也不怠慢向前有，不教官人每巡行，依時節行文書呵，中也者。"麼道説有。俺也那般商量來。麼道。奏呵，那般者。麼道聖旨了也。欽此。

至元二十九年閏六月，欽奉聖旨：宣諭諸路府州司縣達魯花赤、管民官、提點農桑水利官員人等，據中書省奏，在前爲勸農的上頭，各處立着勸農司衙門來，後頭罷了，併入按察司時節，按察司名兒裏與了聖旨來。如今按察司改做肅政廉訪司也，依那體例裏倒换與他每聖旨宣諭，似望各各盡心，早得成就。准奏。仰各道肅政廉訪司照依已降聖旨，巡行勸課，舉察勤惰。隨路若有勤謹官員，仰各路具實跡牒報，巡行勸農官體覆得實，申大司農司呈省聞奏，於銓選時定奪。如文字遲慢，仰廉訪司官即將當該司吏，對提點官就便取招，申大司農司責罰。其各路並府州提點官違慢者，大司農司取招呈省定奪。外據社長委有公謹實效之人，行移巡行勸農官體察得實，申覆大司農司定奪。如有違慢者，仰就便依理責罰黜罷。這般省諭了呵，勸農官吏人等却不得因而取受，看循面情，非理行事。本處官司及不以是何人等，亦不得使氣力搔擾社長，妨奪勸農事務。如違治罪。仍仰肅政廉訪司照依已降聖旨，更爲體察施行。

大德二年九月，中書省御史臺呈：江南行臺咨，各道報到農桑文册，俱係司縣排户取勘栽種數目，自下而上申報文字，所費人力紙札，無非擾民。江南地窄人稠，與中原不同，農民世務本業。擬合欽依聖旨，依時節行文書勸課，免致取勘動摇。兵部議得：既是江南農事行御史臺親行提調，明咨地窄人稠，多爲山水所占，大與中原不同，土著農民世務本業，不須加勸而自能勤力，以盡地利。合准御史臺所擬，依時行文字勸課相應。都省准呈。

大德三年二月初七日，中書省奏：“教百姓每謹慎種養栽接的，路府州縣官提調着，依時親身點覷者，廉訪司官也提調點覷者。”麽道，司農司聖旨條畫裏這般該着有。“這般挨次重併點覷呵，百姓每生受。親臨百姓州縣官點覷，除那的外，路府州官等則依體例提調呵，中也者。”説有，似這般言語，在先壹箇人題説，與文書呵，“他説的是有，教那般行者。”麽道行文書來。“係聖旨條畫裏該載的言語。”麽道，御史臺司農司官人每俺根底回將文書來。他的言語是有，這般行呵，怎生？商量來奏呵，奉聖旨：那般行者。欽此。

皇慶二年七月二十一日，大司農司奏奉聖旨節該：大都路爲頭五路裏種田的地壹半秋耕，其餘路分聽民儘力秋耕。依着這般行呵，也宜趁天氣未寒時月將陽氣掩在地中，蝗蝻遺下種子也曝曬死，次年種來的苗稼榮旺耐旱。依着這般行呵，秋成豐稔，農事有成效的一般。奏呵，奉聖旨：那般者。依着薛禪皇帝行來的行者。您與省家文書教遍行者。

大德九年二月，欽奉詔書内一款：仲春已後，此農民盡力耕桑之時，其敕有司，非急速之務，慎毋生事煩擾，或有小罪，即與疎决，勿禁繫妨其時。

皇慶二年七月二十一日，大司農司奏：世祖皇帝時分，每年農民種田剥桑時月，若有工役，合倩人夫車牛，本管官司非奉省部明文，等候秋成農隙，方許均科，不妨悮了農種的一般。奏呵，奉聖旨：那般者，您與省家文書教遍行者。

卷一七

賦　役

押運使臣

至元二十四年閏二月，中書省兵部員外郎馬承務呈：各省解納進呈一切段疋諸物，和雇船隻長運，直至河東交卸。依漕運司糧斛例，船主既支脚錢，自行雇夫。其站船遞運，驗船隻大小料例，俱有已設站夫，毋得更差捧船人夫。仍禁治押運官員使臣，今後毋得擅便督勒沿江河路府州縣，行移前路文字，准備差撥人夫。路府州縣亦不得聽從押物人員輒便行移差撥。都省准呈。

卷二七

雜令

兵仗應給不應給

至元八年三月，御史臺據各道提刑按察司申：書史、書吏、奏差人等告稱，每遇差出巡按，乞許令懸帶弓箭事，於三月初九日聞奏過，奉聖旨：教懸帶者，欽此。憲臺公議得：各道司官除已懸帶外，今擬每道弓箭陸副，如遇書史、書吏、奏差人等公出，許令懸帶。

至大三年七月二十九日，御史臺奏：在先塔察兒、月兒魯那延臺裹行時分，禁約漢兒人休拏弓箭軍器上頭，世祖皇帝根底奏呵，“按察司官人每是拏説謊做賊的人每有，壹箇兩箇出去體察勾當行呵，弓箭交拏者。”麼道兩遍聖旨有來。如今尚書省官人每奏了，“但有姓的漢兒、蠻子，弓箭軍器禁了者，拏的人依在前體例要罪過者。”麼道行了文書有。俺商量來，監察廉訪司官人每是拏做賊説謊的衙門有，歹人每不愛的多有也者，體察勾當行的時分，不教拏弓箭呵，不中的一般有。可憐見呵，依先聖旨體例教拏弓箭呵，怎生？奏呵，奉聖旨：那般者。欽此。

皇慶二年十一月十六日，樞密院奏：弓箭軍器的勾當專與軍人者，麼道，世祖皇帝好生記心有來。如今無問遠近内外去的使臣每根底，又大小衙門裹行的首領官、令史每，春秋上下往來，索要弓箭的多有。似這般索要呵，用着的時分短少了去也。今後除與軍前去的使臣每外，其餘使臣每根底並各衙門首領官、令史每根底，休教與呵，怎生？奏呵，奉聖旨：您説的是有。那般者。院裹行文字物料造作來的軍器，各衙門首領官、令史、漢人、蠻子、高麗人每根底休與者。欽此。

大德七年十一月，中書省河東陝西道奉使宣撫呈：太原路所轄州城有姓在閑達魯花赤多有執把弓箭之人，合行禁約。刑部議得：有姓達魯花赤如係漢兒人，擬合欽依禁約。都省准擬。

至元十一年三月初五日，大司農司奏：都水監管勾當官壕寨差出爲河道勾當裏去呵，山裏水裏難田地裏行有，别無隄防器械，合無令各人帶弓箭壹副。奉聖旨：教帶弓箭者。欽此。

至元十四年三月初一日，中書省奏：南省官人每與的文書來，蠻子田地裏做去底官人每田地遠有，民户新入來有，軍器不把着呵，沿路上做賊的歹人每，莫不擅着麽，那般道將來。臣等議得：去的官人每，斟量着教把着軍器行呵，怎生？奉聖旨：那般者。欽此。

元貞元年十月初三日，中書省奏：江浙省、南京省所轄的地面，巡禁私鹽的漢軍、新附軍相參安置着有。漢軍每有軍器，新附軍無軍器。賊每行呵，將着軍器行有，這巡禁的新附軍每無軍器的上頭，被賊每傷害有。這的每根底也依那體例裏索將軍器來呵，俺院官每根底商量來，這的每是巡禁的軍人，合與，麽道説有。俺也商量來，不教其餘的指例與呵，怎生？奏呵，奉聖旨：與者。休教别箇的指例者。欽此。

至元二十三年六月二十七日，中書省奏：拏賊的巡馬每在先教拏着悶棍道來。拿賊的將着悶棍呵，賊每到有弓箭，拏的人每傷着去也，麽道説將來。俺商量的，路裏壹拾副弓箭，散府州裏各柒副弓箭，縣裏教伍副弓箭呵，怎生？奏呵，是有。那般者。聖旨了也。欽此。

大德六年五月，中書省江浙省咨：合屬地面多是依山瀕海去處，盜賊不時生發，執把軍器，捕盜官兵却無弓箭軍器，不能擒捕，擬合依例給付。都省議得：路府州縣巡防捕盜衙門懸帶弓箭已有定數，各處巡檢每處量給弓箭叁副。

大德七年十一月，中書省江浙省咨：饒州路胡國用告，周蘭十二捏合根脚，逥北求仕回家，懸帶弓箭環刀，稱係怯薛歹人，改名周也里占。歸問間，欽遇詔恩。都省議得：周也里占所犯罪經革撥，怯薛身役，既是蠻子人氏，擬合罷去，發付原籍當差，見帶弓箭追收還官。

至元二十四年二月，尚書省河東山西道宣慰司呈：西京、太原、太和嶺等處把隘軍人，若將弓箭軍器拘收，儻有疏失，不及申訴。劄付樞密院，照擬得：漢兒執把弓箭軍器即係禁斷事理。所有上項把隘軍人，既宣慰司呈所把隘口嶮惡，不時防送官物，合許執把悶棍巡防勾當。仍令本管色目人員常切鈐束，不致生事違錯。都省准擬。

至元二十四年五月二十四日，尚書省奏：江西行省官人每與將文書來，“吉、贛等地面，湖南、廣東、福建這地面相連着。每年草賊生發呵，出備軍器，聚集弓手人每收捕來。年時江南地面漢兒南人休把弓箭禁斷時分，這裏的弓箭拘收了來。如今依着漢兒城子裏與了的體例裏與的。”説將來有。俺商量得：在先中書省官人每奏，“每一個路裏拾副弓箭、散府裏州裏柒副弓箭、縣裏伍副弓箭教執把呵，怎生?”麽道。奏呵，“是也。那般者”。麽道聖旨了來。如今依着那體例，路裏拾副、散府州裏柒副、縣裏伍副教執把，城子裏的達魯花赤、達達、畏吾兒、回回官人每教管者。若收捕賊的勾當有呵，巡軍根底教把弓箭，無勾當時拘收了庫裏放着呵，怎生?麽道。奏呵，那般者。好人根底委付者。麽道聖旨了也。欽此。

拘滯車船

至元二十年五月，中書户部承奉中書省劄付：體知隨處官司遇有遞運，將販賣米斛車船壹概拘刷拖拽，以致水陸澀滯，南北米糧不通，民甚不便。都省相度：江淮等處米粟任從客旅興販，官司毋得阻當。般販物斛車船並免遞運，不以是何人等，毋得拘刷拖拽。仍於關津渡口出榜曉諭，如遇興販物斛車船經過，不得非劄遮當搜檢，妄生刁蹬，取要錢物。違者痛行治罪。

至元二十年十一月，中書省所委官李尚書呈：江南行省差押運官物船隻人員，多於沿河拘奪客旅船隻交换，深是搔擾。合無行移各省禁約所差人員，毋得似前奪要客旅船隻。都省准呈。

至元二十五年三月，尚書省契勘，大都居民所用糧斛，全籍客旅興販供給。體知漕運司押綱頭目並船户人等，指裝運官糧爲名，將御河上下興販物斛客旅非理搔擾，及將在船物貨强行剥卸，阻滯販賣，以致京師物斛添價。都省議得：擬令都漕運使司嚴加禁約押綱頭目船户人等，毋得似前搔擾客旅，阻滯船隻。非奉都省明文，不得擅自拘雇。

至元二十九年正月十一日，御史臺奏：大都裏每年百姓食用的糧食，多一半是客人從迤南御河裏搬將這裏來賣有。來的多呵賤，來的少呵貴有。如今街下有來的米，比已前貴有。這米貴了的緣故，官船搬運官糧諸物呵，船户每倚着官司氣力，壞了官船也麽道，却奪要了客人每的船隻，與了鈔放了，不與鈔呵，教百姓每船運官物。更有氣力的人每行呵，客人每根底阻當。爲那般呵，客人每來的少的上頭，米貴了有。俺商量得：今後官船損壞了呵，教所在官司修補者，客人每的船隻休拿者，麽道，中書省裏説了。多出文榜，更省裏臺裏常川差人，這般教百姓生受的根底巡綽呵，便當有。麽道。奏呵，那般者。麽道聖旨了也。欽此。

卷二八

雜　令

船路阻害

至大四年七月，中書省禮部呈：高榮孫陳言，江河霸閘攬載人等，故用損船繩攬，名爲盤淺，阻截民船，及河岸設立部頭，把隘軍人，假名辨驗，刁蹬客旅，取要錢物。刑部議得：盤淺船隻，游手潑皮及河岸部頭把隘軍人作弊，刁蹬客旅，取受錢物，擾民不便等事，合令所在官司出榜嚴加禁治。仍令都水分監並瀕河巡防捕盜官，不妨巡捕，常加體察禁約。敢有違犯之人，捉拿到官，痛行追斷。除把隘軍人發還本翼交換，餘皆就發原籍收管。都省准擬。

卷三〇

營　繕

堤渠橋道

至元七年九月，中書省近欽奉聖旨節該：都水監所管河渠、隄岸、道路、橋梁，每歲修理，欽此。照得九月間平治道路，合監督附近居民修理，十月一日修畢。其要路陷壞停水，阻礙行旅，不拘時月，量差本地分人夫修理。仍委按察司以時檢察。

至元二十一年七月，欽奉聖旨條畫内一款：津梁渠道路，仰當該官司常切修完，不致陷壞停水，阻礙宣使車馬客旅經行。如違，仰提刑按察司究治。

驛路船渡

至元二十年七月，中書省議得：各處驛路河道，若有山水泛溢衝斷橋梁去處，仰所在官司預爲計置船隻，擺渡過往使臣客旅，毋致停滯。伺候水落，將所損橋梁依例搭蓋。

〔明〕大明會典（節選）

整理説明

《大明會典》是明代記載典章制度的官書，始纂於弘治十年（一四九七年）三月，共一百八十卷。經正德時參校後刊行，嘉靖時經兩次增補，萬曆時又加修訂，撰成重修本二百二十八卷，是目前最爲完備的刊本。该書以六部爲綱，以事例爲目，記載了明代開國至萬曆十三年二百餘年間職官的建置沿革與所掌職事。

萬曆四年（一五七六年）六月，明神宗朱翊鈞敕命張居正爲總裁，定纂修凡例十五條，校訂弘治、嘉靖舊本，補輯嘉靖二十八年（一五四九年）以後的六部現行事例，分類編纂，改編年爲從事分類，從類分年，書成於萬曆十三年。十五年二月，大學士申時行奏進，由内府刊行。全書共二百二十八卷，合凡例、目録共二百四十卷，通稱《萬曆重修會典》。其卷一至卷二二六記文職衙門，卷二二七和二二八記武職衙門。文職先後爲宗人府、吏部、户部、禮部、兵部、刑部、工部、都察院、通政使司、大理寺、太常寺、詹事府、光禄寺、太僕寺、鴻臚寺、國子監、翰林院、尚寶司、欽天監、太醫院、上林苑監、僧録司、道録司；武職則爲五軍都督府與錦衣衛等二十二衛。南京存留諸司附於北京諸司之後。

該書輯録明代的法令和章程，包括中央和地方政府的機構與職掌、官吏的任免、文書制度、少數民族地區的管理、行政管理和監督，農業、手工業、商業和土地制度、賦税、户役、財政等經濟政策，以及天文、曆法、習俗、文教等，是研究明代典章制度的重要資料。其中卷一九六至卷二〇〇集中記載了明代的水利、漕運等規章制度，是研究明代水利歷史的重要史料依據。本次整理以萬曆重修本爲底本。

卷一九六

工部一六

都水清吏司

郎中，員外郎，主事，分掌川瀆陂池，橋道舟車，織造衡量之事。內一員提督清江浦造船，隆慶六年加設。

河渠一

運道一海道附

國初都金陵，則漕於江。其餉遼卒，猶漕於海。自永樂都燕後，歲漕東南四百萬石。由江涉高、寶諸湖，絶淮入河，經會通河，出衛河、白河，溯大通河，以達於京師。諸洪泉壩閘，以次修舉。至於今，纖悉具備。故並載焉。

大通河

大通河，即潞河，舊爲通惠河。其源出昌平州白浮村神山泉，過榆河，會一畝、馬眼諸泉，匯爲七里濼，東貫都城，由大通橋河渠而下，至通州高麗莊入白河，長一百六十餘里。元初所鑿，賜名通惠。每十里爲一閘，蓄水通舟，以免漕運陸輓之勞。

國朝永樂以來，諸閘猶多存者。仍設官夫守視。然不以轉漕，河流漸淤。成化、正德間，累命疏之，功不果就。嘉靖六年，遣漕運總兵、錦衣衛都指揮及御史會濬之。自大通橋起至通州石壩四十里，地勢高下四丈。中間設慶豐等五閘以蓄水。每閘各設官吏，共編夫一百八十名。每名工食銀八兩。造剥船三百隻，每隻價銀三十五兩。分置各閘。責經紀領之，使製布囊盛米，雇役遞相轉輸。軍民稱便。

白河

白河南去通州二百里。其源出胡地，經密雲縣，合大通、榆、渾諸河，凡三百六十里至直沽，會衛河入海。源遠流迅，河皆溜沙。每夏秋暴漲，最易衝決。每決，輒發丁夫修築，屢築屢決。正統三年，命官相視地勢，自河西務徑二十里，改鑿順下，河遂安流。每淤淺處，設鋪舍、置夫甲，專管挑濬。舟過則招呼，使避淺而行。自此而南，運河淺鋪，以次而設。

衛河

衛河，舊名御河。源出河南輝縣之蘇門山。東北流，會淇、漳諸水，過臨漳，分爲二。其一北出，經大名，至武邑，以入滹沱。其一東流，經大名東北，出臨清，至直沽，會白河入海。長二千餘里。今爲運河。自臨清至直沽凡五衛十七州縣，淺一百五十七處。此河自德州而下，漸與海近。河狹地卑，易於衝決。每決，輒發丁夫修治。嘉靖十三年議准，恩縣、東光、滄州、興濟四處，各建減水閘一座，以洩漲溢之水。

會通河

會通河，自臨清迤南至濟寧州。元初由任城即今濟寧。開渠，至安民山即安山。一百五十里。復自安民山之西南開渠，由壽張西北至東昌，又西北至臨清，凡二百五十里。引汶絶濟，直歸漳衛。洪武二十四年，河決原武縣黑陽山，由舊曹州鄆城縣兩河口，漫過安山湖，而會通漸淤。永樂九年，因海運艱阻，遣尚書、都督等官疏鑿元人故道。乃於東平州戴村汶水入海處，築一土壩，橫亘五里，遏汶水使西流，盡出南旺分流。四分往南，接濟徐吕；六分往北，以達臨清。自後添設新閘、修築舊岸，大爲漕運之利。自臨清抵徐州七百里間，全資汶、泗、沂、洸諸水接運，總曰閘河。舊爲閘四十有三。前元建者二十餘。永樂以來，先後增建者二十餘。而減水通河諸閘，不與焉。兩閘之間，每存稍淺一處約數丈，多不過十餘丈，用留洩水，令積易盈。今建設改革益多。見“閘壩”條下。

汶河

汶河，一出新泰縣宫山之下，曰小汶河。一出泰安州仙臺嶺，一出萊蕪縣原山，一出縣寨子村，俱至州之静封鎮合流，曰大汶河。出徂徠山之陽，而小汶來會。經寧陽縣北堽城，歷汶上、東平、東阿，又東北流入海。元於堽城之左築壩，遏汶入洸，南流至濟寧，合沂、泗二水，以達於淮。自永樂間築戴村壩，汶水盡出南旺。於是洸、沂、泗自會濟，而汶不復通洸。今沂州亦有汶河，一出蒙山東澗谷，一出沂水縣南山谷，俱入邳州淮河。

洸河

洸河，乃汶水之支流。出寧陽縣北三十里堽城，西南流。又循縣南流三十里，會寧陽諸泉。又六十里經濟寧城，東與泗合，出天井閘河。

沂河

沂河，源出曲阜縣尼山西南，分流爲二。一西流，至金口壩上，即與泗會。一南流，亦與泗會，出港裹河。又有出沂水縣艾山者，會蒙陰沂水諸泉，與沂山之汶合流，至邳州入淮。

泗河

泗河，源出泗水縣陪尾山，四泉並發。西流至兗州府城東。又南流經横河，與沂水合。元時於兗州東門外五里金口，作壩建閘，遏泗之南趨。國朝因而修築。每夏秋水長，則啟閘，放使南流，會沂水，由港田河，出師家莊閘。冬春水微，則閉閘，令由黑風口東經兗城入濟。又南流會洸水，至濟寧出天井閘。

濟河

濟河，出王屋山，至河南濟源縣，二源合流。其水或伏或見，東出於陶丘北，又東北會於汶。今在汶上縣北，一名大清河。元人作金口壩，傍有河即黑風口。西通濟流，併入會通河。

沁河

沁河，出山西沁源縣綿山東谷，由太行山麓，至河南原武縣黑陽山，與河、汴合流，至徐州入運河，以濟徐、吕二洪。每年水勢淺深尺寸，管洪官按季奏報。前代嘗引沁以通衛。正統以前，其支流猶自武陟山原村東北，由紅荊口，經衛輝，凡六十里，與衛通。天順七年，河趨陳、潁入淮。乃開沁以達徐，復引河以合泗，而入衛之故道始湮。

南陽新河

新河，在昭陽湖之東。起南陽，至留城一百四十一里八十八步。嘉靖六年，以河決，命官開濬，垂成而止。四十四年復決，乃因舊跡疏鑿。又起留城至境山，濬復舊河五十三里。凡役夫九萬一千有奇，八閲月而成。隆慶元年，山水衝決，復淤新河之三河口。薛河、沙河、趕牛溝會此，故名。乃經理沙、薛上流，各開支流。築黄家口、豸裹溝等壩，引薛河由吕孟湖出地濱溝。築宋家壩，引沙河由尹家湖出鯰魚口。築黄甫壩，引沙河由滿家湖入南陽湖。次年工成。又爲三河口石壩一座，南陽湖石堤三十餘里。凡建閘九、築壩十三、減水閘二十、開支河九十六里。三年，又於昭陽湖以東，沙薛二水所從入舊河處，開鴻溝廢渠，達李家口回回墓，而東出留城閘，計六十餘里。積水俱有宣洩，滕、沛利之。

黄河徐、吕二洪、羊山新河附

黄河，發源詳載《元史》。其流合陝西、山西諸水而始大。至河南，始散漫泛溢。至山東，勢益峻急，衝決無常。

洪武二十四年，決原武，淤安山。正統十三年，河溢滎陽縣，自開封府城北經曹、濮二州、陽穀縣，以入運河。至兖州府沙灣之東，決大洪口，諸水從之入海。

景泰四年，命官塞之。乃更作九堰八閘以制水勢。復於開封府金龍口即荊隆口、筒瓦厢等處，開渠二十里，引河水東北入運河。

弘治二年，復決金龍口，東北至張秋鎮入運河。而紅荊口並陳留通、許二縣俱淤淺。命官治之。五年復決。未幾，又決張秋，運河水從以入海，運舟甚艱。命内臣及文武官往治。發丁夫數萬，於黄陵岡南濬賈魯河一帶，分殺水勢。下由梁靖口至丁家道口，會黄河，出徐州，流入運河。又從黄河南濬孫家渡口，别開新河一道，導水南行，由中牟至潁州，東入於淮。又濬四府營淤河，由陳留縣至歸德州，分爲二派。一由宿遷縣小河口，一由亳縣渦河，會於淮。又從黄陵岡至楊家口，築壩堰十餘，並築大名府三尖口等處長堤二百餘里，及修南岸於家店、筒瓦厢等處堤一百六十里，始塞張秋決口，更名曰安平鎮。又於河東置減水石壩，分五洞以洩水勢。令管河官隨時修治。

正德四年，溢皮狐營，決曹縣之温家口、馮家口等處。又北從至儀封縣小宋集而決，衝黄陵岡埽壩，溢入賈魯河，敗張家口等處縷水小堤，循運河大堤東南行。而賈魯河下流淤塞，亦出張家口，合而南注，遂決楊家口，道曹、單二縣城下，直趨豐、沛。命官塞之。十二年，溢武城縣，壞城廓田廬。命官修濬。

嘉靖五年，上流驟溢。東北至沛縣廟道口，截運河，注雞鳴臺口，入昭陽湖。汶泗南下之水，從而東。而河之出飛雲橋者，漫而北，泥沙填淤，亘數十里。管河官力濬之，僅通舟楫。六年，復塞老和尚寺、八里屯、張家莊等處。命官發丁夫數萬，於昭陽湖東，北起汪家口，南抵留城口，改鑿新河，以避黄河衝塞之患。尋以災異罷役。命官即故道濬之。修築單縣林臺至沛縣舊城堤百四十餘里，以塞入湖之道。又濬趙皮寨、孫家渡口，殺上流之勢，沛漕復通。九年，自沛北徙，横流金鄉、魚臺，出穀亭口。命官濬趙皮寨，抵寧陵故道，及築睢州張見口至歸德州長隄百餘里，以禦泛漲。尋以河流改遷，罷役。十四年，築岔河口縷水堤一道，長三里。又於曹縣八里灣，抵單縣侯家林，築長隄八十里。十六年，鑿地丘店、野雞岡等上流支河四十餘里。十九年，濬睢州孫繼口至丁家道口淤河五十里。二十一年，又鑿野雞岡上流，李景高等口支河三，導河東注，以濟二洪。

二十四年，由野雞岡決而南，至泗州，合淮入海，遂溢蒙城、五河、臨淮等縣。二十五年，又決曹縣，溢入武城、金鄉、魚臺、單縣，漂溺甚衆。命總理河道、都御史，會同南北直隸、山東、河南撫按官，議築曹縣等處，不果。三十一年，又決房村，至曲頭集。凡決四處，淤四十餘里。命官濬之，役夫五萬餘，三閲月而成。三十七年，淤新集，趨段家口，析爲六支，入運河。又由碭山趨郭貫樓，析爲五支，出小浮橋，會徐州洪。四十四年，郭貫樓淤，遂決華山，出飛雲橋，截沛以入昭陽湖。北泛胡陵城、孟陽泊，至穀亭。南溢於徐。命官往治。乃接六年所鑿故跡，役夫濬之，爲南陽新河。又疏舊河，自留城至境山。又堤馬家橋，遏河流之出飛雲橋者，使盡歸秦溝。魚沛横流始絶，惟茶城時有淺阻。

隆慶四年，又決邳州，注睢寧，出小河口，自曹家口至直河，淤百餘里。命官濬之，復故渠，盡塞諸決口。六年，築堤自徐沛至宿遷三百七十里。

萬曆元年，茶城復淤。修建境山閘，並護房村等處堤岸，及築遥堤。四年，開草灣，導河自安東縣後，至金城五港入海，然泛濫如故，曹、豐、徐、沛之間，隨塞隨決。五年，秦溝復淤，自崔家口歷北陳、鴈門集等處，至九里山，出小浮橋。其一支自九里溝誼安山，歷符離，出小河口。而崔鎮大決，散漫湖泊間。桃源以下，故渠多淺。六年，命官修治。乃議塞崔鎮口。因築遥堤，束水衝沙。其南岸自三山頭至李字鋪，長二萬八千五百五十八丈。又自歸仁集築横堤，至孫家灣，長七千六百八十餘丈。又於桃源縣馬廠坡築堤，長七百四十丈，以遏南奔入淮之勢。其北岸自谷山至直河，長九千四百六十四丈。又自古城至清河，長一萬八千四百十丈。建崔鎮等滚水石壩四座，以緩泛溢之水。使不能潰堤而出，河流乃安。

徐州洪，在徐州，爲運河要害。亂石峭立，凡百餘步，故又名百步洪。成化四年，命官鑿石以利舟楫。又甃石路，長一百三十餘丈。以便牽挽。二十年，置石壩，長八十丈。遇有損壞，管河官隨時修築。嘉靖二十年，於洪下置石閘一座。

吕梁洪，在徐州東南六十里。有上下二洪，相距七里，亦運河要害。成化八年，命官甃二石堤，共長七十餘丈。十六年，命官築石壩，長二百六十五丈。復於壩西築堤二十餘丈，洪東甃石路四百二十丈。遇有損壞，管河官隨時修築。嘉靖二十年，於洪下置石閘一座。

羊山新河，萬曆十一年議准，由昭靈祠南黄河出口，歷羊山、内華山、梁山，接境山，開河置閘，以避戚港之溜。

淮安運道

自漢以來，即有高家堰，在淮安之東南。永樂間，通淮河爲運道，築堤堰上，以防淮水東侵。又自府北鑿河，蓄諸湖水，南接清口，凡六十里，曰清江浦，乃運船由江入淮之道。建清江等閘，遞互啟閉。又築土壩，以遏水勢。後閘壩禁弛，河渠淤塞。嘉靖八年，疏治復舊。隆慶中，高家堰廢。淮水由黄浦口決入，漫衍民田。萬曆四年，開草灣河渠，長六十二里，分殺黄河，以緩清口之衝。七年，復築高堰，起新莊至越城，長一萬八百七十餘丈。堰成，淮水復由清口會黄河入海，而黄浦不復衝決。又以通濟閘逼近淮河，舊址塌損，改建於甘羅城北。仍改濬河口，斜向西南，使黄水不得直射。因廢拆新莊閘。又改福興閘於壽州廠適中處所。其清江板閘，照舊增修。又議修復五壩，惟信字壩久廢不用，禮、智二壩加築。仍舊車盤船隻。仁、義二壩與清江閘相鄰，恐有衝漫，移築天妃閘内。八年用石包砌高堰。九年，又於府城南運河之旁，自窯灣、楊家澗，歷武家墩開新河一道，長四十五里，曰永濟河。因置三閘，以備清浦之險。十一年，建清江浦外河石堤，長二里。磯觜七座。又建西橋石堤，長九十八丈，以禦淮黄之衝。

揚州高寶運道

自清口引淮，爲清江浦。至烏沙河，匯管家、白馬二湖。堤黄浦八淺，及寶應縣槐角樓南諸湖相接，西抵泗州盱眙縣界，皆運道所經。湖東有堤，長三十餘里。洪武九年，用磚修高家潭等處。成化二十一年，造石堤，漸修至二十餘里。其南高郵、邵伯等湖，皆有石堤。運船觸堤，往往敗溺。弘治三年，命官於高郵河迤東開新河，以避其險，曰康濟河。中爲圈田，南北置閘，以時啟閉。兩岸俱甃以石。嘉靖五年題准，於氾光湖東，傍舊堤開新河，長三十里。遂棄康濟河。又自寶應至界首，凡有溝可通注於海者，造平水閘十座。十年，又自寶應湖東築月堤，長二十一里。萬曆五年，淮水由黄浦口決入，石堤多壞。七年，命官修築，改建減水閘四座，加高閘石九座。自是寶應諸湖，堤岸相接。十二年題准，於石堤之東，傍堤開新河三十餘里，以避槐角樓一帶之險，曰弘濟河。

儀真瓜洲運道

儀真上下江口及瓜洲便河，皆由江達淮運道襟喉。宋時，儀真嘗建三閘。洪武中，即其地築爲壩。弘治元年，始建東關、羅泗二閘。十二年，復於濱江建攔潮閘。嘉靖五年題准，潮長開閘放船，潮退盤壩。不許候閘延久。萬曆四年，於朱輝港、鑰匙河、清江等處，各開河以便停泊。

瓜洲江口舊建土壩。江北糧船空回，撤壩以出。而江南重船，反令盤壩。搬剥艱難，風濤守候。隆慶六年題准，自時家洲以達花園港，開渠六里有奇。建瓜洲通江閘二座。自此漕艘始免車盤之苦。萬曆四年，於瓜洲開港塢，以泊運船。

海道

元時海道，自平江劉家港入海。經通州海門縣黄連沙觜、萬里長灘，開洋，沿山嶼，抵淮安路鹽城縣。歷海寧府東海縣，又經密州、膠州界，放靈山洋，按東北行。路多淺沙，旬月始抵成山。計自上海至直沽楊村馬頭，凡一萬三千三百五十里。其後再變，自劉家港出揚子江，開洋。落潮東北行，離萬里長灘，至白水緑水，經黑水大洋，轉成山。西行過劉家島，入沙門島，放萊州大洋，抵界河，至直沽。其道差直。三變，自劉家港入海，至崇明三沙放洋。向東行，入黑水大洋，直取成山轉西，至劉家島，入沙門，放萊州大洋，至直沽。如遇風順，由浙西至京師，不過旬月而已。其道徑便。

國初海運，猶仍元舊。自會通河成，報罷。嘉靖中，尋膠萊故道，燒鑿馬家壕十五里，達於麻灣。隆慶五年，議因其故開新河，令江南之糧，由淮安清江浦口，歷新壩口、馬家壕、麻灣口、海滄口，徑抵直沽天津，止一千六百里。半從河行。其海行者，止由海套，不泛海洋。惟馬家壕、分水嶺二處，開鑿爲難。遣科官勘報。竟以無源水、多沙磧而止。

卷一九七

工部一七

河渠二

運道二

湖泉

湖泉之水，導引蓄洩，皆以濟漕，爲運道所關。徐沛山東諸湖，在運河東者，儲泉以益河之不足，曰水櫃。在運河西者，分漲以洩河之有餘，曰斗門。而淮揚諸湖，即爲運道。其山東新舊各泉，可引以濟漕者，派分爲五。入汶者，爲分水派。入泗、沂、濟及天井閘漕河者，爲天井派。入白馬河及南陽棗林、魯橋閘河者，爲魯橋派。入南陽新河者，爲新河派，即沙河派。入邳州河者，爲邳州派。今備載焉。

安山湖，在東平州。週圍八十三里零一百二十二步。舊有二閘，底高於河，水不能入。湖之下口無閘，水不能出。嘉靖六年，止於湖中築堤十餘里，而湖益狹。後乃漸復焉。

南旺湖，在濟寧州。週圍一百五十餘里。漕渠貫其中。西岸爲南旺西湖，東岸爲南旺東湖。汶水自東北來，界分東湖爲二，二湖之下，北爲馬踏湖，又北爲伍莊湖。南爲蜀山湖，又南爲馬場湖。各湖通連無間。凡與西湖盡處相對者，即爲東湖。東西湖中爲長堤二。西堤設斗門。爲減水閘十有八，隨時啟閉，以濟運河。遇有淤淺，隨時挑濬，每二年一大挑。隆慶中，開南旺月河二十里有奇，以便大挑，北至王家窪，南出尹家窪。稍北里餘，各建通河大閘一座。

馬場湖，週圍四十里。舊有堤壞，與運河相通。河水稍盈，即洩入湖，每致淺涸。嘉靖十四年，築堤長六十里，内外各植柳以護之。更置減水閘五座，運河易盈，湖水亦有蓄洩。

蒲灣泊、武家湖，在汶上縣。

南陽湖，在魚臺，即獨山坡，滙爲湖，週圍七十六里。引沙河經其中，入新河。

昭陽大湖，長十八里，小湖長十二里，二湖相連。北屬滕，南屬沛。週圍八十餘里，納諸縣水。湖口置石閘，放水入薛河，由金溝口以達舊運河。後以河決棄沽頭，於湖東開新河。則南陽在東，昭陽在西，去黄水益遠，運河乃安。

赤山湖、微山湖、吕孟湖、張莊湖，四湖相連，長八十里，在徐州。引薛河出地浜溝，入新河。

蛤鰻湖，長二十里；連汪湖，長一十五里；周湖，長二十里；柳湖，長一十五里，在邳州。

落馬湖，長六十里；茅茨湖，長六十里；黄墩湖，長二十里；侍丘湖，長三十里；倉基湖，長三十里；埠子湖，長八十里，在宿遷縣。

大莊湖，長十里；崔鎮湖，長三十里，在桃源縣。

杜村湖，長十里；萬家湖，長十里，在清河縣。

管家湖，在淮安府城西門外，舊有堤。永樂十四年，命官於湖中築長堤，以便運舟。隨時修築。

白馬湖，長三里；汜光湖，即寶應湖，長三十里；界首湖，即津湖，長三里，在寶應縣。新開湖，長三十五里，在高郵州。邵伯湖，長十八里，在江都縣。諸湖延袤高、寶，以抵揚州，上下相接。

以上諸湖。

東平州泉十四舊九，新五。

安圈泉	吴家泉
張胡郎泉	小黄泉新
大黄泉新	王老溝泉
席橋泉	浄泉新
源泉新	洌泉新
把頭泉	獨山泉
鐵鉤觜泉	坎河泉俱入汶。

舊有徐家莊灰蘆三泉，今廢。

汶上縣泉三舊二，新一。

龍　泉	濼當山泉
雞爪泉新，俱入汶。	

舊有馬莊泉，今廢。

平陰縣泉一舊

柳溝泉入汶

滋陽縣泉八舊四，新四。

東北新泉
闕黨泉
古溝泉新
負假泉
上蔣詡泉新
下蔣詡泉新
西北新泉
驛後新泉新，俱入濟。

鄒縣泉十二舊八，新四。

鱔眼泉
程家莊泉新
孟母泉
陳家溝泉
白馬泉
岡山泉
黄港溝泉新
淵源泉
柳青泉
馬山泉新
勝水泉新，俱入白馬河。
三角灣泉入魯橋河。

舊有白莊泉，今廢。

曲阜縣泉二十舊十七，新三。

横溝泉
埠下泉
新安泉
變巧泉俱入泗
青泥泉
柳青泉
車輞泉
逵泉
茶泉
雙泉
曲水詠歸泉
温泉
連珠泉
新泉
曲溝泉
濯纓泉
鄒村泉新
文水泉新
柳莊泉新，俱入沂。
蜈蚣泉會鱔眼泉，入白馬河。

舊有潺聲泉，今廢。

泗水縣泉五十三舊二十，新二十三。

趵突泉
珍珠泉
洶㶟泉
黑虎泉四泉俱出陪尾山林泉寺左，會爲泗源。
繁星泉
白石泉新
蓮花泉
新開泉新

響水泉　　紅石泉

甘露泉七泉在林泉寺南，會趵突等泉入泗。

下莊泉　　三台泉新

湧珠泉　　石露泉新

甘露新泉新　　奎聚泉新

琵琶泉新，七泉俱會趵突等泉入泗。

潘波舊泉　　潘波新泉新

黄陰泉　　吴家泉

杜家泉　　曹家泉

蔣家泉　　里澇溝泉新

石井泉新　　鮑村泉

合德泉新　　趙家泉

龜陰泉　　龜眼泉新

龜尾泉新　　東巖石縫泉

珍珠泉在縣東南尚舒社。　　黄溝泉

岳陵泉　　石河泉

璧溝泉　　小玉溝泉

大玉溝泉　　蘆城泉

西巖石縫泉　　三角灣泉

雪花泉新　　新開第二泉新

天井泉新　　醴泉新

醴前泉新　　七里溝泉新

馬莊泉新　　馬跑泉新

魏莊泉新，俱入泗。

滕縣泉十八舊十五，新三。

北石橋泉　　三里橋泉

大烏泉　　絞溝泉

趙溝泉　　荊溝泉

趵突泉　　劉家溝泉新

南石橋泉　　玉花泉

魏家莊泉新　　三山泉

黄溝泉　　白山泉新

温水泉　　黄家溝泉俱轉入南陽新河

三界灣泉　　龍灣泉二泉挑入新河

嶧縣泉五舊三，新二。

許有泉　　温水泉

搬井泉新，俱轉入南陽新河。　　許池泉

龍王泉新，俱入邳州河。

寧陽縣泉十二舊

龍魚泉　　龍港溝泉

魯姑泉　　濼當泉俱入汶

蛇眼泉會諸泉入漕河，經洸、濟，出天井閘。

張家泉　　井泉

三里溝泉　　古泉

柳泉俱會蛇眼等泉，入漕河。　　金馬莊泉

古城泉俱入漕河。

魚臺縣泉十四舊五，新九。

東龍泉　　平山泉

古泉新　　廉家潭泉新

西龍泉　　聖母泉新

黄良泉　　廟前泉

滕家泉新　　河頭泉新

高家東泉新　　高家西泉新

陳家泉新　　中溢泉新，俱入南陽新河。

濟寧州泉三舊

蘆溝泉入南陽閘河。　　拓基泉入棗林閘河

馬陵泉入魯橋閘河。

泰安州泉三十八舊三十五，新三。

板橋灣泉　　皂泥溝泉

鯉魚溝泉　　範家灣泉

鐵佛堂泉　　清泉

周家灣泉　　風雨泉

馬兒溝泉　　梁子溝泉新

木頭溝泉　　龍灣泉

張家泉　　梁家莊泉

上泉　　馬蹄溝泉

臭泉
朔港溝泉
水磨泉
狗跑泉
報恩泉
陷灣泉
胡家港泉
馬黄溝泉
龍王泉
濁河泉
斜溝泉
羊舍泉
顔謝泉
北滚泉
順河泉
韓家莊泉新
力溝泉
東柳泉
神泉新
西柳泉
龍堂泉
水波泉俱入汶

新泰縣泉十四舊十二，新二。

南陳泉
魏家泉
南師家泉
名公泉新
張家泉
公家莊泉
孫村泉
西周泉
名灣泉新
和莊泉
西都泉
古河泉
劉杜泉
靈查泉俱入汶

舊有北鮑泉及北流泉、萬歲泉，今廢。

肥城縣泉九舊五，新四。

清泉
拖車泉新
鹽河泉
董家泉新
臧家泉
吴家泉
王家泉
開河泉新
馬房泉新，俱入汶。

萊蕪縣泉十六舊十一，新五。

小龍灣泉
湖眼泉
蓮花池泉
郭娘泉
牛王泉
鵬山泉
烏江岸泉
鎮里泉
趙家莊泉
王家溝泉
半壁店泉
海眼泉

雪家莊泉新

水河泉新

魚池泉新

新興泉新，俱入汶。

蒙陰縣

舊有泉河、順德、伏牛峪、官橋、卞家莊五泉，俱入邳州河。今廢。

沂水縣

舊有單家、銅井、芙蓉、上泉、盆泉、灰泉、大泉、小水、雪王臺、龍王堂共十泉，俱入邳州河。今廢。

以上諸泉。

閘壩

宛平縣閘五。

青龍閘

白石閘

廣源閘

高梁閘

澄清閘

大興縣閘三。

慶豐閘

平津上、下二閘

通州閘五，壩一。

普濟閘

南普閘

土橋閘

廣利閘

通流閘

石壩

舊普濟、通流，俱有上、下二閘，今各廢（其）。❶

臨清州閘五。

南板閘

新開上閘

沙灣減水閘

潘官屯減水閘

觀音嘴減水小閘

舊有會通、臨清二閘，今廢。

清平縣閘三。

戴家灣閘

李家口減水閘

魏家灣減水閘

堂邑縣閘四。

梁家鄉閘

土橋閘

土橋進水閘

新開口進水閘

---

❶ “其”字後疑脱字“一”。

舊有土城、中閘二減水閘，今廢。

博平縣閘五。

第一至第五，五減水閘

舊有老堤頭北減水閘，今廢。

聊城縣閘十。

通濟橋閘　李海務閘

周家店閘　龍灣、西柳行二進水閘

官窯口、裴家口、方家口、李家口、耿家口五減水閘

陽穀縣閘六。

七級上、下二閘　阿城上、下二閘

荊門上、下二閘

寧陽縣閘二。

洸河東、西二閘嘉靖六年建。

舊有堽城石壩、堽城閘，今廢。

滋陽縣閘一，壩一。

金口閘　金口石壩成化八年，因元舊，易爲石堰。

舊有土婁、杏林二閘，今廢。

鄒縣

舊有港里積水閘、小閘，今廢。

東阿縣閘一。

通源閘

壽張縣閘一，壩一，堰一。

沙灣積水閘　師家壩

野豬腦堰

東平州閘七，壩二。

戴村閘舊　戴家廟閘嘉靖十九年建。

安山閘成化十二年建。　靳家口閘嘉靖四年建。

袁家口閘　安山湖東、西二小閘

戴村壩　坎河口堤壩

舊有魚營減水閘，今廢。

汶上縣閘十六。

開河閘　南旺上、下二閘

寺前鋪閘　界首、石口二積水閘舊

焦樂、張全、劉玄、彭秀、孔家、邢家、常家口、闞家口、李泰口、田家

口十減水閘。

鉅野縣閘一，壩一。

長溝減水閘嘉靖十九年。　篷子山壩

濟寧州閘十四。

天井閘　在城閘

趙村閘　石佛閘

新店閘　新閘六閘俱因元舊。嘉靖間重修。

仲家淺閘宣德四年建　師家莊閘

魯橋閘二閘永樂間建　上新閘

中新閘　下新閘三閘俱成化十一年建

棗林閘永樂間建　四里灣減水閘

舊有分水閘，廣運上、下二閘，永通上閘，耐牢坡閘，宫村閘，吴泰閘，片玉閘，碎玉閘，今廢。

濟寧衛閘四。

永通減水閘　五里營平水閘

十里鋪平水閘　安居平水閘

魚臺縣閘十六，壩一。

南陽閘宣德二年建。　利建閘即宋家口閘，隆慶元年建。

新河十四減水閘嘉靖四十五年建。

蘇家壩

舊有穀亭、八里灣、硯瓦溝、陽城湖、泥河五閘，今廢。

滕縣閘一，壩五。

佃户屯減水閘　東邵壩

王家口壩　豸里壩

宋家壩　黄甫壩以上閘壩，俱隆慶二年建築。

沛縣閘七，壩三。

珠梅閘　楊莊閘

夏鎮閘　滿家閘

西柳莊閘　馬家橋閘

留城閘

以上七閘，俱隆慶元年，以舊河孟陽泊、沽頭上中下、胡陵城、廟道口、謝溝七四[1]改建。

---

[1] 原文“七四”，疑爲“七閘”。

沙河口壩隆慶元年築。　薛河口石壩隆慶二年築。

㰖城壩嘉靖四十五年築。

舊有新興閘，金溝口、飛雲橋、雞鳴臺、昭陽湖中、東、西六積水閘，今廢。

徐州閘四，壩二。

黄家閘天順三年建。　梁境閘即境山舊閘，萬曆二年復。

内華閘　古洪閘二閘萬曆十一年建。

徐州洪石壩　吕梁洪石壩

舊有徐州洪閘、吕梁洪上、下二閘，今廢。

邳州閘一。

匙頭灣減水閘萬曆八年建

桃源縣壩一，壩四。

馬廠坡減水閘萬曆八年建。

崔鎮、徐昇、季太、三義四減水石壩萬曆七年，築遥堤建。

清河縣閘一，壩一。

通濟閘嘉靖中建。萬曆七年，改建甘羅城出口之處，題准每年六月初旬水漲，築壩欄截。九月初旬水落，開壩行舟。

天妃壩萬曆七年建。

舊有新莊閘、天妃閘，萬曆七年，俱廢。

山陽縣閘七，壩六，堤一。

福興閘萬曆七年，改建壽州廠。清江閘

板閘　龍汪閘

永清閘　窯灣閘三閘，萬曆十年永齊河建。

黄浦減水閘萬曆二年建　方家壩

新建壩　仁、義、禮、智四字壩

高家堰石堤萬曆七年建

舊有移風閘、磚閘、新城上、下二閘。及萬曆元年建涇河、平河橋二減水閘，又有清江東西、淮安、滿浦、南鎖五壩、信字壩，今俱廢。

寶應縣閘十三。

弘濟河南、北二閘　長沙溝減水閘

朱馬灣減水閘　劉家堡減水閘五閘俱萬曆十二年建

江橋北等八減水閘嘉靖、萬曆年間建。

舊有七里溝、菜橋口、魚兒溝三減水閘，白馬湖、七里溝、槐角樓滚水壩，今俱廢。

高郵州閘九，壩一。

康濟河南、北二閘萬曆四年建。

城南河堤三減水閘嘉靖中建。

新中堤四減水閘萬曆五年建。

蛤蜊壩

舊有觀橋上、下二閘，車邏、王琴二減水閘，今廢。

江都縣閘十六，壩十二。

廣惠閘　通惠閘二閘隆慶六年瓜洲建。

邵伯九減水閘　芒稻河減水閘萬曆十一年建。

沙壩、裔家、馬家渡、南潭四平水閘萬曆元年建。

瓜洲十壩舊十一　灣頭滚水壩

舊有朝宗上、下、通江、新開、大同、潘家、大橋、江口、留湖九閘，及新廟等十一減水閘，邵伯小壩，揚子橋古壩，瓜洲減水礎，雷公上下二塘，小新塘，句城塘，今俱廢。

儀真縣閘四，壩六。

響水閘　通濟閘

羅泗閘一名臨江閘　攔潮閘

一壩至五壩　新壩

舊有清江等八閘，裏河口閘，及東門、新高橋二減水閘，劉塘、茅家山、北山、陳公四塘，蔣家溝、張家溝二減少礎，今俱廢。

丹徒縣閘一

□犢山閘萬曆十一年建。

丹陽縣閘一。

黄泥壩閘萬曆十一年建。

以上二閘，俱爲挑復練湖設。

卷一九八

工部一八

河渠三

運道三

夫役

運河夫役，在各泉閘，原額頗多。後或議裁革，或改停役，停役夫候大挑調州，或徵銀一兩六錢爲銀差。或改折徵，折徵，每名歲徵銀六兩，貯庫。沿革不常。今斷自萬曆四年爲則，新、舊額數備載焉：

宛平縣青龍等閘五，共夫七十五名。

大興縣慶豐等閘三，共夫四十七名。

通州普濟等閘五，共夫九十三名。淺鋪十，小甲十名，夫一百名。修堤小甲八名，夫七十五名。

通州左衛淺鋪二，小甲二名，夫二十名。修堤小甲三名，夫二十六名。

通州右衛淺鋪四，小甲四名，夫四十名。修堤小甲四名，夫三十六名。

定邊衛淺鋪二，小甲二名，夫二十名。修堤總甲一名，小甲四名，夫四十五名。

神武中衛淺鋪三，小甲三名，夫三十名。修堤小甲五名，夫四十五名。

寶坻縣，修堤小甲四名，夫四十六名。

東安縣，修堤總甲一名，小甲六名，夫七十名。

漷縣淺鋪四，小甲四名，夫四十名。修堤總甲二名，小甲八名，夫九十名。

香河縣淺鋪六，小甲六名，舊用老人夫六十名。修堤總甲一名，小甲三名，夫四十名。

營州前屯衛淺鋪四，小甲四名，夫四十名。修堤總甲一名，小甲二名，夫二十四名。看淺夫三名。

武清縣淺鋪十一，小甲十一名，夫一百一十名。看守要兒渡口等堤五處，總甲一名，小甲五名，夫五十名。修堤老人一名，總甲一名，小甲九名，夫九十二名。

武清衛淺鋪四，小甲四名，夫四十名。修堤總甲一名，小甲一名，夫九十九名。

天津衛淺鋪十二，舊十一。小甲十二名，夫一百八名。今存二十四名，軍夫六十名。修堤小甲五名，夫四十五名。

天津左衛淺鋪二十四，小甲二十四名，夫二百十六名。今存四十八名。軍夫一百八十名。修堤小甲五名，夫四十五名。

天津右衛淺鋪十，小甲十名，夫九十名。今存二十名。軍夫五十名。修堤小甲五名，夫四十五名。

霸州蘇家等淺鋪十一，舊一。老人十一名，夫一百十名。修堤夫二百六十名。

静海縣淺鋪九，老人九名，夫九十名。修堤夫六百名。

青縣淺鋪六，老人六名，夫六十名。修堤夫六百十六名。

興濟縣淺鋪七，老人七名，夫七十名。内軍夫二十名，民夫五十名。

滄州淺鋪七，老人七名，夫七十名。

交河縣淺鋪五，老人五名，夫五十名。修堤夫三百名。

南皮縣淺鋪五，老人五名，夫五十名。修堤夫三百五十名。

景州淺鋪四，老人四名，夫四十名。修堤夫二百名。

吴橋縣淺鋪十，老人十名，夫一百名。修堤夫四百五十名。

故城縣淺鋪三，老人三名，夫三十名。修堤夫八十名。

東光縣淺鋪七，老人七名，夫七十名。

德州上八里等淺鋪七，舊六。老人七名，夫一百四十名。後折徵七十名。今存七十名。

德州衛張家灣等淺鋪十，舊八小甲十名，軍夫一百名。舊每鋪九名。

德州左衛鄭家口等淺鋪六，小甲六名，軍夫六十名。舊每鋪九名。

恩縣白馬廟等淺鋪七，舊五老人七名，夫七十名，今存三十五名。撈淺夫二十八名，今存十四名。沙灣修堤大户，夫七十五名。

武城縣桑園口等淺鋪二十九，舊二十六老人二十九名，夫二百六十一名。後折徵八十七名。今存一百七十四名。沙灣修堤守口大户，夫二十五名。

夏津縣趙貨郎口等淺鋪八，老人八名，夫八十名，後折徵四十名。今存四十名。撈淺夫二十名，今存十名。沙灣修堤夫六名。

清河縣二哥營等淺鋪八，老人八名，夫八十名，後折徵三十二名。今存四十八名。

臨清州南板閘，夫四十名，溜夫一百十五名。新開上閘，夫四十名。溜夫七十五名。今二閘共夫八十四名，溜夫共存四十名。潘家橋等淺鋪十二，老人十一名，夫一百七十一名，後折徵七十六名。今存九十五名。撈淺夫九十名，今存三十九名。橋夫二十八名，今存二十名。

館陶縣尖塚兒等淺鋪十二，老人十二名，夫九十六名，後折徵二十四名。今存七十二名。

清平縣戴家灣閘，夫三十名。魏家灣等淺鋪九，老人九名，夫八十一名，後折徵三十六名。今存四十五名。撈淺夫一百三十二名，後折徵六十六名。今存六十六名。

堂邑縣土橋、梁家鄉二閘，各夫三十名。梁家鄉等淺鋪七，老人七名，夫七十名，今存三十五名。撈淺夫二百名，今存六十六名。

博平縣梭堤等淺鋪六，老人六名，夫五十四名，後折徵二十四名。今存三十名。撈淺夫一百三十二名，後折徵六十六名。今存六十六名。

聊城縣通濟橋、李海務、周家店三閘，各夫三十名。官窯口等淺鋪二十三，老人二十三名，夫二百七名，後折徵九十二名。今存一百一十五名。撈淺夫二百名，今存八十五名。

陽穀縣七級、阿城、荊門六閘，舊各夫二十名。今共夫一百五十名。荊門上下二閘月河修壩夫各五十名。管驛灣等淺鋪十二，舊十老人十二名，夫一百八名，後折徵四十八名。今存六十名。撈淺夫四百八十七名，後折徵二百四十三名。今存二百四十四名。

東阿縣沙灣等淺鋪九，舊八。老人九名，夫八十名，後折徵三十五名。今存四十五名。撈淺夫一百五十八名，後折徵七十九名。今存七十九名。

壽張縣大家廟等淺鋪五，老人五名，夫四十五名，後折徵二十名。今存二十五名。撈淺夫九十二名，後折徵四十六名。今存四十六名。渡夫四名，今存二名。

東平州戴家廟、安山二閘，各夫三十名。靳家等淺鋪十三，老人十三名，夫一百一十七名，後折徵四十二名。今存七十五名。撈淺夫一百八十二名，後折徵九十一名。今存九十一名。戴村修壩老人四名，舊一夫一百五十名，後革四十八名，又佚役十二名，銀差二十名，後又折徵四十六名。今存二十四名。安圈等泉，老人二名，存一名，今革。夫六十五名，後折徵二十六名。今存三十九名。

東平守禦千户所安山等淺鋪四，小甲四名，軍夫四十名。

平山衛第五等淺鋪五，軍夫五十名。

汶上縣開河寺、前鋪、袁家口、靳家口四閘，各夫三十名。袁、靳二口有溜夫，並各閘夫，俱於撈淺夫内改編。南旺上、下二閘，共夫四十名。

南旺、寺前鋪二處溜夫各九十名，後各折徵四十五名。今各存四十五名。界首等淺鋪十四，老人十四名，夫一百二十六名，後折徵五十六名。今存七十名。撈淺夫四百五十二名，後折徵二百二十六名。今存二百二十六名。戴村修壩夫一百五十名，後革四十八名，又停役十二名，折徵六十六名。今存二十四名。蒲灣泊、武家湖共老人一名，夫三十名。龍門等泉，老人二名，今革夫四十二名，後停役六名，又折徵十四名。今存二十二名。

嘉祥縣大長溝等淺鋪四，老人四名，夫三十六名，後折徵十六名。今存二十名。撈淺夫一百三十七名，後折徵六十八名。今存六十九名。

鉅野縣大頭灣等淺鋪五，小甲五名，夫四十五名，後停役，折徵二十名。今存二十五名。撈淺夫二百四十五名，後停役，折徵一百二十二名。今存一百二十三名。蓬子山壩夫三十名。

濟寧衛永通閘，夫二名。曹井橋等淺鋪五，小甲五名，軍夫五十名。撈淺夫一百八十二名，舊二百名，隆慶三年減。後折徵九十一名。今存九十一名。

濟寧州天井、在城、趙村、石佛、新店、新閘、仲家淺、師家莊、魯橋、棗林閘，各夫三十名。上新、中新、下新三閘，各四名。在城閘，溜夫三百名，後折徵九十名，撥補天井閘二十三名。今存六十七名。天井閘，溜夫九十名，後折徵四十五名。今存六十八名，内借撥在城閘二十三名。趙村、石佛、新店、新閘、仲家淺、魯橋、棗林七閘，溜夫各一百三十三名。師家莊閘，溜夫一百三十六名，後趙村等四閘，各折徵六十六名。今存六十七名。仲家淺改編一百一十三名，折徵十名。今存十名。師家莊改編七十名，折徵三十三名。今存三十三名。硯瓦等淺鋪十二，老人十二名，夫一百八名，後折徵四十八名。今存六十名。撈淺夫四百三十五名，後折徵二百一十七名。今存二百一十八名。南門橋草橋夫二十名，舊橋五，夫五十。盧溝等泉老人一名，今革夫二十六名，後革四名，折徵十三名。今存九名。

滋陽縣金口壩，老人四名，修壩夫一百八十名，後革二十八名。改停役銀差一百三十二名，折徵十名。今存十名。洸河淺鋪十，夫四十名，後革十三名，又折徵十四名。今存十三名。濟河淺鋪五，夫二十五名，後革三名，又折徵十名。今存十二名。沙灣中口大户[1]夫廿五名。東北新等泉，老人二名，今革夫二十六

[1] 原文“口”“户”二字不清，存疑。

名，後革四名，折徵十三名。今存十三名。

平陰縣柳溝泉，老人一名，今革夫十名。

寧陽縣堽城壩，老人二名，今革夫二百一十五名，後革一百八十三名，停役三十一名。今存一名。龍魚等泉，老人二名，今革夫一百八十七名，後革十八名，停役六十九名。今存一百名。

魚臺縣南陽、利建二閘，各夫三十名。南陽閘溜夫一百三十四名，後改堤夫一百二十名，折徵七名。今存七名。利建閘溜夫一百五十一名，後折徵七十五名。今存七十六名，改新河堤夫。張家林等淺鋪二十一，老人二十一名，夫一百八十九名，後折徵八十四名。今存一百五名。撈淺夫二百二十名，後折徵一百十名。今存一百十名。東龍等泉，老人三名，今革夫五十五名，後革十三名，折徵二十五名。今存十七名。

鄒縣撈淺夫十名。鱔眼等泉，老人六名，今革夫一百二十八名，後革十名，又改堤夫五十名，又折徵四十六名。今存三十一名。

曲阜縣横溝等泉，老人一名，今革夫六十七名，後折徵三十三名今存三十四名。

泗水縣趵突等泉，老人二名，今革夫一百五十七名。後折徵七十八名。今存七十九名。

滕縣北石橋等泉，老人二名，今革夫二百九十九名，後革三十七名，改停役六十名，堤夫五十名。後又折徵九十名，革三十一名。今存三十一名。東邵等壩五，夫一百一十名。

嶧縣許有等泉，老人一名，今革夫六十三名，後革九名，改堤夫三十名，折徵十四名。今存五名。

泰安州板橋灣等泉，老人四名，今革夫三百二十三名，後折徵一百三十名。今存一百九十三名。

新泰縣南陳等泉，老人二名，今革夫二百六名，後折徵八十六名，革二十一名。今存九十九名。

肥城縣清泉等泉，老人一名，舊三名，今革。夫七十九名，後折徵三十二名。今存四十七名。

萊蕪縣小龍灣等泉，老人一名，今革夫二百三名，後折徵八十三名。今存一百二十名。

沛縣珠梅閘，夫三十名。守堤夫三十六名。夏鎮閘，夫四十名。溜夫一百十五名。留城、滿家橋、西柳莊、馬家橋、楊莊閘，各夫三十名。溜夫各一百二十五名。以上七閘夫，俱以舊運河孟陽泊等七閘夫改撥。金溝等淺鋪十九，老人十九名，夫三百八十名，後革一百六十八名。今存一百三十三名。

豐縣大黄堤鋪十七，鋪夫三百六名。

碭山縣縷堤鋪九，鋪夫一百六十八名。

徐州黄家、梁境、内華、古洪四閘，各夫三十名。黄家閘溜夫一百三十名，後革三十二名。今存九十八名。徐州洪，夫九百一名，今存七百五十一名。吕梁洪，夫一千五百五十名，今存一千三百名。雙溝等淺鋪四十三，舊三十六老人四十三名，夫四百三十名，舊每鋪四十名，後止七名。今存三百一名。堤鋪三十二，守堤夫六百六名。

睢寧縣龍岡等淺鋪十一，老人十一名，夫二百二十名，舊每鋪一百五十名，弘治三年革存前數。今存一百九十八名。改堤夫堤鋪二十七，守堤夫七百四十一名。

邳州蔡家莊等淺鋪十一，舊十老人十一名，夫二百二十名，舊每鋪一百五十名，弘治三年革存前數，後又革二十二名。今存一百九十八名。改堤夫堤鋪二十八，守堤夫四百七十三名。

邳州衛東城安淺，鋪夫二十名，後革二名今存一十八名。

宿遷縣武家溝等淺鋪二十一，舊三老人二十一名，夫四百二十名，舊每鋪一百名，弘治三年革存前數。今存二百三十名。改堤夫堤鋪十四，守堤夫六十四名。歸仁集遥堤鋪十三，守堤義官一員，夫二百七十九名。

桃源縣汊河南等淺鋪十二，老人十二名，夫二百四十名，舊每鋪一百名，弘治三年革存前數。後又減停七十四名。今存一百六十六名。堤鋪二十七，守堤夫三百三十一名。

清河縣通濟閘，夫三十名。李家橋等淺鋪五，老人五名，夫六十名，舊每鋪十二名，後各減二，内吴城淺二十名。今存五十三名。堤鋪五，守堤夫六十五名。

山陽縣福興閘，夫四十名，後革十名，停役六名。今存二十四名。清江閘，夫四十名，後革十名，停役六名，改撥天妃閘五名。今存二十一名。板閘夫三十名，後革六名，停役十四名。今存十名。龍汪等三閘，即以福興、清江舊閘官夫改撥。黄家等淺鋪十五，老人十五名，夫七十五名，後革七名，後又復板閘等停役夫三十二名。今一百名。清江浦西橋守堤夫五十名。高家堰堤鋪六十七，守堤夫八百八名。

寶應縣子嬰溝等淺鋪九，淺官九員，舊老人、塘長各九名。夫四百四十三名，後革二百五名。今存二百八十八名。舊有子嬰溝第一淺，夫二十五名。瓦店等二淺，夫十名。今革。

高郵州王琴新河等淺鋪十七，夫二百七十名，後革一百二十四名。蛤蜊壩夫七名。原設永充壩夫十五名，弘治末年逃絶，存前數。舊有丁家灣等淺鋪十一，老人十一名，夫一百九十名。康濟河淺鋪六，老人六名，夫六十名。今俱革。

江都縣廣惠、通惠二閘，各夫六十名。城南北等淺鋪十一，老人十七名，舊老人塘長各十一名。夫二百五十四名。舊二百二十名。瓜洲十壩，夫三百七名，後革二十八名，又停役□百五十九名。今存一百二十名，於閘夫内撥用。三年一次挑港，夫二千四百九十二名。

儀真縣通濟閘，夫五十七名。響水、羅泗、攔潮三閘，各五十五名。麻線港等淺鋪三，老人三名，夫二十七名。六壩夫，於閘夫内撥二名看守。三年一次挑港，夫九千二百二十名。

運河錢糧

通惠河郎中所屬

通州、惠安等七州縣，樁草銀五百三兩六錢五分。

通州左右神武等九衛，樁草銀六百十六兩。

北河郎中所屬

兖州府屬州縣並衛所，石灰十三萬八千斤；檾麻九十六斤；樁草、檾麻銀五千五百三十五兩六錢八分；副磚銀二百五十七兩七錢六分；安山南旺等湖租銀三千三百三十五兩二錢四釐八毫。各州縣裁革、折徵、撈淺、淺鋪等夫二千二百八十名，每名歲徵銀十二兩渡夫二名，每名歲徵八兩共該銀二萬七千三百七十六兩。萬曆四年議定，每名連樁草歲徵銀六兩，著爲例，每歲共該銀一萬三千六百九十二兩。

東昌府屬州縣，並帶管德州、德州左二衛及清河縣，副磚一萬六千九百九十二個。石灰九千二百斤。樁草、檾麻、磚灰銀二千四百八十兩六錢四分。各州縣裁革、折徵、撈淺、淺鋪夫八百六十二名。

萬曆四年議定，每名連樁草歲徵銀六兩。每歲共該銀五千一百七十八兩。

河間府屬州縣並衛所，樁草銀二百五十八兩五錢六分；葦草銀二百三十五兩三錢六分；檾麻、副磚銀各五十三兩四分；石灰銀二十六兩五錢二分。

南河郎中所屬今天妃閘以北改屬中河郎中，以南仍屬南河郎中。

淮安府屬天妃閘以北，邳州、清、桃、睢、宿五州縣，並邳州衛，樁草、磚灰銀四百六十九兩八分。

廬、鳳二府，並滁、和二州，徵解邳州河堤防守夫銀一萬二千九十六兩。

徐州並屬縣，樁草、磚灰銀八百七十九兩八分。

廬、鳳二府，並揚州府屬州縣，徵解徐州停役夫協助河工銀一千三百九十九兩二錢。

徐州庫收支徐州洪税，協濟河工錢糧，歲徵無定額，約萬餘兩不等。

管泉主事所屬

濟兖二府有泉州縣，額徵泉壩錢糧、樁草銀四百五十三兩一錢二分；壩夫銀二百十一兩二錢；裁革泉夫折徵銀九千二十四兩；裁革壩夫折徵銀一千五百四十四兩；裁革洸濟河淺夫折徵銀二百八十八兩。萬曆四年議定，每名連樁草歲徵銀六兩。

黄河錢糧

山東管河道副使所屬

兖州府屬州縣，堤鋪夫銀九千八百六十兩。

河南管河道副使所屬

開封等八府並汝州，河堡夫銀三萬二千八百五十三兩。

凡運河職官

永樂初年，差主事一員疏導寧陽縣等處泉源以濟運河。後又差通政郎中各一員。又差主事一員專管閘河。臨清閘，則令提督衛河提舉司主事兼管。皆三年更代。

十二年議罷海運。令工部尚書一員及都督一員疏濬運河。

十五年，令伯一員充總兵官，創行漕事。又遣都督、侍郎各一員及尚書一員、伯二員，往來提督。以本部員外郎、主事二員分理。又遣侍郎、提督監察御史、錦衣衛千户等官巡視。

十九年，遣侯伯各二員分理濟寧等閘，及徐州、吕梁二洪、通州等處河道。徐州洪，差御史一員，又差郎中一員。吕梁洪，差少卿一員，又差河南按察司官一員，又差郎中一員。今二洪各差主事一員專管，三年更代，遂爲定制。

宣德中，設濟寧管閘主事。

正統四年，定巡視河道部屬官六員。提督侍郎、都御史各一員，以濟寧爲界，其南屬侍郎，其北屬都御史。又以都督一員遞相提督。

景泰元年，令提督河道專屬都御史。

二年，減巡視河道主事一員。復減巡河御史二員，以巡鹽御史兼理。

三年，設山東府州縣管河官。

六年，令總督漕運都督兼理河道。

天順元年，減淮安、臨清、沙灣巡河主事三員。仍差主事一員，管揚州一帶河道。

成化初，定設主事一員，專管寧陽縣等處泉源。

七年，始分河道爲三節，北自通州至德州，南自沛縣至儀真，各屬郎中一員。中自德州至濟寧，屬山東按察司官一員。又以侍郎一員總理。罷主事御史，惟管洪閘主事如故。

八年，復令長蘆巡鹽御史兼理通州、臨清一帶河道。又御史一員，兼理濟寧至南京河道。

十三年奏准，管河郎中兼理河道驛傳、捕盜、夫役等事。又令河道自通州至濟寧，濟寧至儀真，仍以郎中二員分理。

十九年，令沛縣沽頭等閘，别差主事一員提督。

二十一年，罷河南布政司管河、沁二水官，添設主事一員。

弘治元年，罷沽頭閘主事，令濟寧以南河道屬巡鹽御史兼理。又罷管河、沁二水主事，令徐州洪主事提調。

三年，令山東勸農參政兼理山東河道。又令各府州縣管河官，帶領家口，專在該管去處住坐，管理河道。不許私回衙門，營幹他事。

七年，復差沽頭主事。

八年，因治河工完，奏准，仍以河道分三節，設官三員理之。革淮、揚二府、山陽等縣管河通判、主簿。

十八年，令浙西水利僉事濬常、鎮河道，以便糧運。

正德二年，革河南新鄉、獲嘉、武陟等縣管河主簿。

八年，設大名府通判一員，東明、長垣、武城、曹縣主簿各一員，專管河道。

嘉靖二年，復罷沽頭閘主事，並罷湖陵、沽頭上中下、金溝、射溝、新興、黄家等八閘官吏，令徐州洪主事帶管。又議准，遣都御史一員提督河道事務。山東、河南、南北直隸、巡撫三司等官，俱聽節制。仍添註郎中、員外郎各一員分理。

七年，罷提督衛河提舉司主事，令管磚主事帶管閘座。又以修濬大通河成，設郎中一員駐劄通州，往來督理，兼管天津一帶河道。

八年，罷户部督運官，令管河郎中兼理。又令徐州兵備副使兼理曹、沛、徐、淮一帶黄河。

十三年，復設沽頭閘主事，並新興、黄家、湖陵等七閘官吏人夫。

十四年，復設直隸景州、滄州管河通判。

十五年，設兖州府同知一員，疏濬泉源，聽管泉主事提調。又令清江浦抽分主事，兼管移風等五閘。

二十年，設南旺管閘主事。置境山鎮閘及官吏人夫。又令濬南旺、安山、馬場、昭陽四湖，築堤開渠，添置閘壩斗門。仍照地界，分隸本部郎中帶管。

二十四年，革南旺管閘主事，令管泉主事帶管。添設歸德府通判一員，商丘縣主簿一員，專管河道。

二十五年，改兖州府管泉同知爲管河同知，駐劄曹縣。添設單縣管河主簿一員。

隆慶元年，移沽頭主事於夏鎮駐劄，管理新河一帶。

三年，革棗林、魯橋、利建各閘官，以南陽閘帶管。革師家莊新閘閘官，以仲家淺帶管。

六年，添設河南副使一員，給敕專管黄河，修築堤岸。又題復夏津、魚臺二縣各主簿一員，專管新河石堤閘壩。設廣惠閘官吏，帶管通惠閘。

萬曆元年題准，蘇常鎮三府運河，責之蘇松兵備副使；浙西運河，責之浙江水利僉事，照所轄地方時加疏濬。如有疏濬不早，致誤糧運者，俱聽總理河道侍郎並儹運御史參究。革移風閘帶管板閘官吏。

三年，革兖州府南旺管河通判，令本府管河同知帶管，仍兼管泉。濟寧衛管河指揮一員。

四年，添設山東督濬官，東平、濟寧二州，各判官一員；泰安州吏目一員；汶上、曲阜、鄒、滕四縣，各縣丞一員；泗水、魚臺二縣，各主簿一員；新泰、萊蕪、肥城、平陰、寧陽、滋陽、嶧七縣，各典史一員；鉅野、嘉祥共典史一員。每州縣設管泉義官一員，或兼管壩。惟魚臺、平陰不設泉官，以濟寧、東平帶管。又泰安州泉官二員革一員。鄒、嶧二縣各泉官俱革，以濟寧、滕縣帶管。其各州縣管泉老人並革。添設淮安府管河同知一員。

五年，添設總理河漕都御史一員。後以治河工完停止。革提督河道都御史，其事務並歸各該巡撫，照地分管。又革吕梁洪主事，添設中河郎中一員，駐劄吕梁，兼管洪事。

六年，革徐州洪主事，並屬中河郎中兼管。其鈔務歸并户部分司。

七年議准，山東、河南、南北直隸各巡撫銜内，添“兼管河道”四字，給與專敕。添設高堰、柳浦二堤大使一員，歸仁集遥堤義官一員。

八年，革土橋、李海務二閘閘官，以梁家鄉、周家店官各帶管。

十一年議准，淮安府管河同知二員，原駐邳州者，改於甘羅城，專管清、桃、山、鹽等處河道。原駐徐州者，改於邳州，管徐州至宿遷河道。設梁境、古洪各閘官一員。内華閘以古洪帶管。

十三年，令山東濟、青、登、萊四府管糧通判及所屬州縣管糧官，俱帶管水利。凡漕河正閘，各設閘官一員，吏一名。其無官吏者，以别閘帶管。

凡運河禁令

宣德八年，令沿河無軍衛處，免其民雜泛徵科，專修河道。

景泰六年奏准，修河人户免養馬。

天順二年，令河道三年一次挑濬。

成化十年令，凡故決南旺、昭陽湖堤岸，及阻絶泰山等處泉源者，爲首之人發充軍，軍人發邊衛。凡侵佔河岸牽路爲房屋者，撤去，治罪。凡漕河事，悉聽掌管官區處，他官不得侵越。凡所徵樁草，並折徵銀錢備河道之用者，毋得以别事擅支。凡府州縣添設通判、判官、主簿閘壩官，專理河防，不許别委。有犯，行巡河御史等官問理。别項上司，不許逕自提問。又令，諸閘壩洪淺夫，官員過者不許拘令拽船。

弘治二年，令各處河堤每年增高一尺、闊一尺，管河官年終具數奏聞。

十三年奏准，河南地方盜決及故決河防，毀害人家，漂失財物，渰没田禾，犯該徒罪以上，爲首者，若係旗捨餘丁民人；俱發附近充軍。係軍，調發邊衛。又題准，運河一帶，用强包攬閘夫、溜夫二名之上，俱問罪，旗軍發邊衛，民並軍丁人等發附近，各充軍。其攬當一名，不係用强生事者，問罪，枷號一個月發落。

十五年議准，凡故決蕩山湖、安山積水湖堤岸者，照故決南旺等湖事例，用草捲閣板盜洩水利得財，該徒罪以上者，照盜決河防事例，各問罪。

嘉靖十五年奏准，山東、河南、南北直隷凡臨河州縣，各造上中下三等船隻，並置鐵扒尖鋤，疏濬淤淺。又議准，昭陽諸湖各該管河官員，將一應湖陂逐一查勘，果係小民侵佔，就令退出還官。其餘堤岸淤淺，從宜修濬。合用工料，於河道銀内支給。

二十年，令於沙灣、龍岡、陸家墩、武家營等淺，置木閘四座。又奏准，野雞岡、孙繼口等處，各置船隻器具，管河官於河水未發之前，督率人夫挑濬。若推調誤事，聽總理河道都御史究問。

隆慶元年題准，河南輝縣蘇門山百門等泉，乃衛河發源，及小灘一帶運河，賴以接濟。如有豪横，阻絶泉源，引灌私田，照依山東阻絶泉源事例問罪。

五年題准，徐、邳上下盜決、故決河防，比照河南山東河防事例問罪。

凡閘壩禁令

宣德四年令，凡運糧及解送官物，並官員軍民商賈等船到閘，務積水至六七板，方許開放。若公差内外官員人等，乘坐馬快船，或站船，緊急公務，就於所在驛分給與馬驢過去，不許違例開閘。進貢緊要，不在此例。

成化十年令，凡閘，惟進鮮船隻，隨到隨開。其餘務待積水。若豪强擅開，走洩水利，及閘開不依幫次争鬥者，聽閘官拏送管閘並巡河官究問。因而閣壞船隻，損失進貢官物，及漂流官糧，並傷人者，各依律例從重問罪。幹礙豪勢官員，參奏究治。其閘内船已過，下閘已閉，積水已滿，而閘官大牌，故意不開，勒取客船錢物者，亦治以罪。

萬曆七年題准，往來船隻，俱照例築壩盤壩。如有勢豪人等阻撓者，拏問治罪，於該地方枷號三個月發落。幹礙職官，參奏處治。

卷一九九

工部一九

河渠四

水利

洪武二十六年定，凡各處閘壩陂池，引水可灌田畝，以利農民者，務要時常整理疏濬。如有河水横流泛濫，損壞房屋田地禾稼者，須要設法隄防止遏。或所司呈稟，或人民告訴，即便定奪奏聞。若隸各布政司者，照會各司。直隸者，劄付各府州。或差官直抵處所，踏勘丈尺闊狹，度量用工多寡。若本處人民足完其事，就便差遣。儻有不敷，著令鄰近縣分添助人力。所用木石等項，於官見有去處支用。或發遣人夫，於附近山場採取。務在農隙之時興工，毋妨民業。如水患急於害民，其功可卒成者，隨時修築，以禦其患。

二十七年敕諭，凡天下陂塘湖堰，可瀦畜以備旱熯，宣洩以防霖潦者，皆因其地勢修治之。勿妄興工役，掊剋吾民。又遣監生及人材，分詣天下，督吏民修治水利。

盧溝河

盧溝河，出太原之天池。伏流至朔州馬邑，從雷山發爲渾泉。會桑乾河，及雲中諸水，經太行山入宛平縣界。東南至看丹口，分爲二派。一東流至通州高麗莊入白河。一南流至霸州合易水，又南至丁字沽入運河。東岸自龎村回龍廟等處至盧溝橋，堤岸長二十五里。宣德以後，時決時修。正統元年，決狼窩口。弘治二年，決楊木廠。正德元年，又決狼窩口。俱敕大臣督修。嘉靖三十五年題准，共修東岸狼窩口等決口一十八處。凡築堤二千三百九十二丈，甃以條石。四十一年水決西岸，復命修築。東西兩岸各分八區，每區約五十丈。凡爲石堤九百六十丈。

滹沱河

滹沱河，源出山西繁峙縣泰戲山。歷代、崞等州縣東流，經真定府城南，至武邑縣合漳水。又東北至岔河口入運河。天順、成化間，屢決晉州紫城口。束鹿、深州，俱受水患。弘治二年，命真定等府衛發軍民相兼築塞。嘉靖九年，決真定城南。命大臣相勘，行順天、保定各撫臣修築大小舊堤。

桑乾河

桑乾河，發源馬邑之金龍池，百斛湧泉，迆邐東下，南至盧溝，會於天津。北達宣府之保安州，本元運道。保安而西，直達大同之古定橋，皆可舟行。中有山石二處，湍險爲阻。大約水程七百二十七里，陸止八十八里。

胡良河　琉璃河

胡良河，在涿州。自拒馬河分流至通州，東入渾河。琉璃河，在良鄉縣。自磁家務發源，潛流地中，至良鄉，東入渾河。渾河水勢洶湧，工力難施。二河下流沙壅處，各不過四五里，疏濬甚易。嘉靖十一年題准，每年四五月間，該州縣官督責疏濬。

薊州河

國初用遮洋船[1]，從直沽出□[2]，轉餉薊州，時有漂没。天順二年，以海口新開沽與近州之水套沽正相值，中間止隔陸地十里。遂命鑿通。五年淤塞，仍濬之。弘治初，議發軍夫萬人，鑿河四十里，以免海運。每三年一挑濬。嘉靖初，定額夫八千名，二年一次，令工部官一員，會同巡按御史及天津兵備，督工挑浚。

昌平河

昌平河，在鞏華城外安濟橋起至通州滹口止，長一百四十五里。中有淤淺難行者三十里。隆慶六年題准，量加挑濬，幫築堤岸，遂成通流。

密雲河

密雲城西有白河故道，自牛欄山而下與潮河交會，水勢深廣。嘉靖三十四年題准，於楊家莊築塞新口，疏濬故道，舟楫通行。

天津海口新河

天津海口新河，長一十里四十八步。内王家淺至冀家窩，關係運道，每三年兩次挑空。萬曆六年題准，每年秋開濬一次。其附近寶坻、武清、

---

[1] “遮洋船”又稱“遮陽船”。
[2] 原文不清，疑爲“海”字。

香河三縣，天津、天津左右、營州前、武清五衛，梁城一所，額夫一千一百五十四名。其餘寫遠州府衛所五十處，該夫五千七百二十九名，俱免力役，每名減半徵銀五錢或四錢，解送工部寄庫。俟八月間，分司差官於附近處所募夫，每日給銀六分。每年九月初一日計里分工，二十日畢工。管理河道郎中，會同天津兵備往來提督。其挑空泥沙，不許堆積河邊。工完，造册送部查考。

浙西諸水

浙西諸水，太湖爲大，納杭、湖、宣、歙、常、鎮六府溪澗港瀆之水，以成巨浸。注於江湖，以會於海。每天雨浸淫，水道雍塞。長洲、吴江、常熟、崑山諸縣，多被渰没。

永樂二年，命官往治。乃鑿吴淞江南北岸灘塗，及濬安亭等浦，引湖水，由嘉定縣劉家港入海。又濬導陽城、昆承諸湖水，由常熟縣白茆港入江。又濬淞江府範家浜，至南蹌浦口，上接大黄浦，引湖泖之水入海。

弘治七年，復命發民夫二十萬，濬吴江長橋諸茭蘆之地，導太湖之水，散入澱山、陽城、昆承等湖，而開吴淞並大石、趙屯等浦，洩澱山湖水，由吴淞江以達於海。開白茆港，並白魚洪、鯰魚口等處，洩昆承湖水以注於江。開七浦、鹽鐵等塘，洩陽城湖水以達於海。開湖州府漊涇，洩天目諸山之水，自西南入於太湖。開常州府百瀆，洩荊溪之水，自西北入於太湖。開各斗門，洩運河之水，由江陰縣以入於江。

正德十六年，復命官發軍民夫六十餘萬，起常熟東倉至雙廟，濬白茆港故道一萬三千八百二十餘丈。起雙廟至海口，改鑿新河三千五百五十餘丈。又濬尚湖、昆承、陽城等湖支河一十九道，吴淞江下流六千三百三十餘丈，並吴江長橋、大石、趙屯、大盈、道褐等四浦，常州府烏涇等瀆六十三，桃花等港、市河等河各四，湖州府大錢、小梅等河，及漊港七十二。俾上源下委，遞相容洩。

六年[1]，濬丹陽至京口驛諸處淤淺，令運船避孟瀆風濤之險。

二十四年題准，濬臧村以溉金壇，澡港以溉武進，艾祁、通波以溉青浦，顧浦、吴塘以溉嘉定。又濬大瓦等浦以溉崑山之東，許浦等塘以溉常熟之北。凡岡壟支河湮塞不治者，皆濬之深廣，使復其舊。

隆慶三年，復命開白茆港、劉家河、黄浦港諸海口，及湖浦涇漊，並浙直交界湮塞處所，備濬深闊。

[1] 前文已是正德十六年，此處疑爲"嘉靖六年"。

五年，又題准，通修吴淞江、白茆塘、丹陽縣練湖隄岸，悉令完固。

萬曆三年，又開黄浦、白茆、吴江諸湮塞口，及修浙江海寧、海鹽等縣衝壞海塘。其海鹽石塘，南環澉浦，北接金山、上海等界，尤爲要害。越三年，工成。

四年，丹陽一帶運道淺阻。議准，挑復練湖上下，並濬孟瀆河通江。

凡水利職官

弘治八年，令浙江按察司管屯田官，帶管浙西七府水利。仍設主事或郎中一員專管，三年更代。

正德九年，設郎中一員，專管蘇松等府水利。

十二年，遣都御史一員，專管蘇松等七府水利。

十六年，遣工部尚書一員，巡撫應天等府地方，興修蘇松等七府水利。浙江管水利僉事，聽其節制。尋設郎中二員，於白茆港、吴淞江分理開濬。

嘉靖三年，罷蘇松等府管水利郎中。仍行浙江管水利僉事帶管。

四年奏准，貴州水利，委官屯僉事帶管，年終具所修濬陂塘、壩堰丈尺，造册送部查考。

五年奏准，雲貴水利，委管屯副使帶管，年終具所修濬圩岸、陂塘、壩堰、閘洞、溝渠丈尺，造册送部查考。

六年，令巡撫官督同水利僉事，用心整理蘇松水利，毋得虚應故事。

十三年，令各處按察司屯田官兼管水利。

四十五年題准，東南水利不必專設御史，令兩浙巡鹽御史兼管。

隆慶元年題准，四川水利、茶法、屯鹽，並歸一道。

六年，特降敕書，以東南水利專責成巡撫。

萬曆三年，令巡江御史督理江南水利。

四年，添設淮安水利僉事一員，於河南按察司帶銜。今革

凡水利禁令

正統二年，令有司秋成時，修築圩岸，疏濬陂塘，以便農作。仍具疏繳報，俟考滿以憑黜陟。

弘治十八年，令各府州縣治農官，不得别項差占。年终，具所轄水道通塞濬否緣由，造册奏繳，考覈黜陟。

嘉靖七年，令陝西、河南、山東撫按等官，嚴督守令，疏濬河水，設法隄防，以備旱潦。能修舉者，照例旌擢。又令各處撫按守巡官，嚴督所屬，以時修濬圩岸、壩堰、陂塘、溝渠之在境内者。

十年，令決河上緊修築，疏通糧運。户工二部多方從長計議，責令刻

期報完。

二十五年，令南直隸巡撫都御史，督屬修濬太倉州、常熟、崑山等縣七浦、白茆、新涇等河，鹽鐵、許浦等塘。仍令巡按御史驗勘。

二十六年題准，琉璃、胡良、滹沱等河，各下流雍塞，渰没民田。令順天、保定各巡撫官親詣查勘，作速開濬。

隆慶三年題准，凡河南等處霸佔源頭、阻絶河道者，各該巡撫衙門查照故決泉源條律，爲首者發附近衛所，係軍，調發邊衛，各充軍。著爲例。

卷二〇〇

工部二〇

河渠五

橋道

洪武二十六年定，凡各處河津，合置橋樑者，所在官司起造。若當用渡船去處，須要置造船隻，僉點水手。其通行驛道，或有損壞，須於農隙之時修理。所用樁木灰石等項，於本處丁多户内起夫，附近山場採辦。若在京橋樑道路，本部自行隨時計工成造修理。果有幹係動衆，具奏施行。

永樂七年，令海子橋至西湖一路水道，差辦事官十員，給與行糧，往來巡察，不許作踐。

正統四年，令各府州縣提調官，時常巡視橋樑道路。但有損壞，隨時修理堅完，毋阻經行。

成化二年，令京城街道溝渠，錦衣衛官校，並五[1]城兵馬，時常巡視。如有怠慢，許巡街御史參奏拏問。若御史不言，一體治罪。

六年令，皇城周圍及東西長安街，並京城内外大小街道溝渠，不許官民人等作踐掘坑，及侵佔淤塞。如街道低窪，橋樑損壞，即督地方火甲人等，並力填修。

七年奏准，各處渡船，每船設梢夫十名。每州縣設老人一名管理，於附近巡司衙門掌之。仍大書老人、稍夫姓名於船尾。如有違誤擺渡，及勒要渡錢，聽過往諸人指名陳告。

十年奏准，京城水關去處，每座蓋火鋪一，設立通水器具，於該衙門撥軍二名看守。遇雨過，即令打撈疏通。其各廠大小溝渠、水塘、河漕，

[1] 原文此處脱“五”字。

每年二月，令地方兵馬通行疏濬。看廠官員，不許阻當。

十五年奏准，虞衡司添註員外郎一員，專一巡視在京街道溝渠。

二十三年奏准，凡豪强據河津要處，以船擺渡規利者，拏問治罪。渡船入官。

弘治十三年奏准，京城内外街道，若有作踐，掘成坑坎、淤塞溝渠、蓋房侵佔，或傍城行車、縱放牲口、損壞城脚，及大明門前御道、棋盤街，並護門栅欄，正陽門外御橋南北、本門月城將軍樓、觀音堂、關王廟等處，作踐損壞者，俱問罪，枷號一個月發落。

嘉靖十年題准，大通橋至京倉糧運陸路，每年二月内，巡城御史督並兵馬司修築。該司仍將行過緣由，呈報督理糧運衙門查考。又題准，京城内外勢豪軍民之家，侵佔官街，填塞溝渠者，聽各巡視街道官員勘實究治。若係各鋪面招牌酒旗，及布棚傘幔，不礙經行者，聽從其便。不許地方旗校狄甲人等，一概驅逐。

二十四年題准，良鄉琉璃河建橋一座，取用各處帑銀三十餘萬兩，内欽助銀九萬三千八百餘兩。

四十年，修理琉璃河博岸，支用工部銀七萬六千餘兩。

萬曆二年，令於涿州胡良河建石橋一座，北關外修浮橋一座。慈寧宫發銀一萬五千兩，欽發銀五萬兩。選差司官，同内監官管理，分毫不擾於民。

八年題准，京師街道溝渠，近朝去處，間用磚石攔砌，以防車碾作踐。及各腰牆、河牆、隄岸、門廠修理，用銀三十二萬二千七十兩有奇。凡五城兵馬，掌京城内外街道溝渠，各奉劄付，分坊管理，每二年申呈更調。

船隻河泊麻鐵課附

洪武二十六年定，凡在京並沿海去處，海運遼東糧儲船隻，每年一次修理。其各衛征戰風快船隻等項，若有缺少損壞，及當修理者，務要會計木釘、灰油、麻藤，及所用工具，依數撥用。如有不敷，亦當豫爲規畫。或令軍民採辦，或就客商收買，或外處撥支，審度便利，定擬奏聞。行下龍江提舉，計料明白，行移各庫放支物料。其工程物件，照依料例文册，然後興工。如或新造海運船隻，須要量度産木水便地方，差人打造。其風快小船，就京打造者，亦須依例計造。木料等項，就於各場庫支撥。若内外有船隻，務要周知其數。設或需索運用，酌量勞逸多寡撥與。其各湖泊所，帶辦魚油鰾，每歲催督進納備用。

一千料海船一隻合用：杉木三百二根。雜木一百四十九根。株木二十根。楡木舵桿二根。栗木二根。櫓坯三十八根。丁線三萬五千七百四十二個。雜作一百六十一條個。桐油三千一十二斤八兩。石灰九千三十七斤八兩。艌麻一千二百五十三斤三兩二錢。

船上什物：絡麻一千二百九十四斤。黄藤八百八十五斤。白麻二十斤。棕毛二千二百八十三斤一十二兩。

四百料鑽風海船一隻合用：杉木二百二十八根。桅心木二根。雜木六十七根。鐵力木舵桿二根。櫓坯二十枝。松木五根。丁線一萬八千五百八十個。雜作九十四條個。桐魚油一千一斤一十五兩。石灰三千五斤一十三兩。艌麻七百二十九斤八兩八錢。

船上什物：絡麻五百七十四斤一十四兩四錢。黄藤三百八十三斤八兩。棕毛七百三斤。白麻一十斤。

黄船

國初造黄船，制有大小，以備御用。至洪熙元年，計三十七隻。正統十一年，計二十五隻。常以十隻留京師河下聽用。成化八年奏准，照快船事例，定限五年一修，十年成造。其停泊去處，常用廠房苫蓋，軍夫看守。

馬船

國初，四川、雲南市易馬騾，及蠻夷酋長貢馬者，皆由大江以達京師，有司用民船載送。洪武十年，令武昌、嶽州、荊州、歸州各造馬船五十隻，每雙定民夫三十名，以備轉送。後復定江西、湖、廣二省，並直隸安慶、寧國、太平三府，造馬船共八百一十七隻，僉撥水夫二萬三百六十餘名。廣西全州、灌陽縣，造馬船二十一隻，僉民夫五百二十五名，俱隸江淮、濟川二衛。其工食料價銀兩，亦係原編省府徵解。永樂以後，定都北京，遂專以運送官物，及聽候差遣。弘治十三年，免廣西全州並灌陽縣馬船民夫。其修造，並差撥運送等例，詳見“南京兵部”。

快船

國初，於錦衣等四十衛，造風快船九百五十八隻，以備水軍征進。後止用供送官物，與馬船相兼差撥。定撥各衛軍丁，充小甲人夫，撑駕修造。弘治十七年，裁減水軍左衛二十隻。十八年，又減各衛多餘在塢船一百五十隻。嘉靖二十一年，減疲敝衛分三十三隻。其修造、差撥、運送等例，詳見“南京兵部”。

海運船

永樂五年，改造海運船二百四十九隻，備使西洋諸國。

正統七年，令南京造遮洋船三百五十隻，給官軍，由海道運糧赴薊州等倉。又，登州衛原設海船一百隻，因罷海運，至十三年，減八十二隻，止存一十八隻。歲撥五隻，裝運遼東賞車布花鈔錠。弘治十六年，復減四隻。其十四隻，分派湖廣、江西各四隻，就彼成造；浙江、福建各三隻，解銀赴部成造。正德四年，以布花折價陸運，前船俱罷。五年，議復造。嘉靖三年奏罷。仍行各布政司，再不許科派料價擾民。

隆慶五年，議復海運，題准動支節慎庫銀一萬五千兩，並淮揚商税銀一萬五千兩，俱差管解赴漕司，轉委淮揚蘇松兵備及淮揚二府掌印官，雇覓堪用堅固海船三百餘隻，加修完備，裝載漕糧一十二萬石。將各船分爲六小總，以平定寧静安全爲號。每號管運正糧二萬石，由海道入天津交割。六年題准，每年定派海運漕糧二十萬一千一百五十石，共用船四百二十六隻，並把總運官船十隻，酌派湖廣廠造二百隻，責督糧道管理。儀真廠造二百三十六隻，責海防道管理。湖廣每隻給銀二百五十兩，儀真每隻給銀二百九十兩，定限十五年一改造。將河船額數内，免造六百五十四隻，即以料價抵造海船。俱應於清江抽分，並浙江、蘇州額解料價内扣解。其不足之數，量借河工贓罰等銀支補。

萬曆三年，罷海運，船亦停造。

供應船

南京光禄寺掌醢署，供應打魚船二隻。每五年一修，十年改造。

後湖船

南京後湖樓座船二隻，平船一十隻。每三年一小修，六年一大修，十年改造。

備倭船

沿海衛所，每千户所設備倭船十隻。每一百户，船一隻。每一衛五所，共船五十隻。每船旗軍一百名，春夏出哨，秋回守。月支行糧四斗。船有虧折，有司補造。損壞者，軍自修理。今沿海地方，自行添造。

戰船

新江口戰船，永樂五年，額設一百三十一隻。宣德以後，增至三百一十九隻。至成化十年，堪操者止一百四十隻。其拆卸未造，内三四百料者，俱改造二百料快船。嘉靖四年，添造蜈蚣船四隻，每船架佛朗機銃十二副。七年奏准，新江口造完戰、巡等船共四百隻。每十隻作一幫，日輪軍一人看守。季終，南京兵、工二部各委官一員，會同兵科給事中一員點閘。遇有抛棄搕損，及將隨船什物私自借貸，輕則責令本船官軍培修，重則參究提問。十一年，額定二百隻，内兩班操守一百二十二隻備補二十八隻。改輕淺便利船五十隻。以上南京工部所隸戰船。凡遇改造具題，五年一修，十年一造，本部覆行。

糧船

糧船有二，曰遮洋，曰淺船。永樂初，漕江南粟，一由海道，至直古口❶，入白河，抵通州。一渡淮，泝黄河，至陽武，又陸運至衛河，由衛河，抵通州。海運用遮洋船。裏河用淺船。永樂九年，濬治會通河成，運船由淮直達於衛，遂罷陸運。十三年，增造淺船三千餘隻。一年四次，從裏河轉漕，遂罷海運。獨薊州軍餉，用遮洋船，海運如初。

凡修理改造，南京並中都留守司、江南、江北直隸諸衛、湖廣、江西、浙江三都司淺船，俱隸清江提舉司。北直隸諸衛，山東都司淺船並遮洋船，俱隸衛河提舉司。内江南、直隸、湖廣等三都司淺船，經由瓜洲儀真壩者，每五年一造。其餘止由裏河者，並遮洋船，俱十年一造。宣德以後，江南、直隸、湖廣等三都司淺船，各歸原衛所自造。嘉靖三年，北直隸、山東都司淺船並遮洋船，俱改清江提舉司造。淺船今運京通倉糧三百七十萬石。遮洋船今運薊州軍糧二十四萬石，並天津倉糧六萬石。

舊額造船共一萬八百五十五隻。淺船一萬五百九隻，遮洋船三百四十六隻。

原衛所五千一百四十隻：江南直隸一千三百五十□隻。浙江一千九百九十九隻。江西八百六十六隻。湖廣九百二十四隻。

清江提舉司四千七百三十五隻：南京衛分一千五百八十隻。江北直隸二千三百八十五隻。中都留守司七百七十五隻。

衛河提舉司九百八十隻：北直隸九十三隻。山東五百四十一隻。遮洋船三百四十六隻。

今額造船共一萬二千一百四十三隻。淺船一萬一千六百十八隻，遮洋船五百二十五隻。

原衛所五千三百四十隻：江南直隸上江總下，建陽等衛六百四十八隻。江南直隸下江總下，鎮江等衛、松江等守禦千户所七百七十五隻。浙江都司總下，杭州前等衛、金華等守禦千户所二千三十九隻。江西都司總下，南昌等衛、吉安等守禦千户所八百六十六隻。湖廣都司總下，武昌等衛，德安等守禦千户所一千一十二隻。

清江提舉司六千八百三隻：南京總下，錦衣等衛八百八十三隻。南京總下，旗手等衛八百七十一隻。中都留守司總下，鳳陽等衛、潁上等守禦

❶ “直古口”應爲“直沽口”。

千户所八百八十七隻。江北直隸總下，揚州等衛、通州等守禦千户所九百五十五隻。江北直隸總下，淮安等衛一千六百一十隻。江南直隸上江總下，水軍左等衛，领駕徐左、泗州二衛缺軍八十六隻。江南直隸下江總下，水軍右等衛，領駕泗州衛缺軍三十六隻。江南直隸上江總下，水軍左等衛，領駕德州等四衛一百二十五隻。江南直隸下江總下，水軍右等衛，領駕天津等五衛五十二隻。山東都司總下，臨清等衛，東平等守禦千户所七百七十三隻。遮洋總下，淮安等衛五百二十五隻。

造淺船遮洋船用料[1]

四百料淺船一隻，合用：底板楠木三根。棧板楠木三根。出脚楠木一根。梁頭雜木三根。前後伏獅、拏獅雜木二根。草鞋底榆木一根。封頭楠木連三枋一塊。封梢楠木短枋一塊。挽脚梁雜木一段。面梁楠木連二枋一塊。將軍柱雜木一段。桅夾雜木一段。大小釘鍋七百斤。艌麻二百斤。油灰六百斤。桐油三十斤。

船上什物：大桅一根，頭桅一根，大篷一扇，頭篷一扇，繂索三副，度繂三副，貓纜一條，貓頂一條，繫水一條，紝簟一條，箍頭繩一條，八皮四條，牽簟三條，抱桅索二副，櫓四枝，脚索二副，招頭木一根，篙子十根，挽子一把，水橛二根，郎頭一個，跳板一塊，櫓跳四塊，櫓繩四條，戽斗一個，鐵貓一個，弔桶一個，挨簟木二條，竹水斗一個，舵一扇，舵牙一根，舵關門棒一根，水桶一個。前後襯倉水基竹瓦全。蓋篷並襯倉蘆席全。

船式樣：底長五丈二尺。頭長九尺五寸。梢長九尺五寸。底闊九尺五寸。底頭闊六尺。底梢闊五尺。頭伏獅闊八尺。梢伏獅闊七尺。梁頭一十四座。底板厚二寸。棧板厚一寸七分。釘，一尺三釘。龍口梁闊一丈，深四尺。使風梁闊一丈四尺，深三尺八寸。後斷水梁闊九尺，深四尺五寸。兩廠廒共闊七尺六寸。

遮洋船一隻合用：底板楠木三根。棧板楠木四根。出脚楠木一根。梁頭雜木十根。草鞋底榆木一段。前後伏獅拏獅雜木二根。封頭楠木連三枋一塊。封稍楠木短枋一塊。挽脚梁雜木一段。面梁楠木連二枋一塊。將軍柱雜木二段。桅夾雜木板四片。木小釘鍋八百斤。艌船麻二百二十斤。石灰七石。楂灰並油船桐油一百五十斤。

船上什物：大桅一根。頭桅一根。大篷一扇。頭篷一扇。繂索三副。

[1] 原文無此標題，係整理者所加。

度緯三條。貓纜一條。貓頂一條。繫水一條。紝篕一條。箍頭繩一條。八皮六條。牽篕四條。抱桅索二副。櫓四枝。脚索二副。招頭木一根。篙子十二根。挽子二把。水橛二根。郎頭一個。跳板一塊。櫓跳四塊。櫓繩四條。戽斗一個。鐵貓一個。弔桶一個。挨篕木二根。竹水斗一個。舵一扇。舵牙一根。舵關門棒一根。水桶二個。前後襯倉水基竹瓦全。蓋篷並襯倉蘆席全。

船式樣：底長六丈。頭長一丈一尺。梢長一丈一尺。底闊一丈一尺。底梢闊六尺。底頭闊七尺五寸。頭伏獅闊一丈。梢伏獅闊七尺五寸。梁頭十六座。底板厚二寸。棧板厚一寸七分。釘，一尺四釘。龍頭梁闊一丈二尺，深四尺八寸。使風梁闊一丈五尺，深四尺八寸。後斷水梁闊六尺，深六尺。兩廠廒各闊四尺五寸，共九尺。

造淺船遮洋船則例

舊例：清江提舉司每年該造淺船五百三十三隻，衛河提舉司九十五隻。每隻該用銀一百兩。俱以三分爲率，原船舊料一分，旗軍自備一分，官給一分，該銀三十三兩三錢。遮洋船三十五隻，每隻該用銀一百二十兩。以十分爲率，除原船舊料三分外，官給銀八十四兩。

今例：清江提舉司每年該造船六百八十隻，俱有楠木料。内南京並中都留守司、江北直隸等衛淺船五百三十三隻。每隻用銀一百二十兩，底船准二十兩，軍自辦三十五兩，官給六十五兩。無底船者，在連貼軍辦料銀二十兩。北直隸、山東都司淺船九十五隻。每隻用銀一百二兩八錢，底船准二十兩，軍自辦三十二兩八錢，官給五十兩。無底船者，在連貼軍辦料銀二十兩。遮洋船五十二隻，每隻用銀一百二十七兩三錢三分，軍自辦六十五兩六錢。官給六十一兩七錢三分。底船不准銀數，聽拆卸相兼成造。

江南直隸衛所，每年該造船不等，用料不一。凡杉木、楠木者，十年一造。每隻用銀一百四十一兩四錢六分，底船准二十八兩。雜木者，七年一造。每隻用銀九十六兩七錢一分，底船准二十一兩五錢八分。餘俱軍三民七出辦。松木者，五年一造。每隻用銀七十四兩六錢三分，軍三民七出辦。底船不准銀數，聽拆卸相兼成造。

浙江都司，每年該造船四百七隻，俱用松木料。底船全者，每隻用銀八十八兩。沉水拆造者，九十三兩。無底船者，九十七兩。民出七十三兩，餘運軍自備。

江西都司，每年該造船不等。其料用株、松二木。株雜木者，七年一造，每隻用銀九十三兩。松木者，五年一造，每隻用銀八十三兩。底船各准十兩，餘俱軍三民七出辦。

湖廣都司，每年該造船不等，用料不一。凡杉木者，十年一造，每隻用銀一百三兩，底船准三十兩。株雜木者，七年一造，每隻用銀九十兩五錢。底船准二十七兩。松木者，五年一造，每隻用銀七十三兩九錢一分，底船准二十五兩。餘俱軍三民七出辦。

宣德五年奏准，運糧官、軍船，南京中都留守及直隸衛所，於淮安修理；山東等都司於臨清修理；浙江、江西、湖廣都司，皆回原衛修理。有司給與材料。

正統八年令，運糧船損壞，附近地方産有物料，於清江、衛河提舉司修造。每處工部差官一員，監收督造。各衛所仍差撥官軍，蓋立廠房，相兼匠作用工及貼辦物料。

成化七年，令工部差官，於杭州、荊州、太平三處，抽分竹木等物。選上等者，按季送清江、衛河二提舉司造船。後以解運竹木不便，折抽價銀給領。十六年，令各處運糧，通加耗一斗。各把總官，變賣時價，解送清江、衛河提舉司，給與官軍造船。其有司木料並抽分木植價銀停止。十七年議定，清江、衛河二提舉司，造船料價銀共一萬七千兩。二十一年議准，淺船舊料一分，每隻添銀一十一兩六錢六分有零，連前官給共銀四十五兩。二提舉司出批，差人於浙江杭州、湖廣荊州，二八分廠領回，分給官軍，聽其買料，從便造完，順運糧，赴本部原差提督、二提舉司官處，查驗印烙。

弘治三年議准，每船一隻，官給銀五十兩，軍自辦五十兩，底船准二十兩，共銀一百二十兩。十四年議准，清江提舉司船，每隻增銀五兩。荊州造船價銀，悉於蕪湖取用。十六年議准，清江提舉司船，增銀十兩，通前共銀六十五兩。軍止辦三十五兩。

嘉靖八年議准，通行各該巡按，嚴督各該司府州縣衛所，各將年例軍民料價，預爲派徵，務在上年九月以裏給發。若徵收未完者，將貯庫別項官銀借給，候完補還。如十二月終不完給者，府州縣、衛所收料官住俸。正月終不完者，府州縣、衛所各掌印官住俸，收料官仍革去冠帶，首領官吏提解漕運衙門問罪。四月終不完給者，都、布二司並府州縣、衛所各掌印官，並催料官、收料官、一體參究提問。府州縣、衛所官降級，文職送吏部别用，軍職發回原衛，帶俸差操。中間若有侵那等項情弊，從重究問。又議准，各處衛所將運糧官私料造船隻，每隻出印信文憑一紙，開寫原編字號，料力打造緣由，付與駕船旗軍，收執運糧。如遇糧完，其船損壞，不堪駕使，赴大通關提舉司具告。相看是實，就將前文憑收銷附卷，官船著令拆卸，帶回原衛，或清江提舉司交收。自造船隻，聽從發賣。仍送通州抽分竹木局，照例拆卸抽分。又議准，通行各該衛所，自嘉靖十三年爲始，軍三料銀，俱要及時追徵，與民七料銀一同解赴工部抽分衙門，驗發寄庫，以便督造。拖欠不完者，許本部督造官，輕則住俸提問，重則指實參究。

二十年議准，南京（不可）[1]將貯庫鹽引紙價積餘銀内，每年動支一千七百八十四兩。南京兵部將武庫司收貯缺官柴薪銀内，每季動支一千兩。俱自嘉靖十九年爲始，聽候總督漕運、巡撫都御史委官支領，前去淮安清江浦造船，代南京疲敝衛所餘丁料價，永爲定規。

二十六年題准，遮洋總歲造糧船，自明年爲始，經過臨清衛河提舉司，不許重復印烙，以免稽遲。

四十四年奏准，杭州主事專管抽分。其造船事務，以該省督糧道兼管。

隆慶四年題准，令漕運衙門，行各司道並船廠主事，用心督造。如糧船過淮驗烙之時，查有船不如式者，該管官員，不分軍職有司，一體參奏。

六年題准，清江廠造船主事，不必註選，聽工部選擇司屬題差。仍三年更代。其原委指揮等官革回，經歷縣丞改選。如成造不堅，支銷不明，聽漕臣問究。

萬曆元年議准，將江北南京等節年損壞缺船六百餘隻，行督糧道，照依湖廣、江西二省船式，就於瓜、儀設廠打造，約裝載正耗米可五百石，務要底平倉闊，入水不深。合用料價，於漕庫收貯清江廠船料及堪動銀内支用。船完之日，編爲字號，次第驗烙。仍將經造官匠姓名刻於船尾。如無故早壞一年，於官匠名下追補一分，二年遞加。浙江下江等處，一體行令刷造，不許雇船誤事。

十三年奏准，清江廠每年修造南京錦衣等衛漕船二百一十餘隻，改歸南京龍江關舊廠團造。

河泊麻鐵等課

河泊所，舊制設官，管徵麻鐵、魚油、翎鰾等料，以爲造船之用。原解本色，如遇丁字形檔收貯數多，間改折色。嘉靖四十二年，以廣東、廣西、福建、四川地遠，全徵折色。其餘司府仍徵本色。萬曆三年，丁字形檔黄麻、熟鐵、絡麻、翎毛收貯數多，將浙江、江西、湖廣，並南直隸十

---

[1] 據上下文，“不可”衍。

四府州，題改折色。其餘各料仍解本色。

浙江布政司

黄麻一萬二千二百八十八斤八兩四錢。遇閏加八百八十斤一十三兩七錢。

白麻四百九十三斤三兩七錢。閏加五十一斤六兩五錢。

黄絡麻五千九百三十四斤一十五兩。閏加四百八十二斤一十三兩五錢。

苧麻四百五十二斤十兩四錢。閏加三十九斤四兩二錢。

熟鐵三萬七千五百二十八斤五兩。閏加二千八百三十二斤一十三兩九錢。

生鐵一千三百三斤二兩。閏加一百八斤九兩七錢。

熟銅五百二十六斤。閏加四十三斤五兩二錢。

生銅九百三十六斤六兩。閏加六十六斤一十三兩三錢。

魚線膠一千七百二斤九兩四錢。閏加一百三斤七兩五錢。

銀硃一百四十四斤一十四兩七錢。閏加一十二斤四兩三錢。

生漆二百二十六斤二兩一錢。閏加一十九斤一兩六錢。

桐油五百九十五斤一十五兩六錢。閏加三十四斤三兩。

以上黄麻，絡麻，熟鐵，共折銀一千五百六十兩八錢七分四釐七毫三絲五忽。閏加一百一十九兩一分八釐三毫二絲三忽，餘解本色。

江西布政司

黄麻鐵等料，共五千六百二十七斤七兩三分八釐。遇閏不加。折銀一千九百七十二兩六錢七分七釐五毫八絲八忽六微九纖。

湖廣布政司

麻鐵等料，共六十萬四千六百四十四斤九兩五錢三分四釐五毫三絲。閏加三萬二千五百四十斤一十兩六錢八分五釐四毫七絲。

折銀一萬三千六百三十一兩二錢六釐八毫。閏加八百三十四兩九分五釐五毫。

福建布政司全徵折色。

黄麻八十八斤。閏加一十九斤。

熟鐵二千三百三十四斤一十兩一錢。閏加一百九十斤七兩二錢。魚線膠五百九十一斤一兩四錢。閏加四十六斤五兩一錢。

以上折銀九十五兩九錢三分二釐七絲。閏加七兩八錢六分九釐五毫六絲。

四川布政司全徵折色。

黄麻一萬五千三百七十九斤。

魚線膠三千三百六斤一十五兩。

熟鐵二萬五百五斤一兩。

以上折銀五百七十六兩三錢六釐九毫。閏加三十四兩二錢二分五釐六毫。

廣東布政司全徵折色。

熟鐵一萬七千一十四斤五兩。閏加一千二百八十七斤三兩。

黃麻一萬一千一百一十三斤六兩九錢。閏加八百九斤三兩七錢。

魚線膠一千二百八十四斤一十一兩。閏加一百二十五斤一十二兩九錢。

熟銅四百六十四斤一十兩六錢。閏加三十八斤五兩二錢。

生銅一百一斤二兩五錢。閏加一十四兩一錢。

翎毛一十七萬七千八百四十七根。閏加一萬五千四百八十九根。

以上折銀九百二十九兩二分二釐八毫。閏加七十九兩五錢三分六釐。

廣西布政司全徵折色。

黃麻一千五百一十六斤四兩四錢。

熟鐵一萬二百三十四斤四兩。

生銅二百八十四斤三錢。

魚線膠一千一十六斤五兩。

翎毛一十八萬五千一百九十七根。

以上折銀四百三十六兩八分二釐四毫六絲。遇閏不加。

應天府

黃麻一萬七百五十九斤五兩。閏加三百一斤一兩。

白麻八千三百一十九斤七兩。閏加二百四十六斤一十一兩三錢。

魚線膠四百三十八斤一十五兩。閏加一十一斤一十二兩。

翎毛一十二萬三千三百根。閏加三千九百三十四根。

碎小翎毛七百六根。閏不加。

以上黃麻、熟鐵、翎毛，共折銀五百八十兩九錢三分四釐。閏加一十五兩六錢七分六釐。餘解本色。

直隸鳳陽府

黃麻三百一十二斤八兩。

白麻二百六斤四兩。

以上黃麻折銀一十三兩五錢五分。遇閏不加。

廬州府

黃麻一萬二千四百二十一斤。閏加五百五十二斤。

白麻一千四百五十二斤六兩。閏加四十一斤一十兩。

熟鐵一萬一千四百二十六斤。閏加六百六十三斤十兩。

生銅六百六十九斤四兩。閏加八斤一十二兩。

魚線膠三百八十三斤八兩。閏加二十一斤八兩。

翎毛一十二萬四千六百一十六根。閏加七千一百七十八根。

牛角一十六副，閏加一副。

牛觔四斤。閏加十二兩。

以上黄麻、熟鐵、翎毛，共折銀六百九十七兩一錢九分二釐。閏加三十三兩一錢八分五釐。餘解本色。

淮安府

黄麻二萬八千四百三十八斤九兩。

白麻二萬六千二百三十一斤四兩五錢。

桐油一千二百斤。

生鐵九百六斤六錢。

熟鐵七百五十四斤一十一兩八錢。

魚線膠七百六十五斤九兩。

翎毛二十九萬四千九百五十五根。

以上黄麻、熟鐵、翎毛，共折銀一千六百七十五兩五錢七分七釐。

遇閏不加。餘解本色。

揚州府

黄麻二萬六千五百八十七斤三兩二錢。閏加一千九百二斤九兩。

白麻二萬三十八斤一兩二錢。閏加一千六百斤一兩六錢。

魚線膠八百三十四斤九兩三錢。閏加五十八斤七兩八錢。

熟鐵一千二百六十六斤四兩四錢。遇閏不加。

翎毛二十五萬六千五百二十一根。閏加一萬六千九根。

桐油八十八斤四兩。遇閏不加。

以上黄麻、熟鐵、翎毛，共折銀一千四百三兩六錢六分四釐。閏加一百三兩四錢五分六釐。餘解本色。

蘇州府

黄麻一萬五千六百二十六斤。

白麻一萬一千五百五十九斤。

魚線膠六百一十八斤。

桐油一百九十斤四兩。

翎毛二十一萬三千五百八十八根。

以上黄麻、翎毛，共折銀七百六十九兩四錢五分六釐七毫。遇閏不加。餘解本色。

松江府

黄麻九百斤。

白麻四百七十五斤。

魚線膠二十七斤。

桐油一百九十一斤四兩。

翎毛八千六百八根。

以上黄麻、翎毛，共折銀四十六兩七分。遇閏不加。餘解本色。

常州府

黄麻一萬六千四百五斤八兩四錢。

白麻七百七十三斤。

魚線膠二百八十六斤五兩五錢。

翎毛九萬一千四百二十四根。

以上黄麻、翎毛，共折銀四百一十七兩九錢九分二毫八絲。遇閏不加。餘解本色。

鎮江府

黄麻三千二百二十九斤七兩。閏加六百三十一斤一十五兩。

魚線膠八十二斤五兩。閏加一十二斤七釐。

翎毛二萬八百八十七根。閏加九百三十三根。

以上黄麻、翎毛，共折銀一百七十二兩三錢一分一釐三毫四絲五忽。閏加一十三兩八錢四分四釐一毫二絲。餘解本色。

寧國府

熟鐵五千九百三十三斤四兩。閏加四百九十二斤四兩一錢。

生銅七百三十斤二兩四錢。閏加六十斤八兩八錢。

魚線膠一百五十二斤三兩。閏加一十一斤一十五兩三錢。

翎毛四萬八千六百七十七根。閏加六千六十一根。

以上熟鐵、翎毛，共折銀二百一十三兩五錢九分。閏加一十八兩六錢七分五釐二毫四絲五忽。餘解本色。

池州府

黄麻八千六百三十五斤四兩五錢。閏加二百八十九斤八兩九錢。

白麻六千五百四斤一十兩。閏加一百九十一斤一兩六錢。

魚線膠四十八斤一兩。閏加二斤一兩三錢。

翎毛七萬三千三百三十六根。閏加一千九百五十二根。

以上黄麻、翎毛，共折銀四百四兩二錢七分四釐九毫七絲九忽。閏加一十三兩八分四釐六毫一絲。餘解本色。

太平府

黄麻二萬四千五百四十四斤一十四兩四錢。閏加二千二百二十二斤七兩。

魚線膠四百斤一十三兩五錢。閏加三十五斤二兩二錢。

翎毛一十三萬九千七百一十八根。閏加二萬三千四百二根。

採辦翎毛一萬七千七百三十七根。

以上黄麻、翎毛，共折銀六百四十八兩六錢四分一釐。閏加五十四兩五分七釐。餘解本色。

安慶府

黄麻四萬四千二百二十九斤。閏加三千二百三十二斤一十二兩一錢。

白麻三萬八千五百二十八斤二兩。閏加一千八百六十二斤一兩。

熟鐵一萬七千三百六十七斤。閏加七百一十八斤一十三兩。

魚線膠二千三百八十七斤。閏加一百二十二斤一十三兩八錢。

翎毛七十八萬五千八百一十三根。閏加八萬七千七百五十九根。

以上黄麻、熟鐵、翎毛，共折銀三千四十四兩三錢六分八釐。閏加二百九十二兩二錢一分二釐。餘解本色。

和州

黄麻三千八百三十三斤一十二兩八錢。閏加一百八十二斤九兩九錢。

白麻三千五十一斤一十二兩九錢。閏加二十斤七兩三錢。

生鐵一千九百五十八斤九兩。遇閏不加。

魚線膠一百六斤八兩五錢。閏加一十九斤一十五兩三錢。

翎毛五萬三百九十一根。閏加一萬七千三百二十九根。

以上黄麻、翎毛，共折銀二百二十九兩九錢二分八釐。閏加一十二兩四錢九分四釐。餘解本色。

車輛

洪武五年，令造獨轅車。山西、河南八百輛。北平、山東一千輛。

二十六年定，凡大小車輛，若有成造及修理者，務要計算合用木植、魚膠、鐵箍等項物料。行下丁字庫檔等衙門依數放支，如式修造。其有司預備車輛，必須備知其數。倘或需索使用，酌量勞逸多寡换與。

牛車一輛合用：榆木三根。棗木一根。槐木一根。杉木板枋一根。魚線膠一斤。鐵箍八個。鐵釘四十枚。鐵穿四個。車凋八條。車頭三個。

永樂十三年，令各處造車，務用乾燥堅壯木植，依降去樣車成造。就於車上編號印烙。附册開寫看驗提調官吏並匠作姓名。日後有不堅固者，照名究治。

正統十四年，造戰車一千輛。每輛，上用牛皮十六張，下用馬皮二十四張。戰車，舊屬都水司，今隸虞衡司軍器條下。

計各處造車數目：

河南布政司一千四百輛，都司五百輛。

陝西布政司五百輛，都司三十輛。

山東布政司一千二百五十輛，都司六百二十輛。

山西布政司一千五百輛，都司八百輛。

直隸鳳陽府二百五十輛。

徐州三十輛。

淮安府一百五十輛。

淮安衛二十五輛。

大河衛二十五輛。

壽州衛二十輛。

泗州衛二十輛。

邳州衛二十輛。

宿州衛二十輛。

徐州衛二十輛。

中都留守司一百五十輛。

北京行後府一十輛。

〔清〕欽定大清會典（節選）

整理説明

《大清五朝會典》，是康熙、雍正、乾隆、嘉慶、光緒五個朝代所修會典的總稱。按行政機構分目，内容包括宗人府，内閣，吏、户、禮、兵、刑、工六部等職能及有關制度。從内容看，是以行政法律爲主要内容的法律彙編，詳細記述了清代從開國到清末的行政法規和各種事例，反映了古代行政體制的完備。它不僅是清朝行政法規大全，也是中國古代社會最完備的行政法典。是研究清代典章制度的基本資料。

乾隆十二年（一七四七年），鑒於“例可通，典不可變”，唯恐典、例並載，使後人“妄相牽引，無所適從”。因此在修改時下詔，令將附於各條的則例分出，另立一篇，以典爲綱，以則例爲目，使典、例既不相混，又互相補充。由於典、例分立，因此乾隆二十九年編成《钦定大清會典》一百卷與《钦定大清會典則例》一百八十卷，所載内容止於乾隆二十三年。乾隆《欽定大清會典》所開創的典、例分編體例，爲此後嘉慶、光緒兩朝所沿襲。

书中記載了大量有關水利的内容，涉及防洪、運河、城市水利、農田水利、海塘等多種門類。本次整理底本爲《四庫全書》本。

卷一三

户部

漕運

自元濬會通河，明導汶水，北會漳、衞，而東北之運道以通。國朝南鑿桃宿之道，開中運河，以避黄河之險，於是糧艘由淮浦渡河，徑趨山東，達京師，皆銜尾無阻。刓弊剔姦，以肅漕政，垂萬世之利賴於無窮焉。

凡歲漕京師者八省。其漕有五等。

曰正兑，米入京倉，以待八旗三營兵食之用。以乾隆十八年奏銷册計之，山東十有五萬七千九百九十四石；河南八萬一千六百二十八石；江蘇百有七萬六千三百九十三石；安徽三十萬七千十有六石；江西三十五萬千五百有三石；浙江五十五萬九百四十七石；湖北九萬四千五百七十四石；湖南九萬五千五百三十一石各有奇。

曰改兑，米入通州倉，以待王公百官俸廪之用。山東六萬九千四百七十三石；河南三萬九千九百十有一石；江蘇九萬二千四十四石；安徽十有一萬八千八百四十五石；江西十有五萬千八百五十石；浙江二萬九千三百六十五石各有奇。

曰白糧，分入京通倉，以供内府、光禄寺，以待王公百官、各國貢使廪餼之用。江蘇六萬九千四百四十七石；浙江三萬五百五十三石各有奇。

曰麰麥，入京倉，以供内府之用。河南正兑五千八十六石，改兑三千三十三石各有奇。

曰黑豆，入京倉，以待八旗官軍及賓館牧馬之用。山東正兑四萬五百有四石，改兑萬六千五百石；河南正兑三萬二千六百七十四石，改兑萬五千五百八十八石各有奇。

凡漕糧改折，曰永折米徵銀，解部。山東、河南歲折徵各七萬石；江蘇十萬六千四百九十二石；安徽七萬五千九百六十一石；湖北三萬二千五百二十石；湖南五千二百十有二石每石連耗，折銀五錢至八錢。

曰改折灰石米徵銀，解部以待工部灰石之用。江蘇歲折徵二萬一千一百十有六石；浙江萬三千三百二十三石各有奇每石連耗，折銀一兩六錢八分。

凡漕糧經費，曰正耗。各省正兑米每石二五二斗五升，後仿此加耗，改兑米一七加耗，以備通州五牐運耗、貯倉折耗及運軍回船食米之費。

曰輕齎。正兑米，山東、河南每石一六加耗；江蘇、安徽二六；江西、浙江、湖北、湖南三六。改兑米，江蘇、安徽、江西、浙江，每石二升加耗山東、河南改兑米不徵輕齎。湖南、北無改兑米，均折銀徵解倉場通濟庫。漕船至通，計運道遠近，每船給羡餘銀。又按到通米數，每石給簹夫銀各有差惟山東、河南道近，不給簹夫銀。

曰船耗。除山東、河南，及江蘇徐州府屬之銅、豐、沛、蕭、碭漕船不給耗，餘船正兑米每石一五及五升加耗；改兑米二三一三及八升加耗各有差，以給運軍沿塗耗折。

曰席木。各省正兑改兑米每二石徵葦席一，以十分之一七隨船解通，爲倉庾苫蓋之用。江西、湖北、湖南，每正兑米二千石徵楞本一、松版九，以十分之五解通，爲倉庾鋪墊之用。餘均折銀徵解通濟庫。浙江及江蘇常、鎮、安、寧、池、太等府、太倉州徵版木如之，皆折徵解庫。

曰行糧、月糧。各省運弁、運軍，凡出運之年，各支行糧二石四斗至三石有差；運軍月糧八石九斗至十有二石有差。或折銀徵給，或銀米各半，各因其地之宜。山東、蘇松、江安糧道所屬，半於領運時發給，半徵解水次六倉。山東則臨清、德州，江蘇、安徽則江寧、鳳陽、淮安、徐州，沿塗發給。

曰贈貼。明代漕糧繫軍民交兑，民受需索之苦。國初改爲官收官兑，因酌定贈貼，官爲支給。隨其方俗，各省異名。山東、河南漕船每運米百石，給潤耗銀五兩、米五石；江安糧道所屬給漕贈如之；蘇松糧道所屬米同銀倍；浙江給漕截銀三十四兩有奇；江西給貼運銀三兩、米三石、副耗米十有三石；湖北、湖南給貼運米二十石，皆隨漕科徵。

凡白糧經費，江蘇每石正耗三斗，浙江四斗五升，以備入倉耗折及運軍沿塗折耗之費。江蘇每船給束包人夫工食銀十有四兩。每運米百石，給漕截銀三十四兩、食米七石各有奇。又盤耗米二十石。浙江給漕截銀如江蘇，食米三十四石有奇。運弁行糧、運軍行糧、月糧與漕糧同，皆隨糧科徵。

凡漕糧轉輸薊州、易州，以待陵寢官兵俸餉之用。薊州酌撥漕糧四萬六千八百七十石、白糧千三百十有五石，自天津府轉輸。易州酌撥漕糧萬九千一百八十七石、白糧四百五十石，自白溝河轉輸。均於各省應輸京通倉米内撥運。後水師駐防，俸餉同。

凡漕糧歲留天津府滄州，以待水師及駐防官兵俸餉之用。糧船過滄，留漕糧萬一千七百十有九石；過天津留四萬五千石各有奇。

凡漕糧截留，或一方偶遇偏災，截漕轉運，以備拯荒平糶之用；或酌留直省，分貯府縣，每歲出陳易新，以爲經久不匱之儲，皆隨時調劑，不限常數。

凡蠲免田賦之歲，漕糧以天庾儲備，徵輸如常。若被災府縣完納維艱，令督撫確勘情形，酌應緩應蠲之數，具疏請旨。

凡漕船六千九百六十有九。每歲出運者，直隸三十七均協運河南；山東九百七十五運軍自備者三百十有一、協運河南二百六十八；蘇松糧道所屬五百八十九；江安糧道所屬三千八十四協運河南百二十五，協運蘇松千九百九十七，内運白糧者百三十六，於通省漕船内簡調，三年踐更；江西七百有八；浙江千二百十有四，内專運白糧者六十三；湖北百八十；湖南百八十二。

成造漕船，以長九丈、載米四百石爲度。江西、湖北、湖南加長一丈。每歲修理出運，十年改造。如成造不堅固，不及十年損壞者，責運軍補造。督運官弁皆劾論。

遇運河水涸，須分載過淺；回南阻凍，不能依期歸次，須以別船代運赴通，均許和雇民船，官爲定價，毋許運弁抑派及船户居奇高索。

凡漕政，掌於漕運總督。各省以糧儲道專司之。各府以管糧同知、通判分治之。徵收兑運由州縣官，總其成於巡撫、布政使司。運道疏濬、牐壩啟閉，自江北至淮、自淮北至天津，則河道總督任之。天津以北，倉場侍郎經理之。歲以給事中、御史分巡通州而下天津、濟寧、淮安至揚子江口，以稽察運道，剔除漕弊。

凡有漕之省，隨漕之多寡以建衞。每衞守備一人，以治衞軍。酌漕船之多寡以分幫，每幫領運千總二人，分年番休。武舉一人，隨幫効力。每船領運衞軍十人。每運選用一人，由守備舉報。濫舉不慎者論。每軍出運副一人隨運，以本軍子弟充之。水手十人，由運軍雇募。令十船互保，滋事不法者連坐。

凡徵糧，以十月朔啟徵。米取乾潔，不分赤白。兼收白糧，則官爲舂治，民輸舂耗。有差立聯三票，稽覈如制詳見田賦。

凡兑運，以漕船到次之日爲始，至十一月終兑畢。以府同知、通判爲監兑官。總漕按船數、米數刊發全單，開明耗贈。糧道依全單之數，分刊號單，頒之州縣。每單兑米百石。一單兑足，令運弁注明收數。一船兑足，即發水程開行。

凡察驗米色，監兑官以米一石包封爲式，糧道親驗鈐印。至淮，總漕拆封掣驗，通船米如式仍鈐封。至通，倉場侍郎拆驗，亦如之。其包封米作正交倉。

凡漕運行程，重運北上，順流日行四十里，逆流日行二十里。巡撫給以水程，所過沿河州縣，入境、出境皆注日時。至淮，總漕察驗無誤，換給水程，所過州縣注日時。至通州，倉場侍郎察驗如之。空船南下，順流日行五十里，逆流日行三十里。倉場侍郎給發水程，所過州縣注日時。至淮，總漕察驗如北上時。先後還次不得過十一月。巡撫察驗亦如之。惟經涉河、淮，江湖重險，不立程期。守牐、候風、阻凍，均准注限。若内河無阻，有違行程者，領運官弁及運軍皆論如法。

凡通漕限期，山東、河南以次年三月初一日到通。江蘇、安徽大江以北，本年十二月杪過淮，次年四月初一日到通。大江以南，次年正月杪過淮松江府所屬寬限十日，五月初一日到通。浙江、湖北次年二月杪過淮，六月初一日到通。江西、湖南次年三月初十日過淮，六月初一日到通。受兑開行由巡撫疏報；過淮由漕運總督；經皂河由江南河道總督；過濟寧、逾臨清由河東河道總督，皆具疏專達。天津以北，倉場侍郎五日一奏報。如過淮遲延，責在巡撫。抵津遲延，責在漕河三督及所屬沿河文武官，皆按期劾論。

凡督運，山東、河南漕船兑運已畢，糧道簡委府通判管押赴通。江、淮以南則監兑官親送至淮。候總漕察驗畢，或即委監兑官，或别委通判以行。過淮已畢，總漕隨運北上，率所屬官弁，相視運道險易，調度全漕，察不用命者，俾舳艫相接，畢渡天津，廼入覲述職，以重官守。各省通判仍竢漕船卸載，管押回南，廼既厥事。

凡催漕，道府董率州縣官，於入境時按程催行，毋許停泊，出境廼止。沿河營汛鎮將，董率汛弁催行亦如之。催行不力，致有羈遲者，專催、督催各官弁劾論有差。

凡屯田，各省多寡不一詳見田賦，皆按漕船均分給領運之軍，耕以濟運。其不能自耕者，或官召民佃，徵租贍軍；或民賃軍田，軍自取息。有争訟則州縣官治之。私相質買者，與受皆罪。

凡優郵，運軍每船北上，許隨載土産物百石，頭工、舵工、水手共二十六石。回空隨載梨棗六十石。經過關津，免其輸税。過淮，如期抵通交糧無闕，總漕酌加獎賞。二十年領運無過，給九品冠帶榮身。

凡漕運禁令，州縣徵糧，毋許吏役浮加斛面，抑派雜費。府倅監兑，無許弁軍需索陋規，私收折色。重運北上，空船南回，毋許運軍水手盜賣漕米、滲水和沙；或私帶客貨，冒渡關津；或擾害民船，强横生事；或行船越次，以避稽察；或中塗并載，脱船私歸。運弁毋許擅離漕船。催運弁兵毋許索運軍土物。違者皆論如法。

凡漕運考成，漕糧、白糧並隨糧經費，皆限本年徵足。糧道造具四柱清册，達總漕疏報。徵收官以經徵、督徵之數，作十分考成。如有未完，經徵之州縣衛所，自不及一分至五分；督徵之道府，自一分至六分；巡撫自一分至八分，論劾有差。条後，州縣、衛所限一年，道府限一年有半，巡撫限二年，逾限不完，不復作分數，照原条分數条處。巡撫以完欠支存之數隨奏銷疏報。轉運之官抵通交倉，糧數無闕，總漕、糧道及押運、領運官弁，議敘有差。如有未完，按分數条處，勒限責償。逾限不完者，皆論如法。

凡漕船偶遭風浪，在河淮江湖失事者，如船糧漂没無存，地方官勘實，報總漕題豁。若内河遇風，收泊不慎，或不戒於火，致船與糧有失者，皆不准豁免。領運、押運並地方文武官弁劾論如法。

卷七四

工 部

都水清吏司

河工水利附

凡河道工程，黄、淮二瀆爲大，運河次之，永定河又次之。及南北條諸川湖淀附流入海，分流濟運者，咸受治焉。

凡職掌，江南河道總督一人，掌黄、淮會流入海，洪澤湖汕黄濟運，南北運河洩水行漕，及瓜洲江工、支河湖港疏濬隄防之事。所屬河庫道一人，掌出納河帑。淮徐河道一人，轄銅沛、邳睢、宿虹、桃源同知四人，豐蕭碭、宿遷運河通判二人，二十四汛州同、州判各一人，縣丞五人，主簿十有二人，巡檢七人分管詳見《則例》。淮揚河道一人，轄山清裏河、山清外河、山安、海防、江防同知五人，高堰、山盱、桃源、安清中河、揚河、揚糧水利通判六人，三十八汛州同、州判各三人，縣丞十有四人，主簿十人，巡檢八人，又西溪司、安豐司管河巡檢各一人，十四牐牐官十有一人分管詳見《則例》。河營叅將一人，統轄淮徐、淮揚各營。淮徐河營游擊一人，轄九營守備九人，二十一汛千總八人，把總十有三人。淮揚河營游擊一人，轄十一營守備十有一人，二十六汛千總九人，把總十有七人。葦蕩營叅將一人，轄左右營守備、千總、把總各二人。

山東、河南河道總督一人，掌黄河南下、汶水分流、運河蓄洩，及支河、湖港疏濬隄防之事。所屬山東運河道一人，轄運河沂郯、海贛同知二人，泇河、捕河、上河、下河、泉河通判五人，二十八汛州同、州判各三人，縣丞十人，主簿十有二人分管詳見《則例》。分理泉河州同二人，府經歷三人，縣丞六人，巡檢一人，四十八牐牐官三十一人。兗沂曹兼管黄河道一人，轄曹單黄河同知一人，四汛縣丞一人，主簿二人，巡檢一人。黄運河營守備一人，轄七汛千總五人，把總二人。東昌、德州二衞管河守備各一人。德州運河南北兩岸管河千總各一人。河南開歸陳道一人，轄上南河、下南河同知二人，儀考、商虞通判二人，十二汛州判一人，縣丞七人，主簿四人。彰衞懷道一人，轄懷慶黄河、開封上北河、下北河同知三人，彰德河務、衞輝鹽河、懷慶河務、曹儀河務通判四人，二十汛縣丞八人，主簿十人，巡檢二人。又林縣管河典史一人，豫河、懷河二營守備各一人，協辦守備各一人，轄七汛千總四人，把總三人。

直隸總督兼河道總督一人，掌漳、衞入運歸海，永定河歸淀疏濬、隄防之事。所屬永定河道一人，轄石景山、永定河南岸、北岸同知三人，三角淀通判一人，十五汛州判三人，縣丞、主簿各五人，吏目二人。通永河道一人，轄北運河務關同知一人，北運河楊村、薊運糧河通判二人，十三汛州同一人，州判四人，縣丞三人，主簿五人。天津河道一人，轄南運河津軍、河間河捕同知二人，泊河、子牙河通判二人，西汛清河、故城、吴橋管河縣丞各一人，東汛景州、滄州管河州判各一人，天津管河縣丞一人，東光、交河、南皮、青、静海、獻管河主簿各一人，青縣管河巡檢一人。清河道一人，轄保定河務同知一人，正定糧馬河通判一人，分汛冀州、祁安、安州管河州判各一人，武强、隆平、寧晉兼管河務知縣各一人，清苑、蠡、高陽、新安、雄、安肅、新城管河縣丞各一人，保定、任邱、唐管河主簿各一人，滿、完[1]方順橋管河巡檢各一人，深澤管河典史一人。大廣順河道一人，轄廣大漳、廣平河務、漳河同知三人，分汛永年、邢臺、沙河、南河、平鄉、廣宗、鉅鹿、唐山、内邱、任、元城、大名、魏、東明、長垣兼管河務知縣十有五人，元城、大名、魏、長垣管河縣丞各一人，永年、成安管河典史各一人。永定河河營守備一人，轄南、北岸、淀河三汛千總、把總各一人，石景山汛千總一人，北運河汛千總、把總各三人，南運河汛千總一人、把總八人，東淀垡船千總一人，西淀垡船把總一人。

凡河兵，各有定額，詳見《兵部營制》。於緑旗營兵之外，别自爲伍，專屬河工調遣及守汛防險之事。其分戰守給餉，仍如緑旗營制。惟江南葦蕩營河兵專司樵採，不與雜役。

凡夫役，江南、山東、河南設堡夫；山東、江南設牐夫；直隸、山東設淺夫；河南設柳船長夫、椿埽夫；山東設徭夫、泉夫、壩夫、軍夫、橋渡夫；直隸設衩夫、防夫，各隨其地之宜。其食於官也，則視役之輕重以

[1] 滿、完　指滿城和完縣。方順橋在兩縣交界處，因此兩縣都有管河巡檢。

爲差。山東運河屆疏濬之年，按其工之大小，别募夫役，工竣則止。

凡工式，蓄洩隨宜，曰牐。蓄洩以漸，曰涵洞。束水曰隄。隄外重以隄，曰遥隄。隄外築隄，俾河流遶越而過，曰越隄，亦曰月隄。兀立者曰縷隄。截流曰壩。洩漲者曰滚水壩、曰竹絡壩。鋭出河流以分水勢者，曰磯觜壩。護隄曰埽。埽有魚鱗、龍尾、丁頭之别。護埽曰障。障有六楞、三楞、椑木之異。他如以導大溜，則有木龍、柳䕒；以濟覆舟，則有救生樁木，均如式建置，限年保固。

凡經費，各工有修防之費，有俸餉之費，有役食之費，有歲報圖册之費。江南河工有歲增五寸之費，山東有疏濬運河之費，各有常額。江南以河庫道，河南以開歸陳道、彰衛懷道，山東以運河道，直隸以天津道、通永道、永定河道、清河道、大名道掌其出納。歲要其數於河道總督覈實奏銷。侵蝕者論。

凡物材，葦柳、秫稭論束；檾麻論斤；土論方；甎論塊；石料分雙單；樁木别杉楊。下至石灰、米汁、釘鐵之屬，各有定則。有額者，歲辦如額。無額者，如其需用之數購備，均按則給價。尅扣浮冒者論。

凡修防，以工程告竣、保固限滿交汛之日爲始，其工當衝溜，須用長樁大埽歲加鑲築，費有定額者，曰歲修。或河流遷徙及三汛屆臨，偶被刷損、隨時搶護，工費在五百兩以内者，曰搶修。江南黄運河隄工每歲增高五寸，亦曰歲修。其覈費具題也，歲修以十月，搶修無定期。題銷均以次年之四月，逾限者論。别案大工，不在此限。

凡三汛，歲以清明節閱二十日爲桃汛；自桃汛後至立秋前爲伏汛；自立秋至霜降爲秋汛。屆期該管官弁督率兵夫，多備物材，晝夜分防。有警則鳴金爲號，集附近兵夫協力搶護。如汛臨工固，河道總督馳奏安瀾。

凡疏濬河道，面必廣，底必深。運土必於隄内，無隄者以去河百丈爲率。運河歲小濬，間歲大濬。黄河無定期，遇沙停淤積，即爲濬治。其法或以勺，或以刮版，或以濬船，皆因地制宜，不拘器具。

凡浚船以疏瀹河道，柳船以濟運物材。垡船與浚船同，石船與柳船同。均以三年小修，五年大修。更造則河南、江南以八年，直隸以十年。

凡保固，黄河工程限一年，運河限三年，江南、河東同。直隸南運河限三年，北運河限二年，永定諸河險工限一年，平易工程並限三年，均以報竣之日起限。限内衝決，責承修官暨督修官賠修，不修治以罪。限外衝決，守汛官弁暨該管文武官、沿河州縣皆分别議處。

凡葦柳議叙，河工官弁於沿河隙地捐資種植葦柳、小楊備用者，葦以一頃、柳以五千株、楊以五百株計算，各紀録一次，按數遞加。葦至四頃、柳至二萬株、楊至二千株者，各加一級。居民捐種葦柳、小楊至官弁應議加一級之數者，各予以九品頂帶榮身。葦蕩營餘葦至十萬束以上者議叙，不及數者分别議處。

凡禁令，牐官非時啟閉，糧船不候會牌，官民船不遵漕規擅自争放，並頑民包攬夫役、盜決河防，或傍隄驅車、占隄蓋房者，均有禁違者，並論如律。

凡水利，直省河湖、淀泊、川澤、溝渠有益於民生者，以時修治，務令蓄洩隨宜，旱潦有備。以府、州、縣丞倅佐貳董其役，各給以管理水利職銜。

海塘江防附

凡海塘，江南以蘇松太道，浙江北塘以杭嘉湖道、南塘以寧紹台道，掌其修防之政。承以府丞倅，分理以州縣佐貳等官。事關題奏，均由督撫。

凡塘工，皆以石。其非潮汐衝撼之所，間用土工，或用柴工，均如式建置，限年保固。物材價直率與江南河工同。

凡歲修，歲以冬至前，該管道察其境内塘工之應修治者，計費以申於督撫。督撫覈實，廼率屬興工。工竣限四閲月奏銷。每歲俸餉役食之費，咸入奏焉。

凡塘汛，沿塘十里或五里爲一汛。每汛設一斥堠，在汛各兵，晝夜分巡，以資防守。

凡夫役，江南設塘長，每塘四里或五六里設一長。浙江設堡夫，北塘一里一夫，南塘二里一夫，皆令在塘主守。遇柴土各工偶有刷損，即爲補治。歲給役食有差。

凡江防，四川以成都府同知，湖廣以武漢黄德道、上荆南道、下荆南道，江西以九江府同知，掌其修理，均無定期。如所屬隄岸工程偶被衝刷，該管道廳即履勘計費，以申於督撫。督撫覈實，具題興工。工竣報銷。惟江南瓜洲江工歲修，由江南河道總督奏銷詳《河工典則》。

〔清〕欽定大清會典則例

（節選）

整理説明

《大清五朝會典》，是康熙、雍正、乾隆、嘉慶、光緒五個朝代所修會典的總稱。按行政機構分目，内容包括宗人府，内閣，吏、户、禮、兵、刑、工六部等職能及有關制度。從内容看，是以行政法律爲主要内容的法律彙編，詳細記述了清代從開國到清末的行政法規和各種事例，反映了古代行政體制的完備。它不僅是清朝行政法規大全，也是中國古代社會最完備的行政法典。是研究清代典章制度的基本資料。

乾隆十二年（一七四七年），鑒於“例可通，典不可變”，唯恐典、例並載，使後人“妄相牽引，無所適從”。因此在修改時下詔，令將附於各條的則例分出，另立一篇，以典爲綱，以則例爲目，使典、例既不相混，又互相補充。由於典、例分立，因此乾隆二十九年編成《欽定大清會典》一百卷與《欽定大清會典則例》一百八十卷，所載内容止於乾隆二十三年。

乾隆《欽定大清會典》所開創的典、例分編體例，爲此後嘉慶、光緒兩朝所沿襲。《欽定大清會典則例》中記載了大量有關水利的内容，涉及防洪、運河、城市水利、農田水利、海塘等多種門類。本次整理底本爲《四庫全書》本。

卷一七

吏　部

考功清吏司

漕運

一、漕運考成

順治初年，定官員收兑漕糧。多攙糠粞砂土者，該管官革職；監兑官降一級調用。其抵通兑交漕糧米，多糠粞及有砂土者，押運官革職；管糧道降一級調用。如無糠粞砂土，經收兑勒掯不收者，降二級調用。至京通各倉支放米時，如倉級等攙和砂土，該監督不行稽察究處者，降一級調用。

十年覆准，各省糧道經管漕糧十分全完者，加升一級；欠一分者，罰俸一年。再，運糧掛欠一分者，降一級調用；欠二分者，降二級調用；欠三分者，革職。凡欠二分、三分者，初次與二次處分同。

康熙三年題准，坐糧廳經管漕糧，欠不及一分者，罰俸六月；欠一分以上，不及二分者，罰俸一年。

八年，定倉場侍郎經管各省漕糧。欠五釐以上至一分者，罰俸一年；三年連欠五釐以上至一分者，降一級，戴罪督催。

四十九年覆准，山東、河南二省漕糧數少，經管糧道十分全完者，加升一級；江南、江北、浙江、江西、湖廣漕糧數多，經管糧道十分全完者，加升二級；至總漕於各省漕糧十分全完者，加升二級；未完，照考覈倉場侍郎例議處。

五十年覆准，州縣水次，兑米糧道、監兑官親往稽察。如有私自改折漕糧者，該州縣及領運官皆革職，米照數交賠，監兑官降二級調用，糧道降二級留任。

又覆准，監兑官同糧道親身督押到淮，一有短少，該督即行審明，題糸。米留旗丁，兄弟子姪一人，交與監兑官購買，赶幫交兑，押運千總出具甘結，呈報。如押運等官，揑具甘結者，降二級調用。

五十一年覆准，各省押運同知、通判，一次無欠者，加一級；二次無欠者，加二級；三次無欠者，不論俸滿即升一次；掛欠者，降一級留任；二次掛欠者，降二級留任；三次掛欠者，降三級調用，仍將掛欠之米分賠。

雍正四年，奉旨："押運官員均令該督撫出具考語，送部。抵通之日，倉場總督送部引見。"

乾隆元年奏准，京通各倉監督，定以二年更代。差未滿時，有俸滿應升人員，准其照常升轉，仍竢差滿更代。至差滿之後，若照贏餘米議敘，恐出入之際，易滋弊端，應請停止。如果能出入公平，糧儲無虧，倉厫不致滲漏，米糧不致霉變，任滿時，令倉場侍郎保題交部議敘，准其加一級。

四年覆准，山東、河南押運薊糧官員，如有逗遛掛欠、失風等事，亦照例處分。若抵薊全完並無事故，該總漕覈實具題，亦照例分别次數議敘。

一、漕糧限期

順治初年定，每年漕糧經徵州縣，限十月開倉，十二月兑完。

又定，河漕總督理應督率各官，挑淺疏通糧艘。如不豫行挑淺疏通，以致遲誤者，請旨議處。如回空船不行力催，又不題糸地方官者，皆降二級留任。

又定，官員催趲漕船，無故容後幫之船前行、前幫之船後行者，罰俸一年。漕船入境日期，該管官不察明轉報者，罰俸六月。

又定，各省漕糧，江北限十二月過淮；江南江寧、蘇松等處，限正月内過淮；江西、浙江、湖廣限二月内過淮；山東、河南限正月全數開行。又，江北限四月初一日抵通；江南限五月初一日抵通；江西、浙江、湖廣限六月初一日抵通；山東、河南限三月初一日抵通。均限三月内完糧。

康熙十二年議准，有司無糧、軍衛不備船以致遲誤過淮，違限一月以上者，督撫罰俸三月，糧道、監兑官罰俸六月；違限二月者，督撫罰俸六月，糧道、監兑官罰俸一年；違限三月以上者，督撫皆住俸，戴罪督催，竢糧船抵通交明，開復。糧道等官，各降一級調用。如經徵州縣、衛所等官船到無米、有米無船，及過十二月者，皆罰俸六月；過正月者，各罰俸一年；過二月者，各降二級留任。至總漕，繫通管漕糧催趲，尤其專責。及過淮以後，令總河星速催趲。如依期過淮，而抵通遲誤者，河漕二督及沿河道員、州縣等官，亦照督撫遲誤過淮例處分。

又議准，白糧過淮抵通遲誤者，亦照遲誤漕糧例處分。

又議准，監兑漕糧未經兑完，捏報兑完，或漕船未經開行，捏報開行者，皆降二級調用。

又議准，完糧在原限三月之外，違限不及一月者，將押運等官罰俸三月；一月以上者，罰俸六月；二月以上者，罰俸一年；三月以上者，降一級留任。

十七年議准，漕船自淮安至天津，計程二千三百五十餘里。沿塗州縣、衛所，於重運北上，催令出境。如原限半日而違限一時，原限一日而違限兩時，原限一日半而違限三時，原限兩日而違限半日，原限四日以上而違限一日，原限六日以上而違限一日半，原限十二日而違限兩日者，專催官罰俸一年，督催上司罰俸半年。如原限半日而違限三時，原限一日以上而違限半日，原限兩日以上而違限一日，原限四日以上而違限兩日，原限六日以上而違限三日，原限十二日而違限四日者，專催官降一級調用，督催上司罰俸一年。如違限之期，與原限之期相等，專催官降二級調用，督催上司降一級調用。如違限之期逾於原限之期，專催官革職，督催上司降二級調用。又，押運官自受兑以至交倉，曾於一二處逾限者，罰俸半年；三四處逾限者，罰俸一年；五六處逾限者，降一級調用；七八處逾限者，降二級調用；十處以上者，革職。其回空漕船，如過逆流，其間設有牐壩蓄水之處，均照重運定期。無牐壩之處，原限十二日者，改限九日；原限四日，改限三日；原限三日，改限二日；原限日半，改限一日。又，順流有牐壩之處，亦照重運定例。無牐壩之處，原限半日者，改爲三時；一日改爲半日；四日改爲兩日；五日改爲兩日半。如有不行力催，以致違限，沿塗文武官弁並隨幫官，皆照催趲重運例議處。至天律以北至通州，繫逆流重運，糧船每二十里限一日。其回空船繫順流，每五十里限一日。山陽以南至浙江，其重運糧船，如順流每四十里限一日，逆流每二十里限一日。回空船，如順流，每五十里限一日，逆流每三十里限一日。如有違限催趲，押運官按違限日期，皆照前例議處。湖廣、江西，並江南等處，行長江以至儀徵，皆由大江，因風輓運，難以逐程立限。令該督撫，或繫重運，或繫回空，飭該地方官作速嚴加催趲出境。其自儀徵至天津，如有違限，亦照前例議處。設或有非常風阻、冰凍、淺滯等事，難以副限，均令報明，免其議處。

三十五年議准，豫省輝、安、河内三縣農務，在於每年三四月，而漕船抵臨，在於五月。應於五月初一日爲始，封版塞渠。如不封版塞渠，以致漕船阻滯者，將經管官降一級調用，該管官罰俸一年，該撫不行察条，罰俸六月。

三十九年議准，漕糧盤壩、過牐，運至京通各倉。監督抽一二袋驗看入廒，限三月内全完。若米到不即盤過及驗看，時有藉端抑勒，許運丁首告。監督降二級調用，倉場侍郎不行察条，罰俸一年。

雍正元年議准，漕糧冬兑、冬開。如船到無米，有米無船，以致開兑遲延，將州縣、衛所官照例察条。如該管上司徇庇，不行稽察，以致誤漕者，該督撫指名題条，將該管上司照徇庇例議處。

二年議准，湖南州縣漕務，於十一月運至岳倉。如遲至十二月中旬到者，照過十二月兑開例議處；如過十二月到者，即照過二月兑開例議處。如州縣糧米依期到次，軍衛船已備，而監兑領運廳弁交兑稽遲，至過十二月者，亦即照過二月兑開例議處。如能依限過淮，題明開復。

五年遵旨議准，江、浙、湖廣、江西四省糧船過淮違限，仍照定例議處。於抵通完糧之日，將過淮違限日期扣算。如過淮違限十日，已經處分者，將抵通完糧違限十日扣出，免其處分。凡日期多寡，照此扣除。其道遠之省，以九月初十日爲限，逾此限而不完糧者，將押運等官，照抵通違限例議處。

乾隆二年議准，牐官越漕起版，洩水誤漕者，該廳官不行稽察，致誤漕務者，降一級留任；如曲爲回護，徇隱不報者，降三級調用。

一、旗丁收書

康熙二十六年題准，運丁正身不押運，雇覓匪徒及舵役代運者，將押運通判罰俸六月。

三十九年議准，各倉放米時，如有倉役人等，抑勒留難，向領米之人需索銀錢，該監督失察者，照失察衛役犯贓例議處，倉場侍郎罰俸六月；若知情故縱者，革職治罪，倉場侍郎罰俸一年。

又議准，坐糧廳及各倉書役人等，向運官、運丁指稱費用勒索，坐糧廳監督失察者，照失察衙役犯贓例議處，倉場侍郎罰俸一年；如監督等通同需索者，革職治罪；倉場侍郎不行察条者，降三級調用。

五十一年覆准，旗丁須僉家道殷實之人，令千總保結，呈報衛守備、府廳等官再加驗看，加具印結。如有掛欠，千總、守備照例處分外，一幫掛欠府廳等官，罰俸一年，糧道罰俸半年。數幫掛欠，照此遞加罰俸。

雍正五年覆准，僉派收書，徵收糧米，務令遴選老成殷實書吏。如有僉派匪人、侵蝕漕糧者，書吏照律治罪，州縣官照溺職例議處。侵蝕米糧，即著官役名下嚴行追補。至州縣收糧倘有贏餘，飭令糧道不時盤驗。每斛應有餘米若干，計算明白，存爲修倉振濟之用。年終將存貯動用數目，造册報部。仍令該撫不時稽察，如有扶同徇隱，及各州縣藉名私加斛面，苦累小民者，即行叅究。

一、修造漕船

康熙十四年議准，官員修造漕船，或謊報朽爛，或修造未竣、報稱已完，或朽爛漕船、册報掩飾者，皆降二級調用。如承造漕船推委、不行監造，或檄催日久、不完竣者，皆降一級調用。該管官督催不力者，罰俸一年。如船朽爛不估價申報者，亦罰俸一年。

一、糧船夾帶私貨

康熙二年題准，漕運重船，除定例准帶土宜外，不許夾帶私貨。淮安、濟寧地方嚴加稽察，如有漕船夾帶私貨，沿途包買通同商人搭船者，將不行嚴禁之該管糧道罰俸一年，監兑官降一級調用，押運官降一級留任。

十五年題准，淮安、濟寧地方官失察糧船夾帶私貨者，罰俸一年。

雍正三年議准，糧船鬮牐、鬮關及倚恃糧船，任意販載私鹽，不服盤詰，持械傷人，若押運等官不行約束，知情故縱，將押運等官革職，隨幫照例責革。如該管關牐各官藉端勒索，故意留難，亦許押運等官呈明，該督撫題叅究治。

又議准，糧船繫合幫結隊而行，不畏盜賊，火礮、鳥槍無所取用，應行禁止。通飭糧道、衛備運弁，嚴禁、搜察。倘於糧艘之中，仍帶火礮、鳥槍者，事發除將本犯照私藏鳥槍例責四十外，將失察之該管官，照失察銃礮、鳥槍例，分别議處。

一、糧船漂燬

康熙二十一年題准，押運官弁巡察不謹，以致失火燒燬漕船者，降一級留任。地方官不行協救，延燒别船者，罰俸一年。

又題准，漂没船糧，著沿途催趲，各官及汛地文武官親臨確勘是實，各出保結，取具運官結狀。該督撫確察，具題到日，照例豁免。如運糧官丁未經漂没船糧，謊報漂没，並故將船放火漂流，及雖繫漂流，損失不多，乘機侵盜者，照律治罪，米照數賠補。其沿途催趲各官，及汛地文武各官，不親臨確勘的實，遽出保結者，皆革職。如該督撫不緝察確實，遽行題豁，後致詐冒事露，將具題督撫降二級調用。

雍正元年覆准，漕船在内河失風，押運官失於防範者，罰俸六月。

五年覆准，沿途地方官，除遇風水平順仍照定例原限日時催趲出境，不得遲誤外，若遇風色不順，並水勢漫大，該地方官與押運官弁公同計議，暫停守候。一面即將守候日期，申報該管上司並總漕衙門，於入境、出境日時册内僉注明白。倘有不顧風色、水勢，催趲前進，在内河致有疎虞，將地方官罰俸一年，押運官罰俸六月。一俟風息水平，仍須立刻催趲出境，無得藉辭守候，任其停泊。如有捏稱風水，未便停泊、逗遛者，總漕、該督撫據實察条，將地方官降二級調用，押運官降一級調用。

乾隆四年覆准，汎水漲發，猝不及防，能戽水救船、修艙抵通、漕糧並無虧折、能買補全完者，皆毋庸議處，仍照例議敘。倘船非滿號、不能戽救、米有掛欠，雖買補全完者，仍照例議處。

十四年覆准，漕船回次，雖交與地方官收管，仍著隨幫官弁約束稽察，遇有風火事故，即將該隨幫官弁職名報条。如新運千總既經接收幫船，將接收日期呈報之後，遇有事故，即將新運千總職名察条。或糧船減存在次，遇有事故，運隨二弁皆不能兼顧，即察明收管之地方官開条。至漕船既已回空到次，押運同知等官一運之事已畢，實與隨幫專爲空船而設者不同，應將押運同知等官，免其条處。

一、盜賣漕糧

順治初年定，旗丁於未經抵通之先，沿途盜賣米糧，押運同知、通判等官不行察究者，各降一級留任。

康熙四十三年議准，重運入境，責令該管道、府、州、縣往來巡察。如失察盜賣一起者，州縣官罰俸六月，道府罰俸三月；二起者，州縣官罰俸一年，道府罰俸六月；三起者，州縣官降一級留任，道府罰俸一年；四五起以上者，州縣官降一級調用，道府降一級留任。

乾隆三年覆准，漕船抵通，如有交倉不足，無故掛欠者，一槩不准買别幫餘米抵補，仍令倉場將掛欠之幫逐一開明，移咨總漕，著落領運官丁分賠，於下年起解搭運。如運滿無完，照例条處。其有沿塗失風、失火事故等船，所運漕糧一時沉失，並搶救濕米等項，事出意外，令總漕察明沉失搶救濕米之數，報明户部，移咨倉場，於本倉餘米内買補扣抵，不准在通購買交納。至給旗丁行月等項日用餘米，抵通餘剩，令坐糧廳察明，給與驗票，准其售買。如有私相買賣秔粟二米，及交納不敷，官丁在通購買糧米，抵補虧闕者，交與通永道並通州知州察拏究治。該道員、知州不實力稽察，被倉場及巡漕御史拏獲，即題条交部，照失於詳察例罰俸一年。

四年覆准，失察盜賣一二起，合算米數至五十石以上者，將該地方官降一級留任，道府等官罰俸一年；失察一起以至三起，合算米數至百石以上者，將該地方官降一級調用，府道等官降一級留任。

又覆准，州縣官一年内能將盜賣漕糧拏獲二次者，紀録一次。道府等官於所管境内，一年内能拏獲至四次者，紀録一次。再有多獲，照此遞加。

一、漕船回空

康熙五十一年覆准，凡抵通遲延之船，倉場勒限交糧回空，不可遲誤新運。其不能依限回空者，令總督察明該省減存船數，依限兑運開行。如無減存船，即將本省漕船搭運。或本省漕船不能搭運，即行捐輸雇船，依限兑運開行。其遲滯船，來年開凍之時，沿河文武官弁，速催抵次。如有不行設法雇船、依限兑運開行，即將在南之糧道、監兑、州縣等官題条，照過淮違限例議處。如有遲滯船不行速催抵次，即將在北沿河催趲回空之文武各官題条，照催趲漕船定限例内回空違限，計時日，分别議處。

康熙六十一年覆准，副丁跟隨重運，過淮抵通，交糧完日，押運官同隨幫官逐名察點，令其管押頭舵水手回空。押運廳官所押尾幫船糧起卸完日，坐糧廳即將批迴印發呈送户部察驗，令其押空南下。如坐糧廳抑勒批迴，不行印發投驗者，聽該廳官呈報倉場，將坐糧題条，照抑勒遲延例降二級調用。

又議准，押運官不候掣批，輒行押空回任者，罰俸一年。若不遵定例管押回空，從陸路回省者，照差遣官員枉道例議處。其回空船過淮違誤者，皆照重運過淮違限之例議處。

卷二八

吏　部

考功清吏司

修造

一、修造

順治初年定，官員將通衢大路、緊要隄橋不行豫修，以致衝决、損壞者，將府州縣官各罰俸一年，該撫罰俸六月。如有城池不豫先修理，以致倒壞者，罰俸六月。

康熙三年議准，官員捐資修理城郭、樓臺、房寨、器械等項，該督撫親身詳加察驗保奏後，若有不堅固、不如式，三年内坍壞者，仍令該督撫並督工官賠修本工，損資紀録銷去，免其處分。若限内坍壞，該府州縣官隱匿不報，被傍人出首者，將該管官革職。如該管官申報督撫，督撫隱匿不報，將該督撫各降二級留任。

九年題准，官員解送一應匠役，或名數短少、或不擇良工、以老病不諳之人塞責者，皆罰俸六月。

又題准，官員解送金甎、杉木，不選擇精美，以不堪用者解送，或折損、或遲延，皆罰俸一年，布政使、巡撫各罰俸六月。

又題准，官員將安插官兵居住房屋不行修理，安插以致占住民房者，罰俸一年。

十五年題准，官員織造段疋不精好者，降一級調用。

又議准，官員修造礮臺、邊界烽墩，不速行修造完結者，降一級留任，修完之日仍還其所降之級。不行催之上司罰俸一年。

二十六年題准，古北口徵收木植，該差官以任滿日期計，四月内交完。潘家桃林徵收木植，以任滿日期計，八月内交完。如限内不完者，照拖欠銅斤之例，勒限議處。如差官不收大木而收小木，察出題糸，將該差官照徇情例，降二級調用。差滿交代，備造清册報部。如有遺漏、舛錯，照造册遺漏例，罰俸一年。

六十年題准，在京各處修理工程，工價五十兩以内，物料價直二百兩以内者，照依各處印文準其修理。其工價五十兩以上，物料價直二百兩以上者，著該修理處料估啟奏，工部差官覆覈，會同該處官員首領監修，將用過錢糧，著管工官名下銷算。如多用錢糧不行啟奏，即便承修者將行文與承修堂司官，皆照應奏不奏例，降三級調用。

雍正元年覆准，各省修理行宫，並直省倉廒等項工程，一應動用錢糧事件，皆令該督撫奏聞，工部議覆，再行修理。工完之日，該督撫察明造册，具題工部，詳加覈算題銷。如有關繫錢糧，應啟奏事件不行啟奏，擅自咨部請銷，而該部據咨完結者，即行題糸，照修理工程不行奏請例議處。

五年議准，各省城垣，督撫驗明新舊倒塌，如城垣本屬修整，偶有些小坍塌，令地方官於農隙及時修補，務令堅固。若漫不經心，致坍塌過多，該督撫察糸，將該地方官照修造礮臺等項遲延例，降一級留任。修完之日，仍還其所降之級。其原坍塌已多，必須備辦物料者，該地方官量行捐修，工竣後將丈尺詳報，督撫委官勘明，具結申報。如果工程堅固，將捐修各官造册具題，交部議敘。如各地方官正在興修，尚未竣工遇有升遷事故，將所修城垣丈尺報明，督撫造入交盤册内，移交接任之人。竢續修完竣，將修理之工程丈尺數目，分别新舊，造具總册報部。倘地方官因循怠忽，不實心任事，將未修城垣，捏報修完者，照修造戰船未經修完捏報完工例，革職。甚至借修城名色，科派民間者，照私派例革職治罪。

七年議准，一應工程，該管工官不依定限完工者，工部察參，照玩誤工程例議處。如不照限呈遞銷算清册，而該司亦不依限據實覈銷者，皆照遲延事件例糸處。如該管工官，或有因限期已届，修理未完，而規避處分，捏報工竣者，察出别行指糸，按所得之罪議處。其有應繳銀，不遵定限繳庫完結者，即將該員糸奏革職，勒限催追。限内全完，准其開復。逾限不完，交部，照侵蝕正項錢糧例治罪，仍著落家産追還。如該司官員通同遮掩者，亦照承追虧空不力例議處。此外或有工程浩繁，辦料維艱，其工料銀數至三萬兩以上，難以依限完工者，繕摺奏聞，再行定限修竣。

又議准，京師城牆上下，應令步軍統領會同工部，各委官一人，凡有應行葺補修理之處，勘明報部，務於雨水之前，堅固修葺。其所委之官，竣一年任滿，再委官更代。倘官員不加謹修理，及不實力察勘者，一經察出，即行題叅，照造作遲延例議處。

乾隆二年覆准，各省墩臺、營房，如有坍塌、傾圮之處，倘武職不行詳報，照承察遲延例議處；文員不行修造，照修造遲延例議處。

四年，遵旨議准，凡修建工程所需物料，不必拘泥從前造報物料定價，悉照時價確估。造報工竣之日，該管上司委官驗勘，並取印結，詳報該督撫等，確訪時價覈明，題咨到日，工部再行覈銷。倘承辦各官浮開揑報，該督撫即照冒銷錢糧例指叅。如委官驗看不實，即以扶同徇隱例叅處。

五年覆准，採買一切物料，工部照定例發價。如承辦官侵蝕入己者，察出照冒銷例叅處。倘有匠作、搬運等費，許承辦官將緣由呈明，以聽覈奪。如該員並不呈報，經工部察出叅奏，照應申上而不申上律，罰俸九月。

河工

一、河工

順治初年定，河工衝決地方，限十日内申報，如過十日報者，降二級調用。如沿河隄岸豫先不行修築，以致漕船阻滯者，將經管官降一級調用，該管官罰俸一年，總河罰俸六月。至河工隄岸衝決少，而該管官報多者，降三級調用；不行詳確轉詳之官，降二級調用；不行詳確具題之總河，降一級留任。

又定，經徵河銀，一年内全完三百兩以上者，紀録一次。

康熙九年題准，官員奉修衝決，地方催夫不發，或令揠淺不行揠者，或稱非本汛推卸者，或將柳埽樁木等物不行速辦，以致遲延河工者，州縣官降三級調用，道府官降一級調用。

十五年議准，黄河水勢洶涌，與運河不同。修築黄河隄岸，定限一年，運河隄岸定限三年。如黄河隄岸半年内，運河隄岸一年内衝決者，將經修、防守同知、通判、州縣等官，皆革職，道員降四級調用，總河降三級留任。如黄河隄岸過半年，運河隄岸過一年限内衝決者，將經修防守同知、通判、州縣等官，降三級調用，道員降二級調用，總河降一級留任。如過限年衝決者，將管河各官皆革職，戴罪修築。道員住俸，督修工完開復，總河罰俸一年。若限年之内，修築之官已去，而防守之官疎忽，致有衝決者，將原修防守之官一例處分。其限年内，本官所修堤岸衝決隱匿不報，别指他處申報衝決者，將經修防守各官革職，司道降五級調用。不行確察、具題之總河，降三級調用。

十七年議准，知府有地方之責，如遇衝決等事，照道員一例處分。凡隄岸工程，均限半年完工。如限内不完，將承修官罰俸一年，督修道府罰俸半年，再限三月完工。如再不完，將承修官降一級調用，督修道府罰俸一年。如繫革職，戴罪承修之官，半年限内不完，降一級調用。其降調官、工程别委官，限三月完工。如不完罰俸一年。督修道府所屬官員，工程一年内不完，降一級調用。如限内不完，總河不行題parseInt，罰俸三月。若繫限内難完之大工，總河豫先題明。至於分管官所築隄工，有一處不堅固，盛水即漏，並有一二丈不豐滿合式者，降一級調用；兩處不堅固，盛水即漏，並有三四丈不豐滿合式者，降二級調用；三處不堅固，盛水即漏，並有五丈以上不豐滿合式者，革職。監理官所轄分管官，有因築隄不堅固合式，一人議處者，罰俸一年；二人議處者，降一級調用；三人議處者，降二級調用；四人以上議處者，將監理官革職。如議處議敘相同者，准與抵算。如繫監理官揭条者，免連坐。如興舉大工，附近地方官不協同募夫，不將急需物料速即協買、上緊解運，以致遲誤河工者，題条。將州縣官降三級調用，道府官降一級調用。

二十三年，遵旨議定，隄岸衝決、河流遷徙者，仍照舊例處分。至河水漫決、河流不移者，限年之内，令經修官賠修。如過年限漫決者，令防守官賠修。

三十九年覆准，河工隄岸衝決、如河流不移者，將管河各官皆革職戴罪，勒限半年賠修。道員各降四級，督賠工完開復。如限内不完，將賠修官革職，道員降四級調用，總河降一級留任。未完工程仍令賠修。如限内不完，道員不行揭報，總河不行題条，照徇庇例議處。

四十六年議准，修防工程道員，按工發帑，廳員領帑作工。其微員、末弁以及効力人員，止令防守險工、催趲夫役，及押運物料不得輕給帑金。如該廳親具保給申詳，該道轉詳，該督方准給發。如濫委匪人，以致工程不完，虧空帑金，將本身革去職銜，限一年追完，完日復還原職。逾限不完，將該廳官革職戴罪，勒限一年賠完，完日開復。再逾限不完，將該廳官革職，該道降四級，勒令賠完，完日該道准其開復。如又限内不完，將該道降四級調用，該督降一級，與該道廳同賠完日，准其開復，不完將該督每案罰俸一年。仍令該督及道廳同賠還項。

四十九年覆准，河南省隄工如遇水長，管河等官，協同地方官，率領堡夫，合力搶護。如有怠玩誤工者，將管河地方官照黄河定例議處。仍按照年限，著落賠修。

五十四年諭："江隄與黄河隄塍不同，黄河水流無定，時常改移，故特設河官看守。江水並不改移，故止交與地方官看守。如江水倘一泛漲，亦非人力所能保。湖廣隄岸引黄河看守隄工例議處地方官員之處，著詳察再議具奏。欽此。"遵旨議定，嗣後，湖廣隄岸衝決，府州縣官員各罰俸一年，該撫罰俸六月。

雍正二年議准，河工修築不堅，致有衝決力，能賠修者，别委官督令賠修；不能賠修者，題叅革職，别委賢員給發錢糧修築。將所用錢糧，勒限一年，令其照數賠還。如限内賠完，仍准其開復；如逾限不完，題交刑部治罪。

三年議准，豫東、江南蓄水諸湖栽葦官員，栽葦一頃者，紀録一次；二頃者紀録二次；三頃者紀録三次；四頃者加一級。殷實之民，種葦四頃，准以九品頂帶榮身，次年驗明栽種活數，造册題請議敘。

四年遵旨議定，河工承修官員估計工程。總河及該督撫等委官確勘工段丈尺、樁埽料物。如果與所估數目相符，覈實具題，發帑興修。如估計過多、存心浮冒察出，將承修之官，照溺職例革職。驗勘之官不實心勘驗，扶同徇隱，照徇庇例議處。至工完之日，該總河、督撫等再行確勘。如工程單薄、物料剋減、錢糧不歸實用，以致修築不堅，不能保固，將承修之官，照侵欺錢糧例，分别治罪。其侵欺銀，勒限著落該員家産追賠還項。至所修單薄工程，該員既經浮冒，工程必難保固。令總河、督撫等，别委賢員，動帑堅固修築，工完題銷。但河防重大，水性無常，倘一時水勢暴漲，人力難施，致有衝決。該總河、督撫察明具題，仍照黄運兩河衝決例，分别年限處分。

又議准，直隸一切河道工程，令該管官各分工段，照例保固。如有隄岸修築不堅，以致衝決者，該督察明題叅。繫一年内衝決，將該管官降三級調用，管河道員降二級調用，總督降一級留任。一年外衝決者，該管官皆革職，戴罪修濬。道員住俸，督修完日開復。若河工衝決，例應叅處知府者，知府亦照道員例處分。

五年遵旨議定，黄河一年之内，運河三年之内，隄工陡遇衝決，而所修工程實繫堅固。工完之日，已經總河、督撫保題者，止令承修官賠修四分，其餘六分准其開銷。如該員修築錢糧均歸實用，工程已完，未及題報而陡遇衝決者，該總河、督撫將衝決情形，並該員工程果無浮冒之處，據實保題，亦令賠修四分，其餘皆准開銷。如黄河一年之内，運河三年之外，隄工陡遇衝決，而該管各官實繫防守謹慎，並無疎虞懈弛者，該總河、督撫覈明具題，止令防守該管各官共賠四分，内河道知府共賠二分，同知、通判、守備、州縣共賠一分半，縣丞、主簿、千總、把總共賠半分，餘六分准其開銷。其承修、防守各官皆革職留任，戴罪効力。工完之日，方准開復。倘總河、督撫有保題不實者，後經察出，照徇庇例議處。所修工程仍照定例，勒令各官分賠還項。

七年議准，江南蘇松等府兼管水利各官，一年内果能實力奉行疏濬河道，修築隄岸，均有成效，該管道員申報督撫，該督撫覈實保題，准加一級；二年内能無誤工程，准其加銜一等；三年内始終無懈，於河道實有裨益，該督撫保題到日，以應升之官即用。其玩視興修，致河道淤淺，隄岸傾圮者，該督撫即指名題条，所用錢糧責令賠補。

十二年，覆准，江南黄、運兩河隄岸，令河道總督轉飭經管廳、汛各官，督率在工兵夫，各照本汛應積土方數目，逐漸堆積工所，以資工用。除寒暑兩月，免其積土外，其餘每月黄河一堡二夫，責令堆土十五方；運河一堡二夫，除糧船往返修補、犁溝檿眼外，責令積土十二方。以一年合算，計積土十萬餘方。每月察明細數，詳報總河衙門，不得漸次短少。除河兵所積土方，入於該備弁交代項下外，其堡夫所積土方，每月造於新土册内彙報，算入交代。倘不能如數挑積，專汛官罰俸一年，該管廳員罰俸半年。若擔積不及一半，將專汛官降一級，暫留原任，戴罪趲挑，該管廳員罰俸一年。

乾隆二年覆准，豫省應修水利地方，如繫動帑修築工程，承修各官果能實力辦理，修築堅固、錢糧並無糜費，竣保固三年之後，該督撫將該員功績覈定，造册題請交部，分别議敘。其專轄監修、統轄督修之員，果能督率有方，各屬内毫無怠忽，應照河工秋汛平穩之例，量加議敘。倘承修之官膜視悠忽、不豫期修築，以致田畝被淹者，照河工隄岸豫先不行修築例，降一級調用，專管監修之官罰俸一年，統轄督修之官罰奉六月。倘有虚冒錢糧、侵蝕入己，以致工程不堅者，將承修之官照侵欺河工錢糧例，革職治罪，該管各官徇隱不報，照徇庇例議處。

三年覆准，河南、山東沿河文武官弁，於沿河地方，有能出己資，捐栽成活小楊五百株者，准其紀録一次；千株者紀録二次；千五百株者紀録三次；二千株者，准其加一級。其瀕河民人，有情願在官地内，捐栽成活小楊二千株，或在自己地内栽成千株者，該管官申報河督，勘明成活數目，造册報部，給以九品頂帶榮身。如不及議敘之數，准其次年補栽，仍將栽成楊樹，責令汛官收管培養。如廳汛各官有將民地指爲官地，强占栽種，希圖議敘者，察出嚴条，照强占官民山場河泊律治罪。

六年覆准，凡工程完竣，應追覈減銀，照依雜項錢糧例，計以年限著追。如限滿不完，將承追官初叅，降俸二級，戴罪督催完納；復叅，罰俸一年。如承辦之員，遇有升遷事故，於任所、原籍催追限滿，不行完繳者，該督撫指名察叅，分別議處。

十八年議准，河工同知、通判等官交代皆繫工程物料。向因覈算需時，並未定有限期，往往任意遲延。嗣後廳員遇有升調事故，皆限三月内將一應經手錢糧，並歲修搶修工程，統行交代清楚，出具切結呈報。如有錢糧繁多，應展限者，咨部請展。倘有虧闕、逾限等事，即行分別揭叅。該管道員督催不力，亦照例叅處。

二十年奏准，南河栽種柳楊、在報捐之人，雖稍出己資，並不親身料理，大槩託河工弁兵代爲栽植，往往以細小嫩枝溷插充數，幸而成活，即可倖邀議敘，迨驗看之後，報捐者絶不照管，或漸次枯槁，實屬有名無實。所有南河官民捐栽議敘之例，應請停止，以免冒濫。

又議准，河工楊柳、葦草，均有捐栽議敘之例，但行之既久，恐滋冒濫之漸，自應稍爲分別。除柳株一項，既有捐栽，又有兵夫額栽，易於溷冒。惟楊椿、葦草二項，並無兵夫額栽，易於覈驗，不致有名無實。且定例以來，官民捐栽楊樹、葦草者，寥寥無幾，應督令各力行勸捐，以裕工料。嗣後河南、山東官民捐栽楊柳樹，照依南河之例，停止議敘，以免冒濫。其楊樹、蘆葦二項，河東與江南稍有不同，必須及早勸諭捐栽，以資工用，勢不能照依南河，一例停止。應照舊辦理，仍令該督，嗣後官民捐栽楊、葦，務須委官察驗實在成活數目，取結造册，送部題明，分別議敘。毋使溷冒、影射，致滋冒濫。

卷四一

户　部

漕運一

一、正兑漕糧運京倉

各省原額三百三十萬石。山東二十八萬石、河南二十七萬石、江蘇一百十有一萬三千石、安徽三十八萬七千石、江西四十萬石、浙江六十萬石、湖北十有二萬二千九百四十二石七斗一升有奇、湖南十有二萬七千五十七石二斗八升有奇。内除永折米改徵黑豆，米並節年荒闕，開墾報升不足原額外，以乾隆十八年計之，共米二百七十五萬一千二百八十三石五斗六升有奇。内：山東十有五萬七千九百九十四石八斗三升有奇。

河南八萬一千六百二十八石六斗五升有奇。

江蘇百有七萬六千三百九十三石七斗有奇。

安徽三十萬七千十有六石一斗一升有奇。

江西三十五萬千五百有三石七斗九升有奇。

浙江五十八萬六千六百六十石有奇。

湖北九萬四千五百七十四石一斗八升有奇。

湖南九萬五千五百十有二石三斗有奇。

一、改兑漕糧運通州倉

各省原額七十萬石。山東九萬五千六百石、河南十有一萬石、江蘇九萬三千九百五十石、安徽二十萬四百五十名、江西十有七萬石、浙江三萬石。湖北、湖南均無改兑米。内除永折米改徵黑豆，米並節年荒闕，開墾報升不足原額外，以乾隆十八年，共米五十萬一千四百九十石五斗一升有奇。内計之：

山東六萬九千四百七十三石八升有奇。

河南三萬九千九百十有一石一斗七升有奇。

江蘇九萬二千四十四石三斗八升有奇。

安徽十有一萬八千八百四十五石五斗三升有奇。

江西十有五萬千八百五十石八斗五升有奇。

浙江二萬九千三百六十五石五斗有奇。

以上共實徵正兑、改兑米三百二十五萬二千七百七十四石六升有奇。

一、**白糧**分運京通各倉

江蘇蘇、松、常三府、太倉一州，原額十有五萬四百三十八石四斗七升。除改徵漕糧外，實徵六萬九千四百四十七石。白秔米六萬五千六百五十一石，白糯米三千七百九十六石。

浙江嘉興、湖州二府，原額六萬六千二百名。除改徵漕糧外，實徵三萬五百五十三石，白秔米二萬五千三百四十九石，白糯米五千二百四石。共實徵白糧十萬石。

一、**小麥**運京倉

河南正兑麥五千八十六石四斗，改兑麥三千三十三石。以上共實徵正兑、改兑麥八千一百十有九石四斗。

一、**黑豆**運京倉

山東正兑豆四萬五百有四石二斗五升，改兑豆萬六千五百五十五石二斗七升各有奇。

河南正兑豆三萬二千六百七十四石八斗四升，改兑豆萬五千五百八十八石九斗九升各有奇。

以上共實徵正兑、改兑豆十萬五千三百二十三石三斗五升有奇。

一、**永折漕糧**

山東七萬石。

河南七萬石均每石折銀六錢、八錢不等。

江蘇十萬六千四百九十二石六斗九升每石折銀六錢、七錢不等。

安徽七萬五千九百六十一石三斗一升每石折銀五錢六分、七錢不等。

湖北三萬二千五百二十石六斗。

湖南五千二百十有二石五升各有奇均每石折銀七錢。

以上共永折米三十六萬一百八十六石六斗六升有奇。

一、**灰石改折**

江蘇二萬一千一百十有六石三斗。

浙江萬三千三百二十三石七斗。

以上共改折米三萬四千四百四十石，遇閏加折二千八百七十名。每石連耗折銀一兩六錢八分。

一、**隨漕正耗**隨正起運，以爲京通各倉，耗米並沿塗折耗等項之用

山東每正兑米一石，加耗二斗五升；每改兑米一石，加耗一斗七升，

隨正起交。黑豆如之。

河南每正兑米一石，加耗二斗五升、二斗八升不等；每改兑米一石，加耗一斗七升，隨正起交。小麥、黑豆如之。

蘇松糧道所屬之蘇州、松江、常州、鎮江四府，並太倉州屬，每正兑米一石，加耗四斗，内二斗五升隨正起交，一斗五升隨船作耗。每改兑米一石，加耗三斗，内一斗七升隨正起交，一斗三升隨船作耗常州府無改兑米。

江安糧道所屬之江寧、安慶、寧國、池州、太平、廬州六府並六安州屬，每正兑米一石，加耗四斗。鳳陽、淮安、揚州、潁州四府，通、海、泗三州屬，並徐州府屬之邳州、宿遷、睢寧二縣，每正兑米一石，加耗三斗，内二斗五升隨正起交❶，一斗五升及五升不等，隨船作耗。又徐州府屬之銅山、豐、沛、蕭、碭山五縣，每正兑米一石，加耗二斗五升，皆隨正起交。江寧、廬州二府，廣德州屬每改兑米一石，加耗三斗。鳳陽、淮安、揚州、潁州四府，通、海、泗三州屬，並徐州府屬之邳州、宿遷縣，每改兑米一石，加耗二斗五升。又徐州府屬之銅山、豐、沛、蕭、碭山五縣，每改兑米一石，加耗二斗二升，内一斗七升隨正起交❷，一斗三升及八升、五升不等，隨船作耗。徽州府並滁、和二州屬無正兑、改兑米。廣德州無正兑米。安慶、池州、太平、寧國四府並六安州及徐州府屬之睢寧縣，均無改兑米。

江西每正兑、改兑米一石加耗四斗，内二斗五升、一斗七升隨正起交；一斗五升、二斗三升隨船作耗。

浙江每正兑、改斗米，一石加耗四斗，内二斗五升、一斗七升隨正起交；一斗五升、二斗三升隨船作耗。

湖北每正兑米一石，加耗四斗，内二斗五升隨正起交，一斗五升隨船作耗。

湖南每正兑米一石，加耗四斗，内二斗五升隨正起交，一斗五升隨船作耗湖北、湖南均無改兑米。

正兑米、麥、豆，每石交倉耗米二斗五升，内除運通、運京，共耗二斗一升二合詳見倉庾，餘給運軍回空食米三升八合。改兑米、麥、豆，每石交倉耗米一斗七升，内除運通、運京，共耗一斗三升二合詳見倉庾，餘給運軍回空食米三升八合。

雍正元年奏准，各幫運弁、運軍，有在倉交剩三升八合餘米，本軍如有舊欠，照數全扣；本幫有欠，三七扣留。節年皆有舊欠。將扣留之米，

❶ 此處似有誤。應爲“内一斗五升及二斗五升不等，隨正起交”。

❷ 此處似有誤。參照前後文，似應爲“内九升、一斗四升、一斗七升隨正起交”。

按年分交銷。如願賣與別幫抵欠，即於册内開晰米數。如抵賣之外，再有餘剩，秔米每石作價七錢，稄米每石六錢，粟米每石五錢，動用茶果銀給與運軍，顆粒不許出倉。如茶果銀不敷，即於通濟庫銀内，動用給發。所有餘米，通行留倉作正支放。

四年題准，運軍應得餘米，或本幫有欠抵補，本幫或別幫有欠賣補，別幫賣抵之外，仍有餘米，准令經紀車户買抵掣欠。至尾幫，有願赴坐糧廳領價者，仍照例給發。

乾隆三年題准，各省糧船抵通起卸，如有不足，不准買餘米抵補，即照例叅處著賠。其失風、失火等船，一時沉失，事出意外，准其照例買抵。

七年奏准，漕船抵通起卸完日，驗明飯米闕乏之幫，將應得每石三升八合餘米，三分交倉給銀，七分給米，以濟回空之用。

一、隨漕輕齎易銀

每正兑米一石，山東、河南又徵耗米一斗六升，謂之“一六輕齎”；江蘇、安徽二斗六升，謂之“二六輕齎”；江西、浙江、湖北、湖南三斗六升，謂之“三六輕齎”。每斗折徵銀五分。又，江蘇、安徽、江西、浙江每改兑米一石，又徵耗米二升，謂之“二升易米折銀”，每升折徵銀五釐，均解倉場通濟庫。山東、河南並江蘇徐州府屬之銅山、豐、沛、蕭、碭山五縣，改兑米均無易米折銀之項。各省漕船到通，除山東、河南路近，不給篕夫銀外，其江蘇、安徽、江西、浙江、湖北、湖南六省漕糧，按實過壩正米覈算，每石給篕夫銀一分。又按到通漕船實數，山東、河南每船給羡餘銀一兩；江蘇、安徽每船二兩；江西、浙江、湖北、湖南每船四兩。凡有挂欠漕糧者，按所欠米數，以通幫篕、羡銀均派，扣除其中塗失風、漂没損壞不到通者，按船扣除。

順治十七年題准，應給篕夫、羡餘銀，務令運官親到坐糧廳，唱名給發。如有買照代領情弊，即行叅究。

康熙五年議准，輕齎等銀，例應先漕解通，以濟運務。令各省巡撫就近督催糧道，依期完解。如有遲誤，聽倉場侍郎題叅。

四十七年題准，嗣後各省額解輕齎銀，山東、河南、湖廣、江西、浙江五省，及江南江安糧道所屬，解貯通濟庫應用，蘇松糧道所屬輕齎銀解交部庫。如倉場不敷，應用咨部支發。

六十年題准，蘇松糧道所屬額解部庫之輕齎銀十有三萬兩，仍分撥五萬兩解通濟庫備用，其餘均解部庫。

乾隆二年奏准，江西漕船，每船例給羡餘銀四兩。惟九江前後兩幫，從前運送京口糧船，並不到通，向照江蘇之例，每船止給羨餘銀二兩。今既運通交卸，照依該省定例，每船給銀四兩。

三年議准，江浙二省白糧改徵漕糧。每年到通之時，簹羨脚抗等項，悉照漕糧例辦理。

又咨准，山東自備船，應領簹羨等銀，於具領之日，坐糧廳設一印票，填明銀數，連銀封固給發。回衛時，將銀票並呈各衛所驗明，按名勻給，仍取具領狀，與原發印票一同申繳，送部察覈。如有侵扣、隱蝕，詳革究追。

又咨准，買補及雇募船，停給簹羨等銀。其山東運軍自備雇募船，與各省風火失事買補雇募不同，仍准照舊，給與羨餘等銀。

五年覆准，湖南起解輕齎銀需用盤費等項，向於該省公捐備用銀内給發。今公捐停止，應將起解輕齎需用盤費等項，於地丁額編解費銀内動給。

九年奏准，欠米漕船，例將副軍回空，食米起作正項，回空未多拮据。嗣後，將運軍應得簹羨等銀，全給副軍，以資回空之費。如運軍不能交納，茶果行南比追，於次年附解交通。

十年咨准，簹羨餘米等銀，例繫按照到通船數、米數覈給，其中塗截留漕船，槩不准支，至抵壩之後派撥。轉運各船應交茶果銀。又經照數交納通濟庫，其簹羨餘米等銀，准照到通之例辦理。

一、隨漕席木板竹

每正、改兑漕糧二石，山東、河南徵長席一領，縱六尺四寸、廣三尺六寸。江蘇、安徽、江西、浙江、湖北、湖南徵方席一領，縱廣皆四尺八寸。其應改折色者，每領徵銀一分。應解本色者，山東、河南及江安糧道所屬各府州屬，均徵本色席片，給運軍解交。蘇松糧道所屬各府州並江西、浙江、湖北、湖南，均徵銀給運軍辦買，赴通交納。

江安糧道所屬之安、寧、池、太各府，蘇松糧道所屬之蘇、松、常、鎮、太倉州，江西、浙江、湖北、湖南，每正兑正米二千石，徵楞木一根，長一丈四尺九寸、圍圓二尺五分。松板九片，濶一尺三寸五分，厚五寸五分。其改徵折色者，每楞木一根，徵銀五錢至五錢五分；松板一片，徵銀四錢至四錢五分各不等。山東、河南及江安糧道所屬之廬、鳳、淮、揚、徐、潁各府，六安、泗、海、通各州正兑改兑米，均不徵楞木松板。

江蘇、安徽、江西、浙江、湖北、湖南糧艘到通，每船帶大竹一根、中竹三根。蘇松糧道所屬各府州，大竹長二丈一二尺，圍圓一尺一二寸，每根價銀二錢四分；中竹長一丈一二尺，圍圓六七寸，每根價銀一錢二分。

江安糧道所屬安、寧、池、太、淮五府，廣、泗二州，大竹長三丈五尺，圍圓一尺八寸至長一丈二尺，圍圓八寸，每根價銀一錢五六分至五六分不等；中竹長一丈六七尺，圍圓一尺二寸至長一丈，圍圓四寸，每根價銀一錢二分至八釐不等。江寧府及海、通二州，毛竹向無定價，悉照時價造報。江西大竹長二丈，中徑五寸，每根價銀六分；中竹長一丈二尺，中徑二寸，每根價銀五分。湖北、湖南大竹長二丈，中徑五寸，每根價銀：湖北一錢，湖南九分；中竹長一丈二尺，中徑二寸，每根價銀：湖北八分，湖南六分。

順治十三年題准，各省隨漕帶運本色席片、板木，倉場侍郎覈明，隨糧完欠造册，按年奏銷。

又題准，席片、板木，各有長短、濶狹尺寸，隨糧解交，務照定式，不許短少、充數，亦不得濫收、濫罰，致滋弊竇。

十五年題准，楞木、松板，向解交京糧廳收納，今京糧廳既裁，改歸大通橋監督交納。

又題准，正兑米例進京倉，應解楞木、松板，改撥通倉。即照改通米數，扣留板木，以供鋪墊，或有河兑其板木，仍於大通橋交納。

十七年題准，席片、板木，以供倉厫鋪墊。如運弁挂欠不完，總漕倉場侍郎限年追補。雖漕糧全完，不准議叙。

康熙二十五年題准，各省應徵隨糧席片，舊例縏三分本色，七分折色。嗣後，將三分本色内，再改折五釐。

雍正四年題准，各省應徵楞木、松板，舊例縏三分本色，七分折色。江安、寧、池、太各府屬，將應徵本色，徵給運軍。蘇、松、常、鎮四府，太倉一州，浙江、江西、湖北、湖南各府州屬，將應徵本色，徵銀給運軍辦交。嗣後，將松板全解本色，楞木改徵松板，亦全解本色。

八年諭："向因鋪墊倉厫，需用松板，令各省糧船隨帶到倉交納。續經該部議定，産木之省如江西、湖廣及江安糧道所屬地方，則全解十分本色；其不産木之浙江、蘇、松等屬，則解三分本色，七分折色。此便民利用之意也。乃朕聞該地方所交三分本色，亦於抵通之時，始行採辦，以至通州木商與胥役勾通包攬，每板一片用銀至二兩餘，或一兩七八錢不等，較折色之數多至四五倍。運軍不免苦累。今京通各倉一年支放俸米、兵米、空出厫座，應鋪墊百五十餘座。其湖廣、江西、安徽三省所解松板已足備用。即有應需採辦者，諒亦無多。所有不産木之浙江及蘇、松等屬，應解三分本色松板二千五百四十片，著改徵折色。令各該糧道彙解通濟庫，以備採辦之用。其湖廣、江西、安徽等處，全解十分本色者，著倉場侍郎嚴加稽察，不許收板官吏勒索使費。竢各倉厫鋪墊完日，將應徵本色若干，具奏請旨。欽此。”

又奏准，山東、河南二省派徵長席；江南、江西、浙江、湖廣，派徵方席，每米二石徵席一領。以二分五釐徵本色，付運軍交倉；以七分五釐徵折色起解。其應交本色席片，均以茶席二領作爲長席，方席一領見今遵行。但各倉所用席，每年多有餘剩，自當酌量裁減。以一分七釐扣算，徵收本色起運，其所減八釐，歸入折色之内，總以八分三釐計算，徵收折色附解。

十二年奏准，江南、江西、浙江、湖廣各省糧船運通舊例，每船運軍自備大竹二根、中竹十根，解交各倉，編造氣筩。嗣後，每船大竹仍帶二根，中竹減去四根，止帶六根。

乾隆二年奏准，每船再減中竹二根，止帶大竹二根，中竹四根，給以價直，於各道庫先期給發，以便採辦。

三年奏准，糧船隨帶席板、毛竹，向例於抵通交米後，雇車運送到倉，經由大通橋察驗。各軍雇費艱難，應令各幫於起米之後，將板木、席、竹，在東嶽廟堆卸，坐糧廳督令經紀雇車，改從陸路運送，由石道至朝陽門，不由大通橋經過監督，於朝陽門隨到隨驗。進倉中塗遺失、短少，責令經紀賠補。仍嚴禁經紀不得藉端勒索。其應投橋倉文册，各弁軍竢經紀知照、起車之日，自赴投遞掣獲倉收。

五年奏准，江南江、安各屬隨漕席片，例繫州縣備辦本色交軍。因各州縣從前私自折交，以致運軍藉端勒索。嗣後，辦交本色，毋許折銀，運軍毋得勒索，倘有前弊，嚴行条究。

六年奏准，見存木板，足敷四五年之用，似當酌量停減。江西、湖廣産木之鄉，每年應徵之數，改徵折色一半。其江、安所屬，每年應解松板，全數改徵折色，彙解通濟庫。竢將來别有需用，隨時酌辦。

又奏准，毛竹逐歲陳積，不無朽裂，應再減二根。每船各帶大竹一根，中竹三根。

十二年議准，河南省隨漕應辦一分七釐本色席片，向無徵款，繫運軍自辦交倉。今酌定，席交本色。席銀於節省耗羡銀内動支，隨漕交軍，赴通交納。

一、官軍行月

山東、河南領運千總，於俸廪外兼支行糧二石四斗。運軍每名行糧二石四斗，月糧九石六斗。江南蘇松糧道所屬之蘇州、太倉、鎮海、金山、松江五衛千總，不支行糧。運軍每名行糧三石，月糧九石六斗。鎮江衛千總不支行糧。運軍每名行糧二石九斗七升五合，月糧九石五斗四合。江安糧道所屬之江淮興武、泗州等衛並廬州衛二幫、三幫，大河衛二幫、三幫，揚州衛頭幫、儀徵幫領運千總，於俸廪外並支行糧三石。運軍每名行糧三石，月糧十有二石。安慶、新安、宣州、建陽、宿州、鳳陽、長淮、淮安、滁州、徐州並廬州衛頭幫，大河衛前幫，揚州衛二幫、三幫、四幫領運千總，於俸廪外各照本衛兼支行糧。運軍每名行糧二石四斗、二石六斗、二石八斗、三石不等，月糧八石、九石、九石九斗、十有二石不等。浙江各衛千總，於俸廪外兼支行糧三石。運軍每名行糧三石，月糧九石六斗。以上均本折各半。江西各衛千總，於俸廪外兼支行糧三石。運軍每名行糧三石，月糧九石六斗。湖北、湖南各衛千總，於俸廪外兼支行糧三石。運軍每名行糧三石，月糧九石六斗。以上均折銀徵給。

順治初年定，直隸通、津等衛，今改通、津所，協運豫省漕糧。通州所月糧，向繫部撥本色，今半本在中南倉支給，半折每石折價八錢，赴坐糧廳支領。天津所月糧向在天津倉全支本色，今改在河南糧道本折均平支給。

三年議准，行、月二糧，載入全單，務同漕糧並兑。如正糧已完，而行月不給者，官以誤漕糸處，吏以侵剋究罪。

九年題准，額徵南屯二米，原編給運軍安家月糧。順治二年，因兵馬雲集，漕運未定，將南糧改充兵餉。今漕運復舊，月糧失額，應將漕項歸漕。南米先盡支給運軍，餘剩米留充該省兵米。

十年題准，官軍行糧，務派見兑。水次不足，方派貼鄰。州縣運船一到，如數給發。如有違誤、過期及遠派隔府隔縣者，總漕題糸重處。

十一年恩詔："運糧官軍月糧，各地方本折不等，多有偏枯之弊。著漕督通行籌酌，具奏。務令本折均平，以邺運軍。欽此。"

十二年題准，運軍行月糧，向例扣除三月，折銀解京，以防挂欠。嗣後，將全數給軍，毋得扣留、短發，致累弁軍。

又題准，浙江行糧舊例全支本色，派於杭、嘉、湖三府屬。月糧本折不等，派於通省十一府。今本折均平，除半本照支外，折色行糧，每石定價一兩二錢。折色月糧，每石定價一兩。

十三年題准，山東衛所行月舊例，原繫全支本色。今本折均平，兖、濟二屬仍於舊編州縣，本折均派各半。東昌三衛原編本色仍歸漕用，折色銀内每石定價八錢。河南領運官軍，例繫直隸、山東、江北幫船協運，月糧向於本處地方支領；行糧於臨、德諸倉支領。惟臨清後幫、平山前後二幫行糧在於河南，全支本色。今改給本折，每石定價八錢。不敷之銀，於清理人丁銀内撥補。江南蘇州、太倉、鎮海三衛及金山、松江二衛所，舊例行糧全支本色，月糧全支折色。今行、月二糧，改爲本折各半。蘇、鎮、太三衛，每石原折銀五錢，今半折行糧，每石一兩二錢；半折月糧，每石一兩，於屯糧充餉及軍儲扣充兵局二糧内湊支。金、松二衛所，每石原折銀一兩，今半折行糧，每石一兩一錢，減米徵銀；半折月糧，照依原折，每石一兩，編徵支給。鎮江衛舊例行糧全支本色，月糧全支麥折，每石原折銀三錢五分。今行、月二糧，改爲本折各半。半折行糧，每石八錢，減米徵銀；半折月糧，每石酌改五錢，編徵支給。安徽寧、太四府所屬安慶、新安、宣州、建陽四衛，舊例行、月本折不等。今本折均平。行糧每石折銀一兩二錢，月糧每石折銀一兩。安慶衛行、月本色，除將萬億、安糧二項盡數支給，不敷之米，於懷寧、桐城等縣南糧米内找支。行、月折色，除撥給屯糧、操餉、新墾等銀，尚不敷銀於皖屬縣、衛成熟田地編徵。新安、宣州、建陽三衛，一半本色，在原派徽、寧、太三府屬南米内支給，不敷折色，亦於民屯田畝内扣徵。淮安、大河、邳州、泗州等衛，舊例行糧坐派淮倉，月糧在於濟漕四税及屯糧内支給，均繫全支折色。今行糧於解倉折色内，分出半本半折。月糧原在屯糧支給者，照例改爲半本，其在四税項下應支半本。每石給銀八錢，於各衛所減存銀内通融支給，半折仍照舊額支給。壽州衛改并長淮衛，武平衛改并宿州衛，行糧坐派徐州倉、德州倉支領，月糧坐派鳳、常二府屬，並江安道庫及所屬鳳倉項下支領。舊例全繫折色，今改徵一半本色，其一半折色，原繫三、四、五錢者，仍舊支領。江寧衛行糧，舊例全支本色，月糧本折各半，折色每石五錢。今本折均平，除一半本色照支，其一半折色，行糧每石折銀一兩二錢，月糧每石折銀一兩。江西行、月，向例全支折色，行糧每石折銀五錢，月糧每石折銀四錢。今不分本折，每石增銀一錢。行糧改給六錢，月糧改給五錢，於過湖屯糧倉米等項銀内裒增。

又題准，江南上江各府所派本色月糧，照依時價徵銀，赴省買米給軍。

十五年題准，江西加增不敷，行、月無款可動。每船原設一軍九散、十散、十一散者，槩作一軍九散，即以扣除軍散行月，抵補加增。尚不敷加增銀，於屯田耔粒内，每石加增銀一錢，以敷支給。

又題准，江南揚州府屬各衛幫，行糧坐派淮倉，向繫全支折色，每石折銀四錢。月糧繫在揚屬並蘇、松、常、鎮協濟米折銀内動支，每石徵銀六錢，三錢給運軍，三錢給操軍。今行糧於淮倉項下改徵半本，月糧於原給運軍三錢之内分出半本半折。本色月糧額派蘇、松、鎮三屬並揚、通二屬支領。折色月糧額派蘇、松者，聽蘇松糧道派給。其派鎮、揚、通三屬者，解江安糧道支給。

又題准，浙江行、月二糧，本折各半。除行糧每石一兩二錢，已足支用外，月糧每石原議一兩之内，扣補兵餉三錢，仍給運軍七錢。

又題准，山東衛所本、折、行、月，酌量地方遠近派徵。所有原編本色麥米之歷城等二十五處，並原編折色麥米之濟陽等二十六處，均繫臨河州縣，一例派徵本色給軍。其原編折色之鄒平等十一處，又原無額編漕項之新泰等十三處，皆離水次窵遠，照例派徵折色，每石折價八錢。

又題准，運軍月糧，遇閏之年，按月本折均平支給。

十八年題准，江寧衛月糧每石扣銀三錢，給銀七錢。其加增折色銀，於嘉定等縣漕折加徵，並草場苜宿裁省工食銀内支給。

康熙五年題准，江西漕船闕額，一時不能補足，勢必雇船裝運，每石給銀四錢。今軍船於原派一錢之外，加載糧米，照給行月，每石止給銀一錢六分五釐，較雇船水脚節省甚多，實屬經久可行。

七年咨准，徐州衛河南幫，今分徐州衛河南前後二幫，協運河南漕糧。行、月二糧，向在徐倉支給，行糧折色，每石四錢；月糧折色，每石三錢。今行月折色，每石應改折銀八錢。

九年議准，河南應解臨清、德州二倉運軍行、月，改解糧道衙門，隨糧支放。所有德左、任城、平山、天津等幫行、月二糧，及通州幫行糧，均改赴河南糧道，照依本折兼支。其臨清衛一半行、月糧，仍在臨清倉支給。江北各幫行、月二糧，仍在淮、徐、鳳三倉支給。

十年題准，浙江寧、紹等八府一半月糧本色，照灰石折漕定價一兩二錢，徵給運軍。杭、嘉、湖三府屬州縣，仍徵本色支給。

十五年議准，江南壽州、武平二衛，改并長淮、宿州二衛。月糧原派河南省屬者，改歸鳳陽倉支給。

又題准，江南江寧衛行、月糧本折，統歸江安糧道管理。

十六年咨准，各省運軍月糧，遇閏一例停止。

十八年題准，山東、河南、浙江及江南江寧、鳳陽等衛，運軍月糧遇閏照例支給。

二十一年題准，行、月糧務當堂按名支給。若不照數給發，糧道揭報，漕運總督指名題条。

二十四年題准，臨清倉額徵米、麥，除將臨清、濟寧二處，仍徵本色，其餘米、麥折徵解倉。運軍月糧將麥折銀支給。

二十五年咨准，蘇、松等衛閏月錢糧，乃計口授食，全書額編之款，各軍春出冬回，多此一月，難以枵腹。此項閏月月糧應仍准支給。

又題准，各省運軍，名數參差不齊。江浙二省，每船十一二軍不等，應畫一裁扣。每船槩以十軍配運，按名支給行、月。

二十六年議准，山東德州等衛，自雇民船裝運漕糧，應領行、月糧均照軍船支給。

又題准，山東濟、兖二屬，額解德州常、豐二倉本色米，就近兑支。各營兵米、衛所行月，在額解德州倉麥内動支。

二十七年題准，江南行、月減存等項錢糧，舊例解貯淮庫。嗣後，照山東、江西、浙江、湖廣之例，徑解蘇、松、江安糧道支用。餘者解部。

二十八年題准，江南江寧衛應支一半本色月糧，内有徽、寧、池、滁、廣和等府州縣不通水道，每石折徵銀八錢，解交道庫支給。

又題准，行、月等項錢糧，設立易知小單，列明應給各數，每軍各給一張。如有官役扣剋需索，許本軍於單内開明情由，於過淮時陳控審實，題条治罪。

三十年題准，徐、鳳、淮三倉米、麥、豆照漕折例折徵，米每石折銀九錢，麥每石折銀五錢。各衛幫有於三倉應支全色米麥者，均照折徵定價，於江安糧道庫支給。

三十一年咨准，江南江、興二衛各幫運軍應支行、月銀米，原繫計口授食，遇有閏月，於減存銀米内給發，與他省、他衛不同。所有三十年閏七月銀米，准於減存銀米内動給。

三十三年題准，行、月二糧，均繫冬兑時給發。各軍料理運務，勢難分赴支領。令將一幫行、月，就近歸於一處給發。

三十四年題准，安慶衛運軍舊例繫按漕用軍，按名派給行、月，原與别衛不同。二十五年畫一裁減，每船只用十軍，則倍載漕糧，理應按糧計船，補造足額，與其徒費帑金，以充漕造，莫若循照舊章，實爲節省。嗣後，應仍准其按糧支給。

又議准，江西闕額漕船，原撥江南減船協運，仍支江南行、月錢糧，嗣將江南協船停運，原運米於江西軍船加增載運，亦應按米計算。每石給銀一錢六分五釐，永爲定例。

四十一年題准，江南江淮、興武二衛，無贍運屯田。原減駕軍二名，准其照舊復設。

雍正元年覆准，各省運船到次，本色行月定限三日内，照額給發。折色銀解道驗明，一半給軍開船，一半封固。糧道隨帶到淮，總漕監發各軍收領。如本色給發愆期，折色解送遲延，照誤漕例題条議處。

二年題准，隨漕行月銀，由衛守備出具印領，交與領運千總加具戳記，赴道投遞，照額給發。仍取該衛並無豫借印結，申送總漕察覆。

又題准，各省漕船停運，舊例月糧全給運軍。嗣後減半給發。

四年議准，江南徐州幫協運河南，百有六船，分爲前後兩幫派定。前幫在江南支行糧二十船，在河南支行糧三十三船；後幫在江南支行糧二十一船，在河南支行糧三十二船。

五年題准，運軍月糧，山東、浙江、蘇、松所屬之蘇、太等衛，遇閏各有額編加徵銀。江安所屬江興等衛，無額編加徵銀，遇閏之年，於道庫減存銀内動支。江西、湖北、湖南槩按出運船米數目支給，並無加增。河南亦無額編加徵銀，遇閏之年，向來均照山東等省一例支給。康熙五十四年以後，經部駁追。嗣後，仍准照例支銷。

六年題准，運船減歇，給與一半月糧。民船減歇，減半之中，再減半支給。

十年議准，上下兩江，每年應徵行、月糧定限十月内完鮮十分之六。解不足數，州縣官罰俸六月，勒限三月催完。如仍徵解不全，再行咨条，罰俸一年。

十二年議准，宿州二幫，每船加增本折行糧二石，月糧二十四石。行糧在德州請支；月糧在江安糧道庫鳳倉項下支給。

十三年咨准，江南徐州幫協運河南糧船，因該幫運軍有正衛、并衛之别，每年兩幫找算分給不清。應將徐州前幫内派四十一船在江安支領行糧。其餘十二船，並後幫五十三船，均在豫省支領行糧。

又題准，江南淮、揚、海、邳各府州屬慶徵月糧例於次年徵解。各幫例應本年支領，向在道庫減存銀内通融給發。其太平、廬州等府州屬，豫徵行月糧，應照淮屬，於起運之年開徵。先於道庫減存銀内動給，按年徵解還項。

乾隆元年題准，各省停運漕船，應給減半月糧，均應酌定款項，支本支折，庶免辦理参差。湖北、湖南本折各半折色，照該省定價，每石折銀四錢，於漕項内支給。本色於減存、貼贈二耗米内動支。倘無本色米可支，即照該省定價四錢折給。

四年奏准，湖北、湖南行月本折，每石向折價四錢，因該省爲産米之鄉，當年米價平賤，是以定價較少。近年該省米價迥非昔比，一槩折給四錢，實屬偏枯。嗣後，將一半折色仍照舊例折給；其一半本色，照兵糧例，湖北每石七錢，湖南每石六錢，於解道隨漕銀内支給。

又題准，浙江本色行糧，照出運船數，每船給食米十有五石外，其餘支剩之米，每石折銀一兩二錢解部，向均隨漕十月開徵。嗣後將應支本色行糧，照常年出運船數，隨漕開徵。其餘支剩折色銀，并入地漕，二月統徵。設遇出運增船一隻，於折色銀内，支銀十有八兩，買米給軍；減船一隻，於本色米内，支米十有五石，易銀彙解。

五年題准，各省漕船，每至回空，資斧闕乏，不能及時抵次，有誤新漕。應令江、浙、江、廣等省，於解淮驗給一半行、月糧内，多者扣留三分之一，少者扣銀八兩，令各糧道另封。於過淮時，送總漕驗發，運弁及隨弁收受。竢抵通交糧後，給發各軍，以資回空之用。山東扣銀三十兩，封交運官，沿途遇有支用之處，禀明支用；河南扣銀十兩，以作回空之資。

六年題准，江南揚州衛頭幫、儀徵衛幫，向在蘇屬實徵揚倉項下，找支月糧銀米，爲數不敷支給。大河衛二三幫、淮安衛頭二幫、泗洲衛、長淮衛各幫，向在常鎮二屬實徵揚鎮等倉項下，找支行月銀米。除支給外，每年存剩數目，盡數支給前項本折。應將各幫統歸蘇松糧道一處支給。至大河衛前幫，及輪兑淮糧一幫、揚州衛二三四幫，既兑淮揚二屬漕糧，應支行月本折，應統歸江安糧道，於額編減存銀淮屬山、鹽、阜三縣實徵月糧米、夏麥改米，揚通二屬實徵月糧米、並淮屬餘存米内，通融撥給。其餘各幫本折行月，均照舊例遵行。江安糧道、協運蘇松道白糧負重銀，例繫蘇松糧道支給。至協運漕糧負重銀，轉赴江安糧道支領，例未畫一。應將協運蘇松漕船負重銀統歸蘇松糧道，於減存項下照數給發。江安糧道毋庸按數解交，徑造入季報册内，送部酌撥。

又議准，江南江寧衛各幫，分運江寧及蘇松等屬漕米，行糧、月糧向繫江安、蘇松兩糧道互相派給。應將兑運江屬漕糧，行、月、安家加給、折色等項，歸江安糧道派給。其兑運蘇、松、常、鎮漕糧，每船安家月糧四十八石、豫支月糧銀三十六兩，原在上江州縣屯衛屯糧及租銀裁扣内動支，亦應歸江安糧道派給。惟行糧並水手米，共四十二石，加給行月折色銀，共三十六兩，既在蘇、松、常、鎮四府南糧，及嘉定等縣加漕内動支，應歸蘇松糧道派給。總以兑糧州縣水次就近，派支不敷，方於鄰邑協發。

又題准，江南江、安、宿、鳳、長、徐等衛月糧，例在徐、鳳、淮三倉全支折色外，其江淮、興武、安慶、新安、宣州、建陽等衛幫，廬州衛頭二三幫，長淮衛三四兩幫，宿州衛頭幫，揚州衛頭二三四幫，儀徵衛幫，滁州衛蘇州幫，凡遇截留停運船，應支減半月糧，照例本折均平，分別支給。倘再將給軍本色動款折銀，應徵本色，易銀解道，照例題条。如因災緩停運，所需減船，半本月糧不敷支給，將上年額徵行月餘剩米，通融撥補。竢下年照數徵收還項。江蘇各衛幫截留停運船，應給減半月糧，本折均支。浙江停運漕船，應支減半月糧。寧紹等八府幫船，並無本色，仍照舊例支給折色。杭、嘉、湖三府，本折各半，均平支發。江西並無本色，遇有截留停運漕船，按裝載一淺計算，於月糧内減半，給銀二十四兩。山東遇有停運減歇之年，淺船減半，月糧自備；丁船四分之一，月糧本折均平覈給。如本年隨漕米遇災減緩，照江安餘剩米内動支之款一例辦理。

七年題准，各省停運漕船，應給減半月糧，定例由總漕覈明應給之數，具題户部覈明覆准，然後給發。乃各省相沿有請先給後題者。嗣後，仍照舊例辦理。

又題准，各省帶運緩漕負重銀，例與行、月等項一同支給。惟山東向來先題後給。嗣後，照行月之例，及時支給，造入奏銷具題。

九年奏准，淮放銀，除重運二分，發交運弁散給各軍外，其回空一分，即交督運之同知、通判等官，收帶到通，於各幫起米後，面同隨幫散給各軍。仍將給過日期，在倉場等衙門報覈。

又奏准，淮放扣留回空銀，交督運同知、通判，收帶到通，散給各幫，事屬難行。嗣後，令總漕交與領運、隨幫二弁收帶，竢漕船抵通之日，報明坐糧廳，於驗米時，按船照數給發。仍將給銀日期報部察覈。倘有先行給軍，及沿塗私自那[1]移者，倉場侍郎察明題条。

十一年議准，江西淮放銀，交押運丞、倅帶至淮安驗放。江安、蘇松、浙江淮放銀，令糧道兑准，封給領運千總，齎解赴淮，呈報總漕驗給。

十三年議准，江南江、興二衛，截減漕船應得行、月銀米，分給存運各船。每船加給行、月米七石二斗七升九合，銀十有一兩三分三釐九毫。

又議准，滁州衛蘇州幫行、月米，舊在六安州屬支領米七百二十三石五斗有奇。因水陸遠道難支，將江興三八兩幫裁船行、月米六百五十二石三斗二升，撥抵該幫，行、月不敷米七十餘石，於附近州縣額徵減存米内撥補。

---

[1] “那”同“挪”。

一、贈貼銀米

各省漕糧，舊繫軍民交兑，運軍需索，多爲民累。後改爲官收官兑，因酌定贈貼，隨漕徵給，各省名目不同、多寡不一。山東、河南謂之“潤耗”，江蘇、安徽謂之“漕贈”，浙江謂之“漕截”，江西、湖北、湖南謂之“貼運”。山東、河南及江安糧道所屬，每米百石，徵給銀五兩、米五石；蘇松糧道所屬，每米百石，徵銀十兩、米五石；浙江每石徵銀三錢四分七釐；江西每石徵銀三分、徵米三升、又徵給副耗米一斗三升；湖北、湖南無加贈銀米，於四耗之外，加耗二升、隨糧徵給。

康熙九年題准，漕糧贈耗銀米，刊刻易知由單，隨漕徵給。催徵各官不得私派那移，違者糾条。

二十九年題准，河南漕糧向以山東等省漕船協運。自康熙二十二年改折之後，各船有徹回本省者，亦有年久沉溺，底板變價解部者，見在闕少漕船。令各軍暫行雇募裝運，給以脚價、行、月錢糧，並潤耗銀米，扣除解部。

四十六年題准，仍將潤耗銀五分、米五升，照數給軍。

乾隆元年咨准，江蘇溧陽縣漕糧，派兑江淮衛三六兩幫。每石民貼湖米三升，以爲漕船赴次駁淺修船之用。原繫舊例，勒石遵循。

三年題准，浙江杭、嘉、湖三府漕糧有貼贈一項，每石徵八九色銀三錢四分七釐，名曰“漕截”，按數給軍濟運，又每兩加耗二分。雍正八年奏明，抵給運弁養廉，例於每年十月開徵，勒限兩月全完，爲期甚迫。今酌定，正耗通扣，攤算總計。正耗一兩以九錢八分給軍，以二分解司爲運弁養廉。每年於二月徵收，秋後先盡漕截，九八折浄之數，以紋銀給發。倘有額外加耗及闕誤、扣剋情弊，即行揭条。

又題准，浙省漕糧項下有灰石一項，白糧項下有食米折銀一項，向繫解道，同漕截並徵。今漕截正耗統徵，分解並改期開徵。嗣後亦同漕截一同派徵，將灰石及食米折銀徵收足色，解部。其耗羨并入地漕項下解司。

四年題准，江南上下兩江額徵漕糧，漕項外有漕費銀米一項，乃里民願輸以爲州縣修倉，及運軍募雇擔夫、駁船之用。今酌定，上江漕米每石收耗米一斗，以五升給軍，以五升留給州縣。下江漕米每石收銀六分，折錢五十二文，以二十七文給軍，二十五文留給州縣。外收水脚錢五文，水次離倉遠者，每十里加錢二文。其餘陋規盡行革除。責令監兑各官嚴察，如運軍額外需索，即計贓以枉法論。州縣額外多收，照因公科斂律治罪。

又題准，江南江蘇所屬錢價增長，漕費錢每石減去六文，止收錢四十六文。以二十四文給軍，二十二文留縣。槩令州縣隨時出易，毋得堆積，至兑漕時，將銀給軍。以三分爲率，有餘不足統於留縣銀内通融，酌補錢價消長無常。督撫隨時損益辦理。

七年諭："前據漕運總督奏，江南漕米耗贈請免停支一案，朕交大學士會同該部議奏。前據議稱，停支之例相沿有年，應仍照浙省之例辦理。今該督摺奏浙江與江南情事不同。江省此項，始以軍興而議裁，繼以欠糧而議復。自復之後三十餘年，見在全支尚多拮据。若行裁減，則軍力既絀，轉運維難等語。運軍輓運辦公，朕所軫念。此漕耗一項，既有積年支領之成規，著照舊支領，永免停支，俾軍力寬紓，轉漕無誤。他省亦不得援以爲例。欽此。"

又題准，江南上江灊山等二十州縣，離次遥遠，漕米輓運維艱，需費浩繁。向於酌定漕費米外，每石加收水脚銀二三分至五六分、錢十餘文至四十餘文不等。定遠縣收錢百文，准其照舊徵收。

又題准，浙省漕糧改兑米，應支漕截銀，例應按照抵壩起交，一七米數給發。因該省誤照正兑之例，按照二五之數支給。今改正，照一七之數支給。

又題准，漕截銀每兩止應徵大耗二分，白糧項下，每完糙米一斗，應徵耗米三升，向繫攤算應徵數内徵收。嗣因各項銀米歸於地丁統徵分解，内有將耗銀、耗米，照依地丁一例徵耗者。應令有漕各屬，於隔歲年終，刊刻易知由單，地丁加耗若干，白糧加耗若干，漕截加耗若干，其有均攤、匀扣，於單内逐一注明。該户照單完納。如有多派、私折等弊，立即嚴条，從重治罪。

八年題准，各省收漕州縣，除徵給隨正耗米並運軍行糧、月糧、本折漕贈等項銀米之外，别收漕耗銀米一項。河南每正糧一石收漕耗米一斗五升，内津貼運軍運費銀三分、米二升，其餘留爲州縣兑漕雜費。山東每正糧一石，收漕耗米一斗五升，内津貼運軍運費銀三分、米二升，又别給領運隨幫官盤費銀六釐，其餘留爲州縣，幫補運米不敷脚價之用。蘇松糧道所屬，每正糧一石，收漕費錢五十二文，以二十七文給軍，二十五文留爲州縣修倉鋪墊飯食。又外收水脚錢五文，以爲自倉擔駁上船之用。江安糧道所屬，每正糧一石，收漕耗米一斗，内以五升給軍，五升留爲修倉鋪墊飯食之用。江西每正糧一石，津貼州縣脚耗銀三分九釐六毫、米七勺六抄，協濟運軍銀一分三釐七毫。浙江起運漕糧，正耗之外，杭、嘉、湖三府，有鋪倉駁運等費。每正糧一石，收漕費錢八文至二十一文不等。白糧每石收取置備米袋錢五十文。湖北每正糧一石，收漕耗米七升、漕費銀七分。湖南每正糧一石，收漕耗米六升、漕費銀自五分至一錢三四分不等。皆給發官軍，爲一應辦公之用。此項若遽議裁革，非但運軍無以濟運，勢必更啟勒索之端。即州縣修倉鋪墊無項可動，亦必藉辦公名色，暗派浮收，轉滋弊竇。應令因時調劑，無濫無苛，照舊遵循辦理。

十年題准，州縣遇有蠲免地丁之年，將蠲免地丁錢糧内應徵漕項，每畝若干逐細覈明列款，開入易知單内，照數徵收。

又題准，各省漕耗銀米，如遇截留之年，隨正徵收，分别支解。如遇折徵之年，該督撫因時調劑徵收，以資辦公。

十六年奏准，浙省杭、嘉、湖三府徵收漕糧，原定漕費每石收錢自八文至二十一文不等，不敷辦公之用。應仿照江省之例，酌量加增。嗣後仁和、錢塘、海寧、富陽、餘杭、安吉、歸安、烏程、長興、德清、武康等十一州縣，加收錢二十文。嘉興、秀水、嘉善、海鹽、平湖、石門、桐鄉等七縣，加收錢三十文，均於原定脚費錢之外分别加增。以上隨漕輕齎、蓆片、板木、行月、漕贈等項，山東徵銀九萬九百三十三兩四錢六分九釐、米四萬六千三百七十二石三斗三升六合，各有奇。

河南徵銀四萬五千八百三十九兩四錢五分八釐、米二萬三千六十九石四斗三升二合，各有奇。

江蘇徵銀四十三萬九千六百六十八兩五錢二分五釐、米十有六萬五千一百六十一石七斗五合，各有奇。

安徽徵銀二十六萬一千三百三十八兩二錢一分七釐、米十有九萬二千六百七十二石二斗五合、麥萬九千六百八十二石八斗五升九合、豆五百三十二石八斗五升三合，各有奇。

江西徵銀二十一萬千二百八十五兩七錢四分二釐、米十萬九千百五十九石三斗八升六合，各有奇。

浙江徵銀六十九萬五千七百六十三兩八錢三分一釐、米四萬三千四百二十石九斗九升，各有奇。

湖北徵銀四萬八千八百五十八兩八錢六分三釐、米萬八千九百二十一石二斗三升六合，各有奇。

湖南徵銀三萬五千八百二十一兩六分一釐、米萬九千九十九石四斗七升六合，各有奇。

以上各省實徵隨漕銀一百八十二萬九千一百九兩一錢六分六釐、米六十一萬七千八百七十六石七斗六升六合、麥萬九千六百八十二石八斗五升九合、豆五百三十二石八斗五升三合，各有奇。除給運弁、運軍並解通濟庫，爲運送京通各倉脚價之用，餘均造入撥册，送部酌撥。

一、水次六倉徵收銀米

山東德州倉徵銀六萬六千九兩七錢五分、米二萬五千七百二十二石七斗五合，各有奇。

臨清倉徵銀八萬三千七百二十五兩九錢二分二釐、米三千十有六石七斗三升八合，各有奇。

江南淮安倉徵銀萬三千一百八十六兩五錢一分、米二千五百七十一石五升九合、麥二萬五千一百石八斗二升四合，各有奇。

徐州倉徵銀二萬一千五百十有六兩五錢六分七釐、麥萬五千六百三十九石九斗五升九合、豆四千三十七石四斗一升六合，各有奇。

鳳陽倉徵銀七萬九千一百八十七兩九錢八分七釐、米萬一千七百七十石四升三合、麥萬三千六百四十二石八斗三升四合，各有奇。

江寧倉徵米二萬九千一百六十六石四升七合有奇。

以上六倉，實徵銀二十六萬三千六百二十六兩七錢三分六釐、米七萬二千二百四十六石五斗九升二合、麥五萬四千三百八十三石六斗一升七合、豆四千三十七石四斗一升六合，各有奇。除補給運弁、運軍沿塗行、月等項之用，餘均造入撥册，送部酌撥。

一、白糧耗米

蘇松糧道所屬，每白糧一石加耗三斗，以五升、三升隨正米起交，交内倉、通倉加耗五升，交光禄寺加耗三升。二斗五升、二斗七升隨船作耗，共耗米二萬八百三十四石一斗有奇。

浙江糧道所屬，每白糧一石，加耗四斗，以五升、三升隨正米起交，三斗五升、三斗七升隨船作耗，共耗米萬三千七百四十八石八斗五升有奇。

以上白糧實徵耗米三萬四千五百八十二石九斗五升有奇。

一、白糧經費

順治二年覆准，糧長僉解白糧，受累無窮，宜改爲官解之法。路費、脚價額派之外，不許多索民間分毫。

十二年覆准，白糧既照舊官解，從前題請加派耗米經費，加增水手夫役名數，皆應照該督所請行。蘇、松、常三府白糧，除原額正米、耗米、舂辦米三項外，每正糧一石加派耗米二斗四升、水脚添篷、提溜脚價銀一兩三錢。每船加舵夫、水手十有二名，每名給米三石。看糧夫役二名、擔運夫役二名，各照船數，一例均派。總部、協部公費、工食，就糧米多寡裒益酌定，足以供用。

康熙元年覆准，蘇、松、常三府白糧雇用民船水脚銀，編載全書，計包給發，均從米數科算，並無別設雇船私貼之項，惟至丁字沽，每石應用雇駁銀一錢二分。今漕船可直抵通，此項應裁省解部。至於額編看船糧夫，每名工食十有二兩，擔運夫每名工食七兩二錢。南北艱辛，僅充口食，難議裁減。

二年覆准，浙江白糧應照江南之例，將丁字沽雇駁銀每石一錢二分，照數減扣解部。

三年覆准，浙省民船運白，與漕船帶白費用多寡截然。可按漕帶之法，亟當舉行。其協濟船并入漕幫僉運，應支經費、行月公費、廩工等項銀米亦應於白糧加貼經費内，照數徵給。其漕運項下行月糧米裁扣解部。永著爲例。

十一年覆准，浙江白糧一項，從前嘉善屬，每正米一石，徵糙平米一石八斗。額設夫船等費，每石銀八錢。湖屬每正米一石，徵糙平米一石五斗五升。額設夫船等費，每石銀一兩五分。今經費銀已按船一例派給，並無多寡。若耗米仍照《全書》[1] 徵糙，恐運軍舂辦稽延。請兩府正項白米一石，各給白耗米四斗五升，在軍有盤駁之費、進倉之耗，在民減徵糙米，亦可抵其舂折之數。

十四年覆准，江南蘇、松、常等府白糧照浙江例，分於漕船帶運，計白糧十有五萬一千餘石。每船裝米五百石，約用船三百有二隻。每船原派行月，照支給經費銀三百三十兩八錢六分之例，共應給經費銀九萬九千九百十有九兩七錢有奇。共節省經費等銀十有三萬一千二百六十七兩八錢、米萬八百六十九石八斗有奇。

又題准，蘇、松、常等府白糧抽選漕船裝運，應用三百有二船。其三百二船之漕米，分灑於各漕船帶運，每船帶運米六十餘石，米多船重。每石給銀五分，約算每船給銀三兩。

又題准，蘇、松、常等府白糧選糧船裝運，每船議給經費銀三百三十兩有奇，繫由艡鋪墊，與備辦包索、添篙、提溜等項，均屬必需之款，應照原議給發。

十五年覆准，白糧已經倉場具題，河下兑放，改進通倉。蘇、松、常等府每船經費銀三百三十兩有奇，内除交通濟庫由艡銀四十兩外，其餘河

---

[1] “《全書》”指“《漕運全書》”，下同。

下兑放。每船覈减銀四十二兩八錢六分，改進通倉覈减銀二十二兩八錢，扣存道庫，報部充餉。

四十三年覆准，江浙二省起運白糧，照依漕幫，支給行月贈貼銀米，將經費銀槩行裁減。運白各軍應領行月，仍在合幫給發；應支贈貼銀，均於經費銀内照漕例支給。餘剩聽候彙解。各幫船竢五年運白之後更换。接運白糧抵通，照依漕糧一例交收。

四十九年覆准，運白軍船，除行月應支米六十三石，補給米三十四石三斗，每石折銀一兩二錢，於道庫減存銀内照數給發。

五十六年覆准，蘇、松、常三府白糧經費，先經民運，每船需銀七百餘兩。後於康熙十四年照浙省例，改爲漕船裝運。每船給經費銀二百九十兩有奇，爲沿途盤駁、添篙、提溜、抵通堆囤看守、交倉鋪墊等費。又給行月銀米，以爲運軍安家之費。二十七年於奏銷案内，停其支給行月。四十二年因停支行月，於經費之外，給飯米銀五十四兩。四十三年，以運漕運白，均屬一例，將經費盡裁，照漕例支給行贈[1]銀米。但浙江白糧除行月外，每石給漕截銀三錢四分七釐、飯米七升二合。江南除行月之外，每石止給贈銀一錢四分五釐，比浙江少給銀二錢二釐，應准其照浙江白糧漕截之例，每石補給銀二錢二釐，以爲沿途盤駁、堆囤、交倉鋪墊諸費，在道庫減存銀内支給。

五十七年覆准，起運白糧，每石人夫工食米七升二合。浙省見在支給。蘇、松、常等府，均有額編，多在民欠，應於原編七升二合。民欠未完米内速徵濟運。

雍正六年覆准，浙江白糧聽民自舂，於完漕後，别納零星升合，米色終難純一。應照江南之例，隨漕統徵。每斗加舂白折耗三升。該州縣雇夫選米舂交。

八年諭："浙省白糧繫民間舂辦。江省百姓輸納糙米，官爲舂白，一應捆包般運，皆屬官辦。其所有耗米，並束包人夫、工食等項，著准其開銷。欽此。"

乾隆二年覆准，江南蘇、松、常、太四府州，白糧減額，改徵漕糧。見運白糧項下，徵收支解經費銀三萬八千三百八十九兩一錢四分、米六萬一千一百二十三石五斗四升，各有奇。改徵漕糧項下，徵收隨漕支解銀二萬三千七百八兩七錢三分、米三萬八千六十五石九斗八升，各有奇。應減

[1] "行贈"指"行月"和"漕贈"。

徵銀二萬七百七十七兩六錢七分、米萬九千六百五十二石一斗七升，各有奇，永免科徵。尚餘減存經費銀二萬九百五兩有奇，照數徵解。

又題准，浙江杭、嘉二府額徵白糧，原編每正米一石，加耗米四斗五升。又每正耗白米一石外，加舂耗米三斗。今白糧減改漕糧，每正米一石，止加耗四斗。其加三舂耗，按歲減免；給丁耗米、減去五升，共免舂耗米萬五千五百六石五升，〔丁〕[1] 耗米千七百八十二石，各有奇。一應經費，改歸漕糧支給。每歲減徵給軍食米，折銀二千五百九十一兩有奇。其餘經費銀，仍照白糧舊例徵收，不准減免。至應解輕齎楞木、松板、蘆蓆等銀六千六百四十六兩，在於應解道庫由牐銀内扣抵，如有不敷，再於車夫款項支剩銀内動給。以上白糧經費銀、米，江蘇徵銀十有八萬六千九百八十五兩八錢一分九釐、米一萬八千八百八十九石五斗八升四合、舂辦米二萬一千三百九十九石八斗六升，各有奇。浙江徵銀四萬五千七十五兩一錢八分八釐、米三千九百六十九石、舂辦米萬三千二百九十石五斗五升，各有奇。

以上實徵銀二十三萬二千六十一兩七釐、米五萬七千五百四十八石九斗九升四合。除給各省運弁、運軍，並解通濟庫，爲運送京通各倉脚價之用，餘銀並米折，均造入撥册，送部酌撥。

一、轉輸薊易

康熙三十四年議准，陵寢官兵、人役，及緑旗兵丁一年所需粟米，共三萬六百餘石。將山東漕糧粟米，照數截留。以原船自天津衛運至新河口。自新河口撥天津紅駁船百五十隻，運至薊州五里橋。每船載百石，每百里給脚價銀一兩三錢二分，於過牐入倉脚價銀内撥給舊例繫各該地方官採買給發。

三十六年覆准，陵寢官兵、匠役俸餉，嗣後將各省協運通州等衛所船内，選不搭運輕小之船，將一年所需之米足數裝載，委押運官，以原船運至薊州五里橋，照抵通交兑限期，交與該管地方官，即押船速回，仍將回空日期，申倉場侍郎題報。所收正耗米數，直隸巡撫造册報部。

又題准，陵寢官兵、匠役所需粟米，令山東、河南二省分年輪運。即以原船運送，節省脚價。其支放出倉，每石准銷補斛遞減等米三升九合。

雍正二年題准，令坐糧廳協同通永道驗明米色，即令地方官收受。

七年諭："三陵俸工米，從前撥運漕糧不敷支給。經直督題請，將不敷之米，每石給銀一兩，令遵化、薊、豐潤三州縣，採買支放。州縣委之吏

[1] 原文脱"丁"字。

胥，遂至串通，折銀私相授受。其實在運送本色者，車脚之費不免賠墊。且領銀採買，或值米貴之時，一時難以購辦，官員、兵役未免守候時日。是折銀採買，官民均屬未便。著總理三陵事務大臣，將每年需給米，分晰造册，咨部。户部行知倉場，豫行照數截留。於雍正八年爲始，均以本色給發。欽此。”

八年題准，撥運薊糧，增截白秔、次白、糯米三色。其支放出倉，每石准銷折耗遞減等米一升九合。

又題准，撥運薊糧，令千總及正軍赴次交兑，守取倉收，隨幫及副軍押空回南。

又議准，撥運薊糧，自天津雇募駁船。每船量給銀八兩，於坐糧廳茶果銀内動給。

乾隆元年題准，易州泰陵駐防官兵、人役歲需俸餉米，准於天津地方截留漕糧，由白溝河轉運供支。

又題准，交兑易州漕米，各船封貯樣米，呈送陵部驗明，由坐糧廳及該管道委官監收。

二年題准，泰寧鎮兵餉，截撥漕米支給。其撥運事宜，悉照駐防官兵之例。

四年題准，易州糧船經由之范家口、永濟橋，守橋地方二名，每名歲給工食銀六兩，在坐糧廳茶果項下動給。

又奏准，截撥薊糧州縣收受，如有曬颺、撞斛、撒漫及令運軍津貼車脚費銀之弊，即行指条。運軍如有攙和糠土，一并条處。

又議准，薊糧到次，例限七日交清。如遇天雨連綿，不能裝運，許州縣按日計算，接扣七日。

八年奏准，直隸古北口外，墾地日廣，産米日多。於豐收之年，廣爲採買，以四萬七千餘石，運赴薊遵等倉，以供陵糈，餘皆運通。其山東、河南二省應運薊糧，照舊運通倉備用。如價貴停買，仍令二省運送陵糈。

又奏准，撥運易糧漕船，自天津至雄縣亞谷橋。於每年糧船將到之前，豫行探明淤淺處所，及時挑濬。如水小船重，酌量起駁。每船酌增駁價一兩。

一、截撥兵米

雍正六年題准，滄州駐防兵米，若秋冬截漕，春夏採買，恐價有不敷，轉致遲延。請照舊例，每歲截撥江西漕米七千石，以三千五百石作本年秋冬二季之需，以三千五百石作次年春夏二季之用。

八年議准，天津水師營兵米，每歲截撥漕糧萬五千石。每石每月准銷遞減米二合，計一年減米三百六十石，於正項内開除。

又題准，撥兑天津、滄、薊各米，照通倉之例，限七日内交收清楚。

乾隆元年題准，天津增建倉厫，截撥兵米，將隨漕蓆、木、板、片，隨糧交納。

二年題准，截撥天津漕米，將豫備正兑曬颺米四升七合，改兑曬颺米四升八合，一例交倉。簡廉幹道府官，赴倉監收，抽驗曬颺，覈算折耗外，餘剩曬颺米，皆作正數，按照年月遞減。此外再有虧闕，条追究治。

三年奏准，截撥天津漕米，向例每百石，運軍加耗米一石。嗣後免其交納。

又奏准，截撥天津水師營並易州漕米，停止曬颺。照北倉之例，抽掣辦理。如有勒索等弊，即行題条。

五年題准，漕糧截撥滄州、天津及薊易等處，較之抵通費用減省，將原備三升八合飯米内，運易船糧，每石給運軍一升；運薊船糧，每石給運軍一升九合。照抵通例給與價直，以濟回空。其餘剩之米，仍令交倉。至截撥天津、滄州等處，原備三升八合飯米，責令一并交倉，作正支銷。

六年題准，截撥滄州漕米，令承收之官同旗員驗看，如繫好米，即行收受，毋許遲滯留難。倘有攙和糠土者，承收官及旗員詳報，委官驗實，照例報条，並將攙和米色，面同運官裝袋、封印，隨交呈驗。其折耗之米，於運軍回空食米内賠補。或不足數，别於後幫截補。所欠之米咨南，著追次年搭運赴通。如並無攙和，將呈報不實之官，以有意勒索条處。

八年題准，通倉撥運天津兵米，雇募民船駁價，照直隸各屬領米之例，每石每百里陸路給銀一錢，水路給銀一分五釐。

一、截留事例

康熙三十三年題准，截留武清、永平等處漕米，每石收耗米一斗八升三合九勺四抄。

又題准，直隸永平等處截留漕糧，每石耗米皆以一斗八升三合九勺四抄作正兑收。

三十八年題准，江西、湖廣漕糧截留江南、山東等處，每石耗米均以二斗五升作正交兑。

四十一年題准，江南、山東截留漕米，出入交收。準其每石加耗米三升。

五十八年題准，江西、湖廣漕糧截留江南安慶等處，將加四耗米全數作正交兑。

十六年題准，江西糧米截留直隸大名等處，照三十八年之例，每石以二斗五升作正交兑。應交蓆、木板、片，行文扣追。應給簹羡紅駁等銀，停其支給。

雍正三年題准，截留漕糧，仍照舊例，正兑以加二五，改兑以加一七耗米，作正交收。

又題准，江西糧米，截留直隸保定等處，每紅斛米一石，給耗米一斗。其平斛米每石原有耗米二斗五升，均令運通交倉。所有水脚，計運程遠近給發。

六年題准，江西截留漕米十萬石，存貯本省備用。出入盤量，請照江南旋收旋糶之例，每年准其加耗三升，於截漕贈軍耗米内扣抵。其糶過米價銀，存貯司庫。竢秋收，照數買補還倉。

七年咨准，天津水師營截留漕米，照薊滄之例，每正兑正米一石，外加耗米七升、尖米四升二合、尖耗米二合九勺四抄。又，新耗米六升九合，改兑正米一石，外加耗米四升、尖米四升二合、尖耗米一合六勺八抄。又，新耗米四升四合，折正兑交。

九年題准，截留天津北倉漕米四十萬石。從前截收之時，未有正兑耗米，及曬颺入倉。准照天津水師營截留漕糧之例，每月每石遞減米二合，一年統計，共減耗米九千六百石。

又題准，天津截留漕糧，每百石給地方官耗米一升，以作折耗。

又題准，湖廣、江西截留山東漕米，除耗米二五、一七作正截留外，將所餘盤耗米，按程計算，折耗給還運軍。其餘作正截留。

又議准，截留直隸、山東、河南豫備振濟漕米，務須隨到隨收，不得稽遲時日，致誤回空。其一應水陸運價，及苫蓋露囤等費，均動用公項錢糧。

十二年題准，截留山東漕糧，每石除原給加耗一升外，每月每石仍准遞減米二合。至一年後再有虧折，令各官照數賠補。

乾隆元年題准，各省截留漕船，介於起運、停運之間，行糧、月糧應給、應追向未定有成例，應酌定成規，以歸畫一。嗣後，江蘇安徽、浙江截留漕船，應支本折月糧、三修❶銀，准其照數全給。至行糧盤耗、贈銀、負重等項，各隨多寡，分作十分。自水次抵通，按程塗遠近，亦作十分計算。行一分程塗，給一分銀米。如行一兩站未及一分者，即按一兩站扣算

❶ “三修”指三年小修、五年中修、十年大修。

支給。贈米一項，如米到州縣半月放清者，按已行之程扣給。其未行之程追繳，半月以外，每石給米一升；滿一月者，給米二升；滿二月者，給米四升；滿三月者，全給。若幫船截留本次，或旋兑旋卸，或數月後收清，贈米亦按月計算。江西漕船較大，裝米數多，每年額領三修銀，不敷取辦於行月。兼之水次，開行逐節，淺阻起駁，長江守風，過淮修艌一應費用，較江浙不同。遇有截留、將原領折耗、行月贈銀、贈米、斛面米均免扣追。又每米一石徵耗米四斗，爲交通倉及沿塗折耗之費；副耗米一斗三升，爲水次開行抵淮折耗。如在淮安以南截留者，將四耗米令其隨正交納，一三副米，免其追繳；如過淮截留者，將四耗米内正兑米隨交二斗五升，改兑米隨交一斗七升，並每石别交一升贈米外，其餘米按由淮到通程塗作爲十分計算，行一分程塗，即給一分耗米。湖北、湖南漕船，灣泊岳州府，濱臨洞庭，風波不測。截留漕船，於例給一半月糧之外，每船酌留頭舵、水手四名防護。每名日給口糧一升，減去水手人等，每名每站給盤費銀三分、米一升，均照時價折給。

二年諭："各省截留漕船，例有應追銀米，但念運軍近年以來，尚屬急公効力。其從前挂欠之項，事隔數年，此時責令完補，未免艱難。著漕運總督詳悉覈明，將雍正十二年以前，各省截留漕船，應追行糧、漕贈、盤耗等項，除已完外，其未完者，一槩寬免。欽此。"

又奏准，山東截留漕船，應支三修月糧及任城幫贍運銀，准其照舊支給。其本折、行糧及潤耗銀，各按多寡，准作十分。水次抵通程塗，亦作十分計算。行一分程塗，准銷一分銀米。如行未及一分者，按程扣算，支給潤耗米五升，即如江南之五米。嗣後，米到截留州縣，半月内收清者，按已行之程扣給。其未行之程追繳，如過半月，給米一升；滿一月者，給米二升；滿二月者，給米四升；滿三月者，全給。其截留在本次者，雖船未開行而糧已裝載，與中塗截留者，折耗相同，潤耗米亦按月支給。河南漕船皆繫别省協運，除不議三修外，倘遇截留之年，月糧一項，全數支給。如船雖抵次，尚未裝載者，河南亦無庸議給。至潤耗、行糧銀米，各隨多寡，計作十分。其程塗亦作十分計算。行一分程塗，給一分銀米。如行一兩站，未及一分者，即按站支給。官役俸工，亦照額支給。如本船開行已及十數站，奉文截留仍回原次交卸者，往返程塗，皆照重運程塗計算，將所領前項銀米，按程扣給。其不足十分程塗之數，按程計追。潤耗米一項，亦照東省例支給。至盤駁銀，截留船糧已抵臨清者，全數支給。如未抵臨清，將所領盤駁銀作爲十分。自衛輝水次至臨清，亦作十分程塗，扣算計給。

四年題准，湖北、湖南運軍所領錢糧比别省較少，截留漕船所領三修、行月二耗，並州縣津貼、京脚銀米，均免扣追。惟所領四斗耗米，視其船未出境，在本省截留者，均令隨正交收；若已出境者，内一五耗米，按已行、未行程塗，分别追給。

五年題准，各省截留漕船，有到次尚未受兑，及已兑未開行者，原議未經議及作何支給錢糧。嗣後，未兑之船，照停運例，給與減半月糧；已兑未開之船，於減半月糧之外，將三修一項照數全給。各省畫一辦理。

六年題准，各省漕船截留北倉，少給餘米折耗等項，與抵通應交茶果、箇兒錢費用，足以相抵。但船截北倉較之抵通少行程塗約三百里，可省人工、飯食、駁淺、雜費，應將領過行糧、漕贈、盤耗銀米，一例按照程塗扣追。其截留滄州船糧，比北倉尤近。天津水師營船糧，與北倉僅遠數十里，亦應按程分别扣追。惟運薊軍船，由天津海口入薊，綿長九百餘里。又，運易軍船，自天津抵次，水程三百餘里，領過銀米一槩免其追繳。再，各省凡遇截留，如已兑開行之船，所領一半月糧同行糧等項，應匀作十分計算，一并照例，按程扣追。

七年題准，各省截留漕船，已兑開行，按照定例扣追，運軍多有苦累，應酌量加給，使軍力寬裕。按各軍在次費用，需銀並無需米之處，今分别程塗遠近，船糧多寡，山東、河南每船酌給銀五十兩，江南、浙江每船酌給銀六十兩。江西、湖廣程塗均遠於江浙。江西裝載正糧，每船又較湖廣多至二三百石。湖廣每船酌給銀七十兩，江西每船酌給銀九十兩，以敷各軍在次修船，置備什物，及雇募舵頭、水手安家養贍之用。其應給之銀，即於行月折色銀内扣給。所有存剩行月等項銀米，山東、河南、江南、浙江仍照舊按程分别追給。再，江、廣二省，程塗遥遠，兼涉長江、大河，非他省可比。其未經過江以前截留者，除在次酌量給銀外，其餘剩餘米，一例按程塗分别追給。如已過長江，尚未渡河截留者，應給與四分之三。至渡河以北，至臨、德等處截留者，將各項銀米照抵通例，准其全給。

八年題准，湖南截撥廣東漕米，每石加耗米三合，於截漕減存里，納二耗米内兑給。

九年題准，江西截撥湖南漕糧，每石准折耗米四合。江、浙二省截撥福建漕糧，每石加耗米五合。

又題准，截留平糶所賣之錢，繫漕項錢糧，或易銀解部，或搭放兵餉。將原給款項扣解，以抵留漕費。

卷四二

户部

漕運二

一、漕糧徵收

順治九年題准，各省漕糧，向繫軍民交兑，軍彊民弱，每多勒索。嗣後定爲官收官兑，酌定贈貼銀米，隨漕徵收，官爲支給。民間交完糧米，即截給印串歸農，軍民兩不相見，一應浮費槩行革除。

雍正二年諭："地丁漕米徵收之時，劣生劣監，遲延拖欠，不即輸納，大干法紀。該督撫立即嚴察，曉諭糧户，除去儒户、官户名目，如再有抗頑不肖生監，即行重處，毋得姑徇。倘有瞻顧，不力革此弊者，題条治罪。欽此。"

四年議准，蘇、松二府所收倉糧，交兑之外，果有贏餘，該州縣報明，存貯公所，以爲修理倉厫及振濟之用。倘有藉贏餘名色，加收斛面，及該道扶同徇隱，察出從重治罪。

六年諭："江浙徵收漕米，但擇乾潔，不必較論米色，准令赤白兼收，秈秔並納。永著爲例。欽此。"

八年題准，州縣徵收糧米，豫將各里、各甲花户額數的名填定連三版串，一給納户執照，一發經承銷册，一存州縣校對。按户徵收，對册完納，即行截給歸農。其未經截給者，印官摘户追比。若遇有糧無票，有票無糧，即繫吏胥侵蝕，監禁嚴追。

十年咨准，江南句容縣地處山陬，多産秈稻，歲額漕糧四萬有奇。向來徵兑，悉繫糴秈易秔，於民未便。嗣後，著將土産秈米完漕輸納，毋庸糴秈易秔。

乾隆元年題准，農民完納漕米到倉，州縣驗明米色，隨到隨收。嚴禁蠹書留難等弊，違者条處。

二年題准，州縣漕糧原額田地向有荒闕，凡遇報墾升科，於漕糧正耗内，加入升科兑運。如無荒闕，漕糧足額，遇有升科，漕米皆解司充餉。倘有誤將足漕州縣升科，應行解司之項，造入漕項奏銷者，題明改正。

三年題准，河南漕糧，向止合邑總額，並無每畝應徵定數，今酌定祥符等州縣，各照見額漕米數目，按實在行糧熟地，除原不徵漕之更名等地外，無論倉口新升，一例均派，覈明某則地，每畝徵米若干，徵銀若干，遇閏加增銀米若干，載在《全書》。遇有升除，按則增減，其改徵黑豆，《全書》内統以米數開造。

四年諭："湖北每年額徵糧米運通倉者，名曰北漕。給荆州官兵者，名曰南漕。二項合收分解，永遠遵行。如有分項徵收，零星多取者，該督撫嚴条治罪。倘别省收漕地方，有分收者，該督撫酌量察禁。欽此。"

五年覆准，各省漕耗等項，久經酌定成規。而不肖有司，竟有立名需索、苦累民間者，應令督撫力爲釐剔，道府密行訪察，州縣有不按定例需索，加派私行改折，及縱容胥吏舞弊、侵蝕，道府即行揭参治罪。倘有徇隱，督撫覺察，將道府一并題条究處。

又題准，江南蘇、松糧道所屬漕糧，按照區圖派厫收納。河南、江西、浙江、湖南，不分區圖隨厫收納。江南江安糧道所屬及山東、湖北糧多之處，按照區圖；糧少之處，不分區圖收納。毋致糧户擁擠守候。

又咨准，江南海州漕米，官折官辦，爲數無多，令該州購買白色乾潔好米交兑，不准紅白兼收。

六年諭："江南下江地方，秋雨連綿，米色稍減。從前原有赤白兼收之例，該地方官酌量可收，即日收兑，抵通之後，或慮不能久貯，即發爲俸餉之用。欽此。"

八年題准，各省收兑漕糧斛式，向來底面尺寸相等，因口大、邊闊，易於浮溢，應改鑄小口鐵斛，頒發倉場並有漕各省，一例遵用。其從前原頒大口鐵斛繳銷。

又題准，徵收漕糧，令督撫嚴飭州縣，於開倉時，親詣稽察。若因公他出，暫委佐貳官監收。其州縣在倉看守之親戚人等，以及經手吏役，如有包攬浮收、交通舞弊，即行揭報，嚴条究處。監收佐貳官扶同隱匿，一并究条。

十年諭："聞江南下江漕糧緊兑之時，印官不能處處親驗。吏胥等遂多方刁難小民，不能等候，情願議扣，自九五折至九折不等。向來徵收漕糧弊竇甚多。江蘇之漕甲，於諸省尤爲積弊之藪。著有漕地方大小官員，嚴行釐剔。如有仍蹈故轍者，經朕聞知，或被御史糸劾，必重加處分。欽此。”

十三年題准，豫省粟米，向例黄白兼收。其額徵之麥，無論黄白、淺深、籽粒大小，均許兼收。

一、白糧徵收

順治初年，定白糧米色，責令糧道、監兑等官，公同親驗。如有米色不純等弊，指糸治罪。各該州縣交兑時，即將白糧樣米封貯運通，以憑察驗。

十二年題准，州縣官交兑白糧，照漕糧之例，冬兑冬開。該督撫於開幫之日，注明交兑月日，列疏題報。如有遲誤，按例議處。

乾隆二年諭：“聞得江浙兩省，民間輸納白糧，較漕糧費用繁重，甚屬艱難。朕心深爲軫念，諭令該部詳考。據奏，兩省歲運白糧二十二萬餘石。太常寺、光禄寺，各賓館需用二千餘石，王公官員俸米約需十五六萬石，内務府、禁城兵丁及内監食用等項需萬石，尚餘五萬石存倉等語。朕思光禄寺等處所支，原以供祭祀及賓館之用，在所必需。其王公官員俸米應用白糧者，可酌量減半，以秔米抵給。至賞給禁城兵丁及内監食米，亦可將白糧裁減，給以秔米。如此則每年所需白糧不過十萬石，仍照常徵收起運。其餘十二萬石著漕運總督，會同該督撫酌行改徵漕糧。其經費銀米，均照漕例徵收，以紓民力。欽此。”

又題准，江浙二省運京白糯，每歲應需九千石，均攤科算。浙江原辦運白糯正米五千二百四石，照例採買辦運。江蘇常州府原辦運白糯正米九百八十石九斗六升二合，今派九百七十七石；蘇州府白糯正米原辦運四千二百六十八石二斗八升四合零，今派二千八百十有九石，以足九千石之數，餘均改徵漕糧。至松江府、太倉州屬偏處海濱，採買艱難，將白糯全改漕糧。

五年題准，江南崑山、新陽二縣，荒瘠田蕩應徵白糧六百二十一石有奇，於各縣南米内通融辦運。

七年題准，浙江杭、嘉二府有應徵白糯米，但浙地素不産糯，應隨漕統徵秔米，官爲易糯，春辦兑運。

一、漕糧蠲緩

順治初年定，漕糧原有定額。凡荒地無徵者，該督撫勘實具題，准予豁免。仍責令各州縣招墾，毋致久荒。

又定，災傷地方應徵漕糧及改折漕價，當年不能完納者，酌量被災輕重，或全行緩徵，或緩一半，或分作兩年、三年帶徵。

又定，凡田地沿江、沿海，坍没水中，無從徵漕者，保題豁免。

康熙七年題准，凡漕糧已經寬期帶徵，遇帶徵之年，復被災傷，其上年帶徵之糧，准其分年壓徵、帶補。

九年題准，漕糧寬期帶徵，漕項銀原無帶徵之例。如有被災過重州縣，該督撫題請寬緩者，亦准分年帶徵。

十年題准，荒闕田地、題豁漕糧，隨漕銀米一例准蠲。

二十一年題准，築隄占用民田，應徵漕糧，准其豁除。

三十年諭："京通各倉累年積貯之糧，恰足供用。應將起運漕糧逐省蠲免，以紓民力。除河南明歲漕糧已頒，諭免徵外，湖廣、江西、浙江、江蘇、安徽、山東應輸漕糧，著自康熙三十一年爲始，以次各蠲免一年。欽此。"

雍正八年諭："前因河南亦有被水州縣，特降諭旨，令該督按照歉收分數蠲免漕糧。今據該督奏稱，豫省州縣收成雖有不等，實未成災，且士民踴躍輸將今歲漕糧，見在完交兑運等語。士民等急公奉上，甚屬可嘉。但被水州縣雖未成災，而收成分數既有不等，著該督仍將歉收分數照例蠲免。即將已兑漕糧，准作雍正九年正供，以示朕加惠豫民至意。欽此。"

十年題准，凡水淹田畝，例於每年冬底確勘一次。涸則起徵，淹則停免。嗣後淹田漕米，先於糧册删除，照壓徵之例，竢冬勘後，涸則次年帶徵，淹則題請豁免。

十三年諭："雍正十二年以前，民欠未完漕項銀全行豁免。嗣後遇有恩詔，均入於豁免内。永著爲令。欽此。"

乾隆二年題准，漕糧上供天庾，難容闕額。即漕項銀，亦辦漕之需。從前間有蠲免，出自特恩，原非定例。倘有被災地方，令有漕督撫確勘實在情形，或應分年帶徵，或按分數蠲免，臨時具題，請旨遵行。

六年咨准，各省凡遇災傷，多將漕項彙入地丁，並請蠲緩，以致牽溷。嗣後，無論咨題案件有關漕項者，專案造報。

一、漕糧改折

順治初年定，起運漕糧，例不改折，間有被災地方，准其暫時折解。

八年題准，漕糧改折後，百姓有先期完納本色者，准抵下年漕米。仍於下年應徵本色内，照數扣徵折色。

又題准，漕折銀即應起解，如該地方官有意延緩者，應按分數叅處。

又題准，江浙兩省被災，除一、二、三分者，不必議折外，應以四、

五、六、七分爲輕災，每石徵本色六斗，折色四斗。八、九、十分爲重災，每石徵本色五斗，折色五斗。其折色漕米，每石折銀一兩四錢。

九年題准，南北交旱，豫計折漕，江南、江西、浙江，每石折銀一兩五錢，山東、河南，每石折銀一兩二錢。

十年題准，本地被災改折糧額，不必復於鄰邑撥補起運。

十七年題准，漕糧内，向有給軍辦運灰石之米。因停辦灰石，米仍運通。嗣後，永折銀著徵解户部，聽工部按年支取，備辦灰石，以應工程之用。

十八年題准，漕糧改折，止許照價徵收。如仍藉兑漕爲名，濫行科索者，即行叅處。

又題准，漕糧遇有改折，其隨漕輕、齎、席、木、贈截等銀，照數徵解。

又題准，起運漕糧正米一石，例有耗米，並給軍行月、贈耗等米，如遇改折，一例按照時價折徵。

康熙八年題准，河南漕糧，遵《賦役全書》，每石折銀八錢。

九年題准，浙省嘉、湖二府被災，每米一石，折徵銀一兩。

十年題准，蘇、松、常等府被水，糧米每石折銀一兩，麥每石折銀四錢徵收。

十一年題准，沭陽、海州，地瘠民貧，漕糧折徵，每石徵銀八錢。

十六年題准，河南粟米價賤，每石於八錢内，節省銀一錢五分解部，餘銀六錢五分辦運。

五十八年議准，河北附近水次等府州縣粟米，每石令民間上納節省銀一錢五分。其餘六錢五分，即徵本色起運。至不近水次之州縣，仍照舊例，八錢折徵。

雍正元年諭："浙省杭、嘉、湖所屬被災十四州縣，額徵漕米三十二萬石。朕恐荒歉之歲，民間納米爲難，著令徵收一半，改折一半。其改折之價，著照康熙九年例，每米一石折銀一兩。又念被災之後，所交米色未能純一，其十六萬漕米，著令赤白兼收。欽此。"

六年題准，河南去水次稍遠之府州縣，均照部議，徵收本色。惟南陽、汝寧二府屬縣，河南府屬盧氏、嵩、永寧三縣，及光、汝二州並屬縣，額徵漕糧，路遠難運，又離水次最遠之靈寶、閿鄉二縣，共酌減米萬五千六十二石有奇，均免辦解。分撥内黄、濬、滑、儀封、考城等五縣協辦。於五縣地丁銀内扣除完漕，照部價每石八錢，以銀六錢五分辦運，節省一錢五分，徵解糧道補項。其南、汝等府屬，每石折徵銀八錢解司，以抵濬滑等五縣所除地丁之數。

七年題准，江蘇通州漕糧兑給狼山營兵米，將附近水次州縣南米，改抵通州漕糧。

九年諭："浙江杭、嘉、湖三府今歲小有蟲災，米粒稍碎，不能完漕。應令減價折收，以示體卹。著照雍正元年、四年之例，每石以一兩折徵解部。欽此。"

十一年題准，山東、河南額徵粟米内，改徵黑豆十二萬石，運供在京官兵，並支應理藩院賓館等項牧馬之用。一應起卸，均照漕例遵行。

乾隆二年諭："江南淮揚一帶，於今冬大濬運河，自運口以至瓜洲，計程三百餘里，分隸淮安府之山陽、揚州府之江都、甘泉、高郵、寶應五州縣管轄。將來築壩開工之後，舟楫難通，民間輸納漕米，須用車驢陸運，未免竭蹶。又，淮安府之鹽城、阜寧二縣，與山陽接壤，向於淮城内外交倉兑運，則納漕與山陽等五州縣無異。朕心深切軫念。江南所屬漕糧，雍正八年、十一年有改徵折色，每石納銀一兩之例。著將今歲山陽等七州縣應納漕糧，照此例改徵折色。欽此。"

又題准，昭文縣薛家沙地，劃歸通州管轄，應徵漕米三百八石有奇，照通州漕糧之例，均留充狼山營兵餉。其應運之米，在於昭文縣南米内，改抵補額。

又題准，河南臨漳縣減徵黑豆，統作米數，折徵解部。應需黑豆，仍於應徵本色漕米内徵運。

又題准，江南蘇、常、鎮、揚、太倉、通六府州屬額徵之麥，向給運軍行、月二糧。遇有餘剩，易銀解部。但各屬産麥稀少，買交不便。嗣後，隨漕徵米給軍，餘剩每石易銀九錢，造報。

又覆准，豫省漕糧米豆，向因各府州縣以水次遥遠，運兑維艱，酌給脚價，令各州縣運至水次交兑。但祥符等三十一州縣，原給脚價多寡参差，不敷所用。嗣後，每石每里給銀八毫一絲六忽，於隨漕耗米及原定脚價銀内動支。若仍不敷，於節省銀内增補。餘剩節省銀解部。其永城等十九州縣離水次更遠，將額徵米豆折銀，令州縣選役赴水次，採買兑運。

又題准，江蘇嘉定、寶山二縣額徵漕米，例繫永折。今白糧截減，已改徵漕米四千九百二十六石。其永折漕米，亦照數改徵本色起運。

又題准，山東、河南改徵，黑豆不敷支給，於河南粟米内，再改徵二萬石，山東粟米内，再改徵四萬石。

三年題准，贛州府屬寧都縣原額起運漕米，因距省稍遠，兑運維艱。先經題定，留抵兵米，將奉、新等縣兵米解省，抵作漕米。今該縣新升漕糧正副米二石四斗七升二合，照例徵解贛縣，抵作贛縣應徵之兵米。即於贛縣額徵本色兵米内，扣米二石四斗七升二合，解省抵作寧都縣升增漕糧。仍於奏銷各册，分晰造報。嗣後，寧邑續升漕糧，均於贛縣兵米内，一例改兑抵解。至寧都縣漕米，抵解贛縣兵糧，其耗米一斗九升三合，應令寧邑照例扣徵，移解贛縣爲兑漕之費。其餘運費，令贛縣照派定漕糧款册徵收辦理。

四年諭："聞海州及贛榆縣素不産米，漕糧皆採買於鄰郡。今年二州縣被水稍廣，民力未免艱難。其成災地畝應徵漕糧，聽該督撫察勘，題請蠲緩外，至勘不成災之處，民力亦覺艱難。著將本年應納並上年緩徵漕糧，均准其折色。每米一石折銀一兩，按數交官起解，免其購運，以紓民力。欽此。"

又諭："聞贛榆縣地瘠民貧，又值連年被災。著將未被水之田應徵漕糧，照本地交納粟米例，一并改徵折色，俾多留米穀於瘠邑，庶民食不至匱乏。欽此。"

又題准，河南改徵黑豆，繫於各州縣應徵粟米内派徵。永城等十九州縣，折徵粟米，購買維艱。採辦之米於祥符等州縣徵解。以祥符等州縣應收之豆，於永城等州縣採買。

七年題准，江西瀘溪縣折徵漕糧，向定折價八錢，不敷採買。嗣後，於每年八月，借司庫存公銀，發該縣及時採買，按照買價徵銀還項。

又題准，江蘇海、贛二州縣不産米穀，漕米皆購諸外境，運赴清江交運，經過淮、黄，兑運維艱。嗣後，准照江西瀘邑之例辦理。

又題准，湖北通山、當陽二邑，僻處山陬，不通舟楫，漕糧難於兑運。嗣後，改徵折色，官爲採辦，每石連脚耗定價一兩二錢五分。

八年題准，江南嘉定、寶山二縣應輸漕白二糧，向繫折徵，官爲採辦。每年十月定價派徵，至十二月採買，時價長落不一，難免盈縮参差。改照江西瀘溪縣例，每年豫動庫項購買，覈明買價，出示徵收。

又題准，山東附近，青州州縣粟米徵運，青州支放兵糧。其改徵黑豆州縣，仍徵粟米兑運，將扣存兵米價銀，採買黑豆，運通所需，運青不敷脚價，以及隨漕幫貼等費，統於米折銀内動給。

九年題准，河南粟米内，再改徵黑豆二萬九千三百五十六石六斗六升有奇。

又題准，河南改徵黑豆，頻年加增。其永城等州縣購辦之豆，不必於祥符等州縣改徵粟米，即照數徵豆起運。

十一年題准，河南祥符等四十州縣額徵粟米内，每年改徵小麥萬石，同漕米、黑豆一同徵收，運通交納。由倉場侍郎轉運内務府收用。其運赴水次應需脚價，令該撫照舊每石徵收節省銀一錢五分，以資運費。自乾隆十二年爲始，照數改徵起運。

十四年題准，江南沭陽縣完漕粟米買自東省，陸運維艱。嗣後，准其採買糙秈兑運。

又題准，江南寧國、旌德、太平、英山四縣漕糧，向繫民折官辦，每年豫估，派徵官爲措銀墊辦，於官民均有未便。准照海、贛二州縣之例，先動司庫銀，及時採買兑運，將用過銀數，按米計算，照數徵收歸款。

十六年諭："京師官兵牧養馬駝，需用黑豆甚多。豫東二省向爲出産黑豆之地。自雍正十年以來，已於二省漕糧粟米内，節次改徵，每年合計額解黑豆二十萬九千餘石，以供支放八旗馬駝之用，該省小民至今稱便。但見在豫東二省額徵運通粟米，尚有三十七萬餘石，計支放官兵俸餉外，每歲多有餘剩，似可再爲酌量改徵，以裨實用。著該撫等於額徵粟米内，各按地方情形，視其出産之多寡，分別實數，每歲再改徵黑豆一二萬石。同從前改徵黑豆一例兑運。在豫省多留此數萬石之粟米，既可以資民間口食，而京師黑豆價直亦可不致昂貴。倘加徵黑豆，於閭閻完納漕糧實有未便之處，亦即據實陳奏，不必勉强從事。欽此。"遵旨議准，東省臨河内外有漕州縣，向皆出産黑豆。前經改徵黑豆，完漕之時，以豆抵米，糧户樂輸。應將泰安、萊蕪、肥城、東平、東阿、寧陽、金鄉、濟寧、汶上、陽穀、菏澤、鄆城、單、范、觀城、朝城、聊城、博平、茌平、莘等二十縣及濮州，就其産豆多寡，區別定數，曉諭完糧。五升以上之花户，令其米豆兼收，共改徵黑豆三萬石，同應徵粟米一例依限徵完，交兑運通。至豫省地方粟豆兼産，豆多粟少之區，粟價常昂於豆價。自節年改徵黑豆，小民樂於輸將，徵運無誤。今應自本年爲始，於應輸粟米内改徵黑豆二萬石，將額徵粟米照數除抵。至漕糧每石向有節省銀一錢五分，徵爲運赴水次脚價之用，亦仍照前徵收，以資運費。

一、漕糧運船

各省漕船，原數萬四百五十五號。直隸三十有九，山東千五十四，江南江安糧道所屬四千八百八十七，蘇松糧道所屬六百四十八，浙江千九百九十九，江西一千有二，湖廣八百二十六。内除漕糧折銀徵解，及灰石改折，並分載帶運及坍荒田地應蠲漕糧，裁減船數外，以乾隆十八年實運船數計之，共五千四百八十八船：

直隸三十七號。協運河南。

山東九百七十五號。內漕船三百九十六，自備船三百三十五，運本省者七百三十一船，協運河南者二百四十四船。

江南江安糧道所屬二千八百八十六號。除協運河南百二十五船，撥運蘇、松等屬千八百三十五船，運本省者九百二十六船。

蘇松糧道所屬四百三十九號。

浙江五百六十九號。

江西三百四十八號。

湖北百二十號。

湖南一百十四號。

河南無出運。衛所船繫直隸、山東、江南等省就近協運四百有六號。

江南運白船一百三十六號。在通省漕船內，三年抽調一次。浙江六十三號。在通省漕船內，撥定長運白糧。

順治初年定，奉委修造漕船，各官或詐報朽爛，或修造未竣、報稱已完，或將朽爛船册報掩飾者，皆降二級調用。承造官推諉、不行監造，或不能依限完竣者，各降一級調用。該管官督催不力者，罰俸一年。如朽爛船不估價申報者，亦罰俸一年。

十二年覆准，貼備造船，江寧各衛屯米，每石協濟銀三分，黄快船每丁協濟銀五分。官舍餘丁編爲三則：上則納銀五錢，中則納銀三錢，下則納銀二錢。審定造册，徵收解廠。安慶衛，以屯田勻配上下兩運，公同貼造。新安、宣州二衛，按屯田編徵貼造。建陽衛於屯丁銀内，加徵貼造。廬、鳳、淮、揚、徐、滁等衛，蘇太等衛所及山東各衛，均按清出丁舍編徵貼造。浙江，按清出閒丁，每丁徵銀四錢。江西每丁徵銀二錢五分。湖廣每丁徵銀二錢，以供貼造。若船多銀少，盡數勻攤。

又覆准，僉造漕船，除額給料價外，將各衛所舍餘閒丁，按年編審納銀，爲幫貼之費。

十四年議准，成造漕船，例有軍三民七。造船料價例於州縣民地徵十分之七，衛所軍地徵十分之三。並減存行、月等銀，供用東省，所增新糧應需船載，仍於額設銀内撥補成造。

十五年議准，湖北修造漕船所給料價，官役高下其手，竟非原數。不得不私派幫貼。嗣後，應令官修官造，以蘇軍困。

又題准，各省新升漕糧，運船不敷。例動經費銀，雇募民船裝載。應令各省，豫爲題請補造。

康熙四年題准，漕船僉造之年，如有衛所官帶領運糧軍户勒索幫貼等弊，該督撫嚴禁。有違犯者，指名題叅。

又題准，造船屯軍，不僉不解，責在府廳衛所。解軍不造，責在糧道。該督撫指名題叅。

又覆准，嗣後漕船十年限滿，必須察驗確實，應造者造，應修者修。仍將每年修造船若干，造册題報。又須總漕親驗，實繫不堪出運者，方許改造。倘有可用舊船，不驗明駕運，該督撫察實題叅。其有過號漕船，自行造買，赴廠領銀者，槩行禁止。

七年題准，漕船改造，司漕之官親驗。如有仍可加修再運者，即於歲徵造船料價内，量給加修銀，仍令載運，照年扣算。

九年覆准，楚省軍三料價，因漕不起運，裁充兵餉。今楚漕見在復運，此軍三料價，自應照舊編，徵爲造船之用。嗣後，既有民七、軍三料價，毋得將别項動用。

十三年議准，漕船十年滿號，舊列照額船數目。凡額船十船，每年成造一船。嗣後，如滿號之船，尚可加修出運，仍令其加修出運。一二年迨至朽腐不堪，准其成造，不必泥於加一之數。

十七年題准，漕船載米不過四百石，入水不過六捺，空船以四捺爲度。

十九年覆准，造船料價，既有額支之銀，其清出丁銀，槩飭解部。

又覆准，定例停運漕船雖然限滿，未經運糧，仍令加修出運。

二十二年題准，各省漕船載正耗米共五百石，土宜[1]六十石。

二十六年題准，各省漕船，仍照各衛所見運船數，成造十分之一。

又題准，各省歲修銀多寡不同，今酌中畫一，通漕一例，每年出運一船，給修費七兩五錢。

二十七年題准，各省修船銀，定例在糧道庫内，支給報銷。其江、安、蘇、松等處修艌銀，向繫各衛官軍，於過淮時，造報總漕批給。今酌議停其解淮，統歸糧道給發。其天津、通州二處三修銀，在通濟庫内支領。

三十四年覆准，江西漕船，每船准隨帶百石小船一隻。過百石者，不准隨帶。

又題准，運船不足，不早爲僉丁補造，又不設法雇募者，降一級調用。經管僉造漕船不力、玩誤者，罰俸一年。衛所官解送漕駁船遲誤、朽

[1] “土宜”指土産貨物。

爛者，罰俸一年。

五十二年題准，回空船如遇煞壩、瀋淺，未經進口，給銀修艌。竢開壩飛輓受兑。

雍正二年議准，各省造船料價。安慶、新安、宣州、建陽、金山、鎮江、蘇太、鎮海等衛，並江西各衛所船，向例給各軍料價，在本地方設厰成造。湖廣各衛所船，定例糧道將料價分發武昌、漢陽二糧廳，在於武漢二厰成造。其江淮、興武、廬州、鳳陽、滁州、徐州、淮安、大河、揚州、儀徵等衛船，於江寧府及淮安、清江等厰成造。浙江各衛所船，於仁和、錢塘二厰成造。山東各衛所船，於淮安、山東厰成造。均隸船政同知管理。其料價銀，除動支額編民七軍三料價銀外，倘有不敷，或動關税，或動減存漕項，並支剩行、月銀，或動輕齎及蘆課銀，均漕臣臨時題請撥補。今船政同知，既經裁革，應統歸糧道管理。令運軍支領料價，赴厰自行成造。所有不敷料價，即於道庫減存漕項銀内動支。其蕪湖、淮安、杭州等關額供造船銀，飭令解部。

又覆准，糧船到次，立即給銀修艌。如運軍有事故者，即著該船舵工修艌。倘有遲誤，以及虚領錢糧、不修艌者，總漕即將糧道、監兑、押運、衛備等官題条議處。所領修艌銀，仍著落運軍賠補。

三年覆准，漕船料價，令糧道如數親給。如有侵扣等弊，總漕將糧道等官題条議處。侵扣之銀，嚴追入官。

四年題准，湖北、湖南見運漕船，竢運滿十年，一例請造。其餘各省，仍每年照十分之一，咨部請造。

又題准，山東不産桱木，每年應造漕船，先期造册報部。隨給價，豫往南省購辦。如有浮冒、扣剋等弊，將該管道官題条。其木料不堅實者，著糧道賠造濟運。

又題准，各省見存漕船數目，准部行令徹底清釐。今按江、興、廬、鳳等衛，原額漕船三千六百六十五號九分，内灰石改折，分灑帶運，及減存船四百五十五號九分。此外尚有新安等衛，永減、荒減、積闕，暫減、輪減等百八十三船。見運三千二百十船。江西十四幫，原額一千有三船，内除并造減淺七十四船，止存九百二十九船。又有減存、積闕二百二十一船，實在見運七百有八船。蘇太等衛，原額六百四十八船，内灰石、灑帶、減存一百有四船，見在實運五百四十四船。浙江額船久遠，案卷無考。照上年册開原奉單，派千五百五十八船，内灰石、灑帶、減存三百四十三船，見在實運千二百十有五船。湖北原額漕船並減存各卷，於康熙二十七年焚燬無存，見在實運二百二十八船。湖南原額一百八十二船，見皆實運。山東原額並自備七百三十一船，内輪流減存二十三船，共實運七百有八船，内自備船三百十有二號。又協運河南原額三百二十七船，内輪流減存三十九船，見在實運二百八十八船。天津右衛所，原額自備旗船十九號，内灑減船二隻，實派出運自備十七船。通州右所自備船二十號。嗣後，各省漕船，將實在見運船數作爲定額。内除運軍自備船，例不給料價，及湖北、湖南見運漕船，竢運滿十年，一例請造外，其餘各省見運漕船，每年將滿號之船，均照十分之一，咨部請造。如有可以加修出運者，仍令加修出運。不得將尚堪加修之船，冒請成造。

五年奏准，催漕船，按汛成造。每船給銀三十七兩六錢三分三釐，於稅課銀内動支。又别於茶果銀内，每歲支給小修銀二兩。十年期滿，照例别造。

八年題准，排造漕船給過料價，取具各弁軍並無需索、剋減印甘各結，送部覆覈。仍竢前項糧船過淮時，令總漕親驗。

又題准，山東及江南之廬、鳳等衛，成造漕船定例，將舊船解廠，充作裹料。如並無底板解廠者，交銀五十一兩。

又題准，江西滿號漕船不堪加修者，准其在北拆賣，改造駁船，將價銀解交糧道，驗給親造。

九年諭："江南江淮、興武二衛運軍名下，有應追鑽夫底料銀十萬八千一百餘兩。此項自康熙四十二年至雍正元年，前後共二十載。各軍僉替更换不一，見今著追之人，未必繫當日領米之人。其力既不能完，未免有所拖累。且今承追、接催各官，糸罰纍纍，有礙考成，亦可軫念。朕思雍正三年以前拖欠錢糧之各案，正在清釐豁免。而運軍効力漕儲，尤朕所加恩體卹者，著將江、興二衛應追造船夫役及底料銀，悉行豁免，以示朕恩卹運軍之至意。欽此。"

又題准，江、興二衛因無贍運、屯田，又無什軍幫貼，料價不敷製造，造船夫役及底料銀，仍應照從前支給之數給發。除鑽夫銀五十兩原無增減，其底料銀以十分計算，每分銀五兩一錢。若無底料者，全給銀五十兩有奇。或有底料不足，則照不足分數補給。在徵收餘丁協濟銀内動支奏銷。

又題准，河南、山東減存七十四船之内，量存三十船以備兩省升科、新漕撥補之需。其餘四十四船，停其製造。又，楊州衛二幫減存六十六船之内，留三十二船。其餘三十四船，准其停造，每船追底板銀五十一兩，解部。

又題准，回空漕船無需雙桅，舊例令運軍賣桅木一根。雍正三年奏准禁止。嗣後，仍准賣桅木一根，以資路費。

又覆准，漕船篷、桅、什物，嚴禁通州木廠，不許串通盜賣、盜買。

十年覆准，初次出廠之年，槩不支給修艌銀，惟江南省累年獨支。嗣後停其支給，畫一遵行。

十一年覆准，各省滿號漕船，令糧道先期請造，豫備物料。原船到次，即時興工。倘隱匿不造，及請造遲延，將衛備糸革。如將舊船掩飾，及造不如式者，將監造官、衛備、運軍，究擬賠追。糧道不親驗，及徇隱不揭者，并糸處。

十二年覆准，湖北漕船將届歲造之期。該撫將解部漕項銀，豫年於季報册内，酌定數目，登明留備，暫存道庫，按限盤察。至漕船輪造之年，糧道於豫年冬兑時，將各季報册内存留數目，彙繕清册，同該年應造軍船清册，申送總漕。總漕於重運漕船過淮驗看後，即覈明送部覈覆。該撫接准部覆之後，將所需物料，先期完備。原船到次，立即興工，配造濟運。其動用銀，仍入各年漕項奏銷册内，具題覈銷。

又題准，修造漕船，擅自買補、捏報完工及私雇民船出運者，將該衛備及運弁糸革究擬。

乾隆五年覆准，漕船遇有事故，應賠造者，回次之時，即令遵例賠造。倘有藉辭減歇，違至次年興造者，將督催衛弁，照例題糸。

又覆准，歲造新船，當年不支三修銀。惟各省賠造之船，當年仍支。嗣後一例停給。

六年題准，湖廣糧船，向俟通幫限滿，一齊修造，運料鳩工不免草率，易於朽腐。嗣後嚴飭衛備、運軍務遵定例，按式成造，並飭糧道詳驗，總漕於過淮時覆驗。如有造不堅固，出運七八年朽腐者，據實題糸。

七年題准，山東自備船繫運軍雇募修艌，兑運不給三修銀。但各軍先期定船，修艌無力。酌定每年雇船，先於該軍應領折色月糧内，每船先發銀八兩，以資修艌。如遇減運，於各軍應支四分之一苫蓋月糧内扣抵。

八年題准，湖北適遇截漕減歇，應將減存九十餘船，於乾隆九年按限配造。

又覆准，定例漕船造不如式，監造官弁及糧道皆有處分。惟賠造船不合式者，未經酌定糸處，恐草率塞責。嗣後賠造之船，務照軍船式樣成造。倘有短窄及板木不堅厚者，將監造官弁及糧道皆題糸究擬。

又題准，湖廣漕船滿號之年，總漕於重運回空時，親加驗看，擇其堅固者，加修出運一次，准其留通變賣。五、六年事故賠造之船於足運後，細加察驗，如實繫堅固，令其再運二次，咨部請造。所有舊船，准其留通變賣。倘賠造足運之船已經朽腐，該軍希圖二運之後可以變賣，捏報堅固，該管官察驗不實，擅准出運，總漕即嚴糸究處。

又題准，山東各幫，於額運漕船之外，向設量存船三十號，留備漕糧新升，及不時撥補之用，今應裁汰。倘有新升漕糧，照自備運船之例，雇船運送。

九年題准，留通變賣之船，沿途遇有失風事故，旋已修造堅固，將米分於通幫代運抵通者，其船如即在途次變賣，將千總照例議處。

十年覆准，浙江紹興前後兩幫漕船，向繫加一成造。緣奉十年滿號，一例報造之文不能符合加一之數。嗣後每幫每年留歇八船，將米分各船加載，遞年輪運、輪歇，以符歲造加一之數。其輪歇之船，即以滿號留存配造，不准支給三修。

十一年議准，揚州衛二幫，量存船二十四號，原屬虛糜曠設，理應裁汰。因江、興二衛有貧疲軍船，將江、興三七八幫察明，實屬貧疲軍船，照數裁減，即將揚州衛二幫應裁之船留存抵補。

又覆准，湖北、湖南買補足運之船，竢抵通交糧之後，准其留通變賣。將所賣價銀，令坐糧廳就近驗明封交，隨幫攜帶回次。由糧道驗給各軍，以爲增造新船之用。

十二年覆准，江、興二衛幫軍貧疲。將漕船千一百八十四號内察明，實屬貧疲、不堪駕運者，按照加一裁減。裁船底料照例變價，並將裁船應得之行月、漕贈銀米，分給存運各船，以蘇軍困。

又覆准，廬州衛三幫輪減漕船與揚州衛二幫量存輪運船，事屬相同。全數裁汰，以省糜費。將裁船照例變價。

十三年覆准，湖北、湖南同省，湖北漕糧比湖南少八百餘石，漕船多於湖南四十六號。船多米少，每船應得耗米、水脚等項較少。事例既不畫一，運軍未免偏枯。將湖北裁汰四十八船，存船百有八十，均裝額運漕糧。仍將各船應運漕糧、應增銀米各數目，造册送部察覈。裁船底料，照例變繳報部。

又覆准，江、廣二省失風漕船，如果不堪戽修，該地方官弁據實察驗，出具並無捏飾各結，呈報總漕、咨部，准其折板變價。其變價銀，令地方官覈數封固，交該幫運弁呈明該省糧道驗發。

十四年覆准，徐州衛河南後幫歲造漕船，向在淮安清江浦船廠成造，駕赴河南衛輝水次兑糧，程塗遥遠，渡河過牐、守候風汛，有需時日，恐誤兑限。今酌定在於臨清設廠成造。凡遇滿號之年，令各軍於歲前自備價銀，並飭弁軍先行購料，竢准造之日，照例於江安糧道庫銀内，給發料價成造。

一、駁船

順治初年定，漕船至天津起駁，分運至通，設紅駁船六百隻，每船給田十頃，收租贍船，免其徵科。

康熙三十九年題准，紅駁船年久破壞，不堪運糧，裁革變價。原給之田按畝起科，歸入地丁奏銷案内。起運仍照原收租數分派。各省於漕糧項下，編徵解糧，道庫支發運軍。漕船遇淺之時，自雇民船起駁。

四十六年題准，紅駁銀，照實在抵通船數，就近於通濟庫銀内支給。倉場侍郎將給過銀數，造册奏銷。

雍正十年覆准，漕船遇淺，雇船駁運，例繫坐糧廳酌定雇價。但船户皆繫州縣百姓，不屬坐糧廳管轄，不遵約束，多索運軍，勢所不免。應令天津以北各地方官，計道里之遠近，酌定工食之多寡。先期出示曉諭。如船户運軍不遵約束，該地方官即行拏究。倘地方官奉行不力，巡漕御史察明条處。

乾隆二年咨准，漕船到通，每船例給紅駁銀二兩，以爲雇船駁淺之用，向繫漕船到通給發。嗣後應於各幫將次抵通之日，令隨幫千總率運軍赴領，先行散給。

又咨准，北河起駁漕糧，向繫運軍自雇民船，每多高價，運軍苦累。民船到通，亦不免税。嗣後按照米數，計程遠近，定價多寡，官爲立契。船户不許額外勒索，運軍不得横奪裝載。民船運糧到通，免其徵税。如漕糧之外别攜貨物者，仍按貨徵收。

九年題准，漕船起駁，於楊村等四處設立船行所雇民船，較前多有遲滯，已將船行悉行裁革。嗣後各省幫船在北河起駁，飭令運軍遵照定價，自行雇募。並令該管官不時稽察。倘有船户任意多索，或運軍短給價直，致啟争端、遲誤漕運者，即按律究治。

十三年覆准，紅駁銀每年額徵萬四千五百餘兩，遇閏加增銀三百餘兩，原給運軍爲北河駁淺之用。今議於北河增設垡船及衩淺夫，不時濬淺，使漕船米少起駁，以免丁累。其置造垡船器具及夫役工食等項，於紅駁銀内動支，餘剩之銀仍照數分給運軍，以備駁淺之用。

一、**帶運加給**

順治十八年題准，各省升糧，酌令每船分帶外，其餘撥減船代運。

康熙五年題准，江西漕船闕額，原撥江廣幫船協運。其軍船於原派一淺之外，加載漕糧。應按淺加支行月，每石給銀一錢六分五釐。

十四年題准，江南蘇、松、常三府白糧，向來雇募民船受兑。嗣後抽選漕船運白，各船應載漕糧，分於餘船帶運，每加裝正米一石，給負重銀五分。

二十五年題准，浙江帶運漕米，按裁闕船數，每船給負重銀四十八兩。江南每帶運米一石，給負重銀五分。浙江所給較之江南數多，應照江南之例，每石給銀五分。

二十九年題准，山東、河南、湖廣原繫按米派船，向無加裝漕米支給負重之例。今湖北帶徵漕米撥用減存船，餘米分派各幫帶運。其撥用減船行月、席木等銀，准其照例支給。至加載漕米，不准支行月及貼運銀米。

三十三年題准，停止江廣協運江西漕船。原派漕糧，令本省運船加增載運。其加裝漕米行月，仍照舊例，按石支給。

雍正四年題准，山東緩徵漕米，各軍雇募裝運。照依南漕搭運之例，每石給負重銀五分。

乾隆六年題准，湖廣程塗獨遠，如重運已經過淮失事者，回次之時，業届受兑新漕，賠造不及，准其暫減一半，從容修造完固，再令出運。其本年應運正耗漕米，即分於通幫，附搭運通交納。若未經過淮失事者，去受兑之期尚遠，仍令於本年趕緊賠造，以濟新運。

十二年議准，江南、江西、浙江失事漕船，如果開兑期迫，實繫不及賠造，將本年漕糧分於通幫帶運，即責成運軍賠造新船。

一、**雇募民船**

順治四年題准，各省漕船闕額，雇募民船裝運。運畢之日，不必催令回南，聽其自便。

九年題准，各省雇募民船水脚，江南蘇、松、安、廬，並江西、浙江等處，每石自三錢至三錢五分，揚州府每石給二錢五分。均於月糧耗米並輕齎銀内動給。

十年題准，各省凍阻闕船，設法雇募，待冰泮，趕催接運。

十一年題准，雇船水脚，全動輕齎，倘有不敷，於減存行月内動給。

十二年題准，雇募水脚，令漕督於輕齎銀内支發，不許抵算到通起欠。

康熙十八年題准，山東漕糧，若議裁別省協運船，責令一年兩運。倘遇水旱，難以轉回，應令别僉殷軍，自備雇募船二百三十餘隻，共爲一運。

二十年題准，浙江雇船至淮，每石給脚價銀一錢。

三十四年題准，各省升糧既多，停其帶運，總漕將升科糧數，豫先題明，撥船載運。

四十四年題准，江西募船到淮，每糧一石給脚價一錢二分、米四升。

五十一年題准，回空遲延之船，不能依限到次者，應運新糧，由總漕稽察，將該省減存船兑運；如無減存船，於本省漕糧搭運；或本省船不能搭運，即捐雇民船，依限兑運開行。回空阻滯之船，於來年開凍時，沿河文武官飛催，迎淮受兑北上。如有不設法雇船、依限兑開，將在南之糧道、監兑、州縣等官題条議處。如遲滯船不能迎淮受兑，有誤北上，即將在北沿河催趲回空文武各官題条。按違限時日，分别議處。

雍正元年題准，各省回空漕船，若有凍阻者，雇募民船兑運抵通，不必迎船接换。

二年諭："聞今春丹陽縣及常州府等地方漕船，沿塗遇淺，槩拏商船起駁，且藉名需索、貪暴公行，得賄者，雖空船亦行釋放，不遂其欲者，抑勒當差。有將貨物行李拋棄河干，紛紛露積，或爲風雨所損傷，或爲盜賊所窺伺。該管漕運文武官弁，漫無約束，毫不經心。小民營販資生，何以堪此擾害？江南總督、巡撫、總漕，繫地方大吏，皆當實心體卹，稽察周詳。奉諭之後，若再用起駁，當各嚴飭所屬官弁，申明約束，不得仍蹈前轍。欽此。"

又題准，漕船並不照額數出運，各軍夥雇大船裝運，其糧道、押運、領運等官不詳明少船情由，溷報開幫者，照徇庇例議處。

乾隆元年題准，自備船，例不支三修科價，僅給重運銀，令其雇募。若令回空，未免拮据。嗣後每年於八月内，責軍雇募，免其回空。

二年題准，各省雇募民船，抵通交糧之後，倉場侍郎按其回南水次遠近日期，每軍給以空身限單一紙，勒令及時回次。仍將限單彙送該管糧道察驗。

四年題准，山東漕糧於十二月初旬兑竣開行，自備船於八月内雇募，運軍多費雇價。嗣後寬限一月，每年於九月内雇募候兑，令糧道察驗。倘有遲延，即行揭条。

又奏准，各省重運漕船，凡經過地方，倘遇天旱水淺，萬不能通行之時，總漕、總河一面奏明，一面飭地方官豫備民船駁運。將駁過各幫運軍姓名、船米、貨物數目，以及給過船價，呈報督撫、漕河諸臣及巡漕御史備案。其雇募駁船價直，官爲酌定給發。如有運軍扣剋及船户額外勒索者，即行究治。

十二年議准，山東、河南漕船，不比江廣寬大，難以責令帶運。如失事漕船臨兑賠造不及，應運漕糧雇募民船裝運一次，仍令勒限賠造接運。

一、白糧運船

順治十年覆准，漕糧有官造漕船裝運。白糧無船，每至臨期雇募民船，稽遲時日。應照漕糧之例，攢廠造船，給發州縣兑運。

十一年恩詔："白糧民解累民，官解仍以累民。今後於該省漕船分帶，以省官民之累。欽此。"

十二年覆准，白糧令漕船灑帶，恐舂辦束包，不能告竣於朝夕。責之民，則仍加苦累；責之軍，則分身無暇。應照舊仍令官運。

十七年覆准，白糧運至丁字沽起駁，緣漕糧先行，白糧繼後。每年凍阻，故於丁字沽駁運。今漕白兼行，無分先後，自應與漕糧一例。原船徑行低通，不許仍於丁字沽换駁，永著爲例。

康熙三年覆准，浙江白糧用漕帶之法，需船百二十六號。除六十二號於漕幫内抽出裝運外，實應增造新船六十四號，并入漕幫僉運。

十四年覆准，江南蘇、松、常等府白糧，照浙江之例，抽選漕船運送，每船裝運五百石。擇運軍殷實、船堅固者抽選、裝運。五年一次更换。

四十二年題准，蘇、松、常三府白糧，於回空無欠之江淮、興武等十一幫内，無論已運、未運，簡選殷實運軍、堅固漕船，五年一次輪運，毋致違誤。

五十六年題准，停止輪運。

雍正四年題准，白糧運費多於漕糧，仍照舊例，於通省漕船内抽選堅固者，並累年無欠殷軍，公同掣運。五年一次更替。如有挂欠，即捆打、革運、追賠，照監守自盗律治罪。

乾隆元年題准，江南運白糧船，例於通漕船内抽選，五年更替。但五年之内，運軍消長不常，致有軍力漸疲，運船朽壞之弊。嗣後於每年未兑之先，責令糧道赴次察驗，如運軍力疲，船不堅固者，别選殷軍補運。

二年覆准，蘇、太、松、常四府州，原運白糧二百九十三船，今減徵白糧，改徵漕糧。應減白糧船百五十有七，仍令兑漕，實起運白糧船百三十有六。蘇州府前幫二十有九，後幫二十有六，共船五十有五，應歸并一幫。松江府四十五船爲一幫，常州府三十六船爲一幫，船數適中，應仍其舊。

又題准，浙江原額白糧内改徵秔米，即以原運白糧之船，領運改徵之米。嘉興府屬白糧幫七十六船，以三十八船運白，三十八船運秔。湖州府屬白糧幫五十船，以二十五船運白，二十五船運秔。下次則以今次運秔之船，更换運白；運白之船，更换運秔。各半分運，遞年輪换。

七年題准，浙江白糧幫船，於康熙四十三年題定，五年抽調。因該省運白各軍挂欠頻仍，别軍懼累，不願抽調，以至累年並不遵行。至雍正十三年，行令仍照康熙四十三年之例。但漕白各幫，均不願紛更抽調。嗣後浙省白糧照舊撥定軍船，永遠運送，免其抽調。

十六年奏准，江南運白各船，從前原議，於通省漕船内抽選兑運，五年更换。但爲期太久，自宜稍爲變通。嗣後江蘇運白船定爲三年抽調，仍照例於通省漕幫内，遴選軍殷船固，累年無欠，以及並未運過白糧者，抽换兑運。倘該道衛等違例遴選，即行条處。

一、總漕督運

順治初年定，設漕運總督一人，駐劄淮安。

十二年覆准，漕運錢糧盡歸糧道專管，其他省協運官軍各該管官，將支給行月雇募等項，造册移送彙報。總漕送部察覈。

康熙二十二年諭："漕運總督管理船糧，是其專責。過淮及回空時，令漕督親身往來催趲，不致貽誤。欽此。"

一、巡視漕運

順治二年覆准，前明漕運設旗甲以輓運之，設運總以統領之，設漕道、糧道以督押之，設總漕、巡漕以提衡巡察之，業已犁然具備。况江南初定，法制未遑，漕運一事，無如仍舊爲是。

七年議准，漕糧每歲開兑之時，各糧道即將該管糧船，自爲首尾督押。把總、運官隨幫前進，互相訪察。並責成沿河各道及管河各官，不論兵丁、士庶，盜賣漕米，立時拏報。該管撫按及巡漕御史題条究問。倘該管境内盜賣事發，該道河官聽巡漕御史糾条，治以不職。

是年，裁巡漕御史。

又奏准，重運漕船抵通交卸，例聽巡漕御史督押回南。今巡漕御史已裁，應自通州起，即將原來運糧起卸船交明，密雲道押到天津，交割明白，仍前督押出境。自此而南，武德、東昌各道，照前督押，直至濟寧，呈報總河，給發牌票。責成沿河各道，逐程督押出境，至淮安呈報總漕；至江寧呈報江南總督；至杭州呈報浙福總督。各照前，責成各道，逐程督押，交割該管衙門，接濟新運。如有短少及攬載遲滯，將原領官旗察明治罪，督押各道一并議處。

又覆准，督押回空，向繫巡漕御史職掌。今巡漕既裁，應責成各兵糧道，逐程分押，催令星速回南。如各船沿塗遲滯，有誤新運，將該道条處。

雍正七年諭："朕聞糧船過淮，所費陋規甚多。嗣後著御史二人前往淮安稽察，不許官吏人等向運軍額外需索，以致擾累。其糧艘中攜帶物件，除照例許帶外，如運軍有夾帶私鹽及違禁等物者，亦著該御史稽察。但不得過於嚴刻吹求，以致糧運遲滯。至糧船抵通之時，其該管衙門官吏及經紀車户人等，恐有向運軍額外需索陋規者，亦著差御史二人前往稽察。淮安於二月初差往，通州於三四月内差往，不必拘定。滿漢各一人，著都察院按期開列請旨。欽此。"

十一年題准，嗣後淮安巡漕御史，於年前十二月間，命往稽察。

十二年題准，嗣後巡察南漕御史，令於漕船過淮、出臨清之後，隨漕沿塗稽察，直抵天津。如有運河水道石塊、木樁，該管官察看不實、起除不淨，以致抵觸漕船，及官弁需索稽留等弊，即行条奏。

乾隆二年題准，巡漕御史四人，以一人駐劄淮安，巡察江南江口起至山東交境止；一人駐劄通州，巡察至天津止；一人駐劄濟寧，巡察山東臺莊起至北直交境止；一人駐劄天津，巡察至山東交境止。各按所巡地方巡遊訪察，剔除諸弊。

一、分省漕司

山東、江安、蘇松、江西、浙江、湖北、湖南各設糧道一人。河南以開歸鹽驛道兼理。康熙二十二年，山東漕糧改折，裁糧道官。二十九年，仍徵本色，以開歸鹽驛道兼理。

順治十年題准，各省糧道職掌漕務，別衙門不得干與。有勢要把持及不服鈐束者，指實条奏。

十六年覆准，糧道專司漕運諸務，督押過淮、盤驗後，即令回任，料理新漕。除山東、河南糧道，照舊押運抵通外，餘省令總漕巡撫，於本省管糧通判中遴選一人，督押抵通。

十七年覆准，糧道不得別委，俾得專司漕務，毋誤職掌。

康熙十年覆准，荆州等四衛軍船、武昌左衛增補漕船，聽湖南糧道催運。武昌等六衛所軍船，聽湖北糧道催運。

雍正四年題准，糧道皆有公事辦理，若令押船過天津，諸事必多遲誤。應令總漕於江、蘇二糧道内，每年委一人親押過山東入牐，竢江南糧船盡數過淮，即回本任。

一、監兑漕糧

山東以武定府同知，濟南、兖州、東昌、泰安、曹州五府通判。河南以歸德、衛輝、懷慶三府通判。江南以江寧、蘇州、松江、鳳陽四府管糧同知，蘇州、安慶、寧國、池州、太平、廬州、揚州七府管糧通判，松江、鎮江、徐州三府糧捕通判，淮安府軍捕通判。浙江以湖州府同知，杭州、嘉興二府通判。江西以南昌、吉安、臨江三府通判。湖北以武昌、漢陽、黄州、安陸、德安、荆州六府通判。湖南以長沙、衡州、岳州三府通判。

康熙六年題准，向來漕糧專以府推官監兑。凡米色之美惡，兑運之遲延，及運軍横肆苛求、衙役需索、姦蠹包攬、攙和等弊，皆責令監兑官嚴行禁戢。今各省推官既裁，監兑事宜委府同知、通判，照推官例舉行。

五十一年題准，監兑官務令坐守水次，將正耗、行月、搭運等米，逐船兑足，親督到淮，聽總漕盤騐。

雍正元年題准，漕糧開倉將兑之時，委定監兑官，不得以别項公事差委。

七年覆准，漕糧開兑之期，監兑官親赴水次，驗明米色純潔，與押運官面交。糧船開行之後，仍令親押到淮，聽總漕盤驗。如有糧數不足、米色不純，照溺職例議處。

一、押運府判

山東通判一人，河南通判一人，江南通判七人，浙江通判三人，江西通判二人，湖北通判一人，湖南通判一人。

順治十六年覆准，江浙漕運，令總漕會同該巡撫，於管糧通判内，每省遴委一人，專司督押、管束運軍，嚴加防範，以杜沿塗侵盗、攙和等弊。

康熙二十九年議准，押運官不得攜帶侍妾、優人及多帶童僕。其餽送積弊，盡行革除。仍將管押幫船，自開行日期計程，嚴督催趲。

三十四年題准，嗣後漕船回空，應令通判管押，如徑從陸路回南，照差遣官枉道例議處。押空過淮遲誤，照重運過淮違限例議處。

雍正四年諭："押運同知、通判抵通之日，著總督、倉場侍郎送部引見。欽此。"

乾隆元年題准，江南向設押運官五人，江西向設押運官一人，船多人少，前後遥隔，未便稽察。應於江西增委一人，江南增委二人。該督撫遴選委用，分幫管押。一應抵通回空，均令沿塗稽察。議叙議處，悉照定例。

二年題准，山東漕糧於泰安、武定、曹州三府同知、通判内遴委管押。凡牐外先進糧船，牐内抵通回空糧船，以及輪押薊糧，並監兑等事，與濟南、兖州、東昌三府管糧通判一同辦理。

三年議准，押運官引見後，部内給與限單，趕幫督同前進到淮總漕察覈。有違誤逾限，即行糸處。

四年題准，籤算漕糧之法，其間伸縮、盈虚，易滋弊竇。嗣後籤量盤察之時，著漕運總督親率善算之人，赴船細覈。一應無事人等，毋得多留在倉。如有勾引滋弊者，立即嚴拏究處。

六年題准，山東東昌府上河通判，向繫專理運河河道工程，兼管聊城等十四州縣糧務。該員事務紛繁，難以兼顧，應將聊城等十四州縣糧務，改歸東昌府清軍理事同知管理。

七年題准，重運過淮之時，令淮安府糧捕通判，協同漕標營將，秉公籤驗。倘籤驗不實，有弁丁營役無弊營私，該督即行題糸。

九年題准，籤盤、營衛互用，於籤盤之日，拈鬮匀分，著爲定例。總漕及巡漕御史，照此稽察。如有改易成規，即行糸奏。

十年咨准，松常二府船糧，即令各府監兑、府判押運抵通。蘇太二府州所屬之長洲、元和、吴、吴江、震澤五縣船，亦令監兑之管糧通判，管押北上。其常熟、昭文、崑山、新陽、太倉、鎮洋、嘉定、寶山等八州縣，及鎮江府屬船糧，將應委增設押運官二人，先期委一人豫赴常昭等處水次，一人豫赴鎮屬各縣水次，稽察船糧、催督開行、趲押抵通。其米色、行月、上船等件，仍責監兑經理。兑齊開行之時，將各官管押幫船數目，造册報部。

十二年奏准，湖北糧船無多，不需多官料理。於六府通判内，裁減三人。

一、沿塗催運

康熙元年題准，淮北、淮南沿河鎮道將領等官，均有趲重催空之責。漕船入境，各按汛地，立即驅行，毋使停滯。如催趲不嚴，以致糧船停泊，及縱運軍登岸生事，聽所在督撫題糸。

二十六年題准，江南京口、瓜洲渡江相對之處，令江鎮道董率地方文武官，遇有重運，亟催過渡，並令京口總兵官巡視河干，一同催護過江。如遇大風，督令標兵操舟豫備，遇有船及江心，不能近岸收口者，設法挽收。

三十六年題准，京口總兵奉裁催護漕船，即令副將管理。

四十五年題准，漕糧至臨清、德州等處，河水淺阻，山東巡撫簡委賢能官，自濟寧隨押督催，遇淺疏濬，催出山東地界，將出界日期奏報。如催趲不力，照例題條。

五十一年題准，各省空重漕船，有在淮揚以及蘇松南河遲延者，江南巡撫取催趲不力、並押運領運官弁職名，題条。其在淮安以至天津北河遲延者，總漕、倉場侍郎行文各該督撫，取專催、督催不力各官，並押運官弁職名，題条。

雍正三年奏准，天津至通州沿河各有汛地，遞相催趲。倘前汛不行力催，有礙後船，及漕船到汛不親赴河干，並坐視前船阻滯、不行申報者，倉場侍郎題条。

四年題准，天津關內，舊設三十八汛，沿塗趲運。今以蔡村以上，每五里造船一隻；蔡村以下，每十里造船一隻。令兵丁住宿在船，糧船來則催重，回則催空。

七年奏准，北河壽張、東昌等處，向無專駐大員，巡察不密。今遴委專員駐劄，各按河汛，往來催趲。其臨清甎版二牐，即令臨清副將催趲巡察。如不實心奉行，致空船、重船停泊躭延者，倉場侍郎題条。

又題准，糧船回空到省，未經開兑之先，責成本省巡撫及糧道等官開兑。出境之後，責成漕運總督及沿塗該管地方文武等官；到天津以後，即責成倉場侍郎、坐糧廳並天津總兵、通州副將，天津、通州等官，各按該管地方，嚴行稽察。如有違犯，協同押運官弁，立即擒拏，按律懲治。

一、漕糧領運

直隸通州左所、右所，天津左所、右所領運千總各一人。均領河南運。山東濟寧衛守備一人。前後及前左、後右漕船四幫，任城一幫，每幫領運千總二人。德州衛、德州左衛、東平守禦所、東昌衛濮州所、平山前幫、後幫，領運千總各二人。臨清衛，山東前幫、後幫領本省運，河南前幫、後幫領河南運，薊糧幫運送直隸薊州，每幫領運千總二人。

江南江安糧道所屬興武、江淮二衛，守備各一人，漕船各九幫。淮安衛守備一人，漕船四幫。大河衛守備一人，漕船三幫。揚州衛守備一人，漕船三幫，儀徵一幫。徐州衛守備一人，本衛漕船一幫，河南前後二幫。領河南運。安慶、新安、宣州、建陽、廬州、滁州、泗州七衛，漕船各一幫。鳳陽衛守備一人，本衛漕船常州一幫，原鳳中常州三幫。長淮衛守備一人，本衛漕船四幫。宿州衛二幫，每幫領運千總二人。

浙江杭州衛漕船四幫。嘉興、湖州、嚴州二所各一幫。台州、温州二衛各二幫，每幫領運千總二人。紹興、處州二衛漕船前幫領運、守備各一人，千總各一人；後幫領運千總各二人。海寧衛金衢所，領運、守禦千總各一人，衛千總各一人。

江西南昌衛，漕船前幫領運守備一人、千總一人，後幫領運千總二人。袁州、贛州二衛漕船各一幫，領運、守備各一人，千總各一人。九江衛漕船二幫，領運千總各二人。吉安、安福、永新、撫州、建昌、廣信、鉛山、饒州八所，漕船各一幫，領運、守禦千總各一人，衛千總各一人。

湖北武昌衛、武昌左衛、蘄州、黄州、襄陽、沔陽、岳州五衛，荆州衛、荆州左衛、右衛，湖南三幫，領運千總各一人。以上各省、各幫，每幫隨幫効力武舉一人。

順治七年覆准，每年僉選職各糧道，於七月内呈報。遲至八月不報者，罰俸三月；九月不報者，罰俸六月；十月不報者，降俸一級。竢運官糧完，方准開復。

康熙六年題准，運官挂欠漕糧脱逃者，將出結委用官議處。

十一年題准，衛官捏報運官侵欠漕糧，希圖奪運、遲誤漕運者，將原告之官革職。其運官已經僉運，抗違規避誤漕者，革職。又運官以私事不親押運起卸，後始行趕至，及運竣南旋，托故回籍者，皆革職。

又題准，衛所裁外委百總，名色改爲隨幫官。江南、江西、浙江、湖廣、隨軍三次；山東、河南，隨運四次。給千總劄，再隨運二次，以衛千總推用。

二十四年題准，本衛領運千總乏人，務於别衛簡選，不得濫委守備代運。

四十九年覆准，各省運弁，如繫革職未復，毋得僉委領運。

五十一年覆准，簡選、候選衛所千總，發往漕標効力。如有領運千總員闕，聽總漕委署押運，其抵通全完者，即准補授。

雍正元年覆准，凡大衛應補之守千，務選才守兼長者調補。其才幹平常者，移調軍船減少之幫。倘有徇情濫委者，照徇情例議處。若調補不得其人，以致沿塗生事，並抵通欠糧者，將該督照濫委匪人例議處。

又覆准，運弁抵通無欠，給發完呈限單，限一月到淮。其逾限不到者，照規避例咨革。如果屬因公逗遛，總漕據實咨部，以憑稽察。

又題准，運弁隨幫領運、回空，務親身管押。其有擅自離幫者，從重治罪。

又題准，領運各弁領到全單，督軍修船、公同驗米交兑，如有縱軍生事、勒索、折乾、偷盜等弊，以及停泊躭延致誤抵通定限者，条處。

二年題准，簡選武舉，候推守禦所千總有情願頂補隨幫者，赴部領給執照，發往總漕僉補。三運無誤，以衛千總補用。

三年題准，運弁挂欠漕糧，咨部解任，發南追比。即以完糧之効力武舉推補。其欠糧運弁，如限内全完，題請開復。

四年題准，江南等省、江淮等衛，均屬繁劇。總漕簡選才能並無事故之衛弁，題請調換。所遺衛所，請發藍翎侍衛補授。

五年題准，運官不及早僉，廹近兑糧開船限期者，照漕船日久不完例議處。

十二年題准，發回漕標効力武舉，定限五運，給咨赴部。倘三四運以下，該員有情願赴部者，亦准咨部候推。

又題准，漕標武職，遇有親喪於聞訃之日，給假回籍葬親，報部察覈。近者不得過六月，遠者不得過十月。

乾隆三年題准，嗣後領運衛弁到通完糧，即按年咨部，按運議敘，不得遲延。

九年題准，初任運弁，如有不諳漕務，未能領運者，酌量扣除一次，別選熟諳之閒運千總，或例應委用南漕之武舉出運。仍將出運之弁，調淮差委學習，至第二運仍不諳練，據實題叅。有藉此鑽營奪運，並遴委之該管各官有徇私偏袒等弊，該督即指名題叅。

一、白糧領運

江蘇蘇州府、太倉州運白糧船共一幫；松江、常州二府各一幫；浙江嘉興、湖州二府各一幫。領運千總每幫各二人，隨幫効力武舉各一人。

順治四年題准，白糧改爲官運。以府通判爲總部，縣丞、典史爲協部，吏典爲押運。

十六年覆准，押運白糧應慎選丞簿，專委收解，將押吏盡行裁革。

康熙十四年覆准，白糧改令漕船帶運，裁去總協二部。蘇、松、常三府，每府增設千總二人，每年輪流領運。

又覆准，蘇、松、常三府白糧，每幫增設隨幫一人，押趲回空。

又覆准，浙江增設領運白糧千總四人、隨幫二人。

雍正三年覆准，蘇州府太倉州運白糧船一百十有八號，船多軍衆，分爲前後二幫，增設千總二人、隨幫一人。

乾隆二年覆准，白糧減徵，蘇太前後二幫歸並一幫，從前增設千總二人、隨幫一人，悉歸裁減。

又覆准，浙江駕運白糧軍船，乃永久承運。今減徵白糧，改徵秔米。即以減出運白之船，運改徵之米，仍歸嘉湖二府運弁領運。

一、句僉[1]運軍

順治九年覆准，舊例用黄快船以運貨物，設運船以輓漕糧。邇年運軍苦於運糧，每多竄入黄快丁，該管官嚴行清句。

十二年覆准，軍丁勿許竄入民籍，責令該管糧道，分别造册，五年一編審。倘有朦溷不清，乃受賄擾民者，指名題条。

康熙四年題准，衛所内倘有不法强徒，强索民閒富户、與遠年絶軍同姓者，幫貼運費，總漕、督撫嚴察究治。

二十二年題准，運軍不許投竄别差。倘有避運投旗、隱漏不報者，總漕即行題条。

二十五年議准，各省衛所運軍，舊例每船自十名至十一二名不等。今酌定每船額設十名，各省一例僉差。

二十六年題准，運軍不親押運、以子弟代運者，定例將運軍及代運之人，發邊衛充軍。嗣後將該管官弁，一并分别議處。

三十五年覆准，漕船出運，每船僉軍一名。其餘水手九名，雇覓有身家並諳練撑駕之人充役。如有濫充以致侵欠者，將僉軍不慎之官題条。

四十一年題准，江南江淮、興武二衛，無贍運屯田，原減駕軍二名，准其照舊增設。

四十五年覆准，全漕杜欠，務在僉軍，須用殷實誠厚之人。僉軍之例，親僉責在糧道，舉報責在衛守備，用舍責在運弁，保結責在通幫。衆軍一軍無保，不准僉運；一軍有欠，衆軍同賠。

五十一年題准，每年於本軍子弟及兄弟之子，再僉一人爲副軍，隨運。如抵通欠糧，留本軍追比，令副軍駕空回南；如重運到淮短少，令本軍駕運北上，留副軍買米趕幫。

又覆准，每幫十船，連環保結，互相稽察。如有折乾盗賣等弊，有能出首者，酌量賞給。如隱匿不首事發，本軍照律治罪，其餘九軍一同責懲。所欠米數，即令買補運通。

又題准，僉差運軍必須千總保結，呈報衛備府佐等官驗看，加具印結。如有欠糧者，將各官一并条處。

五十二年題准，湖廣僉軍，責成衛備。其道府府佐貳官，照舊驗看加結。

五十三年題准，江西屯田悉歸州縣管理。其僉差運軍，即責令州縣

[1] “句僉”即“勾僉”。以下“清句”亦爲“清勾”。

保結。

六十一年題准，糧船回空，額設副軍，務令親身押空。其雇募頭舵工及水手取具互保，各結報明。該管官存案。

雍正二年議准，衛所等官僉差運軍，致令差役擾害地方，又或以徵收錢糧爲名、藉端科派者，該上司題条，照例議處。

三年題准，各省幫船，雇募水手及頭工、舵工，責成衛備及領運千總，令前後十船互相稽察，並取本軍甘結，十船連環保結。一船生事，十船連坐。糧道及押運等官，沿塗稽察，並許地方官會同察訊。倘有隱匿不報者，總漕察出，一并題条。若總漕不題条，别經發覺者，將總漕一并交部，嚴加議處。

六年奏准，舊制，凡軍籍内身家殷實、堪充運者，槩行句僉，並以十名爲率，舍二軍八，著爲定額。其各衙門書吏、承差及生員、餘丁皆在僉運之内。嗣後除文學生員、專攻舉業者，准其優免外，其援納之俊秀貢監及武生，均一例僉運。如武生遇歲試之年，呈明學政，運回補考。

八年題准，沿塗短縴夫，聽運軍臨時酌量雇募。沿河地方鎮備等官，加謹廵察匪類，並將短縴夫役竣糧船過完，驅散回籍。

又題准，各省衛所於糧船未經抵次之先，務選殷實運軍，秉公結報，驗看注册。竢糧船回空，如領運之軍有犯事故者，即將注册軍名僉補。倘有僉選不實，或賣富差貧，將經僉、看驗各官，照例題条。

乾隆八年題准，江淮、興武二衛運軍，每有竄入黄快船内躲避僉運之弊。嗣後黄快船丁仍歸民賦項下辦理。將見運及備僉餘軍，逐一句考。每户下將子孫、兄弟及兄弟之子若干，並住居州縣都圖鄉鎮逐一開注。五年一次造册，送部稽察。如有隱匿察出，將該軍按律懲究，該管官照例条處。

一、漕船交兑

順治七年題准，官丁兑米入船，即將所載米數懸於倉口，聽糧道不時察驗，以杜盜賣。

九年題准，漕船到次，嚴刻限期，隨到隨兑，隨兑隨開。不許久戀水次，不得守候全幫，藉端遲延。

十二年題准，運軍兑糧，交兑明白，出有完糧通關。過淮虧少，責在運軍，不得牽累糧户，違者嚴究治罪。

又議准，徵收漕糧，定限十月開倉，十二月兑完。如州縣、衛所等官，船到無米或有米無船，過十二月者，罰俸半年；過正月者，罰俸一年；過二月者，降二級留任。

十七年議准，各州縣漕糧，總漕頒發全單，糧道頒發號單，開明船米數目，刊定贈耗，分發各州縣。每兑完一單，著令衛官填注收數。一般兑足，即出給水程，勒令開幫。

又覆准，漕兑首重米色。其有倉蠹作姦、攙和滋弊，責成監兑官覈驗究處。如米色果繫乾潔，弁軍故意勒索，即按法重處。

十八年議准，收兑漕糧，糧道先將各衛軍船分定前後，臨兑之時，州縣懸牌，挨次輪兑，不得陵越。

康熙二十八年題准，漕糧兑運事竣，定例將兑完、過淮日期，並船糧細數奏報。巡撫不得過二月，漕司不得過三月，河道不得過四月。嗣後各省漕船開行之後，巡撫即具疏題報。如遲至二三月始題者，叅處。

五十年議准，監兑漕糧未經兑完、捏報兑完或漕船未經開行、捏報開行者，降二級調用。督撫不題叅，察出將督撫、糧道、監兑文武各官，一并從重議處。

五十一年議准，監兑官務令坐守水次，將米逐船兑足，同糧道親押到淮盤驗。如有短少，審明題叅。仍留運軍子弟或兄弟之子一人，交與監兑官，購補足數，雇船趕幫。取具押運等官甘結，呈報總漕察覈。

五十四年題准，各州縣交兑漕米舊例，照取四升，裝成二袋，用印封固，解送倉場驗收。嗣後水次兑糧，每船裝米一石，糧道親驗，鈐印加封。到淮之日，總漕拆封，對驗加封。抵通，倉場侍郎率坐糧廳驗明起卸。其樣米仍作正收受。

雍正元年諭："江西省產漕各州縣運糧到省，又自省倉運上軍船故有脚耗、扒夫、修倉、鋪墊等項，編載《全書》，歷來支給已久。自康熙二十三年，部中誤駁，不准支給，行令追還。嗣後一例駁追，究無完解。至三十四年，聖祖仁皇帝特頒諭旨，將從前已經支給者，均免追賠，恩至渥也。至康熙三十八年，部議又以脚耗與扒夫等項分晰未清，仍令扣追。不知脚耗乃貼運之總名，扒夫等項乃支給之細數，其實一事非兩項也。自康熙三十八年至今已二十餘年，應追銀五十一萬餘兩，米六十一萬餘石。積累既多，究無完解，追比日久，官民均受其累。朕知之甚悉。著將從前積欠盡免追賠。嗣後准其支給，以副朕加惠黎元，體邺有司之意。欽此。"

又議准，漕糧開兑、開幫之日，總漕務將各糧道所屬糧船數目、運軍姓名細數文册，豫行送部，違者叅處。

又議准，嗣後各幫務於冬兑冬開。如船到無米及有米無船，以致開兑遲延誤漕，該督撫即指名題叅。

二年覆准，湖南向例七月開徵及運赴岳州水次，每多遲至正月以後。嗣後務於十一月内運貯岳倉。遲至十二月中旬到者，照過十二月兑開例議處；過十二月到者，照過二月兑開例議處。若州縣漕米、運軍漕船均到水次，監兑、領運官弁交兑稽遲，致過十二月者，亦即照過二月兑開例議處。如能依限過淮，該督撫據實題明開復。

又覆准，河南開歸等府，辦買漕米十有五萬餘石，由衛輝至小灘，經濬、滑、内黄、大名四縣。令分地、分船米多之地，多撥受兑船，米少之地，少撥受兑船。各衛幫船，到所撥之處交兑。

又議准，漕糧交兑之時，監兑官驗明實米足額，面同州縣官交兑。漕船如有專覓巧手製斛、飛笆走攩等弊，即嚴拏治罪。如運軍額外勒索，亦嚴拏治罪。監兑、領運官弁不約束者，總漕題条。

又議准，漕糧過淮，總漕按數察驗。如正數有虧，借水手所買包米及借別船米湊數抵補者，總漕即驗明印記，作爲正米運通，不得復歸水手、別船。仍將領押運官題条，運軍治罪。

五年題准，漕贈、行月、本色、米麥及副耗等米，照數裝載入船。開行之日，糧道察驗結報。至糧船到淮，總漕細加盤驗。如有闕額，分別究条。

又議准，到淮之船，米色潮濕霉變。其虧折之米，運弁出具米色結狀者，著落該幫運軍賠補；未出結狀者，州縣及該幫運軍，分半均賠。

又覆准，蘇、松、常、鎮、太五府州屬漕船，無論土著協運，皆就向年原兑府屬止調。本省各邑水次。定以三年一調，杜其久戀情熟，盜賣鑽營之弊。

十年議准，交兑漕糧，責令監兑官秉公察驗米色。如無潮濕、攙和，兑完即照例出具通關米結，不得勒索、推諉。其有縣衛以米色争持者，將見兑米，面同封固，馳送總漕、巡撫察驗，並申送委驗道員親往驗看。果繫潮濕、攙雜，督令賠换篩颺。仍將所兑米樣，封送總漕，竢過淮時盤察、比對，分別嚴条。

又議准，交兑漕米，例應乾圓、潔净，如有攙雜、潮濕，在未受兑以前，責在州縣；既受兑以後，責在弁軍。不得諉卸，以專責成。

又題准，湖北安陸府屬荆門、沔陽、天門、潛江四州縣漕糧，向例運省水次交兑，計程六七百里，輓運維艱、盤駁多費。其黄州府屬之黄岡等六州縣，每年有解交荆倉兵糧，計程千數百里，輓運尤難。應令彼此抵兑，以省上下運駁繁費。約抵兑米二萬一千一百餘石，共節省水脚銀千七百餘兩，解司充公。至於給軍截貼、解荆耗米、修倉等費，令各州縣自行給發。

十三年題准，山東臨清牐外之船，照定例冬兑冬開，牐内之船，定於次年二月兑開，仍依定限抵通。

一、沿塗程限

順治初年定，催漕官弁，無故容後幫船前行，前幫船後行者，罰俸一年。漕船入境日期，該管官不驗明轉報者，罰俸六月。

康熙二年題准，各省漕糧，總漕刊發全單、開列本幫兑糧軍船數目、行月、修船錢糧，及到次開兑、開行過淮、到通、回空違限日期，與夫驗米色、察夾販款項，靡不備具。各弁投到全單，嗣後依式填注，如有違誤不填，及填注不實者，在南聽漕運總督，在北聽倉場侍郎察覈指条。

十七年題准，各省漕船重運北上，自淮安至天津，沿塗原有定限。再加酌定：如原限半日，而違限一時；原限一日，而違限兩時；原限一日半，而違限三時；原限兩日以上，而違限半日；原限四日以上，而違限一日；原限六日以上，而違限一日半；原限十二日，而違限兩日者，專催官罰俸一年，督催上司罰俸半年。如原限半日，而違限三時；原限一日以上，而違限半日；原限兩日以上，而違限一日；原限四日以上，而違限兩日；原限六日以上，而違限三日；原限十二日，而違限四日者，專催官降一級調用，督催上司罰俸一年。如違限之期，與原限之期相等，專催官降二級調用，督催上司降一級調用。如違限之期，逾於原限者，專催官革職，督催上司降二級調用。

又題准，各省漕船回空，自天津至淮安，向亦有定限。今回空漕船，如遇逆流，其間設有牐壩蓄水之處，均照重運定期。無牐壩之處，原限十二日者，改爲九日；四日改爲三日；三日改爲二日；一日半改爲一日。又順流有牐壩之處，亦照重運定例。無牐壩之處，原限半日，改爲三時；一日改爲半日；四日改爲二日；五日改爲二日半。如催行不力，以致違限，沿塗文武官弁並隨幫官，皆照催趲重運例議處。

又題准，天津至通州重運，繫逆流，每二十里限一日，回空繫順流，每五十里限一日。山陽至浙江重運漕船，順流四十里限一日，逆流二十里限一日。回空漕船順流五十里限一日，逆流三十里限一日。如有違限，照例議處。至鎮江過江，倘有因風守候，皆令地方官報明，免其議處。再有江西、湖廣並江南等處糧船，行長江至儀徵者，皆由大江。因風挽運，難以逐程立限，應令該地方官作速嚴催出境。其自儀徵至天津，如有違限者，亦照新定例議處。

又題准，押運官自受兑，以至交倉逾限一二處，罰俸半年；三四處，罰俸一年；五六處，降一級調用；七八處以上，降二級調用；十處以上，革職。

二十二年諭："漕運關繫重大，一切定例務期久遠可行。河道淺深、風勢逆順，各有不同。或遇積雨泥濘、縴路阻壞，易致稽遲。若一槩從嚴處分，恐經管各官徒被条罰，運軍人等亦受苦累，究於輓運無濟。漕運總督，管理糧船是其專責。漕糧過淮及回空之時，應令總漕往來親催，不致貽誤。欽此。"

二十六年題准，江南瓜洲、京口渡江，民間向有捐造救生船。應仿其成式，製造官船十隻，分泊兩岸。漕船遇風，南北並出救護。如過往商民偶遇風患，一例協救。

又題准，江南瓜洲、(江)〔京〕口舊設望樓，置立旗杆，爲過江標准。年久坍廢，應於高阜處，仍立旗杆，擇善測風信者，專司其事。

五十一年題准，漕船受兑開幫，巡撫給以限單，填明開行日期，飭令沿河州縣，挨注入境、出境時日，抵淮盤驗時，將限單呈繳，總漕察驗。過淮之後，總漕亦給以限單，將經過州縣原定限日，刊入單内，飭令沿河州縣注明出境、入境日期，竢糧船抵通，將限單申繳倉場侍郎察驗。

五十二年題准，各省重運及回空漕船，舊例遇有非常風阻、冰凍、淺滯之事，難以副限者，報明免議。嗣後漕船抵壩、守候齊幫及山水漲發、牐溜難行，並撞沉、搶修，均准於單内注明，免其条處。

六十一年題准，重運及回空漕船一入境汛，地方文武官及河官，率領兵役親往催行出境，毋許停留生事。倘有運軍舵工、水手生事爲匪，專管各官並不親往河干彈壓、協拏，照溺職例處分，兼轄等官，照例議處。

雍正三年諭："山東、河南糧船過天津關日期，自雍正四年起，照依南漕三日一報。欽此。"

五年題准，漕船若遇風色不順並水勢浩大，地方官與押運官弁，公同計議，暫停守候，於入境、出境册内注明。如但稱風色未便停泊逗遛者，地方官及押運官弁，皆照例議處。

七年題准，漕船過淮之後，經過皂河、濟寧、臨清三處，定例繫總河題報。今山東、河南增設總河。嗣後重運糧船過濟、過臨，令河東總河題報。其過皂河日期，仍令江南總河題報。

乾隆四年題准，各運官豫將出運船數，開單呈送總漕，轉發經過各汛。各汛弁兵，候船入汛，即照驗放行，倘有勒索、遲延者，覈明究条。

五年題准，黄河設立救生二船，每船舵工、水手十名，每名月給工食銀一兩，每年於正、二、三月保護漕船濟運。護漕後，聽其渡載覓食，不給工食。其船三年一修，所需每年舵水工食及歲修之費，令江安、蘇松糧道，於六升米折項下，各半支給。十年拆造，每船給工料銀百兩，仍在六省出運漕船行贈銀内派給。

又題准，黄河兩岸，有傍河漲錨小船。原繫民船，向來漕船經過，遇有意外事故，雇其裝載米貨，往往乘機遠颺，運軍不能追尋。應令州縣官，詢明船户姓名，取具地鄰甘結，給以腰牌，填明水手年貌、住址，船身兩旁編列號數。竢交還糧貨，該軍船酌給雇價。倘有乘機擄搶遠遁者，州縣官嚴拏究治。

七年題准，山東糧船不到淮，不由總漕給發程塗限單，受兑之後，令運官即呈報總河及巡漕御史，以便稽察催行。

八年題准，脱幫、遲誤降級督運之官，如題糸未經部議，以前有完糧報部者，准扣除免議。已經題結者，照過淮違限例，總漕於完糧後，題請開復。

十年題准，漕船應增縴夫，著運弁、運軍自募，不得槩令多增。如短縴人夫勒索運軍，各汛千把拏送巡漕衙門懲治。汛弁拏送不力，及故行捆打運軍、勒加縴夫，並縴夫暗串兵役、朋比爲姦者，照縱役例議處。其漕船入汛，運軍不遵催行、無故停留者，該汛會同運弁責處。

一、淮通例限

順治十二年諭："漕運至爲重務，年來拖欠稽遲，弊非一端。漕督固應盡心料理，各處督撫亦當分任責成。除湖廣漕糧暫留充餉外，江南、江北、江西、浙江等處漕糧，著該督撫督率所屬各糧道、州縣、衛所等官，恪遵漕規，各兑春開，務依限到淮。其到淮以後，漕督察驗催趲，抵通交納。河南、山東漕糧，該督撫督率所屬各官，徵兑開行、知會漕督、察催北上，繫何地方遲誤者，自督撫以至州縣、衛所等官，應擬何罪、屬何省分者、應限若干月日，户部詳確議奏。欽此。"遵旨議准，各省漕糧過淮，應限月日，均照議單開載。江北各府州縣，限十二月以内過淮；江南江寧、蘇松等處，限正月以内過淮；江西、浙江，限二月以内過淮；山東、河南，限正月盡數開行。如有司無糧，軍衛船不齊備，以致過淮違誤者，罪在巡撫。並未議定何罪，亦未議定總督責成。今議違限一月以上，督撫罰俸三月；糧道、監兑、推官，罰俸六月。違限二月者，督撫罰俸六月；糧道、監兑、推官，罰俸一年。遲至三月以上者，督撫住俸，戴罪督催，竢糧船抵通交明，開復。糧道等官，降一級調用。其領運等官，如兑糧及期，開行過淮違限十日者，總漕衙門捆打二十；違限一月者，捆打四十，革職，戴罪督押，竢交糧全完開復。如經徵州縣、衛所等官，船到無米、有米無船，過十二月者，各罰俸半年；過正月者，各罰俸一年；過二月者，各降二級留任。至漕督管理、通漕催趲，尤其專責，及過淮以後，總河星速催趲。如過淮及期而到通遲誤者，河漕二督及沿河鎮道將領、州縣等官，亦照督撫、糧道、監兑等官遲誤過淮例，嚴加議處。

十七年覆准，押運同知、通判，過淮抵通違誤者，照糧道例處分。

康熙十一年題准，山東、河南，限三月初一日到通；江北限四月初一日到通；江南限五月初一日到通；江西、浙江、湖廣，限六月初一日到通。各省糧船到通，均限三月内完糧。如三月内不完，舊例不論月日多寡，各罰俸半年。今議原限三月之外，押運等官違限不及一月者，罰俸三月；一月以上者，罰俸六月；二月以上者，罰俸一年；三月以上者，降一級留任。

又題准，白糧過淮、抵通違限，督運各官皆照漕糧違限例議處。

三十四年題准，漕白二糧過淮，定例總漕將船糧數目陸續具題。嗣後每年過淮，漕糧總數繕造黄册，專疏具題。

四十一年題准，各幫過淮違限，實因兑竣開行，隆冬水涸之故，將過淮展限一月。若再有遲延，照舊例加倍處分。

四十三年題准，運官過淮違限，例應革職、戴罪督押者，停其升轉，竢該弁領運漕糧全完，題請開復，准其推升。

五十一年諭："凡事不求根本，止務枝葉，斷無實效。條奏漕糧一事者，止以塗間躭閣、開兑遲誤陳奏。其漕船稽遲根原，從無一人言及。朕南巡數次，河道漕運知之甚悉。如上江漕船，皆入儀徵河口。下江漕船，皆入瓜洲河口。因大江泊船不便，而四千餘艘，彼此相争入口灣泊。必竢到齊，始挨次開行，則守候之間，甚至遲誤。若凡一幫全到在先，不必等候各幫，隨令起行過淮。其續到者亦照此，勿令守候。止以船到即令起行，則前幫得以早行，後幫船慮其隔絶，自然奮勉追行。如此則回空、重運，斷不致遲誤。將此情由議奏。欽此。"遵旨議准，各省漕船照常，令進儀徵、瓜洲河口。至三汊河時，凡有一幫到齊，即催趲先行過淮。如有前幫船不全，總漕委官帶領後幫全到船，越過先行。其有停阻河道、争相漫越者，嚴行約束。該糧道嚴催尾押過淮，如有不依限兑運、催趲過淮，以致遲誤，將糧道、監兑、押運、催趲各官題条，照例處分。

又題准，過淮違限一二月者，仍照舊例處分外，其違限二月以上或七十日者，督撫降一級，戴罪督催，糧道、監兑等官，各降二級調用。違限八九十日者，督撫皆降一級留任，糧道、監兑等官，各降三級調用。

又題准，江南漕船仍依原限，正月以内過淮。

五十七年題准，江北、江西、浙江、湖廣漕船過淮，仍照舊例，扣限至過淮，既不展限一月。嗣後如有違限，仍照舊例處分，停其加倍議處。

雍正元年奏准，部發効力武舉，委運事竣，坐糧廳勒限一月到淮考覈。如有過淮違限、革職、捆打之案，總漕照例發落，題請開復。

三年題准，漕白糧船抵通日期及到通起過糧數、謄卸回空船數目，並石壩外河水勢深淺，五日一次奏聞。

六年題准，過淮抵通向例各按定限，扣算題条。嗣後江南、江西、浙江、湖廣糧船過淮違限，已經議處者，於抵通完糧之日，將原条過淮違限日期，准其扣除免議。道遠省分以九月初十日爲限，逾此限不完糧者，官弁從重治罪。

十一年題准，廬州衛頭幫，向隸江北，原限十二月内過淮。今應照江寧等幫，於正月以内過淮。

十三年題准，運官過淮違限，部議革職之案，未經開復，不准議敘加銜。

乾隆元年題准，淮揚運河河底加高，自應疏濬。將乾隆二年回空漕船，及早一月過完。乾隆三年重運，展限於三月進瓜洲江口。

二年奏准，開濬運河、增建牐壩，欲回空之迅速，必令重運之先期，將乾隆二年重運過淮之例，暫爲變通。如領運千總違限三日，監押、督催等官違限十日，一槩題条。果能空、重依限過淮，加等議敘。若運軍空、重亦能依限抵通全完者，准作五運，前後全算滿日，給以頂帶榮身。

三年奏准，疏濬運河，應以正月二十四日開壩之日起限，江北、河南幫船，均限一月内全數過淮；江西、浙江、湖廣幫船再限一月内全數過淮。如有違限，照例覈条。

九年題准，糧船過淮限期，向按各省程途酌定，未分各府遠近及道路難易，江南下江之松江府與浙江道路相等，但松江必由蕁泖、澱山等湖，湖南經涉洞庭，江西必由鄱陽，不能遄行前進。各幫到淮，均在浙江、湖北等省之後。應將江南松江府及江西、湖南幫船，於過淮原限外寬限十日。

十年題准，各省過淮違限之運弁，例應捆打。除違限不及十日者，仍照例免議；違限十日，應捆打二十，亦仍照例准其完糧，扣除免議；如違限一月及一月以上者，於過淮時，該督按違限日期，即照例捆打發落，於題条案内聲明。

一、回空例限

順治初年定，河漕總督專管漕運。如回空船不力催、又不題条地方官者，降二級留任。又，回空漕船如後船已過、前船未到者，押空官照例条處。

十二年題准，沿河督撫、鎮道等官，遇回空糧船入境，立刻催行，將入境、出境日時，報部察覈。

十六年題准，漕船回空到淮，總漕將各船，照重船過淮例，令押空官先期投驗限單，察明各幫原過淮船數，如有闕少，按律治罪。其山東、河南二省不過淮者，專責糧道稽察。

康熙四年議准，漕船到通，限十日内回空。倉場定立限單，責成押幫官依限到淮；沿河各官立催過汛，如汛地官不力催，指名題条。

五十一年題准，回空漕船，倉場侍郎給發限單，將經過州縣界址，照原定限日刊入單内。令沿河州縣注明出境、入境時日。至淮申繳總漕察驗，别給抵次限單，亦令沿河州縣注明入境、出境時日。各船抵次之限，不得出十一月終，將限單申繳巡撫稽察。

五十八年奉旨："回空漕船於限内到次者，不必具奏；限内不到者，著聲明題条。"

六十一年題准，押運通判所押尾幫船糧起卸完日，坐糧廳即將批廻印發，送部察驗，令其押空南下。如通判及隨幫，托故不親管押回空，以致水手生事者，照規避例議處。如坐糧廳留難、不發批廻者，亦照例議處。

又題准，運弁交糧完日，坐糧廳立給完呈限單，勒限一月到淮投驗。如有逾限，照規避例議處。

乾隆二年題准，山東自備船，於交糧之日，除留頭船一二人在通候領簹羡、完呈等項外，其餘各軍，令倉場侍郎給與空身限單，勒令回次。各軍到次，將限單繳送各衛所察驗。如有違逾，分别責懲，仍將限單填明到次日期，彙送糧道考察。倘有違誤不到，别詳僉補，仍將運軍嚴究。如有沿塗生事發覺，該衙門詳報究治。留通運軍事竣回次，如有違誤，一例究治。

卷四三

户　部

漕運三

一、計屯貼運

直隸通州、天津各所屯地，每軍分給五十畝。其通州所原存地畝未足者，將天津門地撥補。

山東德州衛屯地，每軍均分四頃七畝七分有奇，輪流耕種。每歲除納正項錢糧外，每畝公出銀二分一毫，津貼運軍。德州左衛撥德州衛屯地五百七十一頃三十二畝有奇，給軍貼運。其地仍歸德州衛承種，每畝除正項錢糧外，津貼左衛、運軍銀二分七釐。濟寧衛，每船分給贍運田五頃四十畝。任城衛，每軍額徵起科地七十六畝有奇，輪流承種濟運。東平所，每船給地五頃，自爲開墾以作贍運，免其起科。平山衛，每船分給贍運地二頃四十五畝不等。東昌衛，每船分給贍運地五頃。臨清衛，每軍原贍地五十畝或二三十畝不等，皆分派濟運。又，德州所屯地按軍分給，錢糧不徵、不解，坐抵安家月糧之用。每船該地四頃五畝有奇。濮、鄆等州縣，每船給地三頃贍運。

江南江安糧道所屬江寧等衛，原編屯丁、運户兩項，其屯地照畝納糧，額供兵餉；運軍給以行、月錢糧，不給屯田。安慶衛，每軍授田五百二十餘畝，分爲上下兩運。新安衛，屯田額徵銀五千一百十有六兩二錢四分有奇，勻分給軍。凡幫貼散户，不論軍民管佃，每年每畝津贍銀一錢。宣州衛，每船分田千四百二十二畝有奇，歲津運銀一百四十兩有奇，續又每畝加津貼銀三分。建陽衛，每軍舊給額田四十畝。今以實在田數，分別等次均勻盡分，無分屯軍運户，按船授田，輪流領運。廬、鳳、淮、徐等衛屯田，均繫分別等次，品搭均勻，給軍贍運。其民種軍田者，按畝津貼。蘇松糧道所屬蘇松等衛所屯田，分上中下三等，各照領運船，分別給軍。

浙江各衛所屯田，每船均給百有二畝八分六釐有奇，計屯起運。凡有屯領運衛所，即以原額田，津派本衛所應運之船。其分剩屯田，分別等次，津貼有衛無屯衛所，按船分給。至有屯無運衛所，田畝徵租、解道，照則貼派無屯衛所之軍。

江西各衛所屯田，照各衛原額漕船及屯軍數目，均匀分撥。每船編撥屯田六百二十九畝，募佃耕種，令佃户完糧之外，每畝每年運軍收租銀八分。其民墾成熟、轉售賣者，除完正課外，照民田則例，按畝折徵解道，津貼本衛所運軍。其有減存之船，將該船應得屯田地畝租息，除完糧外，所餘耔粒折價歸公。

湖北、湖南各衛所屯田，按畝科糧給軍。其運弁俸薪等項，並軍三小料及運軍安家糧銀，均於屯田内，照數徵解支給。

乾隆二年奏准，各省屯田，如有佃種不清者，自應一并清理。但民間相沿日久，必須辦理妥協，方無煩擾。應令總漕、各該省督撫，酌量辦理。

又題准，湖南長沙等三十七州縣，統計閒丁一千八百九十五名。每丁徵銀二錢，共徵丁銀三百七十九兩。因各丁内有無産窮丁，無力完納，議令照依人丁匠班之例，攤入各州縣地糧徵收。

三年諭："朕思惠養斯民之道，以輕徭薄賦爲先，凡各省田糧稍有偏重之處，悉已陸續豁免，以紓民力。今安徽所屬懷遠衛軍田十三頃，每畝徵銀八分八釐有奇，較之民田未免稍重。著照蒙城縣民田之例，每畝徵銀二分一釐有奇，共免銀九十八兩八錢七分。又，武平衛軍田五千二百九十一頃，每畝加徵銀七釐三毫有奇。除見在請禁衛田之私典等事案内，每畝應留贍運銀一釐七毫外，每畝著減去加徵銀五釐五毫有奇，共免銀二千九百六十二兩六錢五分。該部即遵諭行文該督撫，自乾隆三年爲始，永著爲例。欽此。"

五年奏准，屯田租與民人耕種，該運軍止許得當年租銀。如加別年租銀，立券私交者，照私典軍田例，與受皆行治罪。其田追入新運之軍，租價入官。

又題准，浙江温州衛屯田三萬一千二百三十四畝内，撥派本衛二幫田萬六千二百九十三畝。該衛各軍，均交親屬管收外，其餘田萬四千九百四十畝，找派寧、紹、處三衛之軍。從前原因相隔遥遠，未經執業。未幾又值兵燹，屯民墾熟爲業，以致軍民争訟。今議定，按照上田一畝收穀三石，中田二石，下田一石六斗，各半平分之數，輸津給軍。其佃户輸津完餉之處，令該衛徵比。該管府道催徵，分別解餉給軍。衛備徵解不全，照例參處。佃户不能完納，别召良佃耕種。私自典賣者治罪。

又題准，各省屯田，徹底清釐，將實在數目，造具清册送部。倘不實力奉行，該督撫一并題叅。

八年題准，湖北武昌等衛所屯田，清出原額，有屯清屯，無屯清費。每年德安所額船三十三號，每船得幫銀百六十二兩。襄陽衛三十船，每船給銀百七十兩。武昌衛五十六船，武左衛五十五船，每船得銀一百四十七兩三錢。黄州衛二十六船，每船給銀一百二十五兩。蘄州衛三十二船，每船給銀一百三十五兩，各有奇。

又題准，湖北荆左衛，成熟並新墾升科屯田二千二百五十五頃八十五畝有奇。荆右衛，成熟運操屯田二千二百二十五頃三十二畝有奇。沔陽衛屯田千九十六頃三十畝有奇，又軍操田八十四頃有奇。荆州左、右、中、前、後五所，屯田六百十有二頃十有四畝，操田千三百十有五頃五十八畝，各有奇。應令運軍民佃，照糧一例分派。凡軍田典賣在民，及頂絶墾荒年久，造有房屋墳墓，願當軍差者，即將本人編入軍户當差。軍置軍産田差均去者，亦准其當差管業，其田不准回贖。如民買軍田，不願當差，及軍買軍産，田去差存，而原户貧乏不能回贖者，分别津貼，以贍漕運。

九年題准，江西屯田，清出原額，新增田地、基山、塘堰，除豁除坍塌外，見在成熟者五千三百三十七頃七十八畝有奇。内，南昌前左、撫州、鉛山、饒州等衛所，隨田地、基山、塘堰，並建德縣補軍屯田、鉛山所運軍隱匿入官屯田、袁州屯田塘五百七十六頃六十畝不徵餘租。九江、廣信、鉛山等衛所成熟屯田二千四百二十七頃七十五畝有奇，應徵餘租，軍丁利於自取贍運外，其南昌等衛所，軍民管業屯田二千三百三十三頃四十二畝有奇，每畝派徵餘租不等，每年徵租銀九千五百九兩有奇。吉安所坐落龍泉縣，丈出餘屯改升民田六十一畝，每年徵租穀折價銀四十兩九分有奇，均由縣徵收解道，轉給各衛所運軍，匀分濟運。

十年題准，山東衛所屯田，除東昌、濮州、東平三衛所並無什軍分種，均繫見運之軍執業外，其濟寧、臨清、平山三衛所地畝，什軍一例領地，一軍駕運，九軍津貼。臨清衛貼運山東前幫、河南前後兩幫，每年每畝津銀三分。濟寧衛貼運濟寧前後兩幫，按地定肥瘠，照收成分數折給。東昌衛之平山前後兩幫，每年每畝津銀八分。其典賣地畝，逐漸贖回，歸輪運之軍。亦令同贖、田租輪收。嗣後若再典賣，與受一并治罪，追田給運。典賣地内葬有墳墓者，酌給畝數，永行津貼。什軍應贖地畝，未贖之前，應令一例津運各幫永減船。及閒運軍田内有糧地畝，每年每畝津銀八分，以二分完糧，六分津運。每歲津銀，令各衛彙齊，按原減、原歇幫次，勻給見運各軍。久荒屯田軍民費本開墾者，給照執業，議津每年每畝津銀六分，以二分完糧，四分津運。

又題准，浙江屯田，除康熙二十五年裁減駕軍田畝外，按各衛所出運千四百四十一船，每船給田百有二畝八分六釐有奇。運軍有自能執業者，即令運軍完納收租。有因坐落遥遠，以及零星磽瘠，不能自執業者，歸屯佃管辦。即令屯佃完餉，輸津贍運。其津銀數目，照依地土，隨時酌定，令衛所印官，徵解給軍。

又題准，德州正左二衛贍運屯田，坐落直隸、山東二省。從前原繫軍民承種貼租，各軍自討襄運，或有或無、有名無實。今清出地二千四百二十九頃有奇。每年每畝以一分起租，共銀二千四百二十九兩有奇。分給運軍五十六名，每名年給銀十兩；什軍五百四名，每名年給銀三兩七錢有奇。如隸本衛者，由衛徵租；如隸直隸者，每年造册，咨直督，轉飭州縣代徵，關解衛備，一例分給各丁承領。任城幫四十七船，並無額産。仍照向例，每船每年給贍軍銀十兩，於地丁内動給，彙入漕項奏銷。

十二年題准，各省贍運屯田，典賣與民，照例備價回贖，由衛所移明州縣，飭令民人收價退田。倘地方官不即飭退，即將該州縣照承辦遲延例叅處。如該軍不即備價，妄控退田，以及一時草率，不行詳察，旋即更正者，將該衛所官弁罰俸一年。若實繫民田，故作軍田，揑報詐冒者，將該衛所官弁降一級調用。倘各衙門書識人等，有隱占屯田情弊，該管官弁皆照失察衙役犯贓例議處，該役照侵盜官糧例治罪。

十三年題准，湖北荆右、沔陽（三）〔二〕衛[1]，有貧乏赤丁，按照原派輸幫銀數，減免幫貼。其枝、彝、長、遠四所既隸荆州衛，其舊存成熟田地千二百頃十畝有奇，改照民田起科。雖非運産，究屬同衛運軍，亦令津貼，以重漕運。

一、**優邺運軍**

康熙二十年議准，漕船凍阻，將通濟庫銀借給，仍令總漕將應給漕贈銀，照數扣解，補還原項。

三十五年題准，江淮、興武二衛，漕船凍阻，不能回南。動支通濟庫銀，每船給銀二十兩，速催回次。仍令總漕於漕贈銀内，扣解還款。

四十六年議准，各省領運運軍，限内過淮抵通，照數全完者，令總漕

[1] “三衛”應爲“二衛”，指“荆石衛”和“沔陽衛”。

賞給花紅，以示鼓勵。如抵通交糧，於額糧之外，有領運三年，陸續多交米至百石者，倉場咨部注册。領運六年，多交米至二百石者，給以九品頂帶榮身。如有運軍運米至二十年，雖無多交之米，並無挂欠及過犯事故者，倉場侍郎咨部，亦給以九品頂帶榮身。

六十年議准，漕船回空凍阻，暫動東省藩庫銀，每船借給八兩，於六十一年各該糧道應給運軍月糧内坐扣，移解東省還項。

又議准，到淮各幫漕船，因雇募民船諸費浩繁，借給河庫帑銀，作民船口糧水脚之用。江安漕船每船借銀五十兩，蘇松漕白船每船借銀四十兩，江西漕船每船借銀三十兩，浙江漕白船每船借銀五十兩，均於次年運軍應領行、月銀米内扣還。

雍正元年議准，各省完糧各軍，並守凍完糧軍船，每船正軍一名，賞給銀二兩。又，山東張秋、臨清一帶地方，浙江、江西，江南等省幫船，運軍頭舵工等，守凍不能回次。量支藩庫銀四千兩，每船給銀六兩。

六年奏准，回空漕船過淮安關，頭工、舵工、水手人等，零星稍帶梨棗六十石以下者，免其報稅。其餘貨物，仍照例籤量，按貨納稅。經滸墅關，稍帶梨棗及應上稅之物，仍令輸稅。

七年諭："運軍駕運辛苦。若就糧艘之便，順帶貨物至京貿易，以獲利益，亦情理可行之事。著於舊例六十石之外加增四十石，永著爲例。欽此。"

八年題准，各船頭工、舵工二人，每人准帶土宜三石。水手無論人數，每船帶土宜二十石。合算每船准帶土宜共百二十六石。

九年議准，河東二省截留存剩漕米三十萬石，議令原船運通，挽輸上下，倍爲勞苦。按道里之遠近、時日之多寡，酌議在德州往返者，每船給銀二十八兩三錢八分；在臨清往返者，每船給銀三十九兩三錢五分有奇。共四百十有九船，應給銀萬四千九百四十二兩一錢有奇。再，在德州往返各船，先經兩次借給，每船共銀三十八兩。今每船多給銀九兩六錢二分有奇，共多給銀千三百五十六兩一錢六分，免其扣追。

十三年諭："湖南明歲應運漕糧，已經截留爲黔省振濟之用。定例漕船停運之年，給運軍一半月糧以爲養贍。朕思各船水手，均由運軍雇募，多繫别省貧民。今湖南漕運既停，各水手等在異鄉乏業，未免歸費無資。著湖南廵撫，於本年回空漕船抵次之日，就近驗明各水手内有别處民人，即量給盤費資助，令回原籍，勿令逗遛滋事。欽此。"

乾隆三年奏准，回空漕船舵水人等，零星稍帶梨棗六十石，免其輸稅。

四年題准，各省重運糧船，例帶土宜百二十六石。向因各項貨物粗細不同，按石計算，漫無一定。嗣後分别貨物粗細，酌量捆束大小，定數作石，於過淮處立榜曉諭。如有違例裝載，以及書役人等稽延勒索，嚴加究處。

七年奏准，安徽、蘇松、浙江三省截留漕船，於定例停給一半月糧項内，再照浙例，減半賞給。

又諭："今年漕船北上，時值河水淺涸，各船盤駁加縴，繁費實多。借支庫項，以作歸塗使用。江西南昌等幫借銀四千四百兩，江南興武等幫借銀千七百四兩，揚州等幫借銀千七百九十二兩，均著加恩賞給，免其扣還。欽此。"

十年奏准，首進幫船，每年五、六月間回空之時，尚無梨棗可帶，以致不能均沾利澤。嗣後回空糧船行至山東，如無梨棗可帶，准其將核桃、瓜子、柿餅等物，攜帶六十石，以抵梨棗之數。倘逾六十石者，按則徵收税銀。

十一年諭："停運漕船，例給一半月糧，以資苦蓋。上年兩江被水，朕降旨蠲緩，並截留漕糧，以備振邺之用。其減歇軍船，自應照例支給。但念該地方被災之後，軍力未免艱難。一半月糧，慮不敷用，著加恩於常例五分之外，增給二分，俾窮軍不致拮据。欽此。"

十三年諭："本年四月初間，湖南、江西運船於桃源、宿遷地方遭風，沉溺重船五十隻。所有虧折米數，例應運軍買補，其船亦應賠造。但念窮軍力量艱難，若令一時賠補，難免拮据。著加恩軫邺，其船已滿年限者，照例給價；成造未滿年限者，於道庫内借給，令其及早成造，限以三年，陸續還款，以紓軍力。至此次失風，實非人力疎忽所致，運官及汛地各官，均著免其處分。欽此。"

一、徵收禁例

順治九年題准，運軍行糧應給本色。有違例折銀者，縣官與運弁皆嚴提究擬。

十二年題准，兵道、知府，職不司漕。有借驗糧名色苛索者，官即指条，胥役究治。

十三年奏准，漕糧開徵之時，如有州縣蠹役，包攬代完，及飛派無辜者，即行指条。

十五年議准，州縣拖欠漕項錢糧，該管監兑、糧道等官嚴檄行催，不得差役致滋勒索，違者指条。

又題准，運軍子弟及積年舊役，有謀充有漕各衙門書承者，令總漕及督撫嚴察，從重治罪。如本官失於覺察及徇庇容隱者，分別叅處。

十六年題准，州縣徵收漕米、浮派雜費，及僕役經承需索小民常例者，嚴行禁止。犯者，題叅究治。

康熙元年題准，徵收糧米，責成印官稽察，不許顆粒囤貯私家。如紳衿大户仍囤私家不行交倉者，管糧官詳報總漕題叅。

四年題准，各州縣徵收漕米，如有淋尖、踢斛、剗削斛底、改换斛面，及别取樣米、並斛面餘米者，總漕、各督撫嚴察題叅。

三十年題准，州縣官侵隱漕項銀，揑稱民欠，冒請蠲除者，題叅治罪。其失察之該管上司，交部議處。

又題准，州縣經承盜賣漕糧，依律治罪，失察之本管官照例議處。

三十三年題准，漕糧耗米，例應徵收本色給軍。如有私自改徵折色者，各該督撫題叅，照私折漕糧例議處。

五十一年題准，州縣兑糧，責令監兑官坐守，糧道親到水次稽察。倘有折收情弊發覺，將該管州縣及領運官皆革職，監兑官降二級調用，糧道降二級留任。所折之米，照數追賠。

一、重運禁例

順治五年題准，運官奉單領運，赴次違限者，革職戴罪。交糧覈其完欠，奏奪僉運退避者，嚴拏究擬。

十年題准，領運弁軍，中途侵盜漕糧，按律治罪。所欠漕米，照數嚴催追賠。

十二年題准，衛軍水次承運，有衛官、随幫官常例。書識、管家，抽豐名色。州縣官、知府、同知、通判，及糧道、漕院各衙門吏胥班役，勒索陋規，並過淮攤派使費，沿塗需索土儀，及抵通過壩、交倉船規常例，倉場、坐糧廳書吏，苛索使費。飭令各該衙門，盡行禁革。在外責成總漕、總河、各該督撫，在内責成倉場侍郎、巡倉科道，協同釐剔。倘有前項弊端，立即題叅究處，以肅漕政。

又題准，監兑漕糧事竣之日，監兑官將有無需索等弊，具結投送督撫存驗，事發以溺職坐罪。

十三年題准，水次將米折銀，罪在經徵有司並監兑官。如過淮盤驗短少，將監兑官照例叅處。其嚴禁盜賣，令沿河各官具結呈報。如糧船到通挂欠，審繫某地方盜賣者，即將該地方官叅處賠補。

十五年題准，運弁領運漕船，各有定數。如中塗歸并帶運，冒支行、月、水脚等銀，按照闕船數目嚴追，從重究處。

康熙二年奏准，運船交兑之初，專責糧道，曉諭商牙，禁約運軍，不許夾帶私貨。漕糧兑畢、未開之先，專責監兑官逐船搜檢，糧道隨取監兑官察明並無夾帶甘結送總漕、總河、倉場侍郎三處稽考。如有犯者，拏解糧道，呈報總漕題条，照律治罪。

又題准，沿途城市、鎮店、貨物輻輳之所，專責押運通判極力催行，不許停泊，通幫前後，不時稽察。如稽察不嚴，即將通判題条，照例議處。

又題准，運軍包攬客貨，私載船内，運官、随幫官嚴加稽察，許於司漕衙門，據實出首免罪。如隱匿不報，一經察出，運官、随幫官，加倍究擬，運軍依律治罪。

又議准，糧船經由地方，自水次至淮安，總漕同淮揚道盤詰一次。至濟寧，總河同濟寧道盤詰一次。

三年題准，官軍赴兑漕糧，争索斛面酒席、恥辱糧官者，運官以故縱議處。運軍竢船糧抵通之日，嚴行究治。

五年題准，運弁侵蝕各軍月糧銀米，竢抵通交盤之日，倉場嚴審究擬。

又題准，運軍多收斛面入己，並運官知而不舉，皆從重擬罪。勒索之米，照追入官。

又題准，領運官弁勒索運軍飯米，擅扣行、月公費等銀，及縱容親僕需索常例者，竢抵通交糧完日，令倉場侍郎嚴提審追，按律究擬。

又題准，舊例，弁軍争告在未兑糧之先，責令糧道嚴察，不許領運。如在領運之後，竢完糧回南日，聽該衙門審理。嗣後，有擅准運蠹呈辭，拘繫新運幫官，稽誤新漕者，照誤漕例議處，運蠹嚴審究擬。

六年題准，運弁自誤限期，捏辭卸罪，誣告官吏糧里者，依律擬杖。

八年題准，運弁領運全單，不填注支領糧銀月日，照疎忽例議處。

十一年題准，運弁私載客貨與已貨，及裝載私鹽者，皆革職。運軍私攬客貨，私載已貨，及裝載私鹽，運官失於覺察者，降一級調用。該管糧道不嚴禁者，罰俸一年。

二十一年題准，收兑漕糧、多攙糠粞砂土者，該管官革職，監兑官降一級調用。其抵通，交兑漕糧，米多糠粞及有砂土者，押運官革職，糧道降一級調用。

二十五年題准，紅駁船分運漕米，如有用石灰泡水及藥水灌漲糧米者，領運弁軍呈報倉場侍郎究審，將運船人夫發寧古塔等處兵丁爲奴。其短少之米，勒限著落正身船户家産賠完。如駁運米好，弁軍勒索不收，亦交與刑部，從重治罪。

二十六年題准，沿途催漕將弁，縱兵索詐漕船，以致運軍畏避，船米撞沉者，革職，嚴拏究擬。

二十七年題准，運弁需索運軍未遂，不顧風浪逼船渡江，以致漂没漕糧，淹斃人口，照例治罪，追埋葬銀給死者之家。漂没漕米仍著落該弁賠補。

二十八年題准，運官縱軍捉船駁淺漫無約束者題条，照溺職例革職。

二十九年題准，運官縱令運軍搭臺演戲，停泊不行，貽誤漕運者，照例革職。

三十年題准，運官不親運者，將承委衞備及押運通判等官，交部議處。

又題准，押運官沿途耗費漕糧，妄稱同押官折收者，勒追全完，仍照誣告律治罪。

四十一年題准，運軍沿途盜賣漕糧，押運官弁失覺察者，各降一級調用。

四十三年題准，漕船重運入境，責令沿河該管道府州往來廵察，嚴緝盜賣。如失察盜賣一起者，州縣官罰俸六月，道府罰俸三月。四五起以上者，州縣官降一級調用，道府降一級留任。若道府州縣能察實拏獲，將賣糧買糧之人，各枷一月示衆，滿日責三十板，糧米追交本船，米價入官充餉。運弁竢回南，聽總漕捆打四十。

四十八年題准，各省漕船，除帶運鋪墊倉廒楞木、松板及每船土産貨物外，如有民船雜於糧船幫内，及將駁船竟造大船，夾帶私貨，並船上堆置木植，船尾拴縛木筏過關，又違例多載私貨者，總漕、總河及糧道嚴察，將該運弁題条治罪。

五十一年奏准，每幫十船，令各軍連環保結，互相稽察。如有折收、盜賣等弊，事發之日，本軍照例治罪。其餘九軍一同責懲。

五十七年題准，浙江幫船，令分夾江南幫内、湖廣幫船，分夾江西幫内，使彼此勢孤力薄，免致争鬭。

五十八年奏准，江西、湖廣糧船，該督撫責令糧道、押運等官並地方文武官，於上流漢口、吴城集貨馬頭嚴加察禁，不許商民貨物私上糧船，亦不許運軍包攬私貨。取具糧道押運等官弁並地方官甘結，報明總漕。如違例私帶，過淮盤糧時察出，貨物照例入官，軍商皆從重治罪。糧道及押運等官皆嚴加議處。

雍正元年覆准，運弁管押重運擅自離幫，及本軍在南挽託別軍包運，並随幫與副軍，不親在幫押空，以致遺棄漕船，有誤新運者，將弁軍從重治罪，糧道指名題条。

又題准，失風船到壩，舊例驗其米色，不堪起卸者，准其賣銀買補。嗣後，如有不肖運軍，乘機夾帶好米，私行盜賣者，令倉場、坐糧廳，不時巡察究治。若在南串通州縣倉役，將米折銀，或將原米盜賣，掩飾過淮，故買爛米充數者，令總漕密加訪察，將弁軍胥役從重究處，該管官題条。

又題准，漕糧不許顆粒上岸。如遇過淺加夫，止許照常給錢，不得任意索米。違者以盜賣盜買，從重治罪。地方官照失察偷盜例題參。

二年諭："朕惟漕運關繫甚大，經費本無不敷，運軍恣行不法，皆由官弁駿削所致。如開兑之時，糧道發給錢糧，任意扣尅，運軍所得十止八九，而僉軍之都司、監兑之通判又多誅求。及至開行沿塗，武弁借催趲爲名，百計需索。又過淮盤察私貨，徒滋擾累，究屬無益。運軍浮費既多，力不能支，因而盜賣漕糧、偷竊爲非，無所不至矣。嗣後，各省糧道給發錢糧，不許扣尅分釐；沿塗武弁，不許借端需索；運軍除包攬抗違外，所帶些須貨物，亦無容苛刻盤察。爾部行文各督撫，不時稽察。如有仍前需索等弊，立即指条，從重治罪。欽此。"

三年題准，運軍南北往返，必須食鹽。每船准於受兑上船處，帶鹽四十斤，交卸回空處，帶鹽四十斤。此外多帶者，同私鹽治罪。

又題准，糧船攜帶火礮、鳥槍，一經察出，本犯照私藏鳥槍例處治。糧道、衛守備、運弁，照失察例条處。

四年題准，領運弁軍不諳漕務，封閉倉門，以致倉米霉變，弁軍按律究擬。虧折漕米，勒限著落運軍賠補，不完從重治罪。

又題准，運弁兑漕，勒索各屬經承者，斥革究擬，所得銀物追取入官。

五年題准，漕米到淮盤驗，潮濕霉變，將經徵州縣官照例革職，監兑官照溺職例議處。糧道不先揭条，照徇庇例議處。運弁溷行收兑，照例革職留任，竢船糧抵通，令倉場侍郎按數稽察，如有虧折，勒限賠補。限内不完，題条革任追賠。

六年奏准，運軍用水攙和漕糧，運弁徇隱不報者，革職枷示河岸。竢漕竣日釋放。運軍用大枷枷示，漕竣日僉妻發黑龍江，給兵丁爲奴。押運官弁漫無覺察，照例革職。

八年題准，漕船到淮，向有給管糧經承津貼飯食陋規。嗣後定例，大幫給銀六兩，小幫四兩，呈繳給發。不許私相授受，違者提究重處。

又題准，漕船到淮，飭各幫字識，繕造米數、軍舵姓名等册，不許總漕册房攬造，科派使費，犯者嚴加究治。

又題准，江浙糧艘，由鎮江出口，方豎篷桅。舊例委催漕官就便察看，不免需索。嗣後，竢過淮時，總漕親加點驗。至各省糧船總滙於揚州之三汊河，例委幹員彈壓、分幫。如委官及跟随人役需索盤費，一例条究。

又題准，漕船渡黄，汛弁不顧風色水勢，妄行催趲，借端需索者，照失於防範例議處。致有疎虞，加倍治罪。

又題准，漕船渡黄河後，提溜、打牐，向有弁兵串同人夫，勒索運軍，倍出工價陋規。應於重運北上時，責令委駐營將，約束、禁止，倘有縱容徇庇，一并會条議處。

又題准，漕船應領修艌銀，例應照數給發運軍。有需索使費陋規，致運軍以朽腐船，撞觸民船，借端索詐者，即將該幫弁軍究處。

又題准，運軍攬載客貨，船重難行，强奪民船，駁載糧米者，照水手搶奪例治罪。其攬貨私得税銀，並商民通同聽攬者，皆照違制例治罪。

又題准，正副二軍赴次交兑，如有革軍衿監攙身入幫，即拏交地方官究治。若運軍不察拏，一并究治。

十年覆准，淮安府乃各省糧艘總滙之區，一應陋規久經裁革。恐日久生弊，照通州石土二壩建碑之例，於盤糧廳後立碑一座，將裁革陋規刻石，永遠遵行。

十一年奏准，各省漕船不許裝運無引私茶。如違禁攜帶，於過關時察出，即照私鹽例治罪。

乾隆元年奏准，糧船夾帶私鹽，多由土豪豫買私鹽，窩囤河干，勾通售買。嗣後，天津地方，令巡漕御史會運使實力緝拏。其沿河地方，令各督撫、提鎮，嚴飭沿河文武官弁，凡糧船經過時，差兵役實力稽察。如有水手人等私帶貨賣，以及土豪豫買窩囤情弊，一面嚴拏，按律究治，一面催船前進，勿得留難誤漕。倘徇縱失察，一經發覺，將督運、押運官弁，以及前途失察之地方官弁，並失察豪强之地方州縣，皆照例条處。其鹽除留食鹽外，餘皆入官。

三年奏准，運軍盗賣漕糧，頭舵工不舉，照不應重律治罪。受財者計贓從重論。

又奏准，重運入境，道府州縣往來巡察。如失察盗賣者，照例議處。其武職催漕，向未有失察處分，未免漫不經心。嗣後，沿河營弁失察盗賣漕糧，嵩汛千、把，照州縣例議處。兼轄游守，照道府例議處。如嵩汛千、把及文職州縣，一年内能拏獲二次者，紀録一次。兼轄游守及文職道府，一年内於所管内拏獲至四次者，紀録一次。再有多獲，照此遞加。至汛兵疎縱失察者革役，照不應重律，杖八十。知情賄縱者計贓，以枉法從重論。若能拏獲，報官審實，將米仍歸本船。其應入官之米價，追賞兵丁。

又奏准，小船受雇裝載盜賣漕糧，拏獲之日不得諉以不知，照賣糧、買糧枷責例，減二等發落。

又奏准，盜賣漕糧定例，賣買之人，枷一月，責三十板。糧交本船，價追入官。至運軍食米，向無禁賣之條。有將漕糧舂熟，假稱食米盜賣者。嗣後，運軍多餘食米，於抵通交米之後，方准變賣。如重運漕船沿塗賣米，不論糙熟，皆照漕糧治罪。

又奏准，運軍不拘回空、重運，如有無故潛逃、棄船中塗不顧者，照守禦官軍在逃律治罪外，仍於面上刺"逃丁"二字示儆。

四年奏准，如有重運盜賣漕米，回空之船代爲承認者，該管官嚴加稽察。察出，將賣買軍民一并照例治罪。

又奏准，失察盜賣漕米，合算米數不在五十石者，仍照失察次數處分。其失察一二次、米數至五十石以上者，將該地方官降一級留任，道府等官罰俸一年。失察一起至三起、合算米數至百石以上者，地方官降一級調用，道府等官降一級留任。

又奏准，各省受兑、開兑之時，令總漕密加察訪。如押運官弁、以及糧道等衙門吏役，有科歛陋規、幫規之弊，即嚴条究處，並飭該管官不時嚴察。有陽奉陰違者，將與受之官軍等，照例詳揭。倘該管官徇隱不揭報，一并題条。

五年題准，江廣等幫漕船，多帶土産、竹木，沿塗貨賣。其竹木於天篷上裝載，毋得過高二尺。如有違例多裝，令押運官弁勒令起卸，嚴加責懲，竹木入官。如官弁通同徇隱，照例条處。

六年奏准，糧道催米、催船，督押催船，凡差役滋擾之弊，定例皆經禁革。惟豫省提幫出運時，先發一牌，繼差一役齎票前至衞所提催，不無假威滋擾。嗣後嚴行禁革，並飭各省一例遵行。如有陽奉陰違，指名条處。

八年題准，漕船如有失風事故，以致米色黴黯不純，驗明米色稍減，尚屬堅實，可以久貯者，交倉受收。其所減成色米，責丁賠補，於次年搭運抵通交納。

一、回空禁例

順治十六年題准，押空官串通運軍，盜賣漕船，提究追賠，買主從重懲處。

康熙五十一年題准，糧船回空至德州桑園地方，總漕選委能員、協同德州衛弁，搜索私鹽，並飭地方文武官弁，嚴拏窩囤。如有夾帶私鹽事發，將專委漕員、德州衛弁，押運官弁並該地方官題条，嚴加議處。

雍正元年奏准，回空船過天津關，長蘆巡鹽御史、會同天津鎮總兵官，親往驗放。至山東河南交界地方，總漕、巡撫、鎮將，差委知府、游擊等官搜檢。如有夾帶私鹽，盡抛入河，失察各官照例議處。

二年題准，回空糧船夾帶私鹽，不服盤察，持械拒捕者，分别十人上下及傷人、不傷人，各按首、從依律治罪。其雖無私鹽，但闖關、闖牐者，亦分别首、從依律治罪。若未闖關、牐，但夾帶私鹽者，照販私律加一等治罪。

又題准，糧船夾帶私鹽，將販私地方之專管官，降三級調用；兼轄官降一級，罰俸一年；押空之運官，照徇庇例議處，随幫革退。其恃衆闖關、闖牐，及犯私拒捕傷人者，押運等官革職，随幫照例責革。

三年題准，糧船回空，凡經由産鹽處所，地方文武官弁晝夜催行前進，不許逗遛，並嚴拏囤户串通運軍，販賣私鹽。該管鹽務運司等官，巡察各場竈，不許夾帶餘鹽出場。如有徇隱疎縱者，条處。

又題准，回空糧船至揚州府儀徵縣，向例總漕委官，恊同揚儀營汛並地方官搜檢。嗣後，改於瓜洲江口。令瓜洲營協，會同江防同知搜檢。如有私鹽事發，究明場竈地方並裝運上船日期，將各該地方官失察職名題条。

又題准，押運官弁一年之内，該管幫船並無私鹽事故，准予紀録一次。随幫能拏獲、首明私鹽三次，及該幫三次回空，並無私鹽事故者，該管上司出具印結咨部，以千總推用。

四年題准，漕船抵通完糧回日，所餘行、月等米，舊例聽其沿途買賣。嗣後，全糧過壩之幫，遇有剩米，必赴坐糧廳批照，然後准賣。若未經給照，擅行私賣、私買者，照例議處。

十年奏准，回空糧船過山東時，該撫豫於晉省私黄入境之處，令地方官弁分路巡察。本省熖硝亦實力稽察，毋許囤户偷販河干，暗送入船。並令搜檢私鹽之文武官，帶檢硝黄。如察出私帶硝黄，亦照私鹽例，究明参處。押運官弁失察，照糧船夾帶私鹽例議處。

乾隆元年奏准，漕船回空，押運官弁多不随船南下。頭舵水手人等往往欺壓行船。嗣後，如遇回空糧船行兇争鬬，藉端將來往行船阻留、捆毆商民等事，許沿河汛弁察明情由及幫次、船號、運軍姓名，一面速令遄行，一面詳報總河，咨明總漕究治。

又題准，回空軍船應帶食米、燒煤，向無定數。嗣後，江西省每船准留食米四十五石、燒煤四十石；湖南省每船准留食米三十六石、燒煤三十二石；湖北省每船准留食米三十三石七斗五升、燒煤三十石；江浙每船准留食米三十石、燒煤二十五石。自通州至宿遷、淮揚等處，逐關察驗、扣除，免税放行，不得越數多帶。巡役人等亦不得勒索留難。

六年奏准，押空随幫一年之内，並無私鹽事故者，准其於補官日紀録一次。

七年奏准，薊運回空，行令直督轉飭薊州文武官弁，竢糧船抵薊卸糧之後，即催回空，不許在該地方刨取白土，裝載上船。並令出示曉諭沿河各市鎮、舖户人等，不許將白土賣與糧船，至滋攙和情弊。嗣後，如經關口、汛地，察出薊運回空帶有白土，並兵役人等遇有糧船偷買白土，拏獲審出實情，將該運弁與押空千總，皆照運軍攙和水米、運官不行稽察例革職。其該船軍舵，照運軍使水攙和發遣例，減一等，杖一百，徒三年；偷賣白土之軍舵同罪；將白土攙入漕糧至百石以上者，即照攙和水米例，發遣黑龍江與兵丁爲奴。知情收買、收賣之舖户，照違制例，杖一百，仍枷一月發落。並不行察禁之薊州文武官弁，皆照出洋商船私帶軍器，地方官不嚴行禁止例，罰俸一年。

十四年題准，天津、阿城、淮安、儀徵等處産鹽之鄉，貧難老幼一遇漕船經過，充塞河干，負鹽售賣。令督撫轉飭地方營汛官弁，嚴行稽察，毋許老幼男婦随船貨賣。其舵工、水手應需食鹽，只許向官舖售買。每船總不許出定例四十斤之外，如多帶私鹽，即嚴拏究治。若不實力稽察，照例議處。

一、漕糧雜禁

順治十四年題准，領運弁軍如有借端擾害過往官商船及恣横生事者，督撫鎮道等官嚴拏，照營兵鼓譟例，先從重懲治，一面題參，送刑部究處。

康熙元年諭："糧船經由漕河，領運官軍依限抵通、回空，方爲盡職無罪。乃有等姦頑官役，不守成法，多有夾帶、私放貨物、隱匿犯法人口、倚勢恃力行兇害人、借名阻礙河道、毆打平人、託言搜尋失物搶刦民船，且有盜賣漕糧，中塗故致船壞，以圖貽累地方種種姦惡。督漕各官並該地方官，一有見聞，即行糸奏，務將官員嚴提治以重罪。若知而徇隱不奏，亦從重處治。欽此。"

六十一年題准，糧船頭舵、水手，有砍伐官柳、折毁縴橋、拔樁掘埽者，嚴提治罪、估價追賠。押運官弁及地方文武各官，并加糸處。

又題准，水手夥衆搶奪，十人以上執持器械者，首犯照强盜律治罪，爲從減一等；十人以下無器械者，照搶奪律治罪。出結之運軍及頭工、舵工，容隱不首，照强盜窩主律，分别治罪。

又題准，押運、領運各官弁，例應嚴押漕船，毋許運軍、舵工、水手登岸生事。如有不法，即會同地方催糧各官恊拏究治。倘平時漫不約束、臨時又復容隱者，總漕指名題条，照例革職。

雍正元年諭："江南、浙江、江西、湖廣、山東、河南各省總督、廵撫：漕船關繫緊要，除本船正副運軍外，其頭舵工、水手，皆應擇用本軍、庶各知守法，不敢誤漕生事。近聞多雇募無籍之徒，朋比爲姦、不服運軍彈壓，當漕糧兑足之後，仍挨延時日、包攬貨物，以致載重稽遲，易於阻淺，不能如期抵通及回空經産鹽之地，又串通姦頑，收帶私鹽。此其弊端之彰著者，聞尤有不法之事。凡各省漕船，水手多崇尚邪教，聚衆行兇，一呼百應，邇年以來，或因争鬬傷害多人，或行刦鹽店、搶奪居民，種種兇惡漸不可長，亟宜懲治。

"爾該督撫，即嚴飭所屬各衛所，嗣後，糧船務於本軍内，擇其能撐駕者充當頭舵工、水手，不許雇募無藉之人。更嚴禁邪教，諭令歸業，務爲良民。如仍怙惡不悛，該地方官不時察拏，從重治罪。如奉行不力，即將該管官弁指名題条。欽此。"

五年題准，姦徒專放糧船私債。舊例，許運官並運軍自首，照私放官債加等治罪。嗣後，有違禁取利、盤剥運軍者，責令地方文武各官及坐糧廳立拏究治。如地方官、坐糧廳不即嚴拏及該管運弁縱軍私自借債者，一經發覺，皆交部嚴加議處。

十年覆准，漕船損壞，皆因運河水道舊堤遺址，積年淘卸衝激，日就窪下，舊存石塊、木樁，淹没水底。糧船過此，一經抵觸，多致損壞。應嚴飭沿河鎮、道等官，於水落之時，沿塗細看。凡有阻礙，悉行起除。倘起除不浄，抵觸漕船，總漕並廵漕御史將該管河道等官，題条議處。

十三年諭："朕聞南方濵江兩岸多繫蘆洲，民間將蘆葦堆貯洲上，賣以度日。而江楚及上江各幫漕船由江經回，竟有不法水手，每遇蘆柴堆積之處，輙糾集多人蜂擁上岸，恃强奪取。洲民攔阻，動輙毆詈，甚至有强取雞鴨等物者。小民畏勢，莫敢與較。水手肆行如此，運弁即坐本幫糧船之内，安得推爲不知？至督運之糧道、押運之府佐，雖云統轄衆幫，亦當留心稽察，何得任其多事？著漕運總督，通行曉諭，倘有仍蹈前轍者，經朕訪聞，必將大小文武運官，分别嚴加議處。欽此。"

乾隆元年覆准，糧船水手遇有事犯，如已經離船，以及未經上船之先者，不得拖累運軍。如有棄差逃走者，令在押運通判處，十日一次呈報。

四年奏准，催漕弁兵需索運軍銀錢、土物者，經該管上司及巡漕御史察出，繫兵，將該管千把照失察、衙役犯贓例議處；繫汛弁，將該管上司照不揭報劣員例分別議處。需索之弁兵，計贓以枉法論，土宜、禮物，照挾勢豪强之人接受所部餽送土宜、禮物，受者笞四十，與者減一等律分別治罪，贓物給還。如兵弁需索運軍，或運軍行賄，而押運官不即申報，照應申報上司而不申報例處分。如知情故縱，照以財行求律，受財者與以財行求之運軍，一同治罪，追贓入官。如運軍被索，即時首告免罪，追贓給主。其贓少首多，或因催行，挾私誣首，照誣告律，分別治罪。如不行首告，仍照以財行求律，與受同科，贓物入官。催漕弁兵遇有運軍行賄，據實盡首，免其治罪，追贓入官，運軍照以財行求律治罪。

五年覆准，糧船沿塗提溜、趕幫，雇用短縴，每夫每里給制錢一文。打牐，每船用夫一名，給制錢一文。如牐壩水急難過，夫役守候，臨時酌增。催漕兵役，毋得借端需索。至各夫雇價給與見錢，毋得以貨抵給。如有兵役、夫頭派加短縴，多索夫價，從中取利，貽害運軍者，照霸占揁擡，分外多取雇直，不容本家雇人者，枷兩月、杖一百例治罪。該管官弁自行察出懲究者，免其衆處。如漫無覺察，照失察衙役犯贓例議處。其扶同徇隠者，照縱役犯贓例革職。

又奏准，各幫頭船運軍，有借沿塗使費名色，科派各船、包攬侵蝕之弊，應專責運弁稽察。如運弁串通頭船運軍，科派各船者，照因公科斂律杖六十，贓重者坐贓論。若分肥入已者，計贓以枉法論。如運弁知情徇庇者，照縱容衙役犯贓例革職。其失於覺察者，照失察衙役例，分別議處。

七年奏准，漕規諸弊均有嚴禁之例。惟恐日久弛玩，刊刻木榜，列於瓜洲牐口、儀徵江口、淮安之盤糧廳、濟寧、臨清、天津、通州各口，俾往來弁兵觸目警心。仍令該管官不時稽察，如有干犯，照例提衆究處。

八年奏准，運軍正身不押運者，將承派運軍之衞守備，罰俸一年；領運守、千徇私不稽察者，降一級留任。惟隨幫武舉，向無責成。嗣後，領運官弁徇私、縱容代運隨幫，知而不報者，照應申上而不申上律議處。

一、倉漕奏銷

順治十二年題准，輕齎、由牐、席片板竹、行月等項一應隨漕錢糧，經管各官逐款備造舊管、新收、開除實在清册。在糧道者，總漕按年奏銷；在坐糧廳、大通橋者，總督、倉場侍郎按年奏銷。

又題准，漕糧徵兑，總漕派發全單，取造軍衛有司額漕數目報部。如有未完，即行指衆。

康熙二年題准，輕齎、席片、松板、楞木本折錢糧出運，減存行月銀糧、漕贈銀米、過湖淺船倉米、副米，並修造漕船、淺貢運官廩工、民七料價、六升米折及蘇、松、常、鎮四府協濟壽、淮、揚、鎮等倉米麥銀。此等漕項錢糧，均取在地畝銀米内支用備辦，舊例各作分數考成。嗣後，總作十分，總漕每年造册奏銷。

十五年題准，江南江淮、興武等幫水手銀，總歸江安糧道催徵給發，造册呈送巡撫奏銷。

又奏准，江寧衛本折、行月總歸江安糧道管理。

十八年題准，德州倉額徵本折米麥，歸并糧道專管報銷。

二十三年奏准，奏銷册籍，將支用款項、總撒數目分晰開造。如有款項不符，溷行造册題報，該管督撫照朦溷例處分。

二十四年題准，臨清倉應徵米麥，各屬相距甚遠，解送維難。應准其折徵解倉，支給報銷。

二十六年奏准，存留項下錢糧在本省支用，並支剩者，不作分數，随起運數内造册奏銷。

二十七年題准，江南減存行月、廩工、備料、小料等項銀，照江西、湖廣之例，停其解淮，徑解江安、蘇松糧道，歸入漕項奏銷案内題報。

二十九年題准，河南額解臨清、德州二倉錢糧，歸驛鹽道兼理。其奏銷、考成，該撫於年終具題。

三十一年題准，德州倉奏銷、考成，於次年五月内，依限奏銷。

三十二年題准，蘇松所屬州縣額徵加漕、裁扣、六升等銀，原繫供支蘇松漕糧運軍行月之需，舊例解交江安糧道給發報銷。今酌定，解交蘇松糧道，總作完欠支給奏銷。

又覆准，嗣後淮安、徐州、鳳陽等三倉徵收米、麥、豆，各州縣離倉路遠，往返盤駁，官民受累，應照漕折定例折徵，竟解糧道支給。

三十五年題准，各省漕項錢糧，向繫總漕隔年奏銷。嗣後，應照地丁錢糧之例，於次年五月奏銷。但漕糧十月開徵，至次年九月方滿，與地丁不同。嗣後仍照舊例，隔年三月奏銷。

又題准，臨、德、江寧、淮、徐、鳳陽等倉，編徵行月銀及米麥，原爲供支運軍廩糧之需，江寧、德州二倉，統入漕項奏銷。其臨清倉月糧，淮、徐、鳳三倉行月錢糧，總漕照例於隔年三月别案題銷。

六十年題准，奏銷本年錢糧，將上年存剩錢糧作爲舊管，本年已完錢糧作爲新收，仍將舊管收除，别造簡明清册，送部。

雍正七年題准，漕、白二糧奏銷及通濟庫錢糧奏銷，向未定有限期。今酌定於次年五月内造册具題。

十一年題准，江寧、淮安、徐州、鳳陽四倉錢糧奏銷、考成，舊例該管督撫於次年五月具題。今展限一月，江寧、淮安、鳳陽三倉，均於次年六月内題報；徐州一倉，江督仍照原限奏銷。

十二年奏准，漕項奏銷，部覆駁問數項，向例扣限四月，按款咨覆，未完錢糧扣滿年限，咨条。雍正十年部議，將漕項登答，改爲一年一次具題。未完銀内續完數目，令其歲終彙報，並造入下次奏銷新收春秋季册之内。案牘紛繁，彼此牽溷，反難察覆。應仍照舊例，其節年未完錢糧，續完若干，仍未完若干，並動用存貯各數，該省分别造册，别繕題本，随本年奏銷一并題報。

一、漕糧考成

順治十三年題准，各省漕糧經徵州縣、衛所各官初条，未完不及一分者，免議；一分以上，罰俸六月；二分以上，住俸；三分以上，降二級；四分以上，降三級；五分、六分以上，革職，並戴罪督催，完日開復。

又定例，州縣、衛所各官条後，漕糧違限不完者，加倍議處。應罰俸者，住俸；應住俸者，降二級；應降二級者，降四級；應降三級者，革職，戴罪督催，完日開復；應革職戴罪者，實降二級調用。

十八年題准，州縣各官初条，淮徐等六倉糧銀未完不及一分者，停其升轉；一分，罰俸六月；二分，罰俸一年；三分，降俸一級；四分，降俸二級；五分，降職一級；六分，降職二級；七分，降職三級；八分，降職四級。以上皆戴罪徵收，停其升轉，完日開復。九分、十分革職。布政使、知府、直隸州知州初条，各倉糧銀未完不及一分者，停其升轉；一分，罰俸三月；二分，罰俸六月；三分，罰俸一年；四分，降俸一級；五分，降俸二級；六分，降職一級；七分，降職二級；八分，降職三級；九分，降職四級。以上皆戴罪督催，停其升轉，完日開復。十分革職。巡撫初条，各倉糧銀未完不及一分者，停其升轉；一分二分，罰俸三月；三分，罰俸六月；四分，罰俸一年；五分，降俸一級；六分，降俸二級；七分，降職一級；八分以上，降職二級，皆戴罪督催，停其升轉，完日開復。署印官初条，各倉糧銀未完不及一分者，停升；一分、二分，罰俸三月；三分、四分，罰俸六月；五分、六分，罰俸九月；七分、八分，罰俸一年；九分、十分，降一級調用；不及一月者，免議。州縣各官糸後，各倉糧銀限一年內全完。如限内不能全完，原糸不及一分者，罰俸一年；一分、二分，降三級調用；三分、四分，降四級調用；五分、六分，降五級調用；七分、八分，革職。布政使、糧道、知府、直隸州知州糸後，各倉糧銀限年半全完。如限内不能全完，皆照州縣官例處分。巡撫糸後，各倉糧銀限二年内全完。如限内不能全完，原糸不及一分者，罰俸一年；一分、二分，降二級調用；三分、四分，降三級調用；五分、六分，降四級調用；七分、八分，降五級調用；九分、十分，革職。

康熙二年題准，見年額徵漕項錢糧，或一官經管，或數官經管，總作十分計算，不必各作十分。接徵、接催之官，皆照經徵督催例議處。

又題准，漕項、倉項錢糧，糸後各立年限。州縣各官限一年，糧道知府限一年有半，巡撫限二年催追全完。不完，不復作分數，皆照原糸分數處分。

又定，各省糧道，不必分別正官、署官，功罪皆一例行。

又題准，臨、德、江寧、淮、徐、鳳陽等倉銀糧，經徵督催官，與隨漕項下錢糧，各作十分考成。

又題准，巡撫等官催徵錢糧，糸後年限已滿，該撫將自欠原糸分數，及糧道等官分數，不於糸本聲明，察出，照原糸分數加等治罪。

又題准，各省隨漕輕齎等項錢糧，經徵州縣、衛所各官初糸，未完不及一分者，停其升轉，罰俸一年；一分，降職一級；二分，降職二級；三分，降職三級；四分，降職四級，皆戴罪徵收；五分以上，革職。督催糧道、知府各官初糸，未完不及一分者，停其升轉，罰俸六月；一分，罰俸一年；二分，降職一級；三分，降職二級；四分，降職三級；五分，降職四級，皆戴罪督催；六分以上，革職。巡撫初糸，未完一分、二分者，罰俸三月；三分，罰俸六月；四分，罰俸一年；五分，降俸一級；六分，降俸二級；七分，降職一級；八分，降職二級，皆戴罪督催，完日開復。州縣、衛所各官，隨漕輕齎等項錢糧，糸後年限内，不能全完。原糸不及一分者，降一級調用；一分，降三級調用；二分，降四級調用；三分，降五級調用；四分以上，革職。巡撫、糧道、知府等官，糸後年限内，不能全完。原糸不及一分者，降一級，仍戴罪督催。其餘均依州縣例處分。署任各官未完不及一分者，罰俸三月；一分，罰俸六月；二分，罰俸九月；三分，罰俸一年；四分、五分，降一級調用；六分、七分，降二級調用；八分以上，革職；不及一月，免議。

又題准，山東糧道專管漕糧，自開兑、開幫，以及抵通交倉，皆親身尾押臨、德二倉，改折徵銀，免其考成。

八年題准，向例各省巡撫經管漕糧完欠，均照糧道例議敘、議處。嗣後，停止議敘。如有未完，仍照糧道例處分。

十年題准，督催糧道、知府等官初叅，未完不及一分，免議；一分以上，罰俸三月；二分以上，罰俸六月；三分以上，住俸；四分以上，降二級；五分以上，降三級；六分以上，革職，皆戴罪督催，完日開復。糧道、知府等官叅後，漕糧違限不完，加倍議處。應罰俸三月者，罰俸六月；應罰俸六月者，住俸；應住俸者，降二級；應降二級者，降四級；應降三級者，革職，戴罪督催，完日開復；應革職戴罪者，實降二級調用。其署印各官未完漕糧，照雜項錢糧署印官未完例議處。一分、二分，罰俸三月；三分、四分，罰俸六月；五分、六分，罰俸九月；七分、八分，罰俸一年；九分、十分，降一級調用；不及一月者，免議。

十四年題准，漕糧改折銀與隨漕項下錢糧，各作分數題叅。

又題准，州縣、衛所官，原叅不及一分，年限内不完者，降一級留任，再限一年内催完。如又不完，照所降一級調用。

又題准，署印官初叅，各倉銀糧，在任不久，其欠不及一分者，毋庸停升。

乾隆五年議准，浙江漕項奏銷，本折月糧、廩工、永減、淺貢等款，列爲一册；漕截灰石等款，列爲一册；輕齎、行折等款，列爲一册。其向附月、廩等款册内之本色月糧一款，改入輕齎、行折册内，統算考成。

又題准，道庫、州縣應解、應給銀米任意遲延，或移催衛幫，不即支領，即於各本案内，將道、縣、衛遲延職名，確察附叅。

七年奏准，漕白二糧未完各官初叅、二叅、考成，均照隨漕輕齎等項錢糧，分別議處。

一、白糧考成

順治十一年題准，白糧與由牐銀總屬正項。其完欠分數，應以銀米總計合算。如有未完，照例議處。

康熙六年題准，經徵督催白糧各官完欠考成，照題定漕糧考成例議處。其交兑過淮、抵通限期，以及議敘、議處條例，皆照漕糧例處分。

十七年題准，白糧改折經費銀，原繫白糧項下應徵之款，與白糧一例考成。

三十三年題准，白糧項下減存經費銀，乃解部之項。如不豫行詳請，擅自動用，將擅動之官題条，著令賠完。

一、倉庫盤察

康熙六年題准，漕項錢糧乃輓運急需，司府州縣等官如將徵完之銀那動、給發别項支用者，糧道詳報總漕題条。

二十八年題准，各省糧道存貯錢糧，於年終及離任之日，責成藩司親身盤察、出結。如有虧空，立即揭報，該撫題參。

雍正四年議准，道庫實在錢糧，自雍正五年爲始，照司庫例，每年春秋二季，造册報部，聽候撥解京餉。

又題准，江安、蘇松、江西、湖南、湖北、山東等省糧道衙門，各增該庫大使一人。凡倉庫收放錢糧，責成稽察。其浙省道庫即令布政使司理問兼管。

六年題准，江寧布政使司衙門徵收上下兩江應解南屯米、麥、豆，舊有倉厫，皆繫吏役經手支放。今增設倉大使一人管理，以專責成。

十年題准，德州原設常豐、德州二倉，臨清州原設臨清、廣積、常盈三倉，年久坍廢，應於臨清、德州各增建新厫六座，責成糧道督率臨、德二州加謹蓋藏，年終盤驗，出具實貯印結送部。並令常豐、臨清二倉大使廵察看守。

十一年奏准，各省道庫一應收支錢糧，随時知會藩司備案。奏銷時，將支、銷、存、剩各款造册，移司盤察，出結送部。

又題准，各省糧道新舊交代任内收支錢糧，均照布政使司交盤例，該管督撫造册具題。

一、起運完欠

順治五年題准，漕欠無論多寡，均發各糧道嚴追。

九年奏准，挂欠漕糧弁軍發南追比，承追各官嚴察本弁、本軍産業，估計變賣，盡數完糧，不得聽其株連攀害。

十二年題准，挂欠弁軍先在通州追比，勒限一年。如不能完，倉場題明，發南追比，再限一年追完。

又題准，官欠追官，軍欠追軍。每年發淮追比之時，分别欠數，研審明確，官軍一例嚴追，變産完賠。如運軍侵糧、脱逃，報明户部，行總督衙門提究追擬。

十四年題准，運官到通，糧米全完，緣事罣誤，非貪贓失守大計、隱匿逃人重罪，該部酌量，分别以示鼓勵。

十七年題准，總漕以通漕論，糧道以本省論，凡欠二分者，罰俸一年；

再運又欠一分者，降一級調用；欠二分者，降二級調用；欠三分者，革職。

又題准，運官領運漕糧，交納、銷算、買補以及隨幫代運[1]全完者，不准議敘。

康熙元年題准，搭解舊欠漕糧復有挂欠，倉場開列分數，題衆，照例處分。挂欠之米仍照數追賠。

二年題准，總漕、巡撫、糧道，如通漕及本省衞所漕糧盡行開兑、開幫北上，運務一官經手者，前官雖有事故離任，功罪應歸前官，後官免議。其總漕有一二省，巡撫、糧道有一二衞所未經兑完開幫，前官事故，後官接管，功罪應歸後官，前官免議。

八年題准，糧船阻凍天津，漕糧收受進倉，非本年内全完，至隔年始行運竣者，糧道、押運等官，不准議敘。

十年題准，漕糧開兑、過淮違限者，其到通糧米雖已全完，糧道等官，不准議敘。

二十五年題准，搭運欠舊米與原欠米色不符者，糧道、知府罰俸一年，領運千總革職。

四十三年議准，運官挂欠漕米，以通幫糧米計算。如挂欠不及一分者，責二十，革職追比，追究還職，免罪，不完，杖一百，革職；一分，責三十，革職追比，追究免罪，不完，杖一百，徒一年；二分，責四十，革職追比，追完免罪，不完，杖一百，徒三年；三分，責六十，革職追比，追完免罪，不完，發附近衞所充軍；四分，責八十，革職追比，追完，杖一百，不完，發邊遠衞所充軍；五分，責一百，革職追比，追完徒一年，不完者絞；六分以上者斬，照例籍没家産抵償。

又議准，運軍挂欠漕糧，以一船糧米計算，如挂欠不及一分者，責二十，革運追比，追完免罪，不完，杖一百；一分，責三十，革運追比，追完免罪，不完，杖一百，徒一年；二分，責四十，革運追比，追完免罪，不完，杖一百，徒三年；三分，責六十，革運追比，追完免罪，不完，發附近衞所充軍；四分，責八十，革運追比，追完，杖一百，不完，發邊遠衞所充軍；五分，責一百，革運追比，追完，徒一年，不完者絞；六分以上者斬；照例籍没家産，妻子抵償。

四十九年題准，漕糧挂欠，皆由糧道、監兑、押運等官，不親詣水次、面同兑足。糧船抵淮，總漕亦不嚴行盤察，以致弁軍任意折銀、沿途盗賣。

---

[1] 此處脱“未”字。

嗣後，將挂欠不及一分至六分之弁軍，照例分别治罪。其總漕、糧道等官，亦照例，按所欠分數議處，並將所欠漕糧算作十分分賠，總漕半分，糧道一分，監兑官半分，總押運官半分，運官一分半，僉丁、衛所官半分，運軍五分半。按此分數，令總漕等官於限内賠完，不完，總漕、糧道各官，交部議處，運官、運軍照例治罪。仍將弁軍不能賠完之米，著落總漕、糧道等官賠償。至挂欠糧米，既總漕、糧道，令分賠全完者，應加倍議敘。山東、河南、湖廣三省糧道，改爲加升一級；江南江北、江西、浙江三省糧道，改爲加升二級。總漕議敘之例，於康熙八年停止。嗣後，各省漕糧十分全完者，仍將總漕照例加升二級。

又議准，弁軍挂欠漕糧，承追、督催等官，皆照經徵、督催淮、徐等倉糧銀例議處。

五十一年題准，同幫運官連名互結，如將赤貧之軍出結僉運，以致挂欠不能賠補，將本軍應賠五分半之内，令互結各軍攤賠一分。

又題准，嗣後，一幫挂欠，府廳等官罰俸一年，糧道罰俸半年。幾幫挂欠，照此遞加罰俸。

又題准，押運同知、通判，一次挂欠，降一級留任；二次，降二級留任；三次，降三級調用。

又題准，押運同知、通判，一次無欠，加一級；二次無欠，加二級；三次無欠，不論俸滿，即升。

又題准，江浙積欠之幫，一運全完；其次挂欠之幫，三運全完；别幫，五運全完，均准其即升。

五十四年題准，弁軍挂欠，嗣後免其留通追比一年。令倉場侍郎，將欠糧運軍拏交運官，即行發南，追賠挂欠之米。限次年搭運赴通交納，如次年不搭運，總漕照例題叅。

六十年題准，欠糧運官，有於倉場未題之先已升任他職者，革職發追，竢完糧開復之日，照例補用。

雍正元年題准，領運千總一運全完，加銜一等；二運全完，加升二等；三運全完，毫無事故者，從優議敘即升。其江浙積欠之幫，仍照舊例，二運全完，准其即升。

二年議准，搭解舊欠漕米，必以本色交兑。搭運過淮之時，總漕盤驗足數，方許開行北上。如有麥、豆、雜糧等項抵充漕欠，或過淮之後用小船趕送者，總漕察明題叅。

三年題准，欠糧運官，倉場即咨兵部開闕，竢限内全完，題請開復，别行補用。

五年題准，弁軍挂欠漕糧，向照失風挂欠之例，止收平米，免其曬颺折耗。嗣後非失風而挂欠者，照起運之數，搭運抵通。

十三年奏准，運弁領運漕白船糧，如有過淮違限，而抵通全完者，竢總漕將原条過淮違限，題准開復之後，始准議敘、加銜。

乾隆二年奏准，領運守、千[1]江浙等遠省，一二運准按運加銜，三運全完，議敘即升，不得復請加銜。至三運以後，再能全完，仍准按運加銜。山東、河南二省官弁，一三五運全完，均紀録二次；二四運全完，均加銜一等；至六運全完，方議敘即升，亦不得重複加銜；至六運以後，均照前相間紀録加銜。

又奏准，重運効力武舉，領運江浙等遠省，每運全完，准於補官日紀録二次。領運山東、河南近省，每運全完，准於補官日紀録一次。三運運滿，咨部注册推用。

三年奏准，各省糧船抵通起卸漕米，如有不足，向例准買別幫餘米抵補，但各省收兑，如果足數抵通，何致不敷？嗣後如有不足，即行条處，著賠，不准買補別幫餘米。其各船運軍日用餘米，坐糧廳給與驗票，准其售賣外，其餘各色漕米、票米，一槩不許買賣。交與通永道、通州知州，實力稽察。如有不遵，即行拏究。倘稽察不力，被倉場及御史訪聞，將該道、該州，題条議處。

四年題准，山東、河南二省遞年輪運薊糧，督運通判，押運全完，照例議叙。

五年題准，輪運薊糧千總，准照山東、河南近省運通全完之例議敘。

八年題准，定例准以完糧議叙，抵銷因公罣誤降級等案，原指該弁本運降級事故，即以本運應得議叙抵銷。其一應罰俸案件，不准將完糧議叙抵銷。乃該弁等竟有以應加之銜，故意遲延，豫防將來罣誤降抵之計，於例未協。嗣後漕運各官因公罣誤，應降調者，如本運議叙准其抵銷，其前運應加之銜，槩不准抵。

十八年議准，武職加銜，既經删除，嗣後領運官議叙遠省者，一運全完，加一級；二運全完，加二級；三運全完，即升。近省一運全完，紀録一次；二運全完，加一級；三運、五運與初運同；四運與二運同；六運全完，即升所加之級，准其隨帶。

---

[1] “領運守、千”似應爲“守、千領運”。

一、漕船偶遭風火

順治十五年題准，漕糧改解兵米，大江漂流，准照漂没糧數開銷。

又題准，糧船在江洋、黄河漂流者，地方官察明，給有印照，總漕及各該撫覆勘明確，據實具題，准予豁免。如無題報，即於本軍名下追賠，若本軍無力補完，將本幫餘米、簟羨扣抵，務足原數。

康熙二十一年題准，大江、黄河漂没搶救者，將搶獲米灑帶各船運送。其漂没米，准予豁免。若坐視不救，該督題条，從重治罪。

又題准，漂流船糧，令沿塗催趲各官及汛地文武官親臨確勘，各出保結，取具運官結狀，該督撫具題豁免。如未經漂没船糧，運糧官軍詐報漂没，並故將船放失，及雖漂没損失不多，乘機侵盜至六百石者，照律擬斬。不及六百石者，照律發邊衛，永遠充軍。漕米照數賠補。其沿塗催趲各官及汛地文武各官，不親臨確勘，遽出保結者，並行革職。該督撫不嚴察確實，遽行題豁，後詐冒事露，將具題督撫降二級調用。

又題准，文武官凡遇漕船沉溺，不將情由升報者，降一級調用。

又題准，押運官弁廵察不謹，以致失火燒燬漕船者，降一級調用；地方官不行協救，延燒别船者，罰俸一年。

三十六年題准，漕船失風沉溺，船未抵通，而糧已搭運到通全完者，坐糧廳呈報户部，運軍領過行月錢糧，免其追繳。

四十二年奉旨："洪澤湖水勢更甚於大江、黄河之水，其失風漂没船糧，從寬豁免。嗣後，洪澤湖有漂没船糧，亦照大江、黄河漂没之例議奏。欽此。"

雍正元年題准，漕船在内河失風，將押運官弁照失於防範例，罰俸一年，仍取具押運官弁並地方文武官弁並無假捏印結送部。倘有假捏情弊，即將弁軍嚴加治罪，出結官弁從重議處。

又題准，糧船在内河漂流者，不准豁免。將該幫進倉米，免其曬颺，以所剩曬颺折耗餘米，抵補漂流之數。如抵補不敷，將該幫羨餘銀扣抵，該幫不足，將該衛羨餘銀覈總扣除，務足原額。

四年議准，失風漂流之米，除將本幫餘米抵補外，下剩米限次年搭運抵通，正兑、改兑均照平米收受，仍免其曬颺折耗之米，以示軫邺。

五年題准，漕船入境地方官，不顧風色、水勢，催趲前進，在内河致有踈虞，將該管地方官與押運官弁，皆照失於防範例議處。

又題准，漕船在江洋、黄河、洪澤湖漂没，片板、粒米無存者，准予豁免。

六年題准，領運弁軍，凡遇海洋、大江、黄河危險地方，遭風漂没，幸獲生全者，照軍功保守在事有功之例，官加一級，運軍照軍功一等傷例賞給。其漂没身故者，官不論銜級大小，照軍功陣亡例，皆以見在職任，分别准廕加贈，給與祭葬銀，運軍亦照軍功陣亡例，給與祭葬銀。其無妻子親屬者，照例給銀，該督撫、提鎮，委官致祭。至船内頭舵、水手被淹身故者，照軍功二等傷例賞給。

十三年議准，海洋、大江、黄河及洞庭、洪澤等湖，領運弁軍被溺身故，照軍功例賞卹、贈廕。其在内洋、内河及以停泊海口、島嶼等處修造漕船，雖屬奉公差委、與効力疆埸者有間，此等幸生之弁軍，應照軍功例減等，官給與紀録二次，運軍人等照二等傷例，減半賞給。其漂没身故者，官照陣亡例，各減一等，分别廕贈，減半給與祭葬銀。運軍亦照陣亡例，減半給與祭葬銀。無妻子親屬收受者，仍照例給銀二兩，委官致祭。再，内洋等處遭風溺故之千總，量減一等，廕子弟一人，以把總補用。

十三年題准，漕船經運五六年，及未至五六年而有風火等事之失，責令賠造；經運七八年而有事故，責令買補；經運九年而有事故，以及腐朽不堪者，責令雇募；均至十年限滿，准其給價配造。

乾隆三年題准，漕糧内河失風漂流，運軍賠累艱難，應交茶果銀，槩行免交。其糧已漂失，臨倉買補。無藉經紀車户轉運者，箇兒錢一並免交。若船無破損、米無虧闕，到通轉運進倉者，箇兒錢照舊交納。

又題准，假捏失風、希圖挂欠者，仍照例議處。若汛水漲發、猝不及防，失風之船能戽救修艌抵通，糧無虧折，或買補全完者，領押守千丞倅，皆免議處，仍照例議敘。倘船非滿號，不能戽救，米有挂欠，雖買補全完，亦仍照例議處。至地方文武官弁協同戽救，船糧均無虧者，免其議處。如不能協同戽救，以致漂流者，仍照例處分。

又題准，押運丞倅，遇有幫船失風事故，向例與領運守千一例議處。但丞倅統轄十餘幫，較之守、千專管一幫者有間。嗣後量爲輕減，原例罰俸三月者，改爲一月；罰俸六月者，改爲三月；罰俸一年者，改爲六月；降一級留任者，改爲罰俸一年；降一級調用者，改爲降一級留任；降二級調用者，改爲降一級調用；革職者，改爲降三級調用。

四年題准，糧船停泊處所，他船失火，該軍在船，不即設法開放，地方官不行星飛往救，以致延燒者，將火燬船，責令官軍名下分賠造運。

五年題准，漕船遇有事故，各失防職名，照例開送。如有應行免議之處，於咨内聲明，聽候吏、兵二部察議。

又題准，副軍有在大江、黄河被淹身故者，照軍功二等傷例賞給。

六年題准，各省出運船糧，凡有失風漂流之米，照例報部，分别易换扣抵。倘有徇隱、捏報等弊，照例題条。

七年議准，糧船失風、火燎，其船不致被沉者，無論已未過淮，即令修固原船，復載抵通。如已被沉難戽者，准雇民船載運，随幫過淮，盤驗抵通。倘過淮時未經雇募，將米已分通幫帶運者，不許中塗再雇民船裝運，以杜盜賣攙和之端。若過淮後失事，或在黄河中流，及該地方無民船雇募者，仍令先分通幫帶運開行，一面前塗雇覓民船裝運，總著通幫衆丁，出具互保各結，抵通交納。稍有虧欠，責令賠補。

十四年議准，漕船回次，雖交與地方官收管，仍著随幫官弁約束、稽察，遇有風火事故，即將該随幫職名報条。如新運千總既經接收幫船，即將新運千總職名報条。或漕船減存在次，遇有事故，随運二弁均不能兼顧，即開收管之地方官職名報条。至押運同知等官，如遇回空到次後風火事故，免其条處。

卷一三一

工部

都水清吏司

河工一

一、職掌

順治初年，設河道總督一人，駐劄濟寧州後移駐清江浦，綜理黄運兩河事務。通惠河分司一人，駐劄通州；北河分司一人，駐劄張秋；南旺分司一人，駐劄濟寧州；夏鎮分司一人，駐劄夏鎮；中河分司一人，駐劄吕梁洪；南河分司一人，駐劄高郵州；衛河分司一人，駐劄輝縣，分管所屬境内歲修搶修等事。

康熙四年，裁衛河分司，歸於彰衛懷道管理。

十五年，裁南旺分司，歸濟寧道管理。又裁夏鎮分司。所有滕、嶧二縣河道各汛，歸東兖道管理。沛縣河道各汛，歸淮徐道管理。

十七年，裁北河分司，分歸濟寧、天津二道管理。又裁中河、南河分司，分歸淮揚、淮徐二道管理。

又議准，滕縣河務改歸濟寧道管理。

又覆准，河南歲修工程暫交該撫料理，竢江南大工告竣，仍照舊例，總河親勘具題。

又議定山東、河南特設管理道官，一應督修、挑築、辦料諸務，均令河道協同催趲，聯銜會詳，一例責成。

二十二年諭："河工關繫緊要。蘭家渡決口築塞方完。河南隄岸工程專令河南巡撫暫行料理。如有應會總河事務，仍移文商榷毋誤。欽此。"

二十三年諭："朕觀高家堰地勢高於寶應、高郵諸水數倍。前人於此作石隄障水，實爲淮揚屏蔽，且使洪澤湖與淮水并力敵黄衝刷淤沙，關繫最重。今高家堰舊口及周家橋、翟壩修築雖久，仍須歲歲防護，不可輕視，以隳前功。欽此。”

又諭：“蕭家渡、九里岡、崔家鎮、徐升壩、七里溝、黄家嘴、新莊一帶，皆緊要近溜之處，甚爲危險。所築長隄與逼水壩須時加防護。大約運道之患在黄河，禦河全憑隄岸。若南北兩隄修築堅固，可免決齧，則河水不致四潰。水不四潰則濬滌淤墊，沙去河深，隄岸益可無虞。今諸處隄防雖經整理，還宜培薄增卑，隨時修築，以防未然。又如宿遷、桃源、清河上下，舊設減水諸壩，蓋欲分洩漲溢，一使隄岸免於衝決，可以束水歸漕，一使下流疏洩，可無淮弱黄强、清口噴沙之患。近來凡有決工，皆仿其意，不過暫濟目前之急。雖受其益，亦有小損。倘遇河水泛溢，乘勢橫流，安保今日減水壩不爲他年之決口乎？當籌畫精詳，使黄河之水順軌東下，水行沙刷，永無壅決，則減水諸壩皆可不用。運道既免梗塞之患，民生亦無墊溺之憂，庶幾一勞永逸，河工可告成。欽此。”

三十二年奉旨：“河南工程不必行總河往勘。照該撫所請修築。”

三十六年諭：“海口爲黄水入海之道，所關甚屬緊要。河道總督每年委賢能河官專管修理，勿致壅滯。欽此。”

三十七年設永定河分司。

三十八年諭：“朕審視黄河之水，見河身漸高。登隄用水平測量，見河較高於田。行視清口高家堰，則洪澤湖水低、黄河水高，以致河水逆流入湖。湖水無從得出，泛溢於興化、鹽城七州縣。此災之所由生也。治河上策惟以深濬河身爲要，諸臣並無言及此者。誠能深濬河底，則洪澤湖水直達黄河，七州縣無泛溢之患，民間田廬自然涸出。不治其源，徒治下流，終無裨益。今朕親閱下河到海之口及射陽湖一帶淤墊之處，總河所帶効力人員甚多，可速分委，并力開濬蓄積之水。倘能稍洩，亦有益也。至於黄、淮交匯之口過於徑直，所以黄水常逆流而入。今宜將黄河南岸近淮之隄，更迤東長二三里，築令堅固。淮水近河之隄，亦迤東灣曲拓築，使之斜行會流，則黄水不致倒灌入淮矣。再，河流不迅急，無以刷去河底之沙。河直則溜自急，溜急則沙自刷。而河自深，宜於清口之西數灣曲處試行濬直。如直濬有益，漸將上流曲處歲加直濬，庶幾黄河之險自除，而河底漸深，洪澤湖之水漸出，七州縣之水患可漸息矣。欽此。”

四十年，覆准裁通惠河分司，歸通永道管理。

四十四年奉旨：“直隸、山東河道與總河相距甚遠。應照河南例，令各該巡撫就近料理。”

四十八年諭："河防緊要，不可稍忽。宿遷以下有清水入黄河，得以刷沙遄行。宿遷以上至河南一帶，無清水入黄河。必須將兩岸隄工小心修防，令水不出漕。導水由漕中行，無淤沙之患。至於黄河發水，由上源寧夏而來。著陕西總督轉行寧夏同知，遇黄河長水時速報。總河、河南廵撫豫爲修防。欽此。"

雍正二年議准，以河南武陟、中牟等縣隄工緊要，設副總河一人，管理豫省河務。

三年，覆准，豫省增設河官。凡歲修、搶修，均令河汛各官專司其事。倘遇緊要大工，仍令沿河印官與汛河各官協同辦理。

四年諭："近年豫省河務險工下移，隄岸完固。山東河務甚屬緊要，向繫山東廵撫管理。但廵撫有地方責任，恐不能兼理河務。山東與河南接壤，令副總河兼管。欽此。"

又議准直隸河道分爲四局。南運河與臧家橋以下之子牙河、苑家口以東之淀河爲一局，令天津道就近管理。舊有天津同知、泊河同知及各地方管河同知、通判、縣丞、主簿等官，悉歸管轄。永定河分爲一局，將永定河分司改爲河道，駐劄固安縣總理。其沿河州縣各增設丞、簿等官，以資分防。除所有同知一人外，將向來効力人員一槩撤回。運河分爲一局，撤去分司，歸通永道兼管。其管河州判等官，悉歸管轄。苑家口以西各淀及畿南諸河爲一局，將大名道改爲清河道，移駐保定府。舊有管河同知、通判、州判、丞簿等官，悉歸管轄。

又議准設江南葦蕩營叅將一人、守備二人。

五年，議准黄河南岸劉家口壩工歸商、虞二縣就近管理。

又奏准豫省險汛下移，於開封府南岸增設主簿一人管理。開封府下北河增設廵檢二人，一駐祥符、陳留適中之地，一駐蘭陽、儀封適中之地，遇險要工程，協同廳汛各官辦理。其祥符北岸汰黄隄一道，亦令管理修埶。

六年，議准江南河營設叅將一人統轄。淮徐九營、淮揚十一營，每營設守備一人。淮徐、淮揚各設游擊一人。除舊存七營外，如額建設，以專責成。

七年諭："治河之道，惟有使黄水暢流，無所壅滯，則永慶安瀾。然使黄水無所壅滯，必須保固高家堰隄工，使清水力能敵黄，且以助其暢流之勢。從前總河雖將石工稍加幫修，不若多費帑金，於隄工險要之所及卑薄之處，皆加修石工，務令堅固高厚，以爲久遠之計。欽此。"

又諭："副總河專理北河，總河兼理南北兩河之事。今朕欲分任南北兩河，又思治河之道，必合全河形勢，通行籌畫，方可疏導安瀾。若分令兩人管理，亦有推諉掣肘之處。著詳議具奏。欽此。”遵旨議准，河之南北因地而分，其原委分流，本屬一貫。河臣雖分兩人，而辦事應如一體。請授總河爲總督江南河道、提督軍務；授副總河爲總督河南、山東河道、提督軍務，分管南北兩河。其有江南、河東修理工程，令公同商酌，會稿具題。倘遇緊要搶修，一面堵築，一面知會，不得藉會商爲名，以致遲誤工程。至題補河官及奏銷錢糧等事，仍令分辦。

又議准，設河南豫河、懷河守備各一人。

八年，議准設直隸河道總督一人。

九年，議准增設石景山同知一人，屬永定河道管轄。

又覆准，山東運河一應修築隄岸牐壩工程，均責令管河廳汛等官分司修防，不得推諉。倘有疎虞，題叅賠修。如别案大工，仍令地方官與管河各官分段修築。

又覆准，江南邳睢同知照舊管黄運兩河工程。宿虹同知專管黄河兩岸一百四十餘里，並將宿桃中河通判舊管黄河葉家莊、竇家林等工，歸於該同知管理。宿桃中河通判改爲宿遷運河通判，管理宿遷至古城運河兩岸子隄，長九十里。並將宿虹廳舊管運河兩岸隄工，長四十八里，歸於該通判管理。安清中河通判改爲桃源安清中河通判，原管運河自桃源三汊河起，至清河縣楊家莊止兩岸子隄。又運鹽中河一道，自運口沿河牐起，至安東縣止，並將宿桃中河通判舊管古城以下至三汊運河兩岸子隄歸於該通判管理。海防同知原駐廟灣，應移駐童家營適中之處，改爲分管山安南岸河務海防同知。將外河廳南岸工程之内，自新港頭工起，至山安交界陳家社，計長百有五里。又山安廳南岸工程之内，自陳家社起，至陶家社竈土隄尾止，計長六十一里，歸并該同知就近管理。增設巡檢、把總各一人，管理原屬外河廳所管上河汛新港頭起，至葉家營止，工長六千二十七丈。江防同知改爲揚河江防同知，駐劄瓜洲，原管江口及三汊河迤南河道二十五里。將揚河廳工程之内，自邵伯迤北高江交界三十里舖起，至三汊河止，兩岸各工長八十里分歸管理。

十年，議准設江南河庫道。

十二年，議准設山東運河道。

又議准，直隸復設大名道，兼管河務。又增設永定河北岸同知、三角淀通判。

乾隆元年諭：“治河之道在因其勢而利導之。司河務者必將全河形勢熟悉胸中，隄防疏濬，在在得宜，始可以行所無事而致安瀾之慶也。黄河自河南武陟至江南安東入海長隄，綿亘二千餘里，舊設總河一人，駐劄清江浦。雍正七年復設河東總河，誠慮鞭長不及，故俾南北分隸，各有責成。惟是河流日久變遷，舊險既去，新險復生。其間防浚事宜，有病在上流而應於下流治之者，有病在下流而應於上流治之者。必須通局合算，同心協理，庶無顧此失彼之憂。若河臣於南北形勢未能洞悉，遇有開河築隄等事，或至各懷意見，彼此參商，則上游下游必有受弊之處，所關匪細。徐州府當南北之衝，爲兩河關鍵，最爲緊要。見設南河副總河，應移駐徐州，以專督率。如兩河有應會商事宜，就近可與南北河臣公同踏勘。應開浚者，即行開浚；應堵築者，即行堵築，毋得推諉，亦無得掣肘，於河務似有裨益。著江南總河、河東總河確議具奏。欽此。”遵旨議定，副總河移駐徐州。凡兩河應行會商事宜，即就近與南北河臣公同酌議，立即舉行。其毛城舖等處減水牐壩，就近督率徐屬廳營按時啓閉，隨宜辦理。如病在上流而應於下流治之者，北河臣豫爲知會副河臣與南河臣，踏勘定議興工。如病在下流而應於上流治之者，南河臣亦即知會副河臣與北河臣，踏勘定議興工。如上流開河築隄有礙下流，下流開河築隄有礙上流，並知會副河臣，會勘妥議。其動用錢糧，仍照南北工程定例。

又議准，山東增設黄運河守備一人。

二年，撤回江南副總河。

又議准江南徐屬同知改爲銅沛同知，並增設豐蕭碭通判一人。其餘十五廳仍舊管理。

又議准，山東東平、濟寧二州泉務，令各該州州同管理。汶上、滕、鄒、泰安、滋陽、寧陽六縣泉務，令各該縣縣丞管理。平陰、萊蕪、肥城三縣泉務，令泰安府經歷管理。曲阜、泗水二縣泉務，令兖州府經歷管理。蒙陰縣泉務，令沂州府經歷管理。新泰縣泉務，令該縣上泗莊廵檢管理。嶧縣泉務，令滕縣縣丞兼管。魚臺縣泉務，令濟寧州州同兼管。仍聽管泉通判管轄。其地方一切公務，管泉各官均免其差委。至該州縣泉源、泉河及蔭泉樹木、沿河柳株，均責令該員督率泉夫，不時疏濬、栽植。倘因循怠惰，泉務廢弛，即將專管之官条究。如通判不實力廵察，通同徇隱，該督撫一并条處。至冬閒協挑運河，亦令該員管押。其有泉州縣印官，改爲兼管官，令其稽察催趲。仍令管泉通判不時廵察所屬。如泉流暢達、樹木繁茂、有益運道，該河道總督酌量具題，予以議叙。

又奏准，廵視山東漕運御史與河臣協同督察大濬、小濬工程。

三年諭：“毛城舖工程漸次就緒。但此地至洪澤湖河湖水道六百餘里，經過十數州縣，土壤相錯。若無專官統轄，則丞簿微員呼應不靈，所有一切隄岸壩座工程未必經久堅固。況見在修防疏濬，尚須逐年料理，則歲修之費當豫爲籌及者。著總河會同總督，悉心妥議，於就近廳員中歸并何官管轄，並酌定歲修之費若干，每年冬末春初河水未發時相度修治，俾地方永受其益。欽此。”遵旨議准，毛城舖減水壩迤下河道，令豐蕭碭河務通判、銅沛河務同知、邳睢靈壁河務同知、宿虹河務同知、山盱河務通判，各照所屬地方分界管理。子堰或經卑薄，河道間有淤阻，均令隨時修補疏導。

又議准，河南商邱、虞城三汛隄工應清界址。虞隄自一堡至火神廟止，長千有五十丈五尺，改撥商汛，與商隄相接。商隄自五虎廟東埠口至蕭家莊止，長千有九十一丈，改撥虞汛，與虞隄相接。曹縣越隄一段，長一百八十八丈。東九十四丈改撥虞城上汛，西九十四丈改撥商邱汛，則工段聯絡，便於廵防。

四年，議准設河南儀考通判。

又議准，設永定河營守備。

又奏准，洪澤湖發源桐栢淮、泗及七十二谿等處，閒歲冬春，河臣會委大員，將河形水勢、通塞衰旺，以及分支合流，可引可截各情事，詳細勘明，豫爲酌定。

五年，議准設河南曹儀通判。

又議准，山東兖沂曹道兼管黄河工程。

又議准，總河所轄漕河，每年應詳按形勢，察明脈絡。凡各處泉河淀泊，以及支河汊港，關繫濟運之處，窮源溯委，將道里遠近，見在隄身高寬丈尺，何處發源，入漕何處，洩水歸宿，並將各隄牐壩舊制、新增、更改事宜，逐一分晰繪圖，黏單呈送到部，以備稽考。

六年，議准裁直隸祁河通判，改設子牙河通判。

七年，覆准河南彰德、懷慶二府通判，各令兼理河務。

九年，奏准江南淮徐、淮揚二道，原繫分廵兼管河務。但河工關繫緊要，該二道有管轄廳汛之責。嗣後，應令其專管河道。

十四年奉旨，直隸河道令總督兼管。又設江南協辦河務官，職掌與副總河同。

十六年諭：“洪澤湖上承清、淮、汝、潁諸水，匯爲巨浸。所以保障者，惟高堰一隄。天然壩乃其尾閭，伏秋盛漲，輒開此壩洩之，而下游諸縣胥被其患。冬月清水勢弱，不能刷黄，往往濁流倒灌。在下游居民深以開壩爲懼，而河臣轉藉爲防險秘鑰，二者恒相持。朕南巡親臨高堰，循隄而南，越三滚壩至蔣家牐。周覽形勢，乃知天然壩斷不可開。夫設隄以衛民也。隄設而民仍被其災，設之何用？若苐掣流緩漲，自保上游搶險各工，而鄰國爲壑，田廬漭没，弗復顧惜。此豈國家建立石隄、保障生靈本意耶？爲河臣者，固不當如此存心也。天然壩當立石，永禁開放，以杜絶妄見。近者河臣等，於開天然壩亦深以爲非，而請於三滚壩外增建石滚壩，以資宣洩。朕親臨閲視，謂增三爲五，即以過水一二尺言之，向過三尺者，即爲五尺；向過六尺者，增而至丈，是與天然壩名異實同，人必有議其巧，避開壩之名而陰襲其用者。是當爲之限制。上年滚壩過水三尺五寸，天然壩仍未開放。應即以是爲准，俾五壩石面高下維均，以仁、義、禮、智、信爲之次。仁、義、禮三壩一如其舊，智、信二壩則於石面之上加封浮土。必仁、義、禮三壩已過水三尺五寸，猶不足以減盛漲，則啓智壩之土，仍不減，乃次及於信，斯爲節宣有度。較之開天然壩之一往莫禦者懸殊矣。再，高堰石隄至南滚壩以南，舊用土工石隄，有首無尾，形勢不稱。應自新建信壩北雁翅以北，一律改建石工。南雁翅以南至蔣家牐，水勢益平，則石基甎甃。如此方首尾完固，屹如金湯，永爲淮揚利賴。至洪湖束水，藉以刷黄，而上游宿、虹、鳳、潁諸邑，歲被水患。議者謂洪湖盛漲，諸邑先被其災洩，洪湖仍於上游無補。自朕觀之，漲減則上游之漫溢者亦減。此固在封疆大吏於未被水時先事綢繆，而司水土者，亦未可謂閭閻休戚，非己職掌所在，而專以束水保隄爲得計也。河工宿弊，不可枚舉。而無益之費尤多，或明知無用而因循不廢，或因以爲利而妄事興修。即以朕廵視高堰一隄之内，已不勝屈指數。然觀河臣管領河漕數千里，民命所繫，視督撫綏緝一二省者爲難。冒涉風雨，守護隄防，亦視督撫坐辦案牘者爲勞。而督撫職在刑名錢穀，事有實據，是非難掩。河臣遵守章程，可以福命苟安。無事則其任較易。向來河臣不乏表表尸祝之輩，而糜帑養患、有罪無功，其識機宜、得關鍵、實著功效者幾人哉？果使全不興工，則置民瘼於不問，河臣幾於虚設，固無此政體。如其糜脂膏以擲虚牝，則蠹弊之最巨者。總之，河不可不治而無循其虚名，工不可不興而必歸於實用。我皇祖、聖祖仁皇帝屢幸南河，躬親指示，平成睿略，萬世永賴。朕何能仰企一二。即經臨視，有所籌畫，亦不敢自信爲必不可易。惟愛養黎元，揆理度務，崇實敦本，兢兢業業之衷，可共白耳。將此詳悉宣諭中外臣民。其庀材興工、一切應行事宜，河臣會同督臣，按例確估具題。欽此。”

一、河員

江南河道總督一人。所屬河庫道一人。淮徐河道一人，轄六廳，同知四人、通判二人、二十四汛州同、州判各一人、縣丞五人、主簿十有二人、巡檢七人內大壩、運河二汛，各巡檢二人。淮揚河道一人，轄十一廳，同知五人、通判六人、三十八汛州同、州判各三人、縣丞十有四人、主簿十人、巡檢八人、十四牐牐官十有一人內一官管四牐。河營叅將一人，轄淮徐河營游擊一人、守備九人、千總八人、把總十有三人；淮揚河營游擊一人、守備十有一人、千總九人、把總十有七人。葦蕩營叅將一人，轄守備、千總、把總各四人。

山東、河南河道總督一人。所屬山東運河道一人，轄七廳，同知二人、通判五人、二十八汛州同、州判各三人、縣丞九人內一丞管二汛、主簿十有二人、分理泉河州同二人、府經歷三人、縣丞六人、巡檢一人、四十八牐牐官三十一人內一官管二牐者九，一官管三牐者四。兖沂曹兼管黄河道一人，轄一廳，同知一人、四汛縣丞一人、主簿二人、巡檢一人、河營守備一人、千總五人、把總二人。管河衛守備二人、千總二人。河南開歸陳道一人，轄四廳，同知、通判各二人、十二汛州判一人、縣丞七人、主簿四人。彰衛懷道一人，轄七廳，同知三人、通判四人、二十汛縣丞八人、主簿十人、巡檢二人、河營守備二人、協辦守備二人、千總四人、把總三人。

直隸總督兼管河道總督一人。所屬永定河道一人，轄四廳，同知三人、通判一人、十五汛州判三人、縣丞、主簿各五人、吏目二人。通永河道一人，轄三廳。同知一人、通判二人、十三汛州同一人、州判四人、縣丞三人、主簿五人。天津河道一人，轄四廳。同知、通判各二人、西汛縣丞三人、東汛州判二人、縣丞一人、主簿五人、巡檢一人。清河道一人，轄二廳，同知、通判各一人、分汛州判三人、兼河務知縣三人、縣丞七人、主簿三人、巡檢二人、典史一人。大廣順河道一人，轄三廳，同知三人、分汛兼河務知縣十有五人、縣丞四人、典史二人、河營守備一人、千總八人、把總十有四人、𠏉船千把總各一人。

一、河兵

江南河兵九千一百四十五名，內食戰糧者千八百二十九名。葦蕩營樵採兵千四百十有九名，內食馬戰糧者六十名，步戰糧者五十九名。山東河兵六百名，內食戰糧者百二十名。河南河兵千一百名，內食戰糧者二百二十名。直隸永定河河兵千二百名，內食戰糧者百二十名。石景山河兵三十名，內食戰糧者三名。北運河河兵六百名，內食戰糧者六十名。南運河河兵三百名，内食戰糧者六十名。子牙河河兵四十名，均食守糧。

順治十二年，設江南河兵。

康熙十七年，議准江南鳳、淮、徐、揚四府裁去淺溜等夫，設兵五千八百六十名。

十八年，覆准江南河營增兵五百餘名，令各營弁督率防守濬築。

三十七年，設永定河河兵二千名。

三十八年，題准裁徐屬州縣額設歲夫六千九百五十名，改設河兵三千三十名。

四十年，覆准裁永定河河兵千二百名，留八百名在工防護。

五十九年，題准裁徐屬河兵千二百三十名，仍留千八百名，以資防守。

雍正二年，題准撥江南河兵千名，赴河南防守。

三年，議准山東運河緊要，照河南之例，於江南額設河兵内選二百名，安插險要地方。其江南河兵闕，即於濵河傭夫内，選其熟練河務者頂補。

又議准，河南堡夫募精壯丁男補額，擇其諳練工程者，每年於江南河兵更换時，准其拔充河兵。竢數滿五百名，將江南河兵停其調撥。

四年，增永定河河兵四百名。

五年諭："黄河下埽之人，辦理工程不惜身命，當照軍功例，定以恩邮。欽此。"遵旨議定，嗣後黄河下埽之官兵，如在事遭險入坎，幸生者照軍功保守在事有功例，官加一級。兵夫以一等軍功傷例給賞。身故者，官不論銜級大小，照軍功陣亡例，以見在職分准廕加贈給祭葬銀。外委官弁以及兵丁夫役，亦照軍功陣亡例，分别給以祭葬銀。如無親屬者，照例委官致祭。

十二年，議准河兵於霜降後、工務稍閒，計兩月日期，照堡夫例，每兵二名，每月積土十五方，貯於隄工備用。造册入於該管備弁交代項下。如有闕少，照堡夫積土之例，分别条處。

乾隆元年諭："江南河工額設二十河營，兵丁九千一百四十五名，内戰糧百四十六名，月給銀一兩五錢；守糧八千九百九十九名，月給銀一兩，專供力作修護工程。胼手胝足，經歲勤勞。内有椿手一項，更爲緊要，身冒危險，勞苦尤多。秖因額設戰糧無幾，各營椿手大率照衆食糧一分。勞異而餉同，可爲軫念。著將額設河兵九千一百四十五名，改爲戰二守八，設戰糧千八百二十九名、守糧七千三百十有六名，俾勤勞較多之椿手，均得領食戰糧，以示加恩優邮之意。此所改戰糧，每名每月增銀五錢，共增銀萬九千餘兩。著照例於外解河銀内一并動支報銷。欽此。"

又議准，河南豫河、懷河二營河兵千一百名，内原撥看守浚柳船兵三百四十名，應撤回，各歸本汛修防。其浚柳船别行募夫。

又奏准，嗣後歲修、搶修鑲填工程須用土方，河兵擔運十分之四，夫役擔運十分之六。

又議准，直隸運河額設淺夫六百三名有奇，盡行裁去。改設河兵六百名。

二年諭："河營内有樁手一項，下埽、籤樁，履危蹈險，較之力作兵丁更爲辛苦。前江南二十河營兵丁改爲戰二守八，俾樁手均食戰餉，以賞勤勞。而河南、山東尚循舊制。所當照江南之例，一體加恩者，著將河東二省河兵亦改爲戰二守八，使用力較多之樁手得食戰糧，以示朕慎重河防、優邺戎行之至意。欽此。"

九年，覆准山東運、捕、泇三廳河夫改設河兵四百名，分隸濟寧衛、東平所、東昌衛各千總管轄。官兵俸餉照黄河官兵之例，自乾隆九年始，於本省司庫田賦銀内動支。

一、**夫役**

江南堡夫二千三百有八名，每名月給銀五錢。牐夫三百八十名，内一百八十名，每名歲給銀十兩六錢二分，餘每名月給銀六錢。山東堡夫二百三十七名，月給銀同江南。黄河徭夫千三百有八名，運河徭夫七十五名半，均每名月給銀一兩。牐夫千三百三十六名，每名月給銀一兩二錢。淺夫千一百五十三名半，壩夫九十八名，溜夫五十八名半，橋夫五十二名，渡夫二名，均每名月給銀一兩。泉夫七百八十四名，每名歲給銀十兩。運河大濬，額募夫六千二十四名半，小濬千二百五十五名，均日給銀五分。河南堡夫千三百九十六名，月給銀同山東。柳船長夫二十六名，每名歲給銀八兩。埽工長夫三十名，樁埽夫四十名，均每名月給銀一兩。直隸三角淀衩夫二百四十名，子牙河、津軍廳垡船衩夫各三百名，西淀垡船衩夫二百四十名，均每名月給銀五錢。北運河衩夫一百八十名、淺夫三百名，均每名月給銀一兩三錢。水手四十八名、牐夫六十四名，漳河防夫十有二名，均每名月給銀一兩。

順治十二年，定令河臣嚴察河工官吏扣折夫食，以蘇民困。

康熙十二年，議准停止河南僉派河夫。如遇歲修，動河道錢糧召募，每夫一名，月給銀二兩。

十三年，覆准江南河夫亦停僉派。如河南之例，動河道錢糧召募。

十五年，覆准夏鎮分司所設淺溜夫、南旺分司所設泉夫，盡行裁去。

北河分司所設額夫裁半，餘皆照額留用。

十六年，題准河南募夫，每名每月給銀一兩二錢，照江南例，按日散給。

二十年，題准裁通州及武清、香河、寶坻、永清、東安諸縣淺夫，其額設夫役銀，歸通惠河分司召募挑濬。

二十三年諭："隄工夫役，風雨晝夜露宿，草棲勞苦倍常，所領工食無幾，恐有不肖官吏從中侵蝕，必使人沾實惠。不可不加意軫卹。欽此。"

三十七年，設直隸河工淺夫。四十年，議准河工夫役工成之日，内有民夫，各給印票。該地方官察驗，免其雜項差徭。

四十六年，議准設順天所屬會清河以下七牐牐夫一百十有二名。

雍正元年諭："山東運道淺阻，舊例分撥民夫濬淺濟運。山東連年薄收，百姓未必堪此重役，不若竟動正項錢糧，召募於興役之中，即寓振濟之意。欽此。"

四年，議准直隸河工設衩夫千二百六十名，分隸於各廳汛。

又議准，山東濟運諸泉，各州縣均有額設泉夫，少則不敷，多則糜帑。應酌量增減。所有役食銀，於幫貼項内給發。

五年，覆准徐塘口以下勝陽山等處新建三牐，每牐各設牐夫三十名。

又議准，豫省河工社夫名色，永行禁止。

又題准，東省黄河廳所屬州縣，額設傜夫千三百名。每年十一月、十二月、正月空工，應扣除役食外，每名歲給銀九兩。各州縣豫造名册，解送該廳點驗，分汛供役。遇有險要，即調集搶護。

七年，議准東省運河額設淺溜、橋牐等夫。除歲給役食銀外，每歲各量給器具銀八錢。各州縣額編役食銀三萬二千二百四十兩有奇。其不敷銀於幫貼項下取給，遇閏加增。至大小濬募夫，日給工銀六分，每人給器具銀二錢。

八年，覆准豫省堡房五百十有二座。如遇州縣官升遷事故，令其造入工程錢糧交代册内。如有破損，照不修礮臺烽墩例議處。

又議准，豫省河工增設堡夫三百四十名。

九年，議准江南黄運兩河隄岸，每二里蓋堡房一座，設夫二名，共建堡房千一百五十四座，設堡夫二千三百八名，歸該管官弁管束。住宿堡内，常川巡守，每日責令擔積土牛，以資修補隄工之用。

十一年，議准直隸運河歲需疏濬，應設淺夫六百三名半。

十二年，議准黄河一堡二夫，寒暑兩月，免其積土。每月積土十五方。

運河一堡二夫，糧船往返，修補犁溝、橛眼，每月積土十二方。該管汛官各將堡夫所積舊土報明備案。以雍正十二年正月爲始，每名每月如數擔積，造於新土册内彙報，並入交盤，以專責成。

十三年，議准東省有泉之十七州縣泉夫七百八十四名。自雍正十三年爲始，每名歲給銀十兩，在各州縣地畝銀内，照河夫幫貼之例，攤入大糧減正加耗分徵支給。歲以春夏秋三季，在本境浚泉栽柳，冬季調赴運河，一例均令濬淺。

乾隆元年諭："河南武陟縣木欒店，沁河隄工關繫居民廬舍，每年定爲民夫修築，以防水患。里民按畝攤錢，計二千四百餘緡，頗爲地方之累。若設立長夫三十名，歲支工食三百六十兩，即可省民間二千餘金。著河南總督照此辦理。其長夫工食，即動豫省存公銀，不得私毫累民，永著爲例。倘胥吏土豪仍借名科斂，從重治罪。欽此。"

又議准，豫省浚柳船六十二，向撥河兵看守。今河兵既各歸本汛廵守，應募長夫六十二名，每名歲給銀八兩。運料之時，加募水手。浚船三名、柳船五名，每名日給銀五分。

二年，覆准河南孟縣小金隄設樁埽夫四十名，每名歲給銀十二兩，遇閏加增一兩。

三年，覆准東省疏濬運河，除器具銀外，每夫日給工銀五分，以爲定額。

又奏准，東省滕汛彭口大濬，募夫三百名，小濬百名，均屬不敷。應於嶧汛募夫，大濬四百名，小濬二百名。内各減去百名，歸於滕汛募用。

又覆准，江南新建之正二牐仍名通濟，正三牐仍名福興，龍王牐仍名清江。其淤閉之廣濟牐，别築草壩。原設牐夫三十六名，以三十名隸通濟牐。清江牐原設牐夫三十三名，應減去三名。福興牐應設牐夫三十名，即將廣濟、清江二牐所減牐夫九名撥用外，再召募二十一名，以符額數。

五年，覆准黄運湖河隄工額設堡夫，所積土牛，改築子堰。每夫二十名，内選撥六名，潑水夯硪，免其積土。

六年，奏准裁豫省浚船長夫四十名。

十年，議准東省距河寫遠之泉夫，協濬運河，皆非素諳。每名額支工食銀十兩，嗣後扣除六兩，歲於霜降前照數於司庫内撥解河庫，轉發沿河州縣，代爲召募。如有餘剩，仍令節存道庫，以爲大小濬通融辦理之用。餘銀四兩，仍照舊例，按名支給，止令在本境疏泉栽柳。計沿河泉夫，滕縣四十名，嶧縣二十名，魚臺縣二十名，濟寧州九名，汶上縣四十三名，東平州七十八名。内除八名撥防戴村壩，例不濬河。共泉夫二百二名，均繫沿河近便，仍令照舊協濬，毋容扣銀別募。其距河寫遠之泰安縣泉夫一百二十一名，平陰縣泉夫十名，令汶上縣代募。萊蕪縣泉夫九十名，肥城縣泉夫三十五名，令東平州代募。新泰縣泉夫七十五名，令東阿縣代募。寧陽縣泉夫六十一名，令嘉祥縣代募。泗水縣泉夫六十名，曲阜縣泉夫四十名，鄒縣泉夫三十名，滋陽縣泉夫三十六名，蒙陰縣泉夫十有六名，均令濟寧州代募。

十一年，議准直隸運河向設淺夫六百三名半，嗣於改設河兵案内全行裁去。但每歲運河撈淺，究非河兵所素習。除零數不計外，應酌復舊額之半，設淺夫三百名，每名月給銀一兩二錢，照北運河衩夫之例，動支紅撥銀給發，報部覈銷。

卷一三二

工 部

都水清吏司

河工二

一、工式

隄高一丈者，上寬三丈，下寬十丈。先於本土鏟去地皮、草根。坑窪不平之處，均填補整齊，施以水硪，然後加以新土，層層潑水夯硪。期於一律堅實，總以籤試不漏爲度。

月隄首尾屬於大隄。河流逼近隄根者，於大隄之外，如式圍築。

越隄形式與月隄相仿。隄外圍築，使水流遶越而過。

遥隄離大堤稍遠，築隄以爲重障。

縷隄，水緩之處，單隄兀立，以資收束。

埽，江南河工埽高自五尺至一丈，作一丈長計料。用柴二十三束至五十束，秫稭二十二束至五十束，草百五十束至三百束，柳二十束至七十束。大纜一條至四條，小繌四十條至一百二十條。留橛一根至八根。籤樁一根，楸頭滚肚繩一條。填埽眼用柴八束至十五束，草二十束至四十束。河東高自五尺至二丈，作十丈長計料。用柳草各四百束至七千二百束。大纜、小繌各百條至四百條。留橛二根，籤樁二根，箍頭繩三十條至一百四十條，揪頭繩二條至八條，滚肚繩二條至十條。埽箇高丈餘者，用穿心繩一條。填埽眼用柳草各七十五束至千二百束。直隸高自三尺至一丈，作一丈長計料。用葦四十束至四百五十束。大葦緶七條，小葦緶七條至二十條，揪頭滚肚繩一條。留橛籤樁各二根。填埽眼用葦四束半至五十束。以上均令相機酌用，總以不出此數爲度。其式有魚鱗、龍尾、丁頭等名，用以挑溜開行，護隄作障。

牐，迎水裹頭各橫長三丈。雁翅各斜長六丈。金門口寬二丈二尺，由身直長二丈四尺。分水雁翅各斜長八丈。裹頭各橫長三丈。砌石二十四層，高二丈八尺八寸。每丈用牆面石一丈，裹石一丈。裹石之後以河甎襯之，每丈用甎七十塊。牆石之後下馬牙樁，每丈每路二十段。入裹下梅花樁，每丈每路十五段。牆石每丈扣生鐵錠二箇、熟鐵鋦二箇。牐底鋪石，悉照上下裹頭、迎水、分水寬長丈尺鋪砌。再於底石之下，每丈下梅花樁三十段，橫竪扣生鐵錠四箇。牐上下每丈每路下關石樁二十根，外接築三合土。每方用石灰十石、沙淤土九十石。三合土，每丈下頂土樁二十段。三合土上下口，每丈下關土樁，每路二十段。兩牆各二十四層，除蓋面一層外，其餘每層金門兩牆下版雙槽，並上下裹頭、迎水、分水雁翅轉角，共十有六處，每處用熟鐵錠二箇。牐版二槽用木，厚八九寸，長如金門口寬之制。每塊用鐵環二箇。啓閉用簗麻繩二條，絞關石六塊，每塊長五尺。每石一丈，用灌砌石灰一石。每河甎一塊，用灌砌石灰一升，每灰一石，用糯米汁五升。三合土每灰一石。用汁米六升。每米一石，用熬汁柴二十束。

滚水壩，每座上裹頭各斜長三丈，高一丈三尺二寸。上雁翅各長三丈，高一丈八寸。金門由身各長四丈，高九尺六寸。下雁翅各長十丈，高一丈二尺。束水牆各長六丈，高一丈四尺四寸。下裹頭各長四丈，高一丈五尺六寸。牆面石後襯砌裹石。裹石之後襯砌河甎。牆石之下，每丈每路下馬牙樁二十段。入裹每丈每路下梅花樁十五段。面石每丈接頭扣生鐵錠二箇，與裹石合縫扣熟鐵鋦二箇。照金門鋪砌壩底，橫長七十丈，上下坦坡中鋪石脊，寬二十丈。底石下，視土質之浮堅，定下樁之稀密。或上口下鎖口樁二路，下口下關石樁三路。石縫每丈橫竪扣生鐵錠四箇，聯絡一片。砌石、襯裹、襯甎、砌灰、灌汁、熬汁等項，均與建牐同。遇水勢盛漲，即令開放，水從壩脊滚出。水涸之時，仍於脊上用柴土疊鑲，關攔堵禦。

束水壩、攔水壩，凡遇全流門户宣洩過多，藉以蓄留水勢。

磯觜壩，尖出河流，以分水勢。

竹絡壩，以竹簍盛貯碎石成砌。每簍長一丈或九尺，高三四五尺，寬五尺至七八尺不等。每兩簍橫放交接之處上下空縫，均用塊石填實。上面簍縫用竹編紮聯絡，與簍面一式平整。每石簍用絆簍篾纜一條，每纜一條用勾纜樁二根，用以洩漲。

涵洞，每座口寬二尺四寸，由身直上四丈五尺。上水裹頭各橫長三丈，迎水雁翅各長九尺。下分水雁翅各長六尺，裹頭各橫長三丈。砌石三層，高三尺六寸。每丈用雙料面石一丈。洞底、後四角裹頭、迎水、分水，皆用料半石鋪砌。上用蓋面石一層。牆石後襯以河甎，每丈用河甎七十塊。牆石下每丈每路下馬牙樁二十段、梅花樁十五段。洞底石下每丈每路下頂石梅花樁三十段。洞口上下迎水、分水，每丈每路下關石樁二十段。雙料石每丈用灌砌石灰一石。料半石每丈用灌砌石灰七斗五升。河甎每塊用灌砌石灰一升，汁米熬柴均與建牐同。

木龍，編木自五層至十一層，長自數丈至數十丈，寬自三四丈至八九丈，均測水勢淺深，覈定規制，以挑河面大溜。其底層餘溜，用地成障。木龍面層中心空檔之上，仿天平架式搭架，上繫櫾麻繩，障繫於架上，從龍身中空檔插下，直入河底。大溜遇障，不能經過，自順障斜趨，衝刷對岸沙灘。再，木龍遠出河心，迎溜安設。龍底竪繫纜，直柱扣繫上纜。岸上用犁戧帶住纜頭，不令走移。紮龍時，逐層縱橫編木。留眼方二尺，以作戧位。貫以大戧，從眼插入河底，以防大溜衝動。每戧安設葫蘆架一座，上用股車挽住戧頭大纜，便於絞車隨時起下。旁岸紮成升關木，木龍漸次升出。每次駕用眠車絞關，匠夫齊力升犁，頂住溜頭。每龍身之前設護盤，以護龍挑溜。

六楞障，長二丈四尺、高六尺。中心龍骨一根，用攢木十八塊，週圍六面，龍脊楞木六根。兩頭中間三處，各用大撑木十根。每面用小撑木十二根，編以柳笆。升關木一根、夾樁二根、柢橛一根、留橛二根，下於埽外，擋溜護埽。

三楞障，長二丈、高五尺。三面龍骨三根。中心空檔編以柳笆，大小撑木與六楞相仿。

柳簰，長四丈，頭寬一丈四尺，尾寬二丈。高十七層，一順一横成造。每層順木六路，每層横木通梁五道、斷梁八道、貫心接樁四根、升關木二根、靠關木三根。

排木障，長三丈。用接樁八根、離埽數尺。挨順監籤四路，深入河底。樁頂出水，每路二根，中留空檔，計十二層。横下排木，間以柳枝，逼溜挂淤。每接樁一根，用楊木二根，陰陽筍扣搭合縫。旁加幫木，皆用鐵箍。

救生樁，每長十丈，釘樁木二十根。每根長二丈九尺，入土一尺。管木十根，每根長二丈三尺。竪檔，高四尺釘梯木一根。横檔，寬五尺一二寸。梯木，長九尺，兩頭出樁木之外各一尺八九寸、二尺不等，俾遭風溺水之人得以攀援而上。

康熙十七年題准，築隄取土，或百丈外，或里餘。近者離隄二十丈或十五丈外，每堆土六丈爲一層，杵三遍，硪三遍，層層杵硪，期於經久堅固。

又題准，河工頂衝之地，即以舊隄爲縷隄。於舊隄之外别築遥隄，以爲重門保障。

二十八年題准，竹絡壩務令如式建造，使水從壩過而壩不動摇，水動沙停而壩益堅固。

三十九年議准，嗣後加幫之隄，將原隄重杵，再加新土。創築之隄，將平地杵深數尺，加土建築。

又議准，平常工程，向用龍尾埽稀釘排樁。一遇風浪，即易塌卸。均令停止。

又議准，嗣後一應石工，無論馬牙、梅花等樁，皆用整木深釘。無論面裏丁頭等石，鏨鑿務極平整。石灰重篩，用米汁搗杵膠黏。又用鐵錠、鐵鋦聯絡。該道廳驗看，如違揭報。

又覆准，分修工程每人有一定丈尺。令總河於分修之官交界處所，各立石樁，上鐫修理官姓名。舊隄亦立石編號，鐫明舊隄字樣，造册報部。如有不依定式，致被衝決者，治以罪。

三十九年覆准，永定河工程刷岸太甚者，間下大埽。其平常下埽以四五六七尺爲度。

四十年題准，石工所用馬牙、梅花等樁，土堅之地用一木二截，土鬆之地仍用一木整樁。

四十二年諭："洪澤湖風浪危險，每致損船。著於沿湖坡岸釘樁木，以廣救濟。欽此。"

又奉旨指示，河溜險要地方，頂大隄起下長樁大埽，建築挑水大壩，長出河流，挑溜開行。上水建築雁翅並護崖埽，下水接下魚鱗埽、護崖埽，埽上一式加鑲，與大隄平。

四十四年，高家堰險要之所，增設救生樁五處。

雍正二年，覆准，河工鑲墊理宜畫一。自雍正二年爲始，每工程寬長一丈、高一尺，用葦柴三十八束，秫稭如之。永爲定式遵行。

五年，議准，月隄離河甚遠者，就近圍以套隄。甚長者，上下截以格隄，作重門保障。

又覆准，黄河大溜頂衝及埽灣之處，遇河崖汕塌，近至隄根，當多募人夫，廣用鍁鍬，將臨河隄崖受衝處所切成斜坡。復伐取密葉大柳，懸於坡上，以禦急溜。

十一年，議准河工需用石料，雙料面石、裏石，寬厚均一尺二寸。單料面石、裹石，寬一尺二寸、厚六寸。河甎寬五寸、厚三寸三分、長一尺二寸。

又議准，河工修防全在臨時審度。應探水勢之淺深，酌量用埽之大小，層路之多寡，籤樁之粗細，加鑲之寬厚，隨時覈定。

又議准，沉水大埽並埽上加鑲，每長一丈用秫稭三十八束。水淺防風每單長一丈，用秫稭三十束，土半方。

又議准，河工鑲填，每寬長一丈、高一尺，柴工用柴三十八束，柳工用柳二十八束。草工，淮揚道所屬用草一百十有四束；淮徐道所屬用草一百九十束，均壓土五分。如水勢深涌，於鑲填之上籤樁一根。

又定，龍尾埽每長十丈、高一尺，用柳十八束、葦柴十八束、小纓百條，每條重六斤。

又議准，建築牐壩，須於上流先築排樁土壩一道，攔水施工。量河面寬深，每丈籤下排樁十根、夾木二根、蘆笆四片、絆纜二條。壩内填土。

十三年，奏准，河東工程埽壩，舊例長一丈，用柴三十八束。黃運湖河水深之處，沉下大埽，與埽上加鑲。水深湍激，蟄陷靡常，自應照數動用。其水淺之處，因恐風浪汕刷隄根，用柴鑲護抵檔[1]，名爲“防風”。雖有蟄陷，尚非頂衝者可比，每丈應節省八束。著爲定式。

乾隆五年，議准，清口乃黃淮交匯之區，繫黃、運、湖河之樞紐。應於風神廟前東壩接長三十丈，只留口門二十丈，以資收束運口。頭壩外拆去蓄清壩，自東向西接長五十五丈。運口頭壩之南接長挑水壩，如磨盤墩式，迴流入運。

六年，議准黃河自宿遷經桃源至清河二百餘里。運河南岸，自宿遷十字河至清河雙牐，通築縷隄二萬五千二百五十二丈。又格隄九道，自十字河至桃源九里岡，通築萬一千四百八十四丈。又格隄五道，應以運河南岸縷隄作黃河北岸遥隄。

八年，議准，堵築河口皆水深溜急。若下梗埽鑲接，勢必滲漏。須先用軟鑲盤築壩臺，猶恐水激撼動，加細長麻繩兜纜拴繫，並用長大楊樁、梅花籤丁，按層鋪土搥壓，庶免滲漏。接下丁頭埽，除例用工料外，加用粗長滾肚揪頭麻繩，拴繫橛樁。上加鑲墊，背後接築靠隄，以資堵閉。

十一年諭：“朕聞洪澤湖周圍寬廣五百餘里，遇風起浪涌船，有漂溺之患。康熙年間，聖祖仁皇帝特設救生樁，釘於石工之外，被溺之人全活甚

[1] “抵檔”應爲“抵擋”。

多。今夏家橋地方有舊葦壩一座，並高堰迤南順水壩一座，皆有口門，爲遭風船躲避之所，於行舟甚屬有益。再於高堰廳屬之老隄頭、山盱廳屬之高澗壩迤南、又徐家灣周橋，四處各增設護隄救生壩，俾沿河一帶人船恃以安全。欽此。”

又覆准，裏河廳屬運口，爲淮揚運河之關鍵，全賴口門收束。頭二三壩口門以不出四丈爲度。

一、經費

順治初年，定經徵河銀三百兩以上，歲内全完者，紀録一次。

又定河工歲修錢糧，先給一半，餘竢物料交完，方准找給。

康熙七年，題准，額銀不及三百兩者，不准紀録。

又定，江南、浙江等屬額徵河銀，分令各廳就近收支。

二十二年，議准，直隸、山東、河南、江南、浙江河工錢糧有蠲災闕額銀八萬兩，令該撫於地丁錢糧内照數撥補。

二十四年，覆准，嗣後搶修工程五百兩以内者，該督詳開各工細數，造册彙題。

三十二年，奉旨，河庫錢糧著照盤察州縣錢糧例行。

三十五年，題准，江南既設管河道，一應河工錢糧均歸道庫支收。

三十七年，題准，大工、歲修錢糧均交與總河自行經管。

三十八年，覆准，裁江南管河道錢糧，仍照舊例，歸於各廳收放。

四十七年諭：“河工動用錢糧，輒以數萬、數十萬計。河官當估計之時，先故浮估，以爲日後節省之地。此皆河工積弊。嗣後，凡有修理工程，河道總督務親詣察勘，確估具奏。不可一任河官浮冒估計。欽此。”

四十八年，覆准，河道錢糧令淮徐道管理。清江地方並無城垣，不便收貯。應於淮安府城内建庫收貯，仍令道役看守巡察。

五十二年，議准，嗣後山東、河南河庫每年令各該撫盤察；江南河庫每年令總河盤察，出具並無虧空印結，送部存案。出結後有虧空者，除責令各賠外，仍將該督撫照徇庇例議處。

六十年，覆准，各河道下扣過建曠銀。嗣後務於本年年終即行起解，不得遲延。

雍正三年，覆准，豫省修理工程，河庫錢糧或有不敷，於布政使司庫内撥解，就近支給。

四年，議准，永定、通永、天津、清河四道，每道額給歲修銀萬五千兩。石景山給歲修銀二千兩。動撥本省田賦，存貯道庫，以資修理。倘有不敷，題請再撥。統於年終報部。

五年，覆准，東省魚臺縣境内新築長隄，給歲修銀千兩，於地丁銀内動支。

八年，奏准，江南河庫錢糧，蘇屬每年徵解河銀十有一萬二千二百三十七兩五錢有奇；安屬每年徵解河銀二萬三千四百五十三兩；浙省每年徵解河銀一萬五百二十五兩二錢；淮關每年額解河銀二萬六千八百二十四兩八錢；瓜儀由牐每年額解河銀七千六百六十六兩六錢，各有奇。兩淮鹽政每年額撥銀三十萬兩。兩淮鹽運使司每年額解節省銀五萬兩。兩廣鹽運使司額解節省銀萬兩。兩浙鹽運使司額解節省銀萬兩。長蘆鹽運使司額解節省銀萬兩。山東鹽運使司額解節省銀七千兩。福建鹽運使司額解節省銀三千兩。下江司庫每年撥解河庫銀九萬九千八百二十八兩有奇。以上貯庫銀六十七萬五百三十六兩有奇，以供歲修、搶修及河營兵餉、夫役工食之用。逐年所用錢糧，總河將用過數目報部。其庫貯銀見存若干，每年量撥銀若干之處，據實詳題。

又覆准，江南險工處所，除豫備歲修、搶修物料外，再發銀三萬兩，照豫省例，每年辦料，堆貯上游濟用。

九年，議准，永定河疏濬尾閭，增給歲修銀五千兩。

十年，覆准，汶上縣南旺分水口東沙草壩，給歲修銀千五百兩，不敷臨時再請。如有餘剩，留爲下年之用。於司庫地丁銀内題撥。

十一年，奉旨修理山東運河工程，需銀五萬九千餘兩，於東省存公項下動支應用。

十二年，議准，葦蕩營界内不産葦柴之地，招民開墾升科。所徵錢糧造入河銀册内題報。如内有民田，給還原業户耕種輸糧。嗣後，每二年一次清釐。有淤墊者，即令開墾，按年升科。仍將附近産葦之地照數撥補。

又覆准，山東通省管河道收支。東省一應河銀及兵夫工食並大小濬畇募幫貼銀，均令解貯管河道庫内。各廳遇有應用之處，備領支給。

十三年，議准，河工幫貼銀照淮徐等倉錢糧之例，分作十分覈算。經徵州、縣、衛、所等官初条，欠不及一分者，停升督催；欠一分者，罰俸六月；欠二分者，罰俸一年；欠三分者，降俸一級；欠四分者，降俸二級；欠五分者，降職一級；欠六分者，降職二級；欠七分者，降職三級；欠八分者，降職四級。以上皆令戴罪徵收，停其升轉，完日開復。欠九分、十分者，皆革職。經管督催之司、道、府、直隸州知州，欠不及一分者，停升督催；欠一分者，罰俸三月；欠二分者，罰俸六月；欠三分者，罰俸一年；欠四分者，降俸一級；欠五分者，降俸二級；欠六分者，降職一級；欠七分者，降職二級；欠八分者，降職三級；欠九分者，降職四級。以上皆令戴罪督催，停其升轉，完日開復。欠十分者，革職。督撫欠不及一分者，停升督催；欠一分二分者，罰俸三月；欠三分者，罰俸六月；欠四分者，罰俸一年；欠五分者，降俸一級；欠六分者，降俸二級；欠七分者，降職一級；欠八分以上者，降職二級。以上皆令戴罪督催，停其升轉，完日開復。署印官欠一分、二分者，罰俸三月；欠三分、四分者，罰俸六月；欠五分、六分者，罰俸九月；欠七分、八分者，罰俸一年；欠九分、十分者，降一級調用。欠不及一分、署印不及一月者，免議。其被叅後，州、縣、衛、所等官限一年內全完。如不全完，原欠不及一分者，罰俸一年；欠一分、二分者，降三級調用；欠三分、四分者，降四級調用；欠五分、六分者，降五級調用；欠七分、八分者，革職。經管督催之司、道、知府、直隸州知州，限一年半全完。如不全完，原欠不及一分者，罰俸一年；欠一分、二分者，降三級調用；欠三分、四分者，降四級調用；欠五分、六分者，降五級調用；欠七分、八分以上者，革職。督撫限二年全完。如不全完，原欠不及一分者，罰俸一年；欠一分、二分者，降二級調用；欠三分、四分者，降三級調用；欠五分、六分者，降四級調用；欠七分、八分者，降五級調用；欠九分、十分者，革職。其接徵接催官，均以到任之日爲始。接徵州、縣、衛、所等官，亦限一年接徵。布政使司、道、府、直隸州知州，亦限年半接催。督撫亦限二年。如不能完，題叅，照見在未完分數，以初叅例議處。至帶徵積年拖欠之大小各官，限二年全完。如不能全完，皆依定例，照職任處分。如有徵解不前者，該撫照例題叅。

是年十一月諭："河防隄岸牐壩等項工程，有關運道民生者，定例皆動正項錢糧。乃各省竟有於田畝派捐者，豈皆出自小民之願？大都上司因節省錢糧起見，授意屬員，爲粉飾之計。相沿日久，官吏藉端苛索民間，所費必至數倍。不特苦累民生，亦於國計無補。於乾隆元年爲始，一槩革除。仍嚴飭所屬官吏，毋得私行徵派，以爲民困。其疏揠運河等項工程需用銀，著該督撫覈實奏明，於公項內，酌量動用報銷。欽此。"

乾隆元年諭："河南孟縣地方有小金隄一道，捍禦黄河，向繫民修民築，民間未免竭蹶。著河東總河將此項隄工確實勘估、委官承修。其需用錢糧覈實報銷，毋得絲毫派累。欽此。"

又議准，江南徐屬等各廳一應額收外解河銀，自乾隆二年爲始，悉令改歸河庫道收貯。如有收支解放兵餉，及修造浚船、柳船，並給發物料。

人夫工銀按時給發。仍將收發欵項，隨時詳報。每於年終，該督照例盤察。

又覆准，山東疏揠運河，動用公項銀。

又奏准，江南各廳自運葦蕩營柴六十萬束。調撥辦石歸公船，於應給各廳水脚内，酌量分給葦蕩營，雇募水手，運貯廠内。令各廳轉運交工。各廳應繳柴價及扣過運價，與葦柴報銷一同造册。毋得入於歲修、搶修内通融銷算。

又奏准，東省黄河著照豫省例，撥存公銀萬兩辦料，堆貯上游供用。再，豫省原撥辦料銀萬兩，亦覺不敷。應再撥銀二千兩，一併採辦。

又覆准，河南孟縣小金隄工程歲撥銀四千兩辦料，供歲修、搶修之用。

又奏准，歲修、搶修鑲墊工程，需用土方，令於估銷册内據實造報，不必入於埽料内銷算。

又議准，嗣後，豫省北岸黄運兩河歲修、搶修等工需用各項錢糧，並懷河營官兵俸餉銀，該布政使司徑發河北道收支、估修。報銷文册照南河淮揚、淮徐二道例，徑送該督察覈。堡夫工食、兵丁生息銀，隸河北道所屬者，就近解交。將收支出入數，目造册送覈，年終盤察。

又題准，東省徭夫幫貼銀，於山東司庫田賦内撥給。又，黄河搶修辦料銀七千兩、運河搶修辦料銀三千兩，亦於田賦項下撥給。

又覆准，豫東二省河工，每年歲修、搶修銀分貯庫内。遇有險工，詳明動支。

又覆准，永定等四道額給歲修銀外，豫備銀十萬兩，存貯天津道庫，專供緊要工程之用。每年將動撥餘剩數目，造入歲報册内覈銷。仍扣明餘剩之數，再於户部咨領，補足十萬之額。

又議准，大名道額給歲修銀萬五千兩。

又題准，通永道歲修銀無項可動，應赴户部支領。

三年，議定，東省每年歲修撥銀，黄河二千兩，運河東沙壩千五百兩，隔隄水口千二百兩，捕河沙灣埽工三千兩，分爲三年之用。黄河搶修七千兩，運河搶修三千兩，加增料價銀三千兩，以千兩爲歲修，二千兩爲搶修。統計豫撥銀萬八千七百兩，永爲定額。

又奏准，豫省南北兩岸、黄沁兩河歲修、搶修工程，每年豫撥銀七萬兩，永爲定額。

四年，覆准，江南宿遷縣、泰州舊額河工漕項荒闕銀，自雍正十三年爲始，在於田賦銀内照數撥補，免其捐賠。

又議准，山東運河每當春夏之交，山水未發，均須建築草壩，以束水勢而濟運艘。河臣暨管河道廳指示該州縣，動支司庫存公銀建築。

十年，覆准，直隸、山東、河南三省，每年協濟江南河工銀，著停止撥解，留充本省河工之用。其江南河工不敷銀，於附近各州縣田賦内撥給。

十二年，議准，自乾隆七年起，新舊編紮木龍用過木植工料銀，照各廳每年報銷歲修、搶修工程之例，覈明實用數目，按年、按工造册估銷。

十三年，議准，嗣後江南黄運兩河歲修、搶修工程所用錢糧不得過四十萬兩上下。

十五年，奏准，永定河下口增疏濬銀五千兩。

十七年，議准，清河、大名二道原定歲修銀各萬五千兩，每年赴部支領。今二道所屬工程平穩，毋庸歲修，停止請領。

十八年，奏准，永定河歲修銀定額萬兩，搶修銀萬二千兩。

又奏准，江南河工經費，其有定欵定數者，仍應照數支銷。其有定欵而無定數者，以乾隆五年報部之數爲准。除見在協辦河臣二人各分給五百兩，以資公用外，其河臣勘工盤費及修理廨舍工食犒賞等項，准其動支銀五千兩，按月支給。河庫道修理天平庫署等項，准其動支銀五百兩，均聽各該處自行通融辦理。其無定欵定數者，照耗羡章程，遇有動用之處，令河臣奏明辦理。

一、物材

康熙十二年，題准，大工需柳先從本地採辦，再有不敷，於近省協濟。

十七年，覆准，宿、桃、山、清、安等縣，每土一方，給銀一錢三分。徐、廬、泰、睢、邳等府、州，每土一方，給銀一錢四分，永爲定例。

三十七年，奏准，將房山等十二州縣錢糧解永定河分司，購買物料備用。

三十八年，覆准，江南海州、山陽地方設立葦蕩營。官兵每年採葦一百十有八萬餘束，作爲定額。

三十九年，議准，嗣後排樁購木，令該道廳赴工驗看，是否與原估尺寸相符。承築之官樁用整木籤釘埽，用整柴鑲塞。如修築不堅，該道廳揭報。徇隐者一并題条，汛弁斥究。

五十二年，覆准，江南裏河、山盱兩廳工程均用蕩柴，每束二分二釐。徐屬地方捲埽鑲墊参用荻蘆，每束一分。如用秫稭開銷蘆價者，該督察明題条。

五十八年，覆准，海州、山陽地方蕩地淤墊，不産葦柴。裁汰官兵，省俸餉銀一萬八千餘兩。又，淤地墾種升科銀四千餘兩購買葦柴如額。

五十九年，覆准，嗣後一應購買物料，嚴飭河官協同地方官，親身赴買。仍取具地方官並無累民等弊印結送部。如被累之百姓具呈出首，許該地方官詳報總河、督撫，據實題条。

雍正三年，議准，嗣後豫省修築平易隄工，每土一方，給銀九分六釐，永爲定例。其險工取土較遠者，該道察覈酌增，不得浮冒。如不肖河官以近土作遠土，揑飾冒銷者，題条。

四年，覆准，海州、山陽地方蘆葦叢生，復設葦蕩營。官兵採割除照舊額一百二十萬束外，再增採三十萬束。

五年，覆准，豫省河工歲修所用秫稭，定於八月内動道庫銀分給各廳，限十月照額辦足。仍令管河道察驗。如限内不能辦完及有短少者，指名題条。工竣覈實，每百斤以七分報銷。

又覆准，河工辦料，百萬斤限十日；二百萬斤限二十日，照數遞增，並令依限交工。如逾限不完，將承辦遲延職名題条。

又覆准，各河同知轉發各官承辦物料，取具分辦人員照數領足價值印甘各結，申送察覈。如無各結，即將該同知侵扣短少之處条究。分辦之官不能如數交完物料者，一並題条，分別治罪。

又覆准，嗣後豫省採買歲修、搶修物料，廳汛各官互相稱收。印官分辦者，亦令廳官稱收，取具並無短少印甘各結存案。如有徇隱，即將該廳汛官題条，加倍治罪。

又覆准，豫省豫備物料，堆貯險工上游，編立字號。每堆以五萬斤爲率，倘有霉爛虧空情弊，即將該廳汛各官題条，著落賠補。

又議准，開濬河道，濬河之土，四面各濶一丈、高一尺爲一方，給銀九分。積高一丈爲一大方，給銀九錢。

又覆准，豫省河工承辦物料報完之日，委就近賢員盤察，具結申送。如有短少，即著承辦稱收之官分賠。倘盤察之人瞻徇情面，照徇庇例議處。短少物料仍照盤察倉庫例分賠。倘盤察原鑿實貯，以後該員私自那移變賣，察出將該員照侵蝕錢糧例治罪。

六年，定河工採辦葦價：山安、外河二廳，每束銀二分；桃源、裏河、高堰、安清中河四廳，每束銀二分一釐；揚河、江防、宿虹、宿桃中河四廳，每束銀二分二釐；徐屬邳、睢二廳，每束銀二分五釐；山（旴）〔盱〕❶ 廳每束銀二分四釐。縈麻價直，桃源以下八廳，每斤銀一分三釐。

---

❶ "旴"應爲"盱"，以下徑改。

河甎寬五寸、厚三寸、長一尺二寸，各廳一例定價每甎銀一分二釐，永爲定例。

八年，奏准，各省督撫、總河將工程緩急、物料貴賤悉心察訪，務照本處市價確估題明。九卿集議具奏，刋册頒行。

又覆准，江南一應工程需用柴草，飭令各廳照豫省之例，每年於九十月内，豫計需用之料，動支見存河庫銀備辦。十分之七分貯緊要之處備用。仍委就近州縣盤察，如辦不足數，以侵蝕錢糧例，題条治罪。倘盤察之人扶同徇隐，將短少物料，照倉庫錢糧例分賠。仍將失於督察之該管道與扶同徇隐之盤察官一併題条，分别議處。

又議准，直隸各河工每葦柴一束，長一丈、徑五寸，乾者每束銀一分五釐；濕者一分三釐五毫；青者一分。秫稭亦以長一丈、徑五寸爲一束，乾者每束銀九釐五毫；濕者七釐五毫；青者六釐。稻草十斤爲一束，價銀一分至一分六釐。檾〔麻〕[1] 每斤價銀一分四釐至二分，各有差。麻每斤價銀六分。

十年，奏准，總河所轄各廳所出河租，檾麻若干、官柳若干、兵採草若干，每歲造册報部。

十一年，議准，豫省上南河、下南河、上北河、下北河、黄河、歸河、沁河等七廳，東省黄河、運河、捕河、泇河、上河、下河、海贛等七廳需用土方，無論水旱，每方價銀自八分一釐至二錢一分六釐。運河土方，附近取土者，每方價銀九分六釐；隔河取土者，每方價銀一錢二分；隔河用船裝運者，每方價銀一錢四分；水内撈土者，每方價銀二錢四分。杉木樁料，圍圓一尺一寸至三尺，每根價銀自一錢七分至七錢。永爲定例。

又議准，江南黄運湖河興舉甎石、樁埽、柴草工程，需用各項物料，淮徐等所屬及徐屬同知今改銅沛，邳睢、宿虹、桃源、宿遷、運河裏河、外河、山安、海防、高堰、山盱、安清中河、揚河、揚糧、江防等十四廳柴，仿照柳枝青濕乾之例酌定。每年九月至十二月，交工柴性帶潮，仍照三十斤之數稱收。正月至四月，柴性微乾，每束酌定二十六斤。若五六七八等月新陳交際，柴性全乾，每束酌定二十二斤，用十六兩官秤稱收。永禁籠收之法。再有短少，即行条究。樁木圍徑不等，長自一尺以下及一尺至五尺，其價自七分至二十一兩六分不等。内徐屬廳樁規價直與市價相仿。高堰、山盱二廳各工樁木由湖涉險轉運維艱，按市價加入運脚，較與漕規相

[1] 此處脱“麻”字。

符。其邳、睢等十一廳，各按地之遠近，照徐屬等處酌量遞減。土方從乾地搌土，每方價銀八分。如有積水，加戽水銀一分五釐。搶築及加幫隄工並填壩、壓埽等工，土價分別遠近、乾濘、難易酌定八則，每方價銀自一錢二分五釐至二錢五分。石料計丈給銀。雙料面丁石，每丈自九錢至一兩九錢。雙料裏石，每丈自四錢至九錢。單料面丁石，每丈自三錢六分至九錢五分，各有差。單料裏石，各廳均照雙料裏石折半給銀。石灰，每百斤價銀自七分二釐至一錢四分四釐。汁米，每石價銀一兩二錢。熟鐵，每斤價銀四分。生鐵一分五釐。鐵索、鐵釘，每斤價銀三分。自雍正十年爲始，凡歲修等工，均照此例估銷。

十二年，議准，江南葦蕩營舊額葦柴一百五十萬束。自雍正十二年爲始，加增葦柴二十萬束。統計正柴一百七十萬束。飭令左右二營分採，全數交工，按例繳價解庫，按年清額，永爲定例。

又議准，葦蕩營額採柴，各廳雇船自運六十萬束，交貯工所。其餘一百一十萬束，仍令浚船及期趲運交廠。

又議准，江省所屬各廳，近處乾地取土，離隄十五丈至五十丈，每方銀一錢二分五釐。遠處乾地取土，離隄五十丈以外至百丈，及近處濘地取土，離隄十五丈至五十丈，每方銀一錢三分六釐。遠處濘地取土，離隄五十丈以外至百丈，每方銀一錢五分。隄根有積水、坑塘，遶越乾地取土，離隄五十丈以外至百五十丈，每方銀一錢七分。遶越濘地取土，離隄五十丈以外至百五十丈，每方銀一錢八分。隔隄、隔河遠處乾地取土，離隄二百丈以外至三百丈，每方銀一錢九分。隔隄、隔河遠處濘地取土，離隄二百丈以外至三百丈，每方銀二錢。水底取土，離隄三十丈至五十丈，每方銀二錢五分。按欵刊榜，永爲定例遵行。

又議准，江南葦蕩營原額葦地八千頃九十三畝有奇，於產葦稠密處所，丈明原額畝數，飭令營兵照額採取葦柴，交工濟用。

又覆准，江南江防同知疏濬引河，每土一方，給銀一錢一分。

又議准，豫省河工每年搶修所用秫稭，先期酌定敷用之數，與歲修同時發帑，於十一月内一同照數辦足，運貯工所。價直亦照歲修之例，每百斤以七分報銷，永定成規。

十三年，議准，葦蕩營丈出淤地一千八百十有一頃九十五畝有奇，產葦茂密。以雍正十三年爲始，令左右二營增採正柴五十五萬束，按年清額，永爲定例。

又議准，東省黄河搶修工程需用秫稭，照豫省搶修之例，於山東管河道庫節省銀内，酌量工程之緩急、需用物料之多寡，動支銀五千兩給發黄河廳，依限辦料貯工。價直照歲修例，晝一報銷。

又議准，直隸搌河，旱土每方價銀七分；泥濘土每方銀九分；蘆根土每方銀一錢四分，各道同。水中撈土，天津、永定、大名三道均每方銀一錢一分；通永、清河二道均每方銀一錢八分。又，永定河道水葦板方，每方銀一錢三分。通永河道礓石土，每方銀八分。築隄旱土，天津、通永、大名三道均每方銀一錢；永定河道每方七分；清河道每方一錢六釐六毫。離隄十五丈至三百丈，乾地、濘地取土，各道均與江南土方之例同。水中撈土，離隄三十丈至五十丈，天津、通永、清河、大名四道與江南例同；永定河道每方銀二錢一分。

又議准，山東運河需用河甎，每塊長尺有二寸、寛五寸、厚四寸，價銀一分六釐。面石，每丈運脚，自十里至二三十里，價銀一兩八錢；三十里外至四十里，加銀一錢。裏石，每丈價銀九錢。生鐵料，每斤價銀一分。石灰，每百斤一錢四分四釐。汁米，每石一兩六錢。

又議准，豫省需用楊樁，上北、上南二廳在洛陽、濟源等縣採辦。洛陽與濟源相對，運至上北河廳屬原武汛，以百五十里爲則；陽武汛以二百里爲則；封邱汛以二百五十里爲則。運至上南河廳屬滎澤汛，以百五十里爲則；鄭州汛以二百里爲則；陽武汛南岸隄工在中牟縣工段之内，以二百五十里爲則。下北、下南二廳在鞏、孟、孟津等縣採辦。孟津與孟縣斜對，在洛陽縣之下，運至下北、下南二廳屬祥符汛，以二百五十里爲則；陳留汛以三百里爲則；自陳留至蘭陽，河道無多，亦以三百里爲則；儀封汛以三百五十里爲則。沁河、黄河、歸河三廳在温、偃師等縣採辦。偃師與温縣相對，在鞏、孟之下，運至沁河、黄河二廳屬武陟汛，以五十里爲則；運至黄河廳屬滎澤汛，北岸以百里爲則；運至歸河廳屬考城汛，以三百里爲則；商邱汛以三百五十里爲則；虞城汛以四百里爲則。東省需用楊樁，黄河廳屬曹、單二汛在曹州、單、曹、城武、定陶、金鄉六州縣採辦。曹汛各工，曹縣以五十里爲則；曹州以二百里爲則；定陶縣以百五十里爲則；單縣、城武縣均以百里爲則；金鄉縣以二百五十里爲則。單汛各工，單縣以五十里爲則；金鄉、城武二縣，均以二百里爲則；曹縣以百里爲則；定陶、曹州均以二百五十里爲則。自四百里以至五百里，照加一脚價扣算，以次遞減。每根圍圓自一尺至五尺，長自一丈三尺至五丈三尺，購辦在四百里者，每根價銀六分至三兩四錢五分；遞減至五十里者，每根銀三分九釐至二兩三錢四分三釐五毫，脚價在内。

乾隆元年，覆准，德州城濠所産蘆葦，責令地方官經管採割備用。

又議准，直隸楊椿，通永、大名、清河三道椿規圍圓一尺至四尺，長一丈二尺至四丈三尺，價銀八分六釐至十兩八錢五分七釐。永定河道椿規徑四寸至一尺，長一丈五尺至三丈四尺，價銀二錢五分至一兩二錢，各有差。天津道椿規長一丈五尺、徑八寸者，價銀六錢；徑七寸者五錢；徑六寸者四錢。

又奏准，江南江防同知歲修江工，採辦碎石，每百斤定銀一分二釐。

二年諭："豫東二省河工所用歲修、搶修之柴，皆州縣領銀採辦，交工應用。每斤價直，搶修給銀九毫，歲修給銀六毫。此十餘年之例。昨據欽差條奏，豫省歲修六毫之價不敷採辦，請槩給九毫，以裕民力。朕已允行。但思東省與豫省河道毗連、壤地相接，所需物料價直大率相同。豫省既已加增，則東省歲修之價亦應照豫省之例，給與九毫，俾運工車價敷足，小民益可踴躍趨事。欽此。"

又諭："豫東二省河工所用歲修、搶修之柴，向因給價不敷採買，已降旨每斤加至九毫，以紓民力。茲聞江南徐州所屬州縣濵臨黄河，與山東、河南接壤，有葦蕩難以挽運，藉用秫稭之處甚多，採辦之價亦覺不足。所當一體加恩者，著將應加價直，照豫東之例，加至九毫，著爲定例。欽此。"

三年，議准，豫東二省河工需用物料，險要工程隨時交收。其每年所備歲修、搶修物料，均於八月以前，布政使司照額撥銀，移解道庫。該道於八月内給廳印各官，分頭採辦。承辦之官務於十二月内全數交工備用。遲誤者条劾，嚴加議處。

又覆准，豫東二省承辦秫稭交工時，令附近不管河工之同知、通判驗收。

五年，議准，河工各廳汛可以增辦蘆葦者，飭令河官增辦應用。河灘地内可種蘆葦之處，勸民栽種，以資應用。

八年，議准，東省坑塘窪地所栽葦草，每束重二十斤，雇人採割並運送到工，脚價共給刀工銀六釐。

又議准，直隸河甎長寬價直均照山東運河之例。豆渣石、青白石每長一丈、寬厚一尺，均給價銀三錢四分。豆渣石每里遞加運費二分；青白石每里遞加運費二分二釐五毫。

又議准，豫省山稍草，每束重三十斤，給價銀二分七釐。蘆根，每束重七斤，價銀五釐四毫。草，每束重七斤，雇夫採割，給刀工銀一釐六毫。

坑塘葦束，價直與東省同。

又議准，永定河石灰，每百斤價銀二錢。通永、天津二道各減五分。汁米，每石槩給銀二兩八錢。熟鐵，料價與江南同。生鐵錠，每斤價銀，永定河一分六釐；天津、通永各增一分。生鐵片，每斤價銀，永定、通永各一分二釐；天津減二釐。

九年，覆准，嗣後河工各廳交代經手工程錢糧，務將各項存貯物料一并交清。如有虧闕，立即叅究追賠。

又奏准，江南河工豐碭、銅沛二廳鑲修工程專辦秫稭，每年七月内酌定銀數，分發各州縣承辦。定限十月完半，年内全完。令不管河工之廳官秉公驗收。

又議准，江南豐碭、銅沛、邳睢、宿虹、運河、桃源、桃清、裏河、外河、山安、海防、高堰、山盱等十三廳需用楊木，照豫東二省椿規，視木之大小、路程之遠近，接算運費，加增價直。

十六年，奏准，江南木龍工程，累年新木、舊木並淤損之木，詳悉分別按年確覈。以上年存工、存廠之木爲舊管；以本年增購及別工撥用之木爲新收；以折損、沙淤及移撥別工者爲開除；以見在存工木龍並存廠木植爲實在，造具四柱清册，送部察覈。

卷一三三

工部

都水清吏司

河工三

一、修防

康熙二年，覆准，凡黄、運湖河大工告竣、保固限滿，交汛修防。其工當大溜頂衝，汛水長發，在在險急。相度情形，必須每年動帑，用長樁大埽修築加鑲，歲以爲常。嗣後，歲修工程，令河道總督竢秋汛水涸時，即估計具題。

十八年，題准，搶修工程雖難豫定，或因河流遷徙，損及隄岸；或因三汛届臨，致壞工程，亦應照歲修例估計具題。其費以五百兩爲率。别項大工不在此限。

二十四年，議准，搶修工程隄岸牐壩偶被損傷，該管廳官一面申報河道總督，一面即運料修防。勒令剋期告竣，仍詳具工費繕册題銷。

三十七年，議准，永定河工照黄河歲修搶修之例辦理。

五十二年，覆准，嗣後一應歲修、搶修工程，均令河道總督親勘，以杜冒銷之弊。

雍正二年，議准，嗣後歲修工程於本年十月内題估，次年四月内題銷。逾限不銷者，著授受各官賠償工費。至搶修工程，將衝決丈尺、動用何項錢糧報部。工完之日，彙册題銷。遲至次年四月不題銷者，如前賠償。其歲修及别項大工動用何項錢糧，於題估日一并聲明。

三年，議准，永定河工程如遇緊要險工，一面興修，一面具題。其歲修、搶修工程，亦令先行題估。工竣題銷，以杜侵冒。

七年諭："黄河隄岸乃運道民生所關，最爲緊要。年來殫心經理，增卑培薄，隄工堅固，共慶安瀾，獨是工程告竣，例應歸汛修防。而額設河兵堡夫，只能修補水浪衝激之處，防備臨時搶護之用。至於隄身，一年之内，風雨淋漓，車馬踐踏，漸至侵損者，亦勢所必有。而隄遠工多，不能責諸寥寥兵役也。朕留心訪察已久，又復詢問通曉河工之人，知《河防一覽》内載有每歲令夫加高五寸之請，即從前總河亦有每丁一名，招募幫丁四名，給以隄内空地耕種免糧，歲令加高五寸之議，與朕計慮實相符合。朕思隄工雖千有餘里，若按丈每年加修五寸，計費不過三四萬金。倘置之不問，一年剥削四五寸，合十年而計之，其所費之多，恐有不止於加修之數者。況河流漲漫不時，難以豫料。何若逐年增修，爲未雨綢繆之計。欽此。"

十年，議准，歲修工程應編列字號，開明起止段落、長濶高厚尺寸，造册報部。至搶險别建之工、交汛修防，應附入歲修者，於題估册内豫爲聲明。

乾隆四年，議准，山東運河每年春夏之交、山水未發，令建築草壩，以收水勢而濟漕運。歸於歲修案内題銷。

十三年，議准，江南隄工綿亘數千餘里，於每年加高五寸之外，歲修、搶修内通融辦理。以該年節省之數加培隄工。

一、汛候

順治初年，定分汛防守之法。每歲立春後，東風解凍，候水初至，量水一寸，則夏秋當至一尺，頗爲信驗。故汛水亦稱"信水"。二月桃始華，冰泮雨積，川流匯集，波瀾盛漲，曰"桃汛"。春暮蕪菁作花，曰"菜花汛"。四月麥壠結秀，擢芒變色，曰"麥黄汛"。五月瓜實延蔓，曰"瓜蔓汛"。朔野之地，山深谷邃，冰堅晚泮。迨至盛夏，消釋方盡。沃蕩山石，水帶礬腥并流於河，故六月中旬之水曰"礬山汛"。七月菽方秀，曰"豆花汛"。八月荻亂華，曰"荻苗汛"。九月以重陽紀節，曰"登高汛"。皆隨時長發。其防守之法，則統於桃、伏、秋三汛。自清明節起，閲後二十日爲桃汛。自桃汛後至立秋前爲伏汛。自立秋至霜降節爲秋汛。汛臨之時，該管官弁責令河兵、堡夫加謹分防。每里設立窩舖，舖各標旗，編書字號。夜則懸鐙鳴金，以備搶護。晝則督率兵夫，捲土牛小埽聽用。遇有刷損，隨刷隨補，毋使坍卸。至夜分廵守，易於曠廢。應設立五更牌面，分發南北兩岸，照更次挨發各舖遞傳。如天字舖發一更牌，至二更時前牌未到。日字舖察明何舖稽遲，即時拏究。再，汛發之時，多有大風猛浪，隄岸難免衝激。應督令隄夫多紮埽料，用繩樁懸繫附隄。水面縱有風浪，隨起隨落，足資防護。又，凡驟雨淋漓，易致横決，應置備蓑笠，令兵夫冒雨廵守。此外非時客汛及十月“復槽汛”、十一月、十二月“蹙凌汛”，非三汛可比，止令兵夫照常巡守。凡黄運河工一例遵行。

康熙二年，議准，嗣後黄運河工保固工程及舉劾官弁必以經閱三汛爲斷。

十二年，定嗣後三汛平隐，令各總河馳驛奏報。

三十七年，議准，永定河工照黄運河例，令該管官弁督率兵夫分汛防守。

四十五年，議准，奏河工急務者，限兩三日飛遞馳送。

雍正十二年，議准，三汛平隐本章，著河臣酌量寬期。

一、疏濬

順治二年，議准，凡濬河，面宜濶，底宜深，如鍋底樣，庶中流常深，岸不坍塌。如無隄之處，須將土運於百餘丈外，以免淋入河内。遇河流淤淺，即令疏濬。如水溜在中，兩岸築丁頭壩以束之。水溜在旁，順築束水長壩以逼之。或排板插下泥内，逼水涌刷；或排小船、或用勺、或用混江龍、或用刮板，皆因地制宜，不拘器具。

十年，題准，南旺、臨清每年於十一月十五日煞壩濬淺。每年一小濬，間年一大濬。

康熙三十九年，議准，嗣後揠河之土，盡堆原估隄上，層層杵硪成隄。不許估計散土滋弊。倘濬揠不深，以至引水淹漫、虚報淤墊者，除錢糧不准開銷外，以侵帑誤工題条拏問。

五十一年，議准通州石壩至沙子營地方河道淤淺，每年將中流酌量揠濬，以利漕運。

雍正二年，覆准，南旺、臨清均屬漕運咽喉，大濬小濬仍遵舊制。每年於十一月内煞壩，一面確估具題，一面興工。於正月内完工。或因糧船回南過遲，亦必催趱，於正月秒[1]揠濬告竣。無誤重運。

五年，議准，運河、湖河相連之處，用刮泥器具，引湖水以攻沙。如河身有淤墊之處，相度疏濬。

又奉旨，所開河道土方，若目前圖便，堆積河岸，將來雨水淋漓，必致仍淤河道。務令運送遠處，以爲一勞永逸之計。

七年，議准，京口一帶運河，爲漕船經由要道。每歲令該管官及時疏濬，以濟重運。

---

[1] 正月秒　指正月末。

八年，議准，串場河道積沙，用犁船犁鬆，再用混江龍按時疏濬。

又議准，泰州、興化所屬各鹽場河道，每遇疏濬海口之時，令東台同知督率牐官、牐夫、雇覓水手、人夫，乘迴潮之勢，用混江龍拖刷，務使海口通暢。

十一年，覆准，直隸運河既有額設淺夫，凡糧船經由要道，責令以時疏濬。

乾隆元年諭："揚州府儀徵縣江口至江都、甘泉二縣所轄三汊河一道，共計六十餘里，爲通江達淮要津。向例三年大濬一次，撈淺一次，需銀一萬六百兩，皆商七民三，分派捐輸經管。里甲不免苛索滋擾，而承修各官又復層層侵扣，以致撈濬皆有名無實，無益工程，有累百姓。嗣後，著將商民派捐之項永行停止。亦不必拘定三年之限。如遇應濬之年，該鹽政委官確估，實力疏濬。所需工費即於運庫一半充公項下動支，毋得虛冒侵肥，草率塞責。欽此。"

又諭："今歲江南夏秋之間，天雨連綿。淮揚一帶各州縣低窪田畝被水淹漫。朕恐窮民失所，已諭令督撫加意振邺，俾獲安居。今思此等百姓若於冬春之交，再令傭工，以資力作，更爲有濟。宿遷、桃源、清河、安東以及高郵、寶應等州縣，均有應行疏濬之河道。其安東舊鹽河約估需銀二萬二千餘兩。宿、桃、清、高、寶等工約估需銀十有二萬餘兩。著於今冬明春次第興工。即令雇募民夫，及時疏濬，則於緊要河道既得深通，而寓振於工，窮黎更得藉以養贍，於地方民生大有裨益。欽此。"

又議准，直隸運河改設河兵，責令隨時疏濬河道，勿致淤淺。

又議准，串場河道歲以春秋二汛，按日拖刷，務令處處深通。

二年，奏准，疏濬泉河以通泉流。每年於十月水落之後，嚴飭管泉通判協同管泉各官、逐一察勘。遇有淤淺，募夫疏濬。凡濬山泉之河深五尺者，上口濶三尺、底濶一尺，以爲定式。

又奏准，東省運河每年定於十一月初一日煞壩疏濬。

又奏准，牐河之水務以四尺爲度，糧船自無淺阻。

又覆准，德州哨馬營支河，照歲修之例，每年疏濬。

又議准，東省疏濬泉流，應置刮板四十具，鐵舀百具，捱牌板片六百塊，以備臨時撥用。

三年，覆准，東省大濬運河按期展限八日，小濬按期展限六日。

四年，奏准，凡黄水減下之支河，每歲秋冬河官勘驗，稍爲阻礙，即令疏濬。

七年，奏准，淮揚一帶運河，每年伏秋汛過，勘明汕刷情形。如有淤墊，及時挖濬。中泓以一丈爲準，兩邊以八尺爲度。

又定，豫省衛河河身寬濶，崖岸陡峻，河底又多流沙，不能築壩挖濬，應用船撈濬。

八年，議准，丹徒、丹陽一帶運河，每年測量水勢，間段撈濬。定限六年長濬一次。

十一年，覆准，北運河設立岱船[1]，以資撈濬。

十四年，議准，裁汰北運河垡船。其額設刮板三十具，實屬不敷，應增置三十具，以廣器用，以利漕渠。

一、浚柳船

江南柳船四十有一；大浚船四百七十有二；中濬船五十；小浚船七十有二，分隸廳營石船四十有四，隸葦蕩營。柳船長七丈五尺至八丈，濶一丈至丈六尺五寸，各有差，深二尺四寸。三年小修，工料銀十有九兩四錢。五年大修，銀二十九兩四錢。八年更造，銀四十六兩九錢，各有奇。大浚船長三丈六尺至三丈九尺，濶六尺五寸至七尺六寸，各有差，深二尺五寸。小修工料銀七兩七錢；大修銀十有一兩六錢；更造銀十有七兩三錢，各有奇。中浚船長三丈、濶五尺六寸，深尺有八寸。小修工料銀六兩五錢；大修銀九兩九錢；更造銀十有四兩九錢，各有奇。小浚船長二丈九尺五寸至三丈、濶五尺二寸至五尺六寸，各有差，深尺有八寸。小修工料銀五兩四錢；大修銀八兩一錢；更造銀十有二兩三錢，各有奇。以上修造年限並與柳船同。石船長七丈至七丈六尺，濶丈二尺至丈五尺，深五尺至五尺四寸，各有差。修造年限及工料銀並與柳船同。

河南柳船二十有六，分隸各廳。每船長五丈五尺，濶丈有三尺，深三尺三寸。小修工料銀十有四兩一錢；大修銀二十兩八錢；更造銀四十二兩三錢。年限與江南柳船同。

直隸垡船三百二十，分隸天津道屬之子牙河、永定河道屬之三角淀、清河道屬之西淀。內有行船、土槽船之别。行船長二丈二尺，濶四尺五寸，深尺有一寸。每歲油艌工料銀一兩四錢。三年小修銀三兩三錢；五年大修銀五兩；十年更造銀十兩。土槽船長二丈，濶四尺五寸，深尺有一寸。油艌工料銀一兩一錢。小修銀二兩六錢；大修銀四兩；更造銀八兩。年限與行船同。

---

[1] “岱船”應爲“垡船”，以下徑改。

康熙十七年，議准，江南河工設大小浚船、柳船五百三十有二，分隸八河廳營，爲疏淤運料之用。

三十一年，覆准，江南浚柳船修理，照驛站船例開銷。自成造之年起限，三年小修，五年大修，八年更造。

雍正二年，議准，江南浚船開明三等丈尺式樣。令總河移送豫省，每汛照式建造五船。修理年限悉照江南浚船之例。

六年，覆准，豫省浚船額定四十。柳船亦照江南之例，成造二十二船。

十二年，議准，高堰裝運石料歸公船六十號，應分隸各廳，濟運物材。

十三年諭："聞河工官員每於裝運工料，差役捉船。而所差胥役即藉端封捉商船，生事騷擾。及至三汛搶工，則稱裝運緊急物料，百般需索。甚將重載客船勒令中塗起貨，致回空商船聞風藏匿，裹足不前。既於客商擾累，且於關税虧少。河工裝運物料，原有額設浚船。即使搶築之時，浚船或不敷用，秖應雇募本地民船，協濟運送。原不必封捉客船，阻遏商旅。著河道總督嚴行察禁。如該役等陽奉陰違，仍前勒索，即將該管官題条。欽此。"

又議准，高堰歸公船，除坍壞不堪修造外，額存石船四十有四。各廳向有浚柳各船。獨葦蕩一營無額設。運料之船應改隸該營管理，歸於柳船案内一併修造。

乾隆三年，覆准，設直隸河工垡船，屬子牙河者百有六十，屬三角淀、西淀者各八十。

六年，奏准，裁豫省浚船四十，增柳船四。

十一年，覆准，直隸北運河設垡船六十。

十四年，議准，直隸垡船大小修理年限，如江南之例，更造以十年，每年一油艌。其北運河六十船應裁，額存船三百二十，内定爲行船四十、土槽船二百八十。修艌更造，分别給銀有差。

河工四

一、考成保固

順治初年，定黄運兩河隄岸修築不堅，一年内衝决者，管河同知、通判、州縣等官降三級調用；分司道員降一級調用；總河降一級留任。如異常水災衝决者，專修、督修官皆住俸修築，完日開復。本汛隄岸衝決，隐匿不報，别指他處申報者，加倍議處。如一年外衝决者，管河等官革職，戴罪修築；分司道員住俸督修，完日開復。本汛隄岸衝決，隱匿不報，別指他處申報者，管河等官降二級調用；分司道員降一級調用；總河不詳察具題，罰俸一年。如地方衝決少而申報多者，降三級調用；轉詳官降二級調用；總河不察實具題，降一級留任。無論一年、二年、遇有衝決，地方限十日申報，逾限者降二級調用。其沿河隄岸不能先期修築，以致漕船阻滯者，經管官降一級調用；該管官罰俸一年；總河罰俸六月。

十六年，議准，河工各官遇有升遷降調事故，將任内修防事宜造册交代。離任後有隄岸衝決者，該管官糸處。

十七年，題准，修築隄岸，工完令承修官出具伏秋無虞印結，同册奏銷。如本年衝決者，即指名糸處。

康熙元年，題准，黄河隄岸衝決在一年内者，糸處修築之官。在一年外者，糸處防守之官。運河隄岸衝決在三年内者，糸處修築之官。在三年外者，糸處防守之官。如黄河工未至一年、運河工未至三年，修築官於保固限内去任，防守官不爲料理，致被衝決者，將防守官一并糸處。

九年，題准，河工衝決，地方承辦樁柳等物遲緩或稱非繫本汛推諉誤工者，皆降一級調用；不行轉催之上司罰俸一年。

十五年，議准，河道關繫甚大，隄岸往往衝決，皆由修築不堅、防守怠玩所致。宜嚴定處分之例。嗣後不得諉之水災具題。黄河隄岸仍定限一年，運河隄岸仍定限三年。黄河隄岸半年内、運河隄岸一年内衝決者，經修防守等官皆革職；分司道員降四級調用；總河降三級留任。黄河隄岸過半年、運河隄岸過一年衝決者，經修防守等官降三級調用；分司道員降二級調用；總河降一級留任。如已過年限衝決者，管河各官皆革職，戴罪修築；分司道員住俸督修，工完開復；總河罰俸一年。若年限内衝決，經修之官已去，仍將經修官與防守官一同處分。其年限内本汛隄岸衝決，别指他處申報者，經修防守等官皆革職；分司道員降五級調用；總河不察實具題，降三級調用。其餘仍照舊例。

十七年，議准，知府有地方之責。嗣後如遇衝決等事，照道員處分。承修兩河隄岸一應工程，均限半年完工。半年不完，承修官罰俸一年；督修道府罰俸半年，再展限三月完工。如仍不完，承修官降一級調用；督修道府罰俸一年。如承修官原繫革職戴罪之人，半年限内不完，降一級調用，不准展限。工程别委他官，仍限三月完工，不完罰俸一年。督修道府所屬官員工程一年内不完，降一級調用。限内不完，總河不題糸，罰俸三月。若實繫大工，不能依限完竣，令總河豫爲題明。其監理廳印分管佐雜等官所築隄工合式堅固，該管廳印河官出具甘結，道府驗實加結，申送總河，勘實具題，准照應升之官加二級即升。原非正途者，均作正途，一例升遷。至分管官所築隄工有一處不堅固或一二丈不豐滿合式者，降一級調用；兩處不堅固或三四丈不豐滿合式者，降二級調用；三處不堅固並五丈以上不豐滿合式者，革職。監理官所轄分管官有一人議處者，監理官罰俸一年；二人議處者，降一級調用；三人議處者，降二級調用；四人以上議處者，革職。由監理官揭条者，免坐。如議處、議敍相同者，准與抵算。若興舉大工，附近地方官不協同設法募夫，不將急需柳草等項速買解運，致誤河工者，題条。將州縣官降三級調用，道府降一級調用。凡舉劾大計，將河工一并考成。河道果無衝決或旋決旋修，不致殃民損課者，方准薦舉。

又議准，各省河工隄岸有無衝決，該督撫於年終造册報部。

三十三年諭："嗣後隄岸衝決，倘河水漫決、河流不移者，應否免其革職，止令賠修，著確議定例具奏。欽此。"遵旨議准，嗣後隄岸衝決，河流遷徙者，照定例處分。若隄岸漫決，河流不移者，免其革職，責令賠修。年限内漫決者，經修官賠修；年限外漫決者，防守官賠修。

又覆准，嗣後一應工完，年終報部之日，將各部院堂官及科道官職名開列具題，簡命察勘。竢驗明所修丈尺、用過埽料等物，與原估題疏相符，准其開銷。如有不符，巧飾謊報等情，交部嚴加議處。

三十四年，奉旨："察勘無益。嗣後差遣察勘，永行停止。"

三十九年諭："河工積弊，汛官利於隄岸。有事修建大工，得以侵冒河帑。又希圖修橋建牐，興無益工程，於中取利。著嚴飭各官，痛改前非，加謹修防。倘有故違，定行正法，以示懲戒。其地方有司官漠視河工，致有遺誤者，題条。到日將地方官亦行正法。河官平時須豫備物料，以爲不時修防之需。欽此。"

又議准，嗣後侵帑誤工，如分管微員照例懲處。其見任河官及在工効力旗員，即行題条革職。

又議准，嗣後呈報險工，該道親行察勘確實，即令動帑搶修。一面估計，申報總河察覈。如繫假揑，即以謊報題条。該道徇隐，一并条處。

又覆准，嗣後隄岸衝決、河流不移者，管河各官皆革職戴罪，勒限半年賠修。分司道員各降四級督賠，工完開復。如限内不完，承修官革職；分司道員降四級調用；總河降一級留任。未完工程仍令賠修。其應賠工程已經奏明動帑者，仍將應賠銀，亦照賠修例，勒限處分。如限内不完，分司道員不揭報，總河不題条者，皆照徇庇例議處。

又議准，凡黄河曲處揠濬引河，果屬深濶，偶至淤墊者，該督親勘保題，免其賠修。

四十二年詔："河工官員領正項錢糧，修築隄岸，被水衝決、應賠還者，照例追賠。其自捐銀修隄，完工之後被水衝決或因地勢難築，竣工無期，若仍責令賠修，甚屬可憫。著總河察明具題，免其賠補。"

四十六年，覆准，河南隄工由巡撫就近料理。如遇水長，即嚴飭管河等官率領堡夫搶護。如怠玩貽誤，將該地方官照黄河定例議處。仍察明年限，著落賠修。

四十九年，議准，嗣後修防工程，河道按工發帑，廳官領銀承辦。其微末官弁及効力人員，止令防守催趲押運物料，不得輕給帑金。如果才優家裕，該廳申詳，該道轉報，該督方准給發。如濫委匪人，致虧帑誤工者，本人革去職銜，限一年追完復職。逾限不完出結，廳官革職戴罪，勒限一年賠完，完日開復。該道降四級，亦勒限追賠，完日開復。限内不完，即依所降之級調用。該督降一級，與該道一同分賠，完日開復。不完每案罰俸一年，仍著督道廳分賠還項。

五十二年，覆准，嗣後修築工程，該廳呈報到日，該督與道員即親勘工程，驗明物料，具題。修築工完，察勘報銷。如修築不堅，短少物料，將承修之官題条，從重治罪。如該道不揭報、該督不題条者，皆照徇庇例議處。

雍正二年，議准，一應工程嚴飭承修官據實估報。如估報時仍留覈減餘地者，該督撫題条，嚴加議處。

又議准，嗣後給發錢糧，交與諳練河務之人修築。如修築不堅，致有衝決者，委官督令賠修。不能賠修者，題条革職。别委賢員，給發錢糧，修築。將所用錢糧，勒限一年賠完，准其開復。逾限不完，交刑部治罪，仍著落家屬賠完。如力不能完，著落發錢糧之上司賠補全完。

四年諭："賠修之例，甚屬無益。從來河官領帑修工，必豫留賠修地步，以致錢糧不歸實用，工程斷難堅固。即幸而得保無虞，而錢糧終歸入己。似此情弊相習成風，必照侵欺錢糧例，嚴加治罪，方足示懲。著九卿詳議具奏。欽此。"遵旨議准，嗣後承修之官估計工程，總河與該督撫分司勘明工段丈尺、樁埽料物。如果與所估數目相符，覈實具題，發帑興修。如估計過多，有心浮冒，察出即照溺職例革職。察勘之官不實心詳覈，扶同徇隐，即照徇庇例議處。至工完之日，該總河、督撫、分司再逐一察勘，修過工程果否如式堅固，與原估丈尺、錢糧數目相符。如工程單薄、物料剋減、錢糧不歸實用，以致修築不堅，不能保固，將承修官指名題糸，照侵欺錢糧例，分別治罪。其侵欺銀著落該員家産勒限追賠。所修工程令總河、督撫等別委賢員，動帑修築堅固，工完題銷。

又議准，直隸子牙河、南運河新修工程，均照運河例，保固三年。北運河工程較永定河稍平易，較南運河則爲險要，立限保固二年。限内衝決，照例賠修。

五年諭："向聞河工不肖之員有將完固隄工故行毀壞，希圖興修，藉端侵蝕錢糧者，著該督時加察訪。再有此等不法之員，著即奏聞，於工程處正法示衆。欽此。"

又諭："直隸河工衝決之處，著落河官與地方官賠修。再敢惰玩，一并革職，枷示工所。欽此。"

又諭："河工追賠之項，其中情由不一。有該員侵蝕入己者；有修築草率，本不堅固，易致衝決，應當賠修者；有當潰決之時，該員豫知例當賠修，而以少報多，先留地步者；甚至有故意毀壞工程，以便興修開銷者。種種弊端，不可枚舉，皆法所難寬。但亦有經手之人，本無情弊而照例則應分賠者，在該員情稍可原，而承追之時無力全完，亦於國帑無益。其如何酌量，分別定例，方爲妥協。著九卿詳議具奏。欽此。"遵旨議准，嗣後黄河一年之内、運河三年之内，隄工陡遇衝決，所修工程原繫堅固，於工完之日已經總河、督撫保題者，承修官止賠修四分，其餘六分准其開銷。如該員修築錢糧均歸實用，工程已完未及題報，而陡遇衝決者，該總河、督撫據實保題，亦令賠修四分，其餘均准開銷。如黄河一年之外、運河三年之外，隄工陡遇衝決，該管各官實繫防守謹慎者，該總河、督撫察實具題，止令防守該管各官共賠四分。内河道、知府共賠二分；同知、通判、州縣守備共賠分半；縣丞、主簿、千總、把總共賠半分，其餘六分准其開銷。其承修防守各官，皆革職留任，戴罪効力。工完之日，准其開復。倘總河、督撫保題不實，照徇庇例議處。仍照定例，勒限分賠還項。

又議准，永定河新修工程，照黄河例，保固一年。

又議准，嗣後沿河州縣遇有被淹之處，令地方官會同河官親勘被淹情由，據實通報。如有隐匿民災者，照報災怠玩例議處；察報不實者，照溺職例議處。

八年，議准，嗣後不請開放之牐，審度形勢，果繫不應開放，雖限内未開，亦應准其保固年限，以免承修官守候之苦。如本應開放之牐，承修官因修築不堅，故意不請開放，希圖掩飾，雖已過三年，仍應以開放之日起限保固，並將故意遲延之承修官及不行察報之該管官一并糸處。

十年諭："河中石塊、木樁牴觸糧艘。著河臣嚴飭河道等官，於水落時，沿塗察看，悉行起除，以清河路。倘辦理疎忽，仍有起除不净等弊，著巡漕御史糸奏，將該管河道等官從重議處。欽此。"

十一年，覆准，永定河貼砌片石等工，仍保固一年。别項加修新工，保固三年。漳河、滹沱河並太行隄工，照黄河例，保固一年。其餘平易工程，照運河例，保固三年。

十二年，議准，黄河堡夫挑積土方不及數者，專汛文官罰俸一年；該管廳官罰俸六月。挑積不及半者，專汛文官降職一級、留任趲挑；該管廳官罰俸一年。兵丁挑積土方不及數並不及半者，專管汛弁及該管將備議處亦如之。

乾隆十年諭："從前石林口衝決用過修築工料銀二十三萬九千一百餘兩，部議著落河官賠補。原以該處舊有土壩致被衝决，應照疎防之例賠修。第聞石林土壩乃河臣率民修築之工，並未動用錢糧，與永定河官隄疎防衝決者有間，且七年黄水異漲，亦非尋常可比。動項既多，該管各官勢必艱於賠償。著加恩免其追賠。嗣後凡有隄防之處，務須事先綢繆，毋得再蹈前轍。若稍有疎虞，決不寬貸。欽此。"

十五年，議准，嗣後開濬河道，以領帑日爲始，限十日興工。須戽水築隄者，准於限外酌展半月。計土千方，限半月竣工。數多者准此加展。修建橋牐隄壩等工，均限兩月興工。工料數百兩及千兩者，以興工日爲始，限三月，三四千兩者，限四月，各竣工。其工料自五千兩至萬兩以上者，如平易工程，亦限四月竣工。果工程險要，不能依限告竣者，准於估報册内豫行聲明，酌展限期。違者皆交部議處。

一、種植葦柳勸懲

順治十三年，定瀕河州縣新舊隄岸皆種榆柳，嚴禁放牧。各官栽柳自萬株至三萬株以上者，分别敘録。不及三千株並不栽種者，分别糸處。

康熙九年，奏准，於沿河州縣擇閒散人，授以委官名色，專管栽柳三年，分别勸懲。

十五年，議准，河官種柳不及數者，免其處分。成活萬株以上者，紀録一次；二萬株以上者，紀録二次；三萬株以上者，紀録三次；四萬株以上者，加一級；多者照數議敘。分司、道員各計，所屬官員内有一半議敘者，紀録一次；全議敘者加一級，均令年終題報。

二十年，定武職栽柳，照文官例議敘。

二十二年，定河官栽柳成活二萬株以上者，紀録一次；四萬株以上者，紀録二次；六萬株以上者，紀録三次；八萬株以上者，加一級；多者照數議敘。其分司、道員因屬員栽柳議敘之例停止。

三十一年，議准，河道隄面濶二丈者，留八尺爲行路，其一丈二尺密栽細草。遇有坦坡，均栽卧柳。

四十四年諭："高家堰石工完者，准先予銷算。隄根之下廢地，可諭河員試令種稻，其餘除留取土搶修之地外，令捐栽蘆荻，以資工料。照例議敘。欽此。"

四十九年，覆准，令河南各州縣，於官地内責令堡夫廣栽柳樹。

六十年，覆准，河隄種植柳樹，倘有將柳園地畝墾熟耕種，私收籽粒，以致草漸稀少，動用錢糧購買蘆葦者，將失察之地方官嚴叅議處。

雍正元年，議准，每年山東、河南巡撫飭令近河州縣暨管河各官，將沿河空地勘明，各捐資多栽柳樹，各以種柳細數呈報上司。三年後，該督撫察覈報部，酌量議敘。如希圖議敘，强占民地累民者，即行叅究。至河南舊植柳樹，年久枯壞者，令察勘，一并補種。

三年，議准，嗣後，管河之分司、道員、同知、通判、州縣等官，於各該管沿河地方栽柳成活五千株者，紀録一次；萬株者，紀録二次；萬五千株者，紀録三次；二萬株者，准加一級。種葦一頃，紀録一次；二頃紀録二次；三頃紀録三次；四頃准加一級。其有殷實之民栽柳二萬株或種葦四頃者，准予九品頂帶榮身。至効力各官，有情願捐栽柳葦者，亦照此例議敘。倘有不肖河官，希圖議敘，占種民地者，題叅，從重治罪。再，各處河營每兵一名每年種柳百株。若不能如數栽植者，將專汛之千把總罰俸一年，守備罰俸半年。倘栽植不及一半者，專汛之千把總降一級，暫留原任，戴罪補栽。守備罰俸一年。

五年，覆准，行令河南沿河州縣等官，檢稽地册，會同廳汛，將見存柳園並從前坍塌及新淤地畝，逐一詳勘，丈明立界。如有隐占，撥補還額，廣爲栽種。

乾隆三年，奏准，嗣後山東、河南印河文武官弁，於沿河官地内有能捐資栽成小楊五百株者，紀録一次；千株者紀録二次；千五百株者紀録三次；二千株者加一級。其沿河居民，有情願出資，在官地栽成二千株，或在自己地内栽成千株者，給以九品頂帶榮身。每年春間栽種，次年秋間覈驗栽成數目，題明議敘。楊樹交汛官收管。如栽成不及議敘之數，准其次年補栽并算。

五年，議准，嗣後沿河州縣地方官，有能勸民在沿河坑窪沮洳、不宜禾稼地内種葦二百頃以上者，紀録一次；四百頃以上者，紀録三次；六百頃以上者，加一級；八百頃以上者，加一級、紀録一次。數多者，照數遞加議敘。

又議准，抑勒栽葦或所栽葦地以少報多者，照官員勒民開墾地畝以少報多例，州縣官皆降一級調用。

又議准，嗣後州縣官所屬境内有可栽葦草之地，勸諭不力，計十分之地栽植不及三分者，該督撫指条，罰俸六月；不及二分者，罰俸一年；不及一分者，罰俸二年。二年内栽植仍不及分數者，降一級住俸。至三年内仍有不行栽植者，降二級留任。

又議准，葦柳乃河工必需之料。令將柳樹數目、葦鰲地畝，一并造入交盤册内。再，豫、東二省全用楊樁。各汛報栽成活楊樹交與該管廳官，不時稽察，造入交盤。如有短少，詳条。著落補栽，成活足數者，開復。

九年，定葦蕩營額柴按年清完，依限運交。如未完一分者，該汛千把總罰俸一年，守備罰俸六月，条將罰俸三月；未完二分者，千把總降職一級留任，戴罪督完，守備罰俸一年，条將罰俸六月；未完三分以上者，千把總革職，守備降職一級留任，戴罪督完，条將罰俸一年。均限一年，照數督催，全完開復。如逾限不完，照所欠分數，千把總分賠六分，守備三分，条將一分。賠完之後，亦准開復。若每年餘葦至十萬束以上者，准其紀録一次。再有赢餘，照數遞加紀録。

又覆准，江南黄河兩岸柳園丈出官地，官民情願捐栽柳樹。培養成活者，驗明確數，一并造報議敘。

一、禁令

順治二年，定旗下軍船不許零星過牐，非時啓閉，致妨漕運。

五年，覆准，安山、南旺兩湖地經升科者，聽民佃種。其餘湖地不許開墾妨漕。永爲令。

又覆准，衛河渠口每年四月以後盡行堵塞，不許偷放。

七年，覆准，運河行舟，雖繫進貢及裝載官兵，亦不得擅自開牐。

九年，覆准，沛縣湖田禁民墾種，令蓄水濟漕。

十三年，覆准，南旺、臨清大濬及各處河官揠濬本境淤淺、築壩，未開之先，豫頒告示，禁止一應官船。不許先期逼勒開壩，貽誤工程。

又覆准，令河臣申明各牐啓閉禁令。先放糧船，次放官船，又次放商民船。如有啓閉不時，洩水誤漕者，指名題条。

康熙二年，覆准，凡奉差及赴任各官定有限期者，令糧船讓路。

又定差船到牐，隨漕啓閉。有攙越漕運者，照例𠭊處。

四年，河臣請嚴牐河啓閉。奉旨："有奉緊要勅旨差遣者，著照前行。如糧船、商船齊到牐，糧船先過，商船繼過。如糧船未到，商船先到，牐官勿得指稱糧船將到，强行攔阻，仍著放過。違者從重治罪。其一應往來官船、立有欽差牌匾，著永行禁止。如此等官船藉名緊急，擅行啓閉，於糧船之前争先者，著該督撫指名題𠭊。欽此。"

又議准，凡内外顯要職官，多置號船，縱容家人於漕運河道往來貿易。或奉差赴任各官，額外私帶貨船，並姦徒假藉名色、恃强闖牐者，河道各官指名呈報河漕總督，題𠭊究處。河道各官徇情不報，亦即題𠭊。如已呈報而總督徇情不舉者，事發一并治罪。

七年，議准，畿輔隄岸關繫緊要。禁止附近莊佃私開渠口。八年，議准，直隸渾河隄工禁止車行。如有損壞者，咎歸該管官。

十一年，題准，運官停泊漕船，不聽督催，陵辱牐官，責打牐夫，攫去牐版致洩水誤漕者，革職究擬。

二十一年，議准，運河淺澁，漕船艱於程限。各處兵船務隨漕啓閉停泊，如有扭鎖掀版、恣意争先者，該督指名題𠭊，將領兵將弁嚴加議處。

二十九年，議准，漕河開隄遲則稽重運，煞隄早則阻回空。嗣後，每年定於十一月十五日煞隄，正月二十六日開隄。

三十年，覆准，河南河内縣丹河發源太行山，至丹河口分渠九道，内惟小丹河、上秦河二渠通衛濟漕。嗣後如雨足之年，於三月初用石絡裝石横塞河渠，使水歸小丹河，入衛濟漕，仍留涓滴灌田。至五月杪，重運已過，則開放河渠，塞小丹河口，以防山水漫溢。倘遇亢旱之年，自三月朔至五月望，令三日放水濟運，一日塞口灌田。過此以後，仍從民便。至輝縣東刀泉爲衛水之源，民間設五牐以蓄水灌田。向例於五月初一日封版，放水濟運。但五月正農功需水之時，應量渠之高下，用竹絡裝石堵塞，使各渠之水常盈，則正流足以濟運，餘潤可以灌田。其安陽縣之萬金隄亦令仿東刀泉五牐之法，用竹絡裝石，相時塞牐通渠，務使民漕兩無妨礙。

三十五年諭："山東漕船不得過牐以致遲延，著差官帶户部印封前去封固牐版。須竢水滿開牐，以便漕船行走。如水不滿，雖奉旨事務亦不許開牐。果有緊急，陸路亦可以行。凡内廷需用之物，悉停解送。欽此。"

又諭："自通州以至大通橋，民船不行，皆有禁令。今若令小船行走，於民似有裨益。著户、工二部會同倉場侍郎會議具奏。欽此。”遵旨議准，嗣後通州至大通橋應令民船貿易行走。若遇糧運緊急之時，暫行禁止。

又奉旨：“打魚小船亦著行走。”

三十九年，覆准，裏河淤墊，竢糧船過盡，即煞壩疏濬。一應差使，令暫由陸路。

四十四年，覆准，南旺湖涸出灘地，不許違例耕種。令地方官出示嚴禁。

又覆准，嗣後有故決、盜決南旺、昭陽、蜀山、安山、積水等湖，揚州高寶湖、淮安高安堰、柳浦灣及徐、邳上下濱河一帶各隄岸，並阻絶山東泰安等處泉源，有干漕河禁例者，不論軍民，槩發邊衛充軍。其牐官人等用草卷閣牐版盜洩河水，串通取利，犯該徒罪以上，亦照前問遣。

又議准，漕河各牐務依漕規啓閉。官員經過，不許徇情，擅自開放洩水，致稽重運。違者不宥。

四十五年，遣官往運河閱視封牐。特諭：“今年水淺。自臨清至天妃牐七八百里，一時盡封，則不利於商人矣。當從上流封牐蓄水，竢水滿後再開一牐。糧船過時，他船不許濫放。欽此。”

五十三年，覆准，糧船過牐，務遵漕規啓閉，按幫放行，則水勢充足，不至遲誤。至於水漲牐溜、撞沉搶修，乃意外間有之事，均准於單内注明。務於八月内全數卸完回空。如逾定限，倉場侍郎題參。

五十四年諭：“大濬動工之日，一應往來船槩行禁止。駐防兵船、回空糧船有恃强開壩者，拏解究處。欽此。”

雍正元年諭：“每年漕船遲滯，皆由運河阻淺。運河之水全賴山東諸湖蓄水以資灌注。近歲漸就淤積，居民或占成田地，以致水少不能濟運。今宜乘夏秋雨水之時，豫爲蓄水之計。凡沿河田地已經成田者，不必追究。其未經耕種者，速宜嚴禁，不可侵占。至諸湖隄防須修築堅固，引河牐壩務啓閉得宜，則湖水深廣、運河流通不竭，漕艘自無阻滯之虞。欽此。”

二年諭：“運河之設，未嘗禁商船之往來。但水少時，則加意管束；水大時，聽商船行走。京師百貨取給於東南之商賈，今若嚴禁，則各種載船必一槩阻滯，商賈安能流通於民生日用，均屬未便。欽此。”遵旨覆准，令總河、總漕、直隸、山東、河南各督撫，檄飭沿河地方官弁，遇有商賈客船，許於漕船先後乘隙而行，毋許漕船攔阻，亦毋許商船擁擠。

又議准，運河一帶用强包攬牐夫、溜夫二名以上，撈淺、舖夫三名以上者，發附近充軍。攬當一名並未用强生事者，枷一月、杖一百發落。

又議准，小丹河、桓河各牐，令該撫嚴飭河官，不時疏濬。仍遵舊制，三日放水濟運，一日塞口灌田。於糧船趲行回空之期，該河官親至水口，秉公啓閉。將水勢情形設立循環號簿，五日一次報明。該管印官仍嚴禁偷放。如河官通同賣水，以致漕船阻滯者，指名題条，嚴加治罪。

五年，議准，河工關繫重大。嗣後有指稱夫頭包攬代雇，希圖抑勒良民者，照運河一帶用强包攬牐夫、溜夫之例治罪。二名以上者，發附近充軍。一名者，枷一月、杖一百發落。

十一年，議准，黄運河工隄頂民房，無論舊蓋新修，槩令遷移。

乾隆元年，題准，山東運河自江南邳州交界，北至德州桑園鎮，綿長千二百餘里，水無來源，全賴各牐層層關束。務令啓閉以時，蓄洩得宜，庶於漕政有益。

二年諭："江南黄運兩河隄工，向有民人蓋房居住者，經河臣等議，令拆毁遷移，以防作踐。旋以小民安土重遷，以令移去險要工所之房屋，其餘仍舊存留。此國家體郵貧民之恩澤也。各隄民房皆無額徵租稅，惟高郵、寶應、江都、甘泉、山陽五州縣，每年有應徵租銀三百八十餘兩。其間拖欠不完者，往往有之。若留此輸公之項，雖爲數無幾，而追呼不免。恐有胥吏藉端苛索之弊。著將此項租銀永行停止，並將累年拖欠悉予豁除。惟是隄工乃河渠之保障，理宜加意慎重，以固河防。除見在已成房屋，無礙隄工者，免其遷移外，將來不許增蓋。如有違禁增蓋者，即驅逐治罪，並將徇縱容隐之官弁分别議處。欽此。"又諭："今年五月山東雨少，運河水淺，糧艘不能銜尾而進。沿塗挶淺起撥甚費經營。而臨清以北更多阻滯。朕細加訪察，臨清以北全賴衛水合汶濟運，而衛水發源於河南衛輝府，至臨清五百餘里。居民往往私洩灌溉。經前任河臣題定，每歲於五月初一日盡堵渠口，使衛水全歸運河。今日久法弛，衛水來源小民不無偷放，遂致運河水勢長落不時，重運艱於北上。目前正當緊要之時，所當稽察嚴禁者。著直隸、河南督撫速行辦理，務使衛水不致旁洩，糧運遄行無阻。欽此。"

又奏准，運河舊例於十一月十五日煞壩，今改於十一月初一日。開壩日期舊例於正月二十六日，今不必拘定，總以南漕幫船至臺莊牐爲準。

又覆准，山東運河自嶧縣臺莊起，至臨清州南版牐，計四十八牐。牐河水無來源。應照南旺挑湖之例，遇重運盛行，官民等船均隨漕開放，不許逼勒開牐。並頒發告示，刋立木榜，令各牐永遠遵行。

又奏准，運河各牐收束水勢，全在啓閉得宜。會牌未到，催漕各官不得逼令啓版。會牌已到，司牐官亦不得故意遲延。如有違誤，該督題叅治罪。

四年，奏准，江南河工天然南北二壩，收束諸湖之水，爲洪澤湖之關鍵。責令管河道員封固，永不許開。

卷一三四

工　部

都水清吏司

水利

畿輔水利

順治九年，遣官修理石景山以南至蘆溝橋一帶決口隄岸。

十二年，修築薊州及玉田、豐潤、三河三縣決口隄岸。

十四年，修畿輔隄岸。

十五年，修築内河邢家口、白馬灣、殷家洞流、棉花市、龍王廟五處決口隄岸。

康熙元年諭："八旗都統及有司官不時稽察。嗣後隄岸決壞之處，其田土屬旗人者，都統督旗人自行修築。屬民者，有司官督民自行修築，永定爲例。欽此。"

七年，題准，蘆溝橋隄岸衝決，動帑修築。

又題准，霸州等處隄岸衝決，動帑修築。

十二年，濬玉泉山一帶河道。增修高梁橋、白石橋諸牐壩。

二十一年，修築石景山至蘆溝橋一帶隄岸。

二十六年，議准，直屬旗莊田地隄岸，令旗民互助協修。該州縣會同屯領催酌，取近土修築。

二十九年，建玉泉山石牐一座，疏濬河道。

三十二年，修復霸州苑家口傾圮舊隄。

三十三年，修濬静海、大城、任邱、雄縣隄岸河道。

三十九年，大修畿輔各州縣清河、子牙河官隄、民隄，共長千五百二十餘里。

又覆准，漳河隄岸衝决，將巡撫照總河例議處，分司、道府照督催等官例議處，同知等官照承修官例議處。

五十二年諭："石景山隄工關繫緊要。若交與永定河分司兼管，則駐劄遥遠，難於巡察。著仍照前委部員防守修理，堂上官不時巡察。倘有坍塌之處，即行奏聞。欽此。"

雍正二年諭："石景山渾河隄工甚屬緊要，著詳勘修理。欽此。"

四年，特命親王大臣察勘直隸地方。自四年爲始，節次興修畿輔水利。

又奏准，直隸之水經流有三，北爲白河，即北運河；南爲衛河，即南運河。其匯畿輔西南六十餘河之水爲巨浸，東至直沽，合白河、衛河同入海者爲淀河。又，淀之下流南來者爲子牙河，北來者爲永定河，皆水濁泥多，横激壅淤，爲淀河患。故淀治而水利興，必河治而淀乃就理。向患永定河濁流，由勝芳河之西奔騰南下。今自范甕口别開長淀河一道，面濶十五六丈，深四五尺不等，長三十餘里，引渾水遶王慶坨之東北入三角淀，直趨而東，俾濁水無復南流淤淀。又，東安、武清地當濁流之下稍，每苦泛溢。今由柳岔口至韓家樹三十餘里築隄，以防其衝。子牙河爲滹、漳、滏陽、大陸諸水下流，水汛泥多。今將兩岸之隄加高培厚，東其流使不得盪激衝决，由大城之王家口入淀，藉淀河清流之力刷之，使河流泥沙不致淤淀。又週淀舊有欽隄一道，迴環千里。自康熙三十七年修築之後，幾三十年，日就圮壞，一遇暴漲，衝决漫溢。今自清苑以下、文安以上，凡隄身低薄殘闕之處，悉爲加高增厚，修治補葺，建牐設壩，鑲以椿葦，堅以夯硪。又開張家嵀勝芳河，以瀉其流，俾不至會同玉帶諸河浸嚙隄根。又苑家口河身逼窄，每致漫决，濬中亭河、十望河以洩其漲。又柴火淀在其上游，急流直衝隄岸。開口頭村引河，掘張青口、毛兒灣等處，導歸中亭，以緩其勢，以分其溜，庶幾欽隄鞏固，一勞永逸。

又奏准，莽牛河爲白溝支津，雨潦則溢而東决，日久衝溜，自成河形，下無所歸，泛濫田野，爲固、壩諸州邑之患。應濬治良鄉以南，經涿州、固安、霸州等處一百七十餘里，令河身深濶，至高橋以下導之入淀，則白溝之暴漲可減。

又奏准，新安當漕、雹二河之衝，廬舍時遭漂浸，自三台村以南開引河一道，使漕河入雹，雹河入淀，則上流諸水不致泛溢。又於新安城北築隄二十餘里，以護縣治。建姜石嵀牐，俾小殷淀、大殷淀等處營田旱澇有備。

又奏准，高陽豬龍河自柴淀口河身南徙之後，舊河斷流。新河界連任邱，藉隄爲障。近復決蠊螂口而東，任邱西北村莊盡被淹浸，鄚州一帶通衢往來病涉。今築攔河壩，障之使西；濬車道口，引流歸淀；堵築蠊螂放水諸口，以斷其流，涸出任邱被淹之地，俾民復業。又於任邱之棗林莊等處高築引道十餘里。復開王村順子口，消南來之積水，以便南北行人往來。

又奏准，雄縣之趙北口爲西淀咽喉，舊有隄長七里，設橋八座。今增橋爲十一座，並以木易石，空其橋下，各濬深丈餘，使暢濶深廣，水勢順流，直達柴火淀而東下，庶河流無滯，淀淀貫通。

又奏准，京南以滹沱河爲大澤，綿亘千有餘里，時決時淤。其次爲任縣泊，即大陸澤。次爲寧晉泊，即河薄落，皆爲巨浸，並會於滏陽河。自滹沱填淤，河高於泊。入滏之路惟雞爪河一道，不足以消全泊之漲。而穆家口爲二泊傳送之口，淺隘不能暢流。今並令疏濬，深至九丈不等，廣至八丈有餘，長至三十餘里。又築隄邢家灣，以防其決。濬深王甫隄橋之下，以舒其流。二泊涸地，盡成膏腴。復展揠營上村、黃兒營等處。從此二泊之會於滏陽者，下流無滯。

又奏准，還鄉河即浭水，委折蛇行，舊有三灣九曲之稱。河道狹而隄堰卑，東決則淹豐潤，西決則淹玉田。今於劉欽、王木匠等莊河身之狹者濶之，修築隄工之殘闕者，且拓廣而加高之，俾水不旁溢，兩邑無衝漫之患。

又議准，灤、薊、天津、文、霸、任邱、新、雄等州縣，各專設營田之官。行文江浙兩省，召募老農，每省各送三十人，每月酌給工食糧米，令課導耕種，不敷再募。竢本地人耕種得法，令其回籍。小民力不能耕者，官給錢糧，經理牛種。秋成後，歲收十分之一，足額而止。有力之家，率先奉行者，計圩田多寡，分别獎賞。其出貲代人營田者，民則分别獎賞，官則分别議叙。仍歲收十分之一，歸還原本。其官田數萬頃，分地遣官，會同地方官首先舉行，爲民倡率。其濬流圩岸以及瀦水、節水、引水、戽水之法，仿照成規，各因地畝形勢，節次興修。所須農器、水車等物，亦行文江、浙二省，各送匠人五名，教導本地匠人依式成造。照召募老農之例，一例支給工食。竢本地造作如法，令其回籍。至民間田舍有害水道者，計畝均攤，通融撥抵，視本田畝數加十之二三。其河淀淤地已經成熟升科而必須開闢者，將附近官田照數撥補，違者照例治罪。

五年，修整天津教場、老君堂、渠横口、單街四處隄工。

十二年，議准修築玉田、豐潤各處受水圍堰。

又議准，加修馬營林、南倉至宋家口一帶舊堰，以障西流並疏濬鴻橋河中泓淤淺。

又議准，寶坻縣南岸官隄大吴家莊、新安鎮險要之處，每年視水勢大小緩急，令地方官備辦物料堵搶。

又議准，加修潮河隄堰，自小河口至南小莊之東，與還鄉河西堰相接。柳沽、石臼窩二處各設涵洞，以資宣洩。

又議准，還鄉河兩岸堤堰設歲修銀，於通永道庫内豫期酌用。

乾隆元年，覆准，還鄉、陡河辦工銀，令直督總河具題察覈。

是年，加修石景山南北兩岸石工。

二年諭："直隸河道水利關繫重大。若但爲目前補救之計，而不籌及久遠，終無裨益。總督、總河所奏，尚非探本清源之論。著特遣大臣親往詳勘形勢，籌度機宜。應如何改移開濬修築之處，熟商妥議，酌定規模。仍交總督、總河，督率所屬，遵照辦理。欽此。"

又奏准，挃濬蘆溝橋橋底淤沙，並濬引河一道。麻峪村橋口用柳圈填石子築攔河壩，增築小堰三十餘丈。

又奏准，東西兩淀爲畿輔衆水之匯。應增設垡船、衩夫，疏濬淀中河道，以利宣洩。其入淀故道，尋源溯流，悉濬舊址。支流汊港一概深通，俾環淀諸邑，永無漫溢之患。

又奏准，直隸清河隄岸起清苑縣界，迄獻縣之臧家橋，週迴於順天、保定、河間三府之境，沿河繞淀，爲數十州縣生民之保障，名曰千里長隄。築培高厚，以防潰決。底濶八丈、頂濶二丈、高一丈爲率，修成坦坡之形，並疏濬支河，以資節宣。瀕河村莊增建板橋，便民行走。嚴禁攔河疊道，横絶中流，俾支河暢達，以收分減之效。

三年，題准，加築石景山隄岸。

四年諭："直隸地方水利未講，以致水漲則受其患，而平時未獲其益，此衆所共知者。前屢降諭旨，令總督等悉心籌畫，善爲經理。續據陳奏大槩，講論河道情形。至如何消除積水，俾民間田畝收水利而免水患，未曾詳晰奏及。朕思此時乃水落之際，又值年穀收穫，正宜董率官吏及時經營，不但工程可以早竣，而無業貧民亦可藉以餬口。若不趁此時速爲料理，爲未雨綢繆之計，轉瞬春水長發，又恐難於施工。朕爲閭閻疾苦，時廑於懷。爲封疆大吏者，當體此意。欽此。"遵旨議准，直隸經流之大者，永定、子牙、南運、北運四河，東西兩淀。永定河、葉淀之東，漸爲疏引，使入西沽之北，别行入海。濬子牙新河，使上流諸水得以歸淀。開河之東隄於蒲港等窪，漸引而東，入西沽之南，别行入海。挃去北運河南岸沙背，深濬減河，培補隄岸；加築南運河兩岸遥隄，揠河身以行正溜，濬減河三十餘里入老黄河，以達於海。開揠西淀、白溝河故道，使入中亭。於九橋之下橋南，别疏一河，由藥王廟行宫之南出張青口。疏濬青門河，由毛兒灣開口，從十望河故道别派分流。疏濬中亭河深濶，即以取出之土堆築成隄。金門牐之西引河改由東道，使不入中亭，以免壅決。於苑家口疊道建設木橋，使洩水通行，則西淀之咽喉暢矣。疏濬東淀三义[1]淤淺、楊家河、卞家窪諸處。多疏淀河數道，並行而東，同會於西沽，則東淀之尾閭亦暢矣。四河順軌、兩淀暢流，各州縣之積水自可消除。

又覆准，天津郡城東門外至鹹水沽以下茶棚，加築疊道作爲遥隄。頂濶二丈、底濶六丈、高六尺。開揠賀家口舊有小河，東通海河，分洩藍田積水。何家圈、雙港通海河各舊河溝，分消郭家泊諸處積水。白塘口舊河一道、石牐一座，宣導窪水歸於海河，尚不能盡洩大泊大淀之水。陂水窪起，遶藥王廟，逾王家莊至北里口，應開引河一道，過白塘口石牐，以歸舊海河。又自大淀起，遶大韓家莊、巨葛莊等處，别開引河一道，俾窪水同歸於海，永遠保障。

五年，覆准，南運河青縣鮑家嘴西岸灣坡裁直，暢流出口，淤淺揠濬深通，以免淤塞。堵築東岸廠口，築挑水、遥、月等隄堰，以資捍禦。又，張洪橋以南一帶民隄加高培厚，復於李豹家莊等處開設涵洞，田間積水放入河中，可免水患。接築苟家營迤北高阜土埂坦坡土堰，捍禦子牙新河之東、運河之西鳳臺等窪旋轉倒漾。新河東隄羅家營等處開溝，隄内各窪瀝水洩入新河。子牙舊河廣福樓舊有横堰基址，補築坦坡横堰，揠濬新河深通，以受黑龍港支河之清水，暢流歸淀。王家口爲子牙河入淀之尾閭，開濶莊頭村起，至臺頭歸清河，可以暢流無阻。開揠揚家莊河脣舊口引河，經閻留二莊，由朱家窪等處獨流大坑歸入淀河。子牙渾水由西南斜向東北，水滿聽其平漫各窪，水落歸槽，濁泥澄地，清水入淀，一帶被水窪地漸同受淤，盡變膏腴。各窪淤平，就勢築隄。水經獨流大坑，由楊柳青以達西沽，可無淤墊之患。官家河、攔牛河一槩揠濬。子牙西岸大隄加培高厚。

又覆准，寶坻縣東淀等莊衆水匯歸，開河疏濬，以消積水。

七年，覆准，正定府滹沱河斜角頭隄迤下，北岸近溜之處，加築順流挑水柴土壩五座。又於五壩以下築魚鱗挑水壩三座。

九年，議准，農政之要，水利爲先。旱澇之防，溝洫爲急。北方地勢

[1] “三义”應爲“三叉”。

平衍，原有河渠淀泊水道可尋。然或行之未久，輒就罷廢，或奉行不善，轉致虛糜，遂以爲北地水利不可興，聽其自盈自涸而莫爲之。均節淫潦則巨浸爲災，炎烈則暵乾是患。有水無利而獨受其害，雖天時之不齊，亦人事之不豫。誠使相度形勢，因地制宜，疏濬有方，蓄洩有備，平時受樂利之益，而旱澇收補救之功，自可流澤無窮。惟是，欲興水利，必將全省地形之高下，水道之原委，詳細察勘，通盤籌畫，務使脈絡貫通，以圖經久。若遽遣大臣齎帑前往開濬，即將見在就振之民，酌令就工給直，無論待哺之民緩不濟急，實恐草率從事，迄無成效。應令直督詳加察勘，凡河渠淀泊或見在流行而未甚通利，或已經淤阻而故道可尋，將應行挖濬修築各事，宜詳酌妥議，次第舉行。

又奏准，疏濬宛邑北岡窪、趙新店、房、良二邑順水河、溝雅河，良邑黄管屯、陽茨尾二河，並良、涿莽牛正、支河歸於拒馬，爲受水之地。白溝河爲拒馬下流，開通十里舖支河、十三里支河、蘆僧河，分減白溝漲汛。開十九垡支河，五里之下馮家營起，直南開河一道，接入蘆僧，堅築兩岸子堰。又自十里舖至新橋窰，築土堰一道，以防衝溢。新城縣南關諸處疊道建橋。開挖雄縣王克橋、西槐二支河，以備蓄洩，以資灌溉。

又議准，開濬陳家溝、賈家沽二河。展拓唐縣雹水村舊有廣渠，接開新河，建立橋牐涵洞。堵築正定縣搭園莊大林濟洩水河口。濬西栢棠村河，引水至護城河。大鳴泉、小鳴泉、楊家泉以及無名諸泉之水灌注存蓄，以復舊規。鴨子觜、固營村等處開河建牐，以備節宣。

十年，覆准，直隸興修水利，劃明界址，分遣印汛各官，照依所管各村莊設立渠長。每遇汛退、冰融、水涸之時，督率有地居民疏濬修補。

又覆准，修築寶坻縣芝麻窩、新安鎮等處隄工。開濶新安縣新河並展拓府河。疏濬望都、保定、安肅各處道溝、溝河、城河。又疏濬定興縣雞爪泉、安肅縣萍泉，會歸瀑河。

十一年，覆准，疏濬馬頰河，引水歸海。慶雲縣王家窪開渠一道，疏濬高墓臺窪，開挖四鄉洩水溝渠。疏濬鹽山縣宣惠河。

十二年，覆准，接濬寧晉泊内七里河。挖趙州大石橋舊河及鉅鹿縣鹽池、柳窪、油坊、大小韓家寨五村鹻地。挖濬順德府達活、野狐二泉。

一、山東水利

康熙二十九年，修復郯城縣禹王臺舊址，遏沭水使田故道，以免沂、郯、邳、宿、嶧諸州縣水患。

三十三年，山東小青河漫溢，築青沙泊南隄，疏濬孝婦河，俾會清河水入海，以免新城、高苑諸縣水患。

四十三年，疏濬戴村壩淤塞舊河，築和尚林越隄，逼水仍歸故道，以免東平州一帶水患。

雍正三年，開濬小鹽河並疏治膠萊新河，以資民田。

四年，挖濬濮州之魏河、聊城之洩水河，並開濬鬲津、趙牛等河。

五年，覆准，疏濬濟南府屬之管氏、倪倫、温聰、漯、刁强等河。

又覆准，東省安山湖開濬支河六道，並於六隄口建牐，以利節宣。

九年，議准戴村新壩拆低，與舊壩相等。高岸改作漫坡，洩水通沙。

乾隆四年，奏准，開濬小清河，自山頭店至萬家口及還河、清沙泊逐一疏通，隄岸照舊修整。對門、郭家二口隄岸加培高厚，圍築月隄，以爲重門保障。改軍張牐爲滚水石壩，疏通支脈溝，俾水循軌下注。下截河自灣頭至淄河門，逐一疏通，兩截分行，尾閭通達，庶水有歸宿，永免泛溢。

五年，議准，濟南府屬之繡江河，自四營莊上至明水鎮，下至金盤莊，計長二十里，資以轉石磑、灌稻田。北口應建設滚水鐵心小壩，以備節宣，則循軌之水可以分資灌溉。

六年，奏准，臨清、德州、館陶、夏津、武城、恩縣、德州衛諸處，因漳水全歸運河，與衛水、汶水合流争趨，勢甚洶涌。開通直隸元城縣和兒寨村北河溝與漳河故道相連，嚴禁小民築壩阻水，聽其宣洩，以分水勢。臨清、恩縣一帶民修隄堰，酌量增培，分别修築。又加修聊城縣護城隄岸。

又覆准，挖濬德州、東陵、海豐等州縣子河，宣洩運河内漳、衛、汶漲發之水，由鉤盤河達老黄河入海，以衛德州一帶及直隸吴橋等縣民田廬舍。

十二年諭：“據山東巡撫奏稱，沂州府屬之蘭山、郯城二邑河道淤塞，隄堰坍頽，爲每年被水之由，應動帑疏築等語。疏築堤堰爲利民之舉，且二邑河道淤塞，以致屢被水災。以工代振實屬應行。但河務所關，須將上源下委審度周詳，然後可以興舉。著悉心妥酌，勘實奏聞。欽此。”遵旨履勘沂州府屬蘭山、郯城二邑河道隄堰，上下周環，循源溯委。按：沂河發源臨朐縣沂山西嶺，會沂水、蒙陰、費縣諸處山河之水，合流下注。經蘭、郯二縣至江南邳州蘆口分流，一由徐塘口入運，一入駱馬湖，由六塘河歸海。蜿蜒數百里，地勢建瓴，土性浮鬆。下游武河、陷泥、芙蓉、燕子等河，瀰漫相連，向有民修隄堰。應寓振於工，以衛田廬。蘭山縣境内舊有柳青河一道，起自縣城迤北雲白湖，下達齊溝，歸入沂河。郯城縣境内舊有墨河一道，起自縣城東北墨泉，下達江南宿遷縣境内，歸入駱馬湖。一並開濬，以洩卑窪積水。

又議准，青州府屬瀰河一道，經由臨朐、益都、壽光等地方，受龍泉、南陽、七里河諸水，東北入海。去夏山水暴漲，河東岸衝開一百五十丈，舊河口淤起沙埂。應堵築決口，揠平沙埂，以資捍禦。孫家窪之東開濬引河，導入淄河，以資宣洩。上游各窪，層層開濬，疏消積水。

又議准，蘭山江風口河脣建碎石滚水壩五十餘丈，約攔水勢，俾歸正溜。河形深處亦建碎石滚水壩一百六十餘丈。尋常之水由沂河循軌下注，有餘之水滚減而出。一由漿水汪入武河，出邳州沙家口入運。一由漿水汪出柴口，仍歸沂河，以緩其勢。並修補清水、龍潭、胥家、重坊等口河形，深處酌建碎石戧工。填砌吴家口，以減其勢，並於李家莊、馬頭鎮河水兜灣之處、臨河一面填砌碎石，以資捍禦。

又奏准，山東運河北自桑園與直隸接壤，南至臺莊與江南毗連。自北而計之，初受漳、衛之水，次受汶、泗之水，又次接沂河之水，下流注於黄、淮。河身兩旁承以諸湖，束以長隄。東隄蓄納，西堤宣洩。水小則開湖以濟運，水大則藉湖以受水。其間山泉、坡水、汶河、支港與夫牐壩、涵洞、橋梁、斗門，皆關蓄洩機宜。應隨時修濬。

一、山西水利

雍正九年，議准太原、平陽、汾州三府同知，令其兼管水利。將太原等各府所屬渠道，飭令水利同知每歲於農隙時，親詣所屬地方，不時詳察。倘有應增渠道及修築之處，即勸導有田各户按畝出力，貧富維均。其大同等府州所屬渠道，照舊責令地方官一並稽察管理。

乾隆四年，覆准，修築陽曲縣會城西門外被衝護城隄堰。

六年，奏准，山西省北護城土堰，每年六月中水發，大溜直抵土堰。酌議每年歲修銀六百兩，交陽曲縣豫爲辦料，於冬春水涸之際培築土堰。其餘物料豫貯河干，一遇水發緊工，資以搶修。年終造報察覈。

十年，議准，文水縣永樂等三村去年夏間被水淹漫，應築堰一道，工長二千一百六十五丈，以保村莊。

又覆准，晋省水西門外護城隄堰兩旁種樹，俾根深盤結，以資鞏固。

十一年，覆准，疏濬臨晋、猗氏、聞喜、安邑、夏五縣涑水河道。臨晋、猗氏二縣建分水石牐一座。隄下建砌涵洞一座。

又覆准，修理垣曲縣護城石隄。

又覆准，疏濬山西省城牛站門外壕渠，以資宣洩。

一、河南水利

康熙十二年，議准，修復河南安陽縣萬金渠，引洹水灌田。

雍正四年，覆准開濶河南百泉東西民渠口門，以資灌溉。洹河自石橋第十洞處，每歲築石子壩，開渠引水。其西三十三洞盡行疏濬。

又覆准，小丹河上下開濶秦渠、董下渠，各建分水渠口灌田。小丹河内舊有分灌民田之十六口門，盡行堵塞。

五年，覆准，疏濬安陽等縣各泉源，幫砌石岸。輝縣百泉池南建設斗門、築堰建牐，並疏濬各泉，以資灌溉。又，疏濬萬泉寺泉源。獲嘉縣開擴丹河。河内縣上秦渠進水口門改建石牐，並疏通西東民渠，建小涵洞。修武縣開濶丹河。

乾隆二年諭："朕聞河南省之葉縣、西平、遂平、襄城、郾城等縣今年皆遭水患，蓋緣河南土地平衍，河流不能盈尺。雖有去地二三丈者，究竟與地勢相平之處居多。且向來渠道率多淤填，是以一遇山水驟發，不能宣洩，廬舍田禾盡遭淹漫。著委官踏勘，悉心計議，將如何疏導河流，加增隄岸，以防暴水漫溢，妥商定議辦理。欽此。"遵旨議准，培築郾城縣沙河隄工四段；葉縣沙河隄工一段及西平縣洪河隄工。瀕河貧民寓振於工。

又覆准，修築鄭州中牟縣賈魯河河道隄堰，自張家橋迤東，乾柴、李家莊等處至新河口，隄長二千二百八十二丈，加培民堰，增築圍隄。

三年，奏准，修築汲、淇、濬、湯等縣河隄，彰德府城濠支河、安、湯二縣羑河，以工寓振。

四年諭："今年六月豫省地方大雨如注，川澤交盈，分洩不及。開封等屬被水之州縣甚多，朕心甚爲軫念。已屢降諭旨，多方籌畫振邺撫綏。因思濟饑拯溺，目前之補救維殷，而陂澤河渠善後之經營宜亟。豫省地方有淮、潁、汝、蔡諸水經緯其間。凡舊有河道皆達江湖，第因故道被淹，無支河導引，是以水無容納之區，勢必旁溢。下有壅塞之處，澇即難消。聞見在撫臣檄令各屬勘估興修。但愚民無知，上游方事疏濬，而下游填實阻隔，仍致水無去路，於事何益？著細心熟籌、專委管理河道、明晰水利之大員，親勘全局，通盤計算，務使一槩疏濬深通，毋令各分疆界，稍有阻滯。再，豫省之賈魯河原由江南地方全注入淮，是廬鳳等處即豫省之下游也。此時見有欽差大臣興修廬鳳河渠，亦當同爲留意。從來疏濬河道時，上游十分用力，下游百計阻撓。各處人情如此，不獨豫省爲然。是在封疆大吏洞悉其弊，勿爲所欺，庶幾原委暢流，永無泛溢之患。可將朕旨即行豫省並有河道之各省督撫知之。欽此。"

又覆准，豫省興修水利，疏濬河道，自杞縣交界，下連柘城、淮寧、鹿邑之永利溝、老黄河舊河故道一槩深通，河土分堆兩岸，以資攔束。

五年，覆准，乾河涯乃汴河故道，與城濠相通，下至紅沙灣，入於沙河。應開通以消省城積水，並建砌甎溝、石橋、石牐。

又議准，豫省地高居江南之上游。開封以南祥符等沿河七州縣之水皆歸渦河，綿長四百餘里，逾亳州、蒙城，抵懷遠縣，匯入於淮。開濬賈魯新河，入淮之水分洩入渦。賈魯河北岸中牟縣四十五里舖建設石牐。中牟、祥符、陳留、杞、睢、柘城、淮寧、鹿邑等八州縣開濬河道，並築攔水壩，以分其勢。渦河南岸分流漳河一道，揠濬乾溪溝，以爲容納之區。渦河經由亳州城北，改石橋爲浮橋，以暢河流，庶江豫兩省可無漫溢之患，咸資灌溉之利。

八年，議准，疏濬永城、鹿邑、淮寧、西華等縣河道，增培隄岸，以資堵禦。

十五年，奏准，豫省惠濟河分減賈魯河暴漲之水，宣洩各州縣溝坡雨水。酌改濬河之土加增大隄，停築子堰，酌留口門，用石包裹，以防暴流刷汕。

一、江南水利

順治十七年，修築江南當塗、高淳二縣廢圩，更名忠惠圩，令有司不時培護。

康熙十年，開蘇屬劉家河、松屬吴淞江，以洩太湖，俾由故道入海。

十一年，濬蘇屬吴江長橋一帶，以洩太湖水勢。

十九年，江南水患淹没民田。疏濬白茆港、孟瀆河，築壩建牐。又修七丫河一帶，並開福山港、三丈浦諸河。

二十一年，濬蘇屬支塘至新市舊河，仍令歲修蘇松河道、牐壩，專責蘇松常道管理，年終報部。

三十三年，覆准，吴淞水利，飭令江水經由地方各官，每年於秋冬水涸時各加疏濬，不致上游泛溢。

四十七年，議准，疏濬蘇松常鎮所屬支河港蕩，修建新舊牐壩，以資灌溉。

四十九年，濬徐邳境内房亭等河。

雍正五年諭："地方水利關繫民生，最爲緊要。如江南户口繁庶，宜更加修濬，時其蓄洩，以防旱澇。向來屢有條奏之人，但未經本省督撫奏請。朕意亦久欲興修，以資農務。因海塘工程正在營治，且水利事關重大，必得實心辦事之人，方有裨益。我皇考念切民依，周知稼穡，因康熙四十六年廵省江浙，所至必細驗水土燥濕高下之宜，詳考五穀種植之性，躬親講求。將附近太湖及通江潮之處，條分縷晰，特頒諭旨，令江浙督撫於蘇松常鎮杭嘉湖地方疏濬河港，以資灌溉；修建牐壩，以便啟閉。皆用公帑，不使絲毫出於民力，恩至渥也。乃當時督撫諸臣不能仰體，惟以虛文奉行，縻費帑金二十餘萬，飽官吏之侵漁而無實效。朕即位以來，事事仰體皇考之貽謨，永圖民生之遠計。據該撫陳奏，應是地方不可緩之事。凡建立牐壩、疏濬河流，務期盡除淤塞，以杜泛濫之虞；廣蓄水泉，以收灌溉之益。其一應公費，皆動用庫帑支給。一切工程交與該督辦理，見任部屬及候選部屬府州縣人員内，有具呈願往效力者，選十數人帶往江南。不必令出資材，惟令辦理事務，酌量委用。欽此。"

又諭："朕軫念民依，以蘇松地勢稍下，特遣大臣會同督撫開濬水道，爲久遠之計。太湖之水歸海，劉河、白茅二河爲要，必徑直深廣，令水暢出，方能一勞永逸。圖誌所載二河形勢，數十里一徑直趨入海，無少曲折。因年歲久遠，海口爲潮淹塞，悉成平陸。太倉、常熟之紳衿土豪霸占耕種，報科者十無二三。今既開濬，務必盡去新漲之地畝，以復故道。聞懷私利己之徒投遞公呈，或請别開支河，或請别開新道，其言紛紛不一。倘以似是之言，或惑於聽聞，或希圖微利，或稍徇情面，或依違遷避，使積水不能暢出，數年後仍漸致壅塞，則汝等罪不可逭矣。當秉公詳勘，務爲一勞永逸之計。欽此。"

又諭："江南水利緊要，須實力奉行，務期有濟。朕思牐工自需辦理候時，至於疏濬河渠，無須等候。先將要緊應濬河渠即行酌議。乘此春夏交接之時，速行疏濬，勿致誤農。大凡作工之處，多繫就食貧民，勿令姦徒包攬。欽此。"遵旨勘得，蘇松常鎮水利並藉太湖以爲吐納，西北承宜興荆溪百瀆之水，西南承杭、湖苕、霅諸山溪之水，而皆由三江以入於海。一自吴縣之鮎魚口，經蘇郡之婁門、會城諸水，逾崑山，至太倉之劉河，出天妃牐入海，是爲婁江。一自吴江之長橋，出瓜涇港，由龐山湖經長洲、崑山、青浦、嘉定，以至上海，合黄浦以入海，是爲吴淞江。一自白蜆港，過澱泖湖，會浙省杭嘉諸水入海，是爲黄浦江，實太湖之尾閭，關七郡之休戚。疏其下流，使水有所宣洩，自不至泛溢貽害民田。

又議准，吴淞、天妃二牐，各設牐夫二十名。白茅牐設牐夫八名。徐六牐設牐夫六名。九曲、得勝、孟瀆三河三牐，各設牐夫四名。責令經管官夫敬謹看守。至徐六牐，照浙江三江牐之例，豎立水則，驗水消長，隨時啟閉。倘訪管官夫受賄徇情，啟閉不如法者，將該管官指条。

又議准，禁止河道壅滯。河濵新近攤占田地，其無礙河道者，聽其自便。其濵河居民架水板房有礙河道者，坍圮之後不許再行修造。至濵河未報升科之新漲地畝，並越砌石磡，實繫妨礙河道之處，皆令速毁。如有不肖紳衿以及土豪藐法抗違者，令分管水利各官詳報，該督撫、欽差水利大臣會同題条，照例治罪。若水利各官失於稽察或通同受賄，縱容擾累，該督撫即行糾条，分别議處。

又議准，水利同知、通判、縣丞、主簿等官，各兼水利銜，在於所屬河道並牐内外不時廵察，於農隙時督率疏濬。又江常鎮道、蘇松太道均兼水利銜，以便督率。

又議准，唐家壩舊存牐基，復建爲牐。唐家牐旁，南北陳家二壩改作涵洞二座，務期灌溉有資。

又議准，江南開濬河道所用土方，照漕河定例，濬河之土四面各濶一丈、高一尺爲一方，給銀九分。積高一丈爲一大方，給銀九錢。

六年，議准，一切支河溝港淤淺，水難存蓄。令水利官於農隙時，勸諭盡力疏濬深通，足資灌溉。

又議准，吴淞、天妃、七浦三牐各設牐官一人。白茅、徐六涇二牐共設牐官一人。均令河道總督於河工効力人員内選補。九曲、得勝、孟瀆、三河牐交與該縣縣丞就近管理。又，開濬揚屬烏塔溝、槐子河、界河車路、海溝，伍佑場、王家港、牛灣、泰城以東各處淤淺，以資灌溉。

又議准，劉莊、青龍橋改爲石牐。鮑家壩運鹽河建築土隄。鹽城石噠口、天妃口、廖家口、草堰口，如皋苴河洋、黄沙洋各增建石牐。董家溝、徐家涵等處建設涵洞，以資宣洩。

又議准，修復吴淞江陳家渡漫工，建築夾壩。

七年諭："疏濬山東濟寧、嘉祥等縣及江南徐、沛等州縣水道，使歸宿於海。山東、江南二省向來被水之州縣皆成樂土。朕思此項工程，既於民生大有裨益，則舉行不宜稽遲。應先委官前往，專司督修之事，以便備辦物料，早動工程。欽此。"

八年，議准，串場河道王家港、新洋港、牛龍港、草堰口、廖家港五處積沙，照吴淞、白茅等海口之例，用犁船犁鬆，用混江龍按時疏濬。

又議准，泰州興化縣所屬各鹽場適中之東臺地方，設立水利同知一人，統轄泰州興化縣所屬串場河道並各處牐壩。每遇疏濬海口之時，令同知督率牐官、牐夫啟閉。雇覔水手人夫乘迴潮之勢，用混江龍拖刷，務使海口通暢。

十年，議准，如皋之岔河以北至豐利場二十八里，岔河以東至掘港場五十里，各就淺深，分段增濬，俾蓄水五尺，以利運行。

又議准，如皋之力乏橋至泰州栟茶場，鹽河濬深，蓄水五尺。開濬白駒、草堰等場河道，並揚州府城内之城河，城外之遶城河，一槩疏通。

十一年諭："江南范公隄爲沿海之籓籬，鹽場之保障，原繫商人捐修工程。聞見在殘闕甚多，急應修築堅固。見據兩江總督委官確勘料估。著一面具題，一面作速興工，使沿海窮民得以傭工餬口。但工程綿遠，需大員督率料估，悉心察辦。欽此。"

又諭："據奏，江南通州所屬范隄殘闕之處，業已修築完竣。所有庫發工價銀，各場竈總感戴國恩，情願急公効力，悉已繳還運庫等語。朕允從江南總督等之請，發帑修理范隄，原繫保護鹽場，加恩竈户之意。其工費銀何用竈總捐輸。著出示曉諭，照數給還，勿使不肖官吏人等侵蝕中飽。欽此。"

十二年，修補泰州屬之栟茶地方舊隄，移進三四里，別築新隄。如臯縣屬之豐利、掘港、馬塘，通州屬之石港、西亭、餘西、餘中、餘東、吕四，及泰州屬之丁溪、草堰，興化縣屬之白駒、劉莊，鹽城縣屬之伍佑等場范隄，並令鑲築防風。

又議准，范隄緊要之處，計程三百五十六里。照黄運湖河之例，每里設堡夫一名，共三百五十六名。令其朝來暮返，每日擔積土牛，修補殘闕。責成各該河員稽察。

又議准，范隄照黄河隄岸成例，隄頂修開車道，埠口責令場官，督率附近商民隨時培補。

乾隆元年諭："三代以前不言水利溝澮之制，時蓄洩，備旱澇。《尚書》《周禮》所載爲田功計者，其利甚溥。開渠引水，溉田育穀，始於戰國。蓋因阡陌既開，溝澮尋尺，已失其舊也。歷代言水利者，得失糸半，總以相土宜順水勢，近不擾民，遠可利人爲主。今江南所屬蘇松常鎮四府、太倉一州，見在興修支河，仿河工海塘之例，督撫分委降革廢員及本籍候選考職人等効力承修。朕思渠港圩壩附近溉田，原宜開濬以備旱澇。但開濬之法，須河身深廣，蓄洩得宜。其揠取塗泥，遠移他處，或培窊下之地，或築隄岸之上，方爲久計。若雇夫取土，堆貯河旁，雨淋水潦，旋即入河，不久淤塞。務名無實，徒滋煩擾。至古隄舊渠，倘遇旱澇，不爲田害，便宜仍舊紛更改築，甚無謂也。今蘇松等處内地支河，原不比河工海塘之險。古隄舊渠，如元和、至和等塘，民利往來，田資灌溉，至今受益。吴本澤國，三江震澤，支流四溢。如丘與權、單鄂[1]、郟[2]亶、趙霖、夏原吉、周忱等所論水利，考據精覈，得失瞭然。今効力人員相度形勢，諳練自遜前

---

❶ "單鄂" 應爲 "單鍔"。

❷ "郟亶" 應爲 "郟亶"。

人。倘有夾塘蓄水、石渠洩河，止宜加修，不必改築。若有必應開濬建築之處，督撫留心細勘，並飭州縣協辦。工程一應調遣，臂指易使。至常州等州縣按畝科錢，以供大修，朕已降旨停止。倘有官吏藉端中飽，即絲毫擾累，經朕訪聞，必嚴加議處。嗣後督撫以至州縣建言爲民興利，或利小而害大；或利在目前，而害伏於後；或有利無害，而其事易創難成，皆宜詳審熟籌，慎之於始，以體朕惠養元元之至意。欽此。”

又諭：“史書詳誌河渠，經術兼明水利，誠以國計民生所關也。果使水道疏通，脈絡流注，陂澤非沮洳之藪，隄防有蓄洩之方，旱澇有備而田廬無虞，其有裨於閭閻，誠非淺鮮。我皇考軫邺黎元，興行水利。凡直省泉源河湖，莫不濬導，俾民得以灌溉，轉瘠爲腴。至於蘇、松之太湖、吳淞、白茅、劉河歸海要道並淮揚之槐子、烏塔河、泰州如皋運河、串場、車路、海溝等河，尤不惜帑金，專員督理。將各河故道或爲豪强侵占者，諭“令嚴察清出，始得一一開通，建牐築隄，按時啟閉。使近水田畝均霑膏澤，貨船鹽艘遄行無阻，利賴甚溥。但自開濬以來，已閲數年，圩岸不免坍頽，沙泥不免淤積。朕思與其歲久濬築，事難費倍，不若逐年疏葺，事易費省。著江南督撫暨河道總督，令管理水利河務各官及濱河州縣，各於所屬境内相視河流淺阻，每歲農隙募夫揠濬，定爲章程，逐年舉行。必令功施可久，惠濟民生。毋得視爲具文，玩誤工作及陽奉陰違，絲毫擾累。欽此。”

又議准，串場河新建並原有石牐十座。泰州屬小海草堰二牐，歸小海草堰各場大使就近管理。鹽城縣石𨺗口一牐，歸鹽城縣縣丞管理。廖家港草堰口二牐，歸新興場大使管理。泰州屬丁溪牐，歸丁溪場大使管理。興化縣白駒南、中、北三牐，歸白駒場大使管理。二牐歸安豐司巡檢管理。一牐仍令泰州、興化、鹽城三州縣管河佐雜人員各就本汛河道海口協同管理。小海草堰、青龍𨺗口四牐，各設牐夫六名。丁溪、廖家港二牐，各設牐夫四名。草堰口、白駒南、中、北四牐，各設牐夫二名。

又議准，王家港、新洋港二處，每處設立犁船二隻，混江龍二具。責令泰州州同、鹽城縣丞收管。仍令東臺同知督令地方官，每遇春秋二汛，按日拖刷深通。

二年諭：“自古致治以養民爲本。而養民之道，必使興利，防患水旱無虞，方能使蓋藏充裕，緩急可資。是以川澤、陂塘、溝渠、隄岸，凡有關於農事，豫籌畫於平時，斯蓄洩得宜，潦則有疏導之方，旱則資灌溉之利，非可委之天時豐歉之適然，而以臨時振邺爲可塞責也。朕御極以來，宵旰憂勤，惟小民之依是咨是詢。前後諭旨，諄復再三。但化導自在有司，而督率則由大吏。近日直省督撫惟甘肅巡撫以興水利倉儲爲請，西安巡撫亦有勸民鑿井灌田之奏，尚能留心民食，知本計之所當先。其餘能盡心於吏治，官方命盜錢糧諸事者，尚不乏人。而於民生衣食本源，未能切實講求。地方守令亦惟刑名錢穀，自顧考成。至以愛養百姓爲心，留意於稼穡桑麻，如古循吏所爲者，蓋不可得。即如直隸今年夏初少雨，深以暵旱爲憂。及連雨數日，尚不甚大。而永定河隨有漲溢之患，決口至四十餘處，低窪之地多被水淹。雖因山水驟發，然水性就下，其經行之處自有定所。設豫爲溝渠以洩之，爲塘堰以瀦之，自可以分殺水勢，不致爲洪流衝突漫衍。如此之甚，是皆平日不能豫爲籌畫所致也。東南地方每有蛟患，考之於古，季夏伐蛟，載在月令。今土人留心者，尚能豫知有蛟之處，掘地得卵，去之則不爲害。且蛟行資水，遇溪澗而其勢始大。田疇雖不可移，而廬舍塋厝尚可遷就高阜之地以避之。是亦未嘗不可先事豫防，惟在實心體察耳。該督撫有司務體朕痌瘝乃身之意，刻刻以民生利賴爲先，圖一切水旱事宜悉心講究，應行修舉者，即行修舉。或勸導百姓自爲經理。如工程重大，應動帑者，即行奏聞，妥協辦理。興利去害，俾旱澇不侵，倉箱有慶，以副朕惠愛黎元至意。欽此。"

又議准，江省各屬，濱江近海，湖河交錯，全資水利，以濟民生。一切河道，凡關糧艘往來及江河湖海要區專資通洩之處，遇有淤淺，責令水利各官於藩、運二庫公銀並河庫及藩庫所存鹽規銀内動項修濬。其支河汊港，地方官每歲勘明，於農隙時相度勸導，順從民願，疏濬修築。

是年，修築蘇州府屬長洲、常熟二縣境内元和塘。

三年，修築松江府婁縣護城石隄。建砌寳應縣境内西隄柳園頭迎湖石工二百二十丈。

是年，修濬安徽所屬壽州蔡城塘、鳳陽縣山河、臨淮縣鹿塘、滁州衛黄慶圩、全椒縣張巴等圩，廣德州秀水壩、桐城縣袁家圩、定遠縣響水壩。

四年，開濬運鹽中河、下場河，建築子堰。又開濬甘泉縣邵伯湖、臨湖引河、荷包塘及河尾。拆修寳應縣東岸黄浦牐。

又奏准，工程報竣，例應奏銷。興修水利，工段繁多，承辦既有先後，竣工亦有早遲。各工告竣，會同驗收，即造册分案報銷。

是年，又興修淮揚所屬山陽、阜寧二縣之魚濱河，興化縣之白駒牐下南、中、北引河，高郵州之通湖橋、馬飲塘河，江都縣之灣頭通河、分司所屬之十場鹽河，通州之黄河洋、范公隄。

又奏准，各省民隄、民堰，有關於民田廬舍，應行修築而民力實不能辦者，該督撫豫行題明，照以工代振之例，動用公項，酌量興修。

五年，覆准，天妃廟口建牐一座。拆修白駒三牐。其上岡、北草堰二牐，移建於串場河外口。其餘各牐如有損壞，分別修葺，以資堵禦鹻水之患。又疏濬淮揚各屬東塘河道，加幫范堤，以及栟茶、斜角二場隄工。修整楊子橋，牐底落低三尺，牐之金門收小修葺，俾得一槩疏通，以資水利。又修築山陽、阜寧、鹽城、江都、甘泉、高郵、寶應、興化、泰九州縣河渠。兩岸田圩各高四尺、底濶八尺、頂濶二尺，以作隄防。

又奏准，上江地方濱臨江淮，地多山岡。其間鳳陽府屬虹縣枯河頭、潁州府屬亳州乾溪溝、和州大洋河、姥下河、牛屯河、含山縣銅城牐河、來安縣龍尾壩河，均令開揠疏濬。

六年，議准，松江府城西二里涇河乃黄浦江宣洩要路，一壩横亘中流，急宜開放。設立木栅一道，中留栅門二，量加歲修。

又奏准，疏濬句容縣自晏公廟迤東馬鞍山至陳家溝河道。

又奏准，修濬海州境内薔薇、高橋二河，並薔薇河下尾神州廟後舊石牐。

七年諭："朕思江南水災之後，振卹乃一時之補救，而所以安養民生者，全在明歲之農功。自被水迄今已經兩月，雖水漸減退，不爲大害，而瀰漲之勢仍似從前。若疏濬稍後機宜，則今歲田地斷不能盡皆涸出。小民春耕無望，彼嗷嗷待哺者何以爲生？況此時搭棚棲止於長隄者，豈可以久處？亟宜講因地制宜之策。其如何疏濬水道，涸出田畝，以安民業，以奠民居，著欽差大臣、河道總督、江南督撫妥議，速爲經理。欽此。"

是年，興修淮徐所屬各州縣陂塘、溝渠、圩埂、土壩六十二處，寓振於工。

又奏准，興修淮徐等各府州縣水利。自淮郡以東，間有從前未經勘明，淮郡以西，原未議及興修。銅沛二縣境内石林、黄村二口、沛縣縷水隄田家隄漫口、碭山縣小神湖之上流及尾閭各河溝、邳州沂水河隄、山陽縣護城河東隄接連運河西堤、阜寧縣境内郭墅河、射陽湖等處，堵築疏濬並建設涵洞，以資分洩捍禦。

八年，疏濬泰州河内秦塘港、白塔河，百汉港土壩改建石牐，以時啟閉。

又奏准，疏濬版浦以下河身及六里、車軸等河，加築六塘河兩岸民堰，五丈、義澤、六里河頭各建石牐，中河通入沿河草壩口，水底用亂石填高，薛家莊老隄頭開通，舊莞瀆河加培兩岸子堰，以資收束。

又奏准，興修上江大川[1]澮、沱、睢等河，疏濬潼河下游林子河、謝家溝、沱河，並宿、靈、鳳等處大道兩旁官溝節節疏濬深潤，取出溝土，培築大道，增建橋梁，以通積水。宿境之水導入澮河；靈鳳等處之水導入淮河，不使仍入沱河爲患。

又奏准，下江大川[2]沭、沂兩河修築民堰，開濬河身，疏濬清、桃二邑官溝，取出溝土，培築大道，導入包家河，以洩兩旁積潦。

九年，修理揚州府儀徵縣運口通濟、羅泗二牐。

又奏准，疏濬鹽河華家灘、大新河王家港、茅塘港、邵伯通運引河，循次灌注，以達運河、鹽河。

又奏准，疏濬通州境内任家港等處，以備宣洩。

又奏准，疏濬鹽城以南南北二串場河道、白駒等牐，相機啟閉。牐下引河酌爲疏導。挖濬蚌蜓、梓新、車路、白塗、海溝興鹽界河、東西官河洩水要道，以資利導。

又奏准，范隄酌照芒稻牐式，將見在各牐多加金門，以廣出水之路。

十年，議准，江省工程尺寸不能畫一。嗣後凡有大小工程，均照部頒尺式修建。

十一年，奏准，修濬濉河南北兩岸黄疃橋等處河道，建設涵洞，並潁州府淝河、宋湯河、蒙城芡河、北淝河，挖淺築埂，建設橋梁。

又奏准，六塘河上承宿遷縣駱馬湖出水，逾桃源、清河、安東，至沭陽錢家集分爲二股，南股由安東侯家口入鹽河歸海，北股由沭陽謝家莊龍溝口入鹽河歸海。接築南北塘河子堰，建設涵洞。疏濬港河，河身築堰建牐。

又奏准，疏濬沭陽滂溝蕩、湯家溝，上下增築子堰，建設涵洞、橋梁。

又奏准，徐屬邳州沂河上承郯沂之水，加築兩岸子堰，以資扞禦。

又奏准，海州前後沭河兩岸接築子堰，建設涵洞。疏濬青伊湖、薔薇河。

又奏准，疏濬海州境内鹽河武障、義澤、六里三河口，各設滚水石壩。開挖贛榆三公河之子河，堵築大沙河。

又奏准，江南淮揚、徐海等屬修興水利工程完竣。各府州屬長隄巨川、大橋大牐歸官修理，其支河小港、民堰路溝令里民自行經理。分别廳汎州縣分司經管，統令道員各就所轄總理，本管知府、直隸州以及各同知、通

[1] “上江大川”指安徽省境内河流。

[2] “下江大川”指江蘇省境内河流。

判等兼轄，不時督率稽察。每年秋汛後，經管官周巡確勘。

是年，修築六塘等河子堰，並加培高厚。

十二年諭：“六塘、沭河等處，每年加工修築，而每年仍復被災，必由前此經理未善。今遇大雨時行，又被暴漲衝漫，應詳悉經理，熟籌疏濬之方。務令宣洩通暢，不致泛溢衝漫子堰、淹損田禾，爲一勞永逸之計，以副注念。欽此。”遵旨奏准，加培六塘、沭河前築堰工。疏濬宿遷、桃源兩縣境内兜灣河道，勢取徑直。展築舊堰，切去灘觜，以順河流。接建駱馬湖尾閭永濟石橋四十丈，開濬上下引河，以助分洩。

又奏准，六塘、沭河兩河堰工，嗣後每年農隙時，責成里民按畝出夫，酌量修補。於汛水長發之時，該地方官督率民夫，協力搶護。分别段落里數，於有田業户之中設立堰長，總司督催料理。

又議准，建築甘泉縣東西灣二處滚水石壩，改建三合土壩。

又奏准，修築范隄千一百四十四丈二尺。

十三年，增培邳州沂河兩岸民堰。

十四年，疏濬宿州墨河。

十六年，續培沭河卑矮隄堰。

一、江西水利

康熙五十八年，修治臨江府北土橋老隄，以衛清江、豐城、高安三縣田廬。

雍正八年，覆准，廢新建柘湖、下洋二圩，别築大岸，更名下洋、西隄二圩。

十三年，覆准，修補豐城縣土隄，酌建石岸，以資衛護。

乾隆二年，覆准，豐城縣石隄歲修夫銀，免其派徵。每年約計銀千四五百兩，動支鹽規銀辦理。

又覆准，修建南昌縣圩隄，以衛田畝。

又覆准，修築九江府護城石磡。

四年，覆准，修砌南昌縣青山牐，以防春漲。

又覆准，疏濬九江關龍門河道，以資挽泊。

又覆准，龍河當廬阜諸水之衝，每遇水漲，急溜衝刷。嗣後，每歲於嚴冬水涸，詳加測量。如有沙土壅滯之處，即設法疏濬，毋致停積。

五年，議准，豐邑沿江一帶土石各隄，計長七十餘里，險工林立。每歲伏秋汛發，飭令南昌府同知前赴豐城一帶防護隄工，隨時搶築，以保田廬。

又覆准，修築南昌縣安樂圩石牐，以衛民田。

六年，議准，修補九江、吉水二郡縣石磡，並建築石壩。

八年，議准修建南昌、新建二縣水衝圩隄。改建螺螄港牐壩。

又覆准，修築南昌縣富昌、安樂二圩。又修整新建縣迴瀾、蛟窟、三汊三牐並三埂古隄。

十年，議准，豐邑東西兩岸土隄，嗣後仍照舊例，聽里民自行分段修築。每段設立圩長，就近董理。水落督夫修補，水漲巡防，並責令地方官不時稽察，毋許隄長任意取夫滋擾。石隄歸官承辦。其坍塌鼓裂，各處應一槩修整。工竣之後，責成承修官保固三年。

又議准，堵築螺螄港被衝石壩土岸。

十一年，議准，修築豐邑馬家園、普明堂等八處舊老石隄。

又覆准，修換水關橋牐版。揠濬壅土，建小房二間，收貯牐版。

十二年，議准，修理吉水縣南門外一帶被衝石隄。

又覆准，九江府護城石磡，動用鹽規引費銀二千兩，交商生息，按年修補。每年水涸時，遇應行修補之處，該縣勘明詳報，領銀加修，委驗報銷。

十六年，議准豐城縣建築石埽四十二丈五尺。

一、福建水利

雍正十三年，覆准，閩省山河素稱危險，自仙霞嶺西南，萬山之水與延、建、汀、邵四郡之水合流，盤旋七百餘里，以入於海。河流紆折，波浪洶涌。於建寧府浦城縣至福州府古田縣水口地方，開鑿火燒等四十三灘；平治相公等八灘；柳林等六灘立柱指迷；七里等八灘設船救濟，化險爲夷，以便行旅。

乾隆三年，覆准，興修連江縣東湖隄堰，灌溉民田。

又覆准，興修侯官、閩二縣牐壩，以資灌溉。

又覆准，修砌長樂縣塘隄並西村塘堰陡牐。

又覆准，興修閩縣海堰牐，圍障海潮。

又覆准，長樂縣和魁、蓮花兩塘修築塘隄、陡牐，並仙岐地方建造陡牐、修砌護衛塘岸，禦鹹疏淡，以利農田。

又覆准，興修閩縣崇賢里牐，以資蓄洩。

又覆准，興修長樂縣小址地方橋壩。

四年，覆准，修築晉江縣下莊、全埭等處橋梁隄壩，開濬河溝，築造小岸海堰，以資捍禦。

五年，議准，修補龍溪縣墨場堡被衝隄壩一百五十餘丈，加增舊隄三百餘丈，以衛田廬。

七年，議准，修濬侯官縣齊坑浦道橋牐。

八年，覆准，長樂縣築大隄百餘丈，中建陡門二座、石牐一座，視旱潦爲啟閉。

又覆准，增築汀州教場臨河河牐。

九年，覆准，修復閩縣嘉登里海堰石橋。

又覆准，修葺閩縣遂勝里長夾水牐並上盛石橋。

十年，覆准，修葺侯官縣西關外西湖頭水牐，以資蓄洩，利濟田園。

十二年，覆准，修築寧化縣護城長隄。

十三年，覆准，修築閩縣嘉登里、赤沙墩海堰、水牐。

一、浙江水利

康熙四十七年，疏濬杭嘉湖三府淤淺港漊，建牐六十四座。

雍正元年，議准，東南州郡如浙江等處地屬膏腴，田皆近水。而旱資灌溉，潦資宣洩，全在水利。令該督撫轉飭各州縣，確勘大小河道，如有淤塞，即設法疏濬，以利民田。

二年，開濬西湖淤淺，俾復舊址，並疏上下兩塘，以資仁和、錢塘、海寧三邑民田灌溉。

乾隆元年諭："朕聞浙江紹興府屬之山陰、會稽、蕭山、餘姚、上虞五縣有沿江沿海隄岸工程，向令附近里民按照田畝，斂費修築。而土豪衙役於中包攬分肥，用少報多，甚爲民累。朕以愛養百姓爲心，欲使閭閻毫無科擾。著將按畝科錢之例即行停止。其隄岸工程遇有應修段落，著地方大吏委官確估，於存公銀内動支興修，報部覈銷，永著爲例。欽此。"

二年，覆准，修築樂清縣塘隄陡門。

又覆准，山、蕭二邑歲修尖山浮橋船，行人絡繹，最關緊要。給與夫役看守工食，更換篾纜、版柵等項，照例開銷。

又覆准，蕭邑湘湖塘身穴口，各有塘夫看守，給與工食。每年春間選補，秋前三日，先將下壩開放灌溉田禾。秋後復築，仍令看守，亦屬合邑民生要務。循照塘工之例，於應修時委勘確實，動撥司庫備公銀趕辦。工竣報銷，永遠遵行。

四年，覆准，玉環地方築塘浦二百四十丈、陡門一座，以禦鹹潮。蓄淡水灌田。

又覆准，修築麗水縣衢坍西堰官壩道路橋梁，以資行旅。

又覆准，玉環東西青嶴新舊陡門牐二座，蓄淡水灌田。應設牐夫四名，以司啟閉。

五年，議准，修濬湖州府城分流各支河。鈕家橋等處及附郭壕塹逐段開通，以資蓄洩，灌溉民田。

又覆准，玉環地方天開河渠土塘千有百丈，建築牐壩，以資蓄淡灌溉。

又覆准，修麗水縣衡塘、寶定二處溪岸河堰，以衛民生。

又覆准，修整玉環天開河塘，設牐夫二名，專司啟閉。

又覆准，玉環江北十四都等處建造塘牐，以禦鹹潮，開墾田畝。

七年，議准疏濬西湖湖心亭、放生池、岳湖等處港河淤淺，以資灌溉。

又議准，疏濬錢塘、餘杭二縣交界之瓶窰鎮溪河，以利杭嘉湖三府田疇。

八年，覆准，修復仁和縣余家壩。

九年，覆准，修築乍浦牐磡，疏濬牐口淤泥。

又覆准，修錢塘縣武林門外清河牐，以資蓄洩。

又覆准，修築仁和、德清二縣交界地方勞家陡門。

十二年，覆准，修理仁和青龍、田家井二涵洞。

又覆准，乍浦南北水門建牐二座，以資扞禦。

十三年，議准修建遂安縣堰壩，以資蓄洩。

十四年，覆准修築仁和縣田家井涵洞。

一、湖北水利

乾隆二年，覆准，湖北各屬溝澮塘堰等工，遇有應濬應築之處，飭令該地方官於政暇農隙時，廵視鄉村，勸諭化導，令民濬築，以資蓄洩。倘遇歉收之年，民力不繼，該督撫督率地方官設法修築。如有奉行不善，藉端滋擾，分別条究。

三年，題准，修築漢陽府黄陂縣溪岸河堰。

十一年，覆准，修築雲夢縣馬橋會隄工。

一、湖南水利

康熙四十九年，修築常德府大圍隄，令地方官專管。

雍正九年諭："朕聞洞庭一湖綿亘八百餘里，自岳州出湖。以君山爲標準，一望杳渺，横無涯際，而舵杆洲居西湖之中，去湖之四岸或百餘里，或二百餘里。舟行至此，倘遇風濤陡作，無地停泊，亦無從拯救，多有傾覆之患。昔人曾經創議，若於此處建築石臺，則狂風巨浪之中，商船有挽泊之所，實有裨益。秖以水中立基，工用浩繁，事不果行。朕以勤求民瘼爲心，凡内外遠近地方，疏濬修建工程，可以利濟群生者，無不樂爲興舉。況商賈行旅之往來，可以避風波之險，而登袵席之安，尤事之所當舉行者。營田水利捐納項内，有平餘銀二十萬兩。著將此項銀解送楚省，交與總督，會同巡撫遴選賢能之員，相度估計，悉心經理，建築石臺，以爲舟航避風停泊之所。務期修造堅固，以垂永久，毋得草率塞責。欽此。”遵旨議准，洞庭湖舵杆洲建築石臺，東西長九十六丈，兩頭濶三十丈，南北各灣進如偃月形，以便行舟避風濤之險。

十三年，議准，益陽、沅江二縣東西兩岸建築隄堰，週迴九千四百七十三丈七尺，以防水漲。建設管口，以資蓄洩。遍栽楊柳葦荻，以護隄身。嗣後每年歲修，即令隄内業民計畝出夫，均力修理。仍照各屬歲修隄堰之例，令地方官每歲九月親行督率該管道府不時稽察。

乾隆二年，奏報，洞庭湖舵杆洲建築石臺工竣。

又奏准，石臺北面護墩之外，密釘排樁二層，中填碎石，壅土成洲，遍種柳樹，根盤土結，保護隄工。

九年，議准，修理常德府城外東、西、南石匱三座。

十年，議准，湘陰、益陽二縣一切水利工程，向由岳常澧道管理，今改歸長寶道經管。

十二年，議准，湖南濱湖州縣自本年秋冬爲始，凡險要之隄，統以三年爲止，每歲加厚二尺、加高三尺。

又議准，湖南各處隄堰遍栽柳樹，以攩風浪。每隄種柳若干，册報稽考。責令管理修隄之隄總、隄長人等察看。道、府等官遇便隨時抽摘點驗。嚴禁縱放牛馬及居民侵損。

又議准，楚南洞庭一湖，爲川黔粵楚各省諸水匯宿之區，必使湖面廣濶，方足以資容納。嗣後，各屬濱湖荒地，永禁築隄墾田。

一、陜西水利

雍正五年諭：“朕聞陜西鄭白渠、龍洞向來引涇河之水，溉田甚廣。歷年既久，疏濬失宜，龍洞與鄭白渠漸致淤塞，隄堰大半坍圮。醴泉、涇陽等縣水田僅存其名，深爲可惜。朕惟興修隄堰乃於民生大有裨益之事，著動用正項錢糧。竢一應工程告竣，報部察覈。務期渠道深通，隄堰堅固，俾農功得以永賴，以副朕保惠元元至意。欽此。”

七年，議准，涇陽縣龍洞、鄭白等渠之口建牐，以資蓄洩。西安府管糧通判改爲水利通判，移駐涇陽縣屬之王橋鎮。涇陽、醴泉、三原、高陵、臨潼等五縣内民户受水時日、隄渠修濬事宜，以及啟牐、閉牐，該通判不時親往經理。如有姦民勢豪盜水霸占，並有關於渠政利弊者，均令稽察整飭。倘地方官狥庇阻撓，即行揭報糸處。

十一年，議准，修治豫、陝交界之荆子關起，至商州龍駒寨灘河。

乾隆二年，覆准，修濬長安、西鄉、盩厔、鄠縣渠工千二百八十四丈二尺。

又覆准，興平等縣馬坊村、圍棋寨築隄二道，以衛渭河。

又議准，龍洞渠内築石壩一座，以納衆泉。加高龍洞南畔等處石隄，以防水漲。水磨橋、大王橋上下各處，泉旁築壩，收入渠内，以資灌溉。又，大王廟以前築壩開溝，以防衝淤，復設水夫三十名啟閉牐版。嗣後，每年應需歲修銀於公項内動用，年終據實報銷。

五年，議准，咸陽縣南門迤西建石隄五十丈，保護城垣。

六年，議准，西鄉縣接開石土渠工二千七百七十五丈八尺，增灌田畝。

七年，覆准，涇陽縣龍洞渠工因六年六月内涇水泛漲，衝開龍洞哨眼。應疏濬以資灌溉。

八年，覆准，本年六月涇水暴發，衝坍龍洞渠一帶石隄。令修砌完固。

十三年，覆准，延安府北門外濯筋河道，其引河石堺石壩，每年於司庫公項内動支歲修銀一百二十餘兩，於汛臨之後，委官察勘。有應修補之處，確估興修，即動此項辦理。工竣報銷。

十五年，議准，去年七月洛河水漲，衝漫鄜州石隄一百七十餘丈。沿東山開濬南北引河一道，以減水勢。拆修石岸，改砌石塊坦坡，照舊隄加高三尺。東北兩門各建牐一座，以資堵禦。

又議准，疏濬同州府潼河。修理南北水關城洞。嗣後，每年於農隙水涸時，責令該同知逐一測量。遇有淤淺壅積之處，酌用民力，隨時疏濬，以杜衝決。

十六年，覆准，涇陽縣龍洞渠工因本年閏五月涇水暴漲，致有衝決石隄渠身，應及時修濬。

一、甘肅水利

康熙四十八年，議准，開濬寧夏宋澄堡、李洋堡二渠，引黄水助塘渠灌溉。造木石牐壩三處，因時蓄洩。

雍正七年，題報，寧夏察漢托輝地方開鑿大渠二百七十餘里，建進水大石牐一座，退水大石牐三座，尾牐一座，大支渠百餘道。又開小陡口百餘道，各牐旁共置水手房四十四間，設水手以司啟閉。又建大石闇洞四座，以通唐渠、漢渠之出水。建石橋、木橋二十三，以便往來。沿大渠之東，障黄河之溢，築長隄三百十有餘里。渠隄兩岸種柳六萬餘株，盤固𡑞岸。沿大渠之西疏濬西河三百五十餘里，以洩唐、漢二渠，並大渠餘水以及諸湖𪉖水。架橋梁十有六。灌溉新渠、寶豐、寧夏、平羅四縣民田。又六羊渠一百十有餘里，建進水大石牐一座、退水大石牐二座、鼓水大石牐三座。共置水手房二十間，大支渠二十餘道。又各開小陡口百餘道。於雍正六年五月工竣，大渠賜名惠農渠，六羊渠改名昌潤渠。

八年，諭："寧夏地方萬民衣食之源，在於大清、漢、唐三渠之水利，是以定例每年疏濬修理，使水利暢足，民田得以均沾灌溉。聞近年專司之員疎忽怠玩，只圖折草折夫，以致牐道𡑞岸逐漸損壞，時有衝決。渠身淤泥填塞，日久淺窄。而三渠之中惟唐渠爲尤甚，近來其口過低，其梢過高，水勢不能逆流而上，多誤小民耕種之期。雖每年定有歲修之例，然不能以一月之工程，整十數年之荒廢也。若再不加補築，恐日復一日，將來難於經理。豫備物料，明春動工修補。務令三渠堅固，俾邊郡黎明灌溉有資，永享盈寧之慶。欽此。"

十年，諭："寧夏爲甘省要地，渠工乃水利攸關。萬姓資生之策，莫先於此。是以，朕特遣大臣督率官員等開濬惠農、昌潤二渠。又命修理大清、唐、漢三渠，以溥萬民之利。年來惠、昌二渠及唐渠工程漸次告竣，於民田大有裨益。其大清渠雖未工竣，然聞連年加謹堵疊，極力排濬水澤，已可敷用。不過𡑞岸及牐有應修補之處，可以從容經理。寧夏有專司水利之同知，著於每歲春工內分年陸續修理。寧夏道勤加督率，不時稽察，務期工程堅固，利濟有資，使民田永沾膏澤。欽此。"

十一年，議准，惠農渠暗洞上下交流滲漏處所，照漢、唐渠例，遞年修補。惠農渠中段、漢渠尾梢各增建退水小石牐一座。昌潤渠建大飛槽四座。惠農渠尾建大飛槽一座。昌潤渠永屏牐開大渠一道。於每歲春工，分年陸續修理。

乾隆二年，覆准，寧夏新渠縣建築通吉、清水、五香等堡頂水馬頭。又加高通朔堡馬頭，並加疊通吉、通義、清水等處馬頭隄埂。

又覆准，寧夏縣河忠堡南面加築長隄二百六十一丈，底濶八丈，頂平二丈，高一丈二尺。又自南面起至西面，沿河築隄一千八百丈，底濶四丈，頂平二丈。嗣後，歲修事宜統歸水利同知專理。本堡歲輸額夫、額草，令該同知察收貯工，以備歲修之用。

又奏准，皐蘭縣張達二川附近，大通河口開成渠道，引水灌田。

又覆准，狄道縣北鄉新甸子、南鄉漫壩河、西鄉三岔河等處開渠十道。

又覆准，河州河政驛、下川堡二處開渠八道。

又奏准，平番縣屬西大通、馬軍二堡開渠八道。

三年，奏准，平涼府渠工建牐，以利宣洩。

又覆准，河州洪濟地方開渠一道，灌溉民田。

又覆准，開濬蘑姑灘渠道，建設石牐，以資灌溉。

又覆准，平羅縣鎮朔堡建設圍隄，以護城堡。

又覆准，新渠縣惠農渠交濟堡造闇洞一座，引水出瀉西河，東西兩面各造小橋，以利攸往。

又覆准，隴西縣二十里舖開渠一道。

又覆准，漳縣三岔驛開渠三道。

又覆准，開濬秦州地方雙橋舊渠六道，新渠十有三道。

四年，奏准，寧夏大清、唐、漢三渠，因去年十一月地震坍損。一切大渠、支渠應重加修理。

又奏准，修整惠農廢渠渠口，引水入漢渠。展長漢渠之尾，灌溉民田。加修沿河長隄，以資捍禦。

五年，議准，皋蘭縣張、達二川附近大通河口開渠引水，設正牐、退水牐各一座，以備渠水泛漲衝漫，隨時啟閉。

又覆准，寧河縣河忠堡渠口隄埂，設水手四名。

又覆准，寶豐縣蘭泉等堡有自來泉一道。按地鋪設石槽引水。其接連導引之所，架置木飛槽引水，以灌附近田畝。

又覆准，疏濬惠農渠西河，起寧夏縣河西寨，至平羅縣石觜子，長二百二十里有奇。建牐設橋，架置木飛槽，以資灌溉。

又覆准，甘省平番縣野狐城地方開渠一道。

又覆准，金縣定遠鎮自滴水崖起，至馬家莊開修渠道。

六年，議准，修理靖逆衛舊開渠道。

又議准，靖逆衛蘑姑溝等處新開渠道五十四里。工竣，設渠夫二十名，常川廵察。

七年，議准，前年六七月間，黄河疊次泛漲，惠農渠隄衝決，修濬隄埂渠□。又從四堆子起，至通順橋以下，直抵西山脚，截築横埂一道，以障狂瀾。

九年，議准，去年六月靈州永寧洞衝坍，秦渠中斷。移南三十丈，重建石洞，加築秦渠。附近撈河揠濬展濶，量築隄埂，改建利濟橋。

又議准，堵築秦州周家磨新開河口並吕二溝闕口等處，築壩堵塞，以除水患。疏濬舊有小渠，以濟民用。

十年，議准，寧夏四堆子地方，起馮家廟至五堆子，築遥隄一道。加培六堆子以下殘闕舊隄。惠農渠尾梢展開深濶，以資引灌，永保汕刷。

十一年，議准，開揠狄道州引河，增築大壩，加建長隄，以避洮水衝射城基之患。

又覆准，西安、瓜州等處渠道增設渠兵八十名，水利外委一人統率。渠兵應用器具如有殘闕必須修補者，准水利外委造册估報，動項製造請銷。如遇新舊更换，交代明白，報廳存案。

又議准，昌潤上下九牐，自首迄尾，輪流封閉，次第澆灌充足之後，挨次自下而上，專令水利縣丞督率堡長不時廵防，並令水利同知親往稽察。如有截壩偷水等事，按法責懲，仍將姦民追照驅逐，别招新户頂補承種。

又議准，寧夏縣屬高崖子起，至平羅牐堡、四堆子月隄止，順河長埂一道。嗣後間歲一修，加高培厚。其應用人夫，埂以内每田一分，出夫一名；埂以外每田二分，出夫一名，竢二三年後，仍令埂内一例分撥。

又議准，四堆子以下至八堆子中間一帶老埂，於每歲農隙時，將殘闕之處，飭令該管官督率民夫逐漸修補一式齊整，以資護衛。

一、四川水利

雍正十一年，覆准，新津、華陽二縣修淘通濟堰，攔河砌石爲埂，截流而東，灌漑田畝。

十二年，覆准，修理眉州蟇頤堰。

乾隆六年，議准，哨汛城築隄一道，遏禦頂衝。隄之上流開揠河路，使水性循軌而下。

九年，覆准，去歲五六月内寧遠城河被衝淤墊，别決新河一道。墊築新河，開通舊河。

一、廣東水利

康熙五十五年，築廣東海康、遂溪二縣圍隄，以衛洋田。

雍正五年，議准，廣、肇二府所屬圍基，責令廣南韶道、肇羅道不時親詣工所，督率修理，如式堅固。毋致江水漲發之時，臨期周章。倘該道怠玩偷安，以致衝決坍卸，並偏袒紳衿富户，欺壓貧民，藉端滋擾，縱役需索者，即指名題条。

九年，覆准，重建遂溪縣辛壬兩字號隄岸，並修補丁字號隄岸及麻烈等牐。

乾隆元年，奏准，廣、肇二屬圍基，動撥廣東鹽運司庫存貯遞年融羡等項銀四萬餘兩，借商生息，以爲歲修之用。

又奏准，廣肇二屬圍基改建石工。

二年，議准，搶築海康、井鬼等七字隄、柳字下牐、遂溪甲乙等十字隄、乙字牐，並丁戊兩字麻烈大牐。

三年，覆准，築竣海康縣衝決隄岸。

又覆准，海陽縣東南北三隄加築灰石隄護隄，以固上游。借關税銀十萬兩給鹽洋二商，營運生息。積至三年，次第辦理。竢五年歸還原本。工完如有餘，別爲生息，以備遞年歲修之用。其潮陽、揭陽、澄海、饒平、惠來等縣舊有隄岸，給與歲修銀，以舒民力。

四年，議准，修築始興縣南門外河隄。

五年，議准，加築海康、井鬼等七字隄、遂溪甲乙等十字隄，並接砌乙丁戊三字大小牐二座。

七年，議准，粤東圍基頂衝險工及竇門壩，用石砌築，以資捍禦。每年動支鹽規生息銀，歲加修理。其一應土工，令水利各官於農隙時，督率圍民加培高厚，永爲定例。

九年，議准，三水縣南岸圍土建用石工，以殺水勢。

又議准，搶築海陽縣東南北三隄。

十年，議准，海陽縣東南北三隄用三合土築砌土牆，磯頭用頑石堆填。

十一年，議准，續築海陽縣蔡家圍隄工。

十二年，議准，修築始興縣南門外河隄。

一、廣西水利

雍正八年，議准，修葺臨桂縣黄泥等十三陡，鑿石九處。開鑿維容縣陸路。又修興安縣以至全州一帶河道，修整舊陡三十六處，以資轉運米穀，灌溉田畝。

十年，議准，增修臨桂縣鰱魚等七陡，增鑿一百三十五處。

又覆准，臨桂縣修築鰱魚等二十陡，每陡設夫二名，共設夫四十名。東西兩陡各設渠目一名，每名歲給工食銀六兩。照興安縣陡河之例，撥歲修銀六十兩，於存公銀内動支，以備分修之用。年終造册覈銷。又，興安縣二十三陡，除舊設夫四十六名外，增設夫一名。

乾隆四年，覆准，臨桂縣鰱魚陡河上之門山灣、魦鮴橋二處，加築兩陡，給歲修銀六兩，於鹽道庫貯存公銀内支給，按年造報察覈。每陡設夫二名，每名歲給工食銀六兩。

五年，覆准，興安縣馬石橋設立牐版，並設陡軍二名，專司啟閉。每名歲給工食銀六兩，遇閏加增。又，每年增設歲修銀二兩。

十一年，議准，築復興安縣三里橋等處陡門四座。疏濬分水潭等處河道，並修砌陡埂。新增四陡設陡夫八名，以司啟閉，歲給工食銀四十八兩。

一、雲南水利

康熙十年，雲南雲津河衝溢。增南城外石橋二洞，以殺水勢。

二十一年，又修雲南城外金汁諸河及舊廢牐壩。

二十七年，修雲南松華壩及金汁等六河牐壩，引水資昆明各縣灌溉。

雍正十年，議准，修濬龍盤、金稜、銀稜、寶象、海源、馬料、明通、馬溺、白沙諸河，增修石岸、牐壩、橋洞。

又議准，昆陽州增設水利同知一人，駐劄海口，常川巡察。遇有壅塞，不時疏通。設或衝塌，立即堵築。其餘各州縣，凡有水利之處，將同知、通判、州同、州判、經歷、吏目、縣丞、典史等官皆准加水利職銜，境內河道溝渠，責令專理。除雲南一府仍歸糧道管轄，其各屬在迤東者，統歸迤東道管轄。在迤西者，統歸迤西道管轄。仍令各該府察勘驗報，各該道考察詳明，聽督撫酌覈勸懲。

又議准，昆明六河酌定歲修銀八百兩。昆陽海口酌定歲修銀二百兩。臨安三河酌定歲修銀三百兩。動支鹽道衙門合秤銀給發。興修用則報銷，不用則存貯，以備大修之需。

又議准，疏濬臨安、𡾊峩、曲靖、南寧、羅平、新興、路南、和曲、趙雲、南鄧、川浪穹各州縣河道。重修禄豐縣廢橋。定遠縣建設石隄。永北府羊保山建築石壩。順寧府河造鐵索橋。增修阿迷州至八達通粵河道。又濬嵩明州河口，經尋甸、東川，由牛攔江達金沙江，周環川江，復抵昭通，以通舟楫。

十二年，議准，修濬鶴慶府漾弓河。又修禄豐縣石隄五十丈。昭通府西門開濠，引水入城，以資灌溉。

十三年，議准，開鑿恩安、魯甸、擦拉諸河，建牐以資蓄洩。

乾隆二年諭："水利所關農功綦重。雲南跬步皆山，不通舟楫，田號雷鳴，民無積蓄。一遇荒歉，米價騰貴，較他省數倍。是水利一事，不可不急講也。凡有關於民食者，皆當及時興修，總期因地制宜，事可謀成。斷不應惜費。如難奏效，亦不必强作。欽此。"

五年，議准，開濬龍盤江、金稜、銀稜、海源、寶象、馬料諸河，修建橋牐涵洞隄岸。又昆陽海口改建石岸。

六年，覆准，滇省恩安縣開塘四區，以濟兵民汲飲。

七年，議准，開鑿黑龍硐，修濬青口河。又開恩安縣礲硐水源，建大壩一座。培修李子灣蓄水隄，基建木牐一座。又修建水塘壩，補卧箐山蓄水隄，基建木牐一座。又，矖魚口河開溝建壩，以資蓄洩，灌溉民田。

八年，議准，安寧州築石壩六座，開渠百六十里有奇，以資灌溉。

九年，議准，疏濬大理府洱海淤沙，以除榆郡水患。嗣後責令地方官就近督修，按田出夫。五年大修一次。仍令該道不時稽察，毋致復淤。

十年，議准，開鑿南寧縣亮子口、黑竇灘等處灘河二十餘里。又修陸涼湖嚴芳橋梁。

十一年，議准，開鑿金沙江下游新開灘至黄草坪等灘河，以利舟楫。

又議准，開修金沙江兩岸陸路。

十二年，議准，開通大關鹽井渡水陸道路。每年動支運銅節省銀三百兩，以爲歲修之用。

又覆准，安寧州葡萄橋、石龍壩等處，開渠引水，分灌民田。

十四年，欽差大臣覆勘奏准，金沙江自四川敘州府城内起，至雲南小江口止，共計水程一千四百餘里。内上游之蜈蚣嶺至下游之黄草坪一段工程，實於運銅無益。其自黄草坪以下至新開灘約五百八十餘里，亦有數大灘，尚繄人力可施，可以直達瀘敘，於運銅有益。應棄其無益，留其有益，仍酌給歲修銀，以利輓運。

又議准，大修昆明六河昆陽海口隄岸、牐壩、橋梁、河道。

一、貴州水利

順治十七年，修貴州黔河。

乾隆三年，覆准，開修黔省都匀府由舊施秉通清水江，至湖南黔陽縣，直達常德；又由獨山州三脚埵，達來牛古州，抵粤東河道繂路，一槩修治，以資輓運，以濟商民。

十年，議准，開鑿畢節縣赤水河道，起赤水河渡口，至猿猱地方，大小六十八灘。

卷一三五

工　部

都水清吏司

海塘江防附

一、海塘職掌

康熙初年，設浙江海防同知二人。

雍正八年，議准，浙江杭州府糧捕同知、管糧通判，令其就近分管東西兩塘。

十一年，議准，浙江海塘設海防道一人，兼轄沿海州縣。除原設海防同知二人外，再增設海防同知一人，令其分管塘工。

又議准，浙江新設海防道應移駐海寧，稽察塘工。其海塘同知三人，除乍浦同知仍舊駐劄外，舊同知一人移駐海寧，新同知一人移駐仁和。

十二年諭："浙省海塘關繫重大，固須詳慎，尤戒遲疑。若總理者不肯擔承，將分任者愈爲瞻顧，因循草率，迄無遠圖，其何以謀奠安而垂永久？海塘一應工程，毋得推諉，竝毋得稽遲。欽此。"

又議准，江南寶山縣主簿移駐高橋，上海縣丞移駐黄家灣，華亭縣丞移駐漕涇，各依本縣地界管理海塘工程。令松江府同知、太倉州同知統轄。

十三年，議准，浙江海塘增設引河通判一人，專司疏濬。

乾隆元年，議准，江南增設海防道一人，駐劄松太二屬適中之地，專管海塘歲修工程事務。原管轄工之同知、州同、丞簿各官聽其調遣。

三年，議准，寶山縣主簿仍令駐劄適中之地，專管寶邑境内沿海各塘。遇有雨淋潮刷坍損之處，隨時報明修理。

九年，覆准，鎮洋塘工，令該縣甘草司巡檢就近管理。

十二年，奏准，浙紹所屬塘工，令紹興府水利通判兼管。

十三年，議准，浙省仁、錢、蕭三縣塘工需用錢糧，歸海防道辦理。

十九年，奏准，裁汰浙江海防道。北岸仁和、海寧、海鹽、平湖四縣塘工歸杭嘉湖道管轄。南岸蕭山、山陰、會稽三縣塘工歸寧紹台道管轄。北岸自八仙石起至戴家石橋，計塘工八十餘里，改歸西防同知專管。自戴家石橋起至談仙嶺，計塘工八十七里，仍歸東防同知專管。自談仙嶺起，至江南交界，仍歸乍浦海防同知專管，以重責成。其南岸塘工向歸紹興府水利通判管理，終非專官。應將北岸海防通判改爲南塘通判，移駐紹郡之三江城，專管南岸塘工，凡有塘工各縣所設之巡檢、典史，聽同知、通判稽察調遣。

一、塘工

康熙五十七年，覆准，浙江海寧塘工，塘脚建坦水排樁，密布大石，填砌中間，一層低一層，如魚鱗之比附，縱遇潮汐衝撼，不能動摇。

雍正三年，議准，海塘之内一槩增建複塘，以防海嘯。

五年諭："吴淞石塘當日勘估之時，於海潮紆緩處酌量修築土塘，盖因工程浩大，諸臣勘估，爲節省錢糧起見，故如此定議。但東南財賦之區，灌溉田畝、保聚室廬全賴海塘捍衛。朕思海潮衝激，風濤旋轉難定。土塘歷年經久，未免可虞。不若一槩盡修石塘，爲一勞永逸之計。著確行勘估，詳悉定議具奏。欽此。"遵旨議准，松屬新築石塘之外，土塘二千四百餘丈，一槩改築石塘。

七年，覆准，松江一帶海塘平鋪實砌。每丈用條石六十七丈，長大樁木百根，石塊六面鑿齊，合縫平稳，用楊桃藤、糯米爲汁，和灰抿縫。

十年，議准，江南塘工需用青石及鋪底黄石。每丈連運費給銀六錢六分。黄脚地石每丈連運費給銀六錢一分。由遠處開採者，每丈各加銀五分，由海運者各加銀九分。

又覆准，松江海塘外層縱横鋪砌之石，用鐵筍聯貫。每丈用五十三筍有奇，每筍重二斤。

又議准，每石一丈用樁木百根。土鬆之處，樁長一丈四五尺，餘樁以一丈二尺爲率。

十一年，奏准，浙江仁、寧二邑草塘均改建大石塘。奉旨："尖㟁兩山之間建立石塘，以堵水勢，類挑水壩之意。所見固是。若再於中小亹開揠引河一道，分江流入海，以減水勢，似更有益。從前雖經開揠，旋復壅塞者，皆因惜費省工之故。今若倍加工力開揠，兩工並舉，更覺妥備。石壩建後，即有沙漲，而石塘亦可漸次改建，以爲永久之計。欽此。"

乾隆元年，議准，嗣後歲修，土塘塘頂加高一尺，塘面幫濶二尺，塘底幫濶四尺五寸，塘内坡開尺有五寸，塘外坡開三尺。

二年，議准，浙江仁、寧、鹽、平四縣塘工應量準丈尺，編列字號。以二十丈爲一號，建竪碑碣，刋刻字號，以專責成。

又議准，松郡歲修土塘，塘身兩旁取土，每方銀七分二釐；一里以内者八分；一里以外並隔河取土者九分；至二里者一錢，連夯硪工費在内。

四年，覆准，浙江塘工需用條石。用營造尺量，厚一尺、濶尺有二寸，每丈准銷銀七錢三釐。如係洞庭金山石，外加過壩運費銀七分。石宕等山海運大塊石，每萬斤准銷銀八錢四分六釐。内河辦運洞庭山、茅响山大塊石，每萬斤一兩四錢一分，均連運費在内。運船每石萬斤給水脚銀二錢有奇。

又議准，浙江海塘土方價直，分别遠近、乾濕，著爲等則。取土在三十丈以内者，乾地每方銀一錢一分，濕地一錢二分；對江取土，用船載運，及遶越城坦二三里者，乾地二錢四分，濕地二錢五分；取土在三十丈以外至百丈者，照江南河工取土之例，三十丈以外至五十丈者，乾地一錢二分五釐，濕地一錢三分六釐；五十丈以外至百丈者，乾地一錢三分六釐，濕地一錢五分。

九年，題准，浙江海塘建竹簍石壩。每丈用竹簍二。每段中放丁簍，兩頭安放鳳尾順簍，外臨水貼簍，每丈下關簍排樁二十根，東西兩頭下迎潮抵溜裹頭排樁，以護簍底沙脚。

一、歲修

雍正八年，定浙江海塘，令經管之官歲一修葺。其官兵俸餉均於歲修銀内支給。

十二年，議准，松太所屬沿海塘工，每歲於十一月察勘，正月内興工，三月内告竣。

十三年奉旨："浙江修理海塘工程，著用正項錢糧。"

又覆准，浙江海塘緊要之處，酌量動銀，分發産柴各縣，及時購買，豫期解交塘工，委官驗收，加謹分貯。遇有緊急工程，一面詳報，一面撥用。仍將所用物料造入歲修案内報銷。如有餘剩，扣除現存數目，再覈數給銀，如前購買。責令海防道不時稽察，如有辦料短少，侵蝕帑項，及堆貯不慎，朽爛柴料，以致不堪應用者，揭条追賠。

又議准，浙江開濬中小亹、南港兩處引河工竣。製就混江龍、鐵篦子等器具，用夫撈淺。嗣後，每年按季豫期領銀，雇夫疏濬。年終據實造册，詳送該管司道，轉送督撫覈實，入於海塘歲修案内，一并聲明，具題報銷。所需濬船在於江口兩岸銀杏、西興兩埠額設渡船内調取八船，輪流應用。

又覆准，海塘應修築之工估計册籍，均令承修官會同地方正印官詣工確估，會造清册，由該道詳覈，轉送督撫達部。工完據實題銷。倘彼此推諉，致修築遲延者，正印官及承修官一并条處。

又覆准，嗣後遇有坦水石塊衝卸樁木欹斜，承修官即詳報該道，確勘估計，修理完固，入於歲修案内題銷。

又覆准，海塘緊要工程，遇有坍損，承修官一面督率在塘兵弁上緊搶堵，一面飛報該道，親往察勘，覈明估計，飛馳轉報。如工非緊要，不應搶修。捏飾危險，希圖冒銷者，詳条究處。該道察勘不實，徇庇朦溷者，一并題条。

又覆准，修築塘工覈計所費，飭令承修官專案請領。不得將數案之銀牽溷并領，亦不得通融那用領銀。之後，將辦過物料名色、數目申報該道，委官察驗，加具保結。倘有虧闕及那移掩飾情弊，將承修官揭条。如委官察驗不實，通同徇隐者，一并条處。

又議准，浙江新築土備塘工，責令承修官於工竣後起限保固三年。新築條石、塊石各塘保固一年。附石土塘各保固半年。搶修加築草塘，保固三月。限内如有坍塌，即著落承修官賠修。如遇異常潮汐，實非人力可施，察明工程本屬堅固，錢糧皆歸實用者，雖在限内，亦准取結保題，免其賠修。如物料苟簡，工程草率，錢糧不歸實用，以致工程坍塌者，雖屬異常潮汐，亦必將承修官照例題条，著落賠補。

乾隆元年諭："朕聞浙江紹興府屬山陰、會稽、蕭山、餘姚、上虞五縣有沿江、沿海隄岸工程，向由附近里民按照田畝派費修築，而土豪衙役於中包攬分肥，用少報多，甚爲民累。著將按畝科錢之例停止。其隄岸工程遇有應修段落，著地方大吏委官確估，於公項内動銀興修，報部覈銷，永著爲例。欽此。"

又奏准，寶山護城土圩，濵臨海澨，潮汐衝刷。每年相度情形，入於塘工歲修案内確估加培。

又覆准，浙省江海塘隄均關緊要。嗣後修築塘工，皆令動支司庫銀，按季豫造清册，咨部存案。仍俟本案竣工，别造細册，分别請銷。

二年，奏准，停止疏濬浙江塘工中、小亹引河。

又議准，松、太所屬華、寶二縣土石塘壩各工，如係新築石塘，離海里許，或土塘雖不及里許，坐非頂衝急溜者，限保固三年。如石塘並坦水石壩、單路石壩、加樁坦坡玲瓏石壩等工，離海不及一里，及在一里以外坐當頂衝急溜者，均令保固三年。其土塘離海不及一里，及在一里以外坐當頂衝急溜者，保固二年。搶修柴埽各工保固一年。倘於限内坍塌，均著落承辦官賠修。如限内遇有異常潮汐，實非人力可施，以致坍塌者，察明工固帑實，該督撫保題，免其賠修。如物料苟簡、工程草率者，雖由異常潮汐，仍照例題叅著賠。

又議准，海塘工完之日，限四月題銷。

四年，奏准，仁、寧二縣一帶草塘暫停歲修。

五年，議准松、太所屬石土塘工，一應歲修、搶修工料繁多，不拘於何項動給，工竣之日，均令覈實報銷。

六年，議准，松、太海塘關繫緊要，酌撥銀四千兩交海防道經管，分發松江府、太倉州各半存貯，以爲塘工修理之用。

十九年，奏准，浙江海塘經費每年額撥引費銀萬兩，爲歲修之用，尚屬不敷。今既裁汰海防道，又將兵四百名改爲堡夫，又裁汰馬戰守兵三百名。所遺俸工役食月糧餉米約計每年裁省銀萬兩，應歸入海塘經費，於歲修案内撥用報銷。

一、塘汛

雍正八年，議准，浙江海塘照河工之例，專設千把總二人，兵二百名，分於東西兩塘看守，并令兵丁修補零星塘工。

十一年，議准，浙江仁、寧兩縣塘工，增設兵八百名，建堡房四十間。海鹽及平湖之乍浦建堡房二十間，以便兵丁棲止。

十三年，議准，浙江海塘兵丁增至千名。今引河既盖堡房，應以四百名撥於引河新工，以資疏濬。餘六百名仍留東西兩塘，照舊分防。

乾隆元年，議准，江南增設海防道，所轄道標兵丁應於塘工分汛防守，以資調遣。

十九年，奏准，改浙江海塘兵四百名爲堡夫。又裁汰馬戰守兵三百名。

一、夫役

雍正十三年，議准，江南松江府屬沿海土塘長二百五十里，分爲四十四段。每段設塘長一名，每名歲給工食銀七兩二錢。盖造堡房一間，令其日夜看守，並令修補浪窩獾洞。

十二年諭："朕聞浙江海塘工程見在修理尖山，已堵築三分之一，人心極爲踴躍。但尖山夫役日給銀三分六釐，似覺不足。今當初春之月，水長潮平，趲築工程。著照引河挑夫之例，日加銀一分四釐，共足五分之數。

又聞從前運石每方給銀八錢九分四釐六毫，今運送多費人力，著每方增銀六分，俾夫役等工食寬裕。欽此。”

乾隆二年，議准，松江一帶沿海石塘，計長七千一百餘丈。每四百五十丈設塘長一名，共設塘長十有六名。每名盖堡房一間，日給工食銀二分，遇閏加增，小建扣除。

五年，議准，江南寶山縣民築土圩五千一百二十丈，計二十八里，設塘長五名，建堡房五間。

又議准，寶山縣對江墩新舊土塘，計長三十里，舊設塘長四名，應增設二名，照例盖造堡房。

九年，覆准，寶山、鎮洋二縣顧涇港加築、續築土塘四千二百二十九丈有奇，應設塘長四名，建堡房四間。

十九年，奏准，浙江海塘額設兵千名，應於守兵内選四百名改爲堡夫。一應土石柴塘，遇有蟄陷坍卸，堡夫即報巡捕，轉報廳官察勘。如止些小坍損，即調集附近堡夫修砌完固。北岸設堡夫三百名，一里一夫。南岸設堡夫百名，二里一夫，均酌設夫頭分司管束。每名給堡房一間，月給銀一兩。

一、江防

康熙十三年，議准，楚省襟江帶湖，民間廬舍田畝建設隄塍，以爲保障。濵江一帶地方，有司専令漢陽府知府、武昌、黄州、襄陽、荆州、安陸、德安六府同知，分督江夏、武昌、蒲圻、黄梅、鍾祥、京山、天門、江陵、公安、石首、監利十一縣縣丞、潛江縣主簿、沔陽、荆門二州州同、咸寧、嘉魚、漢陽、漢川、廣濟、當陽、雲夢、應城、孝感、松滋十縣典史，每逢夏秋汛漲，各於所屬境内，董率隄老圩甲，搭盖棚房，置備樁簍、柴草、蘆葦、鍬筐等項器具，堆貯棚所。晝夜住隄巡邏，看守防護，春冬興工修築。

三十九年，議准，湖廣素稱澤國，全賴築隄高厚。責令地方官於每年九月興工，次年二月告竣。如修築不堅，以致衝決，將督撫照總河例、道府照督催官例、同知以下照承修官例，各議處。

五十四年諭：“江隄與黄河隄塍不同。黄河水流無定，時常改移，故特設河官看守。江水並不改移，故止交與地方官看守。如江水泛漲，亦非人力能保。湖廣隄岸引黄河例議處地方官之處，著再議具奏。欽此。”遵旨議准，嗣後湖廣隄岸衝決，府州縣官各罰俸一年，該撫罰俸六月。將三十九年議准之例停止。

雍正五年諭："荆州沿江隄岸，著動用帑金，遴委賢員，監督修理。修成之後，仍爲民隄，令百姓加意防護，隨時補葺，俾得永受其益。欽此。"

六年諭："據湖廣總督奏稱，各屬隄塍向由業户按糧出夫，取土歲修。今各業户感戴皇恩，莫不踴躍歡呼，自出夫土，照上年水痕加高修築。其支河淤塞之處，亦自行疏濬等語。朕念修築江隄、疏濬河道，該地方官既有歲修定例，今百姓踴躍從事加高修濬，甚屬可嘉，用沛特恩，助其力作。按康熙五十五年，湖北、湖南興修隄垸河道工程，蒙聖祖仁皇帝特恩賞助銀六萬兩。今朕遵照此例，賞助帑銀六萬兩，令該督於湖北、湖南二省，酌量工程多寡分給，並飭地方有司，實心辦理，使小民均沾實惠，工程永遠堅固。欽此。"

又議准，荆江兩岸黄灘等六處險工，每隄百丈，設圩長一名，圩甲二名，圩役五名，督率附近居民看守。遇有蟻穴獾洞，即爲填補。再於江工險要之處，一例籤釘樁木、編槿條竹笆，以垂永久。

又題准，楚省江隄有勒索業户，包攬土夫者，照河工包折牐夫、溜夫之例，分別治罪。

又議准，楚省官民有於隄外捐栽柳荻者，照河工之例分別議叙。

六年，覆准，江西九江府同知給江防銜，並令管理津渡事務。

又議准，四川成都府同知分駐灌縣，專司都江堰工。

七年，議准，武昌、荆州、襄陽三道，各加兼理水利銜，統轄武昌等府同知、州同、縣丞、主簿等官。如有防護不力，修工怠玩者，該道揭条。該道徇隐不揭，該督撫一并題条。

又議准，荆門州沙洋大隄逼臨襄江，歲徵湖糧三千石。湖糧每石輸銀一錢，計銀三百兩，以資江工歲修之用。

九年，覆准，四川灌縣都江爲岷山分流、經成都、華陽、新津、温江、崇慶、彭、崇寧、新都、金堂等縣及簡州，直入資陽、内江、富順、瀘州，歸入川江。各縣田畝藉以灌溉。水道隄堰關繫緊要。每秋末水涸之時，該管官逐一勘估，冬月募夫修築，春月報竣。

又覆准，都江堰工按照田畝均攤夫價，解交水利同知承修。再，修築堰工用竹編長籠，自一二丈至三四丈不等，中將碎石填實，壘築成隄。面盖押二笆，每塊長二丈、濶一丈五尺，用白夾竹百根，每根銀一釐六毫，編工銀一錢二分。竹籠折長三丈、徑一尺八寸，用白夾竹四十根編裝，工銀一錢二分。

又奏准，武昌乃楚疆之省會，沿江隄岸應行修築，計正岸千三百十有九丈五尺，護岸六百八十八丈，限三年次第修理。

又奏准，修築江工，每砂石長三尺、厚一尺，價銀八分六釐。每松樁長七尺、圍圓一尺五六寸不等，銀四分五釐。汁米一石，銀一兩二錢。柴每斤，銀一釐。化灰槽，銀八錢。汁桶，銀四錢。水桶，銀五分。小灰桶，銀二分。土箕，銀八釐。箒，銀三釐。竹損，銀一分五釐。木損撬棍，銀三分。灰籮，銀五分。灰篩，銀四分。木掀，銀三分。舀斗，銀二分。桷竹，每捆銀五分。青竹篾，每把銀二分。鍬棍，銀一釐。蘆席，銀一分。每石灰百斤，漢陽脚價銀四分五釐；武昌五分；荆門州八分。每匠一名，工銀五分。每夫一名，工銀三分五釐。

又覆准，川省都江隄堰，嗣後伏汛遇有搶修工程，該撫先將應修緣由報部。所需工料銀入於歲修案内，造册題銷。如有侵蝕捏報者，該撫即行指条。

二年〔乾隆〕[1]，覆准，歲修都江堰，自人字隄起，至省城西門外金沙新堰、温江縣江安堰、新彭二縣通濟堰。疏濬省城城河。自乾隆二年爲始，於該省鹽茶項内動支修築。

又議准，湖北沔陽一州南北兩江大隄，計三萬一千九百三十餘丈。東西南三方隄工，歸水利州同管理。北方一帶隄塍，令州判分駐仙桃鎮，就近管理。凡有應修工程，按期督修。

三年，奏准，武昌一帶江塘護岸加高二層。

又議准，漢陽府江岸石隄波浪衝激。自西關小馬頭至東關上馬頭，建築正岸二百六十七丈，護岸亦如之。城南張王磯加築二層護岸三十丈，以爲保障。

四年，覆准，武昌江岸蕎麥灣地方，别築月隄二百九十五丈。

六年，覆准，川省石牛、黑石二堰，歸入都江歲修案内，一并動項修理。

八年，奏准，武昌沿江一帶石岸，動支江工節省銀五千兩，交江漢二縣商民營運生息，按季交總理江工之驛鹽道庫收貯。每年水涸時，著地方官履勘，乘時修葺。

又奏准，荆門州沙洋大隄發銀萬兩，分給荆安二屬州縣，交商營運取息，按季呈繳安陸府庫。每屆歲修勘明動用。如有餘剩，遞年存貯備用。

九年，題准，漢陽江岸動支江工節省銀三千兩，交江夏、漢陽二縣商

[1] 原文脱，前已述及雍正九年，此处應爲“乾隆二年”。

民各半，營運取息。遇有坍塌，即飭估修。

又議准，漢江險工水府廟、鄭家潭等處增築月隄。

又議准，武漢兩處大工，動撥銀四萬兩，交商營運取息，以備次第興舉。

又議准，襄陽府枕江老龍石隄，每年隨賦額徵歲修銀三百兩有奇，尚不敷用。動撥府庫軍需積存銀五千兩，交襄屬商民生息，以備修築。

十一年，議准，安陸府黄蓬山同知改駐荆門州沙洋地方。麗陽司巡檢改駐潛江縣，與主簿分地管理。天門縣丞改駐岳家口。鍾祥縣丞改駐石牌。沔陽州東西南三方大隄，州東令沙鎮巡檢、州南令鍋鎮巡檢、州西令州同分管。天門縣之牛蹄河，令乾鎮巡檢專管，以重責成。

十二年，議准，湖北各隄隄長，嚴飭印河各官，加意稽察。隄長只令傳喚催工，毋許濫行苛派。如有曠誤，營私勒索，滋擾情弊，嚴加治罪。别行公舉籤充。如印河各官漫無覺察，經道府揭糸，照隄岸潰決疎防例處分。

十三年，議准，川省歲修都江等堰，每年動支鹽茶耗羨銀二千五百十有二兩有奇。

橋道

一、橋梁道路

都城内外大街凡十有六，坊二十有四，護城橋十有五，御河橋十，水陸大小橋梁共三百有七十。

順治元年定，凡直省橋道，令地方各官以時修理。若橋梁不堅完，道路不平坦，及津要之處應置橋梁而不置者，皆交部分别議處。

又議准，京師街道差本部漢司官一人專管，仍令五城司坊官分理。凡在京内外街道，若有作踐掘成坑坎，盖房侵占，或傍城使車，撒放牲畜，損壞城脚及大清門前御道、正陽橋及各門月城等處作踐損壞者，交刑部治罪。

康熙二年，覆准，内城街道令滿漢御史、街道廳、步軍翼尉、協尉管理。外城令街道廳、五城司坊官管理。

三年，覆准，街道分左右翼，差本部滿漢司官各二人管理。

十四年，覆准，内城街道交步軍統領，外城交街道廳分理。

四十三年，奉旨，街道交步軍統領專管。

四十七年，奉旨，著給事中兼管街道。

五十年，奉旨，凡一應舊有瓦房偏廈侵占街道者，暫免拆毁，竢盖造時清出。

又議准，正陽門外東西兩邊房屋並豬市口民房，以新溝爲限，准其修理盖造。至小街有溝者，以溝爲限。無溝及街道原繫參差不整，或一面繫空地者，均以左右鄰房不占官街者爲準。仍將該户礙道尺寸報部備案，日後更造，清出還官。

五十二年，覆准，監督街道，仍差本部滿漢司官各一人。定限一年更代。

雍正二年諭："九門石路損壞，行走維艱。交工部、步軍統領公同詳勘。將應修補之處確估，以次修理。再，西直門外石路修至高梁橋。暢春園石路有損壞者，亦著修理。此工著動内庫銀。欽此。"

又諭："聞前三門外溝渠壅塞，人家存水，街道泥濘，行路艱難。如有積水之處，作何疏通，毋使居民受累，步軍統領察覈奏聞。著該城監察御史街道廳營弁會同料估啟奏，動用内帑修理。如有騎溝大房，著拆毁，賞銀以償其費。欽此。"

又覆准，皇城一帶地方禁止當街污穢，曬晾皮張。

三年諭："廣寧門外大路低窪，大雨時行則積水處車輛行李往來甚難。著步軍統領支部庫銀修理石路。欽此。"

又諭直隸總督："今年六月以後，雨水過多，橋梁道路多被渰没。京師爲四方輻輳之地，士民商賈往來雲集。今聞近京各處道塗積潦，行李維艱，諸物騰貴。朕心深爲軫念。爾可轉飭各地方官悉心籌畫。其大路中積水之處作何疏洩？窪圮之處作何修墊？通州一路可交與通永道副將，古北口一路可交與提督及該管州縣官，宣府一路可交與總兵官及該管州縣官，近京一帶可交與大興、宛平、良鄉等縣及涿州，速令相度地勢，設法修理，使行旅無阻。不可藉端科派，以便民之政轉致累民。欽此。"

又諭："御史條奏，道路甚高，相應刨揠，將刨出之土止住空車，只裝半載出城，不費錢糧等語。若攔止空車，趕車之人必怨，怨則進城之車必少，進城之車少，物價必貴，與民生無益。見今京城禁止成造土坯，此土情願取去成造土坯及填墊院基、溝渠者，聽其取用。餘土亦著動正項錢糧，豈可勞衆。欽此。"

又諭："新修九門石路，有被重車壓陷者，著即修理。嗣後日久，再有車壓塌陷處，步軍統領由部支領錢糧修理。欽此。"

又議准，紫禁城週圍御河街道有堆積處，悉行禁止。嗣後仍令步軍統領清理，並於左右兩翼内，委所屬官弁不時巡察。

四年，奏准，通州牛欄山、昌平州道路交地方官察看。遇有低窪，随時修整。

六年，奏准，京倉運道一槩修整石路。工竣，令保固三年。

又奏准，察勘石路，自廣寧門外至小井村。土道，自右安門外至草橋南。並夾石路之護土木釘、荆笆，悉令平坦堅固。至竣，保固三年。

七年諭："正陽門外天橋至永定門一路，甚是低窪。此乃人馬往來通衢，若不修理，一遇大雨必難行走。至廣渠門内之路，亦著一并察勘具奏。欽此。"遵旨察勘，廣渠門道路毋庸修理。左安門道路微窪，交街道廳將刨掘街道附近所起之土運往鋪墊。再，天橋起至永定門外弔橋一帶道路，應改建石路，以圖經久。

又諭："自朝陽門至通州京東大路，曾發錢糧，修墊土道，今復壓壞。此道行人既多，且繫京城大小官員支領俸米必由之路。著由朝陽門至通州大道皆鋪墁石塊，酌量可容二車。兩旁土道亦著修理平整。欽此。"

又諭："平治道路，王道所先。是以周禮有'野廬合方'之職，自四畿達之天下，掌其修治，俾車馬所至，咸蕩平坦易，津梁輻輳，行李通達，無雨雪羈滯之累。邇年以來，廣寧門外已修石道，通州運糧之處亦修整高爽，往來行人頗爲便利。今直隸至江南大道，車輪馬跡踐壓歲久，致通衢竟成溝塹，兩旁之土高出如谷，一遇雨水，衆流匯歸，積潦難退，行人每苦泥濘，或至守候時日。朕心深爲軫念。但此通行大道久成窪下，勢難培築增高。而道旁高阜甚多，若於大道相近之處，别開一道，工力似屬易施。其間或有地形斷續，應修建橋梁；或溝塍淤積，應疏濬水道；或所開之逕有借用民田者，應補給價直，並除錢糧；或繞行之路有遠隔村莊旅舍者，應引歸故道，使有頓宿。特遣大員，於今年夏秋之交，自京師起程，由良鄉至宿遷大道，一路踏勘。將作何别開新道，詳悉議定，估計工價，繪圖呈覽。欽此。"遵旨察勘直隸、山東、江南三省道路，自宛平縣長新店至景州劉智廟，應修道路長五萬五百五十丈，修建橋梁四十八座。自劉智廟至郯城紅花埠驛，應修道路長四萬二千十有九丈，修建橋梁九十四座。自宿遷桃源至清河縣王家營，應修道路長萬一千八百十有二丈，修建橋梁二十座。並責令該州縣於道旁補栽柳樹，春秋親往察勘。奉旨："工部即行文三省，動正項錢糧。乘此農隙之時，委官作速興工。務於明春雨水前告竣。仍差官往勘。其修過橋梁道路，交該地方官随時修整，並令新舊交代。永著爲例。"

又題准，黔省通滇大路，陡窄紆盤。改由鎮寧州屬黄果樹岔而入，别闢新路至普安州屬蒿子卡，歸於舊路。並修整花局、阿欒、郎岱等處道路，開平斗、郎箐、打鐵、簡古等關，石龍、那貢、烈當、趕塲、豬塲等坡，務令一式平坦。沿塗河溝各建大小木橋。西林一渡置造渡船。安設六驛，均歸各該地方官管轄。

八年諭："通州石路及兩旁培土，前已降旨交地方官，但恐伊等未必實心培墊。著工部每季委司官前往察勘，並諭地方官知之。欽此。"

又奏准，通州石路及兩旁培墊土道，交與地方官管理，令沿塗保甲居民隨時平墊車轍。

又奏准，直隸、山東、江南三省道路，令各州縣補栽柳樹，以庇行旅。

又奏准，外城房屋坍塌者多，著五城御史會同街道廳驗勘。凡繫舊房見修者，令照舊地，不得侵占。

十年，題准，蘆溝橋、琉璃河橋兩邊雁翅，毋得搭盖房屋，有礙行旅。

十一年諭："由京師至江南道路，往來行旅繁多。朕於雍正七年特遣大臣官員前往，督率地方官修理平治，不惜帑金，成功迅速。又令道旁種樹，以爲行人憇息之所。比時河東總督董率河南官種樹茂密，較勝他省，經過之人皆共見之。凡此道路樹木，皆朕降旨交與地方官随時留心保護者。近聞官吏怠忽，日漸廢弛，低窪之處每多積水，橋梁亦漸折陷，車輛難行。道旁所種柳株殘缺未補，且有附近兵民砍伐爲薪者。此皆有司漫不經心，而大吏又不稽察訓戒之故。著傳諭該督撫等，轉飭有司，照舊修理，務令平坦整齊。或遇雨水泥潦，随損随修，不得遲緩。其應補柳株之處，按時補種，並令文武官弁禁約兵民，不得任意戕害。倘有不遵，將官弁題条議處，兵民從重治罪。欽此。"

十二年，覆准，川省南北兩路驛站，北路之觀音碥、牛頭山、劍門關、五侯坡，南路之金雞嶺、飛龍關、大關山、小關山、大相嶺、飛越嶺、金釵碥、大胡梯、小胡梯等處，山路坍損，應動項修整。凡遇陡壁臨深之處，建造偏橋，增設扶闌。

十三年，恩詔各省，要路橋梁，間有損壞，行人勞苦。著地方有司申報，各督撫奏明修理。

乾隆二年，議准，京師朝陽、廣寧二門石道，交地方官，三年一次察勘。如有圮塌、報部修理。

三年諭："川省遠在西陲，道路之難，甲於天下。其中棧道偏橋更爲險隘。每年資藉民力，随時修補，未能一勞永逸。行旅艱辛，深可軫念。著四川巡撫會同西安巡撫，委官確勘。將應修之處，分別南棧、北棧，兩省分任修理。即動該省存公銀以爲工費。工竣之後，交地方官不時稽察。如遇暴雨大水衝塌過多，仍准詳報，酌動公項修整，俾永遠堅固，以便行人。欽此。”遵旨議准，陝省棧道自鳳翔府寶雞縣起，經漢中府鳳、褒城、沔、寧羌等州縣，南接四川廣遠縣界，綿長九百餘里。其咸寧縣棧道偏路，改田庫峪口[1]至舊縣關鎮。安縣舊縣關偏路棧道改由關西折入西平峪至舊司。川省棧道自劍州起，至廣元、昭化一帶，長四百二十餘里。凡遇山水相逼紆折之處，随勢開鑿增廣。偏路、偏橋、疊橋、砌路，增設木筏接渡。懸巖峭壁、大谷深淵，建築短牆並設木闌保護。

六年，題報，棧道工竣，令地方官不時巡察。其存剩各項鐵器，貯州縣庫内，以爲歲修之用。遇地方官新舊交代，造入册内，以專責成。

十二年，奏修畿輔低窪道路。奉旨交地方官随時辦理。

十五年，恩詔各省，要路橋梁有損壞者，著地方有司申報，該督撫動項修理。

十六年，恩詔同。

十九年諭：“五城街道泥土，歲久填積增高，行路居人均屬不便。著管理河道、溝渠大臣等詳悉察勘，量其修理之費，動支官帑。除去積土，堆置就近城外隙地。此番官辦後，随時畚除，自易爲力。並令該管衙門，酌照從前煤車回空携帶沙土之例，善爲經理，勿仍壅積。但不得任聽兵役抑派滋擾。欽此。”

一、除道

康熙四十年，題准，京城内墊道，交步軍統領。城外令大、宛二縣分理。

四十一年，題准，修橋墊道，著動用道庫雜項錢糧，報户部，會同本部覈銷。

五十五年，議准，車駕行幸，沿途修墊銀交本部扈蹕侍郎齎往，沿途給發。事竣奏銷。

五十六年，題准，修墊營盤，大營每座給夫八十名；頓營四十名，修墊道路，每里日給夫五名，每夫日給銀六分。

乾隆元年諭：“時際東作方興，農事伊始。毋得因朕謁陵，經過地方多覔人夫，修墊道路，致妨農業。欽此。”

---

[1] “改田庫峪口”應爲“改由庫峪口”。

又諭："修理謁陵道路，著酌定一路修理，毋得屢行改易，以勞吾民。欽此。"

六年諭："哨鹿經由之路，皆皇祖所行舊路。朕今年前往。所由道路、橋梁，皆著畧爲修理，俾可行足矣，斷不可妄抉地方田畝，擾累黎民。至沿塗所有行宫，如院宇、墻垣有倒壞之處，不必令工部官修理。著勘明交内務府總管修理。欽此。"

八年，奏准，修墊道路每里日給夫五名之外，再加增二名。大營每座八十名，頓營每座四十名，各加倍給夫。

十一年，議准，喜峯口一帶道路以山頂分界，南屬薊州，北屬遵化州，自山北至昭西陵、二撥、紅樁一帶道路，安設栅闌，歸石門工部經理。

十四年，奏准，直隸所屬修墊道路諸費，統於司庫存公耗羨銀内動用報銷。由部委官前往監修之例，一槩停止。

十六年，奏准，廵幸未經駐蹕，其大營、頓營地基經嚮導大臣奏明，指辦者皆令報部，准其覈銷。

十八年奏旨："嗣後有水之河搭橋，乾河不必搭盖。"

又諭："朕廵幸經過地方，所有道路橋梁，自應照例辦理。至道旁茶棚一項，随從官員原無暇憩息，徒供僕隸人等蹂躪作踐，而地方官又多此一番豫備，甚屬無謂。著停止。欽此。"

又奏准，每次廵幸，供帳什物，均由京中置備，賫往應用。其由地方官備辦如大營、頓營動用席片、木橛等物，亦皆動支公帑辦理。但存一取用名色，即啟將來藉端訛索，濫應冒銷之漸。應全行裁革。嗣後令該管處大臣先期詳定應用物件數目，由京置備賫往。如閲時既久，必須增補者，呈報總理行營大臣奏聞辦理。

又奏准，大營盤每座新修地面給夫一百八十名，舊地九十名。頓營盤每座新修地面給夫百名，舊地五十名，修墊道路、開荒，每里給夫四十名，熟地三十名。

一、**御道種樹**

雍正二年奉旨："自西直門、德勝門至暢春園，沿塗皆著種柳。岔道亦著栽種。皆著動用錢糧。栽完樹木，令人看守。"遵旨議准，令西北二城、大、宛二縣，各該地方分爲四段看守。

三年，奏准，種樹令保活三年。如三年内有枯焦者，原種樹官補種。如各該地方官不敬謹看守，以致樹木被人折壞，牲畜囓傷，及偷盗者，並令各該地方官補種。

四年，奏准，西直門至暢春園栽柳九千二百九十七株。德勝門至孃孃廟栽柳三千二百三十四株。

六年諭："沿塗所植樹木已閱四五年矣，看來不甚茂盛，此皆草率所致。圓明園、正陽門前樹木繫敬謹種植，甚覺整齊茂盛。向例道旁樹木有乾枯者，令補種。近日竟不補種。朕所經由之路尚且如此，則他處僻路可知。著内務府工部堂官、五城官員察奏。欽此。"遵旨議准，西直門、德勝門至暢春園一帶，沿塗柳樹枯焦損失。著落原種樹及看守各官，限一月内照數補栽。嗣後令五日澆灌一次。如逾限不完，即指名題条。其應賠種樹，官内有不能賠補者，著落本部堂官賠種。種後，西直門外石路交西城；西直門外西道交大興縣；西直門外東道交宛平縣；德勝門外一帶交北城，各令人看守。本部仍會同内務府、步軍統領、順天府尹巡察，遇有枯焦損失，即令補種，違者指条。

又奏准，種樹價直，每株給銀一錢。

八年，議准，栽樹高一丈二尺，徑二寸五分，栽深二尺。清明栽完，五日澆灌一次，根下用棗茨圍護。

十年諭："圓明園石路兩旁樹木，應加謹培植。曾屢降諭旨，何以種植年久，仍然細小，皆由所司疎忽所致。此項樹木或繫内務府，或繫工部種植之處。著察奏。欽此。"遵旨察勘，清梵寺至圓明園柳樹，繫内務府種植。西直門至清梵寺石道兩旁並各岔道柳樹，繫本部委官承種。嗣後應補樹株，不准各官自行補種。一面勒追樹價，一面别行委官栽種。

一、柵闌

順治元年，定京城内外大小衢巷設立護門柵闌。有作踐損壞者，交刑部治罪。

雍正七年，覆准，外城柵闌共四百四十座，均責令兵丁看守，以時啓閉。

乾隆四年，覆准，外城柵闌遇有損壞，由三營將弁呈報步軍統領。步軍統領移咨到部，令街道廳察勘估報，委官修理。

九年，覆准，内城柵闌嚴禁該管旗分科派捐修。應修造者，照外城例，令該管旗員呈報步軍統領，咨部，動帑修理。

十五年，覆准，外城柵闌四百四十座，内有兩旁房屋倒壞，無從依靠，毋庸修理者二十九座。

十八年，覆准，内城柵闌共千一百九十九座，皇城内柵闌一百十有六座。

一、溝道

順治元年，定令街道廳管理京城内外溝渠，以時疏濬。若有旗民人等淤塞溝道者，送刑部治罪。

康熙四十二年，奉旨，京城内外溝道，著步軍統領監理。

雍正四年，奏准，京城内外大小溝濠，内城交步軍統領，分委八旗步軍協尉；外城交五城街道廳，分委司坊各官。凡應行刨挖之處，丈量確估，酌動正項錢糧，於次年興工。

五年，議准，刨挖京城内外大小溝濠，例應募夫。内城照步軍修官工之例，每夫日給制錢六十文；外城照奉宸苑刨挖内外河工之例，每夫日給制錢八十文，由部給發。

又，疏濬紫禁城内各處水溝，每刨盖石四十塊，用匠一工。

七年，奏准，自何家莊至左安門水關明溝，每年淤塞，不能暢流。交街道廳五城司坊官，將何家莊以下明溝千二百餘丈，開至面闊八尺，深五尺，直抵水關。每年濬淤挖淺，不使壅塞。

又覆准，内城過街溝道，令司坊官雇夫刨挖。外城溝道著街道廳令居民自行刨挖。禁止溝頭包攬，毋得濫派。

八年，議定，刨挖過街溝渠，以見所挖之土，折算見方五尺，給夫一名。

乾隆七年諭："京城内外水道甚有關繫。年來但值雨水稍驟，街道便至積水，消洩遲緩，此水道淤墊之故也。向來城内原有泡子河等水匱數處，以資容納。而城外各護城河道原以疏達衆流，使不停蓄。今日久未經修濬，皆多淤墊。而街道溝渠亦多阻塞，以致偶逢霖雨，便不暢流。此亦應及時籌畫者。著户部、工部尚書、步軍統領，帶同欽天監官，逐一相度。其應如何疏濬之處，詳議請旨。欽此。"遵旨察勘京城内外護城河並城内各河及青龍橋至高梁橋一帶河道，應按舊址疏濬。至於衆水經由各牐口及蓄水四庫、泡子河、太平湖等處，應以次疏濬。城内象房橋、大石橋，並朝陽門等處露明溝渠，應行估修。城外天橋東西及牛街、轎子衚衕等處板溝，應改砌甎溝。九門大街溝渠甚多，應詳細注册，分年修理。小街溝渠，照舊例開濬，倍加深通。至各倉水道並各部院洩水溝渠，應一并疏濬。

十八年，奏准，護城河及雷牐口等處溝濠疏濬事宜，交步軍統領衙門辦理。

又奏准，嗣後外城溝道有應行刨挖者，令該處司坊官呈報步軍統領衙門，一并辦理。

〔清〕 水 簿

整理説明

《水簿》是蘭州附近的地方灌溉用水制度。明朝天啟七年（一六二七年）爲解決黄峪溝和筍羅溝所屬幾個村莊的灌溉用水糾紛，由當地官府出面調解，最後制定了相關的灌溉用水分配制度。以後由於土地買賣而導致用水秩序出現混亂，進而出現了有人私自塗改、抽换《水簿》内容，以及《水簿》破損等問題，因此在清康熙二十五年（一六八六年）和乾隆九年（一七四四年）進行過兩次修訂和重新頒發。

現存《水簿》原件是乾隆九年的修訂版，保存在蘭州市七里河區檔案館，很可能是孤本。原件長五十一厘米，寬二十五厘米。封面一有“水簿一扇”字樣。封面二有“水簿”字樣。封面三有“《水簿》”字樣，並有説明文字“連皮貳拾叁張”。正文共三十七頁。第一頁至第四頁是乾隆九年（一七四四年）的文書。第五頁至七頁是明朝天啟七年（一六二七年）的文書。第八頁至第九頁是康熙二十五年（一六八六年）爲修改《水簿》而頒發的文書。第十頁至第三十七頁是具體灌溉制度的安排，也就是《水簿》在乾隆九年（一七四四年）的具體内容。從文中看有“貳牌”“叁牌”“肆牌”字樣，而没有“頭牌”，這表明現存“水簿”並非完整内容。《水簿》又稱《官簿》，每本《水簿》稱爲“一扇”，除官府保留外，灌溉受益村莊也各保留一扇。

在搜集水利古文獻的過程中，我們得到了蘭州市七里河區檔案館的大力支持，在此深表謝意！

皋蘭縣文書[1]

蘭州府皋蘭縣正堂加三級紀録三次張查明水利飭發印簿以杜争訟事。案照王家堡、小屯營、大柳樹營、雙營兒、笋羅溝、民屯，共地壹萬壹千捌百貳拾貳畝肆分。各編立水牌號簿，接引渠泉澆灌。其間離水近者，畝數稍多；離水遠者，畝數稍減。按畝晝夜挨次輪流澆灌，自貳拾陸日申時起，至貳拾柒日丑時止。又自貳拾玖日寅時起，初壹日寅時止。每月大建兩晝夜零陸時，小建壹晝夜零陸時。衆民屯留爲退河之水，名爲流溝，以防淤塞，至公至平。自康熙伍拾貳年，查均水利之後，無復争競。《水簿》内原載初玖日之水灌陳孝、王輝等地畝；貳拾柒日之水灌郭斌、郭見、宋謙等地畝。厥後輾轉售賣，陳孝等之地爲鄭文焕等買受，郭斌等之地爲盧自珍等買受，宋謙之地爲陳登甲買受。是初玖日係鄭文焕等應灌之水，貳拾柒日係盧自珍、陳登甲等應灌之水。詎王琬、王相等，以伊地多水少，輒將小屯營《水簿》私行抽换，將盧自珍、陳登甲等貳拾柒日之水改至初玖日。其貳拾柒日壹日之水作爲流溝，圖餘水以灌己地，致鄭文焕等初玖日無水可灌，各具控不休。

本縣訊明前情，并查驗小屯營《水簿》，内有兩頁抽换，墨跡字樣不同。隨吊别簿查對面質，王琬等無從置辯。除責懲、斷令改正外，但查各水號簿，歷年久遠，不特紙頁破損，且有後尾不全者，將來難免奸民争訟之虞。本縣飭令照抄玖本。查驗有寫錯處所，俱粘補更正，上盖印信，磨對相符，竝無壹字舛錯，鈐印分發收存。將舊簿槩行繳銷。爾等民屯士庶永爲遵守，世霑樂利，毋致争訟。此簿存考。

乾隆玖年拾壹月　日

蘭州監收廳文書[2]

臨洮府蘭州監收廳謝爲乞均水利以杜偏害事。蒙廵撫陝西監察御史霍批，據蘭州民馬能等連名告稱，竊照黄笋二溝，原係山水渠壩，先因勢豪覇放，軍民離散，本道題准欽命部臣侍郎羅老爺親詣本地，計畆受

[1][2] 標題爲整理者加。

水，編立號数，共計伍拾玖晝夜。自下而上輪流澆灌，定有時刻，毫不敢越。屯地折充軍餉，民地辦納國税。今被勢豪人役不遵舊制，朦朧屡屡霸占，是誠利歸勢豪，害及軍民。伏望批行衙門，照古竪立石碑。自三月初一日爲始，輪流澆放，永凍爲止，庶水利均沾等情。蒙批仰蘭州監收詳報，蒙此行拘馬能、莫官荣、王成、王四十等。從公酌議，務要水利均濟，随據開遞執結，軍民情願照依原議，受水地畝、號数到廳。據此，爲照水利以惠生靈，湏軍民均沾，庶得其平。昔年遵奉部臣勘明編立受水號数，簿籍尚存，詎容勢豪邀霸。玆軍民馬能等告遵舊制，乞立石碑，庶免勢豪邀霸一節，揆情度理，似宜准從。相應呈請，合候詳示。俯照馬能等所議舊制，計畝受水澆灌，竪碑永爲遵守，敢有勢豪仍前霸放，小民不得均沾者，許被害之人訐告，定照邀截水利律例從重治罪，庶水利疏通而軍民沾惠矣等因。照詳蒙批永利，准照舊制，計畝受水，不許勢豪霸占邀截，仍勒石以垂永遠。蒙此，仰軍民馬能等自竪石之後，各照詳允批示，定照舊制輪流澆灌。如有勢豪霸占邀截者，許被害之人訐告，定照律例從重究治，決不寛貸，仍勒石碑，以垂永久。蒙此，又蒙欽差整飭洮岷兵偹帶管臨鞏道，陕西按察司副使李批，據本廳呈同前事，蒙批。仰廳查明立石，以杜争端。蒙此，遵照竪立石碑，永爲遵守，湏至告示者。

天啓七年二月　日

蘭州知州文書[1]

蘭州知州王蘭衛掌印朱爲復均水利永杜私獘事。蒙廵撫甘寕、平慶、臨鞏等處都御史大老爺葉批，據蘭衛民盧三荣等連名告稱，切照笋羅溝，原係山水渠壩，上下輪流澆灌田苗。因勢豪霸占，水利不均。先年馬能等告赴本道，題准欽命部臣侍郎羅親詣本地，計畝受水，民屯地共計伍拾玖晝夜，竪立石碑，編造號数印簿。自洪武至崇禎年，水利均平，民屯俱沾實惠，毫無紊乱。至順治年被州民楊喜、王五、孟浦、柴起鳳具狀告赴本道，爲乞討水利事等因。蒙批，本州查審，除正數外，添入牌水三晝夜，因此，時日錯乱，號数不對，上邀下截，水利紊乱。伏乞查究等情。蒙廵

❶ 標題爲整理者加。

撫甘寧大老爺准批。

蘭州王老爺、衞朱老爺入廟會審詳明，因念既往不究，將喜等奉文添入牌水，同衆編入印簿號内，挨次澆灌。自此以後，再有勢豪人等暗行私賄，假稱有地無水者，許受害屯民人等據簿陳告，照律定罪。復行通諭，永爲遵守，須至告示者。

康熙二十五年七月

黄峪溝壹至貳拾肆號

王家堡收官簿壹扇

小屯营收官簿壹扇

大柳樹营收官簿壹扇

雙营兒收官簿壹扇

笋羅溝收官簿壹扇

黄峪溝共地叁拾陸頃肆拾伍畆壹分，共計民屯水貳拾陸晝夜。外奉文復，楊喜、王武水壹晝夜。

壹號，該水壹晝夜。

馬能地伍拾畆，任義地陸拾畆，王四十地肆拾畆。先壹日流溝，自叁月初壹日寅時起，初貳日寅時止。

貳號，該水壹晝夜。

王宣地壹頃，吴外孫地伍拾畆。初貳日寅時起初，叁日寅時止。

叁號，該水貳晝夜。

石白圭地肆拾畆，吕興地壹拾畆，鄒安、邢順、柴金剛地陸拾畆，陳昂地壹頃伍拾畆。初叁日寅時起，初伍日寅時止。

肆號，該水壹晝夜。

吕興地伍拾畆，冉福受地肆拾畆，李文進地壹拾畆，孫荣地壹拾畆，汪寬地貳拾畆，黄源地貳拾畆。初伍日寅時起，初陸日寅時止。

小屯营地貳頃肆拾捌畆玖分。

伍號，該水壹晝夜。

王通、王恭地貳拾陸畆貳分，丘留兒、丘僧兒地叁拾玖畆叁分，王憲地壹拾叁畆壹分，鐘友海地壹拾叁畆壹分，朱林地壹拾叁畆壹分，張喜兒地壹拾叁畝壹分，邵友地壹拾叁畝壹分，汪狗子地壹拾叁畝壹分，王成地伍畝玖分。初陸日寅時起，初柒日寅時止。

陸號，該水壹晝夜。

王成、王定、王三兒、王捨兒、王清、王臣、王驢兒地捌拾伍畝捌分，李斌地壹拾叁畝壹分，許祥地玖畝玖分，陳禮忠、陳寧周地肆拾貳畝壹分。初柒日寅時起，初捌日寅時止。

大柳樹營地貳頃伍拾畝。

柒號，該水壹晝夜。

王謙地玖畝玖分，盧順、盧完地壹拾玖畝捌分，王鑑、王政、王敏地貳拾玖畝柒分，胡清、胡亮地壹拾玖畝捌分。

捌號，該水壹晝夜。

邵玘、邵興地壹拾玖畝玖分，王興地玖畝玖分，徐原、徐洪地壹拾玖畝捌分，陳孝、王輝地陸拾畝，陳友地肆拾畝伍分。初玖日寅時起，初拾日寅時止。

雙營兒地玖頃。

玖號，該水壹晝夜。

宋謙、宋貞地壹拾玖畝伍分，李斌地叁拾畝，柴禮地叁拾畝，莫貞地叁拾畝，馬張家兒地叁拾畝，王海地壹拾畝伍分。初拾日寅時起，拾壹日寅時止。

拾號，該水壹晝夜。

王海地壹拾玖畝伍分，胡延寿地叁拾畝，張荣地叁拾畝，薛謙地叁拾畝，包鑑、包會地肆拾畝伍分。拾壹日寅時起，拾貳日寅時止。

拾壹號，該水壹晝夜。

包見、包會地壹拾玖畝伍分，張成、張原地陸拾畝，史寧、史安地陸拾畝，蘆寧等地壹拾畝伍分。拾貳日寅時起，拾叁日寅時止。

拾貳號，該水壹晝夜。

蘆寧、蘆宗、蘆浩、蘆剛地壹頃玖畝伍分，錢成地叁拾畝，應繒地壹拾玖畝伍分。拾叁日寅時起，拾肆日寅時止。

拾叁號，該水壹晝夜。

應繒地壹拾壹畝伍分，張謙、張鑑、張五斤地柒拾伍畝，崔麻子地叁拾畝，高蘆巴地叁拾畝。拾肆日寅時起，拾伍日寅時止。

拾肆號，該水壹晝夜。

張謙等地壹拾玖畝伍分，馬宣地叁拾畝，趙捨僧地壹頃貳畝。拾伍日寅時起，拾陸日寅時止。

第壹溝地，壹拾叁頃貳畝。

拾伍號，該水壹晝夜。

楊亨玘、耿得荣地壹頃叁拾伍畝，滕旺地壹拾伍畝。拾陸日寅時起，拾柒日寅時止。

拾陸號，該水壹晝夜。

滕旺地陸拾伍畝，汗祥地捌拾伍畝。拾柒日寅時起，拾捌日寅時止。

拾柒號，該水壹晝夜。

汗祥地壹拾捌畝，白僧家地柒拾壹畝，吴貞地肆拾伍畝，禄興地壹拾陸畝。

拾捌號，該水壹晝夜。

禄興地陸拾肆畝，魏順地叁畝，馬千户地捌拾伍畝，李明、張景地共肆拾畝，董原地捌畝。拾玖日寅時起，貳拾日寅時止。

拾玖號，該水壹晝夜。

董原地柒拾貳畝，王存存地壹拾畝，羅桂地叁畝，曹福地伍畝，王傑地叁拾畝，白清地貳拾伍畝，袁清地叁畝，顔剛地伍拾貳畝。貳拾日寅時起，貳拾壹日寅時止。

貳拾號，該水壹晝夜。

顔剛地叁拾叁畝，包玉地壹拾畝，劉清地伍拾畝，石鳳佐地陸拾畝，楊志能地肆拾柒畝。貳拾壹日寅時起，貳拾貳日寅時止。

貳拾壹號，該水壹晝夜。

楊志能地貳拾伍畝，王遷兒地叁拾畝，石佐地貳拾貳畝，賈會地叁拾伍畝，靳全地叁拾畝，王見地壹拾畝，宋洪地叁拾畝，徐二地肆拾伍畝。貳拾貳日寅時起，貳拾叁日寅時止。

第貳溝地叁頃叁拾捌畝貳分。

貳拾貳號，該水壹晝夜。

徐二地肆拾肆畝，朱六十地壹拾柒畝捌分，顧忠地叁拾伍畝陸分，張思原地柒拾壹畝貳分，張芳地壹拾柒畝捌分，温良甫地壹拾叁畝陸分。貳拾叁日寅時起，貳拾肆日寅時止。

貳拾叁號，該水半日。

温良甫地肆畝貳分，李明地叁拾伍畝陸分，黎順地叁拾伍畝陸分，徐安狗地壹拾柒畝捌分。貳拾肆日寅時起，貳拾肆日午時止。

敬依官園地貳頃，該水壹晝夜。貳拾肆日未時起，貳拾伍日未時止。

法寧寺地貳頃，該水壹晝夜。貳拾伍日未時起，貳拾陸日未時止。申時退河。

郭斌地伍拾伍畝，郭見地伍拾畝，宋謙地肆拾玖畝。貳拾柒日寅時起，貳拾捌日寅時止。

貳拾肆號，該水壹晝夜。

楊喜、王武地壹頃伍拾畝。貳拾捌日寅時起，貳拾玖日寅時止。

因水微細，溝渠窵遠，流溝壹日，受水人户馬能等，週而復始，各照日期時刻，挨次澆灌。或牌未完而冰凍，下年春水到日，照数補完餘者。小票不許紊亂，永爲遵守。

笋羅溝壹至伍拾叁號❶

計開：

笋羅溝西川地共捌拾壹頃柒拾柒畝叁分，共該民屯水伍拾玖晝夜。外奉文復，楊喜、王武、孟浦、柴起鳳水叁晝夜。

壹號，該水叁晝夜。

馬能地肆頃，任義地伍拾畝，先壹日流溝，自叁月初壹日起，至初肆日寅時止。

貳號，該水貳晝夜。

任義地叁頃。初肆日寅時起，至初陸日寅時止。

叁號，該水壹晝夜。

任義地伍拾畝，柴金剛、鄒安地壹頃。初陸日寅時起，初柒日寅時止。任義内，段荣分鷄鳴水壹時。

肆號，該水貳晝夜。

邢順等地伍拾畝，段荣地貳頃壹拾畝，黄源地肆拾畝。初柒日寅時起，初玖日寅時止。

伍號，該水壹晝夜。

黄源地叁拾畝，董政地壹頃貳拾畝。初玖日寅時起，初拾日寅時止。

---

❶ 標題爲整理者加。

陸號，該水壹晝夜。

董政地壹拾伍畝，牟秉倫地柒拾伍畝，王宣地陸拾畝。初拾日寅時起，拾壹日寅時止。

柒號，該水貳晝夜。

王宣地拾伍畝，吕興地貳頃伍拾畝，王四十地叁拾伍畝。拾壹日寅時起，拾叁日寅時止。

捌號，該水貳晝夜。

王四十地叁頃。拾叁日寅時起，拾伍日寅時止。

玖號，該水壹晝夜。

王四十地伍拾伍畝，冉福受地玖拾畝，賣與董桓。拾伍日寅時起，拾陸日寅時止。

拾號，該水壹晝夜。

冉福受地伍拾伍畝，李文進地伍拾畝，吴德地貳拾畝，汪寬地貳拾伍畝。拾陸日寅時起，拾柒日寅時止。

拾壹號，該水壹晝夜。

汪寬地柒拾陸畝，高友德地伍拾畝，馬荣地貳拾畝，苗芳地肆畝。拾柒日寅時起，拾捌日寅時止。

拾貳號，該水貳晝夜。

苗芳地貳頃肆拾玖畝，馮四十地伍拾壹畝。拾捌日寅時起，貳拾日寅時止。

拾叁號，該水壹晝夜。

馮四十地陸拾玖畝，段復海地捌拾壹畝。貳拾日寅時起，貳拾壹日寅時止。

拾肆號，該水壹晝夜。

段復海地貳拾貳畝，苗讓地捌拾畝，蔣林地肆拾捌畝。貳拾壹日寅時起，貳拾貳日寅時止。

拾伍號，該水壹晝夜。

蔣林地柒拾伍畝，黄志地貳拾畝，林全地伍拾伍畝。貳拾貳日寅時起，貳拾叁日寅時止。

拾陸號，該水貳晝夜。

石白圭地壹頃，吴外孫地伍拾畝，陳昂地壹頃伍拾畝。貳拾叁日寅時起，貳拾伍日寅時止。

拾柒號，該水壹晝夜。

敬依官園地壹頃。貳拾伍日寅時起，貳拾陸日寅時止。

拾捌號，該水壹晝夜。

苗宣地叁拾畝，邢浩地貳拾畝，納户王妥，孫荣地陸拾畝，苗諒地貳拾畝，李信地貳拾畝。貳拾陸日寅時起，貳拾柒日寅時止。

拾玖號，該水壹晝夜。

桑敬地叁拾畝，王真地柒拾畝，王志地貳拾畝，李斌地叁拾畝。貳拾柒日寅時起，貳拾捌日寅時止。

貳拾號，該水壹晝夜。

李斌地柒拾柒畝，譚宗地貳拾伍畝，刁捨捨地伍畝叁分，吴荣地肆拾叁畝壹分。貳拾捌日寅時起，貳拾玖日寅時止。

貳拾壹號，該水壹晝夜。

楊喜、王武地壹頃伍拾畝。貳拾玖日寅時起，肆月初壹日寅時止。或有叁拾，與該年行頭澆灌，因爲答應衙門以補勤劳之功。

以上共計民水貳拾玖晝夜。

小屯營地壹拾壹頃玖拾玖畝玖分。

貳拾貳號，該水壹晝夜。

丁寧地伍拾畝，高德地伍拾畝，劉玘地伍拾畝。肆月初壹日寅時起，初貳日寅時止。

貳拾叁號，該水壹晝夜。

鄒諸諸地伍拾畝，王國仕地伍拾畝，王伏乙地伍拾畝。初貳日寅時起，初叁日寅時止。

貳拾肆號，該水壹晝夜。

李興兒地伍拾畝，孫相地伍拾畝，單彦明地伍拾畝。初叁日寅時起，初肆日寅時止。

貳拾伍號，該水壹晝夜。

朱安地伍拾畝，王亮地伍拾畝，丘安地伍拾畝。初肆日寅時起，初伍日寅時止。

貳拾陸號，該水壹晝夜。

丘乙通地伍拾畝，邵五地伍拾畝，苗月地伍拾畝。初伍日寅時起，初陸日寅時止。

貳拾柒號，該水壹晝夜。

李思義地伍拾畝，汪猶子地伍拾畝，王淮地伍拾畝。初陸日寅時起，初柒日寅時止。

貳拾捌號，該水壹晝夜。

王呆地伍拾畝，帖木兒地伍拾畝，周成地伍拾畝。初柒日寅時起，初捌日寅時止。

貳拾玖號，該水壹晝夜。

楊林受地伍拾畝，王不知地伍拾畝，王九明地伍拾畝。初捌日寅時起，初玖日寅時止。

以上小屯營共計水捌晝夜。該年小甲，照舊規澆放，勿得紊乱，永爲遵守。因舊名俱係佃户，年遠人亡，難於稽查。今改爲□[1]丁名姓，俾水地易於遵守云。

大柳樹營地壹拾頃。

叁拾號，該水壹晝夜。

周来心地伍拾畝，常弘地伍拾畝，王景地伍拾畝。初玖日寅時起，初拾日寅時止。

叁拾壹號，該水壹晝夜。

鄭得明地伍拾畝，劉通地伍拾畝，盧五地伍拾畝。初拾日寅時起，拾壹日寅時止。

叁拾貳號，該水壹晝夜。

鄭蘆狗地伍拾畝，朱進地伍拾畝，蘆秀地伍拾畝。拾壹日寅時起，拾貳日寅時止。

叁拾叁號，該水壹晝夜。

田六受地伍拾畝，王加臣地伍拾畝，趙成地伍拾畝。拾貳日寅時起，拾叁日寅時止。

叁拾肆號，該水壹晝夜。

楊阿孫地伍拾畝，王英狗地伍拾畝，馬玉地伍拾畝。拾叁日寅時起，拾肆日寅時止。

叁拾伍號，該水壹晝夜。

胡永地伍拾畝，劉継先地伍拾畝，張千家保地伍拾畝。拾肆日寅時起，拾伍日寅時止。

叁拾陸號，該水壹晝夜。

邵自成地伍拾畝，蔣伯玉地伍拾畝，鄒仲秋地伍拾畝。拾伍日寅時起，拾陸日寅時止。

---

[1] 原文漫漶，疑爲"兵"。

以上大柳樹營共計水柒晝夜。該年小甲遵照舊規，挨次澆放，不許紊乱，永爲遵守。

雙營兒地玖頃陸拾畝。

叁拾柒號，該水壹晝夜。

郭見、郭斌、宋謙、宋貞、李斌、柴禮，共地壹頃捌拾畝。拾陸日寅時起，拾柒日寅時止。

叁拾捌號，該水壹晝夜。

莫貞、馮張加兒、王海、胡延寿、張荣、地共壹頃伍拾畝，薛謙地貳拾畝。拾柒日寅時起，拾捌日寅時止。

叁拾玖號，該水壹晝夜。

薛真地壹拾畝，包鑑、包會張原、張成地共壹頃貳拾畝，史寧地貳拾畝。拾捌日寅時起，拾玖日寅時止。

肆拾號，該水壹晝夜。

史寧地壹拾肆畝貳分伍厘，史安地叁拾肆畝貳分伍厘，張安加、蘆宗、蘆浩，共地壹頃貳拾畝肆分伍厘。拾玖日寅時起，貳拾日寅時止。

肆拾壹號，該水壹晝夜。

蘆剛、張成、應縉、崔麻子地壹頃叁拾柒畝，高芦巴地壹拾叁畝。貳拾日寅時起，貳拾壹日寅時止。

肆拾貳號，該水壹晝夜。

高芦巴地貳拾壹畝叁分，王孜、王孝、常紀地共壹頃叁畝伍厘，馬宣地貳拾伍畝。貳拾壹日寅時起，貳拾貳日寅時止。

第壹溝。

肆拾叁號，該水壹晝夜。

馬宣地捌畝柒分，牟友春地肆拾伍畝，陳文地貳拾畝，蘆政地貳拾伍畝，曾受地叁拾畝，孫喜兒地貳拾壹畝。貳拾貳日寅時起，貳拾叁日寅時止。

以上雙營兒共計水柒晝夜。該年小甲，遵照舊規，挨次澆灌，不許紊乱，永爲遵守。

肆拾肆號，該水貳晝夜。

韓貞地壹頃伍畝，韓能地壹頃，馬鋭地壹頃賣與陳璽等，閆成地叁拾壹畝賣與陳璽等。貳拾叁日寅時起，貳拾伍日寅時止。

肆拾伍號，該水壹晝夜。

閆成地貳拾□[1]畝，石海地伍畝，石嵩地壹頃叁拾畝，夏昭地壹頃伍畝。貳拾伍日寅時起，貳拾陸日寅時止。

肆拾陸號，該水壹晝夜。

陳雄地伍拾壹畝，陳英地捌拾畝，李千千地貳拾畝，張旺地叁畝，安寧地肆拾陸畝。貳拾陸日寅時起，貳拾柒日寅時止。

肆拾柒號，該水壹晝夜。

安寧地壹拾玖畝，顔英地玖拾伍畝，王四地伍拾畝，張林地叁拾陸畝。貳拾柒日寅時起，貳拾捌日寅時止。

肆拾捌號，該水壹晝夜。

張林地肆拾陸畝，張琰地叁畝，唐庄奴地壹拾壹畝，石景春地壹頃貳拾畝，趙六十地壹拾壹畝。貳拾捌日寅時起，貳拾玖日寅時止。

肆拾玖號，該水壹晝夜。

趙六十地玖畝，魏興地叁拾畝，張貞地壹拾畝，王三地捌拾畝，白英地伍拾畝，芮總旂地貳拾畝，馬敬地叁畝。貳拾玖日寅時起，伍月初壹日寅時止。

伍拾號，該水壹晝夜。

徐斌地壹拾伍畝，徐真地貳拾畝，邹海地壹拾畝，夏安地貳拾畝，白真地壹拾畝，王白户地貳拾畝，尚阿吴地壹頃伍畝。初壹日寅時起，初貳日寅時止。

伍拾壹號，該水壹晝夜。

何寬地壹拾伍畝，楊文地壹拾伍畝，閆懷地壹拾伍畝，王洪地壹拾伍畝，李昇地壹拾伍畝，楊旺地壹拾伍畝，楊石地壹拾伍畝，耿驴兒地壹拾伍畝，張狗兒地壹拾伍畝，黄慶地壹拾伍畝，魏荣地貳拾畝。初貳日寅時起，初叁日寅時止。自魏荣寅時退河，有叁拾，初貳日寅時退河。無叁拾，初叁日寅時退河，作流溝壹晝夜。

伍拾貳號，該水壹晝夜。

孟浦地壹頃伍拾畝。初肆日寅時起，初伍日寅時止。

伍拾叁號，該水壹晝夜。

柴起鳳地壹頃伍拾畝。初伍日寅時起，初陸日寅時止。

以上共計民屯水陸拾貳晝夜。除叁拾流溝在外，總計兩月零伍日一輪。該年小甲，遵照日期時刻澆灌，勿得紊乱，永爲遵守。

---

[1] 原文漫漶，疑爲“陸”。

貳牌

民水伍月初陸日起，至陸月初陸日寅時止。

屯水陸月初陸日起，至陸月貳拾捌日寅時止。

韓貞等民水貳晝夜，陸月貳拾捌日寅時起，至柒月初壹日寅時止。

上下菓園柒晝夜，自柒月初壹日寅時起，至初捌日寅時止。

初捌日寅時退河，作流溝壹晝夜。

孟浦、柴起鳳，該水貳晝夜。自柒月初玖日寅時起，至拾壹日寅時止。

叁牌

屯水□□□□壹日□□[1]起，至玖月初肆日寅時止。

韓貞等民水貳晝夜。自玖月初肆日寅時起，至初陸日寅時止。

上下菓園水柒晝夜。自玖月初陸日寅時起，至拾叁日寅時止。拾叁日寅時退河，作流溝壹晝夜。

孟浦、柴棲鳳水貳晝夜。自玖月拾肆日寅時起，至拾陸日寅時止。

肆牌

民水自玖月拾陸日寅時起，至拾月拾陸日寅時止。

屯水自拾月拾陸日寅時起，至拾壹月初玖日寅時止。

韓貞等水貳晝夜。自拾壹月初玖日寅時起，至拾壹日寅時止。

上下菓園或牌未完而冰凍，下年春水到日，各計日期，照數補完其餘。春水行頭小票，不許紊乱，永爲遵守。

[1] 原文漫漶。

〔清〕欽定河工則例章程

整理説明

《欽定河工則例章程》是清朝嘉慶十三年（一八〇八年）工部奉旨編修的一部有關河道管理的全國性法規。内容涉及河道修築、治理、維護等，还包括各種物料價錢、人力工費等具体規定。全書共五卷，十餘萬字。

清代具有較爲完善的河道治理和防洪體系，中央六部之一的工部，統籌全國的河流水利工作。河道總督全面負責黄河、運河的治理與維護，其下分設道、廳、汛、堡四級。

清代河道治理和維護主要分爲歲修、搶修、另案等。歲修即每年霜降後，各廳在所管轄境内周歷查勘，遇有堤工不堅或埽壩朽壞情况的，第二年開春即組織維修。搶修，是在桃伏汛内搶辦各工，主要包括搶廂埽工，支河堵塞等。歲修和搶修通常合稱“歲搶修”。另案工程，一般是工程量較大的工程，又可分爲“常年另案”和“專款另案”。堤防的增培、修砌磚石，河灘的挑切取直以及新埽廂的製作，甚至閘壩的啓閉等均爲常年另案；專款另案指特别撥款的大工，包括决口堵塞、挑河築堤等。《欽定河工則例章程》詳細介紹了各工程類型的經費使用規定，并附有多篇河道大臣的奏疏，體現出清代河渠治理經費使用的細密和繁瑣。例如在木材價格規定中，按照木材的粗細和長度分爲四十二個等級，每個等級價格才相差幾分價銀。另外，石料、河磚、石灰、雜草等價錢上也有詳細的規定。在修築河堤過程中的用土問題，則按取土地點的遠近、乾濕以及工期是否閑月、忙月等分爲二十餘項，分别規定了取土的費用。雇傭人工從事各種匠役的經費規定更是嚴格，有石匠、木匠、爐匠、鋸匠、漆匠、鐵匠等各工種，每個工種均有確定的工資，如石匠一項即分爲九類，按加工石料的新舊、單雙、裏外來區分價錢。各種工程使用經費嚴格、明確、清晰，爲前代所未有。河道大臣的奏疏主要闡明各類工程經費使用的執行情況，以及對部分工程建設的建議、意見。

現存《欽定河工則例章程》爲江南河庫道衙門藏本，本次整理使用了此版本。

欽定河工實價則例章程

一、報銷歲修工程，仍循照舊章辦理，以臻覈實也。查歲修埽壩各工在於臨黄迎溜之處，俱係常年修守要工。每年霜降後水落歸槽，總河親率該管道將、廳營，將次年應修各工埽壩逐細查勘，或舊埽高整，即無庸估鑲；或舊埽卑矮，即估加鑲；或舊埽朽壞，即估拆鑲；或舊埽蟄塌，即估補鑲。挨段核實確估，飭令該廳營於開歲春融時，照估鑲修，報候覆驗，是爲春修之工。迨春修後或春工未加舊埽見溜刷蟄，或春工加鑲、拆鑲、補鑲之埽，因溜勢趨刷，水勢加深，以致埽段遊蟄、行蟄，皆須隨時鑲做。該廳營一面動料鑲修，即一面馳禀該管道確勘轉報查核，經歷桃、伏、秋三汛皆有蟄鑲之工，仍待霜後水落歸槽，方能停修。如大汛内有非常大溜將舊埽撞掣，連塌多段。動用工料錢糧較大之工，總河接據禀報，即親往督、同搶護，於搶護平穩後，即爲附摺奏明，歷經循辦在案。前准貴部咨議。今將歲修工程，河督於水落歸槽親身履勘，即將各處應修情形及丈尺銀數，確核估計，彙案具奏，並繪圖貼説，送部備查等因。查黄河溜勢變遷不一，是以歲修埽工於春修後，歷桃、伏、秋三汛，仍有蟄鑲之工，若年前霜後勘估，即經彙案具奏，則桃、伏、秋三汛續鑲工程，又需隨時陳奏，案牘既恐煩瑣，而稽考亦難周到。應請嗣後歲修工程仍循照舊例，於該年十月造册題估，以臻核實。

一、搶修工程，向例除動用工料錢糧數在伍百兩以下者，照例具題。其數逾伍百兩以上者，即專案具奏。今料物已按實價，較例價加增兩三倍不等，凡照例具題之案，前此數在伍百兩以下者、查照加至兩倍之數，應以壹千伍百兩爲率，其數逾壹千伍百兩以上者，即專案具奏辦理。

一、另案新生工程，係向本無工處所，大溜忽然趨注，立時搶鑲新埽抵禦，自應將水勢情形及如何搶辦緣由隨時具奏。嗣後遇有新生工段，遵照部議，無論動用銀数多寡，皆據實奏明辦理。仍於霜降後，將所做工長丈尺、動用銀数，彙開清单具奏，以嚴稽核。

一、各項料物已蒙聖恩，准照實價核銷，前經節次奏明。自此次議增加價之後，如遇工穩歲豐，奏明酌減，如遇歲歉，物價稍昂，亦不准再行續請加增，設有漫口大工，事非恒有，仍准臨時據實陳奏酌辦，以昭限制。

一、向例每年歲搶修報用錢粮，總不逾於伍拾萬兩之数。今以料價核算，加增至兩倍及叁倍有零不等，所有原額伍拾萬兩不敷採辦。歲搶修工用之料物，應請嗣後於年前新料登場之後，即將各廳來年歲修、搶修所需工料，按照工程平險情形，約計需用銀款，除運藩關榷各庫額解外，仍有不敷若干，於隔年秋間預爲奏請酌撥，以資及早儲備，庶免購辦不及，致多糜費。所銷歲搶修報銷錢粮数目，即祇遵現奉諭旨，稽料加兩倍，柴料加叁倍，有零銀数比照核算，不任浮混。

一、酌定軟廂、埽工應用雜料数目，以昭限制，以免浮冒也。查向例廂做埽壩工程法則，凡捆下埽箇，動用正雜料物，繁費甚大，其加廂埽工，每单長壹丈，報用正料叁拾捌束，土半方，軟廂埽工用正料亦係叁拾捌束，惟雜料每单長拾丈，有用繩纜兩條、橛木兩根，以至用繩纜肆條、橛木肆根之不同，俱經奉部准銷在案。今下埽簽樁之工，必須奏明實在溜勢，拾分湧急，方准辦理。其應用正雜料物，仍照舊時章程報用，以及加廂工程只准用土，無庸置議外，其軟廂工程，雖較捆埽簡省，實非加廂可比，應請查照水勢淺深，分别報用。計，每单長拾丈，如水深貳丈以内之工，准報用兩繩兩木。水深至貳丈以外至叁丈之工，准報用叁繩叁木。如水深至叁丈以外以到肆伍丈者，准報用肆繩肆木。此外水勢即再加深，亦不准逾於肆繩肆木之数。如此於修做工程機宜，既資穩實而報用料物之数，亦得有限制，易於確核。

一、酌定動用楊樁、杉樁並尺寸大小、数目，以資撙節，以杜牽混也。查向來報銷工用錢粮，惟樁木一項所費較大。嗣後廂做埽工，如溜勢拾分湧急，必須簽樁之工，方准奏明動用。而樁木之内有楊樁、杉樁以及尺碼大小圍圓之不同，價值亦復不等，若不立定章程，尚恐有遷就浮混之弊。今查楊木産自豫省一帶，杉木由江廣購運來工，遠近不同，運脚各異，如蕭南、豐北、銅沛三廳，地處上游，離豫較近，嗣後如有必須動用樁木之工，只准報用楊樁。睢南、邳北並宿南北、桃南北等廳，離豫較遠，准以楊樁、杉樁各半報用。裡外山海埝盱等廳，地處下游，離豫太遠，准其全用杉樁。至尺碼之圍圓大小如水深至貳丈以外至叁丈者，准用貳尺柒捌寸木起，至叁尺伍陸寸之木爲止。水深至叁丈以外以及肆伍丈者，准用叁尺木起至肆尺之木爲止。如此定以限制，既可杜其牽混，而報銷錢粮亦得有以稽考。再查楊木一款産自豫省，其作何定價之處，現已咨查豫省，俟覆到再行核咨。至嘉慶拾年以前題報。簽樁各案，查各該工，俱因水深溜急，簽釘樁木各按實用銀数，照舊例開報動用。其中所用正雜各料物，悉照例價造報，細核所報錢粮，究属實用在工，除逐案覆核題請照舊准銷外，合併咨覆。

一、稭柴各料計束核價以便科算也。稭柴二項業將某某廳、某某料，每觔價銀若干，奏准数目在案，查向來報銷廂工所用錢粮，係按照束数科算，今即照依奏准之價計觔成束，計束論價。其間有尾数畸零，應即删除俾報銷科算，得臻簡便，所有某某廳、某某料束、某某價值核開於後。

稭料向係以叁拾觔爲壹束，今仍循照科算價值，内：

豐、蕭二廳稭料，現定每觔銀貳厘，每束應准銷銀陸分。

銅、沛廳稭料，現定每觔銀貳厘貳毫，每束應准銷銀陸分陸厘。

睢、邳、運三廳稭料，現定每觔銀貳厘叁毫，每束應准銷銀陸分玖厘。

宿南、北兩廳稭料，現定每觔銀貳厘玖毫，每束應准銷銀捌分柒厘。

桃南、北兩廳稭料，現定每觔銀叁厘，每束應准銷銀玖分。

外、中河兩廳稭料，現定每觔銀叁厘壹毫，每束應准銷銀玖分叁厘，如裡河廳購辦稭料亦請照外、中河兩廳之價。

高堰廳稭料，現定每觔銀叁厘叁毫，每束應准銷銀玖分玖厘。

山盱廳稭料，現定每觔銀叁厘肆毫，每束應准銷銀壹錢貳厘。

葦柴向係以叁拾觔爲壹束，今仍循照科算價值，内：桃南、北兩廳海柴料，現定每觔銀叁厘叁毫肆絲，每束合銀壹錢零貳毫，除零不計外，每束應准銷銀壹錢。

中河、裡河兩廳海柴料，現定每觔銀叁厘壹毫捌絲，每束合銀玖分伍厘肆毫，除毫不計外，每束應准銷銀玖分伍厘。

外河廳海柴料，現定每觔銀貳厘玖毫叁絲叁忽，每束應准銷銀捌分捌厘。

山、海兩廳海柴料，現定每觔銀叁厘伍毫叁絲叁忽，每束應准銷銀柒分陸厘。

高堰廳海柴料，現定每觔銀叁厘叁毫肆絲，每束合銀壹錢零貳毫，除零不計外，每束應准銷銀壹錢。

山盱廳海柴料，現定每觔銀叁厘叁毫陸絲，每束合銀壹錢零捌毫，除零不計外，每束應准銷銀壹錢。

揚河廳海柴料，現定每觔銀貳厘玖毫肆絲陸忽，每束合銀捌分捌厘伍毫捌絲，除毫零不計外，每束應准銷銀捌分捌厘。

湖蘆向係以叁拾觔爲壹束，今仍循照科算價值，内銅沛廳湖蘆料，原請每觔銀叁厘，今照例價加至兩倍爲止，每束應准銷銀伍分柒厘。

邳、睢兩廳湖蘆料，原請每觔銀貳厘伍毫，今照例價加至兩倍爲止，每束應准銷銀伍分肆厘。

運河、宿南、北三廳湖蘆料，原請每觔銀貳厘伍毫，今照例價加至兩倍爲止。每束應准銷銀伍分壹厘。

江柴向係以壹百觔爲壹束，今亦改照以叁拾觔爲壹束，計束核價，以歸畫一報銷。內：

揚河廳江柴料，現定每觔銀叁厘，每束應准銷銀玖分。

江防、揚粮兩廳江柴料，現定每觔銀貳厘陸毫，每束應准銷銀柒分捌厘。

一、酌定木龍成規，以便建紮報銷也。查建紮木龍所需料物、匠工各項，料則杉木並雜木、毛竹、繩纜等物，匠則鈎手並日計夫役等人，各欵價目具有成規。今時價增昂，自應一體議定，以便報銷。查杉木一欵業於請增實價案内，照例價加增倍半，減去增價拾分之貳，所有木龍應用之杉木應即循照核銷，又匠工一欵亦於請增實價案内奏准，照例價加給一倍，所有紮龍應用之鈎手並日計人夫，亦應循照開報。惟雜木、毛竹、繩纜等欵，原定成規不敷購辦。但前准欽差侍郎英等咨稱覆奏時價案内，原奏石工項下雜料、鐵炭等項，照例價無庸加增在案。所有紮龍應用雜木、竹纜等項與石工項下所用雜料情形相等，亦毋庸奏請議增。嗣後凡建紮木龍，應請將杉木及鈎手、夫匠按照新定實價報銷。其餘雜木、竹纜等項仍照向例成規開報，以免參差。

一、稭柴、梆草、縏蔴、木石、磚灰、土方、汁米、鐵器、雜料、煤炭、匠夫等款，有奏明加壹倍、倍半、兩倍以及叁倍有零之数者，並有照例價不准增加者，謹逐款查明，核照欽定價目，分晰另繕清册，一併咨送，查照備案。

卷之一

河工實價則例

淮揚道屬

桃南、桃北廳：

秫稭，每觔實價銀叁厘，每束叁拾觔，銀玖分。

葦柴，每觔實價銀叁厘叁毫肆絲，每束叁拾觔，銀壹錢零貳毫，除零不計外，每束應准寔價銀壹錢。

椽，每觔實價銀叁分叁厘。

杉木：

不登尺木，長壹丈貳尺，每根實價銀壹錢捌分玖厘貳毫。

尺木，長壹丈叁尺，每根實價銀貳錢柒分貳厘捌毫。

尺壹木，長壹丈肆尺，每根實價銀叁錢伍分捌厘陸毫。

尺貳木，長壹丈伍尺，每根實價銀肆錢捌分肆厘。

尺叁木，長壹丈陸尺，每根實價銀伍錢陸分玖厘捌毫。

尺肆木，長壹丈柒尺，每根實價銀陸錢陸分肆厘肆毫。

尺伍木，長壹丈捌尺，每根實價銀捌錢伍分叁厘陸毫。

尺陸木，長壹丈玖尺，每根實價銀玖錢伍分玖厘貳毫。

尺柒木，長貳丈，每根實價銀壹兩壹錢壹分柒厘陸毫。

尺捌木，長貳丈壹尺，每根實價銀壹兩肆錢壹分肆厘陸毫。

尺玖木，長貳丈貳尺，每根實價銀壹兩柒錢伍分壹厘貳毫。

貳尺木，長貳丈叁尺，每根實價銀貳兩陸分捌厘。

貳尺壹木，長貳丈肆尺，每根實價銀貳兩伍錢伍分肆厘貳毫。

貳尺貳木，長貳丈伍尺，每根實價銀叁兩壹錢肆厘貳毫。

貳尺叁木，長貳丈陸尺，每根實價銀叁兩陸錢伍分貳厘。

貳尺肆木，長貳丈柒尺，每根實價銀肆兩貳錢陸分伍厘捌毫。
貳尺伍木，長貳丈捌尺，每根實價銀肆兩捌錢玖分玖厘肆毫。
貳尺陸木，長貳丈玖尺，每根實價銀伍兩柒錢零貳厘肆毫。
貳尺柒木，長叁丈，每根實價銀陸兩伍錢捌分玖厘。
貳尺捌木，長叁丈壹尺，每根實價銀柒兩伍錢叁分玖厘肆毫。
貳尺玖木，長叁丈貳尺，每根實價銀捌兩伍錢玖分伍厘肆毫。
叁尺木，長叁丈叁尺，每根實價銀玖兩玖錢貳分陸厘肆毫。
叁尺壹木，長叁丈肆尺，每根實價銀拾兩柒錢柒分壹厘貳毫。
叁尺貳木，長叁丈伍尺，每根實價銀拾壹兩玖錢柒分肆厘陸毫。
叁尺叁木，長叁丈陸尺，每根實價銀拾叁兩貳錢肆分壹厘捌毫。
叁尺肆木，長叁丈柒尺，每根實價銀拾肆兩伍錢柒分貳厘捌毫。
叁尺伍木，長叁丈捌尺，每根實價銀拾伍兩玖錢陸分伍厘肆毫。
叁尺陸木，長叁丈玖尺，每根實價銀拾柒兩肆錢貳分肆厘。
叁尺柒木，長肆丈，每根實價銀拾捌兩玖錢肆分肆厘貳毫。
叁尺捌木，長肆丈壹尺，每根實價銀貳拾兩伍錢貳分捌厘貳毫。
叁尺玖木，長肆丈貳尺，每根實價銀貳拾貳兩壹錢柒分陸厘。
肆尺木，長肆丈叁尺，每根實價銀貳拾叁兩捌錢捌分伍厘肆毫。
肆尺壹木，長肆丈肆尺，每根實價銀貳拾伍兩陸錢陸分捌毫。
肆尺貳木，長肆丈伍尺，每根實價銀貳拾柒兩伍錢。
肆尺叁木，長肆丈陸尺，每根實價銀貳拾玖兩叁錢玖分捌厘陸毫。
肆尺肆木，長肆丈柒尺，每根實價銀叁拾壹兩叁錢陸分叁厘貳毫。
肆尺伍木，長肆丈捌尺，每根實價銀叁拾叁兩叁錢捌分玖厘肆毫。
肆尺陸木，長肆丈玖尺，每根實價銀叁拾伍兩肆錢捌分壹厘陸毫。
肆尺柒木，長伍丈，每根實價銀叁拾柒兩陸錢叁分伍厘肆毫。
肆尺捌木，長伍丈壹尺，每根實價銀叁拾玖兩捌錢柒分貳厘捌毫。
肆尺玖木，長伍丈貳尺，每根實價銀肆拾貳兩壹錢叁分肆厘肆毫。
伍尺木，長伍丈叁尺，每根實價銀肆拾肆兩肆錢柒分柒厘肆毫。

石料：

雙料墻面丁石，每塊寬厚俱壹尺貳寸，每丈實價銀叁兩伍錢貳分伍厘。

单料墻面丁石，每塊寬壹尺貳寸、厚陸寸，每丈實價銀壹兩伍錢伍分壹厘。

雙料裡石，每塊寬厚壹尺貳寸，每丈實價銀壹兩玖錢陸分。

单料裡石，每塊寬壹尺貳寸、厚陸寸，每丈實價銀玖錢捌分。

河磚，每塊寬伍寸、厚叁寸叁分、長壹尺貳寸，實價銀貳分陸厘肆毫。

大料河磚，每塊寬柒寸五分、厚肆寸壹分、長壹尺貳寸，實價銀肆分玖厘貳毫捌絲。

汁米，每石實價銀叁兩壹錢貳分。

石灰，每石實價銀叁錢柒分肆厘肆毫。

雜草，每束重陸觔，實價銀柒厘捌毫，合每觔實價銀壹厘叁毫。

購梆，每束青、温、乾重捌、陸、肆拾觔，實價銀玖分。

築堤土方，並填壩壓埽工程，內：

近處乾地取土，離堤拾伍丈至伍拾丈土方。內：

閒月緩工，忙月歲搶修常辦工，每方實價銀貳錢伍分。

忙月閒工，閒月急工，忙月另案急工，每方實價銀叁錢壹分貳厘伍毫。

遠處乾地取土，離堤伍拾丈以外至壹百丈，及近處濘地取土，離堤拾伍丈至伍拾丈土方。內：

閒月緩工，忙月歲搶修常辦工，每方實價銀貳錢柒分貳厘。

忙月閒工，閒月急工，忙月另案急工，每方實價銀叁錢肆分。

遠處濘地取土，離堤伍拾丈以外至壹百丈土方。內：

閒月緩工，忙月歲搶修常辦工，每方實價銀叁錢。

忙月閒工，閒月急工，忙月另案急工，每方實價銀叁錢柒分伍厘。

堤根有積水坑塘佔碍，遶越乾地取土，離堤伍拾丈以外至壹百伍拾丈土方。內：

閒月緩工，忙月歲搶修常辦工，每方實價銀叁錢肆分。

忙月閒工，閒月急工，忙月另案急工，每方實價銀肆錢貳分伍厘。

堤工有積水坑塘佔碍，遶越濘地取土，離堤伍拾丈以外至壹百伍拾丈土方。內：

閒月緩工，忙月歲搶修常辦工，每方實價銀叁錢陸分。

忙月閒工，閒月急工，忙月另案急工，每方實價銀肆錢伍分。

隔堤隔河，遠處乾地取土，離堤貳百丈以外至叁百丈土方。內：

閒月緩工，忙月歲搶修常辦工，每方實價銀叁錢捌分。

忙月閒工，閒月急工，忙月另案急工，每方實價銀肆錢柒分伍厘。

隔堤隔河，遠處濘地取土，離堤貳百丈以外至叁百丈土方。內：

閒月緩工，忙月歲搶修常辦工，每方實價銀肆錢。

忙月閒工，閒月急工，忙月另案急工，每方實價銀伍錢。

若於水底取土，離堤叁拾丈至伍拾丈土方。內：

閒月緩工，忙月歲搶修常辦工，每方實價銀五錢。

忙月閒工，閒月急工，忙月另案急工，每方實價銀陸錢貳分伍厘。

挑河土方：

乾地挑挖河土，如有積水，外加戽水工。

閒月緩工，忙月常辦工，每方實價銀壹錢陸分。如有積水，外加戽水工，實價銀叁分。

忙月閒工，閒月急工，忙月另案急工，每方實價銀貳錢。如有積水，外加戽水工，實價銀叁分柒厘伍毫。

淤土原係淤沙瀾泥鍬不能挖，筐不能盛，須用木杓插起以布兜盛送，夫工較多土方。內：

閒月緩工，忙月常辦工，每方實價銀貳錢柒分貳厘。

忙月閒工，閒月急工，忙月另案急工，每方實價銀叁錢肆分。

稀淤土猶如渾漿，人夫不能站立，須用跳板接脚，以木杓插入木桶，挨次排立傳遞，方能運送上岸，倍費人力土方。內：

閒月緩工，忙月常辦工，每方實價銀叁錢。

忙月閒工，閒月急工，忙月另案急工，每方實價銀叁錢柒分伍厘。

瓦礫土係逼近城市，居民稠密，瓦礫等類倒卸河內，深入泥中結成一塊，需用鉄鈀刨挖、挑送遠處堆積，工力倍費土方。內：

閒月緩工，忙月常辦工，每方實價銀叁錢。

忙月閒工，閒月急工，忙月另案急工，每方實價銀叁錢柒分伍厘。

一、小砂礓土猶如石子，與土凝結，畚插難施，需用鐵鈀築起挑挖，工力艱難土方。內：

閒月緩工，忙月常辦工，每方實價銀叁錢。

忙月閒工，閒月急工，忙月另案急工，每方實價銀叁錢柒分伍厘。

一、大砂、礓土堅硬如石，施工更難需用鐵鷹嘴、努角各器具鑿破逐塊，刨挖挑送，工多倍費土方。內：

閒月緩工，忙月常辦工，每方實價銀肆錢。

忙月閒工，閒月急工，忙月另案急工，每方實價銀五錢。

一、罱撈土多在河湖巨蕩之內，碍難築壩，戽水必須僱募船隻，用罱撈浚淤泥，運送崖岸，一切僱船撈浚等費土方。內：

閒月緩工，忙月常辦工，每方實價銀叁錢伍分。

忙月閒工，閒月急工，忙月另案急工，每方銀肆錢叁分柒厘伍毫。

以上築堤、挑河兩項工程以拾月至次年叁月俱爲閒月，肆月至玖月俱爲忙月，理合聲明。

箍接口、灰桶、灰插等項，用尺伍木照實價銷算。

熬汁柴束照實價銷算。

各匠役工食：

石匠鏨鑿新雙料墻面丁石，每丈連砌工，實價銀陸錢。

石匠鏨鑿新单料墻面丁石，每丈連砌工，實價銀叁錢。

石匠鏨鑿舊雙料墻面丁石，每丈連砌工，實價銀貳錢。

石匠鏨鑿舊单料墻面丁石，每丈連砌工，實價銀壹錢。

石匠鏨鑿雙料新舊裡石，每丈連砌工，實價銀壹錢貳分。

石匠鏨鑿单料新舊裡石，每丈連砌工，實價銀陸分。

石匠鏨鑿錠眼，每個實價銀壹分。

石匠鏨鑿鋦眼，每個實價銀陸厘。

石匠鏨鑿閘工、金門兩墻，上下裹頭四轉角，石塊，每塊工實價銀壹錢。

木匠刨馬牙、梅花樁，每段實價角貳厘。

刨砍、排樁，每丈工實價銀肆分捌厘。

瓦匠砌河磚，每塊實價銀捌毫。

小爐匠，箍桶、劈篾、打笆、撕纜等匠，每名日給實價銀陸分。

樁手，每班拾貳名，每名日給實價銀壹錢。

日計夫，每名日給實價銀捌分。

木匠，每工實價銀陸分。

鋸匠，每工實價銀陸分。

漆匠，每工實價銀陸分。

排樁用尺伍陸木不等，照實價銷算。

撕木借用，不銷錢粮。

盤硪、打辮子、做千觔揁扣等項，用檾觔，照實價銷算。

蘆笆柴束，照實價銷算。

大扳纜，每條用柴壹束，照實價銷算。

壩中填土，按取土遠近，照方計算。

木料估用大小尺寸，照實價銷算。

生鐵錠，每個重肆觔，仍照向例漕規銀陸分。

熟鐵鋦，每個重壹觔，仍照向例漕規銀肆分。

熟鐵銷，每個重壹觔，仍照向例漕規銀肆分。

鐵繩，每條重叁拾觔，仍照向例漕規，每觔銀叁分。
鐵撬，每把重捌觔，仍照向例漕規，每觔銀叁分。
鐵鍬，每把重叁觔，仍照向例漕規，每觔銀叁分。
鐵鷹嘴，每把重貳觔，仍照向例漕規，每觔銀叁分。
鐵幌錘，每把重拾伍觔，仍照向例漕規，每觔銀肆分。
鐵釘，仍照向例漕規，每觔銀叁分。
灰籮，仍照向例漕規，每隻銀陸分。
灰篩，仍照向例漕規，每面銀伍分。
汁鍋，仍照向例漕規，每口銀伍錢。
汁鐧，仍照向例漕規，每口銀貳錢。
木掀，仍照向例漕規，每把銀肆分。
箍桶、竹簸，仍照向例漕規，每觔銀捌厘。
煤炭，仍照向例漕規，每石銀貳錢伍分。
弔石木、鈴鐺仍照向例漕規，每個銀叁分。
石礙，仍照向例漕規，每部銀伍錢。
礙肘，每肆副用雜木壹段，仍照向例漕規，銀叁錢。
毛竹：
壹尺圓，仍照向例漕規，每根銀玖分。
尺壹圓，仍照向例漕規，每根銀壹錢柒厘。
尺貳圓，仍照向例漕規，每根銀壹錢貳分肆厘。
尺叁圓，仍照向例漕規，每根銀壹錢肆分壹厘。如圓加壹寸，增銀壹分柒厘。
蘆蓆，仍照向例漕規，每片銀壹分伍厘。
水車，仍照向例漕規，每部長壹丈銀貳兩，如添長壹尺加銀貳錢。
松板，每塊長伍尺、寬壹尺、厚壹寸，仍照向例漕規，銀捌分。
桐油，仍照向例漕規，每觔銀叁分。
水膠，仍照向例漕規，每觔銀叁分。
它参，仍照向例漕規，每觔銀捌分。
錠紅，仍照向例漕規，每觔銀貳分。

卷之二

河工實價則例

裡河廳：

葦柴，每觔實價銀叁厘壹毫捌絲，每束重叁拾觔，合銀玖分伍厘肆毫，除毫不計外，每束准銷銀玖分伍厘。

檾，每觔實價銀叁分玖厘。

杉木：

不登尺木，長壹丈貳尺，每根實價銀壹錢伍分肆厘。

壹尺木，長壹丈叁尺，每根實價銀貳錢壹分柒厘捌毫。

尺壹木，長壹丈肆尺，每根實價銀貳錢柒分柒厘貳毫。

尺貳木，長壹丈伍尺，每根實價銀叁錢伍分陸厘肆毫。

尺叁木，長壹丈陸尺，每根實價銀肆錢伍分伍厘肆毫。

尺肆木，長壹丈柒尺，每根實價銀伍錢叁分肆厘陸毫。

尺伍木，長壹丈捌尺，每根實價銀陸錢柒分叁厘貳毫。

尺陸木，長壹丈玖尺，每根實價銀捌錢伍分壹厘肆毫。

尺柒木，長貳丈，每根實價銀壹兩肆分玖厘肆毫。

尺捌木，長貳丈壹尺，每根實價銀壹兩叁錢貳分陸厘陸毫。

尺玖木，長貳丈貳尺，每根實價銀壹兩陸錢肆分叁厘肆毫。

貳尺木，長貳丈叁尺，每根實價銀壹兩玖錢肆分肆毫。

貳尺壹木，長貳丈肆尺，每根實價銀貳兩叁錢玖分伍厘捌毫。

貳尺貳木，長貳丈伍尺，每根實價銀貳兩玖錢壹分陸毫。

貳尺叁木，長貳丈陸尺，每根實價銀叁兩肆錢貳分伍厘肆毫。

貳尺肆木，長貳丈柒尺，每根實價銀叁兩玖錢玖分玖厘陸毫。

貳尺伍木，長貳丈捌尺，每根實價銀肆兩伍錢玖分叁厘陸毫。

貳尺陸木，長貳丈玖尺，每根實價銀伍兩叁錢肆分陸厘。

貳尺柒木，長叁丈，每根實價銀陸兩壹錢柒分柒厘陸毫。
貳尺捌木，長叁丈壹尺，每根實價銀柒兩陸分捌厘陸毫。
貳尺玖木，長叁丈貳尺，每根實價銀捌兩伍分捌厘陸毫。
叁尺木，長叁丈叁尺，每根實價銀玖兩叁錢陸厘。
叁尺壹木，長叁丈肆尺，每根實價銀拾兩玖分捌厘。
叁尺貳木，長叁丈伍尺，每根實價銀拾壹兩貳錢貳分陸厘陸毫。
叁尺叁木，長叁丈陸尺，每根實價銀拾貳兩肆錢壹分肆厘陸毫。
叁尺肆木，長叁丈柒尺，每根實價銀拾叁兩陸錢陸分貳厘。
叁尺伍木，長叁丈捌尺，每根實價銀拾肆兩玖錢陸分捌厘捌毫。
叁尺陸木，長叁丈玖尺，每根實價銀拾陸兩叁錢叁分伍厘。
叁尺柒木，長肆丈，每根實價銀拾柒兩柒錢陸分陸毫。
叁尺捌木，長肆丈壹尺，每根實價銀拾玖兩貳錢肆分伍厘陸毫。
叁尺玖木，長肆丈貳尺，每根實價銀貳拾兩柒錢玖分。
肆尺木，長肆丈叁尺，每根實價銀貳拾貳兩叁錢玖分叁厘捌毫。
肆尺壹木，長肆丈肆尺，每根實價銀貳拾肆兩伍分柒厘。
肆尺貳木，長肆丈伍尺，每根實價銀貳拾伍兩柒錢柒分玖厘陸毫。
肆尺叁木，長肆丈陸尺，每根實價銀貳拾柒兩伍錢陸分壹厘陸毫。
肆尺肆木，長肆丈柒尺，每根實價銀貳拾玖兩肆錢叁厘。
肆尺伍木，長肆丈捌尺，每根實價銀叁拾壹兩叁錢叁厘捌毫。
肆尺陸木，長肆丈玖尺，每根實價銀叁拾叁兩貳錢陸分肆厘。
肆尺柒木，長伍丈，每根實價銀叁拾伍兩貳錢捌分叁厘陸毫。
肆尺捌木，長伍丈壹尺，每根實價銀叁拾柒兩叁錢捌分貳厘肆毫。
肆尺玖木，長伍丈貳尺，每根實價銀叁拾玖兩伍錢壹厘。
伍尺木，長伍丈叁尺，每根實價銀肆拾壹兩陸錢玖分捌厘捌毫。

石料：

雙料墻面丁石，每塊俱寬厚壹尺貳寸，每丈實價銀叁兩玖錢玖分伍厘。

单料墻面丁石，每塊寬壹尺貳寸、厚陸寸，每丈實價銀壹兩玖錢玖分柒厘伍毫。

雙料裡石，每塊寬厚俱壹尺貳寸，每丈實價銀貳兩貳錢肆分。

单料裡石，每塊寬壹尺貳寸、厚陸寸，每丈實價銀壹兩壹錢貳分。

河磚，每塊寬伍寸、厚叁寸叁分、長壹尺貳寸，實價銀貳分陸厘肆毫。

大料河磚，每塊寬柒寸伍分、厚肆寸壹分、長壹尺貳寸，實價銀肆分玖厘貳毫捌絲。

汁米，每石實價銀叁兩壹錢貳分。

石灰，每石實價銀叁錢柒分肆厘肆毫。

雜草，每束重拾觔，實價銀壹分捌厘，合每觔銀壹厘捌毫。

購梯，每束青、温、乾重捌、陸、肆拾觔，實價銀玖分。

築埽土方並填釃壓埽工程：

近處乾地取土，離堤拾伍丈至伍拾丈土方。內：

閒月緩工，忙月歲搶修常辦工，每方實價銀貳錢伍分。

忙月閒工，閒月急工，忙月另案急工，每方實價銀叁錢壹分貳厘伍毫。

遠處乾地取土，離堤伍拾丈以外至壹百丈，及近處濘地取土，離堤拾伍丈至伍拾丈土方。內：

閒月緩工，忙月歲搶修常辦工，每方實價銀貳錢柒分貳厘。

忙月閒工，閒月急工，忙月另案急工，每方實價銀叁錢肆分。

遠處濘地取土，離堤伍拾丈以外至壹百丈土方。內：

閒月緩工，忙月歲搶修常辦工，每方實價銀叁錢。

忙月閒工，閒月急工，忙月另案急工，每方實價銀叁錢柒分伍厘。

堤根有積水坑塘佔碍，遶越乾地取土，離堤伍拾丈以外至壹百伍拾丈土方。內：

閒月緩工，忙月歲搶修常辦工，每方實價銀叁錢肆分。

忙月閒工，閒月急工，忙月另案急工，每方實價銀肆錢貳分伍厘。

堤根有積水，坑塘佔得遶越，濘地取土，離堤伍拾丈以外至壹百伍拾丈土方。內：

閒月緩工，忙月歲搶修常辦工，每方實價銀叁錢陸分。

忙月閒工，閒月急工，忙月另案急工，每方實價銀肆錢伍分。

隔堤隔河遠處，乾地取土，離堤貳百丈以外至叁百丈土方。內：

閒月緩工，忙月歲搶修常辦工，每方實價銀叁錢捌分。

忙月閒工，閒月急工，忙月另案急工，每方實價銀肆錢柒分伍厘。

隔堤隔河遠處，濘地取土，離堤貳百丈以外至叁百丈土方。內：

閒月緩工，忙月歲搶修常辦工，每方實價銀肆錢。

忙月閒工，閒月急工，忙月另案急工，每方實價銀伍錢。

若於水底取土，離堤叁拾丈至伍拾丈土方。內：

閒月緩工，忙月歲搶修常辦工，每方實價銀伍錢。

忙月閒工，閒月急工，忙月另案急工，每方實價銀陸錢貳分伍厘。

挑河土方：

乾地挑挖河土，如有積水，外加戽水工。

閒月緩工，忙月常辦工，每方實價銀壹錢陸分，如有積水，外加戽水工，實價銀叁分。

忙月閒工，閒月急工，忙月另案急工，每方實價銀貳錢，如有積水，外加戽水工，實價銀叁分柒厘伍毫。

淤土原係淤沙爛泥鍬，不能挖，筐不能盛，須用木杓舀起以布兜盛送，夫工較多。內：

閒月緩工，忙月常辦工，每方實價銀貳錢柒分貳厘。

忙月閒工，閒月急工，忙月另案急工，每方實價銀叁錢肆分。

如渾漿人夫不能站立，須用跳板接脚，以木杓舀入木桶，挨次排立傳遞，方能運送上岸，倍費人力土方。內：

閒月緩工，忙月常辦工，每方實價銀叁錢。

忙月閒工，閒月急工，忙月另案急工，每方實價銀叁錢柒分伍厘。

瓦礫土係逼近城市，居民稠密，瓦礫等類倒卸河內，深入泥中結成一塊，需用鐵鈀刨挖挑送遠處，堆積工力倍費土方。內：

閒月緩工，忙月常辦工，每方實價銀叁錢。

忙月閒工，閒月急工，忙月另案急工，每方實價銀叁錢柒分伍厘。

一、小砂礓土猶如石子，與土凝結，畚插難施，需用鐵鈀築起挑挖，工力艱難土方。內：

閒月緩工，忙月常辦工，每方實價銀叁錢。

忙月閒工，閒月急工，忙月另案急工，每方實價銀叁錢柒分伍厘。

一、大砂礓土堅硬如石，施工更難，需用鐵鷹嘴、努角各器具鑿破逐塊，刨挖挑送，工多倍費土方。內：

閒月緩工，忙月常辦工，每方實價銀肆錢。

忙月閒工，閒月急工，忙月另案急工，每方實價銀伍錢。

一、罱撈土多在河湖巨蕩之內，碍難築壩，戽水必須僱募船隻，用罱撈浚淤泥運送崖岸，一切僱船撈浚等費土方。內：

閒月緩工，忙月常辦工，每方實價銀叁錢伍分。

忙月閒工，閒月急工，忙月另案急工，每方實價銀肆錢叁分柒厘伍毫。

以上築堤、挑河兩項工程以拾月至次年叁月俱爲閒月，肆月至玖月俱爲忙月，理合聲明。

箍接口、灰桶、灰舀等項，用尺伍木照實價銷算。

熬汁柴束，照實價銷算。

各匠役工食：

石匠鏨鑿新雙料墻面丁石，每丈連砌工，實價銀陸錢。

石匠鏨鑿新单料墻面丁石，每丈連砌工，實價銀叁錢。
石匠鏨鑿舊雙料墻面丁石，每丈連砌工，實價銀貳錢。
石匠鏨鑿舊单料墻面丁石，每丈連砌工，實價銀壹錢。
石匠鏨鑿雙料新舊裡石，每丈連砌工，實價銀壹錢貳分。
石匠鏨鑿单料新舊裡石，每丈連砌工，實價銀陸分。
石匠鏨鑿錠眼，每個實價銀壹分。
石匠鏨鑿鋦眼，每個實價銀陸厘。
石匠鏨鑿閘工、金門兩墻，上下裹頭四轉角石塊，每塊工實價銀壹錢。
木匠刮馬牙、梅花樁，每段實價銀貳厘。
刮砍排樁，每丈工實價銀肆分捌厘。
瓦匠砌汚磚，每塊實價銀捌毫。
小爐匠箍桶、劈篾、打笆、撕纜等匠，每名日給實價銀陸分。
樁手，每班拾貳名，每名日給實價銀壹錢。
日計夫，每名日給實價銀捌分。
木匠，每工實價銀陸分。
鋸匠，每工實價銀陸分。
漆匠，每工實價銀陸分。
排樁用尺伍、陸木不等，照實價銷算。
撕木借用，不銷錢粮。
盤硪、打辮子、做千觔擯扣等項，用檾觔，照實價銷算。
蘆笆柴束，照實價銷算。
大扳纜，每條用柴壹束，照實價銷算。
壩中填土，按取土遠近照方計算。
木料估用大小尺寸，照實價銷算。
生鐵錠，每個重肆觔，仍照向例漕規銀陸分。
熟鐵鋦，每個重壹觔，仍照向例漕規銀肆分。
熟鐵銷，每個重壹觔，仍照向例漕規銀肆分。
鐵繩，每條重叁拾觔，每觔仍照向例漕規銀叁分。
鐵撬，每把重捌觔，仍照向例漕規，每觔銀叁分。
鐵鍬，每把重叁觔，仍照向例漕規，每觔銀叁分。
鐵鷹嘴，每把重貳觔，每觔仍照向例漕規銀叁分。
鐵榥錘，每把重拾伍觔，每觔仍照向例漕規銀肆分。
鐵釘，每觔仍照向例漕規銀叁分。

灰籮，每隻仍照向例漕規銀陸分。

灰篩，每面仍照向例漕規銀伍分。

汁鍋，每口仍照向例漕規銀陸錢。

汁鋼，每口仍照向例漕規銀肆錢。

木掀，每把仍照向例漕規銀伍分。

箍桶、竹篾，每觔仍照向例漕規銀捌厘。

煤炭，每石仍照向例漕規銀叁錢。

弔石、木鈴鐺，每個仍照向例漕規銀叁分。

石碓，每部仍照向例漕規銀伍錢。

碓肘，每肆副用雜木壹段，仍照向例漕規銀叁錢。

毛竹：

一尺圓，每根仍照向例漕規銀玖分。

尺壹圓，每根仍照向例漕規銀壹錢柒厘。

尺貳圓，每根仍照向例漕規銀壹錢貳分肆厘。

尺叁圓，每根仍照向例漕規銀壹錢肆分壹厘，如圓加壹寸，增銀壹分柒厘。

蘆蓆，每片仍照向例漕規銀壹分伍厘。

水車，每部長壹丈，仍照向例漕規銀貳兩，如添長壹尺加銀貳錢。

松板，每塊長伍尺、寬壹尺、厚壹寸，仍照向例漕規銀柒分。

桐油，每觔仍照向例漕規，每觔銀叁分。

水膠，每觔仍照向例漕規銀叁分。

它參，每觔仍照向例漕規銀捌分。

錠紅，每觔仍照向例漕規銀貳分。

卷之三

河工實價則例

外河廳：

秫稭，每觔實價銀叁厘壹毫，每束重叁拾觔，合銀玖分叁厘。
葦柴，每觔實價銀貳厘玖毫叁絲叁忽，每束重叁拾觔，合銀捌分捌厘。
檾，每觔實價銀叁分玖厘。

杉木：

不登尺木，長壹丈貳尺，每根實價銀壹錢伍分肆厘。
尺木，長壹丈叁尺，每根實價銀貳錢貳分貳厘貳毫。
尺壹木，長壹丈肆尺，每根實價銀貳錢捌分壹厘陸毫。
尺貳木，長壹丈伍尺，每根實價銀叁錢陸分叁厘。
尺叁木，長壹丈陸尺，每根實價銀肆錢陸分肆厘貳毫。
尺肆木，長壹丈柒尺，每根實價銀伍錢肆分伍厘陸毫。
尺伍木，長壹丈捌尺，每根實價銀陸錢捌分陸厘肆毫。
尺陸木，長壹丈玖尺，每根實價銀捌錢陸分玖厘。
尺柒木，長貳丈，每根實價銀壹兩零柒分壹厘肆毫。
尺捌木，長貳丈壹尺，每根實價銀壹兩叁錢伍分伍厘貳毫。
尺玖木，長貳丈貳尺，每根實價銀壹兩陸錢柒分捌厘陸毫。
貳尺木，長貳丈叁尺，每根實價銀壹兩玖錢捌分貳厘貳毫。
貳尺壹木，長貳丈肆尺，每根實價銀貳兩肆錢肆分捌厘陸毫。
貳尺貳木，長貳丈伍尺，每根實價銀貳兩玖錢柒分肆厘肆毫。
貳尺叁木，長貳丈陸尺，每根實價銀叁兩伍錢零貳毫。
貳尺肆木，長貳丈柒尺，每根實價銀肆兩零捌分柒厘陸毫。
貳尺伍木，長貳丈捌尺，每根實價銀肆兩陸錢玖分肆厘捌毫。
貳尺陸木，長貳丈玖尺，每根實價銀伍兩肆錢陸分肆厘捌毫。
貳尺柒木，長叁丈，每根實價銀陸兩叁錢壹分肆厘。

貳尺捌木，長叁丈壹尺，每根實價銀柒兩貳錢貳分肆厘捌毫。
貳尺玖木，長叁丈貳尺，每根實價銀捌兩貳錢叁分陸厘捌毫。
叁尺木，長叁丈叁尺，每根實價銀玖兩貳錢貳分玖厘。
叁尺壹木，長叁丈肆尺，每根實價銀拾兩叁錢貳分貳厘肆毫。
叁尺貳木，長叁丈伍尺，每根實價銀拾壹兩肆錢柒分伍厘貳毫。
叁尺叁木，長叁丈陸尺，每根實價銀拾貳兩陸錢捌分玖厘陸毫。
叁尺肆木，長叁丈柒尺，每根實價銀拾叁兩玖錢陸分伍厘陸毫。
叁尺伍木，長叁丈捌尺，每根實價銀拾伍兩叁錢零壹厘。
叁尺陸木，長叁丈玖尺，每根實價銀拾陸兩陸錢玖分捌厘。
叁尺柒木，長肆丈，每根實價銀拾捌兩壹錢伍分肆厘肆毫。
叁尺捌木，長肆丈壹尺，每根實價銀拾玖兩陸錢柒分貳厘肆毫。
叁尺玖木，長肆丈貳尺，每根實價銀貳拾壹兩貳錢伍分貳厘。
肆尺木，長肆丈叁尺，每根實價銀貳拾貳兩捌錢玖分壹厘。
肆尺壹木，長肆丈肆尺，每根實價銀貳拾肆兩伍錢玖分壹厘陸毫。
肆尺貳木，長肆丈伍尺，每根實價銀貳拾陸兩叁錢伍分壹厘陸毫。
肆尺叁木，長肆丈陸尺，每根實價銀貳拾捌兩壹錢柒分叁厘貳毫。
肆尺肆木，長肆丈柒尺，每根實價銀叁拾兩零伍分陸厘肆毫。
肆尺伍木，長肆丈捌尺，每根實價銀叁拾壹兩玖錢玖分玖厘。
肆尺陸木，長肆丈玖尺，每根實價銀叁拾肆兩零叁厘貳毫。
肆尺柒木，長伍丈，每根實價銀叁拾陸兩零陸分陸厘捌毫。
肆尺捌木，長伍丈壹尺，每根實價銀叁拾捌兩貳錢壹分肆厘。
肆尺玖木，長伍丈貳尺，每根實價銀肆拾兩叁錢柒分捌厘捌毫。
伍尺木，長伍丈叁尺，每根實價銀肆拾貳兩陸錢貳分伍厘。

石料：

雙料墻面丁石，每塊寬厚俱壹尺貳寸，每丈實價銀叁兩玖錢玖分伍厘。

单料墻面丁石，每塊寬壹尺貳寸、厚陸寸，每丈實價銀壹兩玖錢玖分柒厘伍毫。

雙料裡石，每塊寬厚俱壹尺貳寸，每丈實價銀貳兩貳錢肆分。

单料裡石，每塊寬壹尺貳寸、厚陸寸，每丈實價銀壹兩壹錢貳分。

河磚，每塊寬伍寸、厚叁寸叁分、長壹尺貳寸，實價銀貳分陸厘肆毫。

大料河磚，每塊寬柒寸伍分、厚肆寸壹分、長壹尺貳寸，實價銀肆分玖厘貳毫捌絲。

汁米，實價每担銀叁兩壹錢貳分。

石灰，實價每担銀叁錢柒分肆厘肆毫。

雜草，每束重拾觔，實價銀壹分捌厘，合每觔銀壹厘捌毫。

購柳，每束青、温、乾重捌、陸、肆拾觔，實價銀玖分。

築堤土方並填壩壓埽工程：

近處乾地取土，離堤拾伍丈至伍拾丈土方。内：

閒月緩工，忙月歲搶修常辦工，每方實價銀貳錢伍分。

忙月閒工，閒月急工，忙月另案急工，每方實價銀叁錢壹分貳厘伍毫。

遠處乾地取土，離堤伍拾丈以外至壹百丈，及近處濘地取土，離堤拾伍丈至伍拾丈土方。内：

閒月緩工，忙月歲搶修常辦工，每方實價銀貳錢柒分貳厘。

忙月閒工，閒月急工，忙月另案急工，每方實價銀叁錢肆分。

遠處濘地取土，離堤伍拾丈以外至壹百丈土方。内：

閒月緩工，忙月歲搶修常辦工，每方實價銀叁錢。

忙月閒工，閒月急工，忙月另案急工，每方實價銀叁錢柒分伍厘。

堤根有積水坑塘佔碍，遶越乾地取土，離堤伍拾丈以外至壹百伍拾丈土方。内：

閒月緩工，忙月歲搶修常辦工，每方實價銀叁錢肆分。

忙月閒工，閒月急工，忙月另案急工，每方實價銀肆錢貳分伍厘。

堤根有積水坑塘佔碍，遶越濘地取土，離堤伍拾丈以外至壹百伍拾丈土方。内：

閒月緩工，忙月歲搶修常辦工，每方實價銀叁錢陸分。

忙月閒工，閒月急工，忙月另案急工，每方實價銀肆錢伍分。

隔堤隔河遠處，乾地取土，離堤貳百丈以外至叁百丈土方。内：

閒月緩工，忙月歲搶修常辦工，每方實價銀叁錢捌分。

忙月閒工，閒月急工，忙月另案急工，每方實價銀肆錢柒分伍厘。

隔堤隔河遠處，濘地取土，離堤貳百丈以外至叁百丈土方。内：

閒月緩工，忙月歲搶修常辦工，每方實價銀肆錢。

忙月閒工，閒月急工，忙月另案急工，每方實價銀伍錢。

若於水底取土，離堤叁拾丈至伍拾丈土方。内：

閒月緩工，忙月歲搶修常辦工，每方實價銀伍錢。

忙月閒工，閒月急工，忙月另案急工，每方實價銀陸錢貳分伍厘。

挑河土方：

乾地挑挖河土，如有積水，外加戽水工。

閒月緩工，忙月常辦工，每方實價銀壹錢陸分，如有積水，外加戽水工，實價銀叁分。

忙月閒工，閒月急工，忙月另案急工，每方實價銀貳錢，如有積水，外加戽水工，實價銀叁分柒厘伍毫。

淤土原係淤沙爛泥，鍬不能挖，筐不能盛，須用木杓舀起，以布兜盛送，夫工較多土方。內：

閒月緩工，忙月常辦工，每方實價銀貳錢柒分貳厘。

忙月閒工，閒月急工，忙月另案急工，每方實價銀叁錢肆分。

稀淤土猶如渾漿，人夫不能站立，須用跳板接脚，以木杓舀入木桶，挨次排立傳遞，方能運送上岸，倍費人力。內：

閒月緩工，忙月常辦工，每方實價銀叁錢。

忙月閒工，閒月急工，忙月另案急工，每方實價銀叁錢柒分伍厘。

瓦礫土係逼近城市，居民稠密，瓦礫等類倒卸河内，深入泥中結成一塊，需用鐵鈀刨挖挑送遠處堆積，工力倍費土方。內：

閒月緩工，忙月常辦工，每方實價銀叁錢。

忙月閒工，閒月急工，忙月另案急工，每方實價銀叁錢柒分伍厘。

小砂礓土猶如石子，與土凝結，畚挿難施，需用鐵鈀築起挑挖，工力艱難土方。內：

閒月緩工，忙月常辦工，每方實價銀叁錢。

忙月閒工，閒月急工，忙月另案急工，每方實價銀叁錢柒分伍厘。

大砂礓土堅硬如石，施工更難，需用鐵鷹嘴、努角各器具鑿破，逐塊刨挖挑送，工多倍費土方。內：

閒月緩工，忙月常辦工，每方實價銀肆錢。

忙月閒工，閒月急工，忙月另案急工，每方實價銀伍錢。

一、罱撈土多在河湖巨蕩之内，碍難築壩，戽水必須僱募船隻，用罱撈浚淤泥運送崖岸，一切僱船撈浚等費土方。內：

閒月緩工，忙月常辦工，每方實價銀叁錢伍分。

忙月閒工，閒月急工，忙月另案急工，每方實價銀肆錢叁分柒厘伍毫。

以上築堤、挑河兩項工程，以拾月至次年叁月俱爲閒月肆月至玖月俱爲忙月，理合聲明。

箍接口、灰桶、灰舀等項，用尺伍木照實價銷算。

熬汁柴束，按照實價銷算。

各匠役工食：

石匠鏨鑿，新雙料墻面，丁石每丈連砌工實價銀陸錢。

石匠鏨鑿新单料墻面丁石，每丈連砌工實價銀叁錢。
石匠鏨鑿舊雙料墻面丁石，每丈連砌工實價銀貳錢。
石匠鏨鑿舊单料墻面丁石，每丈連砌工實價銀壹錢。
石匠鏨鑿雙料新舊裡石，每丈連砌工實價銀壹錢貳分。
石匠鏨鑿单料新舊裡石，每丈連砌工實價銀陸分。
石匠鏨鑿錠眼，每個實價銀壹分。
石匠鏨鑿鋦眼，每個實價銀陸厘。
石匠鏨鑿閘工、金門兩墻，上下裹頭肆轉角石塊，每塊實價工銀壹錢。
木匠刯馬牙、梅花樁，每段實價銀貳厘。
刯砍排樁，每丈實價工銀肆分捌厘。
瓦匠砌河磚，每塊實價銀捌毫。
小爐匠箍桶、劈篾、打笆、撕纜等匠，每名實價日給銀陸分。
樁手，每班拾貳名，每名實價日給銀壹錢。
日計夫，每名實價日給銀捌分。
木匠，實價每工銀陸分。
鋸匠，實價每工銀陸分。
漆匠，實價每工銀陸分。
排樁用尺伍陸木不等，按實價銷算。
撕木借用，不銷錢粮。
盤礣打辮子做千觔搷扣等項，用綵觔，照實價銷算。
蘆笆柴束，照實價銷算。
大扳纜，每條用柴壹束，按實價銷算。
壩中填土，按取土遠近照方計算。
木料估用大小尺寸，照實價銷算。
生鐵錠，每個重肆觔，仍照向例漕規銀陸分。
熟鐵鋦，每個重壹觔，仍照向例漕規銀肆分。
熟鐵銷，每個重壹觔，仍照向例漕規銀肆分。
鐵繩，每條重叁拾觔，仍照向例漕規，每觔銀叁分。
鐵撬，每把重捌觔，仍照向例漕規，每觔銀叁分。
鐵鍬，每把重叁觔，仍照向例漕規，每觔銀叁分。
鐵鷹嘴，每把重貳觔，仍照向例漕規，每觔銀叁分。
鐵幌錘，每把重拾伍觔，仍照向例漕規，每觔銀肆分。
鐵釘，仍照向例漕規，每觔銀叁分。

灰籮，仍照向例漕規，每隻銀陸分。

灰篩，仍照向例漕規，每面銀伍分。

汁鍋，仍照向例漕規，每口銀陸錢。

汁鐗，仍照向例漕規，每口銀肆錢。

木掀，仍照向例漕規，每把錢伍分。

箍桶、竹篾，仍照向例漕規，每觔銀捌厘。

煤炭，仍照向例漕規，每担銀叁錢。

弔石、木鈴鐺，仍照向例漕規，每個銀叁分。

石硪，仍照向例漕規，每部銀伍錢。

硪肘，每肆副用雜木壹段，仍照向例漕規銀叁錢。

毛竹：

壹尺圓，每根仍照向例漕規銀玖分。

尺壹圓，每根仍照向例漕規銀壹錢零柒厘。

尺貳圓，每根仍照向例漕規銀壹錢貳分肆厘。

尺叁圓，每根仍照向例漕規銀壹錢肆分壹厘，如圓加壹寸，增銀壹分柒厘。

蘆蓆，每片仍照向例漕規銀壹分伍厘。

水車，每部長壹丈，仍照向例漕規銀貳兩，如添長壹尺加銀貳錢。

松板，每塊長伍尺、寬壹尺、厚壹寸，仍照向例漕規銀柒分。

桐油，每觔仍照向例漕規銀叁分。

水膠，每觔仍照向例漕規銀叁分。

它参，每觔仍照向例漕規銀捌分。

錠紅，每觔仍照向例漕規銀貳分。

卷之四

河工實價則例

山安、海防廳：

葦柴，每觔實價銀貳厘伍毫叁絲叁忽，每束叁拾觔，銀柒分陸厘。

緌，每觔實價銀叁分玖厘。

杉木：

不登尺木，長壹丈貳尺，每根實價銀壹錢伍分肆厘。

壹尺木，長壹丈叁尺，每根實價銀貳錢貳分陸厘陸毫。

尺壹木，長壹丈肆尺，每根實價銀貳錢捌分捌厘貳毫。

尺貳木，長壹丈伍尺，每根實價銀叁錢柒分壹厘捌毫。

尺叁木，長壹丈陸尺，每根實價銀肆錢柒分伍厘貳毫。

尺肆木，長壹丈柒尺，每根實價銀伍錢伍分陸厘陸毫。

尺伍木，長壹丈捌尺，每根實價銀柒錢零肆厘。

尺陸木，長壹丈玖尺，每根實價銀捌錢捌分捌厘捌毫。

尺柒木，長貳丈，每根實價銀壹兩玖分伍厘陸毫。

尺捌木，長貳丈壹尺，每根實價銀壹兩叁錢捌分陸厘。

尺玖木，長貳丈貳尺，每根實價銀壹兩柒錢壹分陸厘。

貳尺木，長貳丈叁尺，每根實價銀貳兩貳分陸厘貳毫。

貳尺壹木，長貳丈肆尺，每根實價銀貳兩伍錢壹厘肆毫。

貳尺貳木，長貳丈伍尺，每根實價銀叁兩叁分捌厘貳毫。

貳尺叁木，長貳丈陸尺，每根實價銀叁兩伍錢柒分柒厘貳毫。

貳尺肆木，長貳丈柒尺，每根實價銀肆兩壹錢柒分伍厘陸毫。

貳尺伍木，長貳丈捌尺，每根實價銀肆兩柒錢玖分陸厘。

貳尺陸木，長貳丈玖尺，每根實價銀伍兩伍錢捌分叁厘陸毫。

貳尺柒木，長叁丈，每根實價銀陸兩肆錢伍分肆毫。

貳尺捌木，長叁丈壹尺，每根實價銀柒兩叁錢捌分壹厘。

貳尺玖木，長叁丈貳尺，每根實價銀捌兩肆錢壹分伍厘。
叁尺木，長叁丈叁尺，每根實價銀玖兩肆錢貳分玖厘貳毫。
叁尺壹木，長叁丈肆尺，每根實價銀拾兩伍錢肆分陸厘捌毫。
叁尺貳木，長叁丈伍尺，每根實價銀拾壹兩柒錢貳分陸厘。
叁尺叁木，長叁丈陸尺，每根實價銀拾貳兩玖錢陸分肆厘陸毫。
叁尺肆木，長叁丈柒尺，每根實價銀拾肆兩貳錢陸分玖厘貳毫。
叁尺伍木，長叁丈捌尺，每根實價銀拾伍兩伍錢肆分玖厘陸毫。
叁尺陸木，長叁丈玖尺，每根實價銀拾柒兩陸分壹厘。
叁尺柒木，長肆丈，每根實價銀拾捌兩伍錢肆分捌厘貳毫。
叁尺捌木，長肆丈壹尺，每根實價銀貳拾兩玖分玖厘貳毫。
叁尺玖木，長肆丈貳尺，每根實價銀貳拾壹兩柒錢壹分肆厘。
肆尺木，長肆丈叁尺，每根實價銀貳拾叁兩叁錢捌分捌厘貳毫。
肆尺壹木，長肆丈肆尺，每根實價銀貳拾伍兩壹錢貳分陸厘貳毫。
肆尺貳木，長肆丈伍尺，每根實價銀貳拾陸兩玖錢貳分叁厘陸毫。
肆尺叁木，長肆丈陸尺，每根實價銀貳拾捌兩柒錢捌分肆厘捌毫。
肆尺肆木，長肆丈柒尺，每根實價銀叁拾兩柒錢玖厘捌毫。
肆尺伍木，長肆丈捌尺，每根實價銀叁拾貳兩陸錢玖分肆厘貳毫。
肆尺陸木，長肆丈玖尺，每根實價銀叁拾肆兩柒錢肆分貳厘肆毫。
肆尺柒木，長伍丈，每根實價銀叁拾陸兩捌錢伍分。
肆尺捌木，長伍丈壹尺，每根實價銀叁拾玖兩肆分叁厘肆毫。
肆尺玖木，長伍丈貳尺，每根實價銀肆拾壹兩貳錢伍分陸厘陸毫。
伍尺木，長伍丈叁尺，每根實價銀肆拾叁兩伍錢伍分壹厘貳毫。

石料：

雙料墻面丁石，每塊寬厚俱壹尺貳寸，每丈實價銀肆兩肆錢陸分伍厘。
单料墻面丁石，每塊寬壹尺貳寸、厚陸寸，每丈實價銀貳兩貳錢叁分貳厘伍毫。
雙料裡石，每塊寬厚俱壹尺貳寸，每丈實價銀貳兩伍錢貳分。
单料裡石，每塊寬壹尺貳寸厚陸寸，每丈實價銀壹兩貳錢陸分。
河磚，每塊寬伍寸、厚叁寸叁分、長壹尺貳寸，實價銀貳分陸厘肆毫。
大料河磚，每塊寬柒寸伍分、厚肆寸壹分、長壹尺貳寸，實價銀肆分玖厘貳毫捌絲。
汁米，每担實價銀叁兩壹錢貳分。
石灰，每担實價銀叁錢柒分肆厘肆毫。

雜草，每束重拾觔，實價銀壹分捌厘，每觔銀壹厘捌毫。

購柳，每束青、温、乾重捌、陸、肆拾觔，實價銀玖分。

築堤土方並填壩壓埽工程：

近處乾地取土，離堤拾伍丈至伍拾丈土方。內：

閒月緩工，忙月歲搶修常辦工，每方實價銀貳錢伍分。

忙月閒工，閒月急工，忙月另案急工，每方實價銀叁錢壹分貳厘伍毫。

遠處乾地取土，離堤伍拾丈以外至壹百丈，及近處濘地取土，離堤拾伍丈至伍拾丈土方。內：

閒月緩工，忙月歲搶修常辦工，每方實價銀貳錢柒分貳厘。

忙月閒工，閒月急工，忙月另案急工，每方實價銀叁錢肆分。

遠處濘地取土，離堤伍拾丈以外至壹百丈土方。內：

閒月緩工，忙月歲搶修常辦工，每方實價銀叁錢。

忙月閒工，閒月急工，忙月另案急工，每方實價銀叁錢柒分伍厘。

堤根有積水坑塘佔碍，遶越乾地取土，離堤伍拾丈以外至壹百伍拾丈土方。內：

閒月緩工，忙月歲搶修常辦工，每方實價銀叁錢肆分。

忙月閒工，閒月急工，忙月另案急工，每方實價銀肆錢貳分伍厘。

堤根有積水坑塘佔碍，遶越濘地取土，離堤伍拾丈以外至壹百伍拾丈土方。內：

閒月緩工，忙月歲搶修常辦工，每方實價銀叁錢陸分。

忙月閒工，閒月急工，忙月另案急工，每方實價銀肆錢伍分。

隔堤隔河，遠處乾地取土，離堤貳百丈以外至叁百丈土方。內：

閒月緩工，忙月歲搶修常辦工，每方實價銀叁錢捌分。

忙月閒工，閒月急工，忙月另案急工，每方實價銀肆錢柒分伍厘。

隔堤隔河，遠處濘地取土，離堤貳百丈以外至叁百丈土方。內：

閒月緩工，忙月歲搶修常辦工，每方實價銀肆錢。

忙月閒工，閒月急工，忙月另案急工，每方實價銀伍錢。

若於水底取土，離堤叁拾丈至伍拾丈土方。內：

閒月緩工，忙月歲搶修常辦工，每方實價銀伍錢。

忙月閒工，閒月急工，忙月另案急工，每方實價銀陸錢貳分伍厘。

挑河土方：

乾地挑挖河土，如有積水，外加戽水工。

閒月緩工，忙月常辦工，每方實價銀壹錢陸分，如有積水，外加戽水工，實價銀叁分。

忙月閒工，閒月急工，忙月另案急工，每方實價銀貳錢，如有積水，外加戽水工，實價銀叁分柒厘伍毫。

淤土原係淤沙爛，泥鍬不能挖，筐不能盛，須用木杓舀起以布兜盛送，夫工較多土方。内：

閒月緩工，忙月常辦工，每方實價銀貳錢柒分貳厘。

忙月閒工，閒月急工，忙月另案急工，每方實價銀叁錢肆分。

稀淤土猶如渾漿，人夫不能跕立，須用跳板接脚，以木杓舀入木桶，挨次排立傳遞方能運送上岸，倍費人力土方。内：

閒月緩工，忙月常辦工，每方實價銀叁錢。

忙月閒工，閒月急工，忙月另案急工，每方實價銀叁錢柒分伍厘。

瓦礫土係逼近城市，居民稠密，瓦礫等類倒卸河内，深入泥中結成一塊，需用鐵鈀刨挖挑送遠處堆積，工力倍費土方。内：

閒月緩工，忙月常辦工，每方實價銀叁錢。

忙月閒工，閒月急工，忙月另案急工，每方實價銀叁錢柒分伍厘。

小砂礓土猶如石子，與土凝結，畚插難施，需用鐵鈀築起挑挖，工力艱難土方。内：

閒月緩工，忙月常辦工，每方實價銀叁錢。

忙月閒工，閒月急工，忙月另案急工，每方實價銀叁錢柒分伍厘。

大砂礓土堅硬如石，施工更難，需用鐵鷹嘴、弩角各器具鑿破逐塊，刨挖挑送，工多倍費土方。内：

閒月緩工，忙月常辦工，每方實價銀肆錢。

忙月閒工，閒月急工，忙月另案急工，每方實價銀伍錢。

罱撈土多在湖河巨蕩之内，碍難築壩，戽水必須僱募船隻，用罱撈浚淤泥運送崖岸，一切僱船撈浚等費土方。内：

閒月緩工，忙月常辦工，每方實價銀叁錢伍分。

忙月閒工，閒月急工，忙月另案急工，每方實價銀肆錢叁分柒厘伍毫。

以上築堤、挑河兩項工程，以拾月至次年叁月俱爲閒月，肆月至玖月俱爲忙月，理合聲明。

箍接口、灰桶、灰舀等項，用尺伍木，照實價銷算。

熬汁柴束，照實價銷算。

各匠役工食：

石匠鏨鑿新雙料墻面丁石，每丈連砌工實價銀陸錢。

石匠鏨鑿新单料墻面丁石，每丈連砌工實價銀叁錢。
石匠鏨鑿舊雙料墻面丁石，每丈連砌工實價銀貳錢。
石匠鏨鑿舊单料墻面丁石，每丈連砌工實價銀壹錢。
石匠鏨鑿雙料新舊裡石，每丈連砌工實價銀壹錢貳分。
石匠鏨鑿单料新舊裡石，每丈連砌工實價銀陸分。
石匠鏨鑿錠眼，每個實價銀壹分。
石匠鏨鑿鋦眼，每個實價銀陸厘。
石匠鏨鑿閘工、金門兩墻，上下裹頭肆轉角石塊，每塊實價工銀壹錢。
木匠刨馬牙梅花樁，每段實價銀貳厘。
刨砍排樁，每丈實價工銀肆分捌厘。
瓦匠砌河磚，每塊實價銀捌毫。
小爐匠箍桶、劈篾、打笆、撕纜等匠，每名日給實價銀陸分。
樁手，每班拾貳名，每名日給實價銀壹錢。
日計夫，每名日給實價銀捌分。
木匠，每工實價銀陸分。
鋸匠，每工實價銀陸分。
漆匠，每工實價銀陸分。
排樁用尺伍陸木不等，照實價銷算。
撕木借用，不銷錢粮。
盤礮、打辮子、做千觔、損扣等項，用䌶觔，照實價銷算。
蘆笆柴束，照實價銷算。
大扳纜，每條用柴壹束，照實價銷算。
壩中填土，按取土遠近照方計算。
木料估用大小尺寸，照實價銷算。
生鐵錠，每個重肆觔，仍照向例漕規銀陸分。
熟鐵鋦，每個重壹觔，仍照向例漕規銀肆分。
熟鐵銷，每個重壹觔，仍照向例漕規銀肆分。
鐵繩，每條重叁拾觔，仍照向例漕規，每觔銀叁分。
鐵撬，每把重捌觔，仍照向例漕規，每觔銀叁分。
鐵鍬，每把重叁觔，仍照向例漕規，每觔銀叁分。
鐵鷹嘴，每把重貳觔，仍照向例漕規，每觔銀叁分。
鐵榥錘，每把重拾伍觔，仍照向例漕規，每觔銀肆分。
鐵釘，仍照向例漕規，每觔銀叁分。

灰籮，每隻仍照向例漕規銀陸分。

灰篩，每面仍照向例漕規銀伍分。

汁鍋，每口仍照向例漕規銀陸錢。

汁鐧，每口仍照向例漕規銀肆錢。

木掀，每把仍照向例漕規銀伍分。

箍桶、竹篾，仍照向例漕規，每觔銀捌厘。

煤炭，每担仍照向例漕規銀叁錢。

弔石、木鈴鐺，每個仍照向例漕規銀叁分。

石硪，每部仍照向例漕規銀伍錢。

硪肘，每肆副用雜木壹段，仍照向例漕規銀叁錢。

毛竹：

壹尺圓，仍照向例漕規，每根銀玖分。

尺壹圓，仍照向例漕規，每根銀壹錢柒厘。

尺貳圓，仍照向例漕規，每根銀壹錢貳分肆厘。

尺叁圓，仍照向例漕規，每根銀壹錢肆分壹厘，如圓加壹寸，增銀壹分柒厘。

蘆蓆，仍照向例漕規，每片銀壹分伍厘。

水車，每部仍照向例漕規，長壹丈銀貳兩，如添長壹尺加銀貳錢。

松板，每塊仍照向例漕規，長伍尺、寬壹尺、厚壹寸銀柒分。

桐油，每觔仍照向例漕規銀叁分。

水膠，每觔仍照向例漕規銀叁分。

它参，每觔仍照向例漕規銀捌分。

錠紅，每觔仍照向例漕規銀貳分。

卷之五

河工實價則例

中河廳:

秫稭，每觔實價銀叁厘壹毫，每束叁拾觔，銀玖分叁厘。

葦柴，每觔實價銀叁厘壹毫捌絲，每束叁拾觔，銀玖分伍厘肆毫，除毫不計外，每束准銷銀玖分伍厘。

𥻆，每觔實價銀叁分伍厘。

杉木:

不登尺木，長壹丈貳尺，每根實價銀壹錢伍分肆厘。

壹尺木，長壹丈叁尺，每根實價銀貳錢貳分陸厘陸毫。

尺壹木，長壹丈肆尺，每根實價銀貳錢捌分捌厘貳毫。

尺貳木，長壹丈伍尺，每根實價銀叁錢柒分壹厘捌毫。

尺叁木，長壹丈陸尺，每根實價銀肆錢柒分伍厘貳毫。

尺肆木，長壹丈柒尺，每根實價銀伍錢伍分陸厘陸毫。

尺伍木，長壹丈捌尺，每根實價銀柒錢肆厘。

尺陸木，長壹丈玖尺，每根實價銀捌錢捌分捌厘捌毫。

尺柒木，長貳丈，每根實價銀壹兩玖分伍厘陸毫。

尺捌木，長貳丈壹尺，每根實價銀壹兩叁錢捌分陸厘。

尺玖木，長貳丈貳尺，每根實價銀壹兩柒錢壹分陸厘。

貳尺木，長貳丈叁尺，每根實價銀貳兩貳分陸厘貳毫。

貳尺壹木，長貳丈肆尺，每根實價銀貳兩伍錢壹厘肆毫。

貳尺貳木，長貳丈伍尺，每根實價銀叁兩叁分捌厘貳毫。

貳尺叁木，長貳丈陸尺，每根實價銀叁兩伍錢柒分柒厘貳毫。

貳尺肆木，長貳丈柒尺，每根實價銀肆兩壹錢柒分伍厘陸毫。

貳尺伍木，長貳丈捌尺，每根實價銀肆兩柒錢玖分陸厘。

貳尺陸木，長貳丈玖尺，每根實價銀伍兩伍錢捌分叁厘陸毫。

貳尺柒木，長叁丈，每根實價銀陸兩肆錢伍分肆毫。
貳尺捌木，長叁丈壹尺，每根實價銀柒兩叁錢捌分壹厘。
貳尺玖木，長叁丈貳尺，每根實價銀捌兩肆錢壹分伍厘。
叁尺木，長叁丈叁尺，每根實價銀玖兩肆錢貳分玖厘貳毫。
叁尺壹木，長叁丈肆尺，每根實價銀拾兩伍錢肆分陸厘捌毫。
叁尺貳木，長叁丈伍尺，每根實價銀拾壹兩柒錢貳分陸厘。
叁尺叁木，長叁丈陸尺，每根實價銀拾貳兩玖錢陸分肆厘陸毫。
叁尺肆木，長叁丈柒尺，每根實價銀拾肆兩貳錢陸分玖厘貳毫。
叁尺伍木，長叁丈捌尺，每根實價銀拾伍兩伍錢肆分玖厘陸毫。
叁尺陸木，長叁丈玖尺，每根實價銀拾柒兩陸分壹厘。
叁尺柒木，長肆丈，每根實價銀拾捌兩伍錢肆分捌厘貳毫。
叁尺捌木，長肆丈壹尺，每根實價銀貳拾兩玖分玖厘貳毫。
叁尺玖木，長肆丈貳尺，每根實價銀貳拾壹兩柒錢壹分肆厘。
肆尺木，長肆丈叁尺，每根實價銀貳拾叁兩叁錢捌分捌厘貳毫。
肆尺壹木，長肆丈肆尺，每根實價銀貳拾伍兩壹錢貳分陸厘貳毫。
肆尺貳木，長肆丈伍尺，每根實價銀貳拾陸兩玖錢貳分叁厘陸毫。
肆尺叁木，長肆丈陸尺，每根實價銀貳拾捌兩柒錢捌分肆厘捌毫。
肆尺肆木，長肆丈柒尺，每根實價銀叁拾兩柒錢玖厘捌毫。
肆尺伍木，長肆丈捌尺，每根實價銀叁拾貳兩陸錢玖分肆厘貳毫。
肆尺陸木，長肆丈玖尺，每根實價銀叁拾肆兩柒錢肆分貳厘肆毫。
肆尺柒木，長伍丈，每根實價銀叁拾陸兩捌錢伍分。
肆尺捌木，長伍丈壹尺，每根實價銀叁拾玖兩肆分叁厘肆毫。
肆尺玖木，長伍丈貳尺，每根實價銀肆拾壹兩貳錢伍分陸厘陸毫。
伍尺木，長伍丈叁尺，每根實價銀肆拾叁兩伍錢伍分壹厘貳毫。

石料：

雙料墻面丁石，每塊寬厚俱壹尺貳寸，每丈實價銀叁兩柒錢陸分。
单料墻面丁石，每塊寬壹尺貳寸、厚陸寸，每丈實價銀壹兩捌錢捌分。
雙料裡石，每塊寬厚俱壹尺貳寸，每丈實價銀貳兩壹錢。
单料裡石，每塊寬壹尺貳寸、厚陸寸，每丈實價銀壹兩伍分。
河磚，每塊寬伍寸、厚叁寸叁分、長壹尺貳寸，實價銀貳分陸厘肆毫。
大料河磚，每塊寬柒寸伍分、厚肆寸壹分、長壹尺貳寸，實價銀肆分玖厘貳毫捌絲。
汁米，每担實價銀叁兩壹錢貳分。

石灰，每担實價銀叁錢柒分肆厘肆毫。

雜草，每束重拾觔，實價銀壹分捌厘，每觔實價銀壹厘捌毫。

購柳，每束青、温、乾重捌、陸、肆拾觔，實價銀玖分。

築堤土方並填壩壓埽工程：

近處乾地取土，離堤拾伍丈至伍拾丈土方。內：

閒月緩工，忙月歲搶修常辦工，每方實價銀貳錢伍分。

忙月閒工，閒月急工，忙月另案急工，每方實價銀叁錢壹分貳厘伍毫。

遠處乾地取土，離堤伍拾丈以外至壹百丈，及近處濘地取土，離堤拾伍丈至伍拾丈土方。內：

閒月緩工，忙月歲搶修常辦工，每方實價銀貳錢柒分貳厘。

忙月閒工，閒月急工，忙月另案急工，每方實價銀叁錢肆分。

遠處濘地取土，離堤伍拾丈以外至壹百丈土方。內：

閒月緩工，忙月歲搶修常辦工，每方實價銀叁錢。

忙月閒工，閒月急工，忙月另案急工，每方實價銀叁錢柒分伍厘。

堤根有積水坑塘佔碍，遶越乾地取土，離堤伍拾丈以外至壹百伍拾丈土方。內：

閒月緩工，忙月歲搶修常辦工，每方實價銀叁錢肆分。

忙月閒工，閒月急工，忙月另案急工，每方實價銀肆錢貳分伍厘。

堤根有積水坑塘佔碍，遶越濘地取土，離堤伍拾丈以外至壹百伍拾丈土方。內：

閒月緩工，忙月歲搶修常辦工，每方實價銀叁錢陸分。

忙月閒工，閒月急工，忙月另案急工，每方實價銀肆錢伍分。

隔堤隔河遠處乾地取土，離堤貳百丈以外至叁百丈土方。內：

閒月緩工，忙月歲搶修常辦工，每方實價銀叁錢捌分。

忙月閒工，閒月急工，忙月另案急工，每方實價銀肆錢柒分伍厘。

隔堤隔河，遠處濘地取土，離堤貳百丈以外至叁百丈土方。內：

閒月緩工，忙月歲搶修常辦工，每方實價銀肆錢。

忙月閒工，閒月急工，忙月另案急工，每方實價銀伍錢。

若於水底取土，離堤叁拾丈至伍拾丈土方。內：

閒月緩工，忙月歲搶修常辦工，每方實價銀伍錢。

忙月閒工，閒月急工，忙月另案急工，每方實價銀陸錢貳分伍厘。

挑河土方：

乾地挑挖河土，如有積水，外加戽水工。

閒月緩工，忙月常辦工，每方實價銀壹錢陸分，如有積水，外加戽水工，實價銀叁分。

忙月閒工，閒月急工，忙月另案急工，每方實價銀貳錢，如有積水，外加戽水工，實價銀叁分柒厘伍毫。

淤土原係淤沙爛泥，鍬不能挖，筐不能盛，須用木杓舀起以布兜盛送，夫工較多土方。內：

閒月緩工，忙月常辦工，每方實價銀貳錢柒分貳厘。

忙月閒工，閒月急工，忙月另案急工，每方實價銀叁錢肆分。

稀淤土猶如渾漿，人夫不能跕立，須用跳板接脚，以木杓舀入木桶，挨次排立傳遞方能運送上岸，倍費人力土方。內：

閒月緩工，忙月常辦工，每方實價銀叁錢。

忙月閒工，閒月急工，忙月另案急工，每方實價銀叁錢柒分伍厘。

瓦礫土係逼近城市，居民稠密，瓦礫等類倒卸河內，深入泥中結成壹塊，需用鐵鈀刨挖挑送遠處堆積，工力倍費土方。內：

閒月緩工，忙月常辦工，每方實價銀叁錢。

忙月閒工，閒月急工，忙月另案急工，每方實價銀叁錢柒分伍厘。

小砂礓土猶如石子，與土凝結，畚插難施，需用鐵鈀築起挑挖，工力艱難土方。內：

閒月緩工，忙月常辦工，每方實價銀叁錢。

忙月閒工，閒月急工，忙月另案急工，每方實價銀叁錢柒分伍厘。

大砂礓土堅硬如石，施工更難，需用鐵鷹嘴、弩角各器具鑿破逐塊，刨挖挑送，工多倍費土方。內：

閒月緩工，忙月常辦工，每方實價銀肆錢。

忙月閒工，閒月急工，忙月另案急工，每方實價銀伍錢。

罱撈土多在河湖巨蕩之內，碍難築壩，戽水必須僱募船隻，用罱撈浚淤泥運送崖岸，一切僱船撈浚等費土方。內：

閒月緩工，忙月常辦工，每方實價銀叁錢伍分。

忙月閒工，閒月急工，忙月另案急工，每方實價銀肆錢叁分柒厘伍毫。

以上築堤、挑河兩項工程拾月至次年叁月俱爲閒月，肆月至玖月俱爲忙月，理合聲明。

各匠役工食：

石匠鏨鑿新雙料墻面丁石，每丈連砌工實價銀陸錢。

石匠鏨鑿新单料墻面丁石，每丈連砌工實價銀叁錢。

石匠鏨鑿舊雙料墻面丁石，每丈連砌工實價銀貳錢。
石匠鏨鑿舊单料墻面丁石，每丈連砌工實價銀壹錢。
石匠鏨鑿雙料新舊裡石，每丈連砌工實價銀壹錢貳分。
石匠鏨鑿单料新舊裡石，每丈連砌工實價銀陸分。
石匠鏨鑿錠眼，每個實價銀壹分。
石匠鏨鑿鍋眼，每個實價銀陸厘。
石匠鏨鑿閘工、金門兩墻，上下裹頭肆轉角石塊，每塊實價工銀壹錢。
木匠剷馬牙、梅花樁，每段實價銀貳厘。
剷砍排樁，每丈實價工銀肆分捌厘。
瓦匠砌河磚，每塊實價銀捌毫。
小爐匠箍桶、劈篾、打笆、撕纜等匠，每名實價日給銀陸分。
樁手，每班拾貳名，每名實價日給銀壹錢。
日計夫，每名實價日給銀捌分。
木匠，實價每工銀陸分。
鋸匠，實價每工銀陸分。
漆匠，實價每工銀陸分。
箍接口、灰桶、灰舀等項，用尺伍木，照實價銷算。
熬汁柴束，照實價銷算。
排樁用尺伍陸木不等，照實價銷算。
撕木借用，不銷錢粮。
盤硪打辮子做千觔損扣等項，用綠觔，照實價銷算。
蘆笆柴束，照實價銷算。
大扳纜，每條用柴壹束，照實價銷算。
壩中填土，按取土遠近，照方計算。
不料估用大小尺寸，照實價銷算。
生鐵錠，每個重肆觔，仍照向例漕規銀陸分。
熟鐵鍋，每個重壹觔，仍照向例漕規銀肆分。
熟鐵銷，每個重壹觔，仍照向例漕規銀肆分。
鐵繩，每條重叁拾觔，仍照向例漕規，每觔銀叁分。
鐵撬，每把重捌觔，仍照向例漕規，每觔銀叁分。
鐵鍬，每把重叁觔，仍照向例漕規，每觔銀叁分。
鐵鷹嘴，每把重貳觔，仍照向例漕規，每觔銀叁分。
鐵幌錘，每把重拾伍觔，仍照向例漕規，每觔銀肆分。

鐵釘，仍照向例漕規，每觔銀叁分。
灰簍，仍照向例漕規，每隻銀陸分。
灰篩，仍照向例漕規，每面銀伍分。
汁鍋，仍照向例漕規，每口銀陸錢。
汁鋼，仍照向例漕規，每口銀肆錢。
木掀，仍照向例漕規，每把銀伍分。
箍桶、竹簸，仍照向例漕規，每觔銀捌厘。
煤炭，仍照向例漕規，每担銀叁錢。
弔石、木鈴鐺，仍照向例漕規，每個銀叁分。
石硪，仍照向例漕規，每部銀伍錢。
硪肘，每肆副用雜木壹段，仍照向例漕規銀叁錢。

毛竹：

壹尺圓，仍照向例漕規，每根銀玖分。
尺壹圓，仍照向例漕規，每根銀壹錢柒厘。
尺貳圓，仍照向例漕規，每根銀壹錢貳分肆厘。
尺叁圓，仍照向例漕規，每根銀壹錢肆分壹厘，如圓加壹寸，增銀壹分柒厘。

蘆蓆，仍照向例漕規，每片銀壹分伍厘。
水車，每部長壹丈，仍照向例漕規銀貳兩，如添長壹尺，加銀貳錢。
松板，每塊長伍尺、寬壹尺、厚壹寸，仍照向例漕規銀柒分。
桐油，仍照向例漕規，每觔銀叁分。
水膠，仍照向例漕規，每觔銀叁分。
它参，仍照向例漕規，每觔銀捌分。
錠紅，仍照向例漕規，每觔銀貳分。

卷之六

河工實價則例

高堰廳：

秫稭，每觔實價銀叁厘叁毫，每束重叁拾觔，合銀玖分玖厘。

葦柴，每觔實價銀叁厘叁毫肆絲，每束重叁拾觔，合銀壹錢零貳毫，除零不計外，每束准銷銀壹錢。

檾，每觔實價銀叁分玖厘。

杉木：

不登尺木，長壹丈貳尺，每根實價銀壹錢伍分肆厘。

壹尺木，長壹丈叁尺，每根實價銀貳錢肆分貳厘。

尺壹木，長壹丈肆尺，每根實價銀叁錢零捌厘。

尺貳木，長壹丈伍尺，每根實價銀叁錢玖分陸厘。

尺叁木，長壹丈陸尺，每根實價銀伍錢零陸厘。

尺肆木，長壹丈柒尺，每根實價銀伍錢玖分肆厘。

尺伍木，長壹丈捌尺，每根實價銀柒錢肆分捌厘。

尺陸木，長壹丈玖尺，每根實價銀玖錢肆分陸厘。

尺柒木，長貳丈，每根實價銀壹兩壹錢陸分陸厘。

尺捌木，長貳丈壹尺，每根實價銀壹兩肆錢柒分肆厘。

尺玖木，長貳丈貳尺，每根實價銀壹兩捌錢貳分陸厘。

貳尺木，長貳丈叁尺，每根實價銀貳兩壹錢伍分陸厘。

貳尺壹木，長貳丈肆尺，每根實價銀貳兩陸錢陸分貳厘。

貳尺貳木，長貳丈伍尺，每根實價銀叁兩貳錢叁分肆厘。

貳尺叁木，長貳丈陸尺，每根實價銀叁兩捌錢零陸厘。

貳尺肆木，長貳丈柒尺，每根實價銀肆兩肆錢肆分肆厘。

貳尺伍木，長貳丈捌尺，每根實價銀伍兩壹錢零肆厘。

貳尺陸木，長貳丈玖尺，每根實價銀伍兩玖錢肆分。

貳尺柒木，長叁丈，每根實價銀陸兩捌錢陸分肆厘。

貳尺捌木，長叁丈壹尺，每根實價銀柒兩捌錢伍分肆厘。

貳尺玖木，長叁丈貳尺，每根實價銀捌兩玖錢伍分肆厘。

叁尺木，長叁丈叁尺，每根實價銀拾兩零叁分貳厘。

叁尺壹木，長叁丈肆尺，每根實價銀拾壹兩貳錢貳分。

叁尺貳木，長叁丈伍尺，每根實價銀拾貳兩肆錢柒分肆厘。

叁尺叁木，長叁丈陸尺，每根實價銀拾叁兩柒錢玖分肆厘。

叁尺肆木，長叁丈柒尺，每根實價銀拾伍兩壹錢捌分。

叁尺伍木，長叁丈捌尺，每根實價銀拾陸兩陸錢叁分貳厘。

叁尺陸木，長叁丈玖尺，每根實價銀拾捌兩壹錢伍分。

叁尺柒木，長肆丈，每根實價銀拾玖兩柒錢叁分肆厘。

叁尺捌木，長肆丈壹尺，每根實價銀貳拾壹兩叁錢捌分肆厘。

叁尺玖木，長肆丈貳尺，每根實價銀貳拾叁兩壹錢。

肆尺木，長肆丈叁尺，每根實價銀貳拾肆兩捌錢捌分貳厘。

肆尺壹木，長肆丈肆尺，每根實價銀貳拾陸兩柒錢叁分。

肆尺貳木，長肆丈伍尺，每根實價銀貳拾捌兩陸錢肆分肆厘。

肆尺叁木，長肆丈陸尺，每根實價銀叁拾兩陸錢貳分肆厘。

肆尺肆木，長肆丈柒尺，每根實價銀叁拾貳兩陸錢柒分。

肆尺伍木，長肆丈捌尺，每根實價銀叁拾肆兩柒錢捌分貳厘。

肆尺陸木，長肆丈玖尺，每根實價銀叁拾陸兩玖錢陸分。

肆尺柒木，長伍丈，每根實價銀叁拾玖兩貳錢零肆厘。

肆尺捌木，長伍丈壹尺，每根實價銀肆拾壹兩伍錢叁分陸厘。

肆尺玖木，長伍丈貳尺，每根實價銀肆拾叁兩捌錢玖分。

伍尺木，長伍丈叁尺，每根實價銀肆拾陸兩叁錢叁分貳厘。

石料：

雙料墻面丁石，每塊寬厚俱壹尺貳寸，每丈實價銀肆兩肆錢陸分伍厘。

单料墻面丁石，每塊寬壹尺貳寸、厚陸寸，每丈實價銀貳兩貳錢叁分貳厘伍毫。

雙料裡石，每塊寬厚俱壹尺貳寸，每丈實價銀貳兩伍錢貳分。

单料裡石，每塊寬壹尺貳寸、厚陸寸，每丈實價銀壹兩貳錢陸分。

河磚，每塊寬伍寸、厚叁寸叁分、長壹尺貳寸，實價銀貳分陸厘肆毫。

大料河磚，每塊寬柒寸伍分、厚肆寸壹分、長壹尺貳寸，實價銀肆分玖厘貳毫捌絲。

汁米，實價每石銀叁兩壹錢貳分。

石灰，實價每石銀叁錢柒分肆厘肆毫。

雜草，每束重拾觔，實價銀壹分捌厘，合每觔銀壹厘捌毫。

購秫，每束青、温、乾重捌、陸、肆拾觔，實價銀玖分。

築堤土方並填壩壓埽工程：

近處乾地取土，離堤拾伍丈至伍拾丈土方。內：

閒月緩工，忙月歲搶修常辦工，每方實價銀貳錢伍分。

忙月閒工，閒月急工，忙月另案急工，每方實價銀叁錢壹分貳厘伍毫。

遠處乾地取土，離堤伍拾丈以外至壹百丈，及近處濘地取土，離堤拾伍丈至伍拾丈土方。內：

閒月緩工，忙月歲搶修常辦工，每方實價銀貳錢柒分貳厘。

忙月閒工，閒月急工，忙月另案急工，每方實價銀叁錢肆分。

遠處濘地取土，離堤伍拾丈以外至壹百丈土方。內：

閒月緩工，忙月歲搶修常辦工，每方實價銀叁錢。

忙月閒工，閒月急工，忙月另案急工，每方實價銀叁錢柒分伍厘。

堤根有積水坑塘佔碍，遶越乾地取土，離堤伍拾丈以外至壹百伍拾丈土方。內：

閒月緩工，忙月歲搶修常辦工，每方實價銀叁錢肆分。

忙月閒工，閒月急工，忙月另案急工，每方實價銀肆錢貳分伍厘。

堤根有積水坑塘佔碍，遶越濘地取土，離堤伍拾丈以外至壹百伍拾丈土方。內：

閒月緩工，忙月歲搶修常辦工，每方實價銀叁錢陸分。

忙月閒工，閒月急工，忙月另案急工，每方實價銀肆錢伍分。

隔堤隔河，遠處乾地取土，離堤貳百丈以外至叁百丈土方。內：

閒月緩工，忙月歲搶修常辦工，每方實價銀叁錢捌分。

忙月閒工，閒月急工，忙月另案急工，每方實價銀肆錢柒分伍厘。

隔堤隔河，遠處濘地取土，離堤貳百丈以外至叁百丈土方。內：

閒月緩工，忙月歲搶修常辦工，每方實價銀肆錢。

忙月閒工，閒月急工，忙月另案急工，每方實價銀伍錢。

若於水底取土，離堤叁拾丈至伍拾丈土方。內：

閒月緩工，忙月歲搶修常辦工，每方實價銀伍錢。

忙月閒工，閒月急工，忙月另案急工，每方實價銀陸錢貳分伍厘。

挑河土方：

乾地挑挖河土，如有積水，外加戽水工。

閒月緩工，忙月常辦工，每方實價銀壹錢陸分，如有積水，外加戽水工，實價銀叁分。

忙月閒工，閒月急工，忙月另案急工，每方實價銀貳錢，如有積水，外加戽水工，實價銀叁分柒厘伍毫。

淤土原係淤沙爛泥，鍬不能挖，筐不能盛，須用木杓舀起以布兜盛送，夫工較多土方。内：

閒月緩工，忙月常辦工，每方實價銀貳錢柒分貳厘。

忙月閒工，閒月急工，忙月另案急工，每方實價銀叁錢肆分。

稀淤土猶如渾漿，人夫不能站立，須用跳板接脚，以木杓舀入木桶，挨次排立傳遞方能運送上岸，倍費人力土方。内：

閒月緩工，忙月常辦工，每方實價銀叁錢。

忙月閒工，閒月急工，忙月另案急工，每方實價銀叁錢柒分伍厘。

瓦礫土係逼近城市，居民稠密，瓦礫等類倒卸河内，深入泥中結成壹塊，需用鐵鈀刨挖，挑送遠處堆積，工力倍費土方。内：

閒月緩工，忙月常辦工，每方實價銀叁錢。

忙月閒工，閒月急工，忙月另案急工，每方實價銀叁錢柒分伍厘。

小砂礓土猶如石子，與土凝結，畚插難施，需用鐵鈀築起挑挖，工力艱難土方。内：

閒月緩工，忙月常辦工，每方實價銀叁錢。

忙月閒工，閒月急工，忙月另案急工，每方實價銀叁錢柒分伍厘。

大砂礓土堅硬如石，施工更難，需用鐵鷹嘴、努角各器具鑿破逐塊刨挖挑送，工多倍費土方。内：

閒月緩工，忙月常辦工，每方實價銀肆錢。

忙月閒工，閒月急工，忙月另案急工，每方實價銀伍錢。

罱撈土多在河湖巨蕩之内，碍難築壩，戽水必須僱募船隻，用罱撈浚淤泥運送崖岸，一切僱船撈浚等費土方。内：

閒月緩工，忙月常辦工，每方實價銀叁錢伍分。

忙月閒工，閒月急工，忙月另案急工，每方實價銀肆錢叁分柒厘伍毫。

以上築堤、挑河兩項工程以拾月至次年叁月俱爲閒月，肆月至玖月俱爲忙月，理合聲明。

篐接口、灰桶、灰舀等項，用尺伍木，照實價銷算。

熬汁柴束，按照實價銷算。

各匠役工食：

石匠鏨鑿新雙料墻面丁石，每丈連砌工實價銀陸錢。

石匠鏨鑿新单料墻面丁石，每丈連砌工實價銀叁錢。
石匠鏨鑿舊雙料墻面丁石，每丈連砌工實價銀貳錢。
石匠鏨鑿舊单料墻面丁石，每丈連砌工實價銀壹錢。
石匠鏨鑿雙料新舊裡石，每丈連砌工實價銀壹錢貳分。
石匠鏨鑿单料新舊裡石，每丈連砌工實價銀陸分。
石匠鏨鑿錠眼，每個實價銀壹分。
石匠鏨鑿鍋眼，每個實價銀陸厘。
石匠鏨鑿閘工、金門兩墻，上下裹頭肆轉角石塊，每塊實價工銀壹錢。
木匠刨馬牙、梅花樁，每段實價銀貳厘。
刨砍排樁，每丈實價工銀肆分捌厘。
瓦匠砌河磚，每塊實價銀捌毫。
小爐匠箍桶、劈篾、打笆、撕纜等匠，每名日給實價銀陸分。
樁手，每班拾貳名，每名日給實價銀壹錢。
日計夫，每名日給實價銀捌分。
木匠，每工實價銀陸分。
鋸匠，每工實價銀陸分。
漆匠，每工實價銀陸分。
排樁用尺伍陸木不等，按實價銷算。
撕木借用，不銷錢粮。
盤硪、打辮子、做千觔、攢扣等項，用絲觔，照實價銷算。
蘆笆柴束，照實價銷算。
大扳纜，每條用柴壹束，按實價銷算。
壩中填土，按取土遠近，照方計算。
木料估用大小尺寸，照實價銷算。
生鐵錠，每個重肆觔，仍照向例漕規銀陸分。
熟鐵鍋，每個重壹觔，仍照向例漕規銀肆分。
熟鐵銷，每個重壹觔，仍照向例漕規銀肆分。
鐵繩，每條重叁拾觔，每觔仍照向例漕規銀叁分。
鐵撬，每把重捌觔，每觔仍照向例漕規銀叁分。
鐵鍬，每把重叁觔，每觔仍照向例漕規銀叁分。
鐵鷹嘴，每把重貳觔，每觔仍照向例漕規銀叁分。
鐵榥錘，每把重拾伍觔，每觔仍照向例漕規銀肆分。
鐵釘，每觔仍照向例漕規銀叁分。

灰籮，每隻仍照向例漕規銀陸分。
灰篩，每面仍照向例漕規銀伍分。
汁鍋，每口仍照向例漕規銀陸錢。
汁鋼，每口仍照向例漕規銀肆錢。
木掀，每把仍照向例漕規銀伍分。
箍桶、竹簸，每觔仍照向例漕規銀捌厘。
煤炭，每石仍照向例漕規銀叁錢。
弔石、木鈴鐺，每個仍照向例漕規銀叁分。
石硪，每部仍照向例漕規銀伍錢。
硪肘，每肆副用雜木壹段，仍照向例漕規銀叁錢。

毛竹：

壹尺圓，每根仍照向例漕規銀玖分。
尺壹圓，每根仍照向例漕規銀壹錢零柒厘。
尺貳圓，每根仍照向例漕規銀壹錢貳分肆厘。
尺叁圓，每根仍照向例漕規銀壹錢肆分壹厘，如圓加壹寸，增銀壹分柒厘。
蘆蓆，每片仍照向例漕規銀壹分伍厘。
水車，每部長壹丈，仍照向例漕規銀貳兩，如添長壹尺，加銀貳錢。
松板，每塊長伍尺、寬壹尺、厚壹寸，仍照向例漕規銀捌分。
桐油，每觔仍照向例漕規银叁分。
水膠，每觔仍照向例漕规银叁分。
它参，每觔仍照向例漕规银捌分。
錠紅，每觔仍照向例漕規银貳分。

卷之七

河工實價則例

山盱廳：

秫稭，每觔實價銀叁厘肆毫，每束重叁拾觔，銀壹錢貳厘。

葦柴，每觔實價銀叁厘叁毫陸絲，每束重叁拾觔，銀壹錢捌毫，除零不計外，每束准銷銀壹錢。

縧，每觔實價銀叁分玖厘。

杉木：

不登木，長壹丈貳尺，每根實價銀壹錢伍分肆厘。

尺木，長壹丈叁尺，每根實價銀貳錢肆分貳厘。

尺壹木，長壹丈肆尺，每根實價銀叁錢捌厘。

尺貳木，長壹丈伍尺，每根實價銀叁錢玖分陸厘。

尺叁木，長壹丈陸尺，每根實價銀伍錢陸厘。

尺肆木，長壹丈柒尺，每根實價銀伍錢玖分肆厘。

尺伍木，長壹丈捌尺，每根實價銀柒錢肆分捌厘。

尺陸木，長壹丈玖尺，每根實價銀玖錢肆分陸厘。

尺柒木，長貳丈，每根實價銀壹兩壹錢陸分陸厘。

尺捌木，長貳丈壹尺，每根實價銀壹兩肆錢柒分肆厘。

尺玖木，長貳丈貳尺，每根實價銀壹兩捌錢貳分陸厘。

貳尺木，長貳丈叁尺，每根實價銀貳兩壹錢伍分陸厘。

貳尺壹木，長貳丈肆尺，每根實價銀貳兩陸錢陸分貳厘。

貳尺貳木，長貳丈伍尺，每根實價銀叁兩貳錢叁分肆厘。

貳尺叁木，長貳丈陸尺，每根實價銀叁兩捌錢零陸厘。

貳尺肆木，長貳丈柒尺，每根實價銀肆兩肆錢肆分肆厘。

貳尺伍木，長貳丈捌尺，每根實價銀伍兩壹錢肆厘。

貳尺陸木，長貳丈玖尺，每根實價銀伍兩玖錢肆分。

貳尺柒木，長叁丈，每根實價銀陸兩捌錢陸分肆厘。
貳尺捌木，長叁丈壹尺，每根實價銀柒兩捌錢伍分肆厘。
貳尺玖木，長叁丈貳尺，每根實價銀捌兩玖錢伍分肆厘。
叁尺木，長叁丈叁尺，每根實價銀拾兩叁分貳厘。
叁尺壹木，長叁丈肆尺，每根實價銀拾壹兩貳錢貳分。
叁尺貳木，長叁丈伍尺，每根實價銀拾貳兩肆錢柒分肆厘。
叁尺叁木，長叁丈陸尺，每根實價銀拾叁兩柒錢玖分肆厘。
叁尺肆木，長叁丈柒尺，每根實價銀拾伍兩壹錢捌分。
叁尺伍木，長叁丈捌尺，每根實價銀拾陸兩陸錢叁分貳厘。
叁尺陸木，長叁丈玖尺，每根實價銀拾捌兩壹錢伍分。
叁尺柒木，長肆丈，每根實價銀拾玖兩柒錢叁分肆厘。
叁尺捌木，長肆丈壹尺，每根實價銀貳拾壹兩叁錢捌分肆厘。
叁尺玖木，長肆丈貳尺，每根實價銀貳拾叁兩壹錢。
肆尺木，長肆丈叁尺，每根實價銀貳拾肆兩捌錢捌分貳厘。
肆尺壹木，長肆丈肆尺，每根實價銀貳拾陸兩柒錢叁分。
肆尺肆木，長肆丈伍尺，每根實價銀貳拾捌兩陸錢肆分肆厘。
肆尺叁木，長肆丈陸尺，每根實價銀叁拾兩陸錢貳分肆厘。
肆尺肆木，長肆丈柒尺，每根實價銀叁拾貳兩陸錢柒分。
肆尺伍木，長肆丈捌尺，每根實價銀叁拾肆兩柒錢捌分貳厘。
肆尺陸木，長肆丈玖尺，每根實價銀叁拾陸兩玖錢陸分。
肆尺柒木，長伍丈，每根實價銀叁拾玖兩貳錢零肆厘。
肆尺捌木，長伍丈壹尺，每根實價銀肆拾壹兩伍錢叁分陸厘。
肆尺玖木，長伍丈貳尺，每根實價銀肆拾叁兩捌錢玖分。
伍尺木，長伍丈叁尺，每根實價銀肆拾陸兩叁錢叁分貳厘。

石料：

雙料墻面丁石，每塊寬厚俱壹尺貳寸，每丈實價銀肆兩肆錢陸分伍厘。

单料墻面丁石，每塊寬壹尺貳寸、厚陸寸，每丈實價銀貳兩貳錢叁分貳厘伍毫。

雙料裡石，每塊寬厚俱壹尺貳寸，每丈實價銀貳兩伍錢貳分。

单料裡石，每塊寬壹尺貳寸、厚陸寸，每丈實價銀壹兩貳錢陸分。

河磚，每塊寬伍寸、厚叁寸叁分、長壹尺貳寸，實價銀貳分陸厘肆毫。

大料河磚，每塊寬柒寸伍分、厚肆寸壹分、長壹尺貳寸，實價銀肆分玖厘貳毫捌絲。

汁米，每石實價銀叁兩壹錢貳分。

石灰，每石實價銀叁錢柒分肆厘肆毫。

雜草，每束重拾觔，實價銀壹分捌厘，每觔銀壹厘捌毫。

購梆，每束青、温、乾重捌、陸、肆拾觔，實價銀玖分。

築堤土方並填壩壓埽工程：

山盱五壩土方，隔湖用船裝運，必須避流遶行，實非他處可比，遵照欽差侍郎英蔣，原奏嗣後五壩用土，俱於未經啟壩之。先預行積土備用，以歸節省其五壩，以外堤工止須查照，隔水取土，遶越叁肆百丈之例，一律加增，准照。

部議，每方價銀伍錢至積土不敷應用，仍須購辦之土需價若干，臨時奏明辦理。

挑河土方：

乾地挑挖河工，如有積水，外加戽水工。

閒月緩工，忙月常辦工，每方實價銀壹錢陸分，如有積水，外加戽水工，實價銀叁分。

忙月閒工，閒月急工，忙月另案急工，每方實價銀貳錢，如有積水，外加戽水工，實價銀叁分柒厘伍毫。

淤土原係淤沙爛泥，鍬不能挖，筐不能盛，須用木杓舀起以布兜盛送，夫工較多。内：

閒月緩工，忙月常辦工，每方實價銀貳錢柒分貳厘。

忙月閒工，閒月急工，忙月另案急工，每方實價銀叁錢肆分。

稀淤土猶如渾漿，人夫不能站立，須用跳板接脚，以木杓舀入木桶，挨次排立傳遞方能運送上岸，倍費人力土方。内：

閒月緩工，忙月常辦工，每方實價銀叁錢。

忙月閒工，閒月急工，忙月另案急工，每方實價銀叁錢柒分伍厘。

瓦礫土係逼近城市，居民稠密，瓦礫等類倒卸河内，深入泥中結成壹塊，需用鐵鈀刨挖挑送遠處堆積，工力倍費土方。内：

閒月緩工，忙月常辦工，每方實價銀叁錢。

忙月閒工，閒月急工，忙月另案急工，每方實價銀叁錢柒分伍厘。

小砂礓土猶如石子，與土凝結，畚插難施，需用鐵鈀築起挑挖，工力艱難土方。内：

閒月緩工，忙月常辦工，每方實價銀叁錢。

忙月閒工，閒月急工，忙月另案急工，每方實價銀叁錢柒分伍厘。

大砂礓土堅硬如石，施工更難，需用鐵鷹嘴、努角各器具鑿破逐塊，刨挖挑送，工力倍費土方。內：

閒月緩工，忙月常辦工，每方銀肆錢。

忙月閒工，閒月急工，忙月另案急工，每方實價銀伍錢。

罱撈土多在河湖巨蕩之内，碍難築壩，戽水必須僱募船隻，用罱撈浚淤泥運送崖岸，一切僱船撈浚等費土方。內：

閒月緩工，忙月常辦工，每方實價銀叁錢伍分。

忙月閒工，閒月急工，忙月另案急工，每方實價銀肆錢叁分柒厘伍毫。

以上築堤、挑河兩項工程以拾月至次年叁月俱爲閒月，肆月至玖月俱爲忙月，理合聲明。

箍接口、灰桶、灰舀等項，用尺伍木，照實價銷算。

熬汁柴束，照實價銷算。

各匠役工食：

石匠鏨鑿新雙料墻面丁石，每丈連砌工實價銀陸錢。

石匠鏨鑿新单料墻面丁石，每丈連砌工實價銀叁錢。

石匠鏨鑿舊雙料墻面丁石，每丈連砌工實價銀貳錢。

石匠鏨鑿舊单料墻面丁石，每丈連砌工實價銀壹錢。

石匠鏨鑿雙料新舊裡石，每丈連砌工實價銀壹錢貳分。

石匠鏨鑿单料新舊裡石，每丈連砌工實價銀陸分。

石匠鏨鑿錠眼，每個實價銀壹分。

石匠鏨鑿鍋眼，每個實價銀陸厘。

石匠鏨鑿閘工、金門兩墻，上下裹頭肆轉角石塊，每塊實價工銀壹錢。

木匠刯馬牙、梅花樁，每段實價銀貳厘。

刯砍排樁，每丈實價工銀肆分捌厘。

瓦匠砌河磚，每塊實價銀捌毫。

小爐匠箍桶、劈篾、打笆、撕纜等匠，每名實價日給銀陸分。

日計夫，每名實價日給銀捌分。

樁手，每班拾貳名，每名日給實價銀壹錢。

木匠，每工實價銀陸分。

鋸匠，每工實價銀陸分。

漆匠，每工實價銀陸分。

排樁用尺伍陸木不等，照實價銷算。

撕木借用，不銷錢粮。

盤磩打辮子做千觔損扣等項，用餘觔，照實價銷算。

蘆笆柴束，照實價銷算。

大扳纜，每條用柴壹束，照實價銷算。

壩中填土，按取土遠近，照方計算。

木料估用大小尺寸，照實價銷算。

生鐵錠，每個重肆觔，仍照向例漕規銀陸分。

熟鐵鋦，每個重壹觔，仍照向例漕規銀肆分。

熟鐵銷，每個重壹觔，仍照向例漕規銀肆分。

鐵繩，每條重叁拾觔，仍照向例漕規，每觔銀叁分。

鐵撬，每把重捌觔，仍照向例漕規，每觔銀叁分。

鐵鍬，每把重叁觔，仍照向例漕規，每觔銀叁分。

鐵鷹嘴，每把重貳觔，仍照向例漕規，每觔銀叁分。

鐵幌錘，每把重拾伍觔，仍照向例漕規，每觔銀肆分。

鐵釘，仍照向例漕規，每觔銀叁分。

灰簍，仍照向例漕規每隻銀陸分。

灰篩，仍照向例漕規，每面銀伍分。

汁鍋，仍照向例漕規，每口銀陸錢。

汁鐦，仍照向例漕規，每口銀肆錢。

木掀，仍照向例漕規，每把銀伍分。

箍桶、竹簸，仍照向例漕規，每觔銀捌厘。

煤炭，仍照向例漕規，每石銀叁錢。

弔石、木鈴鐺，仍照向例漕規，每個銀叁分。

石磩，仍照向例漕規，每部銀伍錢。

磩肘，每肆副用雜木壹段，仍照向例漕規銀叁錢。

毛竹：

壹尺圓，仍照向例漕規，每根銀玖分。

尺壹圓，仍照向例漕規，每根銀壹錢柒厘。

尺貳圓，仍照向例漕規，每根銀壹錢貳分肆厘。

尺叁圓，仍照向例漕規，每根銀壹錢肆分壹厘，如圓加壹寸，增銀壹分柒厘。

蘆蓆，仍照向例漕規，每片銀壹分伍厘。

水車，仍照向例漕規，每部長壹丈銀貳兩，如添長壹尺，加銀貳錢。

松板每塊，長伍尺、寬壹尺、厚壹寸，仍照向例漕規銀捌分。

桐油，仍照向例漕規，每觔銀叁分。
水膠，仍照向例漕規，每觔銀叁分。
它参，仍照向例漕規，每觔銀捌分。
錠紅，仍照向例漕規，每觔銀貳分。

卷之八

河工實價則例

揚河廳：

葦柴，每觔銀貳厘玖毫肆絲陸忽，每束重叁拾觔，合銀捌分捌厘叁毫捌絲，除毫零不計外，每束應准銷實價銀捌分捌厘。

江柴，每觔銀叁厘，每束重叁拾觔，合實價銀玖分。

檾，每觔實價銀叁分玖厘。

杉木：

不登尺木，每根長壹丈貳尺，實價銀壹錢伍分肆厘。

壹尺木，長壹丈叁尺，每根實價銀貳錢貳厘肆毫。

尺壹木，長壹丈肆尺，每根實價銀貳錢叁分玖厘捌毫。

尺貳木，長壹丈伍尺，每根實價銀貳錢柒分柒厘貳毫。

尺叁木，長壹丈陸尺，每根實價銀叁錢壹分肆厘陸毫。

尺肆木，長壹丈柒尺，每根實價銀叁錢伍分貳厘。

尺伍木，長壹丈捌尺，每根實價銀叁錢捌分玖厘肆毫。

尺陸木，長壹丈玖尺，每根實價銀伍錢陸分壹厘。

尺柒木，長貳丈，每根實價銀柒錢貳分捌厘貳毫。

尺捌木，長貳丈壹尺，每根實價銀捌錢陸分貳毫。

尺玖木，長貳丈貳尺，每根實價銀壹兩貳分玖厘陸毫。

貳尺木，長貳丈叁尺，每根實價銀壹兩壹錢玖分陸厘捌毫。

貳尺壹木，長貳丈肆尺，每根實價銀壹兩叁錢玖分肆厘捌毫。

貳尺貳木，長貳丈伍尺，每根實價銀壹兩伍錢陸分肆厘貳毫。

貳尺叁木，長貳丈陸尺，每根實價銀壹兩柒錢貳分肆厘捌毫。

貳尺肆木，長貳丈柒尺，每根實價銀壹兩玖錢玖厘陸毫。

貳尺伍木，長貳丈捌尺，每根實價銀貳兩玖分捌厘捌毫。

貳尺陸木，長貳丈玖尺，每根實價銀貳兩肆錢壹分伍厘陸毫。

貳尺柒木，長叁丈，每根實價銀貳兩捌錢伍分伍厘陸毫。

貳尺捌木，長叁丈壹尺，每根實價銀叁兩肆錢伍厘陸毫。

貳尺玖木，長叁丈貳尺，每根實價銀肆兩陸分伍厘陸毫。

叁尺木，長叁丈叁尺，每根實價銀肆兩捌錢肆分。

石料：

雙料墻面丁石，每塊寬厚俱壹尺貳寸，每丈實價銀叁兩叁分陸厘貳毫。

单料墻面丁石，每塊寬壹尺貳寸、厚陸寸，每丈實價銀壹兩伍錢壹分捌厘壹毫。

雙料裡石，每塊寬厚俱壹尺貳寸，每丈實價銀貳兩貳錢肆分。

单料裡石，每塊寬壹尺貳寸、厚陸寸，每丈實價銀壹兩壹錢貳分。

河磚，每塊寬伍寸、厚叁寸叁分、長壹尺貳寸，實價銀貳分陸厘肆毫。

大料河磚，每塊寬柒寸伍分、厚肆寸壹分、長壹尺貳寸，實價銀肆分玖厘貳毫捌絲。

汁米，每石實價銀叁兩壹錢貳分。

石灰，每石實價銀叁錢柒分肆厘肆毫。

雜草，每束重拾觔，實價銀壹分柒厘伍毫，合每觔銀壹厘柒毫伍絲。

稻草，每束重伍觔，實價銀柒厘伍毫，合每觔銀壹厘伍毫。

購梆，每束青、温、乾重捌、陸、肆拾觔，實價銀玖分。

築堤土方並填壩壓埽工程：

近處乾地取土，離堤拾伍丈至伍拾丈土方。内：

閒月緩工，忙月歲搶修常辦工，每方實價銀貳錢伍分。

忙月閒工，閒月急工，忙月另案急工，每方實價銀叁錢壹分貳厘伍毫。

遠處乾地取土，離堤伍拾丈以外至壹百丈，及近處濘地取土，離堤拾伍丈至伍拾丈土方。内：

閒月緩工，忙月歲搶修常辦工，每方實價銀貳錢柒分貳厘。

忙月閒工，閒月急工，忙月另案急工，每方實價銀叁錢肆分。

遠處濘地取土，離堤伍拾丈以外至壹百丈土方。内：

閒月緩工，忙月歲搶修常辦工，每方實價銀叁錢。

忙月閒工，閒月急工，忙月另案急工，每方實價銀叁錢柒分伍厘。

堤根有積水坑塘佔碍，遶越乾地取土，離堤伍拾丈以外至壹百伍拾丈土方。内：

閒月緩工，忙月歲搶修常辦工，每方實價銀叁錢肆分。

忙月閒工，閒月急工，忙月另案急工，每方實價銀肆錢貳分伍厘。

堤根有積水坑塘佔碍，遶越濘地取土，離堤伍拾丈以外至壹百伍拾丈土方。內：

閒月緩工，忙月歲搶修常辦工，每方實價銀叁錢陸分。

忙月閒工，閒月急工，忙月另案急工，每方實價銀肆錢伍分。

隔堤隔河，遠處乾地取土，離堤貳百丈以外至叁百丈土方。內：

閒月緩工，忙月歲搶修常辦工，每方實價銀叁錢捌分。

忙月閒工，閒月急工，忙月另案急工，每方實價銀肆錢柒分伍厘。

隔堤隔河，遠處濘地取土，離堤貳百丈以外至叁百丈土方。內：

閒月緩工，忙月歲搶修常辦工，每方實價銀肆錢。

忙月閒工，閒月急工，忙月另案急工，每方實價銀伍錢。

若於水底取土，離堤叁拾丈至伍拾丈土方。內：

閒月緩工，忙月歲搶修常辦工，每方實價銀伍錢。

忙月閒工，閒月急工，忙月另案急工，每方實價銀陸錢貳分伍厘。

挑河土方：

乾地挑挖河土，如有積水，外加戽水工。

閒月緩工，忙月常辦工，每方實價銀壹錢陸分，如有積水，外加戽水工，實價銀叁分。

忙月閒工，閒月急工，忙月另案急工，每方實價銀貳錢，如有積水，外加戽水工實價銀叁分柒厘伍毫。

淤土原係淤沙爛泥，鍬不能挖，筐不能盛，須用木杓舀起以布兜盛送，夫工較多。內：

閒月緩工，忙月常辦工，每方實價銀貳錢柒分貳厘。

忙月閒工，閒月急工，忙月另案急工，每方實價銀叁錢肆分。

稀淤土猶如渾漿，人夫不能站立，須用跳板接脚，以木杓舀入木桶，挨次排立傳遞方能運送上岸，倍費人力土方。內：

閒月緩工，忙月常辦工，每方實價銀叁錢。

忙月閒工，閒月急工，忙月另案急工，每方實價銀叁錢柒分伍厘。

瓦礫土係逼近城市，居民稠密，瓦礫等類倒卸河內，深入泥中結成壹塊，需用鐵鈀刨挖挑送遠處堆積，工力倍費土方。內：

閒月緩工，忙月常辦工，每方實價銀叁錢。

忙月閒工，閒月急工，忙月另案急工，每方實價銀叁錢柒分伍厘。

小砂礓土猶如石子，與土凝結，畚插難施，需用鐵鈀築起挑挖，工力艱難土方。內：

閒月緩工，忙月常辦工，每方實價銀叁錢。

忙月閒工，閒月急工，忙月另案急工，每方實價銀叁錢柒分伍厘。

大砂礓土堅硬如石，施工更難，需用鐵鷹嘴、努角各器具鑿破逐塊，刨挖挑送，工多倍費土方。內：

閒月緩工，忙月常辦工，每方實價銀肆錢。

忙月閒工，閒月急工，忙月另案急工，每方實價銀伍錢。

罱撈土多在河湖巨蕩之内，碍難築壩，戽水必須僱募船隻，用罱撈浚淤泥運送崖岸，一切僱船撈浚等費土方。內：

閒月緩工，忙月常辦工，每方實價銀叁錢伍分。

忙月閒工，閒月急工，忙月另案急工，每方實價銀肆錢叁分柒厘伍毫。

以上築堤、挑河兩項工程，以拾月至次年叁月俱爲閒月，肆月至玖月俱爲忙月，理合聲明。

箍接口、灰桶、灰舀等項，用尺伍木，照實價銷算。

熬汁柴束，照實價銷算。

各匠役工食：

石匠鏨鑿新雙料墻面丁石，每丈連砌工實價銀陸錢。

石匠鏨鑿新单料墻面丁石，每丈連砌工實價銀叁錢。

石匠鏨鑿舊雙料墻面丁石，每丈連砌工實價銀貳錢。

石匠鏨鑿舊单料墻面丁石，每丈連砌工實價銀壹錢。

石匠鏨鑿雙料新舊裡石，每丈連砌工實價銀壹錢貳分。

石匠鏨鑿单料新舊裡石，每丈連砌工實價銀陸分。

石匠鏨鑿錠眼，每個實價銀壹分。

石匠鏨鑿鋦眼，每個實價銀陸厘。

石匠鏨鑿閘工、金門兩墻，上下裹頭肆轉角石塊，每塊工實價銀壹錢。

木匠釘馬牙、梅花樁，每段實價銀貳厘。

釘砍排樁，每丈工實價銀肆分捌厘。

瓦匠砌河磚，每塊實價銀捌毫。

小爐匠箍桶、劈篾、打笆、撕纜等匠，每名日給實價銀陸分。

樁手，每班拾貳名，每名日給實價銀壹錢。

日計夫，每名日給實價銀捌分。

木匠，每工實價銀陸分。

鋸匠，每工實價銀陸分。

漆匠，每工實價銀陸分。

排樁用尺伍陸木不等，照實價銷算。

撕木借用，不銷錢粮。

盤硪打辮子做千觔揁扣等項，用䌰觔，照實價銷算。

蘆笆柴束，於葦柴內選用，照實價銷算。

大扳纜，每條用柴壹束，於葦柴內選用，照實價銷算。

壩中填土，按取土遠近，照方計算。

木料估用大小尺寸，照實價銷算。

生鐵錠，每個重肆觔，仍照向例漕規銀陸分。

熟鐵鍋，每個重壹觔，仍照向例漕規銀肆分。

熟鐵銷，每個重壹觔，仍照向例漕規銀肆分。

鐵繩，每條重叁拾觔，每觔仍照向例漕規銀叁分。

鐵撬，每把重捌觔，每觔仍照向例漕規銀叁分。

鐵鍬，每把重叁觔，每觔仍照向例漕規銀叁分。

鐵鷹嘴，每把重貳觔，每觔仍照向例漕規銀叁分。

鐵幌錘，每把重拾伍觔，每觔仍照向例漕規銀肆分。

鐵釘，每觔仍照向例漕規銀叁分。

灰籮，每隻仍照向例漕規銀伍分。

灰篩，每面仍照向例漕規銀貳分。

汁鍋，每口仍照向例漕規銀伍錢。

汁鐲，每口仍照向例漕規銀叁錢。

木掀，每把仍照向例漕規銀貳分。

箍桶舀接口用山竹劈篾，每根仍照向例漕規銀叁分。

煤炭，每石仍照向例漕規銀叁錢。

弔石、木鈴鐺，每個仍照向例漕規銀叁分。

石硪，每部仍照向例漕規銀伍錢。

硪肘，每肆副用雜木壹段，仍照向例漕規銀叁錢。

毛竹：

壹尺圓，每根仍照向例漕規銀玖分。

尺壹圓，每根仍照向例漕規銀壹錢柒厘。

尺貳圓，每根仍照向例漕規銀壹錢貳分。

尺叁圓，每根仍照向例漕規銀壹錢肆分壹厘，如圓加壹寸，增銀壹分柒厘。

蘆蓆，每片仍照向例漕規銀壹分伍厘。

水車，每部長壹丈，仍照向例漕規銀貳兩，如添長壹尺，加銀貳錢。
松板，每塊長伍尺、寬壹尺、厚壹寸，仍照向例漕規銀陸分。
桐油，每觔仍照向例漕規銀叁分。
水膠，每觔仍照向例漕規銀叁分。
它参，每觔仍照向例漕規銀捌分。
錠紅，每觔仍照向例漕規銀貳分。

卷之九

河工實價則例

常鎮道屬

揚粮、江防廳：

江柴，每觔實價銀貳厘陸毫，每束重叁拾觔銀柒分捌厘。

檾，每觔實價銀叁分玖厘。

杉木：

不登木，長壹丈貳尺，每根實價銀壹錢肆分玖厘陸毫。

壹尺木，長壹丈叁尺，每根實價銀壹錢玖分捌厘。

尺壹木，長壹丈肆尺，每根實價銀貳錢叁分伍厘肆毫。

尺貳木，長壹丈伍尺，每根實價銀貳錢柒分貳厘捌毫。

尺叁木，長壹丈陸尺，每根實價銀叁錢壹分貳毫。

尺肆木，長壹丈柒尺，每根實價銀叁錢肆分柒厘陸毫。

尺伍木，長壹丈捌尺，每根實價銀叁錢捌分伍厘。

尺陸木，長壹丈玖尺，每根實價銀伍錢伍分陸厘陸毫。

尺柒木，長貳丈，每根實價銀柒錢貳分叁厘捌毫。

尺捌木，長貳丈壹尺，每根實價銀捌錢伍分伍厘捌毫。

尺玖木，長貳丈貳尺，每根實價銀壹兩貳分伍厘貳毫。

貳尺木，長貳丈叁尺，每根實價銀壹兩壹錢玖分貳厘肆毫。

貳尺壹木，長貳丈肆尺，每根實價銀壹兩叁錢玖分肆毫。

貳尺貳木，長貳丈伍尺，每根實價銀壹兩伍錢伍分玖厘捌毫。

貳尺叁木，長貳丈陸尺，每根實價銀壹兩柒錢貳分肆毫。

貳尺肆木，長貳丈柒尺，每根實價銀壹兩玖錢伍厘貳毫。

貳尺伍木，長貳丈捌尺，每根實價銀貳兩玖分捌厘捌毫。

貳尺陸木，長貳丈玖尺，每根實價銀貳兩肆錢壹分伍厘陸毫。

貳尺柒木，長叁丈，每根實價銀貳兩捌錢伍分伍厘陸毫。

貳尺捌木，長叁丈壹尺，每根實價銀叁兩肆錢伍厘陸毫。

貳尺玖木，長叁丈貳尺，每根實價銀肆兩陸分伍厘陸毫。

叁尺木，長叁丈叁尺，每根實價銀肆兩捌錢肆分。

石料：

雙料墻面丁石，每塊寬厚俱壹尺貳寸，每丈實價銀叁兩叁分陸厘貳毫。

单料墻面丁石，每塊寬壹尺貳寸、厚陸寸，每丈實價銀壹兩伍錢壹分捌厘壹毫。

雙料裡石，每塊寬厚俱壹尺貳寸，每丈實價銀貳兩貳錢肆分。

单料裡石，每塊寬壹尺貳寸、厚陸寸，每丈實價銀壹兩壹錢貳分。

河磚，每塊寬伍寸、厚叁寸叁分、長壹尺貳寸，實價銀貳分陸厘肆毫。

大料河磚，每塊寬柒寸伍分、厚肆寸壹分、長壹尺貳寸，實價銀肆分玖厘貳毫捌絲。

汁米，每石實價銀叁兩壹錢貳分。

石灰，每石實價銀叁錢柒分肆厘肆毫。

雜草，每束重拾觔，實價銀壹分柒厘伍毫，每觔實價銀壹厘柒毫伍絲。

稻草，每束重伍觔，實價銀柒厘伍毫，每觔實價銀壹厘伍毫。

購梻，每束青、温、乾重捌、陸、肆拾觔，實價銀玖分。

築堤土方並填壩壓埽工程：

近處乾地取土，離堤拾伍丈至伍拾丈土方。內：

閒月緩工，忙月歲搶修常辦工，每方實價銀貳錢伍分。

忙月閒工，閒月急工，忙月另案急工，每方實價銀叁錢壹分貳厘伍毫。

遠處乾地取土，離堤伍拾丈以外至壹百丈，及近處濘地取土，離堤拾伍丈至伍拾丈土方。內：

閒月緩工，忙月歲搶修常辦工，每方實價銀貳錢柒分貳厘。

忙月閒工，閒月急工，忙月另案急工，每方實價銀叁錢肆分。

遠處濘地取土，離堤伍拾丈以外至壹百丈土方。內：

閒月緩工，忙月歲搶修常辦工，每方實價銀叁錢。

忙月閒工，閒月急工，忙月另案急工，每方實價銀叁錢柒分伍厘。

堤根有積水坑塘佔碍，遶越乾地取土，離堤伍拾丈以外至壹百伍拾丈土方。內：

閒月緩工，忙月歲搶修常辦工，每方實價銀叁錢肆分。

忙月閒工，閒月急工，忙月另案急工，每方實價銀肆錢貳分伍厘。

堤根有積水坑塘佔碍，遶越濘地取土，離堤伍拾丈以外至壹百伍拾丈土方。內：

閒月緩工，忙月歲搶修常辦工，每方實價銀叁錢陸分。

忙月閒工，閒月急工，忙月另案急工，每方實價銀肆錢伍分。

隔堤隔河，遠處乾地取土，離堤貳百丈以外至叁百丈土方。內：

閒月緩工，忙月歲搶修常辦工，每方實價銀叁錢捌分。

忙月閒工，閒月急工，忙月另案急工，每方實價銀肆錢柒分伍厘。

隔堤隔河，遠處濘地取土，離堤貳百丈以外至叁百丈土方。內：

閒月緩工，忙月歲搶修常辦工，每方實價銀肆錢。

忙月閒工，閒月急工，忙月另案急工，每方實價銀伍錢。

若於水底取土，離堤叁拾丈至伍拾丈土方。內：

閒月緩工，忙月歲搶修常辦工，每方實價銀伍錢。

忙月閒工，閒月急工，忙月另案急工，每方實價銀陸錢貳分伍厘。

挑河土方：

乾地挑挖河工，如有積水，外加戽水工。

閒月緩工，忙月常辦工，每方實價銀壹錢陸分，如有積水，外加戽水工，實價銀叁分。

忙月閒工，閒月急工，忙月另案急工，每方實價銀貳錢，如有積水，外加戽水工，實價銀叁分柒厘伍毫。

淤土原係淤沙爛泥，鍬不能挖，筐不能盛，須用木杓舀起以布兜盛送，夫工較多。內：

閒月緩工，忙月常辦工，每方實價銀貳錢柒分貳厘。

忙月閒工，閒月急工，忙月另案急工，每方實價銀叁錢肆分。

稀淤土猶如渾漿，人夫不能站立，須用跳板接脚以木杓舀入木桶，挨次排立傳遞方能運送上岸，倍費人力土方。內：

閒月緩工，忙月常辦工，每方實價銀叁錢。

忙月閒工，閒月急工，忙月另案急工，每方實價銀叁錢柒分伍厘。

瓦礫土係逼近城市，居民稠密，瓦礫等類倒卸河內，深入泥中結成壹塊，需用鐵鈀刨挖挑送遠處堆積，工力倍費土方。內：

閒月緩工，忙月常辦工，每方實價銀叁錢。

忙月閒工，閒月急工，忙月另案急工，每方實價銀叁錢柒分伍厘。

小砂礓土猶如石子，與土凝結，畚插難施，需用鐵鈀築起挑挖，工力艱難土方。内：

閒月緩工，忙月常辦工，每方實價銀叁錢。

忙月閒工，閒月急工，忙月另案急工，每方實價銀叁錢柒分伍厘。

大砂礓土堅硬如石，施工更難，需用鐵鷹嘴、努角各器具鑿破，逐塊刨挖挑送，工多倍費土方。内：

閒月緩工，忙月常辦工，每方實價銀肆錢。

忙月閒工，閒月急工，忙月另案急工，每方實價銀伍錢。

罱撈土多在河湖巨蕩之内，碍難築壩，戽水必須僱募船隻，用罱撈浚淤泥運送崖岸，一切僱船撈浚等費土方。内：

閒月緩工，忙月常辦工，每方實價銀叁錢伍分。

忙月閒工，閒月急工，忙月另案急工，每方實價銀肆錢叁分柒厘伍毫。

以上築堤、挑河兩項工程以拾月至次年叁月俱爲閒月，肆月至玖月俱爲忙月，理合聲明。

各匠役工食：

石匠鏨鑿新雙料墻面，丁石每丈連砌工實價銀陸錢。

石匠鏨鑿新单料墻面丁石，每丈連砌工實價銀叁錢。

石匠鏨鑿舊雙料墻面丁石，每丈連砌工實價銀貳錢。

石匠鏨鑿舊单料墻面丁石，每丈連砌工實價銀壹錢。

石匠鏨鑿雙料新舊裡石，每丈連砌工實價銀壹錢貳分。

石匠鏨鑿单料新舊裡石，每丈連砌工實價銀陸分。

石匠鏨鑿錠眼，每個實價銀壹分。

石匠鏨鑿鋦眼，每個實價銀陸厘。

石匠鏨鑿閘工、金門兩墻，上下裹頭肆轉角石塊，每塊工實價銀壹錢。

木匠劃馬牙、梅花樁，每段實價銀貳厘。

劃砍排樁，每丈工實價銀肆分捌厘。

瓦匠砌河磚，每塊實價銀捌毫。

小爐匠箍桶、劈篾、打笆、撕纜等匠，每名日給實價銀陸分。

樁手，每班拾貳名，每名日給實價銀壹錢。

日計夫，每名日給實價銀捌分。

木匠，每工實價銀陸分。

鋸匠，每工實價銀陸分。

漆匠，每工實價銀陸分。

樁木用尺伍陸木不等，按照實價銷算。

盤硪打辮子做千觔損扣等項，用縧觔，照實價銷算。
蘆笆柴束於葦柴内選用，照實價銷算。
大扳纜，每條於葦柴内選用，壹束照實價銷算。
木料估用大小尺寸，照實價銷算。
箍接口、灰桶、灰舀等項，用尺伍木，照實價銷算。
熬汁柴束，照實價銷算。
撕木借用，不銷錢粮。
壩中填土，按取土遠近，照方計算。
絆樁篾縧，每條仍照向例漕規銀貳錢。
生鐵錠，每個重肆觔，仍照向例漕規銀陸分。
熟鐵鍋，每個重壹觔，仍照向例漕規銀肆分。
熟鐵銷，每個重壹觔，仍照向例漕規銀肆分。
鐵繩，每條重叁拾觔，仍照向例漕規，每觔銀叁分。
鐵撬，每把重捌觔，仍照向例漕規，每觔銀叁分。
鐵鍬，每把重叁觔，仍照向例漕規，每觔銀叁分。
鐵鷹嘴，每把重貳觔，仍照向例漕規，每觔銀叁分。
鐵幌錘，每把重拾伍觔，仍照向例漕規，每觔銀肆分。
鐵釘，仍照向例漕規，每觔銀叁分。
灰籮，仍照向例漕規，每隻銀伍分。
灰籮，仍照向例漕規，每面銀貳分。
汁鍋，仍照向例漕規，每口銀伍錢。
汁鐗，仍照向例漕規，每口銀叁錢。
木掀，仍照向例漕規，每把銀貳分。
箍桶舀接口用山竹劈篾，仍照向例漕規，每根銀貳分。
煤炭，仍照向例漕規每石銀叁錢。
弔石、木鈴鐺，仍照向例漕規，每個銀叁分。
石硪，仍照向例漕規，每部銀伍錢。
硪肘，每肆副用雜木壹段，仍照向例漕規銀叁錢。

毛竹：

壹尺圓，仍照向例漕規銀玖分。
尺壹圓，仍照向例漕規銀壹錢柒厘。
尺貳圓，仍照向例漕規銀壹錢貳分肆厘。
尺叁圓，仍照向例漕規銀壹錢肆分壹厘，如圓增壹寸，加銀壹分柒厘。

蘆蓆，仍照向例漕規，每片銀壹分伍厘。
水車，每部長壹丈，仍照向例漕規銀貳兩，如添長壹尺，加銀貳錢。
松板，每塊長伍尺、寬壹尺、厚壹寸，仍照向例漕規銀陸分。
桐油，仍照向例漕規，每觔銀叁分。
水膠，仍照向例漕規，每觔銀叁分。
它参，仍照向例漕規，每觔銀捌分。
錠紅，仍照向例漕規，每觔銀貳分。

卷之十

河工實價則例

徐州道屬

豐北、蕭南廳：

秫稭，每觔實價銀貳厘，每束叁拾觔銀陸分。

檾，每觔實價銀叁分。

杉木：

不登尺木，長壹丈貳尺，每根實價銀壹錢玖分捌厘。

壹尺木，長壹丈叁尺，每根實價銀貳錢捌分陸厘。

尺壹木，長壹丈肆尺，每根實價銀叁錢柒分肆厘。

尺貳木，長壹丈伍尺，每根實價銀伍錢陸厘。

尺叁木，長壹丈陸尺，每根實價銀伍錢玖分肆厘。

尺肆木，長壹丈柒尺，每根實價銀陸錢玖分叁厘。

尺伍木，長壹丈捌尺，每根實價銀捌錢玖分壹厘。

尺陸木，長壹丈玖尺，每根實價銀壹兩壹厘。

尺柒木，長貳丈，每根實價銀壹兩壹錢陸分陸厘。

尺捌木，長貳丈壹尺，每根實價銀壹兩肆錢柒分肆厘。

尺玖木，長貳丈貳尺，每根實價銀壹兩捌錢貳分陸厘。

貳尺木，長貳丈叁尺，每根實價銀貳兩壹錢伍分陸厘。

貳尺壹木，長貳丈肆尺，每根實價銀貳兩陸錢陸分貳厘。

貳尺貳木，長貳丈伍尺，每根實價銀叁兩貳錢叁分肆厘。

貳尺叁木，長貳丈陸尺，每根實價銀叁兩捌錢陸厘。

貳尺肆木，長貳丈柒尺，每根實價銀肆兩肆錢肆分肆厘。

貳尺伍木，長貳丈捌尺，每根實價銀伍兩壹錢肆厘。

貳尺陸木，長貳丈玖尺，每根實價銀伍兩玖錢肆分。
貳尺柒木，長叁丈，每根實價銀陸兩捌錢陸分肆厘。
貳尺捌木，長叁丈壹尺，每根實價銀柒兩捌錢伍分肆厘。
貳尺玖木，長叁丈貳尺，每根實價銀捌兩玖錢伍分肆厘。
叁尺木，長叁丈叁尺，每根實價銀拾兩叁錢肆分。
叁尺壹木，長叁丈肆尺，每根實價銀拾壹兩貳錢貳分。
叁尺貳木，長叁丈伍尺，每根實價銀拾貳兩肆錢柒分肆厘。
叁尺叁木，長叁丈陸尺，每根實價銀拾叁兩柒錢玖分肆厘。
叁尺肆木，長叁丈柒尺，每根實價銀拾伍兩壹錢捌分。
叁尺伍木，長叁丈捌尺，每根實價銀拾陸兩陸錢叁分貳厘。
叁尺陸木，長叁丈玖尺，每根實價銀拾捌兩壹錢伍分。
叁尺柒木，長肆丈，每根實價銀拾玖兩柒錢叁分肆厘。
叁尺捌木，長肆丈壹尺，每根實價銀貳拾壹兩叁錢捌分肆厘。
叁尺玖木，長肆丈貳尺，每根實價銀貳拾叁兩壹錢。
肆尺木，長肆丈叁尺，每根實價銀貳拾肆兩捌錢捌分貳厘。
肆尺壹木，長肆丈肆尺，每根實價銀貳拾陸兩柒錢叁分。
肆尺貳木，長肆丈伍尺，每根實價銀貳拾捌兩陸錢肆分肆厘。
肆尺叁木，長肆丈陸尺，每根實價銀叁拾兩陸錢貳分肆厘。
肆尺肆木，長肆丈柒尺，每根實價銀叁拾貳兩陸錢柒分。
肆尺伍木，長肆丈捌尺，每根實價銀叁拾肆兩柒錢捌分貳厘。
肆尺陸木，長肆丈玖尺，每根實價銀叁拾陸兩玖錢陸分。
肆尺柒木，長伍丈，每根實價銀叁拾玖兩貳錢肆厘。
肆尺捌木，長伍丈壹尺，每根實價銀肆拾壹兩伍錢叁分陸厘。
肆尺玖木，長伍丈貳尺，每根實價銀肆拾叁兩捌錢玖分。
伍尺木，長伍丈叁尺，每根實價銀肆拾陸兩叁錢叁分貳厘。

石料：

雙料墻面丁石，每塊寬厚俱壹尺貳寸，每丈實價銀貳兩壹錢壹分伍厘。
单料墻面丁石，每塊寬壹尺貳寸、厚陸寸，每丈實價銀捌錢肆分陸厘。
雙料裡石，每塊寬厚俱壹尺貳寸，每丈實價銀壹兩壹錢貳分。
单料裡石，每塊寬壹尺貳寸、厚陸寸，每丈實價銀伍錢陸分。
河磚，每塊寬伍寸、厚叁寸叁分。長壹尺貳寸，實價銀貳分陸厘肆毫。
大料河磚，每塊寬柒寸伍分、厚肆寸壹分、長壹尺貳寸，實價銀肆分玖厘貳毫捌絲。

汁米，每担實價銀叁兩壹錢貳分。

石灰，每担實價銀壹錢捌分柒厘貳毫。

雜草，每束重陸觔，實價銀柒厘捌毫，每觔實價銀壹厘叁毫。

購梆，每束青、温、乾重捌、陸、肆拾觔，實價銀玖分。

築堤土方並填壩壓埽等工。内：

近處乾地取土，離堤拾伍丈至伍拾丈土方。内：

閒月緩工，忙月歲搶修常辦工，每方實價銀貳錢伍分。

忙月閒工，閒月急工，忙月另案急工，每方實價銀叁錢壹分貳厘伍毫。

遠處乾地取土，離堤伍拾丈以外至壹百丈，及近處濘地取土，離堤拾伍丈至伍拾丈土方。内：

閒月緩工，忙月歲搶修常辦工，每方實價銀貳錢柒分貳厘。

忙月閒工，閒月急工，忙月另案急工，每方實價銀叁錢肆分。

遠處濘地取土，離堤伍拾丈以外至壹百丈土方。内：

閒月緩工，忙月歲搶修常辦工，每方實價銀叁錢。

忙月閒工，閒月急工，忙月另案急工，每方實價銀叁錢柒分伍厘。

堤根有積水坑塘佔碍，遶越乾地取土，離堤伍拾丈以外至壹百伍拾丈土方。内：

閒月緩工，忙月歲搶修常辦工，每方實價銀叁錢肆分。

忙月閒工，閒月急工，忙月另案急工，每方實價銀肆錢貳分伍厘。

堤根有積水坑塘佔碍，遶越濘地取土，離堤伍拾丈以外至壹百伍拾丈土方。内：

閒月緩工，忙月歲搶修常辦工，每方實價銀叁錢陸分。

忙月閒工，閒月急工，忙月另案急工，每方實價銀肆錢伍分。

隔堤隔河，遠處乾地取土，離堤貳百丈以外至叁百丈土方。内：

閒月緩工，忙月歲搶修常辦工，每方實價銀叁錢捌分。

忙月閒工，閒月急工，忙月另案急工，每方實價銀肆錢柒分伍厘。

隔堤隔河，遠處濘地取土，離堤貳百丈以外至叁百丈土方。内：

閒月緩工，忙月歲搶修常辦工，每方實價銀肆錢。

忙月閒工，閒月急工，忙月另案急工，每方實價銀伍錢。

若於水底取土，離堤叁拾丈至伍拾丈土方。内：

閒月緩工，忙月歲搶修常辦工，每方實價銀伍錢。

忙月閒工，閒月急工，忙月另案急工，每方實價銀陸錢貳分伍厘。

挑河土方：

乾地挑挖河土，如有積水，外加戽水工。

閒月緩工，忙月常辦工，每方實價銀壹錢陸分，如有積水，外加戽水工實價銀叁分。

忙月閒工，閒月急工，忙月另案急工，每方實價銀貳錢，如有積水，外加戽水工，實價銀叁分柒厘伍毫。

淤土原係淤沙爛泥，鍬不能挖，筐不能盛，須用木杓舀起以布兜盛送，夫工較多土方。内：

閒月緩工，忙月常辦工，每方實價銀貳錢柒分貳厘。

忙月閒工，閒月急工，忙月另案急工，每方實價銀叁錢肆分。

稀淤土猶如渾漿，人夫不能站立，須用跳板接脚，以木杓舀入木桶，挨次排立傳遞方能運送上岸，倍費人力土方。内：

閒月緩工，忙月常辦工，每方實價銀叁錢。

忙月閒工，閒月急工，忙月另案急工，每方實價銀叁錢柒分伍厘。

瓦礫土係逼近城市，居民稠密，瓦礫等類倒卸河内，深入泥中結成壹塊，需用鐵鈀刨挖挑送遠處堆積，工力倍費土方。内：

閒月緩工，忙月常辦工，每方實價銀叁錢。

忙月閒工，閒月急工，忙月另案急工，每方實價銀叁錢柒分伍厘。

小砂礓土猶如石子，與土凝結，畚插難施，需用鐵鈀築起挑挖，工力艱難土方。内：

閒月緩工，忙月常辦工，每方實價銀叁錢。

忙月閒工，閒月急工，忙月另案急工，每方實價銀叁錢柒分伍厘。

大砂礓土堅硬如石，施工更難，需用鐵鷹嘴努角各器具鑿破逐塊，刨挖挑送，工多倍費土方。内：

閒月緩工，忙月常辦工，每方實價銀肆錢。

忙月閒工，閒月急工，忙月另案急工，每方實價銀伍錢。

罱撈土多在河湖巨蕩之内，碍難築壩，戽水必須僱募船隻，用罱撈濬淤泥運送崖岸，一切僱船撈濬等費土方。内：

閒月緩工，忙月常辦工，每方實價銀叁錢伍分。

忙月閒工，閒月急工，忙月另案急工，每方實價銀肆錢叁分柒厘伍毫。

以上築堤、挑河兩項工程，以拾月至次年叁月俱爲閒月，肆月至玖月俱爲忙月，理合聲明。

箍接口、灰桶、灰舀等項，用尺伍木，照實價銷算。

熬汁柴束，照實價銷算。

各匠役工食：

石匠鏨鑿新雙料墻面丁石，每丈連砌工實價銀陸錢。

石匠鏨鑿新单料墻面丁石，每丈連砌工實價銀叁錢。
石匠鏨鑿舊雙料墻面石，每丈連砌工實價銀貳錢。
石匠鏨鑿舊单料墻面石，每丈連砌工實價銀壹錢。
石匠鏨鑿雙料新舊裡石，每丈連砌工實價銀壹錢貳分。
石匠鏨鑿单料新舊裡石，每丈連砌工實價銀陸分。
石匠鏨鑿錠眼，每個實價銀壹分。
石匠鏨鑿鍋眼，每個實價銀陸厘。
石匠鏨鑿閘工、金門兩墻，上下裹頭肆轉角石塊，每塊實價工銀壹錢。
木匠刨馬牙、梅花樁，每段實價銀貳厘。
刨砍排樁，每丈實價工銀肆分捌厘。
瓦匠砌河磚，每塊實價銀捌毫。
小爐匠箍桶、劈篾、打笆、撕纜等匠，每名實價日給銀陸分。
樁手，每班拾貳名，每名實價日給銀壹錢。
日計夫，每名實價日給銀捌分。
木匠，實價每工銀陸分。
鋸匠，實價每工銀陸分。
漆匠，實價每工銀陸分。
排樁用尺伍陸木不等，照實價銷算。
撕木借用，不銷錢糧。
盤磁打辮子做千觔揁扣等項，用綠觔，照實價銷算。
蘆笆柴束，照實價銷算。
大扳纜，每條用柴壹束，照實價銷算。
壩中填土，按取土遠近，照方計算。
木料估用大小尺寸，照實價銷算。
生鐵錠，每個重肆觔，仍照向例漕規銀陸分。
熟鐵鍋，每個重壹觔，仍照向例漕規銀肆分。
熟鐵銷，每個重壹觔，仍照向例漕規銀肆分。
鐵繩，每條重叁拾觔，仍照向例漕規每觔銀叁分。
鐵撬，每把重捌觔，仍照向例漕規每觔銀叁分。
鐵鍬，每把重叁觔，仍照向例漕規每觔銀叁分。
鐵鷹嘴，每把重貳觔，仍照向例漕規每觔銀叁分。
鐵幌錘，每把重拾伍觔，仍照向例漕規，每觔銀肆分。
鐵釘，仍照向例漕規，每觔銀叁分。

灰籮，仍照向例漕規，每隻銀陸分。

灰篩，仍照向例漕規，每面銀伍分。

汁鍋，仍照向例漕規，每口銀伍錢。

汁鋼，仍照向例漕規，每口銀貳錢。

木掀，仍照向例漕規，每把銀肆分。

箍桶、竹簍，仍照向例漕規，每觔銀捌厘。

煤炭，仍照向例漕規，每担銀貳錢伍分。

弔石、木鈴鐺，仍照向例漕規，每個銀叁分。

石硪，仍照向例漕規，每部銀叁錢。

硪肘，每肆副用雜木一段，仍照向例漕規銀叁錢。

毛竹：

壹尺圓，仍照向例漕規，每根銀玖分。

尺壹圓，仍照向例漕規，每根銀壹錢柒厘。

尺貳圓，仍照向例漕規，每根銀壹錢貳分肆厘。

尺叁圓，仍照向例漕規，每根銀壹錢肆分壹厘，每圓加壹寸，增銀壹分柒厘。

蘆蓆，仍照向例漕規，每片銀壹分伍厘。

水車，仍照向例漕規，每部長壹丈銀貳兩，如添長壹尺，加銀貳錢。

松板，每塊長伍尺、寬壹尺、厚壹寸，仍照向例漕規銀玖分。

桐油，仍照向例漕規，每觔銀叁分。

水膠，仍照向例漕規，每觔銀叁分。

它参，仍照向例漕規，每觔銀捌分。

錠紅，仍照向例漕規，每觔銀貳分。

卷之十一

河工實價則例

銅沛廳：

秫稭，每觔實價銀貳厘貳毫，每束叁拾觔，銀陸分陸厘。
湖蘆，每觔實價銀壹厘玖毫，每束叁拾觔，銀伍分柒厘。
檾，每觔實價銀叁分。

杉木：

不登尺木，長壹丈貳尺，每根實價銀壹錢玖分捌厘。
壹尺木，長壹丈叁尺，每根實價銀貳錢捌分陸厘。
尺壹木，長壹丈肆尺，每根實價銀叁錢柒分肆厘。
尺貳木，長壹丈伍尺，每根實價銀伍錢陸厘。
尺叁木，長壹丈陸尺，每根實價銀伍錢玖分肆厘。
尺肆木，長壹丈柒尺，每根實價銀陸錢玖分叁厘。
尺伍木，長壹丈捌尺，每根實價銀捌錢玖分壹厘。
尺陸木，長壹丈玖尺，每根實價銀壹兩壹厘。
尺柒木，長貳丈，每根實價銀壹兩壹錢陸分陸厘。
尺捌木，長貳丈壹尺，每根實價銀壹兩肆錢柒分肆厘。
尺玖木，長貳丈貳尺，每根實價銀壹兩捌錢貳分陸厘。
貳尺木，長貳丈叁尺，每根實價銀貳兩壹錢伍分陸厘。
貳尺壹木，長貳丈肆尺，每根實價銀貳兩陸錢陸分貳厘。
貳尺貳木，長貳丈伍尺，每根實價銀叁兩貳錢叁分肆厘。
貳尺叁木，長貳丈陸尺，每根實價銀叁兩捌錢陸厘。
貳尺肆木，長貳丈柒尺，每根實價銀肆兩肆錢肆分肆厘。
貳尺伍木，長貳丈捌尺，每根實價銀伍兩壹錢肆厘。
貳尺陸木，長貳丈玖尺，每根實價銀伍兩玖錢肆分。

貳尺柒木，長叁丈，每根實價銀陸兩捌錢陸分肆厘。
貳尺捌木，長叁丈壹尺，每根實價銀柒兩捌錢伍分肆厘。
貳尺玖木，長叁丈貳尺，每根實價銀捌兩玖錢伍分肆厘。
叁尺木，長叁丈叁尺，每根實價銀拾兩叁錢肆分。
叁尺壹木，長叁丈肆尺，每根實價銀拾壹兩貳錢貳分。
叁尺貳木，長叁丈伍尺，每根實價銀拾貳兩肆錢柒分肆厘。
叁尺叁木，長叁丈陸尺，每根實價銀拾叁兩柒錢玖分肆厘。
叁尺肆木，長叁丈柒尺，每根實價銀拾伍兩壹錢捌分。
叁尺伍木，長叁丈捌尺，每根實價銀拾陸兩陸錢叁分貳厘。
叁尺陸木，長叁丈玖尺，每根實價銀拾捌兩壹錢伍分。
叁尺柒木，長肆丈，每根實價銀拾玖兩柒錢叁分肆厘。
叁尺捌木，長肆丈壹尺，每根實價銀貳拾壹兩叁錢捌分肆厘。
叁尺玖木，長肆丈貳尺，每根實價銀貳拾叁兩壹錢。
肆尺木，長肆丈叁尺，每根實價銀貳拾肆兩捌錢捌分貳厘。
肆尺壹木，長肆丈肆尺，每根實價銀貳拾陸兩柒錢叁分。
肆尺貳木，長肆丈伍尺，每根實價銀貳拾捌兩陸錢肆分肆厘。
肆尺叁木，長肆丈陸尺，每根實價銀叁拾兩陸錢貳分肆厘。
肆尺肆木，長肆丈柒尺，每根實價銀叁拾貳兩陸錢柒分。
肆尺伍木，長肆丈捌尺，每根實價銀叁拾肆兩柒錢捌分貳厘。
肆尺陸木，長肆丈玖尺，每根實價銀叁拾陸兩玖錢陸分。
肆尺柒木，長伍丈，每根實價銀叁拾玖兩貳錢肆厘。
肆尺捌木，長伍丈壹尺，每根實價銀肆拾壹兩伍錢叁分陸厘。
肆尺玖木，長伍丈貳尺，每根實價銀肆拾叁兩捌錢玖分。
伍尺木，長伍丈叁尺，每根實價銀肆拾陸兩叁錢叁分貳厘。

石料：

雙料墻面丁石，每塊寬厚俱壹尺貳寸，每丈實價銀貳兩壹錢壹分伍厘。
单料墻面丁石，每塊寬壹尺貳寸、厚陸寸，每丈實價銀捌錢肆分陸厘。
雙料裡石，每塊寬厚俱壹尺貳寸，每丈實價銀壹兩壹錢貳分。
单料裡石，每塊寬壹尺貳寸、厚陸寸，每丈實價銀伍錢陸分。
河磚，每塊寬伍寸、厚叁寸叁分、長壹尺貳寸，實價銀貳分陸厘肆毫。
大料河磚，每塊寬柒寸伍分、厚肆寸壹分、長壹尺貳寸，實價銀肆分玖厘貳毫捌絲。
汁米，每担實價銀叁兩壹錢貳分。

石灰，每担實價銀壹錢捌分柒厘貳毫。

雜草，每束重陸觔，實價銀柒厘捌毫，每觔實價銀壹厘叁毫。

購梆，每束青、温、乾重捌、陸、肆拾觔，實價銀玖分。

築堤土方並填壩壓埽等工。內：

近處乾地取土，離堤拾伍丈至伍拾丈土方。內：

閒月緩工，忙月歲搶修常辦工，每方實價銀貳錢伍分。

忙月閒工，閒月急工，忙月另案急工，每方實價銀叁錢壹分貳厘伍毫。

遠處乾地取土，離堤伍拾丈以外至壹百丈，及近處濘地取土，離堤拾伍丈至伍拾丈土方。內：

閒月緩工，忙月歲搶修常辦工，每方實價銀貳錢柒分貳厘。

忙月閒工，閒月急工，忙月另案急工，每方實價銀叁錢肆分。

遠處濘地取土，離堤伍拾丈以外至壹百丈土方。內：

閒月緩工，忙月歲搶修常辦工，每方實價銀叁錢。

忙月閒工，閒月急工，忙月另案急工，每方實價銀叁錢柒分伍厘。

堤根有積水，坑塘佔碍遶越，乾地取土，離堤伍拾丈以外至壹百伍拾丈土方。內：

閒月緩工，忙月歲搶修常辦工，每方實價銀叁錢肆分。

忙月閒工，閒月急工，忙月另案急工，每方實價銀肆錢貳分伍厘。

堤根有積水坑塘佔碍，遶越濘地取土，離堤伍拾丈以外至壹百伍拾丈土方。內：

閒月緩工，忙月歲搶修常辦工，每方實價銀叁錢陸分。

忙月閒工，閒月急工，忙月另案急工，每方實價銀肆錢伍分。

隔堤隔河，遠處乾地取土，離堤貳百丈以外至叁百丈土方。內：

閒月緩工，忙月歲搶修常辦工，每方實價銀叁錢捌分。

忙月閒工，閒月急工，忙月另案急工，每方實價銀肆錢柒分伍厘。

隔堤隔河，遠處濘地取土，離堤貳百丈以外至叁百丈土方。內：

閒月緩工，忙月歲搶修常辦工，每方實價銀肆錢。

忙月閒工，閒月急工，忙月另案急工，每方實價銀伍錢。

若於水底取土，離堤叁拾丈至伍拾丈土方。內：

閒月緩工，忙月歲搶修常辦工，每方實價銀伍錢。

忙月閒工，閒月急工，忙月另案急工，每方實價銀陸錢貳分伍厘。

挑河土方：

乾地挑挖河土，如有積水，外加戽水工。

閒月緩工，忙月常辦工，每方實價銀壹錢陸分，如有積水，外加戽水工，實價銀叁分。

忙月閒工，閒月急工，忙月另案急工，每方實價銀貳錢，如有積水，外加戽水工，實價銀叁分柒厘伍毫。

淤土原係淤沙爛泥，鍬不能挖，筐不能盛，須用木杓舀起，以布兜盛送，夫工較多土方。內：

閒月緩工，忙月常辦工，每方實價銀貳錢柒分貳厘。

忙月閒工，閒月急工，忙月另案急工，每方實價銀叁錢肆分。

稀淤土猶如渾漿，人夫不能站立，須用跳板接脚，以木杓舀入木桶，挨次排立傳遞方能運送上岸，倍費人力土方。內：

閒月緩工，忙月常辦工，每方實價銀叁錢。

忙月閒工，閒月急工，忙月另案急工，每方實價銀叁錢柒分伍厘。

瓦礫土係逼近城市，居民稠密，瓦礫等類倒卸河內，深入泥中結成壹塊，需用鐵鈀刨挖挑送遠處堆積，工力倍費土方。內：

閒月緩工，忙月常辦工，每方實價銀叁錢。

忙月閒工，閒月急工，忙月另案，急工每方實價銀叁錢柒分伍厘。

小砂礓土猶如石子，與土凝結，畚插難施，需用鐵鈀築起挑挖，工力艱難土方。內：

閒月緩工，忙月常辦工，每方實價銀叁錢。

忙月閒工，閒月急工，忙月另案急工，每方實價銀叁錢柒分伍厘。

大砂礓土堅硬如石，施工更難，需用鐵鷹嘴努角各器具鑿破逐塊，刨挖挑送，工多倍費土方。內：

閒月緩工，忙月常辦工，每方實價銀肆錢。

忙月閒工，閒月急工，忙月另案急工，每方實價銀伍錢。

罱撈土多在河湖巨蕩之内，碍難築壩，戽水必須僱募船隻，用罱撈濬淤泥運送崖岸，一切僱船撈濬等費土方。內：

閒月緩工，忙月常辦工，每方實價銀叁錢伍分。

忙月閒工，閒月急工，忙月另案急工，每方實價銀肆錢叁分柒厘伍毫。

以上築堤、挑河兩項工程，以拾月至次年叁月俱爲閒月，肆月至玖月俱爲忙月，理合聲明。

箍接口、灰桶、灰舀等項，用尺伍木，照實價銷算。

熬汁柴束，照實價銷算。

各匠役工食：

石匠鏨鑿新雙料墻面丁石，每丈連砌工實價銀陸錢。

石匠鏨鑿新单料墻面丁石，每丈連砌工實價銀叁錢。
石匠鏨鑿舊雙料墻面石，每丈連砌工實價銀貳錢。
石匠鏨鑿舊单料墻面石，每丈連砌工實價銀壹錢。
石匠鏨鑿雙料新舊裡石，每丈連砌工實價銀壹錢貳分。
石匠鏨鑿单料新舊裡石，每丈連砌工實價銀陸分。
石匠鏨鑿錠眼，每個實價銀壹分。
石匠鏨鑿鋦眼，每個實價銀陸厘。
石匠鏨鑿閘工、金門兩墻，上下裹頭肆轉角石塊，每塊實價工銀壹錢。
木匠刨馬牙、梅花樁，每段實價銀貳厘。
刨砍排樁，每丈實價工銀肆分捌厘。
瓦匠砌河磚，每塊實價銀捌毫。
小爐匠箍桶、劈篾、打笆、撕纜等匠，每名實價日給銀陸分。
樁手，每班拾貳名，每名實價日給銀壹錢。
日計夫，每名實價日給銀捌分。
木匠，實價每工銀陸分。
鋸匠，實價每工銀陸分。
漆匠，實價每工銀陸分。
排樁用尺伍陸木不等，照實價銷算。
撕木借用，不銷錢糧。
盤硪打辮子做千觔揁扣等項，用檾觔，照實價銷算。
蘆笆柴束，照實價銷算。
大扳纜，每條用柴壹束，照實價銷算。
壩中填土，按取土遠近，照方計算。
木料估用大小尺寸，照實價銷算。
生鐵錠，每個重肆觔，仍照向例漕規銀陸分。
熟鐵鋦，每個重壹觔，仍照向例漕規銀肆分。
熟鐵銷，每個重壹觔，仍照向例漕規銀肆分。
鐵繩，每條重叁拾觔，仍照向例漕規，每觔銀叁分。
鐵撬，每把重捌觔，仍照向例漕規，每觔銀叁分。
鐵鍬，每把重叁觔，仍照向例漕規，每觔銀叁分。
鐵鷹嘴，每把重貳觔，仍照向例漕規，每觔銀叁分。
鐵梘錘，每把重拾伍觔，仍照向例漕規，每觔銀肆分。
鐵釘，仍照向例漕規，每觔銀叁分。

灰籮，仍照向例漕規，每隻銀陸分。

灰篩，仍照向例漕規，每面銀伍分。

汁鍋，仍照向例漕規，每口銀伍錢。

汁鋼，仍照向例漕規，每口銀貳錢。

木掀，仍照向例漕規，每把銀肆分。

箍桶、竹簸仍照向例漕規，每觔銀捌厘。

煤炭，仍照向例漕規，每担銀貳錢伍分。

弔石、木鈴鐺仍照向例漕規，每個銀叁分。

石硪，仍照向例漕規，每部銀叁錢。

硪肘，每肆副用雜木壹段，仍照向例漕規銀叁錢。

毛竹：

壹尺圓，仍照向例漕規，每根銀玖分。

尺壹圓，仍照向例漕規，每根銀壹錢柒厘。

尺貳圓，仍照向例漕規，每根銀壹錢貳分肆厘。

尺叁圓，仍照向例漕規，每根銀壹錢肆分壹厘，每圓加壹寸，增銀壹分柒厘。

蘆蓆，仍照向例漕規，每片銀壹分伍厘。

水車，仍照向例漕規，每部長壹丈銀貳兩，如添長壹尺，加銀貳錢。

松板，每塊長伍尺寬壹尺、厚壹寸，仍照向例漕規銀玖分。

桐油，仍照向例漕規，每觔銀叁分。

水膠，仍照向例漕規，每觔銀叁分。

它参，仍照向例漕規，每觔銀捌分。

錠紅，仍照向例漕規，每觔銀貳分。

卷之十二

河工實價則例

睢南、邳北廳：

秫稭，每觔實價銀貳厘叁毫，每束重叁拾觔，合銀陸分玖厘。
湖蘆，每觔實價銀壹厘捌毫，每束重叁拾觔，合銀伍分肆厘。
檾，每觔實價銀叁分。

杉木：

不登尺木，長壹丈貳尺，每根實價銀壹錢玖分叁厘陸毫。
壹尺木，長壹丈叁尺，每根實價銀貳錢柒分玖厘肆毫。
尺壹木，長壹丈肆尺，每根實價銀叁錢陸分伍厘貳毫。
尺貳木，長壹丈伍尺，每根實價銀肆錢玖分伍厘。
尺叁木，長壹丈陸尺，每根實價銀伍錢捌分捌毫。
尺肆木，長壹丈柒尺，每根實價銀陸錢柒分柒厘陸毫。
尺伍木，長壹丈捌尺，每根實價銀捌錢柒分壹厘貳毫。
尺陸木，長壹丈玖尺，每根實價銀玖錢捌分壹厘貳毫。
尺柒木，長貳丈，每根實價銀壹兩壹錢肆分肆厘。
尺捌木，長貳丈壹尺，每根實價銀壹兩肆錢肆分叁厘貳毫。
尺玖木，長貳丈貳尺，每根實價銀壹兩柒錢捌分捌厘陸毫。
貳尺木，長貳丈叁尺，每根實價銀貳兩壹錢壹分貳厘。
貳尺壹木，長貳丈肆尺，每根實價銀貳兩陸錢柒厘。
貳尺貳木，長貳丈伍尺，每根實價銀叁兩壹錢陸分捌厘。
貳尺叁木，長貳丈陸尺，每根實價銀叁兩柒錢貳分玖厘。
貳尺肆木，長貳丈柒尺，每根實價銀肆兩叁錢伍分陸厘。
貳尺伍木，長貳丈捌尺，每根實價銀伍兩陸毫。
貳尺陸木，長貳丈玖尺，每根實價銀伍兩捌錢貳分壹厘貳毫。
貳尺柒木，長叁丈，每根實價銀陸兩柒錢貳分伍厘肆毫。

貳尺捌木，長叁丈壹尺，每根實價銀柒兩陸錢玖分伍厘陸毫。
貳尺玖木，長叁丈貳尺，每根實價銀捌兩柒錢柒分叁厘陸毫。
叁尺木，長叁丈叁尺，每根實價銀拾兩壹錢叁分叁厘貳毫。
叁尺壹木，長叁丈肆尺，每根實價銀拾兩玖錢玖分伍厘陸毫。
叁尺貳木，長叁丈伍尺，每根實價銀拾貳兩貳錢貳分叁厘貳毫。
叁尺叁木，長叁丈陸尺，每根實價銀拾叁兩伍錢壹分陸厘捌毫。
叁尺肆木，長叁丈柒尺，每根實價銀拾肆兩捌錢柒分陸厘肆毫。
叁尺伍木，長叁丈捌尺，每根實價銀拾陸兩貳錢玖分柒厘陸毫。
叁尺陸木，長叁丈玖尺，每根實價銀拾柒兩柒錢捌分柒厘。
叁尺柒木，長肆丈，每根實價銀拾玖兩叁錢叁分捌厘。
叁尺捌木，長肆丈壹尺，每根實價銀貳拾兩玖錢伍分伍厘。
叁尺玖木，長肆丈貳尺，每根實價銀貳拾貳兩陸錢叁分捌厘。
肆尺木，長肆丈叁尺，每根實價銀貳拾肆兩叁錢捌分貳厘陸毫。
肆尺壹木，長肆丈肆尺，每根實價銀貳拾陸兩壹錢玖分伍厘肆毫。
肆尺貳木，長肆丈伍尺，每根實價銀貳拾捌兩陸分玖厘捌毫。
肆尺叁木，長肆丈陸尺，每根實價銀叁拾兩壹分貳毫。
肆尺肆木，長肆丈柒尺，每根實價銀叁拾貳兩壹分陸厘陸毫。
肆尺伍木，長肆丈捌尺，每根實價銀叁拾肆兩捌分肆厘陸毫。
肆尺陸木，長肆丈玖尺，每根實價銀叁拾陸兩貳錢貳分捌毫。
肆尺柒木，長伍丈，每根實價銀叁拾捌兩肆錢壹分捌厘陸毫。
肆尺捌木，長伍丈壹尺，每根實價銀肆拾兩柒錢肆厘肆毫。
肆尺玖木，長伍丈貳尺，每根實價銀肆拾叁兩零壹分貳厘貳毫。
伍尺木，長伍丈叁尺，每根實價銀肆拾伍兩肆錢叁厘陸毫。

石料：

雙料面石，每塊寬厚俱壹尺貳寸，每丈實價銀貳兩伍錢捌分伍厘。
单料面石，每塊寬壹尺貳寸、厚陸寸，每丈實價銀壹兩捌分壹厘。
雙料裡石，每塊寬厚俱壹尺貳寸，每丈實價銀壹兩肆錢。
单料裡石，每塊寬壹尺貳寸、厚陸寸，每丈實價銀柒錢。
河磚，每塊寬伍寸、厚叁寸叁分、長壹尺貳寸，實價銀貳分陸厘肆毫。
大料河磚，每塊寬柒寸伍分、厚肆寸壹分、長壹尺貳寸，實價銀肆分玖厘貳毫捌絲。
汁米，每石實價銀叁兩壹錢貳分。
石灰，每石實價銀叁錢壹分貳厘。

雜草，每束重陸觔，銀柒厘捌毫，每觔實價銀壹厘叁毫。

購秫，每束青、温、乾重捌、陸、肆拾觔，實價銀玖分。

築堤土方並填壩壓埽等工。內：

近處乾地取土，離堤拾伍丈至伍拾丈土方。內：

閒月緩工，忙月歲搶修常辦工，每方實價銀貳錢伍分。

忙月閒工，閒月急工，忙月另案急工，每方實價銀叁錢壹分貳厘伍毫。

遠處乾地取土，離堤伍拾丈以外至壹百丈，及近處濘地取土，離堤拾伍丈至伍拾丈土方內。

閒月緩工，忙月歲搶修常辦工，每方實價銀貳錢柒分貳厘。

忙月閒工，閒月急工，忙月另案急工，每方實價銀叁錢肆分。

遠處濘地取土，離堤伍拾丈以外至壹百丈土方。內：

閒月緩工，忙月歲搶修常辦工，每方實價銀叁錢。

忙月閒工，閒月急工，忙月另案急工，每方實價銀叁錢柒分伍厘。

堤根有積水坑塘佔碍，遶越乾地取土，離堤伍拾丈以外至壹百伍拾丈土方。內：

閒月緩工，忙月歲搶修常辦工，每方實價銀叁錢肆分。

忙月閒工，閒月急工，忙月另案急工，每方實價銀肆錢貳分伍厘。

堤根有積水坑塘佔碍，遶越濘地取土，離堤伍拾丈以外至壹百伍拾丈土方。內：

閒月緩工，忙月歲搶修常辦工，每方實價銀叁錢陸分。

忙月閒工，閒月急工，忙月另案急工，每方實價銀肆錢伍分。

隔堤隔河，遠處乾地取土，離堤貳百丈以外至叁百丈土方。內：

閒月緩工，忙月歲搶修常辦工，每方實價銀叁錢捌分。

忙月閒工，閒月急工，忙月另案急工，每方實價銀肆錢柒分伍厘。

隔堤隔河，遠處濘地取土，離堤貳百丈以外至叁百丈土方。內：

閒月緩工，忙月歲搶修常辦工，每方實價銀肆錢。

忙月緩工，閒月急工，忙月另案急工，每方實價銀伍錢。

若於水底取土，離堤叁拾丈至伍拾丈土方。內：

閒月緩工，忙月歲搶修常辦工，每方實價銀伍錢。

忙月閒工，閒月急工，忙月另案急工，每方實價銀陸錢貳分伍厘。

挑河土方：

乾地挑挖河土，如有積水，外加戽水工。

閒月緩工，忙月常辦工，每方實價銀壹錢陸分，如有積水，外加戽水工，實價銀叁分。

忙月閒工，閒月急工，忙月另案急工，每方實價銀貳錢，如有積水，外加戽水工，實價銀叁分柒厘伍毫。

淤土原係淤沙爛泥，鍬不能挖，筐不能盛，須用木杓舀起以布兜盛送，夫工較多土方内。

閒月緩工，忙月常辦工，每方實價銀貳錢柒分貳厘。

忙月閒工，閒月急工，忙月另案急工，每方實價銀叁錢肆分。

稀淤土猶如渾漿，人夫不能站立，須用跳板接脚，以木杓舀入木桶，挨次排立傳遞方能運送上岸，倍費人力土方内。

閒月緩工，忙月常辦工，每方實價銀叁錢。

忙月閒工，閒月急工，忙月另案急工，每方實價銀叁錢柒分伍厘。

一、瓦礫土係逼近城市，居民稠密，瓦礫等類倒卸河内，深入泥中結成一塊，需用鐵鈀刨挖挑送遠處堆積，工力倍費土方。内：

閒月緩工，忙月常辦工，每方實價銀叁錢。

忙月閒工，閒月急工，忙月另案急工，每方實價銀叁錢柒分伍厘。

一、小砂礓土猶如石子，與土凝結，畚插難施，需用鐵鈀築起挑挖，工力艱難土方。内：

閒月緩工，忙月常辦工，每方實價銀叁錢。

忙月閒工，閒月急工，忙月另案急工，每方實價銀叁錢柒分伍厘。

一、大砂礓土堅硬如石，施工更難，需用鐵鷹嘴、努角各器具鑿破逐塊，刨挖挑送，工多倍費土方。内：

閒月緩工，忙月常辦工，每方實價銀肆錢。

忙月閒工，閒月急工，忙月另案急工，每方實價銀伍錢。

一、罱撈土多在河湖巨蕩之内，碍難築壩，戽水必須僱募船隻，用罱撈浚淤泥運送崖岸，一切僱船撈浚等費土方。内：

閒月緩工，忙月常辦工，每方實價銀叁錢伍分。

忙月閒工，閒月急工，忙月另案急工，每方實價銀肆錢叁分柒厘伍毫。

以上築堤、挑河兩項工程，以拾月至次年叁月俱爲閒月，肆月至玖月俱爲忙月，理合聲明。

箍接口、灰桶、灰舀等項，用尺伍木，照實價銷算。

熬汁柴束，照實價銷算。

各匠役工食：

石匠鏨鑿新雙料墻面丁石，每丈連砌工實價銀陸錢。

石匠鏨鑿新单料墻面丁石，每丈連砌工實價銀叁錢。
石匠鏨鑿舊雙料墻面石，每丈連砌工實價銀貳錢。
石匠鏨鑿舊单料墻面石，每丈連砌工實價銀壹錢。
石匠鏨鑿雙料新舊裡石，每丈連砌工實價銀壹錢貳分。
石匠鏨鑿单料新舊裡石，每丈連砌工實價銀陸分。
石匠鏨鑿錠眼，每個實價銀壹分。
石匠鏨鑿鋦眼，每個實價銀陸厘。
石匠鏨鑿閘工、金門兩墻，上下裹頭肆轉角石塊，每塊實價工銀壹錢。
木匠刯馬牙、梅花樁，每段實價銀貳厘。
刯砍排樁，每丈實價工銀肆分捌厘。
瓦匠砌河磚，每塊實價銀捌毫。
小爐匠箍桶、劈篾、打笆、撕纜等匠，實價每名日給銀陸分。
樁手，每班拾貳名實價，每名日給銀壹錢。
日計夫實價，每名日給銀捌分。
木匠實價，每工銀陸分。
鋸匠實價，每工銀陸分。
漆匠實價，每工銀陸分。
排樁用尺伍陸木不等，照實價銷算。
撕木借用，不銷錢粮。
盤硪打辮子做千觔損扣等項，用綠觔，照實價銷算。
蘆笆柴束，照實價銷算。
大扳纜，每條用柴壹束，照實價銷算。
壩中填土，按取土遠近，照方計算。
木料估用大小尺寸，照實價銷算。
生鐵錠，每個重肆觔，仍照向例漕規銀陸分。
熟鐵鋦，每個重壹觔，仍照向例漕規銀肆分。
熟鐵銷，每個重壹觔，仍照向例漕規銀肆分。
鐵繩，每條重叁拾觔，仍照向例漕規，每觔銀叁分。
鐵撬，每把重捌觔，仍照向例漕規，每觔銀叁分。
鐵鍬，每把重叁觔，仍照向例漕規，每觔銀叁分。
鐵鷹嘴，每把重貳觔，仍照向例漕規，每觔銀叁分。
鐵幌錘，每把重拾伍觔，仍照向例漕規，每觔銀肆分。
鐵釘，每觔仍照向例漕規銀叁分。

灰籮，仍照向例漕規，每隻銀陸分。

灰篩，仍照向例漕規，每面銀伍分。

汁鍋，仍照向例漕規，每口銀伍錢。

汁鋼，仍照向例漕規，每口銀貳錢。

木掀，仍照向例漕規，每把銀肆分。

箍桶、竹簸，仍照向例漕規，每觔銀捌厘。

煤炭，仍照向例漕規，每担銀貳錢伍分。

弔石、木鈴鐺，仍照向例漕規，每個銀叁分。

石礮，仍照向例漕規，每部銀叁錢。

礮肘，每肆副用雜木壹段，仍照向例漕規銀叁錢。

毛竹：

壹尺圓，仍照向例漕規，每根銀玖分。

尺壹圓，仍照向例漕規，每根銀壹錢柒厘。

尺貳圓，仍照向例漕規，每根銀壹錢貳分肆厘。

尺叁圓，仍照向例漕規，每根銀壹錢肆分壹厘，每圓加壹寸，增銀壹分柒厘。

蘆蓆，仍照向例漕規，每片銀壹分伍厘。

水車，仍照向例漕規，每部長壹丈銀貳兩，如添長壹尺，加銀貳錢。

松板，仍照向例漕規，每塊長伍尺、寬壹尺、厚壹寸，銀玖分。

桐油，仍照向例漕規，每觔銀叁分。

水膠，仍照向例漕規，每觔銀叁分。

它参，仍照向例漕規，每觔銀捌分。

錠紅，仍照向例漕規，每觔銀貳分。

卷之十三

河工實價則例

宿南、宿北廳：

秫稭，每觔實價銀貳厘玖毫，每束叁拾觔，銀捌分柒厘。

湖蘆，每觔實價銀壹厘柒毫，每束叁拾觔，銀伍分壹厘。

檾，每觔實價銀叁分叁厘。

杉木：

不登尺木，長壹丈貳尺，每根實價銀壹錢捌分玖厘貳毫。

壹尺木，長壹丈叁尺，每根實價銀貳錢柒分貳厘捌毫。

尺壹木，長壹丈肆尺，每根實價銀叁錢伍分捌厘陸毫。

尺肆木，長壹丈伍尺，每根實價銀肆錢捌分肆厘。

尺叁木，長壹丈陸尺，每根實價銀伍錢陸分玖厘捌毫。

尺肆木，長壹丈柒尺，每根實價銀陸錢陸分肆厘肆毫。

尺伍木，長壹丈捌尺，每根實價銀捌錢伍分叁厘陸毫。

尺陸木，長壹丈玖尺，每根實價銀玖錢伍分玖厘貳毫。

尺柒木，長貳丈，每根實價銀壹兩壹錢壹分柒厘陸毫。

尺捌木，長貳丈壹尺，每根實價銀壹兩肆錢壹分肆厘陸毫。

尺玖木，長貳丈貳尺，每根實價銀壹兩柒錢伍分壹厘貳毫。

貳尺木，長貳丈叁尺，每根實價銀貳兩陸分捌厘。

貳尺壹木，長貳丈肆尺，每根實價銀貳兩伍錢伍分肆厘貳毫。

貳尺貳木，長貳丈伍尺，每根實價銀叁兩壹錢肆厘貳毫。

貳尺叁木，長貳丈陸尺，每根實價銀叁兩陸錢伍分貳厘。

貳尺肆木，長貳丈柒尺，每根實價銀肆兩貳錢陸分伍厘捌毫。

貳尺伍木，長貳丈捌尺，每根實價銀肆兩捌錢玖分玖厘肆毫。

貳尺陸木，長貳丈玖尺，每根實價銀伍兩柒錢貳厘肆毫。

貳尺柒木，長叁丈，每根實價銀陸兩伍錢捌分玖厘。

貳尺捌木，長叁丈壹尺，每根實價銀柒兩伍錢叁分玖厘肆毫。
貳尺玖木，長叁丈貳尺，每根實價銀捌兩伍錢玖分伍厘肆毫。
叁尺木，長叁丈叁尺，每根實價銀玖兩玖錢貳分陸厘肆毫。
叁尺壹木，長叁丈肆尺，每根實價銀拾兩柒錢柒分壹厘貳毫。
叁尺貳木，長叁丈伍尺，每根實價銀拾壹兩玖錢柒分肆厘陸毫。
叁尺叁木，長叁丈陸尺，每根實價銀拾叁兩貳錢肆分壹厘捌毫。
叁尺肆木，長叁丈柒尺，每根實價銀拾肆兩伍錢柒分貳厘捌毫。
叁尺伍木，長叁丈捌尺，每根實價銀拾伍兩玖錢陸分伍厘肆毫。
叁尺陸木，長叁丈玖尺，每根實價銀拾柒兩肆錢貳分肆厘。
叁尺柒木，長肆丈，每根實價銀拾捌兩玖錢肆分肆厘貳毫。
叁尺捌木，長肆丈壹尺，每根實價銀貳拾兩伍錢貳分捌厘貳毫。
叁尺玖木，長肆丈貳尺，每根實價銀貳拾貳兩壹錢柒分陸厘。
肆尺木，長肆丈叁尺，每根實價銀貳拾叁兩捌錢捌分伍厘肆毫。
肆尺壹木，長肆丈肆尺，每根實價銀貳拾伍兩陸錢陸分捌毫。
肆尺貳木，長肆丈伍尺，每根實價銀貳拾柒兩伍錢。
肆尺叁木，長肆丈陸尺，每根實價銀貳拾玖兩叁錢玖分捌厘陸毫。
肆尺肆木，長肆丈柒尺，每根實價銀叁拾壹兩叁錢陸分叁厘貳毫。
肆尺伍木，長肆丈捌尺，每根實價銀叁拾叁兩叁錢捌分玖厘肆毫。
肆尺陸木，長肆丈玖尺，每根實價銀叁拾伍兩肆錢捌分壹厘陸毫。
肆尺柒木，長伍丈，每根實價銀叁拾柒兩陸錢叁分伍厘肆毫。
肆尺捌木，長伍丈壹尺，每根實價銀叁拾玖兩捌錢柒分貳厘捌毫。
肆尺玖木，長伍丈貳尺，每根實價銀肆拾貳兩壹錢叁分肆厘肆毫。
伍尺木，長伍丈叁尺，每根實價銀肆拾肆兩肆錢柒分柒厘肆毫。

石料：

雙料墻面丁石，每塊寬厚俱壹尺貳寸，每丈實價銀叁兩伍分伍厘。

单料墻面丁石，每塊寬壹尺貳寸、厚陸寸，每丈實價銀壹兩叁錢壹分陸厘。

雙料裡石，每塊寬厚俱壹尺貳寸，每丈實價銀壹兩陸錢捌分。

单料裡石，每塊寬壹尺貳寸、厚陸寸，每丈實價銀捌錢肆分。

河磚，每塊寬伍寸、厚叁寸叁分、長壹尺貳寸，實價銀貳分陸厘肆毫。

大料河磚，每塊寬柒寸伍分、厚肆寸壹分、長壹尺貳寸，實價銀肆分玖厘貳毫捌絲。

汁米，每担實價銀叁兩壹錢貳分。

石灰，每担實價銀叁錢柒分肆厘肆毫。

雜草，每束重陸觔，實價銀柒厘捌毫，每觔實價銀壹厘叁毫。

購梆，每束青、温、乾重捌、陸、肆拾觔，實價銀玖分。

築堤土方並填壩壓埽等工内。

近處乾地取土，離堤拾伍丈至伍拾丈土方。内：

閒月緩工，忙月歲搶修常辦工，每方實價銀貳錢伍分。

忙月閒工，閒月急工，忙月另案急工，每方實價銀叁錢壹分貳厘伍毫。

遠處乾地取土，離堤伍拾丈以外至壹百丈，及近處濘地取土，離堤拾伍丈至伍拾丈土方。内：

閒月緩工，忙月歲搶修常辦工，每方實價銀貳錢柒分貳厘。

忙月閒工，閒月急工，忙月另案急工，每方實價銀叁錢肆分。

遠處濘地取土，離堤伍拾丈以外至壹百丈土方。内：

閒月緩工，忙月歲搶修常辦工，每方實價銀叁錢。

忙月閒工，閒月急工，忙月另案急工，每方實價銀叁錢柒分伍厘。

堤根有積水坑塘佔碍，遶越乾地取土，離堤伍拾丈以外至壹百伍拾丈土方。内：

閒月緩工，忙月歲搶修，常辦工每方實價銀叁錢肆分。

忙月閒工，閒月急工，忙月另案，急工每方實價銀肆錢貳分伍厘。

堤根有積水坑塘佔碍，遶越濘地取土，離堤伍拾丈以外至壹百伍拾丈土方。内：

閒月緩工，忙月歲搶修常辦工，每方實價銀叁錢陸分。

忙月閒工，閒月急工，忙月另案急工，每方實價銀肆錢伍分。

隔堤隔河，遠處乾地取土，離堤貳百丈以外至叁百丈土方。内：

閒月緩工，忙月歲搶修常辦工，每方實價銀叁錢捌分。

忙月閒工，閒月急工，忙月另案急工，每方實價銀肆錢柒分伍厘。

隔堤隔河，遠處濘地取土，離堤貳百丈以外至叁百丈土方内。

閒月緩工，忙月歲搶修常辦工，每方實價銀肆錢。

忙月閒工，閒月急工，忙月另案急工，每方實價銀伍錢。

若於水底取土，離堤叁拾丈至伍拾丈土方。内：

閒月緩工，忙月歲搶修常辦工，每方實價銀伍錢。

忙月閒工，閒月急工，忙月另案急工，每方實價銀陸錢貳分伍厘。

挑河土方：

乾地挑挖河土，如有積水，外加戽水工。

閒月緩工，忙月常辦工，每方實價銀壹錢陸分，如有積水，外加戽水工，實價銀叁分。

忙月閒工，閒月急工，忙月另案急工，每方實價銀貳錢，如有積水，外加戽水工，實價銀叁分柒厘伍毫。

淤土原係淤沙爛泥，鍬不能挖，筐不能盛，須用木杓舀起，以布兜盛送，夫工較多土方。內：

閒月緩工，忙月常辦工，每方實價銀貳錢柒分貳厘。

忙月閒工，閒月急工，忙月另案急工，每方實價銀叁錢肆分。

稀淤土猶如渾漿，人夫不能跕立，須用跳板接脚，以木杓舀入木桶，挨次排立傳遞方能運送上岸，倍費人力土方。內：

閒月緩工，忙月常辦工，每方實價銀叁錢。

忙月閒工，閒月急工，忙月另案急工，每方實價銀叁錢柒分伍厘。

瓦礫土係逼近城市，居民稠密，瓦礫等類倒卸河。內：

深入泥中結成一塊，需用鐵鈀刨挖挑送遠處堆積，工力倍費土方。內：

閒月緩工，忙月常辦工，每方實價銀叁錢。

忙月閒工，閒月急工，忙月另案急工，每方實價銀叁錢柒分伍厘。

小砂礓土猶如石子，與土凝結，畚插難施，需用鐵鈀築起挑挖，工力艱難土方。內：

閒月緩工，忙月常辦工，每方實價銀叁錢。

忙月閒工，閒月急工，忙月另案急工，每方實價銀叁錢柒分伍厘。

大砂礓土堅硬如石，施工更難，需用鐵鷹嘴努角各器具鑿破逐塊，刨挖挑送，工多倍費土方。內：

閒月緩工，忙月常辦工，每方實價銀肆錢。

忙月閒工，閒月急工，忙月另案急工，每方實價銀伍錢。

罱撈土多在河湖巨蕩之内，碍難築壩，戽水必須僱募船隻，用罱撈浚淤泥運送崖岸。一切僱船撈浚等費土方。內：

閒月緩工，忙月常辦工，每方實價銀叁錢伍分。

忙月閒工，閒月急工，忙月另案急工，每方實價銀肆錢叁分柒厘伍毫。

以上築堤、挑河兩項工程，以拾月至次年叁月俱爲閒月，肆月至玖月俱爲忙月，理合聲明。

各匠役工食：

石匠鏨鑿新雙料墻面丁石，每丈連砌工實價銀陸錢。

石匠鏨鑿新单料墻面丁石，每丈連砌工實價銀叁錢。

石匠鏨鑿舊雙料墻面石，每丈連砌工實價銀貳錢。
石匠鏨鑿舊单料墻面石，每丈連砌工實價銀壹錢。
石匠鏨鑿雙料新舊裡石，每丈連砌工實價銀壹錢貳分。
石匠鏨鑿单料新舊裡石，每丈連砌工實價銀陸分。
石匠鏨鑿錠眼，每個實價銀壹分。
石匠鏨鑿鋦眼，每個實價銀陸厘。
石匠鏨鑿閘工、金門兩墻，上下裹頭肆轉角石塊，每塊實價工銀壹錢。
木匠刯馬牙、梅花樁，每段實價銀貳厘。
刯砍排樁，每丈實價工銀肆分捌厘。
瓦匠砌河磚，每塊實價銀捌毫。
小爐匠箍桶、劈篾、打笆、撕纜等匠，每名實價日給銀陸分。
樁手，每班拾貳名，每名實價日給銀壹錢。
日計夫，實價每名日給銀捌分。
木匠實價，每工銀陸分。
鋸匠，實價每工銀陸分。
漆匠，實價每工銀陸分。
箍接口、灰桶、灰舀等項，用尺伍木，照實價銷算。
熬汁柴束，照實價銷算。
排樁用尺伍陸木不等，照實價銷算。
撕木借用，不銷錢粮。
盤礮打辮子做千觔攅扣等項，用綵觔，照實價銷算。
蘆笆柴束，照實價銷算。
大扳纜，每條用柴壹束，照實價銷算。
壩中填土，按取土遠近，照方計算。
木料估用大小尺寸，照實價銷算。
生鐵錠，每個重肆觔，仍照向例漕規銀陸分。
熟鐵鋦，每個重壹觔，仍照向例漕規銀肆分。
熟鐵銷，每個重壹觔，仍照向例漕規銀肆分。
鐵繩，每條重叁拾觔，仍照向例漕規，每觔銀叁分。
鐵撬，每把重捌觔，仍照向例漕規，每觔銀叁分。
鐵鍬，每把重叁觔，仍照向例漕規，每觔銀叁分。
鐵鷹嘴，每把重貳觔，仍照向例漕規，每觔銀叁分。
鐵幌錘，每把重拾伍觔，仍照向例漕規，每觔銀肆分。

鐵釘，仍照向例漕規，每觔銀叁分。
灰籮，仍照向例漕規，每隻銀陸分。
灰篩，仍照向例漕規，每面銀伍分。
汁鍋，仍照向例漕規，每口銀伍錢。
汁鋼，仍照向例漕規，每口銀貳錢。
木掀，仍照向例漕規，每把銀肆分。
箍桶、竹篾，仍照向例漕規，每觔銀捌厘。
煤炭，仍照向例漕規，每担銀貳錢伍分。
弔石、木鈴鐺，仍照向例漕規，每個銀叁分。
石硪，仍照向例漕規，每部銀伍錢。
硪肘，每肆副用雜木壹段，仍照向例漕規銀叁錢。

毛竹：

壹尺圓，仍照向例漕規，每根銀玖分。
尺壹圓，仍照向例漕規，每根銀壹錢柒厘。
尺貳圓，仍照向例漕規，每根銀壹錢貳分肆厘。
尺叁圓，仍照向例漕規，每根銀壹錢肆分壹厘，每圓加壹寸，增銀壹分柒厘。
蘆蓆，仍照向例漕規，每觔銀壹分伍厘。
水車，每部長壹丈，仍照向例漕規銀貳兩，如添長壹尺，加銀貳錢。
松板，每塊長伍尺、寬壹尺、厚壹寸，仍照向例漕規銀捌分伍厘。
桐油，仍照向例漕規，每觔銀叁分。
水膠，仍照向例漕規，每觔銀叁分。
它参，仍照向例漕規，每觔銀捌分。
錠紅，仍照向例漕規，每觔銀貳分。

卷之十四

河工實價則例

運河廳：

秫稭，每觔實價銀貳厘叁毫，每束叁拾觔，銀陸分玖厘。

湖蘆，每觔實價銀壹厘柒毫，每束叁拾觔，銀伍分壹厘。

檾，每觔實價銀叁分叁厘。

杉木：

不登尺木，長壹丈貳尺，每根實價銀壹錢捌分柒厘。

壹尺木，長壹丈叁尺，每根實價銀貳錢柒分陸毫尺壹木，長壹丈肆尺，每根實價銀叁錢伍分肆厘貳毫。

尺貳木，長壹丈伍尺，每根實價銀肆錢柒分玖厘陸毫。

尺叁木，長壹丈陸尺，每根實價銀伍錢陸分叁厘貳毫。

尺肆木，長壹丈柒尺，每根實價銀陸錢陸分。

尺伍木，長壹丈捌尺，每根實價銀捌錢肆分肆厘捌毫。

尺陸木，長壹丈玖尺，每根實價銀玖錢伍分肆毫。

尺柒木，長貳丈，每根實價銀壹兩壹錢陸厘陸毫。

尺捌木，長貳丈壹尺，每根實價銀壹兩叁錢玖分玖厘貳毫。

尺玖木，長貳丈貳尺，每根實價銀壹兩柒錢叁分叁厘陸毫。

貳尺木，長貳丈叁尺，每根實價銀貳兩肆分捌厘貳毫。

貳尺壹木，長貳丈肆尺，每根實價銀貳兩伍錢叁分。

貳尺貳木，長貳丈伍尺，每根實價銀叁兩柒分壹厘貳毫。

貳尺叁木，長貳丈陸尺，每根實價銀叁兩陸錢壹分肆厘陸毫。

貳尺肆木，長貳丈柒尺，每根實價銀肆兩貳錢貳分壹厘捌毫。

貳尺伍木，長貳丈捌尺，每根實價銀肆兩捌錢肆分捌厘捌毫。

貳尺陸木，長貳丈玖尺，每根實價銀伍兩陸錢肆分叁厘。

貳尺柒木，長叁丈，每根實價銀陸兩伍錢貳分捌毫。

貳尺捌木，長叁丈壹尺，每根實價銀柒兩肆錢陸分貳毫。

貳尺玖木，長叁丈貳尺，每根實價銀捌兩伍錢伍厘貳毫。

叁尺木，長叁丈叁尺，每根實價銀玖兩捌錢貳分叁厘。

叁尺壹木，長叁丈肆尺，每根實價銀拾兩陸錢伍分玖厘。

叁尺貳木，長叁丈伍尺，每根實價銀拾壹兩捌錢肆分玖厘貳毫。

叁尺叁木，長叁丈陸尺，每根實價銀拾叁兩壹錢叁厘貳毫。

叁尺肆木，長叁丈柒尺，每根實價銀拾肆兩肆錢貳分壹厘。

叁尺伍木，長叁丈捌尺，每根實價銀拾伍兩捌錢肆毫。

叁尺陸木，長叁丈玖尺，每根實價銀拾柒兩貳錢肆分壹厘肆毫。

叁尺柒木，長肆丈，每根實價銀拾捌兩柒錢肆分陸厘貳毫。

叁尺捌木，長肆丈壹尺，每根實價銀貳拾兩叁錢壹分肆厘捌毫。

叁尺玖木，長肆丈貳尺，每根實價銀貳拾壹兩伍錢伍厘。

肆尺木，長肆丈叁尺，每根實價銀貳拾叁兩陸錢叁分陸厘捌毫。

肆尺壹木，長肆丈肆尺，每根實價銀貳拾伍兩叁錢玖分貳厘肆毫。

肆尺貳木，長肆丈伍尺，每根實價銀貳拾柒兩貳錢壹分壹厘捌毫。

肆尺叁木，長肆丈陸尺，每根實價銀貳拾玖兩玖分貳厘捌毫。

肆尺肆木，長肆丈柒尺，每根實價銀叁拾壹兩叁分伍厘肆毫。

肆尺伍木，長肆丈捌尺，每根實價銀叁拾叁兩肆分肆厘。

肆尺陸木，長肆丈玖尺，每根實價銀叁拾伍兩壹錢壹分貳厘。

肆尺柒木，長伍丈，每根實價銀叁拾柒兩貳錢肆分叁厘捌毫。

肆尺捌木，長伍丈壹尺，每根實價銀叁拾玖兩肆錢伍分玖厘貳毫。

肆尺玖木，長伍丈貳尺，每根實價銀肆拾壹兩陸錢玖分肆厘肆毫。

伍尺木，長伍丈叁尺，每根實價銀肆拾肆兩壹分伍厘肆毫。

石料：

雙料墻面丁石，每塊寬厚俱壹尺貳寸，每丈實價銀叁兩伍分伍厘。

单料墻面丁石，每塊寬壹尺貳寸、厚陸寸，每丈實價銀壹兩叁錢壹分陸厘。

雙料裡石，每塊寬厚俱壹尺貳寸，每丈實價銀壹兩陸錢捌分。

单料裡石，每塊寬壹尺貳寸、厚陸寸，每丈實價銀捌錢肆分。

河磚，每塊寬伍寸、厚叁寸叁分、長壹尺貳寸，實價銀貳分陸厘肆毫。

大料河磚，每塊寬柒寸伍分、厚肆寸壹分、長壹尺貳寸，實價銀肆分玖厘貳毫捌絲。

汁米，每担實價銀叁兩壹錢貳分。

石灰，每担實價銀叁錢柒分肆厘肆毫。

雜草，每束重陸觔，實價銀柒厘捌毫，每觔銀壹厘叁毫。

購梆，每束青、温、乾重捌、陸、肆拾觔，實價銀玖分。

築堤土方並填壩壓埽等工。内：

近處乾地取土，離堤拾伍丈至伍拾丈土方。内：

閒月緩工，忙月歲搶修常辦工，每方實價銀貳錢伍分。

忙月閒工，閒月急工，忙月另案急工，每方實價銀叁錢壹分貳厘伍毫。

遠處乾地取土，離堤伍拾丈以外至壹百丈，及近處濘地取土，離堤拾伍丈至伍拾丈土方。内：

閒月緩工，忙月歲搶修常辦工，每方實價銀貳錢柒分貳厘。

忙月閒工，閒月急工，忙月另案急工，每方實價銀叁錢肆分。

遠處濘地取土，離堤伍拾丈以外至壹百丈土方。内：

閒月緩工，忙月歲搶修常辦工，每方實價銀叁錢。

忙月閒工，閒月急工，忙月另案急工，每方實價銀叁錢柒分伍厘。

堤根有積水坑塘佔碍，遶越乾地取土，離堤伍拾丈以外至壹百伍拾丈土方。内：

閒月緩工，忙月歲搶修常辦工，每方實價銀叁錢肆分。

忙月閒工，閒月急工，忙月另案急工，每方實價銀肆錢貳分伍厘。

堤根有積水坑塘佔碍，遶越濘地取土，離堤伍拾丈以外至壹百伍拾丈土方。内：

閒月緩工，忙月歲搶修常辦工，每方實價銀叁錢陸分。

忙月閒工，閒月急工，忙月另案急工，每方實價銀肆錢伍分。

隔堤隔河，遠處乾地取土，離堤貳百丈以外至叁百丈土方。内：

閒月緩工，忙月歲搶修常辦工，每方實價銀叁錢捌分。

忙月閒工，閒月急工，忙月另案急工，每方實價銀肆錢柒分伍厘。

隔堤隔河，遠處濘地取土，離堤貳百丈以外至叁百丈土方。内：

閒月緩工，忙月歲搶修常辦工，每方實價銀肆錢。

忙月閒工，閒月急工，忙月另案急工，每方實價銀伍錢。

若於水底取土，離堤叁拾丈至伍拾丈土方。内：

閒月緩工，忙月歲搶修常辦工，每方實價銀伍錢。

忙月閒工，閒月急工，忙月另案急工，每方實價銀陸錢貳分伍厘。

挑河土方：

乾地挑挖河工，如有積水，外加戽水工。

閒月緩工，忙月常辦工，每方實價銀壹錢陸分，如有積水，外加戽水工，實價銀叁分。

忙月閒工，閒月急工，忙月另案急工，每方實價銀貳錢，如有積水，外加戽水工，實價銀叁分柒厘伍毫。

淤土原係淤沙爛泥，鍬不能挖，筐不能盛，須用木杓舀起以布兜盛送，夫工較多。内：

閒月緩工，忙月常辦工，每方實價銀貳錢柒分貳厘。

忙月閒工，閒月急工，忙月另案急工，每方實價銀叁錢肆分。

稀淤土猶如渾漿，人夫不能站立，須用跳板接脚，以木杓舀入木桶内，挨次排立傳遞方能運送上岸，倍費人力土方。内：

閒月緩工，忙月常辦工，每方實價銀叁錢。

忙月閒工，閒月急工，忙月另案急工，每方實價銀叁錢柒分伍厘。

瓦礫土係逼近城市，居民稠密，瓦礫等類倒卸河内，深入泥中結成壹塊，需用鐵鈀刨挖挑送遠處堆積，工力倍費土方。内：

閒月緩工，忙月常辦工，每方實價銀叁錢。

忙月閒工，閒月急工，忙月另案急工，每方實價銀叁錢柒分伍厘。

小砂礓土猶如石子，與土凝結，畚插難施，需用鐵鈀築起挑挖，工力艱難土方。内：

閒月緩工，忙月常辦工，每方實價銀叁錢。

忙月閒工，閒月急工，忙月另案急工，每方實價銀叁錢柒分伍厘。

大砂礓土堅硬如石，施工更難，需用鐵鷹嘴、努角各器具鑿破逐塊，刨挖挑送，工多倍費土方。内：

閒月緩工，忙月常辦工，每方實價銀肆錢。

忙月閒工，閒月急工，忙月另案急工，每方實價銀伍錢。

罱撈土多在河湖巨蕩之内，碍難築壩，戽水必須僱募船隻，用罱撈浚淤泥運送崖岸，一切僱船撈浚等費土方。内：

閒月緩工，忙月常辦工，每方實價銀叁錢伍分。

忙月閒工，閒月急工，忙月另案急工，每方實價銀肆錢叁分柒厘伍毫。

以上築堤、挑河兩項工程，以拾月至次年叁月俱爲閒月，以肆月至玖月俱爲忙月，理合聲明。

箍接口、灰桶、灰舀等項，用尺伍木，照實價銷算。

熬汁柴束，照實價銷算。

各匠役工食：

石匠鏨鑿新雙料墻面丁石，每丈實價連砌工銀陸錢。

石匠鏨鑿新单料墻面丁石，每丈實價連砌工銀叁錢。
石匠鏨鑿舊雙料墻面石，每丈實價連砌工銀貳錢。
石匠鏨鑿舊单料墻面石，每丈實價連砌工銀壹錢。
石匠鏨鑿雙料新舊裡石，每丈實價連砌工銀壹錢貳分。
石匠鏨鑿单料新舊裡石，每丈實價連砌工銀陸分。
石匠鏨鑿錠眼，每個實價銀壹分。
石匠鏨鑿鋦眼，每個實價銀陸厘。
石匠鏨鑿閘工、金門兩墻，上下裹頭肆轉角石塊，每塊實價工銀壹錢。
木匠刯馬牙、梅花樁，每段實價銀貳厘。
刯砍排樁，每丈實價工銀肆分捌厘。
瓦匠砌河磚，每塊實價銀捌毫。
小爐匠箍桶、劈篾、打笆、撕纜等匠，實價每名日給銀陸分。
樁手，每班拾貳名，實價每名日給銀壹錢。
日計夫，每名日給實價銀捌分。
木匠，實價每工銀陸分。
鋸匠，實價每工銀陸分。
漆匠，實價每工銀陸分。
排樁用尺伍陸木不等，照實價銷算。
撕木借用，不銷錢粮。
盤礮打辮子做千觔揁扣等項，用檾觔，照實價銷算。
蘆笆柴束，照實價銷算。
大扳纜，每條用柴壹束，照實價銷算。
壩中填土，按取土遠近，照方計算。
木料估用大小尺寸，照實價銷算。
生鐵錠，每個重肆觔，仍照向例漕規銀陸分。
熟鐵鋦，每個重壹觔，仍照向例漕規銀肆分。
熟鐵銷，每個重壹觔，仍照向例漕規銀肆分。
鐵繩，每條重叁拾觔，每觔仍照向例漕規銀叁分。
鐵撬，每把重捌觔，每觔仍照向例漕規銀叁分。
鐵鍬，每把重叁觔，每觔仍照向例漕規銀叁分。
鐵鷹嘴，每把重貳觔，每觔仍照向例漕規銀叁分。
鐵榥錘，每把重拾伍觔，每觔仍照向例漕規銀肆分。
鐵釘，每觔照向例漕規銀叁分。

灰籮，每隻仍照向例漕規銀陸分。

灰篩，每面仍照向例漕規銀伍分。

汁鍋，每口仍照向例漕規銀伍錢。

木掀，每把仍照向例漕規銀肆分。

汁鋼，每口仍照向例漕規銀貳錢。

篐桶、竹簏，每觔仍照向例漕規銀捌厘。

煤炭，每担仍照向例漕規銀貳錢伍分。

弔石、木鈴鐺，仍照向例漕規，每個銀叁分。

石硪，每部仍照向例漕規銀伍錢。

硪肘，每肆副仍照向例漕規用雜木壹段，銀叁錢。

毛竹：

壹尺圓，仍照向例漕規，每根銀玖分。

尺壹圓，仍照向例漕規，每根銀壹錢柒厘。

尺貳圓，仍照向例漕規，每根銀壹錢貳分肆厘。

尺叁圓，仍照向例漕規，每根銀壹錢肆分壹厘，每圓加壹寸，增銀壹分柒厘。

蘆蓆，每片仍照向例漕規銀壹分伍厘。

水車，每部長壹丈，仍照向例漕規銀貳兩，如添長壹尺，加銀貳錢。

松板，每塊長伍尺、寬壹尺、厚壹寸，仍照向例漕規銀捌分伍厘。

桐油，每觔仍照向例漕規銀叁分。

水膠，每觔仍照向例漕規銀叁分。

它参，每觔仍照向例漕規銀捌分。

錠紅，每觔仍照向例漕規銀貳分。

卷之十五

河工修築事宜奏摺

臣黎跪奏爲黄河工程，採用碎石酌定方價，以便循照發辦造報核銷，據實具奏，仰祈聖鑒事。

竊照江境黄河工程，向来徐州護城石工外，歷用碎石抛護，並於埽外抛砌碎石工程甚爲得力。近年以来各廳臨黄迎溜兜灣埽工，間有蟄廂不已之處。用碎石於埽外抛護，無不挑溜開行。工程即見平稳，各前任河臣先於銅沛、睢南、邳北等廳辦理，試有成效。臣接任者来，随時察看，請求抛護碎石工程，實可化險爲平。雖辦理之時於埽工之外，似乎不免多費，而辦成之後，每段碎石即可盖護下首数段埽工，而且永遠存站，即經年隔歲間，有蟄矮之事量爲加抛，較之埽工經二三年後柴質朽腐，即見蟄塌，廂修不已者實爲莭省通工。文武官弁以至兵夫、居民無不異口同聲，以爲得力，是以近兩年来，准令各廳辦用碎石抛護要工，莭經奏蒙聖鑒在案，所有採運方價，各廳向無定例，惟銅沛廳各工離山較近，向来購辦定有例價。其餘各廳辦用碎石離山遠近不一，随時就採辦情形核給方價，多寡不同。至十九年起，各廳購辦碎石漸多，臣督飭各道將各廳採運碎石遠近難易情形逐加確核，分别酌中定價。較之從前有減無增，相應開具清单。恭呈御覧，仰祈聖鑒。飭部查核，自嘉慶十九年起，江境黄河各廳辦理碎石工程准照单，開酌定之例發辦造册，報部核銷以定成規，而便稽核，再蕭南、豐北、海安、海阜四廳，均未辦用碎石，未經定價列入单内合併陳明，爲此專摺具奏，伏乞皇上睿鑒。謹奏。嘉慶二十一年八月二十一日附驛拜進。

謹將南河、黄河各廳採用碎石，分别核定辦運價值繕具清单，恭呈御覧。

銅沛廳採辦碎石，離山較近，向例每方准給銀一兩一錢七分六厘。採工運費均在其内，應仍照舊例發辦。

睢南、邳北兩廳，採辦碎石，離山較遠，由黄河船運遠近牽計，酌中定價，每方採工運費共給銀二兩九錢一分六厘。

宿南、宿北兩廳採辦碎石，比邳睢離山更遠，由黄河船運遠近牽計，酌中定價，每方採工運費共給銀四兩八錢六分六厘。

桃南、桃北兩廳採辦碎石，比宿南、宿北離山更遠，由黄河船運遠近牽計，酌中定價，每方採工運費共給銀六兩四錢一分六厘。

外南外北兩廳採辦碎石，於洪澤湖老子等山開採，由湖運出清口到工，遠近牽計酌中定價，每方採工運費共給銀四兩六錢三分六厘。

山安、海防兩廳採辦碎石，於洪澤湖老子等山開採，由湖運出清口到工，比外南外北程途較多，遠近牽計酌中定價，每方採工運費共給銀五兩九錢三分六厘。

以上各廳船運碎石方價係臨河工程應用，如非臨河工程，船運碎石止到水口，尚須用車接運到工者，應准按照用車接運里数，每里加給車脚銀八分，又水中抛填碎石不用砌工，如於乾地築砌滚埧及包砌坦坡等工，每方用夫三名，合併陳明。

嘉慶二十一年十月二十四日，准工部咨爲遵旨等事，都水司案呈本部，奏前事一案，相應抄録原奏行文。

江南總河欽遵查照可也，須至咨者。

工部謹奏爲遵旨議奏事。

嘉慶二十一年九月初三日，内閣抄出江南河道總督黎奏稱“江境黄河工程，向来徐州護城石工外應用碎石抛護，並於埽外抛砌碎石甚爲淂力。近年以来各廳營臨黄迎溜埽工於埽外，用碎石抛護，無不挑溜開行。工程即見平稳，前任河臣先於銅沛等廳辦理，試有成效，臣接任以来，随時察看，講求抛護碎石工程實堪化險爲平，雖辦理之時似不免多費，而辦成之後，每段碎石即可盖護各埽，永遠存站，即經年隔歲間，有蟄矮量爲加抛較之埽工〔經〕二三年後柴質朽腐，即見蟄塌，廂修不已者，實爲節省。是以近兩年来，准令各廳辦用碎石抛護要工節經奏奉。聖鑒在案，所有採運方價，各廳向無定例，惟銅沛廳各工離山較近，向来購辦定有例價。其餘各廳辦用碎石，離山遠近不一，随時就採辦情形核給方價多寡不同。至十九年起，各廳購辦碎石漸多，臣督飭各道，將各廳採運碎石遠近難易情形逐加確核，分别酌中定價，較之從前有減無增”等因，嘉慶二十一年八月二十八日奉硃批：“工部議奏。欽此。”臣等查南河各廳，採用碎石方價向未核定，成規惟銅沛廳各工需用碎石准有成價。其餘各廳遇有需用碎石之案，向係該河督於報銷册内聲明。離山道路里数遠近，分别船運、車運，核給方價。並每方每里船運脚價銀三分，車運脚價銀八分，包砌碎石，每方用夫三名，今既據該河督奏稱，埽外抛護碎石甚爲得力。各廳採運方價，請酌定成規以便遵循，自應如該督所奏辦理，惟查清单内所開各廳酌定價值，除銅沛廳每方銀一兩一錢七分六厘，仍照舊辦理。又各廳工用碎石尚須用車接運到工者，按照接運里数，每里加給車脚銀八分。水中抛填碎石，不用砌工。乾地築砌滚垻及包砌坦坡等工，每方用夫三名，各款俱係照舊辦理，毋庸置議外，其餘各廳採辦碎石，係按離山遠近分别定價。自應將各廳離山道路里数開明，方可核定。今該河督清单内所開睢南等十廳，採辦碎石方價僅稱某廳，離山較遠，某廳離山更遠，按船運遠近牽計酌中定價。開列每方共需銀数，並未將各該廳離小道路里数若干，分别開明其如何酌中定價之處。臣部無憑查核，應令該督將各廳離山道路里数詳細查明，開单覆奏到日再行核辦。至奏稱“蕭南、豐北、海安、海阜四廳均未辦用碎石，未經定價列入单内”等語。臣等查蕭南等四廳及運河各廳，現在雖未辦用碎石，倘將来遇有碎石工程，未免無所遵循，應令該督一併於清单内逐一開載。俾江南、黄運兩河各廳採運碎石，方價均有核定成規，則將来俱可一律遵循辦理矣。所有臣等核議緣由，理合恭摺具奏，伏乞皇上睿鑒。謹奏請旨。

嘉慶二十一年九月二十二日奏，本日奉旨：“依議。欽此。”

臣黎跪奏爲遵旨將江南、黄運兩河各廳採辦碎石方價，詳細查明開单恭摺具奏，仰祈聖鑒事。

竊臣因江境黄河工程，近年各廳採辦碎石於迎溜兜灣埽外抛護，無不挑溜開行，實能化險爲平，且比埽工經久可期節省，而碎石方價各廳向無定例。前經督飭，各道將各廳辦運碎石遠年難易情形逐加確核，分别酌中定價開具清单。恭呈御覧。仰蒙勅部議奏“兹臣接准部咨内開查清单内，所開各廳酌定碎石價值，除銅沛廳方價，照舊例辦理外，其餘各廳採辦碎石，係按離山遠近，分别定價，飭令將各廳離山道路里数詳細查明開单覆奏，到日再行核辦，並令將蕭南、豊北、海安、海阜四廳，及運河各廳，一併查開。俾江南、黄運兩河各廳，採運碎石方價均有核定成規，將来均可一律遵循辦理”等因，奉旨：“依議。欽此。”咨行到臣。遵即飭據各道，分别查開前来。臣復加確核所有前奏清单内，各廳採辦碎石方價，原係按照各該廳離山道路里数，及車運船運遠近難易各情形分别定價。今遵部議，另開詳細清单，其前奏单内未經查開之蕭南、豐北、海安、海阜及運河各廳内，惟海安、海阜兩廳採辦碎石情形，可以照黄河各廳，分别酌中定價。其蕭南、豐北兩廳採辦碎石，止能車運，而離山遠近難以牽計定價，其邳宿運河、桃清中河、裡河、揚河、揚粮江防六廳，運河内均係漕船經行之處，未便用碎石工程，惟臨湖、臨江及閘垻等項工程，有可以估用碎石之處，而離山遠近，更多不一，難以牽計酌中定價。惟有酌定按里運脚随時確核辦理，以歸核實。均於清单内詳細查明，一併開列。恭呈御覽，仰祈聖鑒。飭部查核示覆，遵行爲此。專摺具奏伏乞皇上睿鑒。謹奏。

嘉慶二十二年二月二十三日，專差拜進。於三月二十八日奉到硃批：“該部議奏。欽此。”

謹將南河、黄運兩河各廳採用碎石，分别核定辦運，價值繕具清单，恭呈御覽。

蕭南廳採辦碎石，嘉慶六年辦理，毛城舖滚垻採用保安山片石。每方刨乞銀三錢三分六厘，用車運到工，每方每里給銀八分，今查該廳採辦碎石，水運無路，惟有車運，應就各工離山遠近，照毛城舖之例。随時核給方價，以歸核實。

豐北廳採辦碎石，向無辦過成例，左近無山，遠處採石，水運無路，惟有車運，應就各工離山遠近，照毛城舖之例。随時核給方價，以歸核實。

銅沛廳採辦碎石，離山遠近牽計十里有零，車運到工。舊例，每方採工運費共給銀一兩一錢七分六厘，今仍照辦。

睢南、邳北兩廳採辦碎石，比銅沛、離山較遠，向用車運，照蕭南毛城舖之例，随時核給方價，今查由山車運黄河水口，可以用船裝送到工，所費比車運較省計，自山開挖車運黄河水口，遠近牽計十里有零，照銅沛採辦之例，每方給銀一兩一錢七分六厘。由車搬送上船裝叠，每方用夫三名，每名工銀八分，計銀二錢四分。船自水口裝送各工，遠近牽計六十里。每方每里給水脚銀二分五厘，計銀一兩五錢。統計每方採工運費，共給銀二兩九錢一分六厘。

宿南、宿北兩廳採辦碎石，離山較睢南、邳北更遠，自山開乞車運黄河水口，遠近牽計十里有零，照銅沛採辦之例，每方給銀一兩一錢七分六厘，由車搬送上船裝叠，每方用夫三名，每名工銀八分，計銀二錢四分。船自水口裝送各工，遠近牽計一百五十里，查水脚原運等候，裝盛時日在内，同一裝盛而程途里数較多，按里所給水脚應行酌减，每方每里給銀二分三厘，計銀三兩四錢五分。統計採工運費，每方共給銀四兩八錢六分六厘。

桃南、桃北兩廳採辦碎石，離山比宿南、宿北更遠，自山開挖車運黃河水口，遠近牽計十里有零，照銅沛採辦之例，每方給銀一兩一錢七分六厘，由車搬送上船，每方用夫三名，每名工銀八分，計銀二錢四分，船自水口裝送各工，遠近牽計二百五十里，查水脚原運等候裝盛時日在内，同一裝盛而程途里数較多，按里所給水脚應比宿南北再行酌減，每方每里酌給銀二分，計銀五兩，統計每方採工運費，共給銀六兩四錢一分六厘。

外南、外北兩廳採辦碎石，於洪湖老子等山開挖，每方採工銀三錢三分六厘，山與水口相近，即可上船惟渡，越洪湖来往皆須守候，順風照外河廳、吴城七堡採辦碎石之例，每方連接裝上船夫工在内，每里給水脚銀三分。至吴城七堡計程一百二十里，計銀三兩六錢，自吴城七堡至外南北兩廳，遠近牽計三十五里，有縴挽可通，比湖中守風行走較易，每方每里給銀二分，計銀七錢，統計每方採工運費，共給銀四兩六錢三分六厘。

山安、海防兩廳採辦碎石，於洪澤湖老子等山開挖，每方採工銀三錢三分六厘，山與水口相近，照外河吴城七堡採辦碎石之例，每方連接裝上船夫工在内，每里給水脚銀三分，至吴城七堡計程一百三十里，計銀三兩六錢，自吴城七堡至山安海防兩廳，遠近牽計一百里，有縴挽可通比湖中守風行走較易，每方每里給水脚銀二分該銀二兩，統計每方採工運費共給銀五兩九錢三分六厘。

海安、海阜兩廳採辦碎石，於洪澤湖老子山開挖，每方採工銀三錢三分六厘，山與水口相近，照外河吴城七堡辦用碎石之例，連接裝上船夫工在内，每里給水脚銀三分，至吴城七堡計程一百二十里，計銀三兩六錢，自吴城七堡至海安、海阜兩廳，遠近牽計二百里，有縴挽可通比湖中守風行走較易，每方每里准給銀二分，計銀四兩，統計每方採工運費，共給銀七兩九錢三分六厘。

邳宿運河、桃清中河兩廳係漕船經行河道，兩岸未便用碎石工程，致有碰磕惟兩岸各河港湖渠蓄洩水势堤垻等工，間有可用碎石之處，須於上游東境候遷閘以上之花山江境，黄林庄迤南之王母山採辦。每方採工，照老子等山之例，給銀三錢三分六厘。車運至運河水口，計程七八里不等，照各山開採之例，每方給車脚銀八分，以七里核算，計銀五錢六分，自車搬送上船裝叠，每方用夫三名，每名工銀八分，計銀二錢四分，船自水口運送各工，程途近者，止数十里，遠者有二三百里，難以牽計，如有估辦碎石之處，應随時查照程途里数，每方每里給水脚銀三分以歸核實。

裡河廳漕船經行之處，未便用碎石工程，惟臨湖及並無漕船經行之處，可以估用舊例。臨湖工採用碎石於老子山開挖，每方給水脚銀三錢三分六厘，船運到工，計程一百二十里，每方每里給水脚銀三分，計銀三兩六錢，應即照辦，如有工清口以外程途較遠之處，照外南北採運老子山碎石之例，自臨湖工次起每里再加運脚銀二分，随時按程途里数准給以歸核實。

揚河、揚粮、江防三廳均係漕船經行之處，兩岸未便用碎石工程，惟兩岸各閘垻之内，並臨湖臨江各工可用查舊例，江防廳江洲城外壓瀾垻辦，用鎮江各山碎石，每方准給銀一兩零九分三厘二毫。此外並兼辦用碎石之處，嗣後三廳估用碎石，如工在大江以南，就近各山採用應照各山開採之例。每方給採工銀三錢三分六厘，船運每方每里給銀二分，車運每方每里給銀八分，随時按照核給，如工在大江以北，程途近者，止数十里，遠者有二三百里，難以牽計，應以江洲城向例，准給銀一兩零九分三厘二毫爲例。再自江洲起，按照程途遞加水脚，係重船逆流，挽運比運中河順水行走較難，應每方每里給水脚銀二分五厘，随時按照准給，以歸核實。

以上各廳船運碎石，係臨河工程，應用者船即到工方價之外，别無費用，如非臨河工程，船運碎石止到水口，尚須用車接運到工者，應再准按照用車接運里数，每里給車脚銀八分，又碎石工水中拋填者，不用砌工，如於乾地築砌滚垻坦坡等工，每方須用夫三名，合併陳明。

嘉慶二十二年四月十八日，准工部咨爲遵旨議奏事。

都水司案呈，嘉慶二十二年三月初八日，内閣抄出江南河道總督黎將江南、黄運兩河各廳採辦碎石方價，詳細查明，開单具奏一摺。嘉慶二十二年三月初六日，奉硃批該部議奏，欽此。臣等查南河各廳採運碎石方價，向未核定成規，惟銅沛廳各工碎石准有成價，其餘各廳遇有需用碎石之案，每方准給開山刨挖，銀三錢三分六厘，船運每里運價銀三分，車運每里運價銀八分，按其離山道路遠近，分别核給。其水中拋填不用砌工，乾地築砌每方准用夫二名，歷年遵循辦理在案。嘉慶二十一年九月，據江南河。臣黎奏稱近年以来，埽外拋砌碎石甚爲得力，將各廳採運碎石方價開具清单，奏請酌定成規以便遵循等因。經臣部查清单内，開各廳酌定價值，除銅沛廳方價仍照舊辦理。又各廳工用碎石尚須用車接運到工者，按照接運里数，每里加給車脚銀八分，水中拋填碎石，不用砌工，乾地築砌滚垻及包砌坦坡等工，每方用夫三名，各款俱係照舊辦理，毋庸置議外，其餘各廳採辦碎石係按離山遠近，分别定價，該河督清单内所開睢南等十廳，採辦碎石方價。並未將離山道路里数若干分别開明。臣部無凴查核，應令該河督將各廳離山道路里数，詳細查明，開具清单，並將蕭南、豐北、海安、海阜等四廳，及運河各廳一併於清单内逐一開載，覆奏到日，再行核辦去後。今據該河督奏稱“各廳採辦碎石方價原係按照各該廳離山道路里数，及車運船運遠近難易各情形，分别定價，今遵部議，另開詳細清单。蕭南、豐北兩廳採辦碎石，止能車運，而離山遠近難以牽計定價。邳宿運河、桃源中河、裡河、揚河、揚粮、江防六廳運河内向係漕船經行之處，未便用碎石工程，其臨湖臨江及閘壩等項工程，有可以估用碎石之處，而離山遠近不一，難以定價，惟有酌定按里運脚，随時確核辦理，至海安海阜兩廳採辦碎石情形，可以分别酌中定價，均於清单内詳細查明，一併開列”等語。臣等查单開銅沛廳採辦碎石，每方照舊例，連運脚定價銀一兩一錢七分六厘。睢南、邳北、宿南、宿北、桃南、桃北六廳，自山運至水口，照銅沛廳方價核給，自水口運至工所，按其道路遠近、難易情形，加給運費。外南、外北、山安、海防、海安、海阜六廳，照向例准給開山刨挖銀三錢三分六厘，按其離山道路遠近難易情形加給運費，所開船運脚價，每方每里給銀三分，係照向例辦理，其餘酌定每里給銀二分及二分三厘、二分五厘不等。較之向例有減無增，應如所奏辦理。至蕭南、豐北、運河、中河、裡河、揚河、揚粮、江防八廳，據該河督单内聲稱各廳工所無定，離山遠近亦難預爲牽計，仍照向例每方給刨挖銀三錢三分六厘，車運每里給銀八分，船運每里酌給銀二分至二分五厘及三分不等。随時分别核給方價，係屬按照舊例核實辦理，應令該河督遇有工用碎石之處，於估報册内，將離山道路遠近里数據實分晰，開明以凴核辦所有。臣等核議緣由理合恭摺具奏，伏乞皇上睿鑒。謹奏。

旨嘉慶二十二年三月二十三日奏，本日奉旨：“依議。欽此。”爲此合咨前去，欽遵施行。

臣黎跪奏爲察訪南河料價稍平，應請酌減發辦，以歸撙節，據實奏聞事。

竊照南河料價，自嘉慶十二年奏奉諭旨。加增定例之後，歷年循照發辦在案。原因市價過於昂貴，實在不敷辦理，不得不寬爲增定。若市價漸平，即應随時據實奏聞酌減以歸核實，臣於接任南河之後，每遇發辦各料，即随時留心察訪市價，向均未能平減前因，督臣百清查蕩地産柴確数，採運到工者，比從前較多，是以各廳購料比前較少，且兩年来南河未有大工，民間料物不至搜購無餘。近日，柴稭市價稍減，臣與督臣百稔知經費支絀，當料物昂貴之時，固不敢圖節省而啟偷減之弊，及市價平賤之際，尤不敢任浮糜而開侵冒之端。密于通工，逐加訪詢，通算籌計，除徐屬、豐蕭、銅沛、睢南、邳北、運河六廳原增例價本輕，且界連豫東稍爲被旱，現在市價未能較賤，毋庸議減外，其餘各廳柴稭均照現行例價酌減一成，足敷購辦本年應行备料。各廳即應援照辦理，以歸核實撙節，如將来再能平減，或仍復昂貴，總當随時具奏核實辦理，所有柴稭減價發辦緣由，謹會同兩江督臣百恭摺奏聞，伏乞皇上睿鑒。謹奏。

嘉慶十九年閏二月初七日，專差拜進於閏二月二十七日，奉到硃批："另有旨。欽此。"

軍機大臣字寄協辦大學士、兩江總督百，署江南河道總督黎，河東河道總督吴：嘉慶十九年閏二月十七日奉上諭："據黎奏'察訪南河，料價稍平，除徐屬、豐蕭等六廳，現在市價未賤，毋庸議減，其餘各廳柴稭照現行例價酌減一成購辦'等語。近日，南河柴稭市價稍平，自應將原增例價随時酌減，以歸核實，惟所奏酌減一成之處，殊未明晰著，將該處料垛現行例價若干，應議酌減若干，詳晰查開具奏。該省按所減之價發辦，部中按数核銷，以杜浮冒。上年，豫省被旱，購料昂貴，將来堵築睢工需用較多，此時南河市價既平，料物自屬充裕。著百等與吴札商如合計運脚，可以節省錢粮，此時即可多爲購备，以爲協濟睢工之用。該督等察看情形，會同妥辦再睢工，現已緩堵，全注洪湖汛水長發時，清江一帶及堰旴各工均関緊要。百、黎當相度機宜及早籌备，盡心防護，務期計出萬全痛改因循疲玩惡習，毋稍踈虞。將此諭令知之。欽此。"遵旨寄信前来。

臣百臣黎跪奏爲遵旨詳查江境應減各廳料價，開单具奏，並會商辦料協濟睢工，據實陳覆，仰祈聖鑒事。

本年閏二月二十七日，接准軍機大臣字寄，奉上諭："據黎奏'察訪南河，料價稍平，除徐屬豐、蕭等六廳，現在市價未賤，毋庸議減，其餘各廳柴稭照現行例價酌減一成購辦'等語。近日南河柴稭市價稍平，自應將原增例價随時酌減以歸核實，惟所奏酌減一成之處，殊未明晰，着將該處料垛現行例價若干，應議酌減若干，詳晰查開具奏。該省按所減之價發辦，部中按数核銷，以杜浮冒。上年豫省被旱，購料昂貴，將来堵築睢工需用較多，此時南河市價既平，料物自屬充裕。着百等與吴札商如合計運脚，可以節省錢粮，此時即可多爲購备，以爲協濟睢工之用。該督等察看情形，會同妥辦等因。欽此。"仰見我皇上俯籌帑料，垂訓諄詳，欽感無以名喻，伏查南河購辦柴稭兩項，均以觔束定價，每束定例重叁拾觔，各廳離産地遠近不一，例價多寡不同，嘉慶十二年，照原定例價奏明，加增按照觔束，分别發銀，令各廳購辦。部中即照数核銷，歷經遵循辦理在案。臣黎前摺具奏酌減一成，係照各廳增加之例價，分爲十成，酌減一成，如每銀壹錢，應減銀壹分，原擬俟奉旨後再行查開細数清单。咨部核辦，兹蒙諭旨飭令詳晰查奏，謹開具清单，恭呈御覧，其徐屬、豐北、蕭南、銅沛、睢南、邳北、運河六廳，原增例價本少，且距葦營道遠，毋庸議減，及例用江柴之揚粮、江防二廳，均未列入单内，仰祈勑部查照，自本年起照減定之数發辦報銷，以昭核實。至購辦協濟睢工料物，臣等昨與東河臣吴詳細面商，江境、淮揚一带料價現雖稍爲平減，惟距睢工甚逺，現在上游黄河無水，既不能通舟，若由洪湖達淮沂流，運送計程千有餘里，不特湖中風色靡常，每虞漂失即淮河逆流，挽運計其所費運脚倍于購價，斷不能比豫省減省，應俟秋料登塲之時，察看豐蕭一帶，如果料價可減於豫境，再爲具奏辦理，謹先合詞繕摺覆奏伏乞皇上睿鑒。謹奏。

嘉慶十九年三月一十九日，附驛拜進於四月初十日，奉到硃批："工部知道。欽此。"

謹將南河各廳購辦柴稭奏請照現行例價酌減一成，分别開具清单，恭呈御覧。

柴料：

山安、海防、海安、海阜四廳現行例價，每束重叁拾觔，銀柒分陸厘，今酌減一成，銀柒厘陸毫，每束發辦銀陸分捌厘肆毫。

外南、外北、揚河三廳現行例價，每束重叁拾觔，銀捌分捌厘，今酌減一成，銀捌厘捌毫，每束發辦銀柒分玖厘貳毫。

裡河、中河兩廳現行例價，每束重叁拾觔，銀玖分伍厘，今酌減一成，銀玖厘伍毫，每束發辦銀捌分伍厘伍毫。

桃南、桃北、高堰、山旴四廳現行例價，每束重叁拾觔，銀壹錢，今酌減一成，銀壹分，每束發辦銀玖分。

稭料：

宿南、宿北兩廳現行例價，每束重叁拾觔，銀捌分柒厘，今酌減一成，銀捌厘柒毫，每束發辦銀柒分捌厘叁毫。

桃南、桃北兩廳現行例價，每束重叁拾觔，銀玖分，今酌減一成，銀玖厘，每束發辦銀捌分壹厘。

外南、外北、中河三廳現行例價，每束重叁拾觔，銀玖分叁厘，今酌減一成，銀玖厘叁毫，每束發辦銀捌分叁厘柒毫。

高堰廳現行例價，每束重叁拾觔，銀玖分玖厘，今酌減一成，銀玖厘玖毫，每束發辦銀捌分玖厘壹毫。

山盱廳現行例價，每束重叁拾觔，銀壹錢零貳厘，今酌減一成，銀壹分零貳毫，每束發辦銀玖分壹厘捌毫。

工部曹等謹奏爲南河料物時價漸平，現據該河督等止將准揚、海宿各廳柴稭查明酌減，其餘各款未據随同核減，請旨飭下河，臣核實辦理，恭摺奏聞，仰祈聖鑒事。

竊查嘉慶拾貳年前兩江督，臣鐵等將河工加價物料開单列款具奏，經前大學士慶等會同臣部議，奏奉上諭："着派侍郎英、蔣揀带工部精細司員，馳驛前往南河，將河工應用稭蔴、樁木以及土方等項，均一一親身查訪，時價採試，切勿假手河員，將寔價詳細開单具奏。候朕裁酌。欽此。"旋據英等奏到，奏旨發交工部，按其所列各款，分晰計算，另行開单進呈臣部。遵即繕单呈覽奉上諭："所有单内增添價值，着將較舊價多半倍、一倍、倍半以及兩倍者，均照所擬辦理，其有較舊價加至兩倍以外，至三倍、四倍半有零者，着減至兩倍爲止，于兩倍之外，不得再有浮多，違者工部仍前不准。欽此。"旋又據鐵等奏准"將揚属及宿南、宿北葦柴于准加兩倍之外，再加一倍有零"等因。臣部當將加價各項物料價值刊刻現行事例，按照該督等奏明原案，請自拾壹年正月初壹日起以後工程，均照加價核銷。迄今奉行在案，拾玖年，據河督黎等將淮揚、淮海二道属及宿南、宿北柴稭奏減一成，貳拾壹年又將此例海安、海阜二廳復加節減各在案。臣等檢查河工籲請加價，原奏本稱"部價自有定例，一切工料按照時價給發，不能開銷遂雲。估工段、寬報丈尺以符部價，移此就彼，而承辦廳員即又生弊混，惟有仰懇聖恩俯允，按照時價寔用寔，銷則所費錢粮仍止此数，而造報不致虛假"等語，本爲核寔辦公起見，惟查拾壹年未經加價以前，南河歲搶修，每年額定用銀伍拾萬兩，加價以後，每年用銀幾及壹百伍拾萬兩，自加價至今已越拾年，費用銀数即就歲搶修一項核計已加至千萬兩之多，如果寔用在工，則歷年另案常辦埽垻以及随時堵築、挑培各工，自宜量爲減少乃自拾壹年加價之後，本年另案，挑培建砌各工用銀至肆百陸拾萬餘兩，拾叁年用銀伍百玖拾叁萬餘兩，拾伍年用銀至伍百陸拾陸萬餘兩，拾柒年用銀至伍百陸拾壹萬餘兩，其餘用銀較少年分亦俱報銷至叁百陸柒拾萬兩不等。臣等溯查拾壹年加價以前工程，自乾隆伍拾玖陸拾等年起，至嘉慶捌玖等年止，除嘉慶拾年另案，用銀肆百陸拾柒萬餘兩，爲数較多外，其餘拾数年内用銀最多年分不過叁百拾玖萬及貳百玖拾壹萬兩，其最少年分有捌拾壹萬及柒拾萬兩不等，而加價以後，拾数年内另案，用銀最多年分有伍百玖拾叁萬及伍百陸拾陸萬餘兩，其最少年分亦不下叁百陸拾叁萬及叁百陸拾陸萬兩等数。臣等通算核計，自乾隆伍拾玖年起，至嘉慶拾年止，南河除去豐北六堡及蕭南貳次邵工等處漫口大工銀叁百柒拾玖萬餘兩不計外，寔在另案挑培、建砌各工，用銀貳千陸百玖拾玖萬餘兩，自嘉慶拾壹年加價起，至貳拾壹年止，除去郭家房、王營貳次減壩，瓮家營、百子堂、千根、旗杆、平橋、陳家浦六壩，馬港口、義禮二壩等處漫口大工銀壹千貳百肆拾玖萬餘兩不計外，寔在另案，挑培、建砌各工用銀至肆千捌百玖拾柒萬餘兩，其間多寡相殊爲数，竟至懸絶，核之加價，原奏所稱費用錢粮仍止此数！而造報不致虛假之語，寔屬大相矛盾，是價值雖以增加，而工程仍未核寔，已可概見。拾玖年欽奉諭旨。近日，南河柴稭市價稍平，自應將原增例價随時酌減以歸核寔，欽此。該督等欽遵查辦，將淮揚、淮海二道属及宿南、宿北柴稭酌減一成，合之例價貳倍計算，纔及拾分之壹，即止在加價中計算，亦止及柒分之壹，爲数甚爲微細，而其中徐属六廳常鎮二廳柴稭尚不在議減之列，其餘河工需用之檾觔、梆束、湖蘆、穠草、杉椿、石料、河磚、土方夫匠等項，款目繁多，数載以来並未議及，查南省年歲，料價漸平，自係物力稍豐，各項物價亦應一律具寔查訪，有可減省之處，即當盡心籌畫，以期不致虛糜。

帑項若任聽報銷，年復一年，經費有常，于何節止，臣部職在工官專司考核，不敢因循常例，坐視浮糜，爲此查明例時貳價物料，開具簡明清单。恭呈御覧，請旨，勅下河臣會同兩江總督，詳晰查核，據寔裁減，列款奏明伏候。欽定勿任河員浮開虛報，虛有查辦之名，寔無節省之效，臣等爲慎重錢粮起見，爲此恭摺奏聞，伏乞皇上訓示遵行。謹奏請旨。

嘉慶貳拾叁年叁月貳拾肆日

大學士管理工部事務臣曹振鏞

工部尚書臣蘇楞額

尚書臣茹芬

左侍郎臣德文

左侍郎臣王以銜

右侍郎臣誠安

右侍郎臣陸以莊

謹將南河各廳料物、匠工新舊價值，開具簡明清单恭呈御覽。

桃南、桃北二廳：

秫稭，每束舊例價銀貳分。新例價銀玖分，拾玖年減銀玖厘，銷銀捌分壹厘。

葦柴，每束舊例價銀貳分壹厘。新例價銀壹錢，拾玖年減銀壹分，銷銀玖分。

查高埝廳葦柴價值同。

蔴，每觔舊例價銀壹分壹厘，新例價銀叁分叁厘。

查宿南、宿北、運河等三廳，蔴觔價值同。

杉木自不登尺木至伍尺木共肆拾貳則，每根舊例價銀捌分陸厘，至貳拾兩貳錢壹分柒厘。新例價銀壹錢捌分玖厘貳毫，至肆拾肆兩肆錢柒分柒厘肆毫。

查宿南、宿北二廳木料價值同。

石料自雙料墻面，丁石至单料裡石共肆則，每丈舊例價銀壹兩伍錢至叁錢伍分。新例價銀叁兩伍錢貳分伍厘至玖錢捌分。

河磚，每塊舊例價銀壹分貳厘，新例價銀貳分陸厘肆毫。

大料河磚，每塊舊例價銀無，新例價銀肆分玖厘貳毫捌絲。

汁米，每石舊例價銀壹兩貳錢，新例價銀叁兩壹錢貳分。

查裡河、外南、外北、山安、海防、海安、海阜、中河、高埝、山盱、揚河、揚粮、江防、豐北、蕭南、銅沛、睢南、邳北、宿南、宿北、運河等貳拾壹廳河磚，大料河磚，汁米，價值俱同。

石灰，每石舊例價銀壹錢肆分肆厘，新例價銀叁錢柒分肆厘肆毫。查裡河、外南、外北、山安、海防、海安、海阜、中河、高埝、山盱、揚河、揚粮、江防、宿南、宿北、運河等拾陸廳石灰價值同。

襍草，每束舊例價銀貳厘陸毫，新例價銀柒厘捌毫。查豐北、蕭南、銅沛、睢南、邳北、宿南、宿北、運河等捌廳襍草價值同。

購梆，每束舊例價銀叁分，新例價銀玖分。

查裡河、外南、外北、山安、海防、海安、海阜、中河、高埝、山盱、揚河、揚粮、江防、豐北、蕭南、銅沛、睢南、邳北、宿南、宿北、運河等貳拾壹廳購梆價值同。

築堤並填坝壓埽土，自近處乾地取土至水底取土共捌則，每方舊例價銀壹錢貳分伍厘至貳錢伍分，新例價銀，閒月緩工，忙月歲搶修常辦工，貳錢伍分至伍錢，忙月閒工，閒月急工，忙月另案急工，叁錢壹分貳厘伍毫至陸錢貳分伍厘。

挑河土，自乾地挑河土至罱撈土共柒則，每方舊例價銀捌分至貳錢。新例價銀，閒月緩工，忙月歲搶修常辦工，壹錢陸分至肆錢，忙月閒工，閒月急工，忙月另案急工，貳錢至伍錢。

查裡河、外南、外北、山安、海防、海安、海阜、中河、高埝、揚河、揚粮、江防、豐北、蕭南、銅沛、睢南、邳北、宿南、宿北、運河等貳拾廳，築堤、填壩、壓埽、挑河等項，土方價值俱同。

石匠鏨鑿新雙料墻面，丁石至雙料新舊裡石共陸則，每丈舊例工銀叁錢至叁分，新例工銀陸錢至陸分。

石匠鏨鑿錠眼、鋦眼，每個并金門、兩墻、裡頭磚角石塊，每塊舊例工銀叁厘至伍分，新例工銀陸厘至壹錢。

木匠刨馬牙、梅花樁，每段并刨砍牌樁，每丈舊例工銀壹厘至貳分肆厘，新例工銀貳厘至肆分捌厘。

瓦匠砌河磚，每塊舊例工銀肆毫，新例工銀捌毫。

小爐等各項匠，每工舊例工銀叁分，新例工銀陸分。

樁手，每名舊例工銀伍分，新例工銀壹錢。

日計夫，每名舊例工銀肆分，新例工銀捌分。

查裡河、外南、外北、山安、海防、海安、海阜、中河、高埝、山盱、揚河、揚粮、江防、豐北、蕭南、銅沛、睢南、邳北、宿南、宿北、運河等貳拾壹廳，石匠、木匠、瓦匠、小爐匠、樁手，日計夫各項工匠俱同。

裡河廳：

葦柴，每束舊例價銀貳分壹厘，新例價銀玖分伍厘，拾玖年減銀玖厘伍毫，銷銀捌分伍厘伍毫。

檾，每觔舊例價銀壹分叁厘，新例價銀叁分玖厘。

查外南、外北、山安、海防、海安、海阜、高埝、山盱、揚河、揚粮、江防等拾壹廳，檾觔價值同。

杉木自不登尺木至伍尺木，共肆拾貳則，每根舊例價銀柒分至拾捌兩玖錢伍分肆厘，新例價銀壹錢伍分肆厘至肆拾壹兩陸錢玖分捌厘捌毫。

石料自雙料墻面丁石至单面石，共肆則，每丈舊例價銀壹兩柒錢至肆錢，新例價銀叁兩玖錢玖分伍厘至壹兩壹錢貳分。

查外南、外北貳廳，石料價值同。

襍草，每束舊例價銀陸厘，新例價銀壹分捌厘。

查外南、外北、山安、海防、海安、海阜、中河、高埝、山盱等玖廳，襍草價值同。

外南、外北貳廳秫稭，每束舊例價銀無，新例價銀玖分叁厘，拾玖年減銀玖厘叁毫，銷銀捌分叁厘柒毫。查中河廳秫稭價值同。

葦柴，每束舊例價銀貳分，新例價銀捌分捌厘，拾玖年減銀捌厘捌毫，銷銀柒分玖厘貳毫。

杉木自不登尺木至伍尺木共肆拾貳則，每根舊例價銀柒分至拾玖兩叁錢柒分伍厘，新例價銀壹錢伍分肆厘至肆拾貳兩陸錢貳分伍厘。

山安、海防貳廳：

葦柴，每束舊例價銀貳分，新例價銀柒分陸厘，拾玖年減銀柒厘陸毫銷銀陸分捌厘肆毫。

杉木自不登尺木至伍尺木共肆拾貳則，每根舊例價銀柒分至拾玖兩柒錢玖分陸厘，新例價銀壹錢伍分肆厘至肆拾叁兩伍錢伍分壹厘貳毫。查海安、海阜、中河等叁廳，木料價值同。

石料自雙料墻面丁石至单料裡石共肆則，每丈舊例價銀壹兩玖錢至肆錢伍分，新例價銀肆兩肆錢陸分伍厘至壹兩貳錢陸分。

查海安、海阜、高埝、山盱等肆廳，石料價值同。

海安、海阜貳廳：

葦柴，每束舊例價銀貳分，新例價銀柒分陸厘，拾玖年減銀柒厘陸毫，貳拾壹年，又減銀壹分玖毫，銷銀伍分柒厘伍毫。

中河廳：

葦柴，每束舊例價銀貳分壹厘，新例價銀玖分伍厘，拾玖年減銀玖厘伍毫，銷銀捌分伍厘伍毫。

檾，每觔舊例價銀壹分叁厘，新例價銀叁分伍厘。

石料自雙料墻面丁石至单料裡石共肆則，每丈舊例價銀壹兩陸錢至叁錢柒分伍厘，新例價銀叁兩柒錢陸分至壹兩伍分。

高堰廳：

秫稭，每束舊例價銀無，新例價銀玖分玖厘，拾玖年減銀玖厘玖毫，銷銀捌分玖厘壹毫。

杉木自不登尺木至伍尺木共肆拾貳則，每根舊例價銀柒分至貳拾壹兩陸分，新例價銀壹錢伍分肆厘至肆拾陸兩叁錢叁分貳厘。

查山盱廳木料價值同。

山盱廳：

秫稭，每束舊例價銀無，新例價銀壹錢貳厘，拾玖年減銀壹分貳厘，銷銀玖分壹厘捌毫。

葦柴，每束舊例價銀貳分肆厘，新例價銀壹錢，拾玖年減銀壹分，銷銀玖分。

築堤并塘垻壓埽土，舊例至近處乾地取土至水底取土共捌則，每方價銀壹錢貳分伍厘至貳錢伍分。新例五垻土方隔湖用船裝運，必須避溜遶行，俱于未經起剥之，先預行積土備用查照。隔水取土遶越叁肆百丈之例，一律加增每方例價銀伍錢。

挑河土自乾地挑河土至罱撈土共柒則，每方舊例價銀捌分至貳錢，新例價銀，閒月緩工，忙月歲搶修常辦工，壹錢陸分至肆錢，忙月閒工，閒月急工，忙月另案急工，貳錢至伍錢。

揚河廳：

葦柴，每束舊例價銀貳分貳厘，新例價銀捌分捌厘，拾玖年減銀捌厘捌毫，銷銀柒分玖厘貳毫。

江柴，每觔舊例價銀壹厘，新例價銀叁厘。

杉木自不登尺木至叁尺木共貳拾貳則，每根舊例價銀柒分至貳兩貳錢，新例價銀壹錢伍分肆厘至肆兩捌錢肆分。

石料自雙料墻面丁石至单料裡石共肆則，每丈舊例價銀壹兩貳錢玖分貳厘至肆錢，新例價銀叁兩叁分陸厘貳毫至壹兩壹錢貳分。

褉草，每束舊例價銀陸厘，新例價銀壹分柒厘伍毫。

稻草，每束舊例價銀貳厘伍毫，新例價銀柒厘伍毫。

查揚粮、江防貳廳，石料、褉草、稻草價值俱同。

揚粮、江防貳廳：

江柴，每觔舊例價銀壹厘，新例價銀貳厘陸毫。

杉木自不登尺木至叁尺木共貳拾貳則，每根舊例價銀陸分捌厘至貳兩貳錢。新例價銀壹錢肆分玖厘陸毫至肆兩捌錢肆分。

豐北，蕭南貳廳：

秫稭，每束舊例價銀貳分，新例價銀陸分。

檾，每觔舊例價銀壹分壹厘，新例價銀叁分。

查銅沛、睢南、邳北等叁廳，檾觔價值同。

杉木自不登尺木至伍尺木共肆拾貳則，每根舊例價銀玖分至貳拾壹兩陸分，新例價銀壹錢玖分捌厘至肆拾陸兩叁錢叁分貳厘。

石料自雙料墻面丁石至单料裡石共肆則，每丈舊例價銀玖錢至貳錢，新例價銀貳兩壹錢壹分伍厘至伍錢陸分。

石灰，每石舊例價銀柒分貳厘，新例價銀壹錢捌分柒厘貳毫。

查銅沛廳木料、石料、石灰價值俱同。

銅沛廳：

秫稭，每束舊例價銀貳分，新例價銀陸分陸厘。

湖蘆，每束舊例價銀無，新例價銀伍分柒厘。

睢南、邳北貳廳：

秫稭，每束舊例價銀貳分，新例價銀陸分玖厘。

湖蘆，每束舊例價銀無，新例價銀伍分肆厘。

杉木自不登尺木至伍尺木共肆拾貳則，每根舊例價銀捌分捌厘至貳拾兩陸錢叁分陸厘，新例價銀壹錢玖分叁厘陸毫至肆拾伍兩肆錢叁厘陸毫。

石料自雙料墻面丁石至单料石共肆則，每丈舊例價銀壹兩壹錢至貳錢伍分，新例價銀貳兩伍錢捌分伍厘至柒錢。

石灰，每石舊例價銀壹錢貳分，新例價銀叁錢壹分貳厘。

宿南、宿北貳廳：

秫稭，每束舊例價銀貳分，新例價銀捌分柒厘，拾玖年減銀捌厘柒毫，銷銀柒分捌厘叁毫。

湖蘆，每束舊例價銀無，新例價銀伍分壹厘。

石料自雙料墻面丁石至单料裡石共肆則，每丈舊例價銀壹兩叁錢至叁錢，新例價銀叁兩伍分伍厘至捌錢肆分。

查運河廳，湖蘆、石料價值俱同。

運河廳：

秫稭，每束舊例價銀貳分，新例價銀陸分玖厘。

杉木自不登尺木至伍尺木共肆拾貳則，每根舊例價銀捌分伍厘至貳拾兩柒厘，新例價銀壹錢捌分柒厘至肆拾肆兩壹分伍厘肆毫。

以上桃南等貳拾叁廳，各項物料、匠工，自嘉慶拾壹年正月初壹日起，所有廂築、修砌、埽土、磚石等項工程，俱照新定價值報銷。

軍機大臣字寄兩江總督孫、江南河道總督黎：嘉慶貳拾叁年叁月貳拾肆日奉上諭："工部奏南河物料時價漸平，請核寔辦理一摺，南河需用物料，前因時價增昂，經該督等奏明降旨飭查，准其加價，嗣以南河柴稭市價稍平，復令將原增例價随時酌減，近数年來，南河各工均臻平稳，一應物料價值自應更爲平減，乃該河督等連年報銷，僅將淮揚、淮海二道及宿南、宿北二廳柴稭酌減一成，海安海阜二廳量加節減，其徐属六廳，常鎮二廳尚不在議減之列。此外，河工需用之綠觔、柳束、湖蘆、襍草、杉椿、石料、河磚、土方、夫匠等項，款目繁多，亦均未議減，計自嘉慶拾壹年加價以後，即就歲搶修一項，核計已加用銀一千萬兩之多，其另案搶辦及隨時堵築挑培各工，加增銀数仍属不少，國家經費有常，豈容如此浮糜！著將工部原摺原单發去交孫會同黎，將单内所開各款逐一確查，據寔核減，即不能悉符舊例，亦將何項可以減價若干之處，分晰酌核，奏明議減。務各激發天良，認真查辦，不得率聽工員浮開捏報，致滋弊混。將此諭令知之。欽此。”遵旨，寄信前來。

臣孫、臣黎跪奏，臣等於肆月初貳日接軍機大臣字寄，欽奉上諭“工部奏南河物料時價漸平，請核寔辦理一摺，着將工部原摺原单發交孫會同黎，將单内所開各款逐一確查據實核減，具奏”等因。臣等查河工用料以柴稭二項爲大宗，而柴稭長發歲收豐歉既有不同，而通工上下各廳距産地遠近不一，購運情形難易迴殊，必須遍加體察方可酌中定議。臣孫甫經由浦回寗，現在清釐積案，催儹江廣漕船俟尾帮入境督押北上，前赴清江時會同臣黎，詳細詢訪查辦，必當認真酌核，斷不敢率聽工員弊混，理合先行附片奏聞。謹奏。

嘉慶貳拾叁年肆月貳拾陸日，奉到硃批：“秉公查明，核減浮冒，據寔具奏。欽此。”

臣孫臣黎跪奏爲遵旨查明南河歷年用項情形及料物現在時價分别酌減緣由，恭摺奏祈聖鑒事。

竊臣等承准軍機大臣字寄，奉上諭：“工部奏南河物料時價漸平，請核寔辦理一摺、南河需用物料，前因時價增昂經，該督等奏明，降旨飭查，准其加價，嗣以南河柴稭時價稍平，復令將原增例價随時酌減。近数年来南河各工均臻平稳，一應物料價值自應更爲平減，乃該河督等連年報銷，僅將淮揚、淮海二道及宿南、宿北二廳柴稭酌減一成，海安海阜二廳量加節減，其徐属六廳、常鎮二廳尚不在議減之列。此外河工需用之䊵觔、柳束、湖蘆、襍草、杉樁、石料、河磚、土方、夫匠等項，款目繁多，亦均未議減計。自嘉慶拾壹年加價以後，即就歲搶修一項核計已加用銀壹千萬兩之多，其另案搶辦及随時堵築挑培各工，加增銀数仍属不少。國家經費有常，豈容如此浮糜！着將工部原摺原单發去交孫會同黎，將单内所開各款逐一確查，據寔核減，即不能悉符舊例，亦將何項可以減價若干之處，分晰酌核奏明，議減務各激發天良認真查辦，不得率聽工員浮開捏報，致滋弊混。欽此。”并蒙發交工部原摺一件，原单一件。當經臣等將欽遵查辦緣由，先行附片奏聞在案。伏查河工用項款目雖多，而報銷章程止分叁項，凡就舊有之埽段，每年拆舊换新，隨時廂辦，此所爲歲搶修也。其向来無工之處，盛漲搶險及禦黄、束清楊庄等垻隨時拆展收束並各閘垻啟放堵閉，以及運道、挑淺、添築、草垻、束水、刷沙、修砌、磚石、增培、堤埝、抛築、碎石皆爲另案工程，係常年必應辦理之事，随時附摺，奏明辦理。所謂常年另案也，至若堵閉、漫口、挑河、築堤、廂辦、禦水、埽工及創建、拆造閘垻、改挑河道，大案土工非常長應有之事，悉歸專案奏明辦理，所謂專款另案也。臣等查河工修防蓄洩機宜，全在未雨綢繆，佈置周密，庶臨時得以有備無患，斷不可惜小悮大，陽博節省之名暗滋浮糜之寔。久邀聖明洞燭，凡此常年另案及專款另案，工程皆係相度河執情形，寔有必應籌辦萬難，稍事延緩者，方敢核寔估計價銀奏明辦理。既不敢稍任工員藉滋浮冒，亦不敢計料價之昂貴，置要工於不辦，轉致臨時周章益致糜費。至南河料物例價係雍正年間所定，歷年久遠，生齒日繁，物價漸昂，例價寔有不敷，以致一切不能核寔辦理，流弊無所底，止嘉慶拾壹年經前任督臣河臣據寔奏，蒙欽派大員来工，逐細體訪。奏奉諭旨：“准照舊價增半倍至兩倍、叁倍不等，物價即以漸而加，如果工程漸減，價值漸平，自應隨時酌減以重帑項。”臣黎於嘉慶拾柒年秋間接任南河以後，每遇發辦工料無不随時察訪，期於可省即省，當於拾玖年間，將料價較多之淮揚、淮海二道及宿南、宿北柴稭，奏請減價一成，至貳拾壹年又將海安、海阜二廳料價再加節減，其料價較少之，徐属六廳及常鎮二廳料價體察情形，委難驟行議減。是以未經查辦，此先後辦理之寔在情形也。玆工部以“南河歲搶修及另案工程，嘉慶拾壹年未經加價，以前用銀較少，拾壹年加價以後，用銀較多，是價值雖已加增，而工程仍未核寔”等語。臣等就工部所指前後用銀多寡懸殊之處，詳查原卷，仔細考較，查乾隆伍拾玖年起至嘉慶拾年止，用項較少，係因嘉慶元年以後豐北六堡，山東曹工，河南睢工，蕭南邵工，唐家湾河南衡工拾餘年内，黄河上游六次漫溢，奪溜且有經壹貳年始行堵合者，計下游捌年無水，工程一律停修，用銀較少，寔由於此然此拾餘年中，除去各漫口大工外，另案挑培建砌各工，亦經用銀至貳千陸百玖拾玖萬，至嘉慶拾壹年至拾柒年，南河最爲多故。黄河則兩次，王營減垻，郭家房、陳家浦、馬港口、棉拐山、李家楼等處漫工運河，則佘家垻、千根旗杆、百子堂、荷花塘二舖、三舖、狀元墩、王家庄等處漫溢洪湖，則臨湖、石工、仁義智三垻掣通，凡此柒年中，堵築工程甚多，並歲搶修例案外，其兩岸堤埽内，除李家楼地處上游，餘俱下游，漫口掣溜更甚，非特不能停修情形更爲吃重，所有另案各工，雖用銀至叁千叁百餘萬，寔因工程比前加多，即錢粮不免多費，是河工用銀之多寡全視工程之險易，並非因加增料價以致用数懸殊也，且拾伍年以前所用錢粮曾蒙皇上飭派户部尚書托、初，帶同司員住工清釐，逐款稽核，將逾例多用銀兩奏明着賠，其餘均属工款相符。臣黎于拾柒年秋間到任，後經工部奏催欽奉諭旨飭令。前督臣百派委地方道府大員，設局清釐，經臣黎照案具題，部覆准銷，是拾柒年以前所用錢粮業已層層稽核。委無浮冒不寔之處，已可概見且非臣等任内之事，寔無所用其迴護。自嘉慶拾捌年起至貳拾壹年，則係臣黎到任以後之事，初值南河棘手之時，黄河則河底墊高兩岸堤，工無不卑矮減水垻工率多費壞。洪湖之五垻已費其四，其餘運河各閘垻亦均多損壞未修，叠蒙膚謨指授機宜，数年之間次第修復黄運湖河堤工普律加帮始得一律高鞏，又于徐州創建虎山腰，減水垻以抵毛城舖滚垻之用。又將王營減垻修復遥堤一律增培，又將山盱、智信二垻石底接長，数年無冲缺之患，又于蔣家垻以南創挑三道引河以抵舊仁義禮三垻之用，其餘運口及邳宿運河高郵各閘垻，均以次修整。仰蒙皇上福庇，数年来水勢長落應時，啟閉蓄洩得以操縱。由人一切漸復舊制，普工屡慶。安瀾統計数年創建修復各工共止用銀叁百玖拾餘萬兩，又豫省睢工合龍江境挑河，培堤、堵閉水口、廂辦禦水埽工，亦止用銀貳百陸拾餘萬兩。以上各工均非常年應有之事，悉歸專案奏明辦理。現在有工可驗毫無不寔，至臣黎任内常年另案工程，嘉慶拾捌年實止用銀貳百壹拾萬餘兩，拾玖年用銀捌拾肆萬餘兩，貳拾年用銀貳百捌拾柒萬餘兩，貳拾壹年用銀貳百柒拾貳萬餘兩，並無如從前叁百数拾萬及肆伍百萬之多。工部將拾壹年至拾柒年所用銀数與臣黎任内一併計算，自覺用銀較多，其寔近年来並不至如從前之多費，案册具在，寔不能稍存欺餙也。伏念臣黎仰蒙皇上特達之知，委任河防，每思負荷孔鉅抱稱爲難，堆有殫竭血，誠不辭勞怨以認真稽核。工程錢粮爲首務，每於查工收工之際，無不逐段較量，親註底簿尺寸，之間不敢存見好属員之心，稍任冒混。此係臣黎分内應辦之事，從不敢冒瀆聖聪者。至臣孫自上年履任兩江，因河務工程素非熟諳，屡經周歷查勘盡衷詢訪，始知大概。窃以全河獲保安恬工程尤應慎重，庶幾安不忘危，現在河底漸刷漸低，海口溜勢愈暢，此誠極好機會而溜急勢迅，即不免上提下移，已生工者不能不加意修防，未生工者仍時有變遷之慮。核計現在埽工比之拾年以前又不啻增至兩倍、叁倍，均有工可驗，有册可查，河工修防之法，全恃用料，廂埽埽段計日廂曰多繁費，即日增曰廣，寔属勢所必然之事。惟臣黎職守所繫，尤深惴惴，刻意講求，經久之法，應如何得有把握俾錢粮漸歸節省。因見徐州一帶工次有前任河臣康吴用碎石抛護埽段，日久尚然完整工程既化險爲平，又比柴稭經久行之，業有成效。因與各道將頻年講求，將来節省錢粮之法，寔無逾于此，是以奏明飭部議定例價，令各廳一體照辦，雖碎石體質笨重，載運維艱，目前不能不用錢粮苐以碎石護埽，不獨省用物料且更處處得力，經歷年久節省寔多，現在徐属各廳間段抛有碎石，每廳每年所用錢粮比之從前已省之柒捌萬及拾餘萬兩，而淮揚、淮海兩道各属，因距山較遠，抛用碎石之處較少，即埽工料物不能遽減，兩者計算明效，顯然此又臣黎于常年防汛銀内曲籌節省之方。以爲經久之計，之寔在原委也。今部臣以南河少爲平寧，自當物力稍豐，請將各項料價一律減省，誠爲慎重錢粮起見。臣等查國家經費有常，近年南河險工較少，比之前数年物力自稍寬舒，如可力求節省，自應量加酌減，惟查河工正料以柴稭二項爲大宗，秫稭産自豫東，徐属接壤之區購辦稍易，至宿桃以下地勢卑窪，秫稭出産不多，必湏購自徐州上游，用船裝運，人夫、飯食、船價折耗轉比購價加倍，海柴産自海濱，更湏逆流挽運，風水靡常，遲速不定，所費尤鉅。較之豫東工次就地購買應用難易迥殊，况百物時價総以粮價爲根本，河工運料辦工必先敷其口食，而後可計工酬值，令雖数載安瀾，而生齒曰繁，米粮價值尚無減落，則一切市價自難過于裁抑，人所共知。臣等接奉諭旨後，一面飭令各道確細查核，一面會同密加察訪，清江一帶民間炊爨所買海柴至賤時，每觔湏錢肆伍文不等，揚州一帶炊用江柴至賤時，每觔湏錢叁文，徐州一帶炊用秫稭，每觔雖止壹貳文而舟車轉運到工即湏脚費壹貳文。比之先行例價不能減少，倘目前過事裁減必致市價不敷，又啟從前時開工段之弊，况豫東河工正價之外尚有民價，帮貼江境則絲毫取辦于官，如公價不敷辦理掣肘，設遇險要工程，工員畏縮不前。貽悮事機，所関匪細。臣等受恩深重，自應通籌全局，慎終于始，玆再三斟酌，查稭料産在上游，各廳辦用究係，順流直下，購運稍易，兼之近年雨水調匀，歲收豐稔一切物價不無稍平，所有上下各廳購買稭料，未經酌減者，請照現行則例酌減一成，其已經酌減者，請免再減以杜流弊。至海柴自海口逆流挽運脚價較多，現行例價寔在難以再減，其江柴、湖蘆、襍草亦照秫稭之例酌減一成，至苘蔴一項産自豫東，江境非堵閉大工常年工程所用無幾，查豫省前歲堵辦睢工奏明，新苘登場以後，每觔減價給銀肆分，江境現行則例，每斤僅止叁分及叁分玖厘不等亦寔不能再減。柳束一項，江境除兵採額柳交工濟用外，並不發價購買，毋庸置議。杉椿一項，産自江西、湖廣，由粮船客販到工，日貴一日，難以議減，唯石料一項，埝圩修砌工程所用較多，從前係由大江以南及徐州等處採辦，脚價較昂，近因盱眙澗溪地方採出見方石料，可適二用，水程稍近，應請將高埝、山盱、裡河、外南、外北五廳，有估辦閘垻工程之處，石料酌減一成，其餘各廳不用澗溪石料者，例價如故。至河磚、石灰、米汁、鐵錠、土方、夫匠等項，逐加體訪，現在市價情形均未便，概行議減以致工員難於辦理。臣等仍當随時體察，此後或遇歲收不齊，料價長跌靡常，辦理勢難劃一之處，另容據寔籲懇恩施。倘托賴聖主鴻福。長此普慶安瀾，数年後工程更有把握料價日就平減，臣等亦當即行奏明再議酌減，斷不敢稍任工員冒混浮糜，上負恩慈，自干咎戾。就現在情形而論工程寔尚未能過省，物料價值寔尚未能過減，亦不敢稍存遷就之心，將必應修理之工程，惜費不修未便，過減之物價，過事核減以致工程稍有貽悮錢粮，轉致多糜。辜負皇上委任，河防治益求治之至意。如蒙俞允所有現擬酌減之柴稭、石料例價，本年時已五月一切工料業照現行例價發辦，且現在柴稭市價均比例價較昂，應請俟本年霜降節後爲始，再照減價辦理，合併陳明所有。臣等查明酌議緣由，謹合詞恭摺覆奏，並將工部原摺、原单謹封呈繳。伏乞皇上睿鑒訓示。遵行謹奏。

軍機大臣字寄兩江總督孫、江南河道總督黎：嘉慶貳拾叁年陸月初貳日奉上諭："孫等奏請將南河稭料、江柴、湖蘆、澗溪石價俱酌減一成，已照所議准行，並降旨交工部核明具奏矣。南河近數年来工固瀾安，料價漸平，該督等現已將柴稭等項價值酌減一成，仍當随時體察，凡遇豐收年分，不論何項料物價賤即據寔奏明，核減價值以省帑項，不必顧慮一減之後即不能復增，如適值料價昂貴，減定例價寔有不敷，該督等據寔奏懇，朕仍可俯允所請總當。寔用寔銷，嚴查浮冒要工，無悮國帑。不糜方爲不負委任也，將此諭令知之。欽此。"尊旨寄信前来。

嘉慶貳拾叁年陸月初貳日，内閣奉上諭："孫等奏南河物料價值分別酌減一摺，前據工部奏，年来江南河工順軌安瀾，料價漸平，請降旨令江南總督、河督將各廳柴稭未經減價者，及𦶜觔、磚石、夫工等項核寔議減，玆據該督等奏，除海柴、𦶜蔴、杉椿、磚灰、土方、夫匠等項，寔難議減外，請將上下各廳稭料未經減價者，酌減一成，已減者免其再減。江柴、湖蘆、䅶草亦酌減一成，高埝、山盱、裡河、外河、外北五廳採辦澗溪石料俱酌減一成，其餘各廳仍循舊例，着照所請即自本年霜降後爲始，照所減之價辦理並着工部查核，照現減價值，通計壹年約可樽節錢粮若干，自行具奏。欽此。"

工部謹奏爲遵旨查核具奏事。

嘉慶貳拾叁年陸月初肆日，内閣抄出，兩江総督孫、江南河道總督黎等奏南河物料價值分别酌減一摺，奉上諭："孫等奏'南河物料價值分别酌減一摺，前據工部奏年来江南河工順軌安瀾，料價漸平，請降旨令江南總督、河督將各廳柴稭未經減價者，及縈觔、磚石、夫工等項核寔議減，兹據該督等奏除海柴、縈蔴、杉椿、磚灰、土方、夫匠'等項，寔難議減外，請將上下各廳稭料未經減價者，酌減一成，已減者免其再減。江柴、湖蘆、堡草亦酌減一成，高埝、山盱、裡河、外南、外北五廳採辦澗溪石料俱酌減一成，其餘各廳仍循舊例，著照所請即自本年霜降後爲始，照所減之價辦理，再著工部查核照現減價值，通計壹年約可樽節錢粮若干，自行具奏。欽此。"臣等查南河現行事例，未經減價稭料一款，尚有豐北、蕭南、銅沛、睢南、邳北、運河陸廳，其江柴一款，例載係揚河、揚粮、江防叁廳，湖蘆一款，例載係銅沛、睢南、邳北、宿南、宿北、運河陸廳，襍草、石料例内各廳均有開載。今據該督等所奏，各廳稭料未經減價者，酌減一成，江柴、湖蘆、襍草亦酌減一成，高埝、山盱、裡河、外南、外北採辦澗溪石料俱酌減一成，其餘各廳石料仍循舊例辦理。應將豐北等陸廳稭料，揚河等叁廳江柴，銅沛等陸廳湖蘆，高埝等伍廳石料，以及各廳襍草俱按例價減銀一成，核計多寡不一，其未經造報者，固難預擬造報，未齊者亦難通算核計，謹將造報全結最近之拾捌、拾玖兩年，用過数目查核比照，查拾捌年通工用銀叁百陸拾餘萬兩内，各該廳用過前項稭柴等料價銀貳拾玖萬餘兩，以現減一成價銀比照，約計撙節銀貳萬玖千餘兩。拾玖年通工用銀肆百餘萬兩内，各該廳用過前項稭柴等料價銀貳拾柒萬陸千餘兩，以現減一成價銀比照，約計撙節銀貳萬柒千餘兩。以通工銀款核計所減銀数不及百分之壹寔属過于微細。臣等蒙恩簡任部務，總核錢粮，非不知河防重務，國計攸関，不可過事苛求，惟前此坐觀經費加至数千萬兩之多，費用未免太過，是以公同核議，奏請飭下河督二臣，據寔詳查減價，該督等欽奉諭旨，諄切垂詢，自無不共矢公忠盡心稽核，無如臚列款目，有減價之虚名，細核錢粮無節省之寔效。臣等檢查該督等奏内稱"將河工款目分爲叁項，除歲搶修而外，有常年另案、專款、另案之分，查河工歲搶修以外工程，概稱爲另案，并無常年專款兩名。令因南河加價以後銀数過多，欲將埽垻等工指爲常年另案。挑培建砌各工指爲專款另案，設立貳名以异分減銀数查該督等所稱專款另案，如果係数年間偶有之工，臣等亦必援照漫口大工之例，悉與開除，乃此項工程自嘉慶元年以来，無論加價前後各年皆所常有，且所用銀款與所謂常年另案大率数目相當，經費鉅萬之多豈能捨而不計？且名目雖可別立，而銀款詎得開除，似此聲叙轉不足以照核寔，又據稱加價以後，河工多故柒年之内另案，各工用銀叁千叁百餘萬，寔因工程比前較多，即錢粮不免多費，非因加增料價以致用数懸除”等語。查此叁千叁百餘萬兩，若扣除加價止按例價報銷，不過需銀壹千数百萬兩，寔因料價增長方至多開加倍而云，非因加價以致懸除，措語亦爲失當。又據稱“該督接任数年内，除去各專款用銀陸百陸拾餘萬，其常年另案多則用銀貳百柒捌拾萬兩，少則用銀捌拾肆萬兩，寔無如從前叁百数拾萬及肆伍百萬之多”等語。查所稱前此叁百数拾萬之多，係連前任，常年專款貳項銀数併算在内，後此本任銀数較少，係止算常年另案，不算專款另案之故。以己任内之一款與前任内之兩欵相符，并稱轉属意存諉卸，以上情形止就該督等陳奏不寔不盡之處，量加剖晰其寔。總應以歷年寔在用過銀数，據寔比較，方爲核寔。前此拾年歲搶修用銀伍百萬，後此拾年歲搶修用銀壹千伍百萬，前此另案，挑培建砌各工用銀貳千陸百玖拾餘萬，後此另案，挑培建砌各工用銀肆千捌百玖拾餘萬，統將貳款計算自加價以後，拾年通盤核計，寔共多用銀叁千萬兩，而漫口大工多用千萬之数尚不在統算之列，與初次奏請加價摺内所稱費用錢粮仍止此数，而造報不致虚假之言，寔属大相矛盾，推原其故，揔由物料長價以致銀款加增，銀款加增故覺工程繁鉅，將来年復壹年，經費有常，究竟伊于胡底，此次欽奉諭旨：“交孫會同黎，將单内所開各款逐一確查，據寔核減，即不能悉符舊制，亦將何項可以減價若干之處，分晰酌核，奏明議減。欽此。”而該督等仍止據工員等含混開報并不留心稽察及至奉旨飭交臣部查核，即其現減料價一成計算，每歲僅省銀貳叁萬兩不等，殊非核寔辦工之道。臣等不敢拘泥該督等奏明之案，不行詳細分晰，爲此再將寔在情形具奏請旨。仍飭下該督等寔心寔力，認真核辦，將歲搶修款内各項料物于及時購辦之中，相度機宜普律大加節減，其通工另案俱照歲搶修所減成数，随同撙節而土方、夫工大宗項下尤宜親身體訪，確切删除。総期于加價拾成之中，寔能細勘情形，按成議減。庶錢粮節省，稍有成效，而工員領項仍有加價成数在内，亦斷不致辦理竭蹷。臣等爲慎重錢粮起見，所有遵旨查核緣由，理合恭摺具奏，伏乞皇上訓示。謹奏請旨。

軍機大臣字寄兩江總督孫、江南河道總督黎：嘉慶貳拾叁年陸月拾叁日奉上諭：“據工部奏「南河現減料價一成計算，每歲僅省銀貳叁萬兩不等，請仍飭該督等將歲搶修款内各項料物，普律大加節減。土方夫工大宗項下確切删除，按成議減」等語。南河近数年来，工固瀾安，河流順軌，該河督等經理一切事宜，尚属妥協，前據工部奏請令將柴稭等項價值議減，據該督等奏，將稭料、江柴、湖蘆、澗溪石價俱減一成，雖已核減爲数，尚不爲多，曾降旨令該督等随時體察，如遇豐收年分，不論何項料物價賤即據寔奏明核減。倘再遇價貴之年，仍准奏明加增，玆又據工部奏請，飭令再行議減，連歲河工安稳，年穀順成。該督等遵照前旨，如各項料物、夫工寔有可以節減之處，務激發天良，随時奏明，據寔核減，但總期將全河工程永保安瀾，而帑項亦不致虚糜，方爲兩有禆益也，用所當用，減所當減，寔能通工鞏固護衛民生，工部摺著發交閲看，將此諭令知之，欽此。”遵旨寄信前来。

臣孫臣黎跪奏爲叠奉訓諭恩綸敬抒，萬分欽感，下忱并附陳寔在用項情形，仰祈聖鑒事。

竊臣等前經查奏南河歷年用項情形，并請將稭料、江柴、湖蘆、澗溪石價俱酌減一成，緣由欽奉上諭：“着照所請，即自本年霜降後爲始，照所減之價辦理等因。欽此。”又奉上諭：“南河近数年来工固瀾安，料價漸平，該督等現已將柴稭等項價值酌減一成，仍當随時體察，凡遇豐收年分，不論何項料物價賤，即據寔奏明核減，以省帑項。不必顧慮一減之後，即不能復增。如適值料價昂貴，減定例價寔有不敷，該督等據寔奏懇，仍可俯允所請。総當寔用寔銷，嚴查浮冒，要工無悮國帑不糜，方爲不負委任等因。欽此。”仰見皇上於慎重帑項之中，寓體卹周備之意，臣等不勝感激，正在恭摺奏謝大恩，間又承准軍機大臣字寄，欽奉上諭：“據工部奏‘南河現減料價一成計算，每歲僅省銀貳叁萬兩不等，請仍飭該督等，將歲搶修款内各項料物，普律大加節減，土方、夫工大宗項下確切删除，按成議減’等語。南河近数年来，工固瀾安，河流順軌，該河督等經理一切事宜，尚属妥協。前據工部奏請，令將柴稭等項價值議減，據該督等奏，將稭料、江柴、湖蘆、澗溪石價俱減一成，雖已核減爲数尚不爲多，曾經降旨令該督等随時體察，如遇豐收年分，不論何項料物價賤，即據寔奏明核減，倘遇價貴之年，仍准奏明加價。玆又據工部奏請，飭令再行議減，連歲河工安稳，年穀順成。該督等遵照前旨，如各項料物、夫工寔有可以節減之處，務激發天良，随時奏明，不可浮冒，據寔核減，但総期將全河工程永保安瀾，用所當用，減所當減，寔能通工鞏固護衛民生，而帑項亦不致虚糜，方爲兩有禆益也。工部摺着發交閲看。欽此。”臣等跪通之下，欽感益深，莫可名狀。伏查河工用料之多寡，全視工程之險平，而物價之低昂又視年歲之豐歉，原非可以稍存拘執，致滋弊混。周章乃臣下所難言之隐衷，悉蒙皇上洞燭情形。俯垂訓示飭令，臣等随時體察凡遇豐收年分，不論何項料物價賤，即據寔奏明核減如值料價昂貴，仍准奏明加價。執中定制，核寔考工釋工員顧慮之心，杜用項浮糜之漸，俾得用所當用，省所當省，修防有恃，即縱無虞，通工大小員弁共聆天語，煌煌無不感深以涕。臣等受恩深重，具有天良，又何敢不盡殫血誠力，杜浮冒以奠錢粮悉歸寔用工程，永保安瀾，少酬高厚鴻慈于萬一。至蒙發閱工部原摺。臣等詳細閱看在部臣職司，綜核共期慎重帑項，自不得不分明指飭，而臣等稽核錢粮，尤其專責，凡可以稍籌節省之處，節壹分浮糜即盡壹分職守，今經部臣將歷年用項情形，并將来有可節減之方倫細指陳，俾臣等得以提撕警覺，益于全河。公事有裨，臣等寔深敬服。況蒙皇上論令，臣等遵照前旨辦理，并未飭令再行議減，臣等惟當凛遵籌辦，本不容再行剖陳。惟查内外臣工共辦一事，凡有下情應行上達之處，無不當倫陳聖主之前。敬將工部原摺所指各條一一爲皇上陳之，如原摺所稱“就拾捌拾玖兩年用数，查核比較現減一成例價，每年僅止節省銀貳叁萬兩，以通工銀款核計，所減不及百分之壹”等語，臣等查嘉慶拾捌年現議減價，各廳歲搶修秫稭江柴等料用銀肆拾伍萬餘兩，另案各工秫稭、江柴等料用銀貳拾玖萬餘兩，以一成減銀比照，約計共節省銀柒萬肆千餘兩，與工部摺開僅節省銀貳萬玖千餘兩，数目微有不符。至嘉慶拾玖年，江境黄河斷流，現議減價各廳工程多半停修，即秋後預倫睢工合龍所辦工程多係挑河、培堤，與料價無涉，無從比較。臣等照工部比較之法，將嘉慶貳拾年各該廳歲搶修另案工程，用料計算，可省銀陸萬伍千餘兩，復將嘉慶貳拾壹年各該廳歲搶修另案工程，用料計算，可省銀陸萬肆千餘兩，且查前次未經奏減料價以前，每年歲搶修題報用銀壹百伍拾萬兩。自臣黎奏減料價以後，每年題報止用銀壹百叁拾餘萬兩，是以前次減價就歲搶修一項，每年已有節省銀拾餘萬兩。再加另案工程及此次續減之数，每年総可節省銀貳拾餘萬兩，尚不止百分之壹。至臣等前奏工用錢粮分爲叁項，查與工部原奏分别歲搶修、另案及大工叁項，名目雖殊，用項則一，即如拾玖年，豫省堵閉睢工、江境挑河培堤并廂辦禦水埽工，與睢工事同一例，并非常年工程可比，其餘創建虎山腰滚垻、王營減垻、山盱挑辦、減水引河及大案土工并修整閘垻，皆爲久遠之計，悉非常年所有之工，是以有常年另案、專款另案之分，非敢多立名目，藉圖牽混也。又如原摺所稱“加價以後，河工多故柒年之内另案，各工用銀叁千叁百餘萬兩，若扣除加價按例價報銷，止需銀壹千数百萬兩，寔因料價增長方至多開加倍”等語。臣等查未經加價以前，拾年之内上游叠次漫决，長河下游捌年無水，尚用銀至貳千陸百餘萬之多，而拾壹年加價以後，至拾柒年止，南河各工叠出最爲多故之年，似不能用銀轉少自邀聖明洞鑒。至臣黎任内所辦常年另案各工，如拾捌年用銀貳百壹拾餘萬兩，加以歲搶修亦不過叁百餘萬。拾玖年僅止用銀捌拾餘萬兩，至貳拾貳拾壹兩年，因黄河甫經挽復，長河尚未刷滌，深通用項較多。尚有蕩柴作價，每年約貳拾餘萬兩，在内計請發現銀亦止叁百餘萬兩，至貳拾貳年現在奏送清单統計，歲搶修另案，亦止叁百餘萬，溯查嘉慶拾壹年奏請加價之時，摺内聲明“近年南河工用，総在叁百萬兩以外。自工料價值加增以後，歲搶修俱係寔用寔銷，無庸再借另案名色，并虚開樁木通融匀銷核之。近年報用錢粮仍止此数”等語，可見未經加價以前與既經加價以後，南河每年用銀総須叁百餘萬，惟未經加價以前，例價不敷採辦而寔用無從開報，不免通融虚冒之弊，既經加價以後，銀数寔用寔銷，而工程毫無虚冒，一祛從前朦混之風。是因加價而開報核寔，并未因加價而用項轉多也。近年以来仰蒙皇上如天之福，河工漸次平抚，用項力圖撙節。是以自加價至今雖歷拾餘年之久，而歲用銀数総不逾原奏叁百餘萬之数，固不能因加價而節用錢粮，寔不至因加價而多開加倍。近日各處閘垻業已修理齊全，專款另案工程絶少，但期全河從此永慶安恬，即常年另案工程亦可逐漸省减。臣等惟有欽遵諭旨，随時體察，凡料物、土方、工匠價值無論已减、未减遇有某項時價稍平，可以酌减發辦者，即行據寔奏明辦理，仍當時刻凛遵聖訓。総于工程稳固之中，可省即省，力除浮冒，仍不敢拘泥出納，貽悮修防，轉滋糜費，上負逾格恩慈，自干咎戾也。所有臣等欽感遵辦，下忱謹合詞恭摺覆奏，并將工部原摺謹封呈繳。伏乞皇上睿鑒。謹奏。

嘉慶貳拾叁年捌月初壹日，奉到硃批：“工歸寔用帑不虚糜，視國事如家事，以百姓爲子孫，保衛民生永期鞏固。天不可欺，財不可貪，明有王法，暗有鬼神，大小臣工戒之在心，守之在志，將此硃諭通諭知之。欽此。”

南河各廳購辦稭蘆、江柴、襍草、石料，奏准照現行例價酌减一成，分别發辦銀兩数目計開：

稭料：

豊北、蕭南貳廳現行例價，每束重叁拾觔，銀陸分，今酌减一成，銀陸厘，每束發辦銀伍分肆厘。

銅沛廳現行例價，每束重叁拾觔，銀陸分陸厘，今酌減一成，銀陸厘陸毫發辦銀伍分玖厘肆毫。

睢南、邳北、運河叁廳現行例價，每束重叁拾觔，銀陸分玖厘，今酌減壹成，銀陸厘玖毫發辦銀陸分貳厘壹毫。

湖蘆：

銅沛廳現行例價，每束重叁拾觔，銀伍分柒厘，今酌減一成，銀伍厘柒毫發辦銀伍分壹厘叁毫。

睢南、邳北貳廳現行例價，每束重叁拾觔，銀伍分肆厘，今酌減一成，銀伍厘肆毫發辦銀肆分捌厘陸毫。

宿南、宿北、運河叁廳現行例價，每束重叁拾觔，銀伍分壹厘，今酌減一成，銀伍厘壹毫發辦銀肆分伍厘玖毫。

江柴：

揚河廳現行例價，每束重叁拾觔，銀玖分，今酌減一成，銀玖厘發辦銀捌分壹厘。

揚粮、江防貳廳現行例價，每束重叁拾觔，銀柒分捌厘，今酌減一成，銀柒厘捌毫發辦銀柒分零貳毫。

稞草：

蕭南、豊北、銅沛、睢南、邳北、宿南、宿北、運河、桃南、桃北拾廳現行例價，每束重陸觔，銀柒厘捌毫，今酌減一成，銀柒毫捌絲發辦銀柒厘貳絲。

裡河、外南、外北、山安、海防、海安、海阜、中河、高堰、山盱拾廳現行例價，每束重拾觔，銀壹分捌厘，今酌減一成，銀壹厘捌毫發辦銀壹分陸厘貳毫。

揚河、揚糧、江防叁廳現行例價，每束重拾觔，銀壹分柒厘伍毫，今酌減一成，銀壹厘柒毫伍絲發辦銀壹分伍厘柒毫伍絲。

稞草：

揚河、揚粮、江防叁廳現行例價，每束重伍觔，銀柒厘伍毫，今酌減一成，銀柒毫伍絲發辦銀陸厘柒毫伍絲。

石料：

裡河、外南、外北叁廳：

雙料墻面丁石現行例價，每塊俱寬厚壹尺貳寸，每丈銀叁兩玖錢玖分伍厘，今酌減一成，銀叁錢玖分玖厘伍毫，每丈發辦銀叁兩伍錢玖分伍厘伍毫。

单料墙面丁石現行例價，每塊寬壹尺貳寸、厚陸寸，每丈銀壹兩玖錢玖分柒厘伍毫，今酌減一成，銀壹錢玖分玖厘柒毫伍絲，每丈發辦銀壹兩柒錢玖分柒厘柒毫伍絲。

雙料裡石現行例價，每塊俱寬厚壹尺貳寸，每丈銀貳兩貳錢肆分，今酌減壹成，銀貳錢貳分肆厘，每丈發辦銀貳兩零壹分陸厘。

单料裡石現行例價，每塊寬壹尺貳尺、厚陸寸，每丈銀壹兩壹錢貳分，今酌減一成，銀壹錢壹分貳厘，每丈發辦銀壹兩零捌厘。

高埝、山盱貳廳：

雙料墻面丁石現行例價，每塊俱寬厚壹尺貳寸，每丈銀肆兩肆錢陸分伍厘，今酌減一成，銀肆錢肆分陸厘伍毫，每丈發辦銀肆兩零壹分捌厘伍毫。

单料墻面丁石現行例價，每塊寬壹尺貳寸、厚陸寸，每丈銀貳兩貳錢叁分貳厘伍毫，今酌減一成，銀貳錢貳分叁厘貳毫伍絲，每丈發辦銀貳兩零玖厘貳毫伍絲。

雙料裡石現行例價，每塊俱寬厚壹尺貳寸，每丈銀貳兩伍錢貳分，今酌減一成，銀貳錢伍分貳厘，每丈發辦銀貳兩貳錢陸分捌厘。

单料裡石現行例價，每塊寬壹尺貳寸、厚陸寸，每丈銀壹兩貳錢陸分，今酌減一成，銀壹錢貳分陸厘，每丈發辦銀壹兩壹錢叁分肆厘。

〔清〕奏定東河新設河防局章程

整理説明

《奏定東河新設河防局章程》，清朝光緒年間（一八七五年至一九〇八年）河東河道總督[1]許振禕著。許振禕（？至一八九九年），江西奉新人，字仙屏。拔貢生，清同治二年（一八六三年）進士。許振禕與曾國藩有師生之誼，入曾國藩幕府後專爲曾氏"襄軍事、治宦書、起信稿、任書啟"，深得曾國藩信賴。直到同治八年（一八六九年）朝廷有重用，才離開曾國藩幕府。許振禕登第後，同治四年（一八六五年）授翰林院編修，充國史館協修。一八七一年出任陝甘學政，曾恢復歲科。光緒二年（一八七六年）回京充國史館纂修，武英殿纂修等。光绪八年（一八八二年）任河南彰、衛、懷道。光绪十一年（一八八五年），任河南按察使，次年遷江寧布政使。光绪十四年（一八八八年）徐淮地區淹，籌賑濟，借公帑貸民耕種，又維揚裡下河堤防。光绪十六年（一八九〇年）任東河河道總督。光緒二十一年（一八九五年），遷廣東巡撫。禁止闈姓賭博，建言停厘捐，節用民力。光緒二十四年（一八九八年），奉調入京。不久，乞假歸養。次年。逝於家。

《奏定東河新設河防局章程》不分卷，是許振禕任職河東河道總督時的奏疏以及公牘的彙編，集中體現了清末黄河北徙、運道淤塞後河政弊壞的狀況。當時不僅河道基層官員貪污腐敗，株守河幹無所作爲，就是河督本人也首鼠兩端，包庇屬員。這些情況在許振禕的奏疏中都有體現。

許振禕在東河河道總督任内奉命查議河工積弊，他恪盡職守，選派能員查勘實情。爲革除舊弊、保固險工、節約經費，許振禕力主改章設局，并制定《東河總督部堂新設河防局條規》，共分八條。一、河防局設在署内，但是河員必須親臨工地查勘形勢，與一綫人員

---

[1] 雍正七年（一七二九年）改河道副總督爲河南山東河道總督（通稱河東河道總督）；駐濟寧（今山東濟寧市），后移駐兗州（今山東兗州），專管防治河南、山東境内的黄河與運河，時稱爲"東河總督"，所管諸河爲"東河"。光緒二十八年（一九〇二年）裁撤東河總督。

商討對策，擇善而從。二、總辦工員須實心任事，不落空言，周歷河幹，巡視所存隱患。并且河工以保險爲主，節省費用爲次，不能因小失大。三、道廳官員應該齊心協力，掃除積弊，不但要節約國家資財，更要各負其責。四、革除採買之弊，例禁浮冒之風，嚴查剋扣侵漁。五、總辦官員要不惜情面，嚴肅法紀，明獎懲之責。六、選公正賢明之人爲河防局官員，專管防險搶修，物料購買由道廳管理，明確責任，提高效率。七、設稽查委員兩人，每年霜清後與監工查覈各廳木料、土方、磚石及錢糧，將調查結果寫成報告，上交河防總局。八、提調官員總辦各事，認真考覈河防局人員之惰勤情況，審查廳員是否存在虛冒開支，并對物料的種類、購買、重量以及看護進行嚴格管理。制定以上河防局章程後，許振禕希望道、廳、汛官員能夠嚴格遵守，改變以往那種只重個人私利而不重辦工的弊端，大小官員要盡忠職守，務實廉潔，力保河工無虞。關于河弊，許振禕也承認以前存在“有不敢告人之實話，有不敢省錢之應酬，厚費以奉上官，分肥而媚劣幕，丁役雖桀驁不得不容，外工有把持不得不受”。此次設河防局後，正可以清查陋弊，整頓河務。

《奏定東河新設河防局章程》是許振禕針對清末河務積弊提出的關于改革河政與河務的措施，對于研究清末河政具有重要的史料價值。本次整理以光緒本爲底本。

奏遵旨查革河工積弊并擬改章設局節費保險[1]

頭品頂戴河東河道總督臣許振禕跪奏：爲遵旨查革河南河工積弊，並擬改章設局，以保險工而節浮費，恭摺具陳，仰祈聖鑒事。

竊臣承准軍機大臣字寄，光緒十六年六月十三日奉上諭："給事中張廷燎奏：河南河工積弊亟宜革除，並陳管見一摺。據稱，河南兩岸七廳每歲發帑六十餘萬，由藩司撥至道庫，發給各廳，層層（拆）扣[2]，求十萬到工亦不可得。嗣後請由廳員徑向藩庫領欵，每年酌提一成爲辦公之需，二成存儲藩庫爲購石築壩之用，其七成盡歸工上，廣購料垛土方以備搶險培堤，並嚴定偷減處分等語。河工積習甚深，亟應認真整頓，著許振禕、倪文蔚破除情面，將一切剋扣偷減等弊嚴行查革。至所稱迎溜築壩分別提欵備用之處，均著詳加酌度，妥議具奏。另片奏沁河水勢湍悍，懷慶府之天師廟適當其衝，請於金鄉地方建閘宣洩，使由丹河分入衛水。沁工欵項向由道庫支發，折扣甚多，請徑交兩縣督飭公正紳士分段舉辦等語。並著體察情形一併妥籌具奏。總之河工以覈實爲主，少一分浮費即多一分實用，該督等務當悉心籌議，力求經久之方，不得稍有隱飾，以仰副朝廷慎重河防至意。原摺片均著抄給閲看，將此各諭令知之。欽此。"遵旨寄信前來。臣欽奉訓諭周詳，莫名感悚，維時撫臣倪文蔚適已因病出缺，臣自接河篆未及兩月，即馳抵工次搶險，一切積弊未及周知，因與護撫臣廖壽豐會商，札委妥員密查在案。臣惟聖主有核實之政，則群才鼓舞，當共奮於功名。微臣忝宣防之司，當激發天良，何敢避夫勞怨。臣昔官河北道，值欽差大臣孫毓汶、烏拉布奉旨查辦河工。臣即以裁欵改章之說進，幾爲通工之所不容。今復叨荷天恩，畀以全河總任。是臣仰酬高厚生成，在此時矣。履任以來，痛自振刷，誠不免矯枉過當，然臣必以坦白習勤，可任屬僚之推究，庶幾執法整頓，亦當退無後言。今案張廷燎所奏，其指斥弊端，未必無因，亟應詳查禁革，其條陳辦法，略得近似，尚須切實講求。如所稱由司撥道、由道發廳、皆具空白印領。由該道填註數目，填註一萬止發五千，此五千復有折扣等語。臣官河北道時，歷查各前任未曾有此，推之開歸道亦當復然。顧此語風傳已久，密訪各廳誘之使言。且囑無所顧忌，不妨揭出以紓患苦。乃該廳〔等〕[3] 合詞稟

[1] 此標題爲整理者根據奏疏内容所擬。

[2] 許振禕《督河奏疏》作"層層折扣"。

[3] 《督河奏疏》此處有一"等"字。

復，堅謂無之。意者大汛將臨，該道每酌留若干以爲搶險之用。工多則多給，遂有參差，而領款少者不免怨望。物議之來，或即由此。至折扣一節，查除減平部飯等項應隨發款坐扣外，未聞别有折扣，若霜酬名目，早經查禁停止。自頃鄭工失事，河上益復蕭條，雖查無確據之弊端，不得不變法以杜其隙。應如張廷燎所擬，准令各廳員赴司領欵，則兩道不與支放之事，自可不沾剋扣之名。稽查維持，實有裨益。臣等仍通飭所屬大小衙門，如有折扣偷減情弊，除嚴条治罪外，仍按款追繳不貸。

至迎溜築壩一節，本係正辦。臣初亦力主此説，今搶險一次，乃知小險則拋石可禦，大險則非廣用稭料鮮有濟者。甎石保常，稭料保變，此定理也。石壩既多，自可省埽，亦定理也。然其要皆在得人，有決實可用之人，即有確切不欺之工，且必有簡便不多之費。謂立一法而能永除積弊者，從古無是道也。謂得其人而不能破除積弊者，天下亦無是理也。張廷燎又請酌提一成爲各衙門辦公之需，查河南司道府廳，皆經涂宗瀛奏定公費，而以開歸、河北兩道屬之河工，事同一律，自應給予公費。現查督撫兩道七廳共十一衙門，自幕友、委員、差官，至胥吏、外工、走卒，月領口糧者不下數千人，約計非七萬五千金不敷。擬請以此垂爲定額，亦僅少逾一成之數。此臣等就張廷燎所奏斟酌妥議之實在情形也。

抑臣更有請者，河工誠爲漏巵[1]，朝廷豈不深知。特以天事無定，故每不能責實，不知河或改道北流，改道南徙，此自天意，不關人事。然必數百年而一變，或數十年而一變。又若前歲鄭工潰決全河奪淮入湖，奔流年餘，並未入海，不知此水消歸何處。此自變異，不可以人理測。他若各廳修守，皆有舊章，歷年河勢可得大概。但使去隱飾而殫實心，即可籌穩計而得良法，何至年年添款，事事頽廢。在工尚以爲不足，局外直斥爲侵漁。臣實羞之，故改章之舉，早蓄此念。言官條陳河工，重在惜費。臣之條陳河工，重在保險，先保險而後籌減費，人之所共知也。先減費而敢任保險，人之所不敢言也。此事固非改章不能行，實非河臣身任其事亦不能行。臣請先臚積弊，後明辦法，一一爲我皇上陳之。

其一曰：把持之弊。各署皆有幕友，河工獨曰庫儲，其於例案全不知之，獨抄撮部中報銷之册以爲秘本。其在河督署中者，則以險工恐嚇，使之不敢輕議更張，而於奏報無工處所，亦必故作張皇鋪排，以爲見好受謝地步。其在河道署中者，則以力請添款暗阻發款爲務。其在各廳署中者，

[1] 《督河奏疏》作“巵”。

則以節省工料勸留銀錢爲務。此弊不除，各官皆爲蒙蔽，而河臣受累尤深。故臣此次抵任，即不延用庫儲，衆論譁然。臣不爲動。

其二曰：轇葛之弊。各廳歲辦稭料、甎石，本係領款所購，而於交卸時復將餘存列入交代，且於道庫陸續扣領，故有已故廳員其子孫仍支領一二十年者。因之有料亦不辦工，留積異日家私，其實稭料早化灰塵，甎石亦歸烏有，紙上鑿空，坐收實利❶。此弊不除，實屬不成事體。故臣此次改章，於霜清後查取各廳所存稭料甎石，概行充公，不准再立交代名目以斷葛藤。

其三曰：失筭之弊。大凡稭料早買則價廉，後買則價貴。甎石先辦則有濟，後辦則無及。同一支放，早則可供急辦之需，遲則必有貽誤之患。查河工款項名目糾紛，有所謂額款者，有所謂奏添節省防險者，有所謂另案甎工、埽工、土工、石工者。其實皆取之司庫，分别各名以便報銷，而弊端即由此出，約計每年報銷六十餘萬〔兩〕❷，而司庫必陸續撥給，或遲之又久而撥給，有事不能爲先時之備，無事究可便中飽之私，以至遇險則假稱墊用。河臣尚不能稽核，部臣亦安得而考察之哉。此弊不除，無從覈實。今臣擬定改章，每年請款即以六十萬爲率，尋常搶險似可不必加添，而將各種名目概行不用。特定名曰：歲修額款六十萬而已。擬請司庫定於每年十月發四分之一以辦稭料、甎石；次年二月發四分之一以辦春廂埽工；次年五月發四分之一以辦大汛防險；次年七月發四分之一以辦善後。各工眉目犂然，免至所報非所用，所用非所報，於是河督道廳人人有保固之責，不得不講求，不得不節省，無意外之希冀，則必無意外之鋪張。有先事之取資，即可責先事之實政，按時課功，不能逭矣。

其四曰：忙亂之弊。河臣以公事責之兩道，兩道以公事責之七廳，七廳以公事責之外工，問其底蘊，半未深悉。遇有險工，加倍張皇，即求添款，計較已定，先請河道，次請河督，至則人工紛紜，無從稽核。用料無料，用石無石，臨時採辦，輒稱借墊。河道茫然，河督默然，但主添款了事而已，不思歲領之款所辦何事？何至有工即爾竭蹶，謂爲無弊，其誰信之？此弊不除，則奏報幾無實話。臣愚以爲既爲此官，則當各在其事❸。與其因人誤事而同被罪，不若奮身任事而可認真。故臣此次改章，擬以身先群屬，先事預防，庶不淆混，四弊既明，然非另設河防一局。究竟不能更易舊轍，積久終屬空言，何也？河工積習已深，耗費亦甚，即發欵盡歸廳員，而廳員每辦一

---

❶ 《督河奏疏》作“厚利”。

❷ 《督河奏疏》作“六十餘萬兩”。

❸ 《督河奏疏》作“各任其事”。

工，實比外人所辦昂貴數倍。蓋其受制非止一二人，開銷不止一二處，所從來遠矣。各廳如此，一廳豈能獨異。印委員弁可借上司彈壓，至於不在官之人，招用不能過嚴也。應分潤之人，有工不能盡省也。臣擬設局比較，庶可徐去其弊，如同辦料石，臣局之所報如此，則各廳之價豈得頓相懸殊？每遇險工，臣局先有人專司，則各廳之人究亦無從蒙蔽。故臣擬請歲支司庫銀六十萬，其四十八萬概歸七廳赴司分四次支領。另提十二萬兩設一河防局，由臣主之，所委各員，不分河工地方，總求廉介精細熟諳工務之人，不徇人情，務責實效。其銀亦不入局，寄存藩司外庫，凡領銀辦工，由工員開陳實數，俟提調核定，兩道上詳，臣即批准赴司領取。總求涓滴到工，并比河工格外省費，一錢可作兩錢之用。如復有弊，臣願一人獨承其罪。且先期相視險要，廣儲料石，無論何處有工，即飭局員飛馳辦理。用廳員之兵夫，動廳員之存料，如有不足，概行取給河局。廳員遇工，除將派定所備料石雜料用畢後，即算無事，不必另稟，以杜蒙混求添之弊。凡河局專管，先時籌備，臨時策應，隨時稽查，且可代任勤勞，代承責任，代爲稟報。以臣拙見所揣，照此行之，應可弊絶風清，不必另請添款，似無意外之虞，惟此係實用實銷，將來各廳報銷仍按舊章辦理，河局報銷只能據實開單。乞敕部臣少從寬假，庶臣得以董率各員，共竭心力，以保險工而芟浮費。事如有效，仍按兩年安瀾，將委用各員籲乞天恩從優給奬。俾人人自奮於功名之路，而盡破除其身家之私，如此真僞相形，勤惰相較，物料充積，石壩林立，謂兩岸工程從此不日有起色者，臣不信也。目下節交秋分，河流順軌，足以仰紓聖廑。除沁工河武兩縣工程向係地方官督飭辦理，及金鄉是否可以建閘，業經護撫。臣委員徃查在案，應由護撫，臣另案覆奏外，所有遵旨革除河工積弊，並籌議改章設局以保險工，而節浮費情形，謹會同護撫臣布政使廖壽豐恭摺具奏，伏乞皇上聖鑒。謹奏。

奉硃批："著照所請，該部知道。"

附奏遇有官吏阻撓按律懲辦片[1]

再，積弊所在本難挽回，以其奪去重利，罔不銜恨刺骨，託人報復。如前四川督臣丁寶楨，創改鹽章，法至善矣。當時言官交章糾条，如動公

[1] 此標題爲整理者根據奏疏内容所擬。

憤。幸賴聖明始終不疑，故鹽章得以遂改。今河工革弊，亦復相同，其實大小官員並無阻撓除弊，自干大戾之人，而庫儲與兩道庫房實已破其利藪。臣於陛辭請訓，蒙皇上訓以任勞任怨。此次復蒙訓以破除情面。臣具有天良，何敢扶同徇隱？故立意不用庫儲。至張廷燎所奏，則明指道、庫之弊，惟其有弊，所以改發廳官，既發廳官何得復有道庫。此章一改，若輩所失，不貲，聞有先布匿名揭帖，復圖進京報復之言。查河南官幕吏民，向工於設謀結黨，挾制上司，消息既通，言之不諱。臣既破除積弊，豈爲謡言所動，現仍四處訪查，如查出匿名揭帖實據，無論爲官、爲幕、爲吏、爲民審實設謀首事之人，即請旨按律嚴辦，以懲刁風。事關挾制公事，理合附片，先行具陳，伏乞皇上聖鑒。謹奏。

奉硃批："知道了。"

光緒十六年八月日

東河總督部堂新設河防局條規

從來恃法不如擇人。人者，所以救法之窮也。法積久而弊生，何事不然，豈獨河工？顧河工章程經國朝先正諸公之所斟酌擬議，奏蒙列聖鑒允，欽遵在案。所有應辦工程，一切當循前軌，毋庸置議。近來事雜言哤，論者多不滿於河工，而河工人員亦諱莫如深，以爲險工可畏，在大僚相忍相護，不欲深竟其事，在屬吏亦各顧目前，因循敷衍，公事如此，尚堪問乎？本部堂前官河北道，深用慨歎，聊陳其弊，幾爲通工之所不容。顧以力薄權輕，上下受制，亦遂中止不久，遂有鄭工之役。我皇太后、皇上焦勞兩年，用費千二百萬，保官千數百員，力竭人疲，始克蕆事。至於下游受害人民，其數若干無從稽矣。功過可以輕重混淆，際聖仁之朝，自可邀浩蕩之典，獨將無辜人民付諸水濱，較白起、項羽所坑，亦復何殊？思之痛心，人自不察耳。然則官此者自以保險爲主，志在保險未必無險，然盡吾心力天必鑒之，人亦知之。若明不及知，與知而不爲，聽其潰敗，如此而不干天人之怒者，未之有也。鄙人叨奉特恩，畀以全河總任，自顧非才，日夕危懼，顧念此水土之工，不過塗泥版築之事，嘗有學士大夫鉤考故實、博洽詳明，而施之實事反爲工次父老所竊笑者。亦有通才雄略高論河務，而用諸辦事反爲河干兵夫所竊笑者，蓋父老兵夫知其能行與不能行耳。大言無補不若實心，既有實心自有實力，實力者何？採父老之實言，責兵夫之實事，以之鑲埽，埽必穩，以之築堤，堤必堅。而其要在工員不要錢始，其實在工員得好人始。本部堂前疏中所謂、有决實可用之人，即有確切不欺之工，且必有簡便不多之費，正謂此也。頃蒙皇上天恩，責以整頓河務，不揆庸陋，遂將廳員常辦之工稍加釐正，而特設河防一局，以盡吾心力之所能爲。偏擇賢員不徇情面，幸得採辦委員如黄丞履中、李教諭筆端，辦工委員如馬訓導汝駿、劉州判倬，監工委員如劉令于澣等，此五人皆試之實事而有效，詢諸人言而無愧，可以對兩河之民人，可以質諸大王之神廟，倘有不實，可即坐本部堂以不明不實之罪。其餘各賢員，望均振奮精神共圖實事，萬里風雲實基於此。至於官塲浮套，不必爲我輩設也。茲將各條開列，我賢員其各勤慎行之。

一、河防局設在署内。所以設在署内者，以既改新章，自以責成本部堂爲始，若己居其名而人任其責，天下安有此不恕之事？故自今以後，凡外人物議及在工私議，均應推求本部堂一身，而與諸員無與。本部堂既不用河幕，抉去文法，凡河濱老農、河濱老卒，但能詳告河上利弊者，罔不聽之，意在寄衆人之耳目，竭一己之心思。先事預謀，臨事即斷，見事即行，如此則安待禀報，應以辦工委員之一言爲憑，局中照例辦事行文備案可也。凡銀錢概不入河防局，即局員薪水無多，概由七廳公所轉送，所請十二萬兩涓滴歸入工用，局中惟督查工役，餘無責重。如謂此舉尚偏而不舉者，亦應歸咎本部堂一身，本部堂惟不畏其險，甘任其罪，故願秉公持法，以與群吏相見。本部堂之過，人人得而議之，則人人之過，本部堂亦得而核之，自今各自爲防可也。凡見弊端，决不從寬。

一、其次則總辦工員馬、劉兩委員之職。所以設局派員改章辦理者，實以先得兩賢員，深明險工有所把握，故本部堂得以及早防維放瞻行事，不落空言，否則何必改作，徒爾紛更。自今辦工，凡該員確有所見者，即行議辦。周歷兩岸，無弊不搜，將險未險先事預防，一聞險工飛馳幫堵，稽察營汛，估計工費，必使永遠保固。庶爲此舉有功否？則若向來廳官之所辦如此，今河防局之所辦又如此，則責人者適授人以笑柄，本部堂亦無面目見人矣。除馬、劉二員之外，李教諭亦當承辦要工。此外各員，俟閲歷有得，再議派同襄辦。須知此次所辦工程惜費在後，保險在先，見功在後，免罪在先。若兩岸從此無虞，無論天知、人知，亦不枉士人一生讀書報國之忱，君子行事問心無愧之實，賢者勉之。

一、又其次則七廳工員之職。今廳員可謂良矣，就中才力宏遠將來可任艱鉅者，何止以河上功名顯？即就今而論，能與兩道裁出各種浮費，使百餘年積弊一掃而空，亦豈易得！自今伊始，各員既爲同心同力之僚屬，則必聯見功見好之胸襟。若向來如是，改章後亦復如是，則本部堂仍無面目見人，諸君子何以自處？今與諸君子約：凡今年此段工程搶險，明年此段仍搶險者，則本部堂自請議處，道亦議處，廳員則即行撤任，開缺另補。如有别弊，即行加等嚴条，何也？凡出險工，若盡一年心力，又有河防局維持，所請輒應如是，而來年仍出險者，必是有意糊弄，草率了事，誤公殃民，無所逃罪。今先定本部堂督辦之罪，再定各廳員承辦之罪，自是正理。至於文武營汛、外工兵夫，該廳員即將不力者稟報本部堂，切實究辦，但循國法，無恤人言。至於每年應辦之工，本部堂詳察情形，斟酌緩急，或不必空費於無事之處，即當加費於有事之工。凡經令下承辦，若稭料之斤兩不實，磚石之估報多虚，不俟特条，請先待罪。

一、又其次則採辦委員之職。凡辦工者，非料不辦、非石不辦、非土不辦，此三大宗必由採買，而弊即由此而生，買數愈多則浮冒益甚。如外有三垛之稭料，核實不過一垛，外有三方之山石，核實不過一方，以之施用自然不足。况乎先報高價，復加剋扣，種種侵漁，殊不堪問。今黄、李兩委員不憚勤勞，不假胥吏，能與民人探其實，復令民人得其利，以至價廉而物多，物多而用足，用足而費省。此爲經手銀錢有益公家之員，假令人人若此，則工費安得虚糜，工程焉得不固！本部堂所謂重在得人者，正謂此也。今委該員一開核實之端，庶幾後人有所遵循，縱不盡然亦難逃衆目矣。凡採辦委員與辦工委員、監工委員，有應辦之工、應買之物，皆可面稟本部堂，即到河防局取印票領銀，以便迅速承辦，不必先行稟局。俟工程辦妥，將用款細數開單送入總局，年終彙報。

一、又其次則監工委員之職。向來河工以經手銀錢爲幸，今河防局委員以經手銀錢爲污。如辦工委員例應經手銀錢，乃馬、劉兩員願任兩岸險工，堅辭不管銀錢，則監工委員不能不管銀錢矣。除管理銀錢外，監工實有監工之責，河防局辦工之所用，該委員得而監之。即七廳辦工之所用，該委員亦得而監之。每一工出，實用若干，何人勤惰，何人真僞，均應一一面稟，以便有弊即除，相課以實。責成該委員者，即如本部堂親臨工役也，須知此義。

一、又其次則兩道之職。兩道爲監司大員管理河務，即此次設局亦委任總辦，今似責任反後者，何也？不知兩道爲監司大員，本有地方察吏安民之責，河務特一端耳。本部堂任河北道，即專注意地方，於河務特據廳官來文加轉詳耳，於工款支發特分派耳。庫儲有權，上下受制，所以爲之不平。今監司兩君想亦如此，謂身居衙齋公事煩雜，無人肯以實告，遂能洞悉各種情弊者，恐亦未必能然。然則今此改章，既以不管銀錢而免浮議，即可操持法紀以肅群工，或獎或懲，無復顧忌。除糾察各廳辦工，河防局委員辦工有無欺飾浮冒，外即通工文武各員弁均聽禀陳舉劾，廳局各事均爲轉詳核辦，務與本部堂同任勤勞，不憚怨謗，庶爲得體。

一、又其次則河防駐局委員之職。本部堂之設立河防局也，特有深意，一在身任其事而選公正賢員以助我之不逮，所以不用庫儲不假胥吏，專以防險爲急，餘均不關切要。夫防險既責重辦工、採辦、監工諸委員矣，而此三宗委員，終年在外，即不能以文法牽制，故必設局以便具文、領款，代爲申詳。至於各廳所辦各工，仍照例由道詳辦，不必由局。目下提調文案各員，初非煩劇，然猝遇險工，則各員皆可外出督工，有公同之稽考，即可除隱匿之弊端，有日夕之講求，即可增閱歷之才智，是在諸賢之力圖樹立者。

一、又其次則稽查委員之職。向來河工所委查驗各差，不過上司借此調劑廳員，照例餽送委員得所分潤而已。其實有此查驗一禀，因虛而反得實，故有應栽而不栽之柳株，應補而不補之獾洞，應填而不填之浪窩，應足而不足之料石，其餘各弊不能縷述。今特設稽查委員二人，以素稱品端者爲之，應可一挽頹風。每年霜清後，該稽查委員即同監工一員、辦工一員，親歷各廳，逐一查明所存料垛若干，石方若干，磚土若干，即用鈐記封貼，概行充公，開單彙報河防總局。局員即造册禀明存案，以後各廳辦工，聽其動用，且令先用，并可移用，但與辦工、監工委員説明，不候禀報。凡各廳本年所辦之料，概用平垛，不准復用坦垛欺飾。俟各廳報明採辦料足，復行查驗，斤兩不符，據實禀糸。春間復查明汛兵所種柳株，如有不符，當汛責革。獾洞、浪窩如有不填，禀候嚴辦。土工、土牛一并查實，料石到工即行驗收。須知稽查之任以鐵面無私爲主，稍有通融以見好而爲人所輕，則得謗受辱皆由自取。且須知此係代本部堂親臨，或獎或懲，該委員均得專之。

一、又其次則責成提調按時稽核之職。提調總辦各事仍當擇要加意，顯則考核局員之惰勤，隱則密查廳員之虛實，故真僞均可先知。今分出數條以昭切要：一、霜後查實料物，不准混入所辦新料。一、各料堆垛酌量以足，三萬五千觔爲率，一排衹准兩垛，不得有門垛、坦垛名目，若抽查過秤，一垛不符，將該廳所辦各垛概行罰補，監垛、委兵一併責革。一、各廳廂埽向由委兵經手，工總有扣款，營汛有謝儀，又壓土、買土委兵外工車頭，每共分混報加增之利，凡河工不肖員弁最利小險，興工以爲大利之圖，若不遂其所欲，則竟釀成巨險，今既不准一處兩年報險，則無利可圖，而於外工營汛各弊，必當隨事嚴懲。一、向例每兵應栽柳百株，埽夫應栽柳三十株，近年何曾舉辦，深堪痛恨，今從寬減半，以五十株爲率，來年四月委員查驗，每株各挂兵夫之名，足數免罰，十株活有七八株亦免罰，若少數及十不活六株者，即將該兵夫責革，若獾洞、浪窩不填，營汛一并撤革。一簽堤不實，除補完外，另罰賠修一段。一、向來院道臨工耗費不貲，又派民車數十輛，今定例院道臨工，夫馬皆自備，不用官民一車一馬，駐工則院道自行作食，尋常一過衹准二簋四碟，此外隨從不准領取分文，凡局中委員因事赴工，每日准支夫馬飯食二千文，概由局發。

一、以上各條各員詳覽照此遵行。分之則各有應辦之事，合之要共增此局之光。目下浮言甚多，難免私議，故將局中所辦各事一一揭出，以便人人皆知。特將涓滴歸公四字一一做到，一字涉虚明神鑒之。并將力保險工四字一一做到，一事不符路人知之，此不可以僞爲也。本部堂仍周諮博訪，日夕圖維兩岸，既直任其難，則四時有應作之務，不比向來霜清便可無事。再謹以四語奉告同人，不爲堂屬告戒之詞，特附朋友切磋之義，無忽鄙言，尚希實踐。一曰務實則身安。從來河員不重辦工專思保利，究竟作僞心勞，日夕慙懼，於是有不敢告人之實話，有不敢省錢之應酬，厚費以奉上官，分肥而媚劣幕，丁役雖桀驁不得不容，外工有把持不得不受。人人言河上侵漁，今查數十年來河上致富者何人？可知悖入悖出不或爽也。何如此次一意核實，既能奉公，自不畏人。向之不令人知者，今可一一告人，俯仰泰然，不復跼蹐。次曰習勤則事舉。一家之振興在家長，一署之振興在本官，委家事於旁人家必敗，委官事於親友官必敗。凡自一命以上，無坐享其成之理。何況河工關人性命，亦關己性命，如實僨事，豈不當誅！即逃法網，終干天怒，清夜自思，此官不易居也。然一勤亦無難事，口勤則人以實告，足勤則地以險告，至身勤則營汛兵夫罔不皆勤，倉卒之變庶知免矣。三曰持正則名立。凡居官不必好名，然亦不可不保名，表曲影邪，差之毫釐謬以千里，故以持正爲急。每見上司新到，必有採訪。當堂公言不得不舉廉介正直之人，若復講求幹濟，此才豈得寂然！奈何動以不肖待上司，侈崇供給，厚爲饋遺，不思此費從何而出？幸而得遂所求，自問竟成何等人物？若遇一惡此不爲之上司，則暗中受傷，百計殊難。得志何如律身以儉，治事以勤，既不虧空，且得薦達，計莫便於此者。四曰志立則事成。果之枯也，有仁得地，猶可長条天之木；人之窮也，有志得時，自可爲擎天之才。有志則奮發，愚柔必轉爲明强，才力不及，鬼神猶將相之；無志則因循，高明且流於污下，憑藉雖厚，惡名終必歸焉。古稱爲貴人難爲，好人易以，其一念之誠即可棄小人而爲君子也。愚謂但爲好人即是貴人，以其天爵之修，即已超凡庸而愧顯達也，人望歸之，神明欽之，至於處事必順，發越無涯，此亦至美之境。敬告同儕，立身辦事從此做起，決未有不成者。本部堂無德無能，重來此土，兢兢抱愧，冀我僚友德業日新，名位無忝，庶幾仰藉諸君子之忠勤能報國者，爲不才寡過一二焉。謹貢芻蕘，尚祈鑒恕。

〔民國〕水利法

整理説明

民國時期，隨着社會的發展，水利科學技術的進步，人們對水資源利用的認識已超越了飲用、灌溉和水運的範疇。這一時期西方先進國家紛紛制定國家水利法規及其與之配套的水利管理各項專業規章制度，開始實現國家對水資源全面規劃，統籌兼顧，綜合利用與保護相結合的水資源國有化管理政策。我國水利界有識之士奮鬥十多年，終於在一九四二年頒行了中國近代第一部《水利法》，我國水法建設開始擺脱古代傳統水利法規的局限，進入新的歷史時期。

一九四〇年，國民政府行政院將定稿後的《水利法》，轉送國防最高委員會核定立法原則後，交立法院審議。一九四二年六月立法院審定通過，同年七月七日正式頒布，於一九四三年四月一日實施。從水利法第一個立法提案的提出到頒布，前後歷時十一年。

《水利法草案》原爲十三章一百二十四條，修改後正式頒發的《水利法》共九章七十一條。《水利法》刊登於《水利特刊》一九四二年第四卷第五期。

水利法

〔民國〕三十一年七月七日公布

第一章　總則

第一條　水利行政之處理及水利事業之興辦，悉依本法行之，但地方習慣與本法不相牴觸者得從其習慣。

第二條　本法所稱水利事業，謂用人爲方法控馭或利用地面水或地下水，以防洪排水、備旱溉田、放淤保土、洗鹼給水、築港便利水運或發展水力。

第三條　本法所稱主管機關，在中央爲水利委員會，在省爲省政府，在市爲市政府，在縣爲縣政府。但關於農田水利之鑿井挖塘及以人力獸力或其他簡易方法引水溉田，與天然水道及水權登記無關者，其在中央之主管機關爲農林部。

第二章　水利區及水利機關

第四條　中央主管機關按全國水道之天然形勢劃分水利區，呈請行政院核定，轉呈國民政府公布之。

第五條　水利區關涉兩省市以上者，其水利事業得由中央主管機關設置水利機關辦理之。

第六條　水利區關涉兩縣市以上者，其水利事業得由省主管機關設置水利機關辦理之。

第七條　省市政府辦理水利事業，其利害關係兩省市以上者，應經中央主管機關之核准。縣市政府辦理水利事業，其利害關係兩縣市以上者，應經省主管機關之核准。

第八條　凡變更水道或開鑿運河，應經中央主管機關之核准。

第九條　省市縣各級主管機關爲辦理水利事業，於不牴觸本法範圍内，得制定單行章則，但應經中央主管機關之核准。

第十條　各級主管機關爲辦理水利工程，得向受益人民徵用工役，其辦法應呈經行政院之核准。

第十一條　人民對於興辦水利事業直接負擔經費者，得呈經上級主管機關設立水利參事會。

第十二條　人民興辦水利事業，經主管機關核准後，得依法組織水利團體或公司。

第三章　水權

第十三條　本法所稱水權，謂依法對於地面水或地下水取得使用或收益之權。

第十四條　團體公司或人民因每一標的取得水權。其用水量應以其事業所必需者爲限。

第十五條　用水標的之順序如左：

一、家用及公共給水。

二、農田用水。

三、工業用水。

四、水運。

五、其他用途。

前項順序，省市主管機關對於某一水道得酌量地方情形，呈請中央主管機關核准變更之。

第十六條　同時在一水源聲請取得水權，應依前條之順序定之。

第十七條　水源之水量不敷家用及公共給水，並無法另得水源時，主管機關得停止或撤銷第一順序以外之水權，或加以使用上之限制。

水權人因前項停止，或撤銷，或限制，受有重大損害時，主管機關得按情形，酌予補償。

第十八條　凡登記之水權，因水源之水量不足發生爭執時，先取得水權者有優先權。同時取得水權者，按水權狀内額定用水量比例分配之，或輪流使用。其辦法由主管機關定之。

第十九條　主管機關根據水文測驗認該管區域内某水源之水量。在一定時期内，除供給各水權人之水權標的需要外，尚有剩餘時，得准其他人民在此時期内取得臨時使用權。如水源、水量忽感不足，臨時使用權得予停止。

第二十條　水道因自然變更時，原水權人得請求主管機關，就新水道指定適當取水地點及引水路線，使用水權狀内額定用水量之全部或一部。

第二十一條　水權取得後，繼續不使用逾二年者，經主管機關審查決定公告後，即喪失其水權，並撤銷其水權狀。但經主管機關核准保留者，不在此限。

第二十二條　共同取得之水權，因用水量發生争執時，主管機關得依用水現狀，重行劃定之。

第二十三條　主管機關因公共事業之需要，得撤銷私人已登記之水權，但應酌予補償。

第四章　水權之登記

第二十四條　水權之取得、設定、移轉、變更或消滅，非依本法登記不生效力。

前項規定於航行天然通航水道者不適用之。

第二十五條　主管機關應備具水權登記簿。

第二十六條　水權之登記應由權利人及義務人或其代理人提出左列文件，向主管機關聲請之：

一、聲請書。

二、證明登記原因文件或水權狀。

三、其他依法應提出之書據圖式。

由代理人聲請登記者，應附具委任書。

第二十七條　前條聲請書，應記載左列事項：

一、聲請人及證明人之姓名、籍貫、年齡、住所、職業。

二、水權來源。

三、登記原因。

四、水權標的。

五、年、月、日。

六、其他應行記載事項。

第二十八條　共有水權之登記，由共有人聯名或推代表聲請之。

第二十九條　水權登記與第三人有利害關係時，應於聲請書外，加具第三人承諾書，或其他證明文件。

第三十條　主管機關接受登記聲請，應即審查，並派員履勘。但如有不合程式，或聲請登記時已發生訴訟，或已顯有争執者，其派員履勘，應飭由聲請人補正，或俟訴訟或争執終了後爲定。

第三十一條　登記聲請經主管機關審查履勘，認爲適當時，應即依左列之規定公告之，並同時通知聲請人：

一、登載主管機關及其直接上級主管機關所發行之定期公報。

二、揭示於聲請登記之水權所在顯著地方。

三、揭示於主管機關門前之公告地方。前項第二款、第三款之揭示期間不得少於三十日。

第三十二條　前條公告應載明左列事項：

一、登記人之姓名。

二、水權所在地。

三、登記源因。

四、水權標的。

五、聲請登記年、月、日。

六、對於該項登記得提出異議之期限。

七、其他應行公告事項。

第三十三條　依前二條公告後，利害關係人得於六十日内，附具理由及證據，向主管機關提出異議。

第三十四條　水權經登記公告，無人提出異議，或異議不成立時，主管機關應即登入水權登記簿，並給予聲請人以水權狀。

第三十五條　水權狀應記載左列事項：

一、登記號數及水權狀號數。

二、聲請年、月、日及號數。

三、水權人姓名。

四、水權所在地。

五、水權標的。

六、年、月、日。

七、其他應行記載事項。

第三十六條　水權消滅，由權利人或義務人繳還水權狀，爲消滅之登記。

第三十七條　凡登記之水權主管機關，應按年造册，彙報上級主管機關備案。

第三十八條　左列用水免予登記：

一、家用。

二、在私有土地内挖塘或鑿井汲水。

三、用人力、獸力，或其他簡易方法引水。

第三十九條　主管機關辦理水權登記，應於水源保留一部分之水量，以供家用及公共給水。

第四十條　主管機關辦理登記事宜，得酌收登記費。其標準由省市主管機關擬訂，呈請中央主管機關核定公告之。

第五章　水利事業

第四十一條　興辦水利事業，關於左列建造物，其建造、改造及拆除，應經主管機關之核准：

一、引水之建造物。

二、蓄水之建造物。

三、洩水之建造物。

四、護岸之建造物。

五、興水運有關之建造物。

六、利用水力建造物。

七、其他水利建造物。

前項各款建造物之建造或改造，均應由興辦水利事業人備具詳細計劃、圖樣及説明書，呈請主管機關核准。如因特殊情形，有變更原核准計劃之必要時，應由興辦水利事業人聲叙理由，並備具變更之計劃、圖樣及説明書，呈請核准後爲之。但爲防止危險及臨時救濟起見，得先行處置，呈報主管機關備案。

第四十二條　凡興辦水利事業，經核准後發生左列情事之一者，主管機關得撤銷其核准或加以限制。於必要時並得令其更改或拆除之：

一、設施工程與核定計劃不符，或超過原核准範圍以外者。

二、施行工程方法不良，致妨害公共利益者。

三、施行工程序與法令不符者。

四、在核准限期内未能興工或未能依限完成者。但因特殊情形，聲請主管機關核准，予以展期者，不在此限。

第四十三條　凡引水、蓄水、洩水之建造物，如有水門者，其水門啓用之標準、時間及方法，應由興辦水利事業人預爲訂定，呈請主管機關核准並公告之，主管機關認爲有變更之必要時，得限期令其變更之。

第四十四條　凡興辦水利事業，有影響於水患之防禦者，主管機關得令興辦水利事業人建造適當之防災建造物。

第四十五條　凡在通航運之水道上，因興辦水利事業必須建造堰壩水閘時，應於適當地點建造船閘。其數目大小及啓閉之時間，由主管機關依實際之需要規定之。

前項建造船閘之費用，由興辦水利事業人負擔。但航道之深度，因建造堰壩而增加時，得由主管機關視水道之性質，呈經上級主管機關核准，予以補助。

第四十六條　凡在不通航運而有竹木筏運，或産魚之水道上，因興辦水利事業，必須建造堰壩水閘時，應於適當地點建造竹木筏運道或魚道。其辦法由主管機關定之。

前項工程費用，由興辦水利事業人負擔之。

第四十七條　凡因興辦水利事業使用土地，妨礙土地所有權人原有交通，或阻塞其溝渠水道時，興辦水利事業人應建造橋樑、涵洞或渡槽等建造物，並負担其所需養護費用。

第四十八條　凡引水工程經過私人土地，致受有損害時，土地所有權人得要求興辦水利事業人賠償其損失，或收買其土地。但能即時恢復原狀，且恢復後於土地並無損害者，不在此限。

第四十九條　凡因興辦水利事業，影響於水源之清潔者，主管機關得限制或禁止之。

第五十條　凡有關特殊航運之水道，主管機關得酌量限制開渠及使用吸水機。

第六章　水之蓄洩

第五十一條　凡宣洩洪潦，應洩入本水道或其減河、湖海，但經上級主管機關之核准，得洩入其他或新闢水道，不在此限。

第五十二條　由高地自然流至之水，低地所有權人不得妨阻。

第五十三條　高地所有權人以人爲方法宣洩洪潦於低地時，應擇低地受損害最少之地點及方法爲之。

第五十四條　凡實施蓄水或排水，致上下游沿岸土地所有權人發生損害時，由蓄水人或排水人予以相當賠償。

第五十五條　水流因事變在低地阻塞時，高地所有權人得自備費用，爲必要疏通之工事。

第五十六條　減水閘壩啓閉之標準水位或時期，由主管機關呈請上級主管機關核定公告之。

第五十七條　凡跨越水道建造物，均應留水流之道路。其限制面積由主管機關核定之。

前項水道如係通運之水道，應建造橋樑。其底線之高度及橋孔之跨度，由主管機關規定之。

第七章　水道防護

第五十八條　水道建造物歲修工程，主管機關應於防汛期後，派員勘估，呈准上級主管機關分别興修，至翌年防汛期前修理完竣，呈報驗收。

第五十九條　主管機關應酌量歷年水勢，規定設防之水位或日期，由設防日起至撤防日止爲防汛期。

第六十條　主管機關得於水道防護範圍内執行警察職權。防汛期間，主管機關於必要時，得商調防區内之軍警協同防護。

第六十一條　防汛緊急時，主管機關爲緊急處置，得就地徵用關於搶護必需之物料、人工，並得拆毁妨礙水流之障礙物。

前項徵用之物料、人工及拆毁之物，主管機關應於事後酌給相當之補償。

第六十二條　主管機關爲保護水道得禁止左列各事項：

一、在行水區内建造或堆置足致妨礙水流之物。

二、在距堤脚三十公尺内挖取泥沙磚石等物。

三、損毁水利建造物。

四、攙伐堤上草皮樹木。

五、在堤上墾種或放牧。

六、在堤上設置有害堤身之建造物。

七、在堤上行駛載重車輛。

八、其他有礙水道防衛之行爲。

第六十三條　本法施行前，水道沿岸之種植物或建造物，主管機關認爲有礙水利者，得呈經上級主管機關核准，限令當事人修改遷移或拆毁之，但應酌予補償。

第六十四條　堤址至河岸區域内栽種之蘆葦、茭草、楊柳或其他灌木，有防止風浪之功效者，無論公有私有，非在防汎期後，不得任意採伐。但經主管機關核准者，不在此限。

第六十五條　水道沙洲灘地不得圍墾，但經主管機關呈准上級主管機關，認爲無礙水流及洪水之停瀦者，不在此限。

第六十六條　尋常洪水位行水區域之土地不得私有。其已爲私有者，得由主管機關依法徵收之。

前項水位由主管機關呈報上級主管機關核定公告之。

第八章　罰則

第六十七條　毁壞水利建造物者，除限令修復外，並處五百元以下罰鍰。致生公共危險者，依刑法處斷。

第六十八條　未得主管機關之許可，而私開河道或私塞河道者，除限令回復或廢止外，處五百元以下罰鍰。致生公共危險者，依刑法處斷。

第六十九條　違反本法或依本法所發命令規定之義務者，處三百元以下罰鍰，並得强制履行其義務。

第九章　附則

第七十條　本法施行細則由行政院定之。

第七十一條　本法施行日期以命令定之。

〔民國〕水利法施行細則

整理説明

民國時期，隨着社會的發展，水利科學技術的進步，人們對水資源利用的認識已超越了飲用、灌溉和水運的範疇。這一時期西方先進國家紛紛制定國家水利法規及其與之配套的水利管理各項專業規章制度，開始實現國家對水資源全面規劃，統籌兼顧，綜合利用與保護相結合的水資源國有化管理政策。我國水利界有識之士奮鬥十多年，終於在一九四二年頒行了中國近代第一部《水利法》，我國水法建設開始擺脱古代傳統水利法規的局限，進入新的歷史時期。

一九四〇年，國民政府行政院將定稿後的《水利法》，轉送國防最高委員會核定立法原則後，交立法院審議。一九四二年六月立法院審定通過，同年七月七日正式頒布，於一九四三年四月一日實施。從水利法第一個立法提案的提出到頒布，前後歷時十一年。

一九四三年三月行政院發布《水利法施行細則》，對具有實質内容的條款進行了具體解釋和規定，共六十三條。刊登於《水利特刊》一九四三年第五卷第一期。

水利法施行細則

（行政院第六〇五次會議通過）
〔民國〕三十二年三月二十一日行政院令發

第一章　總則

第一條　本細則依水利法第七十條規定制定之。

第二條　水利法所稱“地面水”，係指流動或停瀦於地面之水；所稱“地下水”，係指流動或停瀦於地下之水。

第二章　水利區及水利機關

第三條　省市水利機關關於左列各事項應送請中央主管機關備案。

一、施政方針。

二、工程計劃。

三、工程實施。

四、其他重要事項。

第四條　縣水利機關之組織，應呈由省主管機關核准並轉請中央主管機關備案。

第五條　水利法第十條所規定之“徵用工役經行政院之核准”，得適用國民工役法之規定。

第六條　人民依水利法第十一條設立水利參事會，其組織章程應呈經中央主管機關核定之。

第七條　人民興辦水利事業所組織之水利團體或公司，除法令另有規定外，其章程應經水利主管機關之核准。

第三章　水權

第八條　非中華民國國籍之人民，除家用外不得取得水權，但經政府特許者不在此限。

第九條　依民法第七百八十一條，水源地井溝渠及其他水流地所有人得自由使用其水者，視爲取得水權，但除水利法第三十八條免予登記者外，仍須應聲請登記。

第十條　省市主管機關呈請變更用水標的之順序，如與該水道有關之其他省市主管機關認爲不適當時，中央主管機關應先派員履勘，再行核定。

第十一條　水利法第十四條所稱“事業所必需”之用水量，由主管機關參照興辦事業人之聲請及左列標準審定之。

一、該項事業之最低用水量。

二、該項事業之鄰近區域之通常用水量。

第十二條　水利法第十七條第二項及第二十三條之“補償數額”，由主管機關核定。但如原水權人有異議時，得組織評議委員會評定之。

前項評議委員會之組織章程由中央主管機關制定之。

第十三條　凡登記之水權因水源之水量不足發生争執時，其同時取得水權者如用水標的不同，應依水利法第十五條順序，定其用水之先後；標的相同者，依水利法第十八條後半段之規定辦理。

第十四條　主管機關依水利法第十九條核准臨時使用權時，得發給臨時用水執照。

臨時用水執照應註明使用之起訖日期，但得仍依水利法第十九條後半段之規定，隨時停止其使用權。

第十五條　依水利法第二十一條，主管機關公告後，水權人得於六十日内提出異議。水權人提出異議時，主管機關應再行審查，異議不成立者，即予撤銷水權狀。

第十六條　依水利法第二十二條重行劃定用水量者，於必要時主管機關得令其爲水權變更之登記。

第十七條　凡政府興辦之水利事業，以其主辦機關爲水權登記申請人。

第四章　水權之登記

第十八條　航行天然通航水道，如該水道曾經施以渠化或其他增加通航便利之工事者，仍應適用水利法第二十四條第一項之規定。

第十九條　凡在水利法施行前已取得之水權及現辦之水利事業尚未爲水權之登記者，均應自水利法施行之日起六個月内補行登記，逾期不登記者，主管機關得撤銷其水權或令其停辦。

第二十條　水權登記簿及水權狀之格式，由中央主管機關制定之。

第廿一條　水權登記簿以每一水源爲一總號，每一水權標的爲一分號。

第廿二條　水權登記簿每一總號應附具水源形勢總圖，每一分號應附具分圖。

第二三條　水權人或利害關係人得繳納抄録費，申請給與水權登記簿之繕本；或繳納閱覽費，申請閱覽水權登記簿之正本。

第二四條　水道經流兩縣以上或水權之利害關係兩縣以上者，其水權登記由省主管機關辦理之。

水道流經兩省市以上或水權之利害關係兩省市以上者，其水權登記由中央主管機關辦理之。

第二五條　依水利法第二十八條，由代表爲水權登記之聲請者應提出委任書。

第二六條　聲請登記經主管機關審查履勘，認爲不適當時，應附具理由，駁回聲請。

第二七條　利害關係人依水利法第三十三條提出異議時，主管機關應予審查決定，必要時得組織評議委員會評定之。

前項評議委員會之組織章程，由中央主管機關制定之。

第二八條　省主管機關除依水利法第三十七條將該省已登記之水權每年彙報中央主管機關備案外，並應將所屬各縣市已登記之水權造册轉報備案。

第二九條　水利法第三十條第一項第三款“用人力、獸力或其他簡易方法引水”，應以不妨害他人已登記之水權者爲限。

第三十條　因辦理水權登記所需之審查履勘公費等費，得向聲請登記人徵收之。

第三一條　中央主管機關爲劃一水權登記程序，得制定水權登記規則。

第五章　水利事業

第三二條　竹木筏通過竹木筏運道之標準、時間及方法，應由興辦水利事業人預先訂定，呈請主管機關核准並公告之。如主管機關認爲有變更之必要時，得令限期更正。

第三三條　竹木筏如確有妨害水利建築物之安全者，興辦水利事業人得要求竹木筏所有者除去之，必要時並得先行處理之。

前項處置費用，應由竹木筏所有者負担之。

第三四條　興辦水利事業如有使用他人土地之必要時，得按照時價購買其土地。倘土地所有人拒絕購買，興辦事業人得依照土地法之規定聲請徵收。

第三五條　興辦水利事業經過區域遇有名勝古蹟及其他有保留價值之建築物而有遷移或拆除之必要者，興辦事業人得聲述理由，呈請主管機關轉呈上級主管機關核准後拆移之。其遷移費及補償，除土地法另有規定外，依民法之規定。

第三六條　凡已停廢之水利事業，新辦水利事業人經主管機關之核准，得局部或全部利用之。

第三七條　凡在水道上建造橋樑或其他建築物，其跨度及净空標準，應由中央主管機關訂定之。

第三八條　興辦水利事業，凡未經協助人力財力者，不得於事業完成後請求均霑水利，但與當事人有特約者不在此限。

第三九條　政府出資興辦之水利事業，其區域内之土地因興辦水利而改良者，應依法徵收土地增值税。

第四十條　民營水利事業區内之土地，因工程之建造致被割裂，不合經濟使用者，土地所有人得呈由主管機關責成興辦事業人收買之，或依土地法重行劃分之。

第四一條　水利事業完成後，得按其使用情形酌收費用，其收費標準由主管機關核定之。

第四二條　水利事業完成後，應由原興辦人負管理保護之責，其辦法由主管機關核定之。

第六章　水之蓄洩

第四三條　低地所有權人對高地自然流至之水，在無礙流水宣洩之原則下，如商經其他所有權人之同意，得改變其途徑。

第四四條　水利法第五十三條所稱“以人爲方法宣洩洪潦”，其地點及方法應由主管機關决定之。

第四五條　凡因蓄水或排水發生損害時，其賠償額數應由主管機關查勘雙方實際情形決定之。前項所決定之賠償額數如超過五千元以上者，應呈請上級主管機關備案。

第四六條　水利法第五十五條所稱“必要疏通之工事”，其寬深及坡度，應以恢復未阻塞前之原狀爲限。

第四七條　水利法第五十六條所稱之“公告地點”，應在上下游有關區域同時爲之。

第四八條　水利法第五十七條所稱之“横剖面積”，應以宣洩尋常洪水爲最低限度。

第四九條　水利法第五十七條所稱“底線之高度”，應自該水道之中水位面起測，必要時應於橋孔近水之處標明水尺。

第七章　水道防護

第五十條　水道建造物之歲修工程，除有特殊情形於事先報請中央主管機關核准者外，凡未能按期竣工者，主管人員應受處分。

第五一條　水道防護歲修工程得在受益區域内徵用工役，遇必要時並得徵購物料，其辦法及規則由主管機關擬定，呈請上級主管機關核准後實行。

第五二條　辦理防汛機關應將設防地點及設防、撤防日期呈報上級主管機關。

第五三條　辦理防汛機關於防汛期間，每日應將重要各站之水位、流量，電報上級主管機關。洪水盛漲時，並應將水位、流量隨時逕電有關機關。

第五四條　辦理防汛機關於防汛期内，應隨時將設防河段工情、水勢摘要電報主管機關，撤防後並應將防汛經過彙報備查。

第五五條　水利法第六十三條所規定之補償，得準用本細則第十二條之規定。

第五六條　辦理防汛機關於防汛期間得指揮沿河地方主管機關協助，遇有緊急情形時，地方主管機關應即率同民夫駐堤協助。

第五七條　水利法第六十二條所稱“行水區”係指正堤或堤岸以内而言；所稱“堤上”係包括堤身全部。

第五八條　水利法第六十四條所稱“堤址至河岸區域内”係由堤外之

堤址線起，至河岸近水之邊線爲止。

堤址至河岸區域内草木之採伐，主管機關得限制之。

第五九條　水利法第六十六條所稱“尋常洪水行水區域”之土地，其界限由主管機關核定之。

第八章　罰則

第六十條　依水利法第六十七條、第六十八條及第六十九條所規定之罰鍰，應於繳納命令送達後十日内清繳。期滿而不清繳者，强制執行之。其無力清繳者，得送由司法機關易服勞役。

第六一條　水利建造物或河道因主管機關或負責人員養護或防守不力，致發生公共危險或損失者，應依法懲處。

第九章　附則

第六二條　本細則施行日期與水利法同。

《唐開元水部式》殘卷書影

涇渭白渠及諸大渠用水溉灌之處皆安斗門並
須累石及安木傍壁仰使牢固不得當渠造堰
諸溉灌大渠有水下地高者不得當渠　堰聽
於上流勢高之處為斗門引取其斗門皆須州縣官
司檢行安置不得私造其傍支渠有地高水下須臨
時蹔堰溉灌者聽之凡澆田皆仰預知須畝依次
取用水遍即令閉塞務使均普不得偏併
諸渠長及斗門長至澆田之時專知節水多少其州

百零一

縣每年各差一官檢校長官及都水官司時加巡察
若用水得所田疇豊殖及用水不平并虚弃水利
者年終録為功過附考
京兆府高陵縣界清白二渠交口着斗門堰清水恒
准水為五分三分入中白渠二分入清渠若水兩過多
即與上下用水處相知開放還入清水二月一日以
前八月卅日以後亦任開放涇渭二水大白渠每年
京兆少尹一人檢校其二水口大斗門至澆田之時須

有開下放水多少委當界縣官共專當官司相
知量事開閉
涇水南白渠中白渠南渠水口初分欲入中白渠偶南
渠處各着斗門堰南白渠水一尺以上二尺以下
入中白渠及偶南渠若水兩過多放還本渠其南
北白渠兩水汎漲舊有泄水處令水次州縣相知檢
挍蹤决勿使損田
龍首涇堰五門六門昇原等堰令隨近縣官專

百零二

知檢校仍堰别各於州縣差中男廿人匠十二人分
番看守開閉節水所有損壞隨即修理如破多
人少任縣申州差夫相助
藍田新開渠每斗門置長一人有水槽處置二人
恒令巡行若渠堰破壞即用隨近人修理公私材
木並聽運下百姓須溉田處令造斗門節用勿
令廢運其藍田以東先有水磑者仰磑主作節
水斗門使通水過

合辟官舊渠深處量置斗門節水使得平滿
聽百姓以次取用仍量置渠長斗門長檢校若
溉灌周遍令依舊流不得回茲弃水
河西諸州用水溉田其州縣府鎮官人公廨田及職
田計營頃畝共百姓均出人功同修渠堰若田多水
少亦准百姓量減少營
揚州揚子津斗門二所宜於所管三府兵及輕疾內
量差分番守當隨須開閉若有毀壞便令兩處

百零三

併功修理從中橋以下洛水內及城外在側不得造
浮磑及捺堰
洛水中橋天津橋等每令橋南北捉街衛士灑掃
所有穿穴隨即陪填仍令巡街郎將等檢校勿
使非理破損若水漲令縣家檢校
諸水碾磑若擁水質泥塞渠不自疎導致令水
溢渠壞於公私有妨者碾磑即令毀破
同州河西縣瀵水正月一日以後七月卅日以前聽百姓

用水仍令分水入通靈陂
諸州運船向北太倉從子苑內過者若經宿船別
留一兩人看守餘並闢出
沙州用水澆田令縣官檢校仍置前官四人三月以
後九月以前行水時前官各借官馬一疋
會寧關有船伍拾隻宜令所管差強了官檢校
著兵防守勿令北岸停泊自餘緣河堪渡處亦
委所在州軍嚴加捉搦

百零四

滄瀛貝莫登萊海泗魏德等十州共差水手五千
四百人三千四百人海運二千人平河宜二年与替不煩
更給勳賜仍折免將役年及正役年課役兼准
屯丁例每夫一年各帖一丁其丁取免雜徭人家道
稍殷有者人出二千五百文資助
勝州轉運水手一百廿人均出晉絳兩州取勳官充
不足兼取白丁並二年与替其勳官每年賜勳一
轉賜絹三疋布三端以當州應入京錢物充其白

百零五

丁充者應免課役及資助並准海運水手例不願
代者聽之
河陽橋置水手二百五十人陝州大陽橋置水手二
百人仍各置竹木匠十人在水手數內其河陽橋水
手於河陽縣取一百人餘出河清濟源偃師汜水
鞏溫等縣其大陽橋水手出當州並於八等以下
戶取白丁灼然解水者分為四番並免課役不在征
防雜抽使役及簡點之限一補以後非身死遭憂

不得輒替如不存撿校致有損壞所由官与下
考水手決卌安東都里鎮防人粮令萊州召取
當州經渡海得勳人諳知風水者置海師貳人拖
師肆人隸蓬萊鎮令候風調海晏併運鎮粮
同京上勳官例年滿聽選
桂廣二府鑄錢及嶺南諸州庸調并和市折租
等物遞至揚州訖令揚州差綱部領送都應須
運脚於所送物內取充

百零六

諸溉灌小渠上先有碾磑其水以下即弃者每年
八月卅日以後正月一日以前聽動用自餘之月仰所
管官司於用磑斗門下著鏁封印仍去却磑石
先盡百姓溉灌若天雨水足不須澆田任聽動用
其傍渠疑有偷水之磑亦准此斷塞
都水監三津各配守橋丁卅人於白丁中男內取灼然
便水者充分為四番上下仍不在簡點及雜徭之限
五月一日以後九月半以前不得去家十里每水大漲

即追赴橋如能接得公私材木栰等依令分賞
三津仍各配木匠八人四番上下若破壞多當橋丁近
不足三橋通役如又不足仰本縣長官量差役事
了日停都水監漁師二百五十人其中長上十人隨
駕京都短番一百廿人出虢州明資一百廿人出房
州各為分四番上下每番送卅人並取白丁及雜色
人五等已下戶充並簡善採捕者為之免其課役
及雜徭本司雜戶官戶並令教習年滿廿補替

漁師其應上人限每月卅日文牒并身到所由其
尚食典膳祠祭中書門下所須魚並都水採供
諸陵各所管縣供餘應給魚處及冬藏度支
每年支錢二百貫送都水監量依時價給直仍
隨季具破除見在申比部勾覆年終具録申所
司計會如有迴殘入來年支數（此下原有斷闕不計行數）
已了及水大有餘溉灌須水亦聽兼用
京兆府灞橋河南府永濟橋差應上勲官并兵部
散官季別一人折番檢校仍取當縣殘疾及中男
分番守當灞橋番別五人永濟橋番別二人
諸州貯官船之處須魚膏供用者量須多
役當處防人採取無防人之處通役雜職
皇城內溝渠擁塞停水之處及道損壞皆令
當處諸司修理其橋將作修造十字街側令當
鋪衛士修理其京城內及羅郭牆各依地分當坊
修理河陽橋每年所須竹索令宣常洪三州役丁

百零七

匠預造宣洪州各大索廿條常州小索一千二百條
腳以官物充仍差綱部送量程發遣使及期
限大陽蒲津橋竹索每三年一度令司竹監給竹
役津家水手造充其舊索每委所由檢覆如
斟量牢好即且用不得浪有毀換其供橋雜
匠料須多少預申所司量配先取近橋人充若
無巧手聽以次差配依番追上若須併使亦任
津司与管匠州相知量事折番隨須追役如當
年無役准式徵課
諸浮橋腳船皆預備半副自餘調度預備
一副隨闕代換河陽橋船於潭洪二州役丁匠造
送大陽蒲津橋船於嵐石隰勝慈等州折丁
採木浮送橋所役匠造供若橋所見匠不充亦
申所司量配自餘供橋調度并雜物一事以
仰以當橋所換不任用物迴易便充若用不足即
預申省與橋側州縣相知量以官物充每年出

百零八

入破用録申所司勾當其有側近可採造者役
水手鎮兵雜匠等造貯随須給用必使預為支
擬不得臨時闕事
諸置浮橋處每年十月以後淩牡開解合小
抽正解合所須人夫採運榆條造石籠及絙索等
雜使者皆先役當津水手及所配兵若不足兼
以鎮兵及橋側州縣人夫充即橋在兩州兩縣
者亦於兩州兩縣准戶均差仍與津司相知

百零九

須多少使得濟事役各不得過十日
蒲津橋水匠一十五人虔州大江水贛石險難
給水匠十五人並於本州取白丁便水及解木作
充分為四番上下免其課役
孝義橋所須竹䈴配宣饒等州造送應
塞繫䈴船別給水手一人分為四番其洛水
䈴取河陽橋故退者充